Die Berliner Philharmonie und ihr Kammermusiksaal

Edgar Wisniewski

Die Berliner Philharmonie und ihr Kammermusiksaal

Der Konzertsaal als Zentralraum

Gebr. Mann Verlag · Berlin

Die Deutsche Bibliothek – CIP-Einheitsaufnahme

Die Berliner Philharmonie und ihr Kammermusiksaal :
Der Konzertsaal als Zentralraum / Edgar Wisniewski. – Berlin :
Gebr. Mann, 1993
ISBN 3-7861-1714-4
NE: Wisniewski, Edgar

Umschlagentwurf: E. Wisniewski
Lithographie: O.R.T. Kirchner + Graser · Berlin
Satz, Druck und Bindung: Druckerei Heenemann · Berlin

Printed in Germany
ISBN 3-7861-1714-4

In Erinnerung an Hans Scharoun

Mein herzlicher Dank gilt allen, die an diesem Buch mitgearbeitet haben. Ich danke hier besonders:

Meiner Frau, auch für die unermüdliche Hilfe bei der Verwirklichung der Bauten im Kulturforum

Dr. Hedwig Wingler für das Lektorat

Wieland Schütz für die graphische Beratung

Peter Bellaire und Manfred Müller als langjährige Mitarbeiter bei den Bauten im Kulturforum

Reinhard Friedrich sowie Liselotte und Armin Orgel-Köhne als Fotografen der Bauten

Dr. Matthias Schirren, Leiter des Archivs der Akademie der Künste, Berlin, für die freundliche Unterstützung

Ich danke folgenden Sponsoren für die Verwirklichung dieses Buches:

Gesellschaft der Freunde der Berliner Philharmonie e.V.

Institut für organhaftes Bauen – zur Verwirklichung der Idee von Hans Scharoun e.V.

Beim Bau der Philharmonie beteiligte Firmen:

Dyckerhoff & Widmann AG, Berlin

Wayss & Freytag AG, Berlin

Bilfinger + Berger Bauaktiengesellschaft, Berlin

Elsic GmbH, Mönchengladbach

Otto Vogel KG, Berlin

Zeidler & Wimmel GmbH & Co., Berlin

Beim Bau des Kammermusiksaals beteiligte Firmen:

HOCHTIEF AG, Berlin

Gustav Pegel & Sohn GmbH & Co., Berlin

WALTER Bau-AG, Berlin

STRABAG Hoch- und Ingenieurbau AG, Berlin

Krupp Stahlbau Berlin GmbH & Co. KG

Glasbau Nord A. Lenderoth GmbH, Bremen

ANDERSEN & POLANZ GmbH, Berlin

Private Spender, die ungenannt bleiben wollen.

Inhaltsverzeichnis

Anhang

Das dreifache Pentagon, Symbol der Einheit »Raum–Musik–Mensch«, ist den Besuchern der Philharmonie wie ein magisches Zeichen – an höchster Stelle des Saales nahe der Decke gesetzt – bekannt. Für viele Menschen ist es ein geheimnisvolles Symbol der Musik, die dort in der großen menschlichen Runde erklingt. Für die Älteren war das numinose Zeichen vielleicht ein hoffnunggebender »Leitstern«, mit dem die neuerbaute Philharmonie einen Weg aus dem Dunkel der Nachkriegsjahre wies. Die meisten Besucher haben die alte Philharmonie in der Bernburger Straße nicht mehr erlebt. Für sie dürfte die neue Philharmonie inzwischen die »musikalische Heimat« und das Zeichen – Ausdruck eines künstlerischen Postulats in der Beschwörung der den Bau prägenden Idee geworden sein. Von diesem geheimnisvollen graphischen Linienspiel scheint eine Kraft auszugehen, als wenn sein Schöpfer Hans Scharoun, der Architekt dieses Baues, noch immer die Fäden seiner großen Konzeption, von der die Philharmonie nur ein Teil ist, in der Hand hält.

Das Pentagon war das Zeichen der mittelalterlichen Dombauhütten. Es bedeutet, daß die geometrische Vierheit des Quadrates durch ein fünftes Element geweitet wird – Symbol des Geheimnisses, das als Lehre von Mund zu Mund weitergegeben wurde. Auch dieses Buch könnte unter dem Zeichen des Pentagons stehen, weil nicht nur Fakten über den Bau der Philharmonie berichtet werden, sondern immer wieder das Geheimnis – »das Geheimnis der Gestalt« – beschworen wird, das sich dem »Nachweis«, der Ratio entzieht.

Dieses Buch wird daher auch als Verpflichtung gesehen, das Geheimnis über den Ursprung der Philharmonie und die Lehre über das Erreichte – im Sinne der Dombauhütten – weiterzugeben. – Für die Dombaumeister war es häufig eine Notwendigkeit, anderen ihre Werke zur Weiterführung anzuvertrauen, ist doch ein Menschenleben für die Vollendung eines großen Werkes leider oft zu kurz. Für Scharoun bildete die Philharmonie in seinem Schaffen den Höhepunkt, der ihm wegen der beruflichen Einschränkungen, welche die Nazizeit auch für ihn brachte, erst am Ende seines Lebens gewährt wurde.

Häufig werden Abhandlungen über bedeutende Baumeister und ihre Werke aus einem zeitlichen Abstand geschrieben, wenn sie baugeschichtlich eingeordnet, quasi »einsortiert« werden können. Der Baumeister als Künstler, als Mensch, entzieht sich dem Berichter, folglich können gestaltgebende Impulse für ein Werk, die in seiner Psyche wurzeln, kaum noch nachvollzogen werden.

Meistens war auch die letzte Fassung eines realisierten Entwurfs zahlreichen Zwängen ausgesetzt, die zu falschen Rückschlüssen auf den Baumeister führen und Fehlurteile auslösen.

Die vorliegende Arbeit bietet einen authentischen Einblick in die Entstehung der Berliner Philharmonie, eines epochalen Bauwerks der modernen Architektur. Dem Autor oblag während der langjährigen Realisierungszeit des Baues von 1957 bis 1963 nicht nur die Projektleitung für die Planung, er war in enger Zusammenarbeit mit Scharoun an der Gestaltung des Gebauten beteiligt. In diesem Bericht werden nicht nur Fakten dargestellt, sondern auch Ideen Scharouns interpretiert und es wird versucht, einen Einblick in sein Wesen zu geben. Der Verfasser befindet sich als Berichter und zugleich als gestaltender Architekt in einer dualistischen Situation; er hatte als Partner der Architekten-Gemeinschaft Scharoun/Wisniewski nach dem Tod von Scharoun (1972) das Werk des Kulturforums mit den Bauten der Staatsbibliothek, des Staatlichen Instituts für Musikforschung mit Musikinstrumenten-Museum und des Kammermusiksaals der Philharmonie weiterzuführen und durchzusetzen.

Dem authentischen Bericht über den Werdegang und die baulichen Einzelheiten der Philharmonie und ihres Kammermusiksaals folgen Deutungen, die letztlich subjektiv bleiben müssen. Es ist das besondere Anliegen dieser dokumentarischen Arbeit, Fehlschlüsse über die Entstehungsgeschichte und den Bau der Philharmonie auszuräumen. Gibt es doch einige Versuche, die Philharmonie lediglich baugeschichtlich oder aus einigen formalen Details analysierend zu beurteilen, ohne die Ursachen, die auch im Wesen Scharouns verborgen sind, aufzuspüren, und ohne die Prämissen der musikalischen Akustik zu erkennen.

Die Philharmonie wurde vor etwa 30 Jahren eröffnet – sie ist ein Bau der Gegenwart und ein Werk der Baugeschichte zugleich –; dennoch bleiben vielfach Fehlinformationen, sogar in der Fachpresse, unkorrigiert erhalten. Ähnliches gilt für den Bau des zugehörigen Kammermusiksaals, weil mitunter Meinungen nach den ersten Eindrücken des unvollendet eröffneten Baus, Annahmen und keine genauen Analysen in der Fachpresse abgedruckt wurden. Meine Ausführungen über den Bau des Kammermusiksaals der Philharmonie sollen auch Einblick in die Entstehung des einmaligen Raums des großen Konzertsaals der Philharmonie und in das Wesen des Architekten Hans Scharoun geben.

Für den Raum der Philharmonie gibt es keine direkten Vorbilder, aus denen eine Entwicklung nachvollziehbar wäre, wie sie im funktionell verwandten Theaterbau oder auch im Sakralbau ableitbar ist. Dennoch scheint alles, was wir im »Neuen Bauen« originär schöpferisch zu schaffen glauben, in irgendeiner Form, vielleicht aus anderem Impuls oder mit anderen Funktionen, vorgegeben zu sein.

Eröffnungskonzert der Philharmonie am 15. 10. 1963

S. 4: Das dreifache Pentagon, Symbol der Einheit »Raum – Musik – Mensch«

Das angesprochene zweite Thema dieser Arbeit – der Konzertsaal als Zentralraum – verlangt den Rückblick auf den Ursprung des Zentralraums, könnte doch in einem frühen Ursprung der Urimpuls für den Raum der Philharmonie und des Kammermusiksaals liegen; ebenso könnten beide Zentralräume aus verwandten Räumen des Theaters entwickelt sein.

Der Versuch, in das »Geheimnis der Gestalt« (Scharoun) einzudringen, führt über Umwege, über Negativ-Beweise zu einer These. Alle Überlegungen, über benachbarte Funktionsformen zum Vorbild für die Philharmonie zu gelangen, scheitern, führen zu vorschnellen Behauptungen, denn mit der Philharmonie ist quasi eine Evolution geschehen, die keine nachweisbare Kontinuität hatte. In der baulichen Gestalt und in der verborgenen Wesenheit handelt es sich eher um eine Mutation – eine Variationsform aus einem anderen geistigen Thema. Der baugeschichtliche Nachweis eines »Vorbilds« ist nicht möglich, das »Geheimnis der Gestalt« bleibt bestehen.

Der Rückblick auf die Entwicklung des Zentralraums im Theater kann hier nur ein Exkurs, nur selektiv sein. Auch können nicht alle Konzertsaalbauten mit einer zentralraumähnlichen Gestalt, die nach dem Bau der Philharmonie entstanden sind, analysiert werden, denn das weltweite Verfolgen aller, von der Philharmonie in irgendeiner Weise beeinflußten Konzertsaal-Neubauten sprengt den hier gesetzten Rahmen. Wenn heute für eine Musik-Metropole ein neuer Konzertsaal geplant wird, stellt sich sofort die Grundsatzfrage: »Musik in der Mitte«, d.h. ein arenaartiger, organhafter Zentralraum oder ein geometrischer Rechteckraum »shoe box« mit Rängen und Logen. Diese Frage wird häufig, bevor es zu einem wettbewerbsähnlichen Verfahren kommt, durch den für den Neubau bestimmten Ausschuß vorentschieden und nicht etwa durch die Mitglieder des Orchesters, die in dem neuen Konzertsaal konzertieren werden.

Leider behindern politisch-architektonische Stile oder Moden, wie z.B. die »Postmoderne«, die Weiterführung des Zentralraums als Konzertsaal, weil nicht musikalisch-akustische Prämissen, sondern ästhetisch-formale Gestaltzwänge herrschen – Tendenzen, die völlig konträr zum organhaften Bauen, zum Bauen für den Menschen, stehen.

Der Wunsch, einen authentischen Bericht über die Philharmonie zu geben, verzögerte sich um Jahrzehnte, weil die Planung für die Bauten des Kulturforums Vorrang hatte und der Bau des Kammermusiksaals einen bedeutenden Teil der Gebäudegruppe bildet. Der neue Zentralraum des Kammermusiksaals ist eine Variation der Idee und des Anliegens »Musik in der Mitte«.

Mit der Fortführung der Ideen und Ziele Scharouns wird der Nachweis für die Lebensfähigkeit seines Werkes, das nicht mit der Philharmonie beendet ist, erbracht. Die weltweite Bedeutung, welche der neue Kammermusiksaal gefunden hat, beweist die Aktualität dieses Bauens zu einem Zeitpunkt, da nach der »Postmoderne« auch der »Dekonstruktivismus« als Bauform oder etwa Baustil sich als völlig haltlos erwies.

Das Geheimnis der Gestalt gilt auch für diesen neuen Saal, der mit seinen verborgenen technischen Medien weit in die Zukunft weist. Sein janusköpfiges Charisma liegt in der Symbiose zwischen der archetypischen Form der menschlichen Runde und der Amalgamierung modernster elektronischer Raumklang-Medien. Die überaus positive Resonanz, die der neue Raum bei Musikern und Hörern gleichermaßen gefunden hat, bestätigt erneut, daß das »Bauen für den Menschen« losgelöst von architektonischen Tagesmoden zukunftsweisend im Konzertsaalbau ist.

Dieses Buch soll keine Baugeschichte der Philharmonie und ihres Kammermusiksaals sein, aus der die einzelnen Planungsphasen hervorgehen und beschrieben werden. Vielmehr weise ich sowohl bei dem Großen Konzertsaal als auch beim Kammermusiksaal auf einige wesentliche gestalterische Zwischenstadien vor dem Endergebnis hin, ohne einen Planvergleich zu machen. Ein solcher würde das Thema ungeheuer ausweiten, weil nicht nur die zahlreichen Plansätze abzudrucken wären, sondern die Gründe für die Veränderungen oder Entwicklungen genannt werden müßten – ob sie durch äußere Zwänge oder aus der Gestaltgebung resultieren.

Sicher werden in weiteren Dissertationen die Gestaltformen analysiert und die Ecken der Grundrisse gezählt – entscheidend bleibt für die Ausstrahlung der Bauten und das Werk von Scharoun das Endergebnis, das Erreichte – als Basis für das Fortzuführende – und nicht der akademische Rückblick auf etwas zu Konservierendes.

Die Ausführungen zu den baugeschichtlichen Aspekten und zu den Nachfolgebauten der Philharmonie können nur Andeutungen bleiben und geben Impulse für Reflektionen zu den gestellten Themen. Sie werden lediglich in ihrer »Wesenheit« (Scharoun) zu den Hauptthemen dieser Arbeit herangezogen und in Spannung gesetzt.

In einem Buch über die Philharmonie und ihren Kammermusiksaal muß das Umfeld, das Kulturforum, wenn auch in gebotener Kürze, erläutert werden. Mit der Standortwahl für die Philharmonie zwischen Kemper- und Matthäikirchplatz begann eine Entwicklung für das Kulturforum, die heute noch nicht beendet ist, weil einige Gebäude – insbesondere das »Haus der Mitte«, das Künstler-Gästehaus – aus dem Wettbewerb für den Bau der Staatsbibliothek noch fehlen. Eine umfassende Publikation über das Kulturforum ist in Vorbereitung, daher kann ich mich darauf beschränken, einige Aspekte zum Kulturforum und den errichteten Gebäuden, wie der Staatsbibliothek und dem Staatlichen Institut für Musikforschung mit Musikinstrumenten-Museum sowie dem geplanten Deutschen Musikarchiv mit Audiovisuellem Zentrum, zu nennen. Das eigentliche Anliegen in der Konzeption für das Kulturforum ist die kreative Symbiose der Institutionen für die Musik mit denen der Bildenden Kunst, in Verbindung zu den wissenschaftlichen Instituten und der großen Bibliothek. Die Ergänzung und Zusammenführung dieser vielfältigen geistig-künstlerischen Faktoren nach den vorliegenden Planungen steht noch bevor, damit das Kulturforum zu einem lebendigen Organismus wird.

Das Buch wird zum 100. Geburtstag von Hans Scharoun am 20. September 1993 erscheinen. Alle Rückbesinnungen auf Scharoun – den Menschen und den Baumeister – und auf seine Bauten sollen mithelfen, sein Bild lebendig zu erhalten und den Bemühungen trotzen, sein Werk in die Baugeschichte abzuschieben.

Es bleibt die Hoffnung, daß das Werk von Hans Scharoun nach den Ausstellungen und Veranstaltungen zu seinem 100. Geburtstag in seiner Lebensfähigkeit und Aktualität erkannt und begriffen und seine Distanz zu allen formalen Moden als Impuls zu Neuem, Lebendigem aufgegriffen wird.

Gedanken zum Zentralraum
Der Kreis als Archetyp

Die Baugestalt des Zentralraumes hat auf den Menschen immer einen besonderen Reiz ausgeübt, der bis zur Gegenwart durch die geschichtlich überlieferten Bauwerke und im Bauen unserer Zeit andauert. Mit dem Zentralraum scheint etwas Magisches verbunden zu sein, das zu ersinnen, »zu Stein werden zu lassen«, von den Baumeistern aller Epochen als Höhepunkt ihrer Kunst und ihrer Technik angestrebt worden ist.

In der menschlichen Gesellschaft des 20. Jahrhunderts dienen derartige Bauten als Sportstadien und Mehrzweckhallen vorwiegend profanen Zwecken, in denen der einzelne meistens nur Teil eines Teams ist und die Schaustellung auf die körperlichen Kräfte, auf die sportlichen Leistungen beschränkt bleibt. In der Antike hingegen wurde die körperliche Darstellung des Sportes, des Kampfes und der Wagenrennen bis zu den Gladiatorenkämpfen in allen Phasen bis zum Kultischen entwickelt. Die gewaltigen Zentralbauten der Antike, die Arenen, können als bauliche Anstrengung und Leistung jedoch nur aus der übergeordneten Idee, auch aus dem olympischen Geist, begriffen werden, der den Massenveranstaltungen unserer Zeit meistens fehlt.

Noch gravierender ist der Verlust des Geistig-Kulturellen. Welche Bedeutung die gewaltigen Theaterbauten der Antike selbst in kleinsten Bergsiedlungen als Mittelpunkt der Stadt einst manifestierten, können wir heute nur ahnen. Die heutigen Freiluft-Veranstaltungen mit Jazz-Gruppen oder der Typ des open-air-concert bilden zwar eine positive Neuentwicklung, die jedoch zum antiken Theater allenfalls durch das Gemeinschaftserlebnis einen geringen Bezug hat.

Obwohl in der Gegenwart die Informationsvermittlung durch die technischen Medien – mit dem Resultat einer Anonym-Individualität – geleistet wird, zieht es dennoch viele Menschen, vorwiegend der jüngeren Generation, wieder zu einem Gruppen- oder Gemeinschaftserlebnis. Dann berühren sich Empfindungen und Verhaltensweisen, deren Impulse und Kräfte durch Gesellschaftsformen und Moden verschüttet waren, mit Urformen menschlichen Seins.

Das Faszinosum des Zentralraumes liegt nicht nur in seiner räumlich-formalen Vielfalt gegenüber dem einfacheren geometrischen Raum und in seiner Seltenheit, sondern in der Konzentration auf den »Vorgang«, den der Zentralraum begünstigt und aus dem er abgeleitet wird. Das Musikhören, Musikerleben in einer Gemeinschaft, in einem »Hörerkreis«, läßt sich auf den Archetyp der Runde zurückführen. Die Urform des Geschehens dürfte der Rundgesang gewesen sein, wo das Feuer in der Mitte als Wärmespender und zur Nahrungsbereitung diente. Die Runde schirmte sich durch Wälle und Gräben gegen wilde Tiere und menschliche Feinde ab; sie errichtete Mauern und Befestigungen und fühlte sich durch die Kreisform am meisten geschützt. Die mittelmeerischen Trulli oder die maurischen Türme und später die nordischen Rundkirchen (Wehrkirchen) sind erhaltene Bauwerke, in deren Form keimhaft die urwüchsigen Kräfte des Zentralraumes spürbar werden.

Neben der Sorge um die Bedürfnisse des menschlichen Lebens war der Kult, die Hinwendung zur Gottheit, manischer Zielpunkt des menschlichen Daseins. Die latente Spannung zwischen diesen beiden polartigen Wirkpunkten fand jedoch noch keinen Ausdruck in einer baulichen Gegenüberstellung, sondern war durch ein zufälliges oder von natürlichen Gegebenheiten bestimmtes Nebeneinander gekennzeichnet. Das Sichtbarmachen dieser latenten Spannung in vorgegebener baulicher Fassung geschah erst mit den zweipoligen Raumschöpfungen des Barocks.

Mit der Entwicklung der Zivilisation und der Erfindung der Waffen wurden der zentrale, auf die Kreisform bezogene Lebensvorgang aufgebrochen und dezentrale peripher gesetzte Strukturen gebildet. Die dominierende Stellung des Kults und der zentralen Kultformen blieb nicht nur erhalten, sondern steigerte sich bis zu den Hochformen des sakralen Bauens der vergangenen Jahrhunderte. Die Magie des rituellen Rundtanzes um das Opfer, um den Opferstein fand in der Opferhandlung, im eucharistischen Mysterium des Urchristentums ihre Fortentwicklung. Aus dem kultischen Mittun der Beschwörung, dem Tanz und dem Opfer, folgte im Abendland das Mysterium der Transzendenz – das symbolische Opfer – die Messfeier mit der Gemeinde als Gemeinschaft. Aus der ursprünglichen schutzgebenden Umzäunung wurde gleichsam die »Umräumung« gebildet, die das Mysterium bannt und die Kontemplation stimuliert.

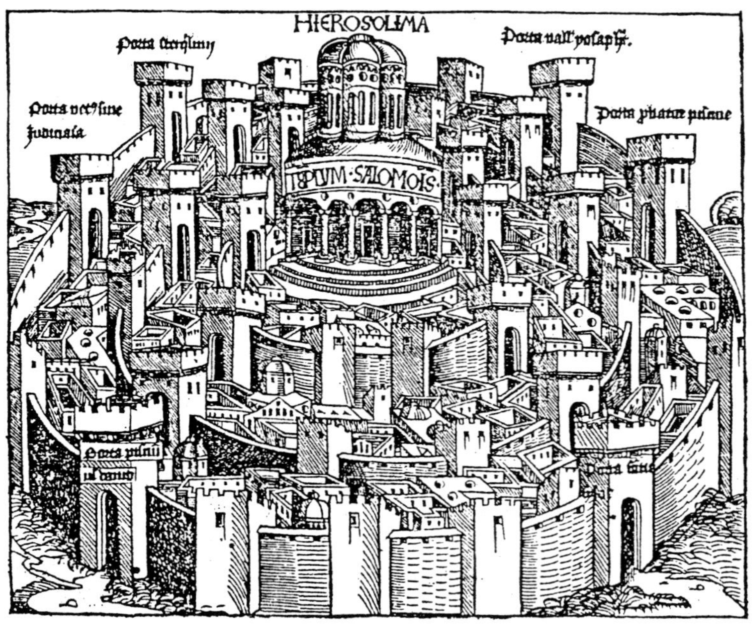

Templum Salomonis, Holzschnitt, M. Wolgemut, 1493

S. 9 links: S. Vitale, Ravenna, vollendet 547

S. 9 rechts: St. Peter, Rom, Bramante, 1506, Originalgrundriß

Organform – Symbolform

Der heidnische Kult und die christliche Eucharistie haben ein gemeinsames Agens: das Mittun, Mitfeiern, die Aktivität. Auch wenn das Geschehen in den übernatürlichen Bereich weist, dem Nichtfaßbaren geweiht ist, ist das Mittun, die Teilnahme an der Opferhandlung im heidnischen wie im christlichen Sinne ein natürlicher, lebendiger Vorgang, der auf den Mittelpunkt gerichtet ist oder von diesem ausgeht, bewirkt und gestaltet wird. Im Mittelpunkt des Geschehens stehen nach der Beschwörung das Anbeten und nach dem Opferstein der Altar. Hinzu tritt als faßbares Element das Kreuz als allseitiges Zeichen der Mitte oder auch die Verkündung des Wortes, des Testaments, der Bibel. Das Emporheben des Kelches ist nur augenblicklicher Höhepunkt und kein bleibendes Bild. Das eigentliche Geschehen, das Mysterium der Verwandlung, ist das Wesentliche und nicht das Bild. Das Memento des Heils ist das Lebendige, das sich immer erneuernde Geschehen – die Aktion. Dieses Geschehen bildet den Mittelpunkt und wird von der Gemeinde so dicht wie möglich umgeben.

Warum diese zentrale Stellung der christlichen Opferhandlung, des Grals in der Mitte, verlassen und damit auch die Unmittelbarkeit und Dichte aufgegeben wurden, bleibt letztlich ein Rätsel, da es doch sakrale Zentralräume gibt, die diese Unmittelbarkeit manifestieren. Waren es gegebene einfache Raumformen oder Erweiterungen der Meßliturgie, wodurch die »Mitte« verlorenging? War es der Wunsch zur bildlichen Darstellung, wodurch die Einseitigkeit ausgelöst wurde? Anstelle des Da-Seins entstand die Bewegung, die Richtung auf das Ziel, das Suchen und Aufsuchen des Ziels – und das Sichabwenden. An die Stelle des Teilhabens trat das Innehaben der Distanz, die wie eine Schranke oder eine Barriere die Ferne zu einem unnahbaren Gott suggeriert. Das Bild des »Hochaltars« als Ziel ist unerreichbar, wie das »verschleierte« Bild, das die Wahrheit verbirgt. Der Streit zwischen Moses und Aaron, zwischen Wort und Bild, entspricht diesem Bruch und dem Lösen aus der Mitte. Gegen die Organform wird das Geometrische gesetzt, die Majestas Dom ni wird unnahbar, nur zu erahnen.

Die Folge ist die demütige Haltung im Gott-Mensch-Bezug für den Christen des Mittelalters – der helle natürliche Raum erfährt seine Wandlung ins Halbdunkel, um das mystische Einswerden zu beschwören. In der Basilika-Struktur und später in der Hallenkirche werden Opferaltar und Gemeinde diametral gegenübergestellt. Diese Polarität wird durch den Kreuz-Grundriß abgeschwächt, gestört – das Kreuz als Symbol des Todes, aber vor allem der Auferstehung, zerbricht gleichsam die autoritär anmutende Raumstruktur. Die missionarische Verkündung in die vier Himmelsrichtungen mag durch den Kreuzgrundriß gleichermaßen symbolisiert werden.

Das »Bild« des Altars als Zeichen, als Metapher, wird zum Raumzeichen, jedoch nicht zur Raumstruktur.

Erst als es formal und technisch gelang, den abstrakten Kreuz-Grundriß in freieren Raumdurchdringungen der Vierung zu wandeln, war die räumliche Mitte wieder gegeben. Sie blieb jedoch in vielen Kirchen unausgefüllt, da der Hochaltar als Bild nicht in der Vierung stehen durfte. Erst durch die Liturgieform in der Mitte des 20. Jahrhunderts wurden in vielen Kirchen Korrekturen vorgenommen und ein zweiter Altar für die eigentliche Opferhandlung in die Mitte unter der Vierung aufgestellt. Hierdurch entstand zwar ein Mittelpunktsbezug, jedoch meistens noch kein Zentralraum, denn die Vierung ist als Durchdringung von Lang- und Querschiff, auch gewölbetechnisch bedingt, häufig zu eng für eine zentrale Raumbildung. Dagegen ergab sich meistens eine sehr starke Vertikal-Tendenz, die sich selten kontinuierlich auf den Gesamtraum auswirkte, wenn die Vierung durch eine Kuppel gekrönt wurde. Die Kuppel als Symbol der Himmlischen erscheint unerreichbar – das Jenseits als Zielsetzung des Menschen wirkt distanziert und der Mensch-Gott-Bezug gerät in eine abstrakte Spannung. Die Vertikale isoliert den Menschen von Gott nicht weniger als der horizontale Abstand zum Hochaltar.

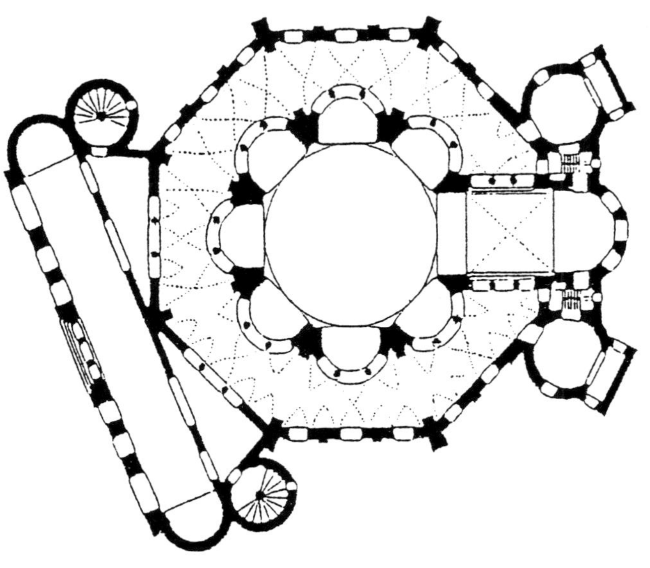

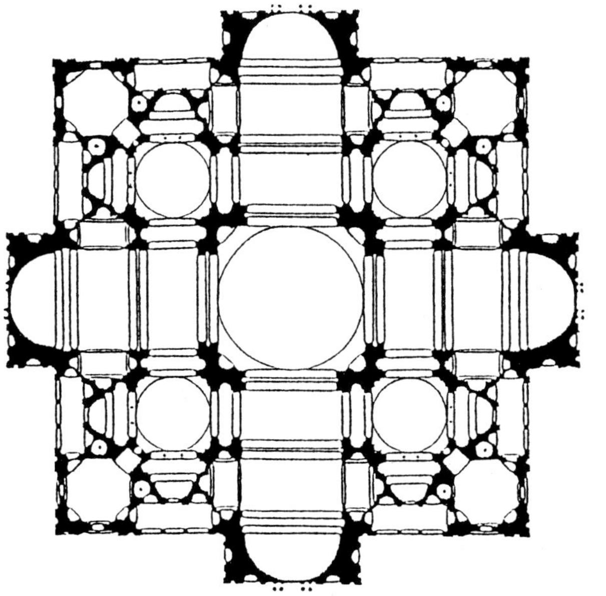

Ohne auch nur entfernt auf baugeschichtliche Vollständigkeit zu zielen, möchte ich in den folgenden zwei Kapiteln zwei Hauptzweige des Zentralbaus – die zentrale Raumform im Sakralbau und im Theaterbau – in ihren Grundtendenzen darstellen, um erkennbar zu machen, ob in ihnen der Weg zum Raum der Philharmonie verborgen ist.

Es wird ferner ersichtlich werden, wie gering die Einflüsse aus dem modernen Konzertsaalbau oder sogar aus dem modernen Theaterbau auf die Philharmonie waren. Scharoun ging vielmehr auf die Urform der menschlichen Gemeinschaft zurück, wie er im Erläuterungsbericht zum Wettbewerb von 1956 ausführt:

»...Eine einfache Überlegung liegt der Idee dieses Entwurfs zugrunde. Es geht um einen Raum, welcher der Musik geweiht ist – in dem Musik gemacht und gehört werden soll. Zwar gibt es genügend gute Beispiele, wie solche Aufgabe gelöst werden kann. So vielfältig jedoch die Lösungen sind, die bereits Gestalt wurden, so übereinstimmend sind sie in einem wesentlichen Punkt: Selbst moderne Konzertsäle halten an der traditionellen Anordnung fest – das Orchester befindet sich auf der ›Bühne‹, das Publikum sitzt im ›Zuschauerraum‹, wie im Theater. Es ist aber gewiß kein Zufall, daß Menschen sich heute wie zu allen Zeiten sofort zu einem Kreis zusammenschließen, wenn irgendwo improvisiert Musik erklingt. Dieser ganz natürliche Vorgang, der von der psychologischen wie von der musikalischen Seite her jedem verständlich ist, müßte sich auch in einen Konzertsaal verlegen lassen – das war die entscheidende Überlegung. Musik sollte auch räumlich und optisch im ›Mittelpunkt‹ stehen. Davon ausgehend ergaben sich alle Folgerungen.«

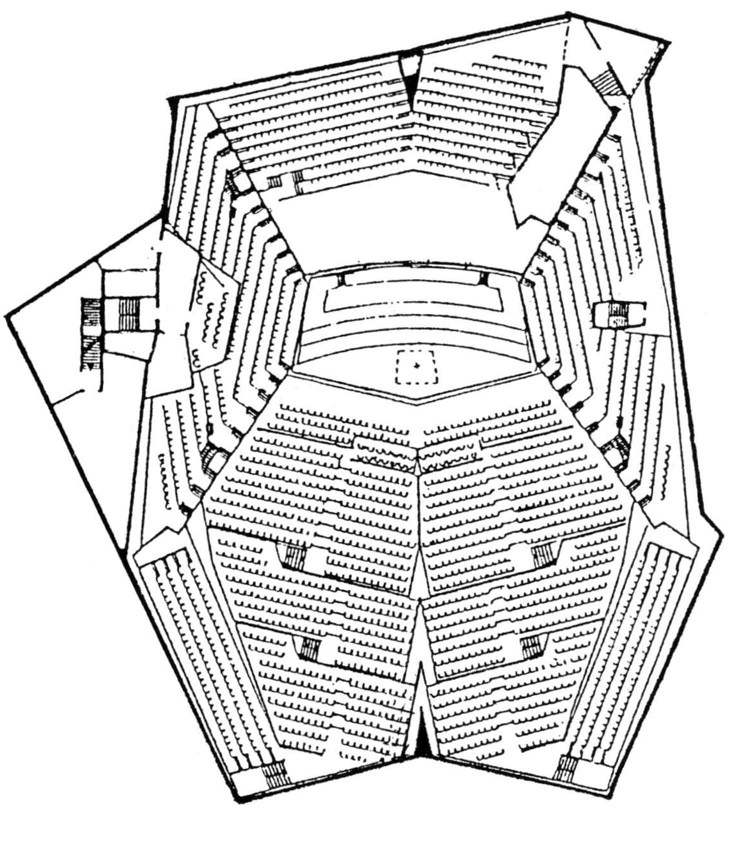

oben: Saalgrundriß des Wettbewerbs

S. 11: Hans Scharoun, »Urskizze« zur Philharmonie, vgl. S. 141

Neben dem Hinweis auf die archetypische Form des Kreises – die Runde – enthält der folgende Auszug aus einem Text von Scharoun auch den Hinweis auf die Organform, die das Medium des schöpferischen Aktes war.

»Zu diesen Folgerungen gehört an erster Stelle das Gestaltungsprinzip. Mittel der Gestaltgebung sind – einmal vereinfacht gesagt – die Geometrie oder die Organik. Der Raum der Geometrie ist dem Gedanklichen eng verbunden. Im Raum der Organik ist das Geheimnis des Wirkens der menschlichen Seele spürbar. Die Geometrie ist an das Meßbare, ja an das Zählbare gebunden. Newton sagt: Alles Meßbare messen, alles was nicht meßbar ist – meßbar machen. Kein Wunder also – da wir heute noch größtenteils der Zeit der Ratio angehören –, daß eine der ersten Fragen der Öffentlichkeit an den Architekten lautet: Wieviel Ecken hat Ihr Entwurf? Verständlich aber ist auch, daß der Architekt darauf keine präzise Antwort geben kann, da die ›Ecke‹ – als Übergang und in organischem Sinne – oft trennender und oft verbindender Natur ist. Im rechteckigen, überhaupt im eindeutig symmetrischen Raum wiederholt sich die gleiche Eck-Lösung; allerdings ist sie in ihren Winkelbezügen von verschiedener Bedeutung, z.B. beim Quadrat oder beim länglichen Rechteck –, sie ist anders in der quadratischen Grundfläche der Pyramide als in der länglichen des griechischen Tempels.

Wer aber kann die Frage beantworten, wieviel Ecken zum Beispiel der Limburger Dom hat? Die Fülle der Raumbeziehungen in der Vertikalen ebenso wie in der Horizontalen bringt ein so reiches Gefüge oder besser Gewese des Objektes zum Ausdruck, daß uns gerade aus dem Miteinander und Zueinander raumhafter Teile seine ungeheure Musikalität anspricht. Allerdings gelangen wir zu der Klarheit erst, wenn wir uns mit solchem Gefüge innerlich auseinandersetzen. Dann beglückt der Reichtum, aus dem diese Klarheit erwächst – die Vielfalt, die einem Bauwerk organhafter Natur eigen ist.«

Im Erläuterungsbericht gibt Scharoun den Hinweis auf die Logik der Organform, die aus dem »Vorgang« entwickelt ist – aus der Urskizze zum Saal der Philharmonie wird diese aus dem gedanklichen Schaffensprozeß geborene Organform evident.

In der Grundriß-Skizze ist die »Runde« ablesbar; die Anordnung der Reihen um das in der Mitte liegende Podium ist deutlich erkennbar. Es fehlen jedoch die umschließenden Wände, die zur Bestimmung der Außengestalt nötig wären, d.h. die räumliche Fassung ist ebenso wie die Außengestalt sekundär und nicht Teil des schöpferischen Urimpulses.

Dagegen ist die Raumbildung durch die zugehörige Schnittskizze nach der innerlichen Schau bereits formuliert worden und weist eine wesentlich höhere Bestimmtheit und »Gestaltanweisung« auf als die Grundriß-Skizze. Die Ursachen liegen nicht allein in den Grundüberlegungen zur Akustik (konvexe Deckenform und Reflektor), sondern aus der Raum-Vision wird bereits die Raumstruktur vorgegeben. Wenn die Grundriß-Struktur die Vorform der Organform ist, und nicht von der Entwicklung des Theaters oder des Konzertsaales bestimmt wurde, so bleibt die Frage, ob bewußte oder unbewußte Impulse aus historischen Räumen, insbesondere aus Zentralräumen, wirksam wurden. Diese können dann jedoch nur Sakralräume sein, sieht man von den Vorläufern der großen Zentralräume, z.B. den römischen Thermenanlagen, ab.

Zentralformen im Sakralbau

Das Thema Zentralformen im Sakralbau ist außerordentlich komplex und kann hier nicht im baugeschichtlichen Sinne behandelt werden. Daher dienen die Abbildungen nur zur Illustration der von Hans Scharoun und Hugo Häring aufgegriffenen Themen. Scharouns Gedanken zum Bauen basieren auf der Geistes- und Empfindungswelt Hugo Härings, jedoch hat Scharoun vieles weiterführend interpretiert.

Im letzten Kapitel habe ich Hans Scharouns Gegenüberstellung von Geometrie und Organik zitiert. Er bezog sich auf den Tempel, den Sakralbau als Rechteckform, bei dem die Ecken ebenso wie die Säulen »abzählbar« sind.

Bei den Rundtempeln Griechenlands, den Tholoi, ist das Vorherrschen der Zahl verschleiert, da die Anzahl der Säulen nur durch Umschreiten erfahren wird; dagegen sind die Säulen im Innenraum, wie im Tholos von Athen, Epidauros und Kepoi raumbeherrschend spürbar. An die Stelle der abzählbaren Ecken und Wände ist die ringförmige Gestalt der Säulenanordnung, der umschließenden Wände und des zentralen Innenraums getreten. Alle Tholoi sind streng symmetrisch und weisen keine »Ausbrüche« aus der Fessel des Kults als autoritärer Kraft, die sich mit der »Macht der Geometrie« darstellt, auf.

Der Rundbau wurde grundsätzlich in seiner Zentralraumfunktion benutzt und hatte offensichtlich auch innerhalb eines Siedlungs- bzw. Tempelbezirks eine besondere Stellung; sie ist aus der jeweiligen Situation in Athen, Delphi und Olympia deutlich ablesbar.

Hugo Häring sagt:

»Mit der harmonikalen ordnung ist dem griechischen werkraum die bestimmende weisung erteilt, die als innerstes gesetz, als ein gesetz solaren ursprungs in ihm wirkt. Diese ordnung ist eine ordnung in raum und zeit, die sich in zahlen und in geometrischen figuren ausspricht. ‚Das göttliche bestätigt sich im geometrischen', sagt platon. Wohl ist die ebenbildlichkeit des schaffens nach der harmonikalen ordnung noch kosmogonischen ursprungs, aber diese weisung ist dem irdischen raume nun um ein gewaltiges stück nähergerückt.«

In der römischen Baukunst wird das »Geometrisieren« mit der Darstellung der Staatsmacht verschmolzen.

Scharoun nimmt in einem Text anläßlich der Verleihung der Ehrendoktorwürde durch die Universität Rom am 21. 6. 1965 darauf zurückhaltend Bezug:

»Die Spannungen zwischen dem nordischen und dem mittelmeerischen Raum und die Einwirkung des einen auf den anderen beherrschen auch heute wie einst das Bild Europas und der Leistungen, die Europa in die Welt ausstrahlt.

Dabei sind verschiedene Zusammenhänge, mittelbare und unmittelbare, zu beachten, denn keine Kraft der Erscheinung kann frei im Raum sein. Von besonderer Bedeutung ist z. B. die Diskrepanz zwischen der beharrenden Tendenz menschlichen Tuns und der fortschreitenden Tendenz elementarer Art – wie sich diese etwa in der technisch-wirtschaftlichen Forderung heute oder auf Grund allgemeingültiger biologischer Erkenntnisse anzeigen.

Wir erleben es, wie davon das Verhältnis des Menschen zur Heimat und zur Tradition ebenso betroffen wird wie wirtschaftliche und kulturelle Institutionen und Organisationen. Oder auch – und das geht gerade das Verhältnis des nordischen zum mittelmeerischen Raum an – die Stellung des Individuums zur Gemeinschaft oder zur Masse auf dem Aspekt des Statischen oder Dynamischen.

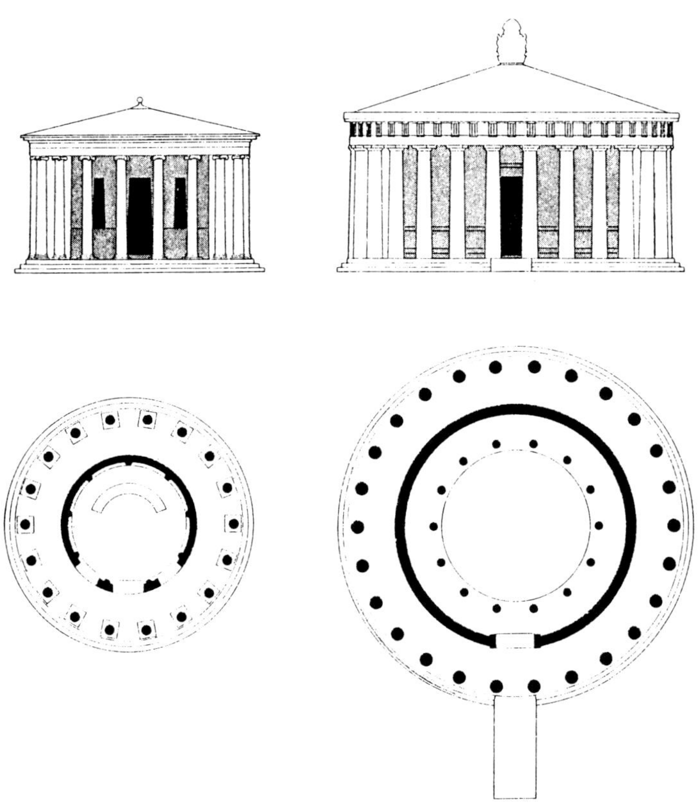

Tholoi in Athen um 470 v. Chr. und Eretria, 5. Jh. v. Chr.

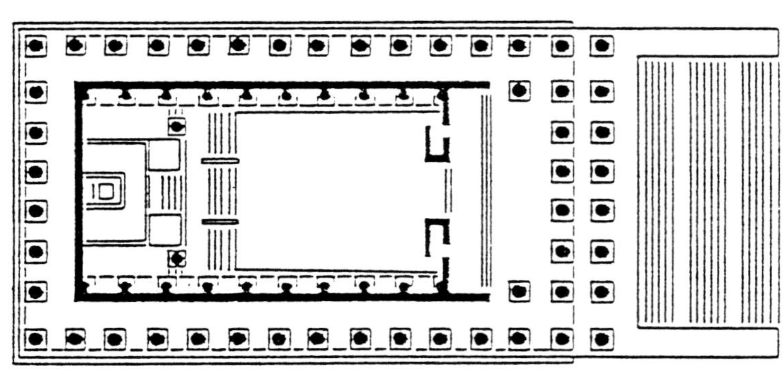

Bacchus-Tempel, Baalbek, 2. Jh. n. Chr.

Diesem Problem wurde Rom am Beginn seiner Existenz gegenübergestellt – durch die Etrusker. Rom entschied sich für das statische Prinzip – wohl am deutlichsten zum Ausdruck gebracht durch das Pantheon. Das Zweipolige der etruskischen Kultur, die Bildgestalt der Ellipse, welche z. B. in den Figuren auf den etruskischen Sarkophagen zum Ausdruck kommen, leben dann wieder auf in der Bildgestalt des Barocks. Denn auch das Barock fand bekanntlich seinen jeweils spezifischen Ausdruck sowohl im mittelmeerischen als auch im nordischen Raum.« ...

Ebenso wie die Philharmonie ist das Pantheon in Rom ohne baugeschichtliche Vorstufen entstanden. Wenn auch bereits zahlreiche griechische und römische Rundtempel bestanden, so ist doch die Raumbildung des Pantheons mit diesen Vorläufern nicht vergleichbar. Es wird hier lediglich auf einige Gemeinsamkeiten mit der ähnlich elementar entstandenen Raumschöpfung der Philharmonie hingewiesen. Gegenüber der »Allseitigkeit« des griechischen Tempels, wie sie noch im Pantheon zu spüren ist, hatten die römischen Tempel durch die Ausbildung der Cella, in der das Kultbild stand, die zwanghafte Richtungsweisung. Der Bacchustempel in Baalbek aus dem 2. Jh. v. Chr. gehört zu einer Tempelgruppe, die in vorklassische Zeit zurückreicht. Von den Römern wiederaufgebaut, stellt er den Prototyp des römischen Tempels mit der Erlebnisfolge: Freitreppe – Vorhalle – Cella mit Kultbild dar. Die autoritäre Achse dieses Baues wirkte auf den Menschen geradezu unausweichlich; der Mensch wurde in dieser Hierarchie zum Untertan, er geriet in ein Abhängigkeitsverhältnis wie in einen magischen Bann.

Der Bau des Pantheons besitzt dagegen durch die Vorhalle und den rechteckigen Baukörper zwischen Vorhalle und Hauptraum ein räumliches Bindeglied, das ebenso wie die Vorhalle die traditionelle architektonische Ordnung aufweist. Diese Ordnung wird jedoch nicht in den Zentralraum hineingeführt; es erfolgt keine Beeinflussung des Zentralraumes durch das traditionelle klassische Ordnungsprinzip.

Zwar wurde die von der Vorhalle und dem Verbindungsraum angedeutete Achse durch den Zentralraum quasi hindurchgedacht, in einer Apsis aufgenommen und aufgefangen – der Eindruck eines axialbetonten, längsgerichteten Raumes entsteht jedoch nicht.

Wie die sakrale Handlung im Pantheon wirklich vollzogen wurde und ob die Erhöhung im Zentrum der Rotunda stand, ist baugeschichtlich nicht gesichert. Dagegen gibt es Überlieferungen, wonach Hadrian, der auch als Architekt auf den Bau entscheidenden Einfluß gehabt haben soll, in diesem Zentralraum, umgeben von den Standbildern der Götter und von Senatoren, zu Gericht zu sitzen liebte. Hierin offenbart sich ein Loslösen von einer monotheistischen Hinwendung auf eine Gruppe, ein Ensemble von Göttern oder gottähnlichen Gestalten, die den Beginn einer neuen Staatsform ankündigten.

Das Pantheon war somit in der Funktion bereits ein politischer Raum und stellt dennoch erstmalig den »Raum an sich« dar, der seinen Zweck in sich selber findet.

Dieser Raum ist beim Betreten zwar sofort zu erfassen, aber seine Darstellung ist eindimensional, bildhaft nicht möglich. Er symbolisiert das Gefühl der Sicherheit, der Monumentalität und zugleich der Solidität; dabei ist er von einer außerordentlichen Dynamik erfüllt, die in der Kuppel kulminiert. Die Raumgestalt wird durch ihre archetypische Kreis- bzw. Kuppel-Konzeption zu einem symbolischen Raum, der das Imperium darstellt, welches durch das Himmelsgewölbe überspannt wird. Im Mittelpunkt aber steht der Mensch. Auf diesen Punkt – und nicht auf den mathematischen Mittelpunkt der Kugel – sind die Kassetten in der Kuppelwandung mit ihrer rhythmisch sich verändernden Struktur bezogen. Die konstruktive Gestalt, bestehend aus Bogenkonstruktionen und sehr massiven Mauerwerksteilen zur Aufnahme der Kuppellasten, ist formal völlig verschleiert und durch eine neue Wandstruktur ersetzt. Diese Struktur ist zwar in Vorstufen in den großen Zentralräumen, den profanen Thermenbauten, vorgegeben, sie verdrängt jedoch die klassische Ordnung und Gliederung. Traditionelle Elemente geraten in eine Wandlung und symbolisieren die neue Raumbildung aus einem neuen politischen Inhalt, in dem der Mensch zum Mittelpunkt wird.

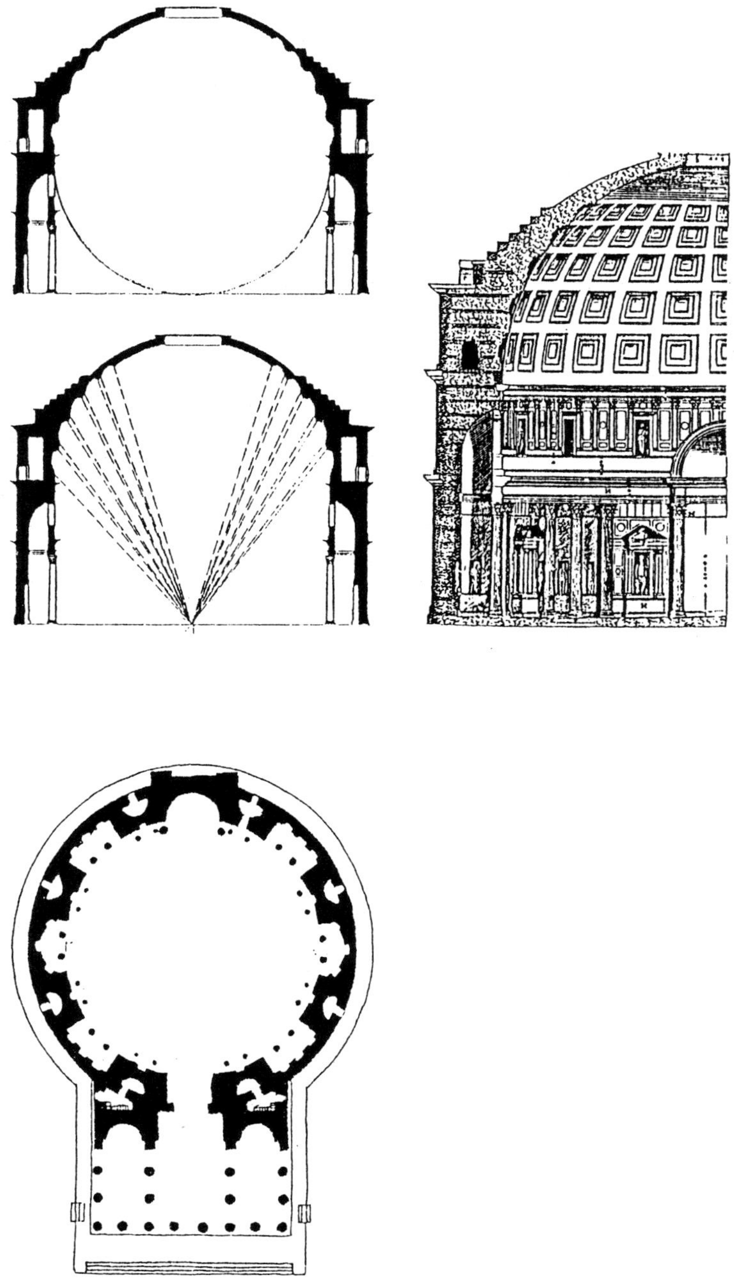

Pantheon, Rom, 115–125 n. Chr., Grundriß und Schnitte

»... Alles fängt im Menschen an. Alles liegt am Menschen. Durch Menschen wird Symbol lebendig. Kosmos! ... Unsere Arbeit ist Rauschtraum unseres heißen Blutes, vervielfacht um die Blutspannungen in der Millionenhaftigkeit des Mitmenschentums ... der Mensch sei Mittpunkt, Erstrebtes um uns sich wölbend gleich dem Firmament.«

Dieser Text des 26jährigen Hans Scharoun und die ebenfalls 1919 entstandenen Aquarelle und Federzeichnungen, von denen mehrere die Bezeichnung »Volkshausgedanke« tragen, weisen den Anknüpfungspunkt zum Zentralraum des Pantheons und dann, 40 Jahre später, zum Saal der Philharmonie. Mutet der Raum des Pantheons wie eine Evolution aus der Erstarrung der im Rechteck befangenen Tempelformen an, so sind die frühen Aquarelle von Scharoun als Explosionen schöpferischer Kräfte eines jungen Genies zu bezeichnen, die nur noch durch die sanguinischen und bis ins Hypertrophe gesteigerten Hymnen der ›Gläsernen Kette‹ übertroffen werden. Noch mehr ist zu bewundern, daß Scharoun vierzig Jahre später – nach rastloser, unbeirrbarer Arbeit, nach deprimierenden Enttäuschungen über Unverstandensein und gezielte Ablehnung – mit der Philharmonie der geniale Ausbruch gelang, der, wie das Pantheon, die Welt zur Stellungnahme zwingt.

Scharoun nannte die Idee zur Philharmonie »Musik im Mittelpunkt«, er wollte mit dieser lapidaren Formulierung den Preisrichtern des Wettbewerbs und den anderen Überraschten diese scheinbar einfache Idee nahebringen. Im soziologischen Sinne geschah jedoch etwas Außerordentliches: Der Künstler, das Individuum, steht in der Mitte, und gleichberechtigt gruppieren sich die Menschen um ihn herum. Eine engere Gemeinschaft ist nicht denkbar – ein natürlicheres Miteinander nicht möglich. In einer kreativen Wechselbeziehung wirkt das Individuum auf die Gemeinschaft – zugleich stimuliert das umgebende Publikum den Künstler. Dieses »Spiel« geschieht in der Philharmonie in jedem Konzert – das künstlerisch-menschliche Erlebnis und Ereignis wird durch die geistig-künstlerische Sensibilität des agierenden musikalischen Mediums in höchstem Maße bewirkt.

Wie im Pantheon sind in der Philharmonie traditionelle und zugleich neuartige Elemente in der Gestaltung der Raumstruktur spürbar. Sind es im Pantheon die geometrischen Formen des Kreises und der Kugel, die durch eine Achse »gestört« und zugleich gesteigert werden, so ist es im Saal der Philharmonie die Symmetrie, das Spiegelbildliche, das auch auf den außermittigen Plätzen immer latent geahnt wird; es ist das »Skelett« der Grundform, das die Gesetzlichkeit in der neuen gestalterischen Freiheit erhält.

In der Philharmonie steht der Dirigent oder der Solist zwar nicht im mathematischen, sondern im räumlichen Mittelpunkt – gleichsam einem Spannungs-Brennpunkt. Er kann sich der stimulierenden Suggestion der ihn umgebenden Hörer nicht entziehen. Der Raum wirkt nicht mehr wie ein großer anonymer Konzertsaal, sondern die ihn umgebenden Menschen erscheinen dem Künstler hautnah; spontan bildet sich eine quasi »familiäre« Beziehung, eine mitmenschliche Gemeinschaft.

Scharoun ersetzte bei der »Gestaltfindung« die Monumentalität und das Pathos einer Kuppel durch das Zelt; damit gelangen ihm zugleich der alles umfassende Höhepunkt über dem räumlichen Mittelpunkt, dem Podium, und die Leichtigkeit – das Improvisatorische. Für die Baumeister der Antike waren zeltartige Konstruktionen im Mauerwerksbau nicht möglich. Die Überdeckungen der großen Arenen durch das Velum stellten jedoch schon außerordentliche Leistungen dar, die atmosphärische, schwebende Wirkungen im Gegensatz zu den steinernen Unterbauten der Arenen ergeben haben müssen. Es ist nicht bekannt, ob Scharoun von solchen Visionen inspiriert worden ist, zugleich aber wurde diese geniale Idee für die Decke durch die akustischen Forderungen nach konvexen Flächen (statt konkaver Kuppelformen, die akustische Brennpunkte zur Folge haben) ausgelöst.

Scharoun bildete den Begriff »Himmelschaft«, um die Ergänzung und Entsprechung zu der Landschaft, in der sich die Menschen befinden, anzudeuten. Es wird später noch darüber zu berichten sein, mit welcher Inspiration und Beharrlichkeit er diese Himmelschaft nach den Forderungen der Akustik gestaltete. Der Arbeitsbegriff »Sternhimmel« für die Anordnung der Deckenleuchten weist ergänzend auf diese Visionen hin. Wie im Pantheon ist die Konstruktion nur Hilfsmittel für die Gestaltung des Raumes und die Manifestation der Idee; sie bleibt über der zeltartigen Decke verborgen.

Über das Pantheon hat Jean Paul im »Titan« die folgenden Worte gefunden:

»Sie traten hinein; da wölbte sich ein heiliges, einfaches Weltgebäude mit seinem hinaufstrebenden Himmelsbogen um sie, ein Odeum der Sphärentöne, eine Welt in der Welt. Und oben leuchtete die Augenhöhle des Lichts und des Himmels herab, und das ferne Fluggewölk schien die hohe Wölbung zu berühren, über die es wegschoß ...«

Anschließend werden Grundrisse von Zentralräumen aus frühchristlicher und mittelalterlicher Zeit, quasi kaleidoskopartig, abgedruckt, die den Ursprung des abendländischen Zentralraums verdeutlichen. Das Meßopfer der urchristlichen Runde wurde wie auf einem heidnischen Opferstein vollzogen und das Gehäuse kreisförmig um die menschliche Runde herum gebaut.

Der »Vorgang« (Scharoun) des christlichen Opfers stand im Mittelpunkt und nicht irgendein Altarbild. Ebenso entwickelte sich das Baptisterium als Zentralbau um den »Vorgang« der Taufe, um das im Mittelpunkt stehende Taufbecken als Symbol der Quelle und des Ursprungs. Ähnlich symbolisierte das Mausoleum als Zentralbau das Statische, die Bewegungslosigkeit, den Endpunkt. Es mag wohl auf den von der Ratio bestimmten Geist der Antike zurückzuführen sein, daß regelmäßige kristallartige Grundrißformen gebaut wurden und Abweichungen in der Zahl der Apsiden oder der Stützensysteme wie in der Kirche Santa Maria Maggiore in Nocera Ausnahmen blieben.

Die regelmäßige Grundrißstruktur war nicht auf die römische Baukunst beschränkt, sondern erstreckte sich über das römische Imperium hinaus. Das symmetrische »Ordnungsprinzip« war, wie in den armenischen Zentralbauformen, entscheidend und nicht die einfachere bautechnische Lösung gegenüber asymmetrischen Kuppelformen. Die umfangreichen Untersuchungen über die geometrischen Beziehungen in der Kirche Santo Stefano Rotondo in Rom durch Ritz Sándor S. J. zeigen die vielen Varianten, die letztlich aus der Grundform des griechischen Kreuzes, jedoch auch aus Dreiecks-Kombinationen, die auf die Dreieinigkeit zurückzuführen sein dürften, entwickelt wurden. Die Darstellung des himmlischen Jerusalems beruht also auf rationalen geometrischen Strukturen und findet erst durch die Raumbildung die mystische Überhöhung und damit die »wesenheit« als »organwerk« (Hugo Häring).

Armenische Zentralbauten, 10.–14. Jh., Grundrisse

1. Botschorma
2. Ani
3. Ani
4. Abughamrents
5. Ani
6. Kiagmis Alti
7. Bagaran
8. Bagnayr
9. Aragatz

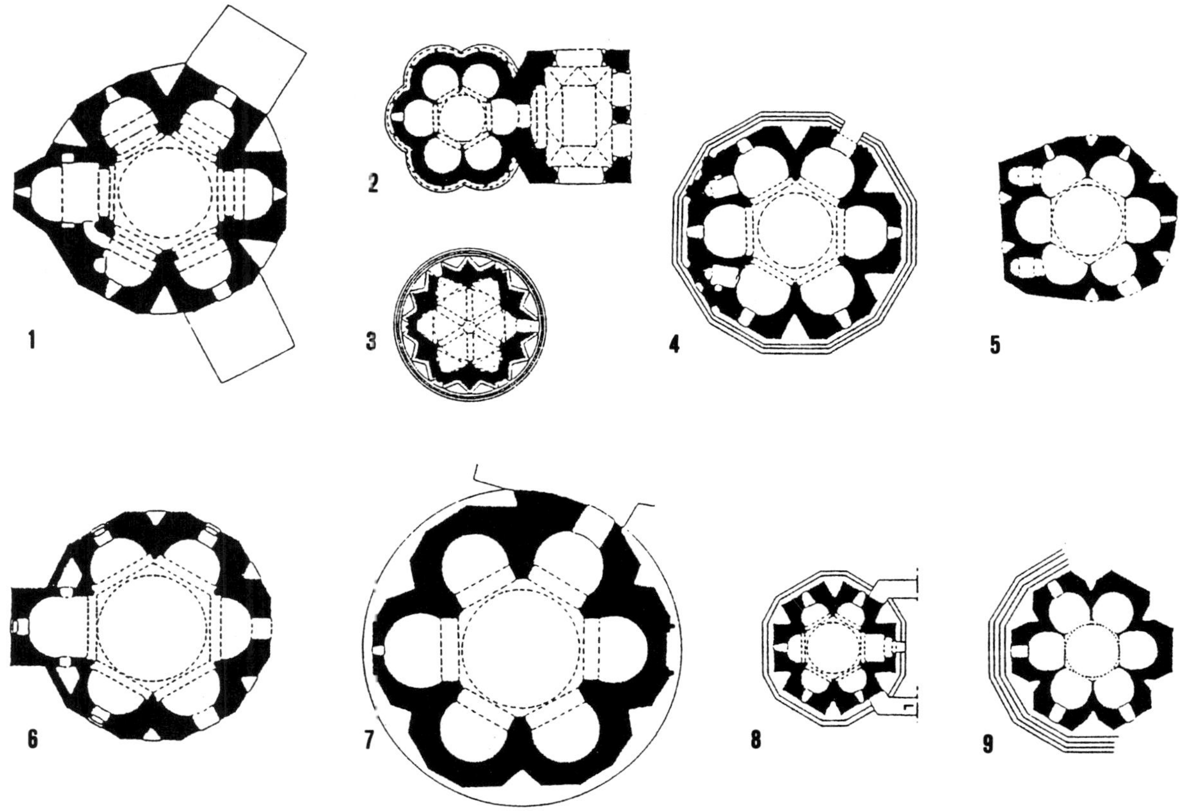

Spätantike, frühchristliche und mittelalterliche Zentralbauten

10. Baptisterium, Albegna
11. Grabmal des Theoderich, Ravenna
12. Tempel des Jupiter, Spalato/Split
13. S. Maria Maggiore, Nocera
14. Baptisterium, Pisa
15. Pfalzkapelle, Aachen
16. S. Donata, Zara
17. Byzantinische Kirche auf dem Ölberg, Jerusalem
18. Felsendom, Jerusalem
19. S. Costanza, Rom
20. La Rotonda, Brescia

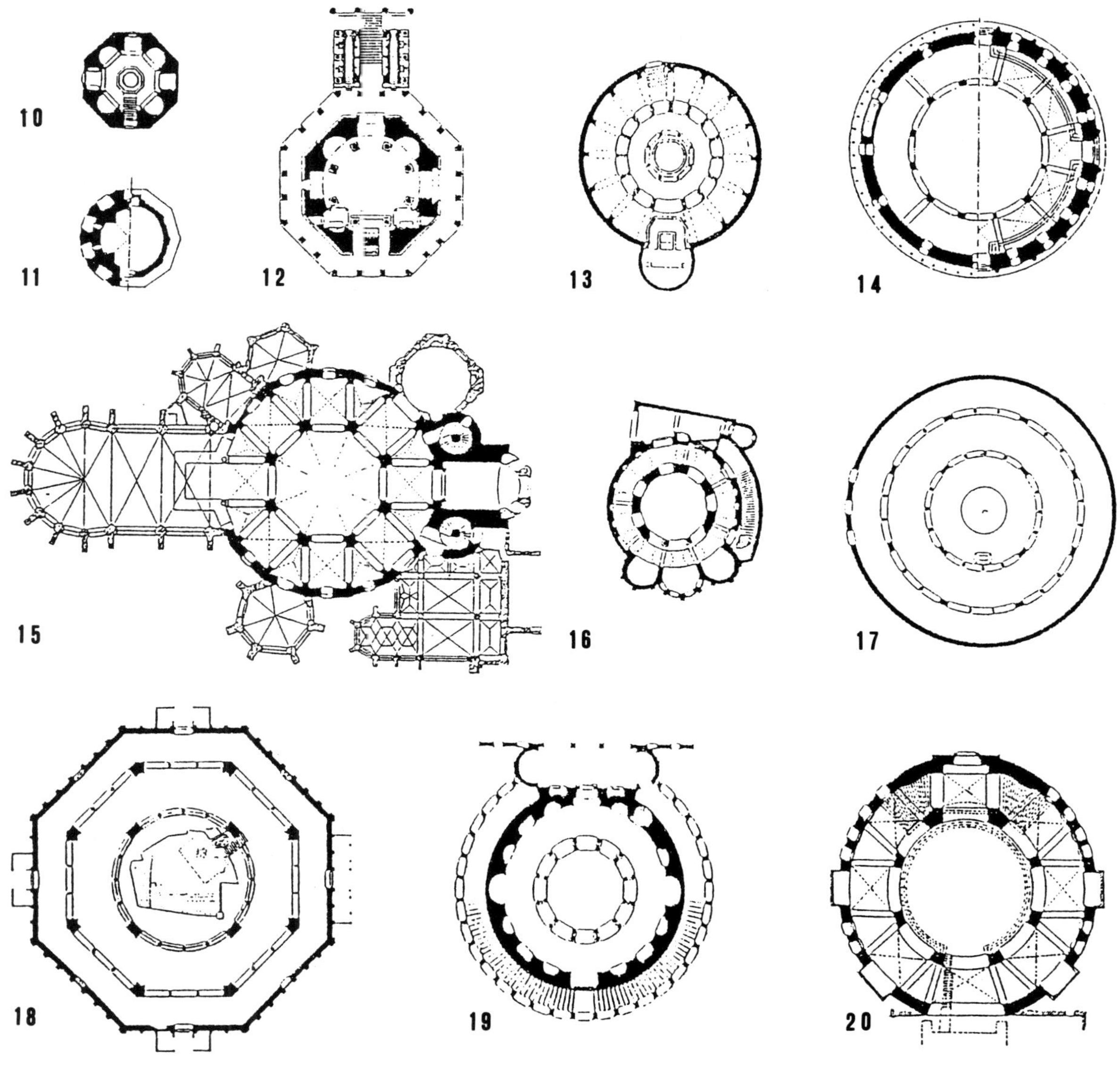

Die faszinierende Einheit zwischen Raum und Geschehen ist z. B. in der Rundkirche S. Angelo in Perugia als quasi natürlich zu erlebender Vorgang zum übernatürlichen Geschehen der Wandlung zu spüren.

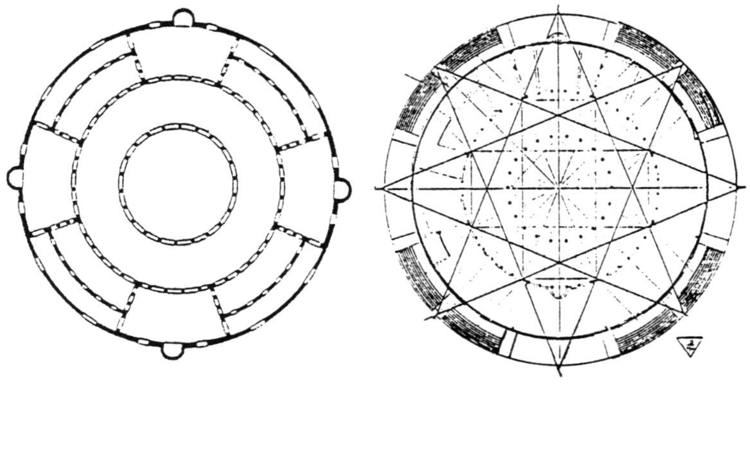

Die zahlreichen kleinen Zentralräume der vielfach verfallenen Kirchen in Griechenland, speziell auch auf Kreta, zeigen die selbstverständliche, logische Urgestalt, die sich die Menschen in den früheren Jahrhunderten für ihre Meßfeier bauten.

Die technische Beherrschung der Zentralbauformen führte vermutlich wegen der Wölbung der zentralen Kuppel zunächst nicht zu Großformen, wie sie die additiven Strukturen der Hallenkirchen oder der Basiliken erlaubten. Auch wurde aus liturgischen Gründen die zentrale Stellung der Meßfeier verlassen; es

S. 16: Basilika Santo Stefano Rotondo, Rom um 475

S. 16 unten: Untersuchungen von Ritz Sándor, S. J.

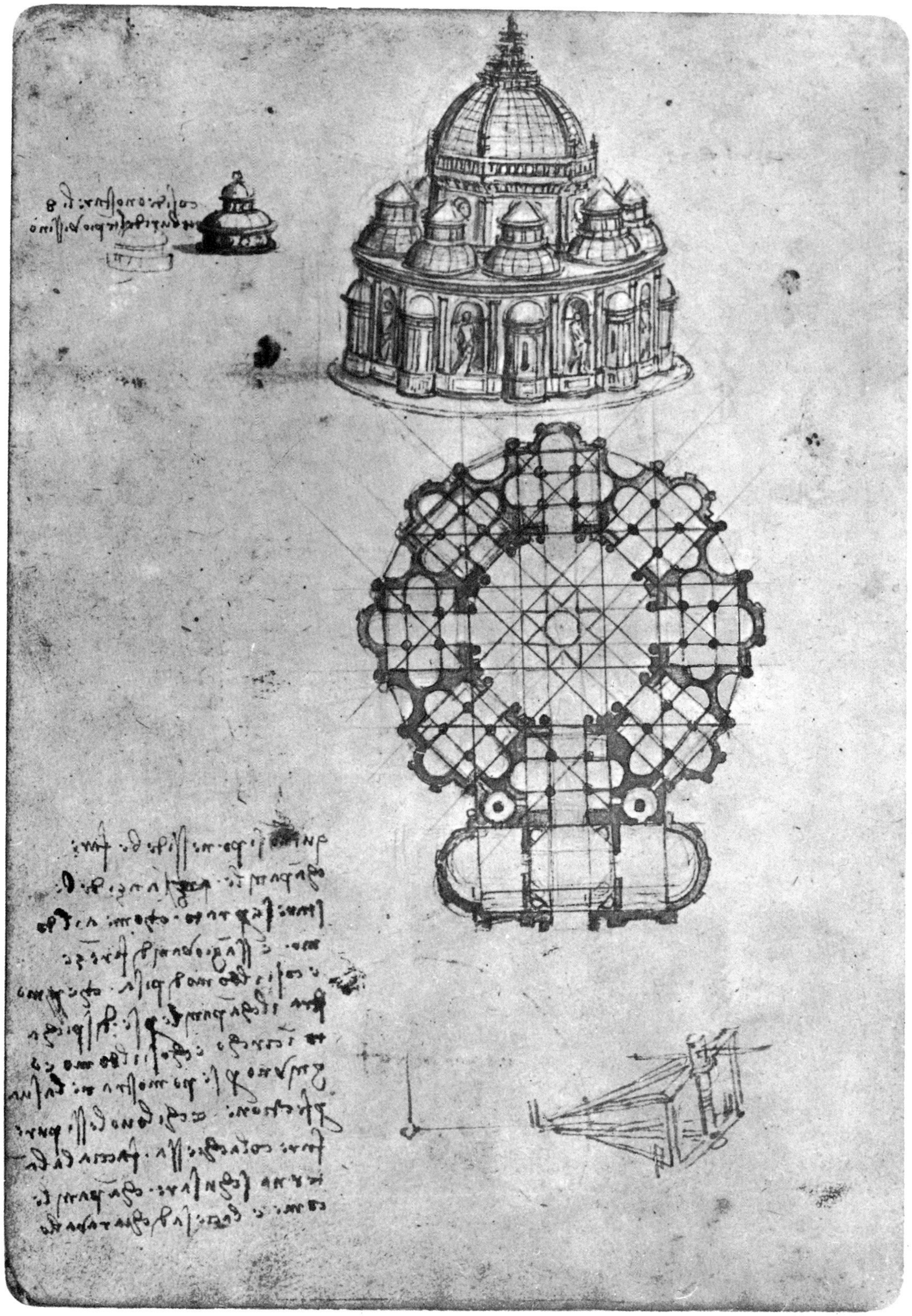

Leonardo da Vinci, Architektur-Zeichnungen aus dem Codex Atlanticus

entstanden Kombinationen und Mischformen mit kreuzförmigen Grundrissen, an denen sich die hierarchische Entwicklung der Kirche ablesen läßt.

Leonardo da Vincis Architektur-Zeichnungen aus dem Codex Atlanticus belegen die Probleme – aus dem Geschehen im Mittelpunkt, am Altar –, größere Raumzusammenhänge durch Apsidenkränze entwickeln zu können und dennoch die Horizontalkräfte der Kuppel abzuleiten. Es ist zu vermuten, daß die großen Baumeister der Renaissance immer wieder die Stellung der Meßfeier im Mittelpunkt zu erhalten versuchten. Aus diesem Versuch am Ursprung festzuhalten, resultierten die Mischformen mit immer gestreckteren Grundrissen; die Vierung mit den Seitenschiffen ist daher gleichsam als Kompromiß zum Zentralraum anzusehen.

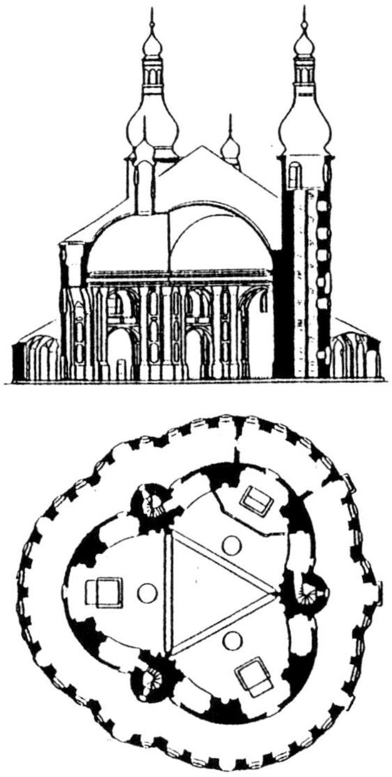

Dreifaltigkeitskirche Kappel bei Waldsassen, G. Dientzenhofer 1685–1689, Grundriß und Schnitt

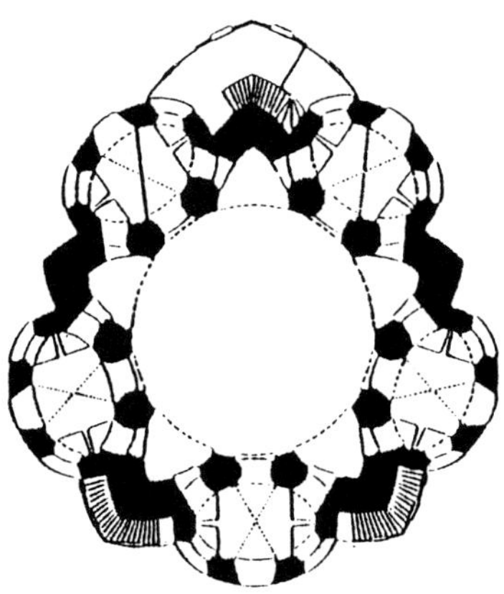

St. Johann Nepomuk auf dem Grünen Berg, Saar, Aichel, 1714–22

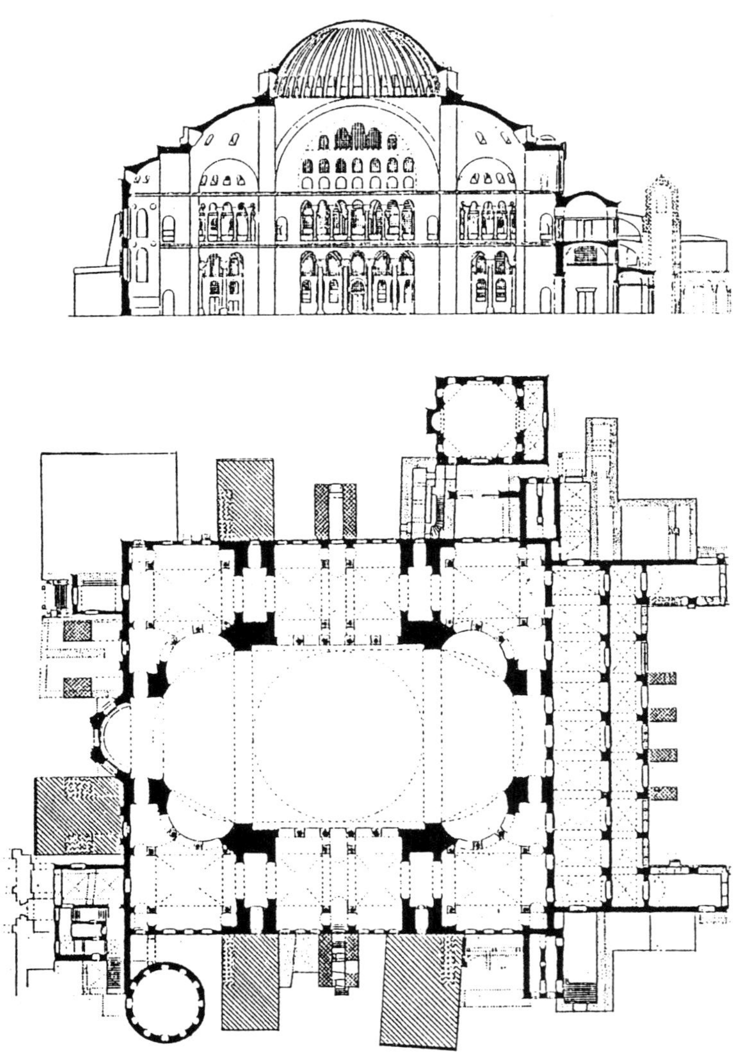

Hagia Sophia, Konstantinopel, 532–37, Grundriß und Schnitt

Scharoun wies in dem zuvor zitierten Text anläßlich der Verleihung der Ehrendoktorwürde auf die Bedeutung der Bipolarität der Ellipse im barocken Raum hin. Offensichtlich gelang es erst den Baumeistern im Barock, das strenge Schema der parallelen Stützen und Wandstrukturen zugunsten eines dynamischen Raum- und Wandverlaufs aufzubrechen und dabei zugleich das bipolare Prinzip, das keine dogmatische Entschiedenheit darstellt, durchzusetzen. Die typischen Kombinationsformen zwischen dem elliptischen Hauptraum und dem angekoppelten Chor mit dem Hauptaltar dokumentieren eigentlich einen Kompromiß (vgl. die Wallfahrtskirche Steinhausen und die Wieskirche von Dominikus Zimmermann), bei dem der Zentralraum zum Höhepunkt wird und der angekoppelte Chor mit dem Hauptaltar fast eine Fernwirkung erhält.

Ich vermute, daß die Wallfahrtskirche Vierzehnheiligen von Balthasar Neumann mit dem Nothelfer-Altar im Mittelpunkt der Sakralraum ist, der auf Scharoun durch die Grundrißstruktur und den konsequenten Bezug auf den »Vorgang« den größten Einfluß ausgeübt hat. Ich habe hierzu nähere Hinweise in dem Kapitel »Geheimnis der Gestalt« gegeben, die ich hier nicht vorwegnehmen möchte.

Die Einflüsse des Barocks bedürften jedoch einer besonders sorgfältigen Abwägung, denn zwischen der positiven Errungenschaft barocken Geistes im Menschen, erlebbar im Sakralbau, und der Verzerrung zum Absolutismus ist nur ein gefährlich kurzer Weg. Ähnlich verhält es sich generell in der bildenden Kunst und Architektur, wenn die dogmatische Enge aufgegeben wird, aber die Notwendigkeit des Maßstabs und des Gesetzhaften nicht erkannt wird. Dies gilt genauso für die Befreiungen vom »Gestaltzwang« (Scharoun) der früheren Stile und Ordnungen, – wenn nicht übergeordnete gesetzhafte Strukturen an ihre Stelle treten. Unmittelbar nach Fertigstellung der Philharmonie im Jahre 1964 schreibt Scharoun in einem Vorwort zu dem Band »Barock« in der Schriftenreihe »Architektur der Welt« über die Wirkung des Barocks:

»... Sein Wesen ist also nicht nur die Folge der Befreiung aus der dogmatischen Erstarrung, welcher die Renaissance schließlich anheimfiel, und erst recht nicht eine emotionelle Illustration der wiedererstandenen Heilslehre. Vielmehr entspricht das Ekstatische der Kunst des Barocks in seiner radikalen Intentionalität der Verhaltensweise des barocken Menschen überhaupt – Kultur ist einheitlich durchstrukturiertes Leben.

Hagia Sophia, Lithographie von Gasparo Fossati

Hiermit im Zusammenhang sei auf die heute wieder im Vordergrund stehende Beachtung der Struktur verwiesen. Während im Mittelalter Planen und Bauen sich vom Glauben her, gleichnishaft, ordnete, geht der Barock unmittelbar vom Mensch-Raum-Bezug aus. Er setzt, besonders in Süddeutschland, den ›offenen‹ Raum an Stelle der vorgegebenen Raumform. Dies ist, wenn auch auf anderer Ebene, ebenfalls eine Forderung auch unserer Zeit.«

Die Formulierung »Kultur ist einheitlich durchstrukturiertes Leben« entspricht dem in seinem Beitrag zur Eröffnung der Philharmonie formulierten Komprimat, wonach »Mensch–Raum–Musik« auf eine neue Art in Beziehung treten. Dies bezieht sich zwar zunächst auf die Erklärung des Vorganges, aus dem der Raum entwickelt wurde; es bedeutet jedoch auch den Verzicht auf traditionelle formale Ordnungen, die in der Philharmonie durch das Gesetz der Spiegelbildlichkeit ersetzt werden.

In jenem Text ist auch die Erklärung des unmittelbaren Mensch-Raum-Bezuges gegeben, wie er in der Urskizze zur Philharmonie ablesbar ist, in welcher die den Raum umschließenden Wände fehlen. Die dann vollzogene Gestaltfindung des Konzertsaales durch die gleichsam angepaßten Wände unmittelbar hinter den letzten Hochparkettreihen ist als »offener« Raum zu ver-

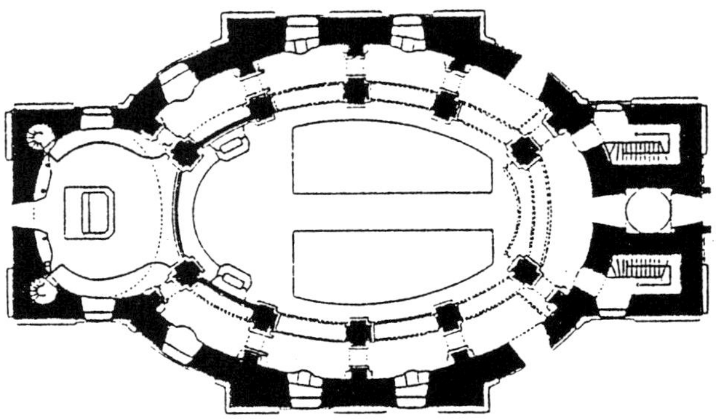

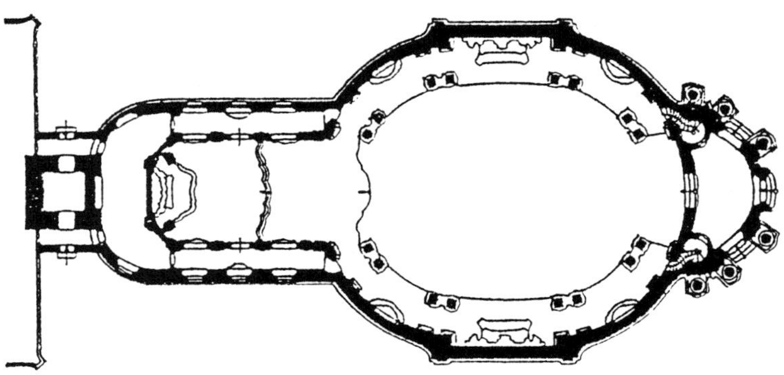

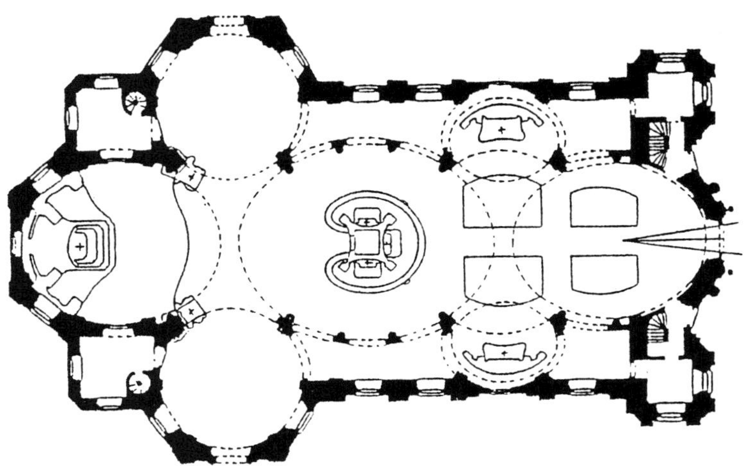

Wallfahrtskirche Steinhausen, Zimmermann, 1728–1735

Wieskirche, Zimmermann, 1746–1754

Wallfahrtskirche Vierzehnheiligen, Neumann, 1743–1772

Sant'Ivo alla Sapienza, Rom, G. della Porta/Borromini, 1575

stehen – er ist losgelöst von jeder baugeschichtlichen »Ordnung«. Vermutlich hätten Barock-Architekten die für den Innenraum entwickelte Struktur äußerlich in eine stärker zusammengefaßte Form gebracht, wie Bernini z.B. für S. Andrea al Quirinale oder Borromini für S. Ivo alla Sapienza in Rom oder die deutschen Barock-Baumeister Zimmermann und die Brüder Asam.

Entscheidend ist jedoch die Bereicherung und die außerordentliche Ausweitung der Raumbegrenzung durch die Einführung der Ellipse an Stelle des Rechtecks oder des Kreises:

»So dokumentiert sich in den Schwingungen der Ellipse und der Parabel das Abbild leidenschaftlicher Verwobenheit des Personalen mit der Unfaßbarkeit des Alls.«

Die Ellipse kommt jedoch in ungebrochener Form im Werk Scharouns, mit Ausnahme der Sitzungssäle im Wettbewerbsentwurf für das Rathaus Marl, kaum vor. Die Ursache dürfte nicht nur in den kaum lösbaren akustischen Problemen liegen, sondern in der »heilen« Form und in der Gegenüberstellung, der Konfrontation und Polarität der beiden Brennpunkte. Eine derartige Exposition war Scharoun fremd. Er hätte diese Stellung gewiß durch eine dritte Kraft, einen »Katalysator«, in Frage gestellt und ein neues, »mehr-poliges« Spannungsverhältnis geschaffen.

Dagegen bewunderte er im Barock die bedingungslose Bezogenheit auf den »Vorgang«, aus dem sich das entsprechende Strukturgefüge, besonders bei den Sakralräumen des Barocks, ableitete.

»Diese zielgerichtete Zuwendung des Bewußtseins zum Gegenstand ist Sache einer Phantasie intentionalen Wesens. Was uns dabei berührt, uns auch heute anregt und aufregt, ist das vielfältige Ergebnis – ekstatisch und, wo es gelang, zeitlos. Eine radikale Meinung wird hier zum Kunstwerk.«

Ein Zentralbau, wie die Frauenkirche von Georg Bähr in Dresden, kann durch die umgebenden Galerien durchaus als latentes Vorbild für die Philharmonie gesehen werden.

Schließlich scheinen aber einige Zentralräume der »zielgerichteten Zuwendung des Bewußtseins zum Gegenstand« zu entsprechen, bei denen eine »offene« Raumstruktur offensichtlich aus dem Vorgang und nicht aus der historischen Ordnung entwickelt wurde. Hier sind zum Beispiel St. Johann Nepomuk mit den fünf Apsiden auf dem Grünen Berg, Saar, von Johann S. Aichel oder die Dreifaltigkeitskirche, Kappel, von Georg Dientzenhofer mit den drei aufeinander bezogenen Apsiden zu nennen. Schließlich ist auch auf die dreiteilige Raumstruktur der Kirche S. Ivo alla Sapienza in Rom von Borromini zu verweisen. Auf die »dreipoligen« Kirchenräume werde ich in dem Kapitel »Dreiheit und Struktur«, das sich auf die Einflüsse zur Grundrißgestaltung des Kammermusiksaals bezieht, zurückkommen.

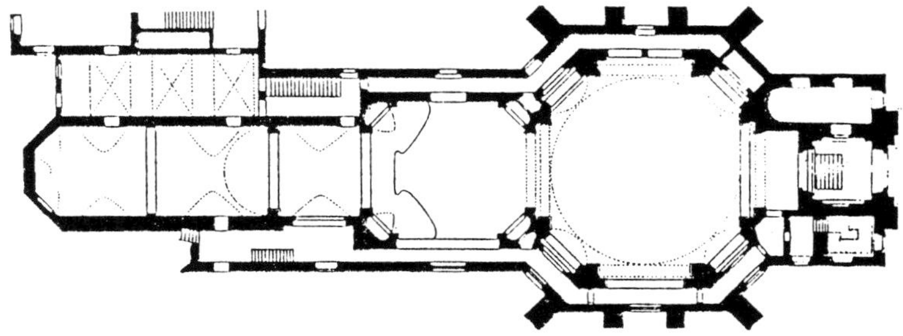

Klosterkirche Altomünster, J. M. Fischer, 1773

Frauenkirche, Dresden, G. Bähr, 1722–43

Der Rückblick in die Baugeschichte zeigt, daß die bauliche »Lösung« des Zentralraumes als Großform – wie bei der Hagia Sophia 537 n. Chr. – bereits am Anfang der gesamten Entwicklung stand. Dieser Bau ist, abgesehen von vorangegangenen Bauten an derselben Stelle, als Spontanschöpfung zu bezeichnen, denn die Vorgänger erreichten bei weitem nicht derartige Raumwirkungen.

Als sich das Christentum ausbreitete, wurde der Ort für das eucharistische Opfer in der Zentralstellung verlassen. Aus dem Anlaß und der Vorstellung einer ständig wachsenden Gemeinde ist wohl die Hierarchie entstanden, wie sie sich in der Basilika und ähnlich auch in der Hallenkirche darstellt. Mit den Klosterkirchen entstanden zudem noch Grundrißformen, in denen esoterisch wirkende Annexe ein räumliches »Eigenleben« hinter dem Hochaltar führten. Der heilige Bezirk wurde gleichsam ausgegrenzt und durch die Chorschranken und den Lettner von der Gemeinde abgeriegelt – Symbol einer Hierarchie, die mit der christlichen Sendung wenig gemein hat.

Die Baumeister der vergangenen Jahrhunderte vollzogen derartige Trennungen innerhalb einer kirchlichen Gemeinde, bildeten die Schranken und Klausuren in abschnittsartigen Raumfolgen, in denen der sündige Mensch nur gelitten war – er mußte sich mit Fernwirkungen des Altars begnügen.

Die Einbindung und Einbeziehung des Mönchtums in die christliche Gemeinde wurde versäumt oder fand räumlich keinen Ausdruck. Die Idee und die Haltung des Princeps inter pares galt nicht für die Diener der Kirche – dies führte zu ihrer Isolierung und Eliminierung.

Wie bedeutsam ist Scharouns Hinweis, daß erst im Barock mit der zweipoligen Struktur der Ellipse die Hierarchie aufgebrochen wurde – sieht man von vereinzelten großen Zentralbauten, wie Hagia Sophia in Byzanz, Santo Stefano Rotondo in Rom und San Lorenzo in Mailand ab.

Es mutet wie eine »Tragödie des Sehens« an, hat doch das Abendland das Zeichen, das mit der Hagia Sophia gesetzt wurde, nicht erkannt und wählte statt des Geschehens in der Mitte »den Weg« in das Bildhafte und in Raumfolgen. Der Zentralraum hingegen wahrt im Statischen das Sein in der Transzendenz und nicht die Bewegung, wie sie dem griechischen Tempel entspricht. Der Blick auf das Altarbild in der fernen Apside führt zum »Bühnenbild« – zum »Theater«.

Hier möchte ich einen Brief von Max Frisch an Scharoun nach unserer Besichtigung der Philharmonie einfügen. Max Frisch hat den Raum gewiß nicht nur mit den Augen des Architekten gesehen, wenn er schreibt:

Sehr verehrter Herr Professor Scharoun!
Ich muss Ihnen schreiben. Es ist mir noch selten widerfahren, dass mich ein Werk heutiger Architektur so beglückt hat wie die Philharmonie in Berlin, die Sie geschaffen haben. Nachdem ich Bilder und auch Pläne gesehen hatte, so dass ich meinte, ich könne mir den Raum einigermassen vorstellen, war ich voll grosser Erwartung: schon öfter hätte ich nach Berlin reisen sollen, tat es aber nicht; jetzt reiste ich, um die Philharmonie zu sehen – nicht nebenbei, sondern um die Philharmonie zu sehen. Sie wissen wohl davon; Ihr junger Mitarbeiter war ein ebenso liebenswürdiger wie ergiebiger Führer. Darf ich Ihnen sagen, wie es mir erging? Im Foyer war ich verblüfft, aufgeregt, wir gingen treppauf und treppab, fasziniert vom Wechsel der Durchblicke; leider fehlten die Menschen, ihre Bewegung in dem Gebilde. Ein paar Reinemacherinnen gaben immerhin die Maßstäblichkeit. Also wir gingen und gingen, geführt wie in einem Labyrinth; geführt nicht von unserem Führer, sondern vom Geist dieses Gebildes selbst. Ein Labyrinth, damit meine ich, dass es sich für mich, wie genau ich mich auch umsehe, nie rationalisiert; so wenig wie eine lebendige Landschaft sich rationalisiert. Und zugleich fühlte ich mich geführt, nicht verloren; geführt von der Lust, die sich bietet. Nie vergewaltigt, nur auf betörende Weise geführt von den Einfällen des Architekten. Das war schon ein grosses Vergnügen, ein Präludium, das uns die Schale des Alltags abnimmt und uns frei macht. Dann der Saal selbst. Wir traten oben herein. Es war grad Probe. Eben hatten wir im Foyer noch diskutiert, angeregt, aber noch im Vollbesitz fachmännischer Terminologie. Im Saal: wir trennten uns, wie setzten uns, wir schwiegen und waren da. Wir mieden einander, um nicht zu diskutieren hier. Ich brauche es Ihnen, sehr verehrter Herr Scharoun, nicht mitzuteilen, dennoch möchte ich's sagen: Dieser Raum ist eine der grossen Schöpfungen unsres Jahrhunderts, neu, unvergleichlich, nur seiner Wirkung nach vergleichbar mit den schönsten Räumen, die irgendwann und irgendwo von der Architektur geschaffen worden sind. Sie wissen das, aber Sie müssen auch wissen, wie dankbar wir dafür sind. Wie stolz (was selten der Fall ist) auf die Architektur unsres Jahrhunderts. Wir sassen lang. Wir setzten uns da und dort. Der Klang des Orchesters, das da probierte, ersparte uns das Gerede; es wäre superlativisch gewesen. Aber wozu. Man ist einfach da. Man ist da, wo die Musik herkommt, in der Musik. Ich sehne mich nach diesem Haus –

in grosser Bewunderung — Roma, 20.4.64
Ihr (gez.) Max Frisch — via Margutta, 53 B

Max Frisch empfand spontan das Organhafte des Raumes, das Einswerden »in der Musik«.

Gegensätzlicher können Philharmonie und Kammermusiksaal zum Wiederbelebungsversuch der bildhaften Architektur durch die Postmoderne nicht stehen.

Immer wieder haben räumlich sensitive Besucher den Saal der Philharmonie und den Kammermusiksaal mit Sakralbauten verglichen. Das folgende Kapitel über den Zentralraum im Theaterbau kann die vorweggenommene Einsicht nur durch den Negativbeweis verstärken. Im Kapitel »Geheimnis der Gestalt« greife ich den Gedanken über den Ursprung der Philharmonie aus dem Sakralbau abschließend auf. Das Kapitel »Dreiheit und Struktur« über die latenten Impulse zur Grundrißstruktur des Kammermusiksaals bildet die Ergänzung, weil mit diesem Bau das Thema des Zentralraums der Philharmonie als Variation weitergeführt wird.

Zentralstruktur im Theaterbau

Die Baugestalt des Konzertsaales ist erst im 19. Jahrhundert entstanden. Eine Ursache liegt wohl darin, daß die Musik in den früheren Jahrhunderten nur begleitende Funktion bei Kulthandlungen und später bei Meßfeiern hatte. Als Beispiel für die Kulthandlung sei das vorklassische, archaische Theater von Phaistos und Knossos auf Kreta genannt. Die Sitzreihen umgaben geradlinig in blockartiger Anordnung die Kult- und Spielfläche.

Auch im klassischen griechischen Theater war der Musik nur eine dienende Funktion zugewiesen. Die kreisrunde Fläche der Orchestra wurde zu etwa 5/9 von den ansteigenden Sitzreihen umschlossen, die in eine Bergmulde hineingebaut waren.

In dem römischen Theater waren dagegen die Zuschauerreihen nur halbkreisförmig ausgeführt und ruhten auf starken, radial gerichteten Mauern als Unterkonstruktionen. Als Beispiele seien die griechischen Theater in Epidauros und in Delphi genannt. Schon wegen ihrer Integration in die Landschaft wären Überdachungen nicht adäquat gewesen. Die römischen Theater in Orange und in Nîmes konnten hingegen durch Sonnensegel überspannt werden. Diese Bauwerke als Symbole des römischen Imperiums bildeten den Wendepunkt vom naturhaften zum artifiziellen Raum.

In diesen Bauten die Vorläufer zum Zentralbau und somit zur Philharmonie zu sehen liegt nahe. Dennoch darf nicht verkannt werden, daß bei diesen außerordentlichen Bauwerken die Sitzreihen der Zuschauer kaum mehr als halbkreisförmig um die Orchestra geführt waren. Abgesehen von den antiken Arenen ist im griechischen oder römischen Theater nicht der Ursprung des Zentralraumes zu finden, weil die Orchestra nur eine vorgeschobene Spielfläche vor der Rückwand des Theaters bildete. Diese Disposition ist allerdings als Vorläufer der Raumbühne von außerordentlicher Bedeutung und wird in Europa eigentlich erst durch das Shakespeare-Theater wiederaufgenommen.

Die berühmten akustischen Eigenschaften des antiken Theaters beruhen nicht nur auf der schallreflektierenden Rückwand hinter der Orchestra, sondern auch auf der Brennpunktbildung durch die Kreisform; von dieser Stelle kann das Theater mit seinen extrem hohen Platzzahlen akustisch angesprochen werden. Die Benutzung durch ein Ensemble oder sogar durch ein modernes Orchester ergibt für unsere heutigen akustischen Qualitätsbegriffe, die auch auf einer Ausbalancierung des Orchesterklanges beruhen, bestenfalls Zufallsergebnisse. Das rekonstruierte Theater des Herodes Attikus in Athen z. B. wird von den heutigen Orchestern auf Konzert-Tourneen für Aufführungen benutzt; der klangliche Eindruck ist jedoch wegen der fehlenden Decke in keiner Weise mit der akustischen Qualität eines Konzertsaales zu vergleichen.

Die Bauten des antiken Theaters sind schon wegen ihrer Größe Zeugnisse eines unwiederbringlichen Bauwillens. In ihnen dokumentiert sich die zentrale Bedeutung der Kunst, des Theaters in einer demokratischen Raumform, wie sie als bauliches Dokument auch in ihrer Anzahl nie wieder in der Baugeschichte erreicht wurde.

Im Chinesischen Theater und in differenzierterer Form auch im Japanischen Kabuki- und No-Theater ist die Spielfläche – gegenüber der streng axialen Anordnung des antiken europäischen Theaters – differenzierter und vielgestaltiger; eine gewisse Einbindung des Publikums in das Geschehen ist damit bereits vorgegeben. Auch dem Theater des Mittelalters, das sich aus den

Theater in Epidauros, ca. 350–340 v. Chr.

Mysterien- und Passionsspielen religiösen Inhalts in den Kirchenräumen entwickelte, ist die Einheit des Ortes und der Handlung aufgegeben. Die Musik wurde aus ihrer ausschließlich begleitenden Funktion zur Selbständigkeit geführt. Diese Stellung resultiert zwangsläufig aus dem Meßgesang, der ebenfalls keine begleitende Funktion hatte, sondern eine eigenständige Funktion neben der Meßfeier erfüllte. In diesem Zusammenhang ist die Aufteilung des Chores auf mehreren Emporen – besonders im Dom von San Marco in Venedig – zu sehen, auf die sich die Polyphonie, aber auch die konzertanten Formen der Musik zurückführen lassen. Mit der musikalischen Einbeziehung des Raumes begann eine Entwicklung, die bis zu den jüngsten Raummusik-Experimenten der ›Neuen Musik‹ führt; über diese Auswirkungen auf die Philharmonie wird noch berichtet.

Die weiteren Entwicklungen des Theaters können hier nicht ausgeführt werden, denn sie sind für die Entwicklung des Konzertsaales als Zentralraum nicht entscheidend.

Auch die Reformbestrebung im Klassizismus zu einem »Sehraum«, der über einem Kreissektoren-Grundriß eine gleichmäßig ansteigende Sitzordnung aufweist, oder die Versuche von Ledoux mit einer weit in den Zuschauerraum gezogenen Bühne und schließlich der sehr dynamische Raum des Schauspielhauses in Berlin von Friedrich Gilly (1798) bis hin zu dem Schauspielhaus Berlin von Karl Friedrich Schinkel (1818) bringen lediglich Auseinandersetzungen mit dem Schauraum als Bühne im Bezug zum Zuschauerraum und zeigen keinen bedeutsamen Ansatz zum Zentralraum. In der zweiten Hälfte des 19. Jahrhunderts wird durch die speziellen Theater-Architekten vorrangig Wert auf die Bühnentechnik mit der uneingeschränkten Tiefenbühne, wie in der Pariser Oper (1861–75), gelegt. Auch die technisch voll entwickelte Illusionsbühne im Festspielhaus Bayreuth (1872) und schließlich die Einschaltung eines neutralen Zwischenraums als »mystischen Abgrund« im Festspielhaus für München von Gottfried Semper (1865) standen einer Entwicklung zum Zentralraum diametral entgegen. Die »Anordnung« der Zuschauer erfolgte auf schubladenförmigen Rängen – damit war die »Rangordnung« vollzogen.

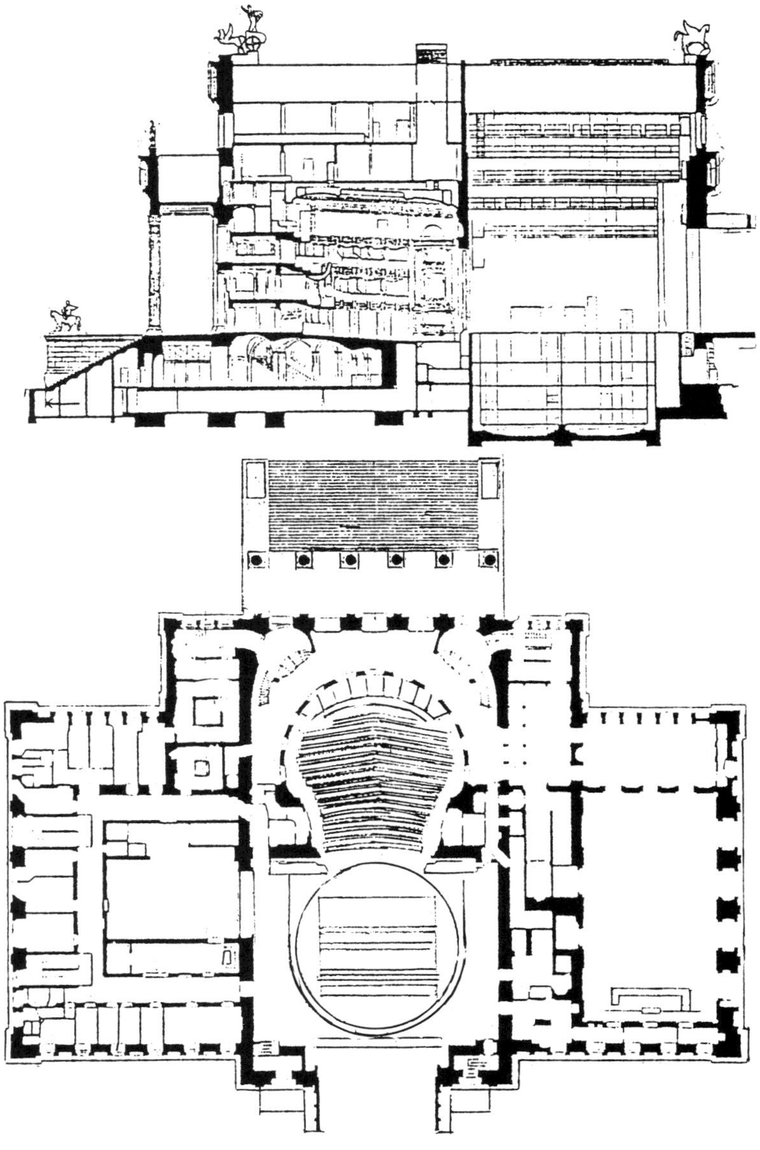

Staatliches Schauspielhaus Berlin, K. F. Schinkel, 1818–21

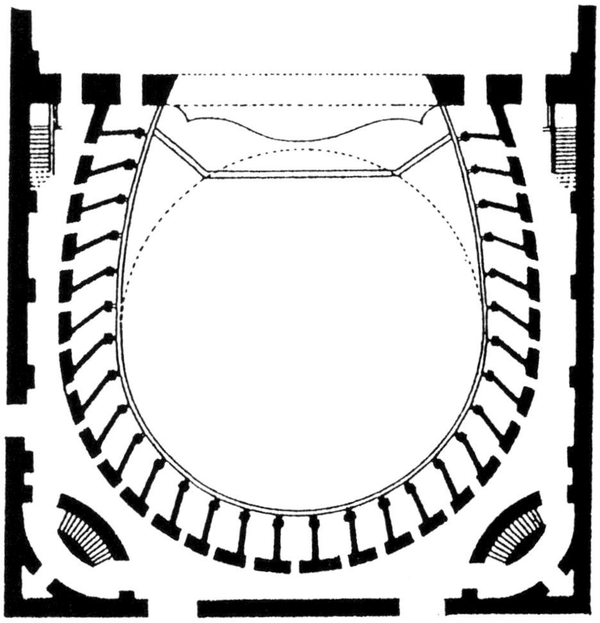

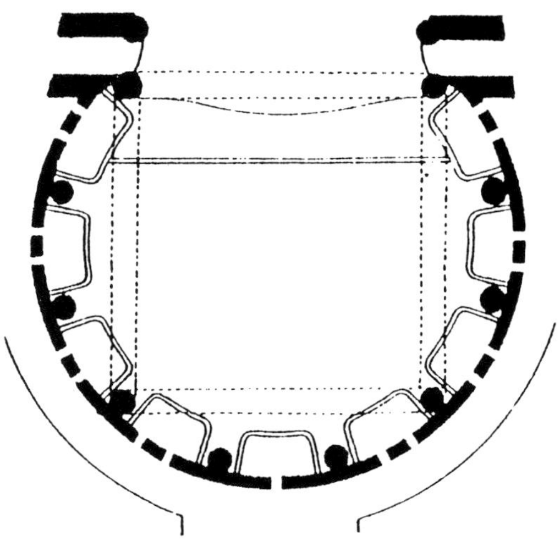

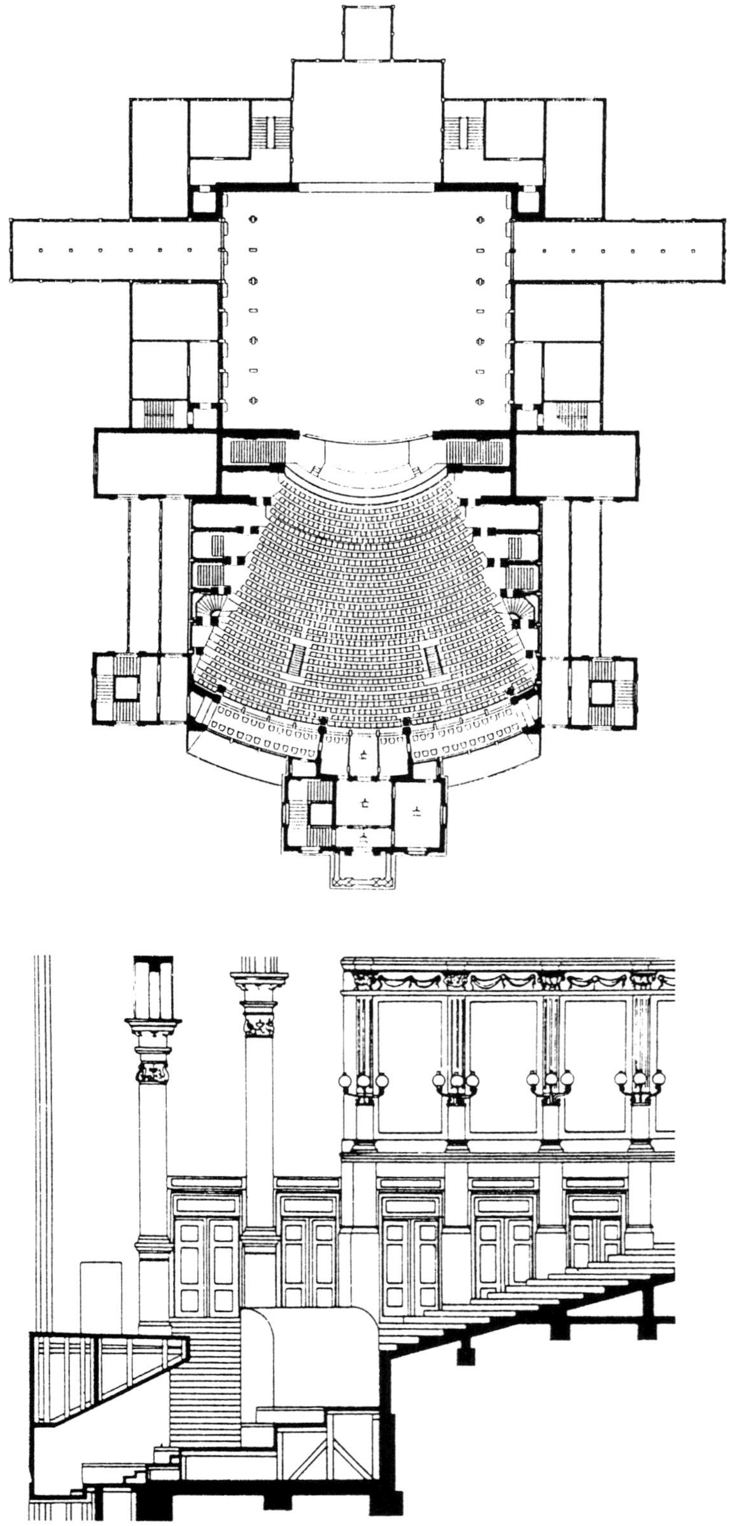

Die zahlreichen Theaterbauten von der Jahrhundertwende bis zum 1. Weltkrieg (unter dem Begriff »Karussell-Barock« bekannt) führten endlich zu einer Gegenreaktion, ausgelöst durch das nicht realisierte Reformtheater von Andreas Streit (Wien) und die Volksoper Paris (1875, für 9000 Besucher, ebenfalls nicht ausgeführt) der Architekten Davioud und Bourdais. Dazu gehört auch das Projekt von Adolf Loos (Wien, 1898), bei dem die Einbeziehung des Zuschauerraumes um eine weit in den Raum gezogene Vorbühne versucht wurde und durch ein hoch ansteigendes Parkett die Anordnung von Rängen vermieden werden sollte. Die damals geplanten »Ei-Formen« hätten sicher außerordentliche akustische Schwierigkeiten zur Folge gehabt. Weitere Entwürfe von Josef Hoffmann (Wien, 1910), Henry van de Velde (für Köln 1914 gebaut, abgerissen) und Frank Lloyd Wright (Barnsdall Theatre, 1916) zeigen zwar wichtige Auseinandersetzungen mit dem Raum des Theaters, führen aber nicht zum Konzertsaal oder zum Zentralraum, weil in jenen Räumen die Hinwendung zur Bühne, auf das Geschehen, unverändert beibehalten wird.

oben links: Teatro Argentina, Rom, Teodoli, 1732

Mitte links: Grand Theatre, Bordeaux, Victor Louis, 1777–1780

rechts: Festspielhaus Bayreuth, Brückwald, 1876, Grundriß und Schnitt durch den Orchestergraben – den »mystischen Abgrund« –

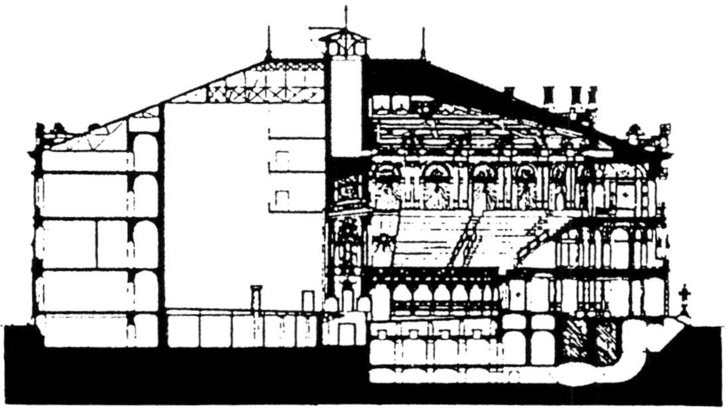

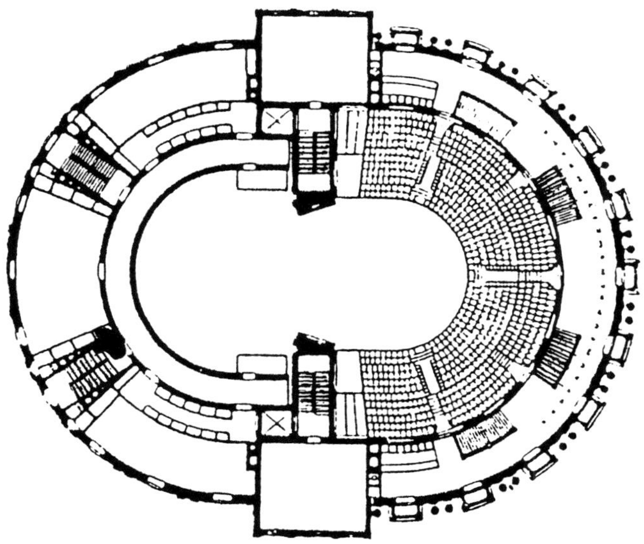

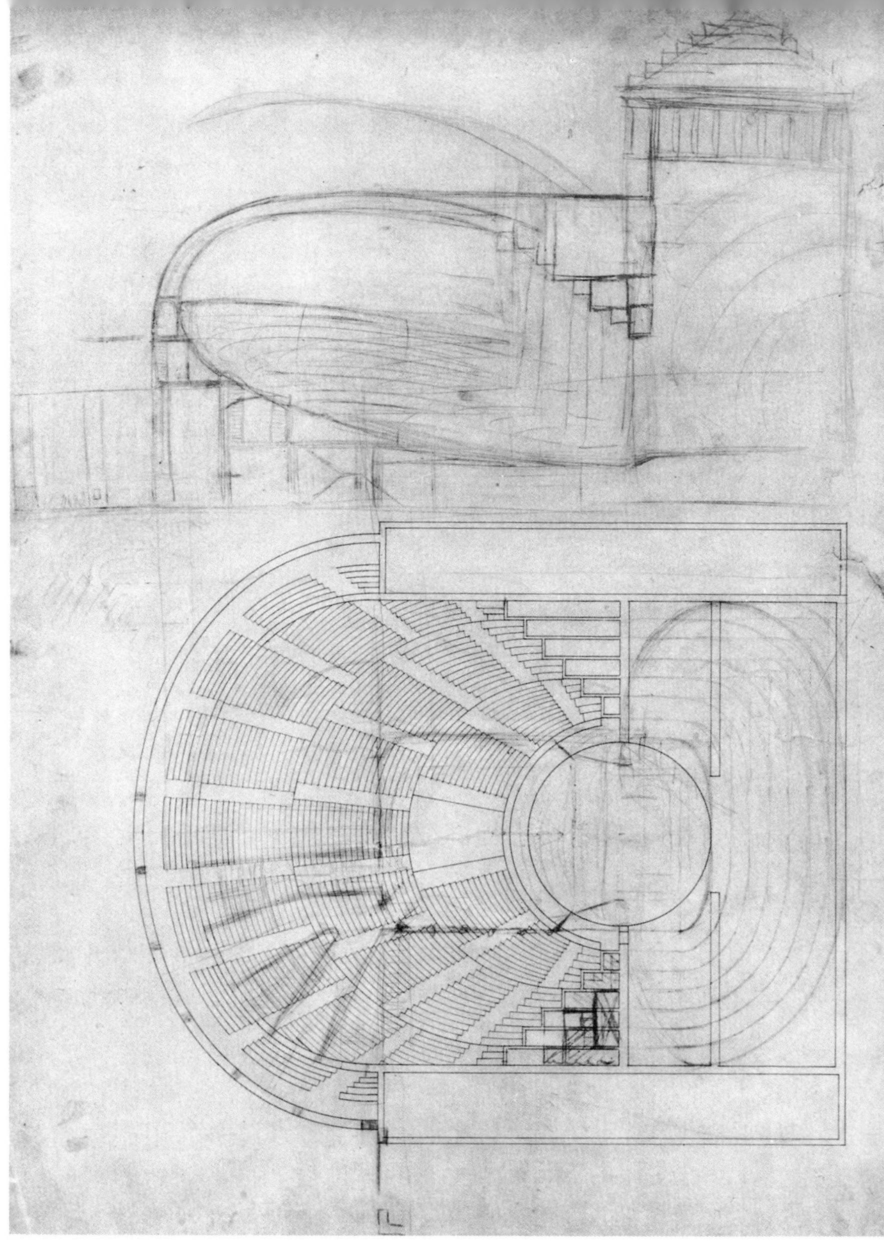

Idealplan eines Theaters für 4000 Besucher, A. Loos, 1898

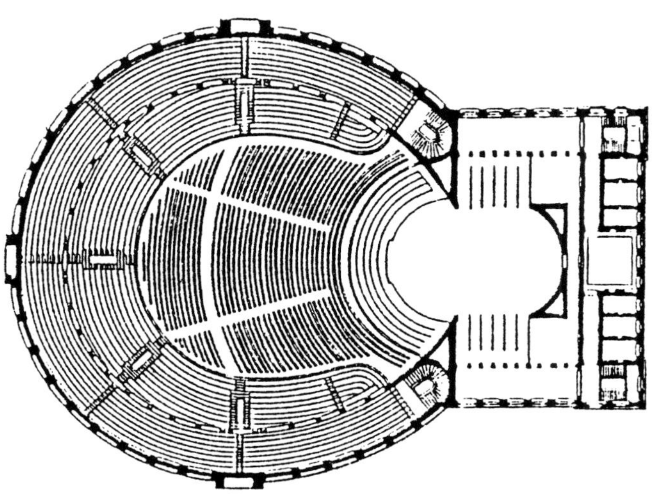

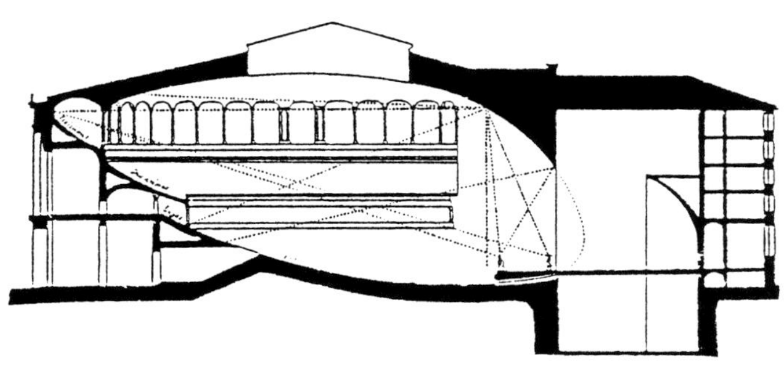

oben links: Entwurf Reform-Theater, Wien, A. Streit, 1887
Schnitt und Grundriß

unten: Entwurf Volksoper Paris, Davioud u. Bourdais, 1875
Schnitt und Grundriß

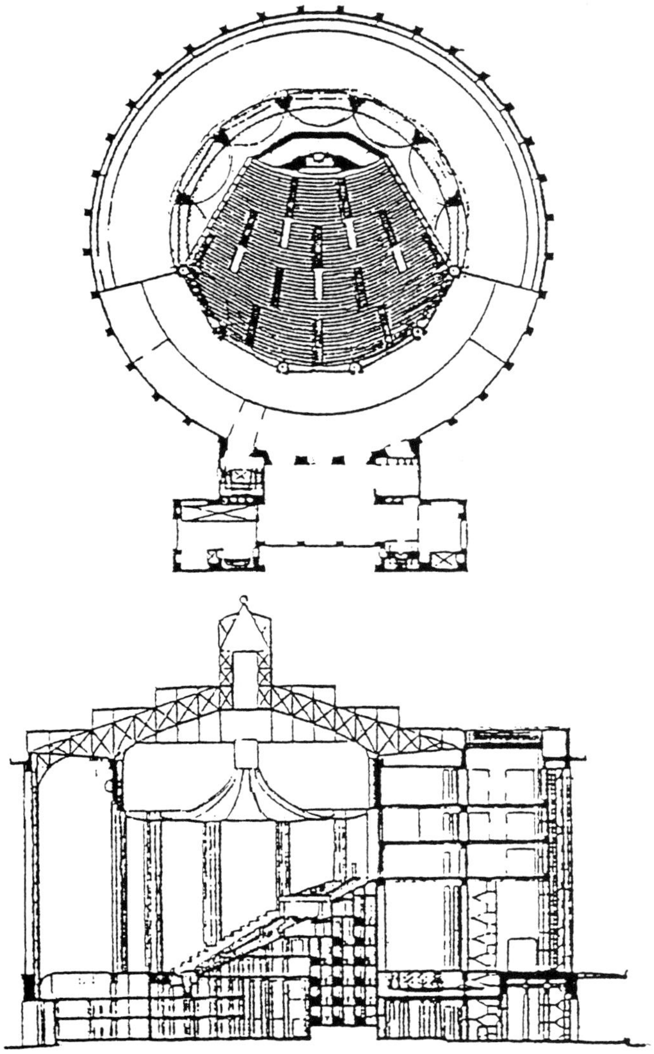

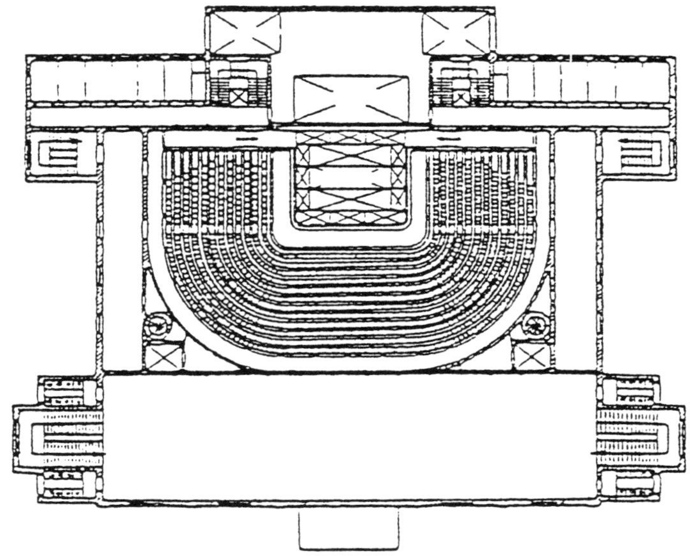

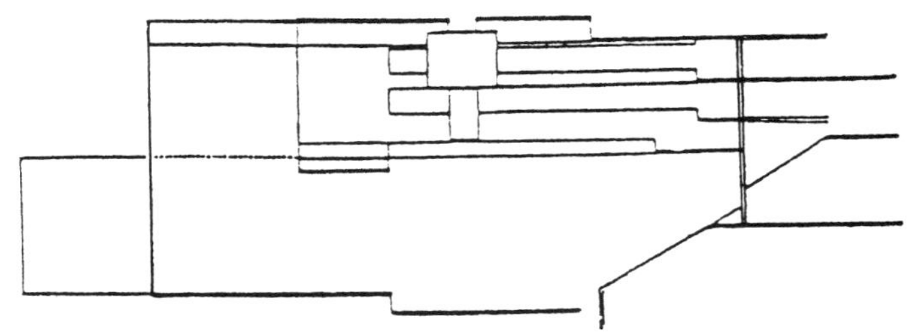

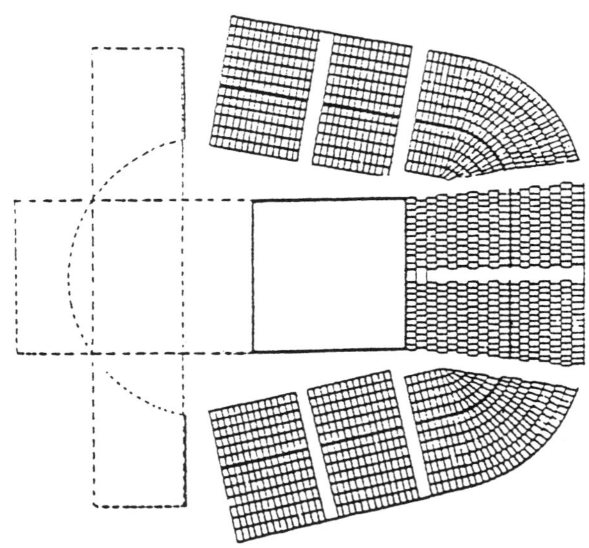

Entwurf für ein Schauspielhaus, O. Strnad, 1918

oben rechts: Entwurf für eine Raumbühne, W. Treichlinger und F. Rosenbaum, 1925

Mitte rechts: Entwurf für ein U-Theater, F. Molnar, 1924

Ein Projekt des Wiener Architekten Oskar Strnad weist neue Wege zu einem illusionären Theater (1918). In einem kreisförmigen Baukörper liegen konventionelle Hochparketts für die Zuschauer um eine bis über die Hälfte herumgezogene außermittige Szenenfläche. Diese geht jedoch in einen den Raum allseits umgebenden Rundhorizont mit einem vorgelegten Lichtgraben über, die Zuschauer fühlen sich wie in einen unendlichen Raum versetzt. Die Richtungsbezogenheit des konventionellen Theaters wird weitgehend aufgehoben, wenn auch die Orientierung auf die Hauptspielfläche bestehen bleibt. Damit ist eine gewisse ideell-formale Beziehung zur Philharmonie zu spüren, weil auch hier die Begrenzung des Raumes hinter den Zuschauerreihen verschleiert und durch die ungegliederten Holzflächen der Wände geradezu verschwiegen wird; weder die Zahl der Grundrißecken noch die räumliche Fassung soll ablesbar sein.

Das Projekt der Wiener Architekten Wilhelm Treichlinger und Fritz Rosenbaum (1925) zeigt eine Kombination aus Guckkasten- und Raumbühne. Es leitet zum Bau für das große Schauspielhaus in Berlin von Hans Poelzig über. Nach den Intentionen von Max Reinhardt sollte der Konflikt der räumlichen Zweiteilung Vorbühne/Guckkastenbühne möglichst aufgelöst werden, damit der Schauspieler weitgehend zentral in der Mitte agiert, und die Handlung gleichsam in die »Welt« der Zuschauer hineingedrängt wird. Dieser Konzeption wird besonders durch die Gestaltung des Raumes mit einer Kuppelform entsprochen, deren ringartige Steigerung und ornamentale Auflösung durch bogenförmige Elemente an die Kuppel des Pantheons erinnern.

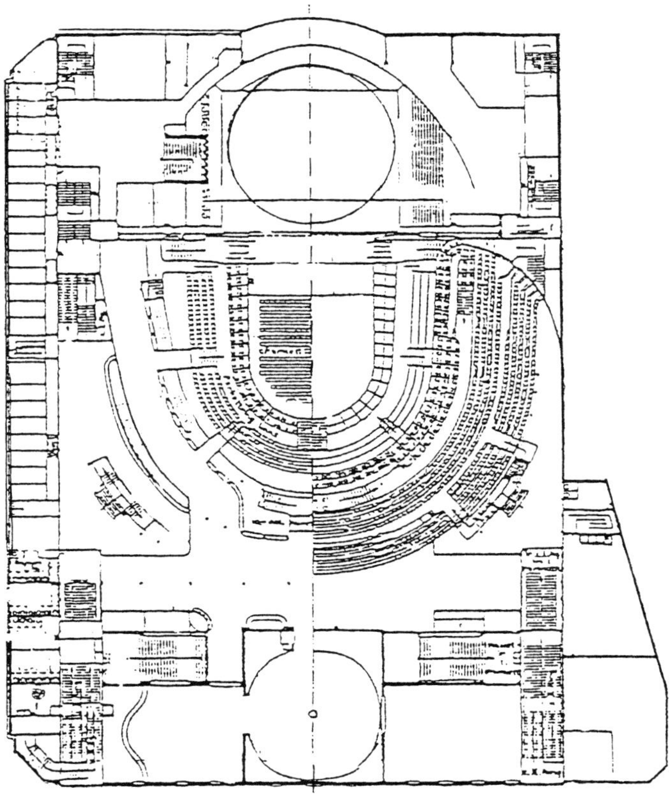

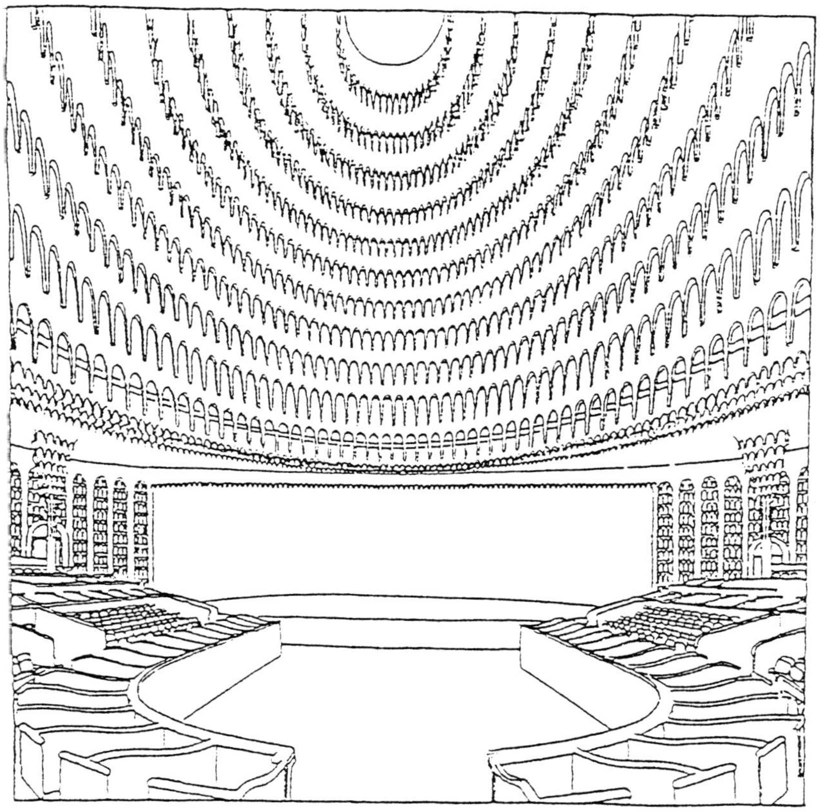

Entwurf für das Festspielhaus Salzburg, H. Poelzig, 1922, Grundriß und Innenraum

Poelzig greift in der dritten Fassung für das Projekt des Festspielhauses Salzburg von 1922 diese Raumform wieder auf, wobei die kreisförmige Anordnung zugunsten einer meridianhaften Struktur zurücktritt. Diese bewunderswerte Steigerung und Gliederung der Raumform bringt zwar den erwähnten »Kosmos« des Raumes, er ist nur nicht mit der künstlichen Welt auf der Bühne vereinbar. Es bleiben zwei gewaltige räumliche Akzente, denn die Einbeziehung der Spielfläche in den Zuschauerraum ist im Salzburger Projekt wieder geringer als im großen Schauspielhaus in Berlin; dies zeigt sich auch in der eiförmigen Grundrißanlage. Außerdem konnte auf die Illusionsmaschinerie des Bühnenhauses nicht verzichtet werden; daher kam es zwangsläufig zur räumlichen Zweiteilung – der »Vorgang« läßt sich nicht uneingeschränkt in den Kreis der Zuschauer holen.

Weitere Theaterprojekte von Wassili Luckhardt, Auguste Perret, Norman B. Geddes, Frederick Kiesler mit Zentralwirkungen übergehe ich hier wie auch die Projekte der Futuristen und des russischen Theaters.

Farkas Molnar projektierte am Bauhaus das U-Theater als Raumbühne mit Auftrittsmöglichkeiten von der Decke und von den Galerien. Andreas Weininger schließlich schlug das Kugeltheater vor, bei dem die Zuschauersitze am inneren Rand einer Kugel angeordnet werden sollten. Die Spielfläche ist als Kreis in der Kugel vorgesehen, von der eine vertikale spiralartig geführte Spielrampe aufsteigt. Diese Gedanken kehren in den 50er Jahren in der Idee zu einem kugelförmigen Konzertsaal von Karlheinz Stockhausen wieder, der anläßlich der Weltausstellung in Osaka errichtet wurde.

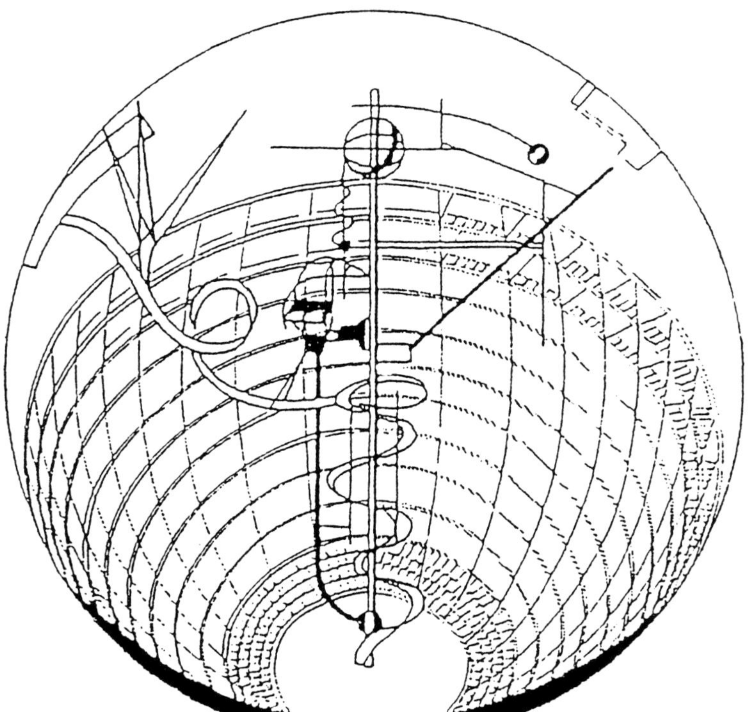

Entwurf für ein Kugeltheater, A. Weininger, 1924

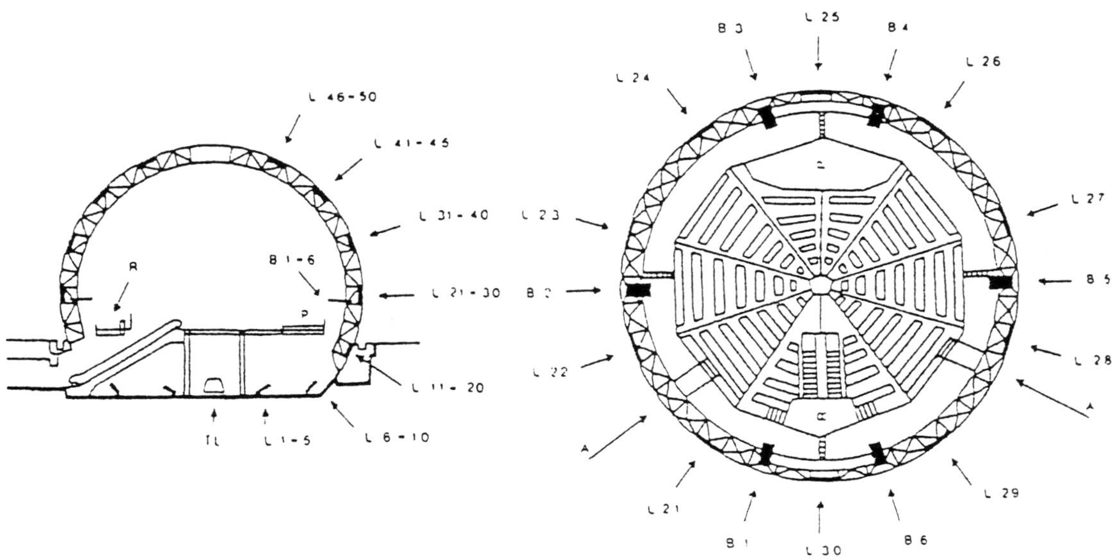

links: Kugelauditorium, Weltausstellung Osaka, Stockhausen/ Bornemann, 1970

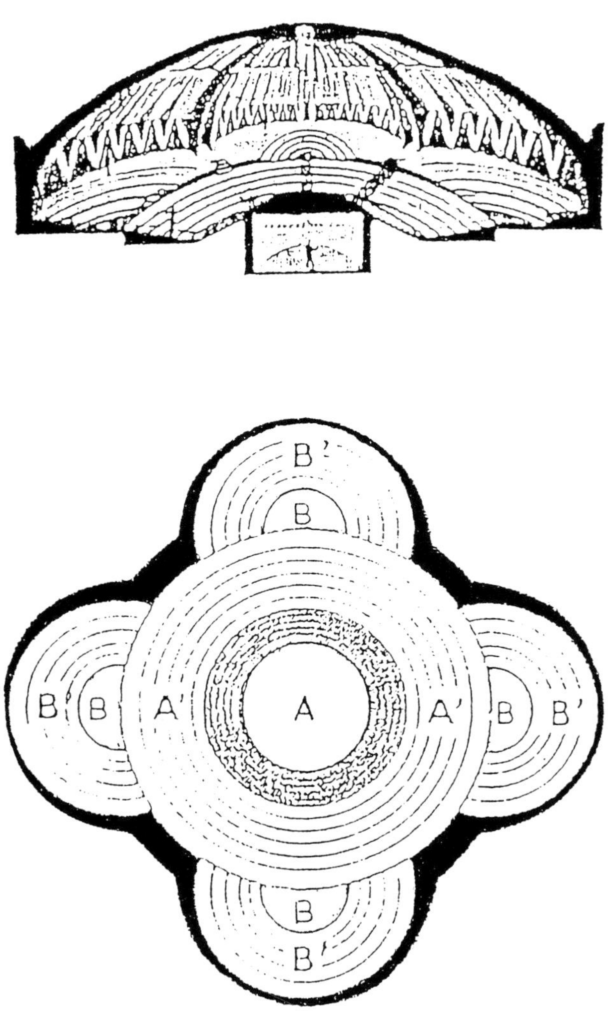

Stegreiftheater – »Theater ohne Zuschauer«, Wien, Höningsfeld, 1924, Grundriß und Schnitt

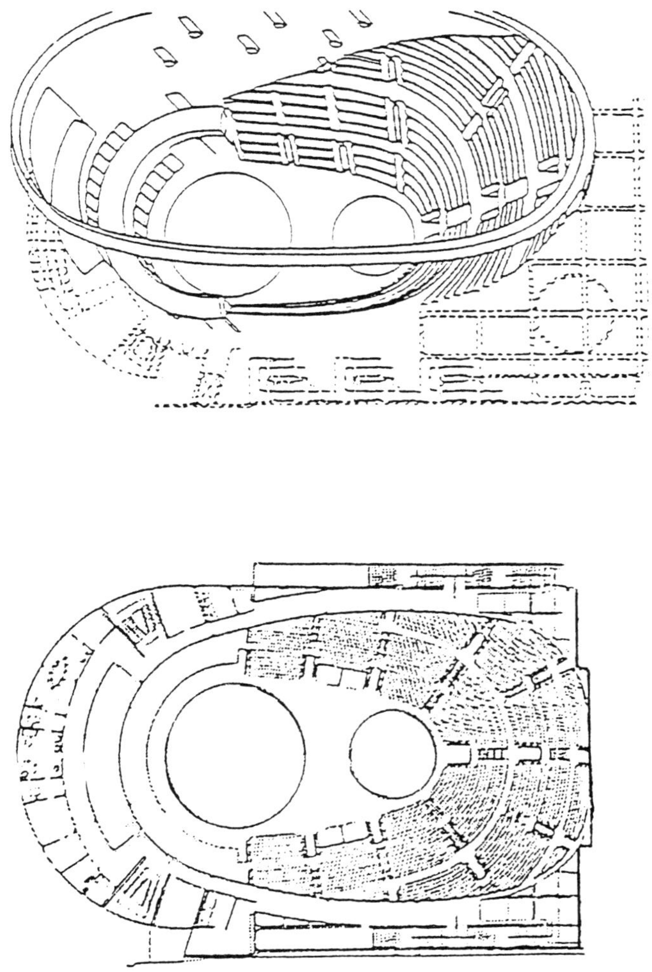

Theaterprojekt für W. Meyerhold, Moskau, M. G. Barchin, S. Wachtangoff, 1925, Grundriß und Isometrie

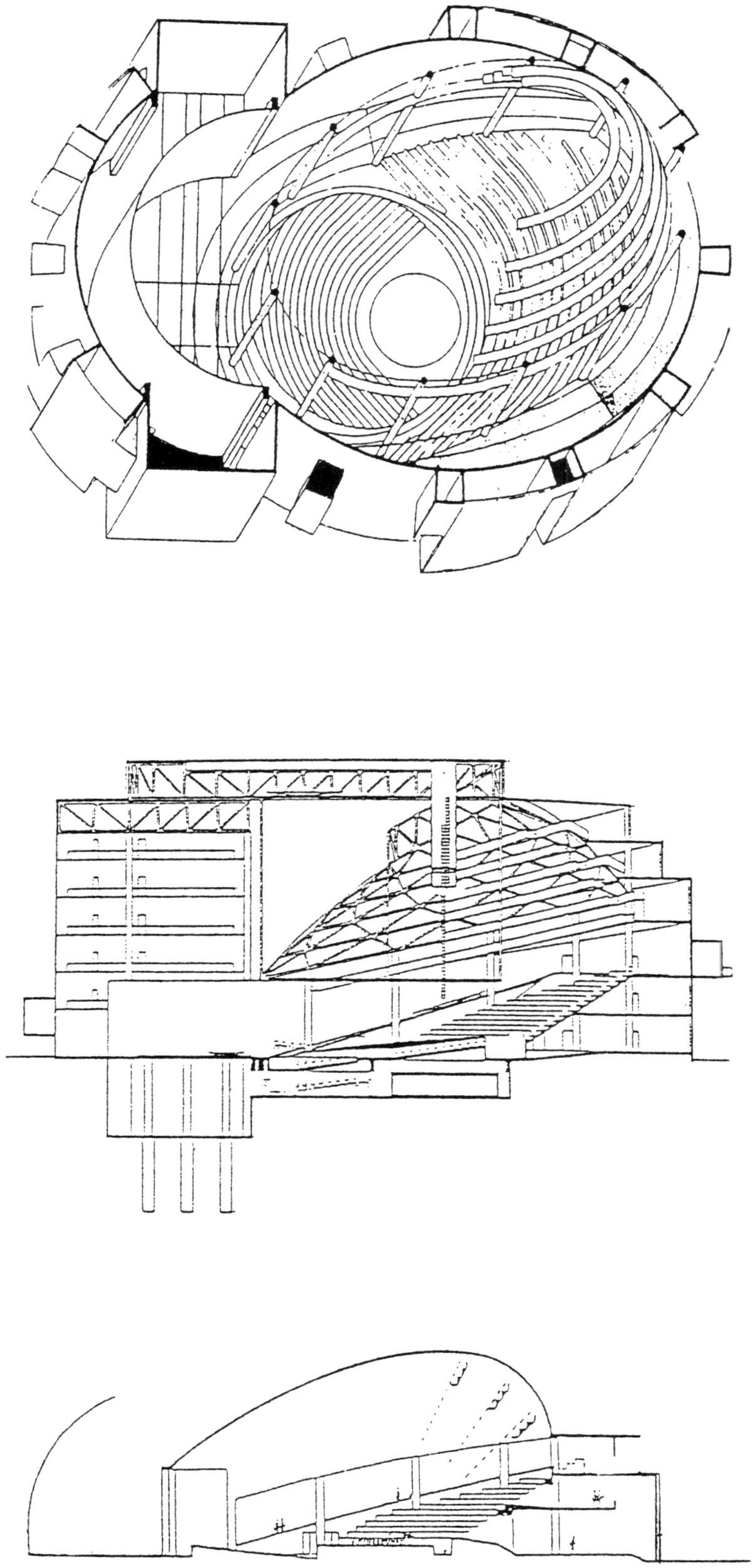

Entwurf für das »Total-Theater«, Berlin, W. Gropius, 1927, Isometrie und Schnitte

S. 30: Wie vor, 3 Grundrisse mit Nutzungsvarianten

Neue Zentralstrukturen, die in anderer Form in der Philharmonie wiederkehren, sehe ich in dem Stegreiftheater von Höningsfeld, als »Theater ohne Zuschauer« propagiert, in dem die Zuschauer aktiv am Spiel beteiligt werden. Die Anordnung einer Hauptbühne in der Mitte und vier peripher zugeordneter Nebenbühnen bringt eine Assoziation zur Philharmonie mit den drei peripher angeordneten Emporen für raummusikalische Aufführungen. Das für Meyerhold in Moskau von M. Barchin und S. Wachtangoff entworfene Ein-Raum-Theater mit Zuschauergalerien um die Spielzone führt meines Erachtens durch seine elliptische Raumform, in der zwei Drehscheiben als Spielflächen unterschiedlicher Größe gedacht waren, zu dem 1926/27 von Walter Gropius projektierten Entwurf für ein Totaltheater, in dem ebenfalls zwei Drehscheiben die Variabilität des Raumes gewährleisten sollten. Das Projekt von Gropius sieht folgendes vor: Das Zuschauerhaus ist eiförmig und hat ein angekoppeltes, halbkreisförmiges Bühnenhaus, das jedoch szenisch abgetrennt werden kann. Bei konventionellen Aufführungen dient eine kleine Drehscheibe als Vorbühne für Raumtheater-Aufführungen, sie kann jedoch mit Zuschauerplätzen versehen werden, wenn eine Guckkasten-Bühne verlangt wird. Das gesamte Hauptparkett, einschließlich der kleinen Drehscheibe, ist wiederum auf einer Drehscheibe aufgesetzt und kann um 180° gefahren werden; so gelangt die kleine Drehscheibe als Spielfläche in die Mitte des Raumes, damit entsteht das Arenatheater. Außerdem wird das gesamte Zuschauerhaus durch einen Spielring umgeben, der an das Projekt von Oskar Strnad erinnert. Der eiförmige Raum sollte von einer schrägliegenden Kuppel überspannt werden, die in ihrer Schräglage dem Arena-Gedanken jedoch kaum entsprochen und akustisch erhebliche Probleme verursacht hätte. Die Gliederung dieser Kuppel erinnert durch die streifenartige Gliederung an das Pantheon und an Poelzigs Schauspielhaus in Berlin sowie an dessen Salzburger Projekt. Sicher weist das Projekt von Gropius noch zahlreiche ungelöste Probleme bei der Drehung der großen Parkettfläche an den Übergängen im Zuschauerbereich auf, die Bedeutung dieser Konzeption kann dadurch aber nicht geschmälert werden. Die maschinelle Variabilität des großen Parkett-Teiles mit der gesonderten Vorbühnenfläche scheint die einzige Möglichkeit für die Funktion eines Theaters zu sein, das schließlich neben Arenaaufführungen vor allem das traditionelle Repertoire auf einer Bühne mit entsprechender Bühnentechnik spielen muß. Scharoun war an allen Ideen und Projekten für ein neues Theater überaus interessiert und hat sich wohl eingehend mit diesem Projekt auseinandergesetzt. Wenn er diesem Weg bei seinen Theaterentwürfen jedoch nicht folgte, so lag dies wahrscheinlich an seinem tiefen Mißtrauen gegenüber der technisch-mechanischen Lösung, da dadurch »Unfug« angerichtet werden kann. Er erkannte vermutlich die räumlichtechnischen Zufälligkeiten, die bei der Drehung der großen Parkettplatte an der Nahtstelle entstehen würden. Bei genauerer Untersuchung des Grundrisses, der Sitz- und Sichtverhältnisse bei den verschiedenen Podiumsstellungen wird ersichtlich, wie ungünstig sich diese, besonders in den seitlichen Bereichen, auswirken. Dies gilt besonders auch für die Situation der Arena-Bühne im Bezug zu den unveränderten und gedrehten Zuschauerreihen zueinander. Vergleicht man dagegen Scharouns Theaterprojekte oder die Reihenanordnung in der Philharmonie, dann wird verständlich, daß jene technische Lösung von Scharoun nicht verfolgt worden ist. Die Brüstungsflächen, die bei den Raum-Veränderungen im Totaltheater entstehen, wären für Scharouns Gestaltungsweise undenkbar gewesen. Aus der

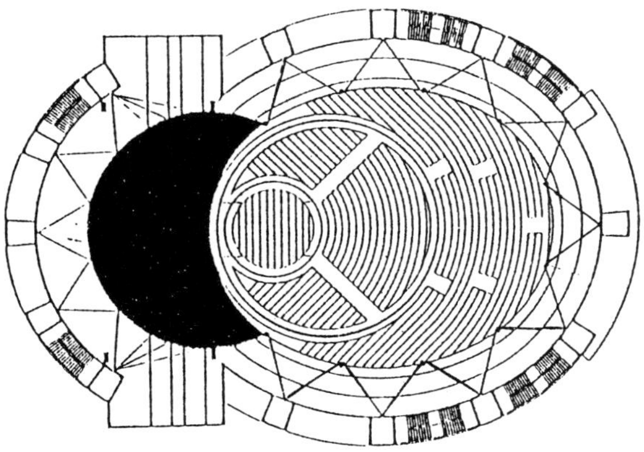

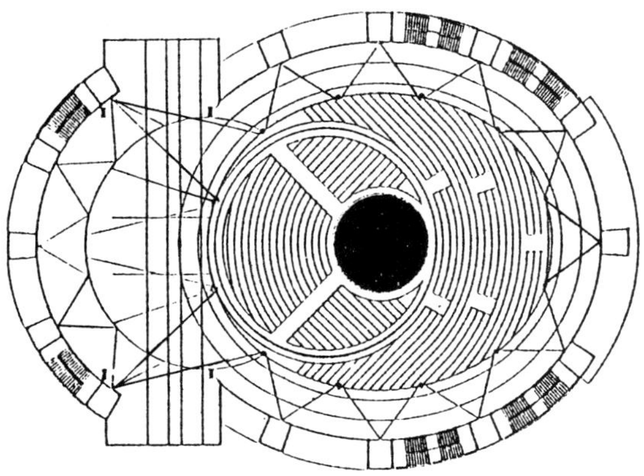

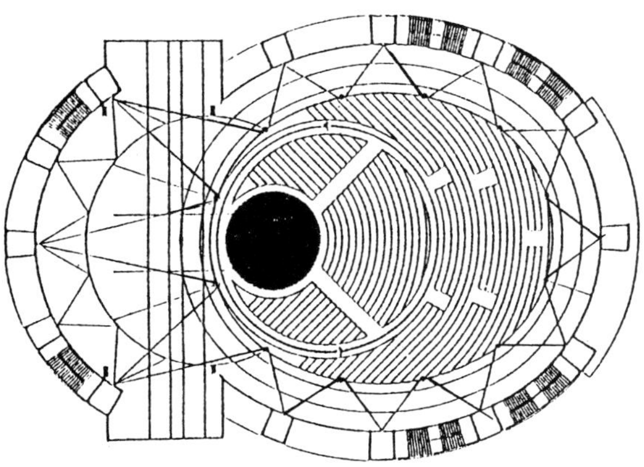

Erfahrung bei der Planung für die Philharmonie kann ich behaupten, daß es für Scharoun in dieser Hinsicht keine Kompromisse gab.

Als schlechte Lösung sah er auch die sogenannten Mehrzwecksäle an, in denen Konzerte und andere Veranstaltungen bis zu Karnevalsfeiern stattfinden. Derartige Veranstaltungen erfordern ein ebenes Parkett; damit wird außer schlechten Sichtverhältnissen auch die Einschränkung des akustischen Primärschalles in Kauf genommen. Für die Philharmonie konnten derartige Nutzungen und damit das ebene Parkett verhindert werden – dadurch sind auch die guten Sichtverhältnisse, trotz der weit

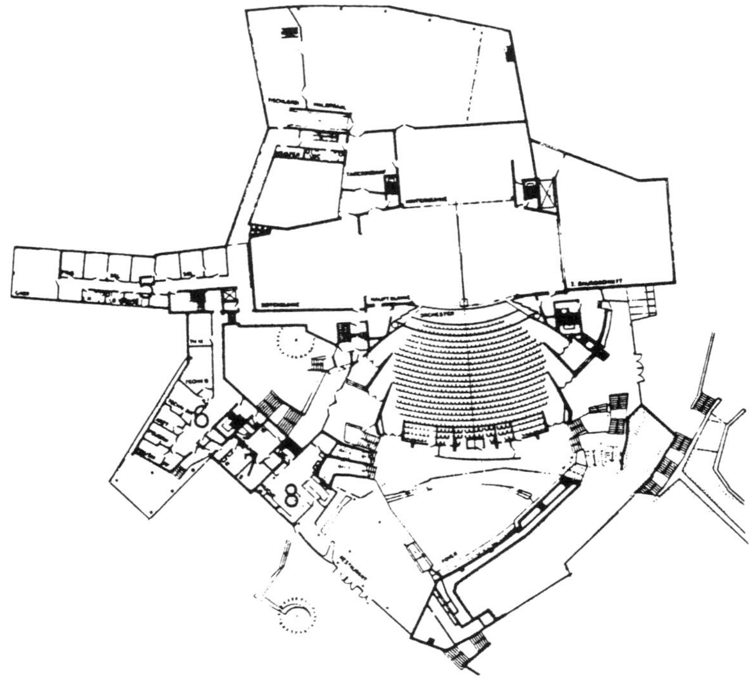

mehr als 2200 Plätze – ohne Rang-Anordnungen – erreicht worden. Auch die im Wettbewerbs-Programm verlangte Raumtrennung für Konzerte mit geringer Besucherzahl hat Scharoun ablehnen können, weil derartige Raumtrennungen formale und akustische Kompromisse bedeuten und ein kleinerer Konzertsaal für Kammermusik immer vorgesehen war.

Scharoun verzichtete bei seinen Theaterprojekten für Kassel (1952) und Mannheim (1953) bewußt auf die Zentralform. Für ihn hatte die Gruppierung der Zuschauer und die Einbeziehung der Bühne in den Gesamtraum oberste Priorität.

Hauptsächlich kleinere Zentralräume für Theateraufführungen im sogenannten »Arena-Style« wurden von amerikanischen Universitäten gebaut; sie haben weitgehend keine besonderen bühnentechnischen Einrichtungen, wodurch sehr »lebendige« Gemeinschaftsräume entstehen. Die Gestaltung dieser Räume wirkt vorwiegend studiohaft.

In keinem der großen Theaterbauten, die in den letzten Jahren errichtet worden sind, ist auf die technische Variabilität des Zuschauerraumes und auf das Vorziehen der Bühne in den Raum hinein verzichtet worden. Das neue Olivier-Theatre in London erinnert in den strengen, halbkreisförmigen Sitzreihen an das antike Theater und in der vorgezogenen Bühne an das Shakespeare-Theater. Der Zuschauerraum ist bewußt nüchtern und technisch gestaltet, die Illusion und Atmosphäre müssen sich von der Bühne dem Raum mitteilen.

Hier sei auch der Saal im »Palast der Republik« der ehemaligen DDR in Berlin genannt, der an der Stelle des ehemaligen Stadtschlosses errichtet wurde. Mit Hilfe einer umfangreichen Bühnentechnik kann ein Podium in der Mitte des Raumes errichtet werden. Der Saal wurde aber vorwiegend für Konzertaufführungen genutzt, bei denen das Orchester nicht in der Mitte, sondern – wie in den traditionellen Sälen – auf der Stirnseite spielte; »Produzent und Konsument« sitzen sich gegenüber.

Der neueste Theaterbau in Berlin-West ist der Einbau der Schaubühne in das Gehäuse des Universum-Theaters von Erich Mendelsohn. Nachdem das Gebäude bis auf seine Außenwände ausgeweidet und die äußere Erscheinung bis ins Detail rekonstruiert worden ist, können nun mit Hilfe von Hubpodesten und

S. 30 rechts: Projekt für das Staatstheater Kassel, Hans Scharoun, 1952

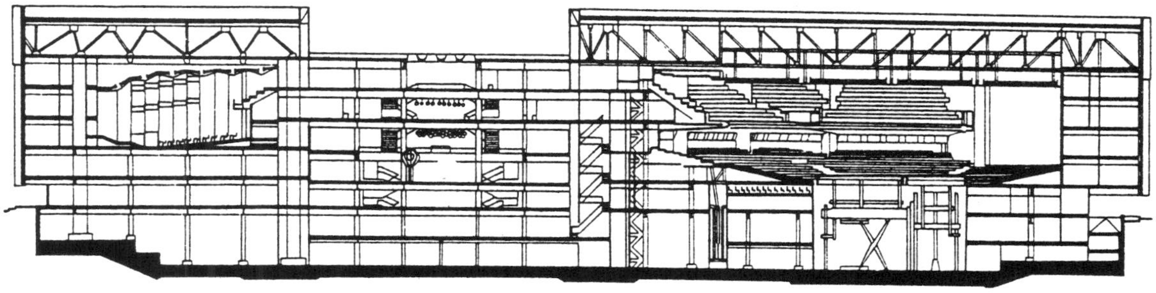

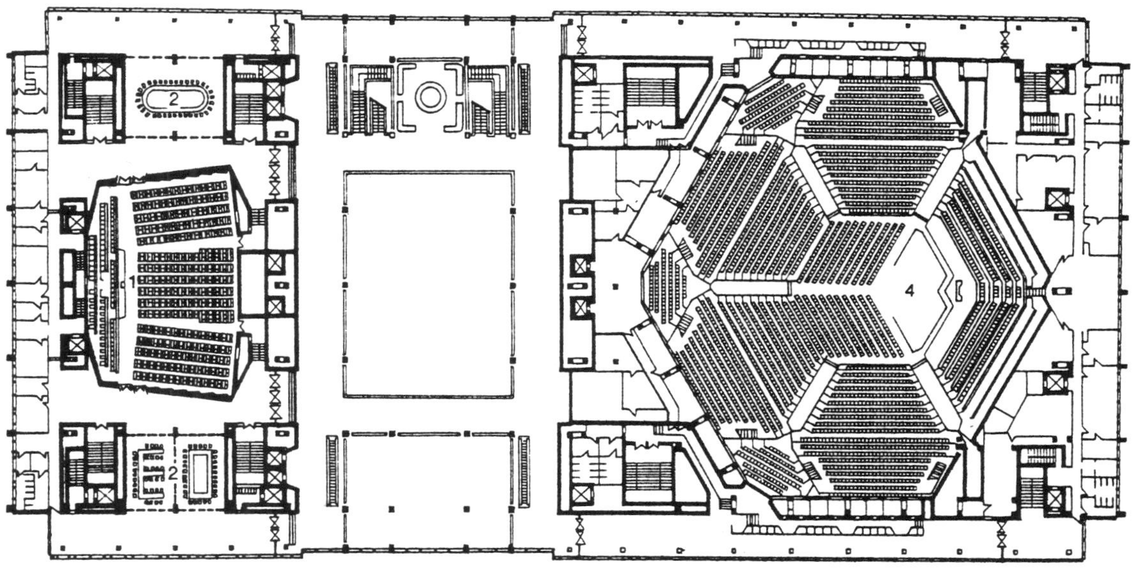

oben und Mitte rechts: Palast der Republik der ehem. DDR, Berlin, Kollektiv H. Graffunder, 1974–76, Schnitt und Grundriß

unten: 1978–81 Umbau des Universum-Theaters zur Schaubühne von J. Sawade – ursprünglich von Erich Mendelsohn 1927–28 errichtet

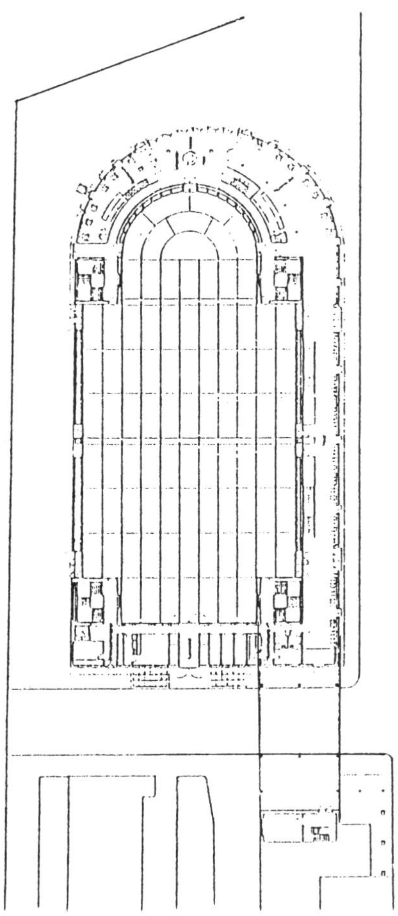

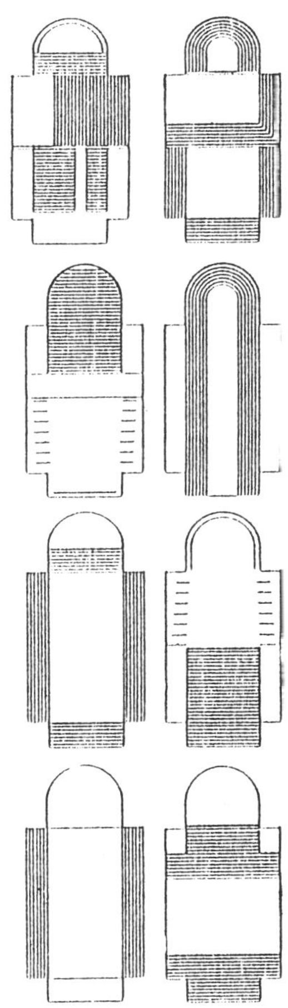

anderen technischen Mitteln alle Variationen der Theaterbühne, also auch die Arena-Bühne, erzeugt werden. Dieses Theater wurde speziell nach den Forderungen des Regisseurs Peter Stein von dem Architekten Jürgen Sawade entwickelt und stellt ein großes Studio- und Experimentiertheater dar, bei dem die Raumwirkung bewußt ausgeschaltet wurde. Dies hat zur Folge, daß bei jeder Inszenierung aufwendige Raumgestaltungen und neue akustische Vorkehrungen getroffen werden müssen.

Nach diesem Anti-Raum stellt sich grundsätzlich die Frage nach dem Sinn des Theaterraumes überhaupt. – Wird das Theater nur als »Schaubühne« begriffen und bewußt der menschlich verbindende Raum eliminiert, so ist der Verlust größer als die Beeinflussung, die durch eine formal zurückhaltende Raumgestaltung geschehen könnte. Es ist anzunehmen, daß sich Max Reinhardt und Hans Poelzig diese Frage auch gestellt haben und eindeutig zu einer räumlichen »Überhöhung« des Geschehens auf der Bühne gekommen sind und daß sie im Theater mehr als nur die »Schaubühne« sahen. Es wäre in Berlin richtiger gewesen, ein abstraktes Gehäuse um einen immer neu entstehenden Theaterraum technisch zu konstruieren, als einen historischen Raum zu zerstören.

Eine dialektische Auseinandersetzung mit der restaurierten Fassade bringt für den Theaterraum als Aktionsraum keinen Gewinn, sondern spiegelt etwas vor, was nicht mehr existiert. Beim modernen Theaterbau scheint die Technik bei ihrem jahrzehntelangen Siegeszug das Theater als stimulierenden Raum für den Menschen beseitigt zu haben. Erst wenn erkannt wird, daß die technische Apparatur nicht eine »überhöhende« Raumbildung ausschließen muß, wird der Weg frei für ein neues Theater, in dem beides, Technik und Gestalt, eine Symbiose eingehen.

Konzertsäle in Berlin vor dem Bau der Philharmonie

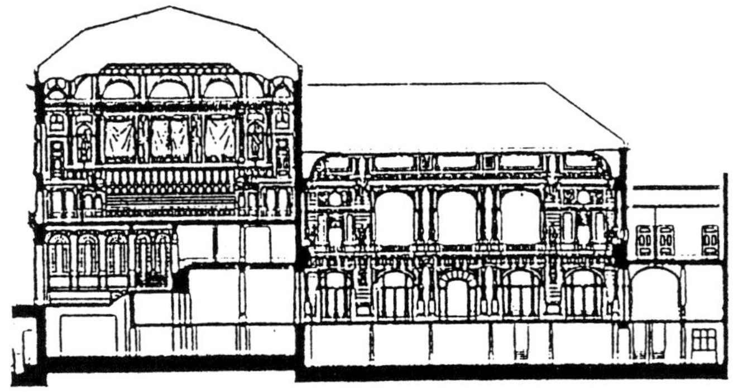

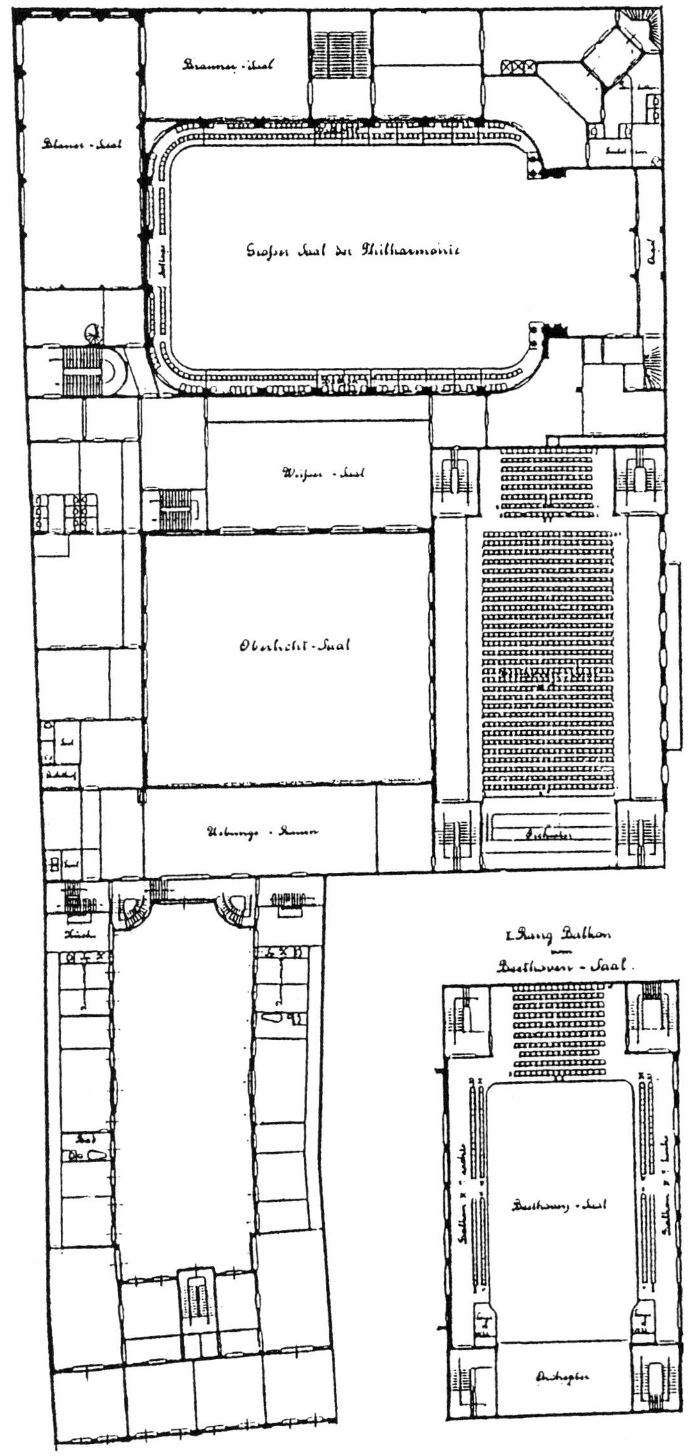

In den folgenden Ausführungen über die Berliner Konzertsäle wird ein Einblick in die Situation des Berliner Musiklebens bis zum Bau der Philharmonie gegeben. Dabei wird besonders die Frage gestellt, ob zentralraumähnliche Strukturen, als eine baugeschichtliche »Berliner Tradition«, den Raum der neuen Philharmonie ankündigten.

Schließlich wird die Frage geprüft, ob und seit wann raumakustische Überlegungen im wissenschaftlichen Sinne für die Raumgestaltung oder sogar die Konzeption maßgebend waren.

Mit Ausnahme kleinerer Säle wie auch der Singakademie, die von Carl Theodor Ottmer bereits 1827 errichtet wurde, sind alle großen Konzertsäle Berlins nach der Jahrhundertwende aus Vergnügungs-Etablissements durch Umbau entstanden und dienten teilweise auch weiterhin dieser Aufgabe. Die berühmte Philharmonie in der Bernburger Straße war ursprünglich ein Rollschuhsaal, das Concerthaus in der Leipziger Straße ein Tanzlokal, Anlagen wie der Saalbau der Flora, wie die riesigen Brauerei-Festsäle – oftmals von namhaften Architekten wie Franz Schwechten und Friedrich Hitzig in großräumigen Dimensionen errichtet – waren die Vorläufer der Berliner Konzertsäle.

Nach der Philharmonie und dem Saal Bechstein, die Franz Schwechten beide 1888 schuf, sowie dem Saalbau im Hotel Deutscher Hof von Heinrich Seeling im Jahr 1895 folgten nach der Jahrhundertwende bis zum 1. Weltkrieg einige Saalbauten, die nicht mehr als Mehrzwecksäle, sondern als Konzertsäle erbaut wurden.

Unbestrittener Mittelpunkt des Berliner Musiklebens war das Konzerthaus der Philharmonie in der Bernburger Straße. Dieser im Jahre 1888 von Franz Schwechten aus einer Rollschuhbahn zu einem Konzertsaal umgestaltete Raum lag hinter mehrgeschossigen Wohnhäusern, eine Sichtverbindung zur Bernburger Straße bestand nicht. Die Zugangs- und Nebenräume waren mit den Garderoben in Flachbauten um einen zentral liegenden Garten gruppiert, ein größeres Foyer gehörte nicht zu der ursprünglichen Anlage.

Nach den Erweiterungsplänen des königlichen Baurats Ludwig Heim entstanden 1898 der Beethovensaal und der sogenannte Oberlichtsaal. Alle drei Säle ließen sich mit den zugehörigen Nebenräumen getrennt benutzen, standen jedoch über das Obergeschoß in Verbindung und konnten für festliche Veranstaltungen gemeinsam genutzt werden. Schon hieraus wird die Bedeutung der reich gegliederten Gesamtanlage für das Berliner Musikleben ersichtlich.

Bei der Durchführung der Erweiterungsbauten blieben der große Konzertsaal von Schwechten in der ursprünglichen Form als Rechtecksaal mit tiefen Raumerweiterungen für Stehplätze im Erdgeschoß und der dreiseitig umlaufenden, balkonartigen Empore ebenso wie die in italienischen Renaissance-Formen nachgebildete Wand- und Deckengliederung erhalten.

Betrug die Kapazität des großen Konzertsaales einschließlich der 900 Stehplätze etwa 2500 Plätze, so blieb der Beethoven-Saal mit insgesamt 1066 Plätzen hauptsächlich der Kammermusik vorbehalten. Der Beethovensaal wirkte wegen des Kontrastes, der sich aus den unteren Wandflächen in Mahagoni und den daraus entwickelten korinthischen Säulen ergab, besonders

S. 32: Erweiterungsbau der Philharmonie von F. Schwechten durch L. Heim, 1898, Schnitt und Grundriß

Innenraum der alten Philharmonie, Berlin, Bernburger Straße, F. Schwechten, 1888

festlich. Der Übergang zur Decke wurde durch Vouten und Stichkappen in weißen und goldenen Farbtönen gebildet.

Die Wirkung plastischer Raumgliederungen für die Schallzerstreuung und die Tiefenabsorption durch Resonanzflächen waren schon bekannt und sind bei der Gestaltung bedacht worden.

»Die Saalform ist sehr glücklich, die Akustik dank der plastischen Raumgliederung und der Schaffung mittönender Resonanzflächen für alle Arten des musikalischen Vortrages eine so vorzügliche, daß die ›Allgemeine Musikzeitung‹ kaum zu weit geht, wenn sie den Saal als den besten der öffentlichen Konzertsäle in Berlin bezeichnet« (Zitat aus: Deutsche Bauzeitung 1899).

Das Volumen von etwa 9000 m^3, d.h. etwa 8 m^3 je Platz, ergab einen verhältnismäßig langen Nachhall. Die günstigen Beurteilungen der Akustik dieses Saales haben hier vermutlich ihre Ursache. Der Klangeindruck wird auf den entfernteren Plätzen, namentlich des Ranges, besonders ausgeglichen gewesen sein. Der Gebäudekomplex wurde im 2. Weltkrieg zerstört.

Weitere Konzertsaalbauten wie der Saal für die Hochschule der Bildende Künste von Kayser und von Großheim aus dem Jahre 1902 oder der Konzertsaal – »mit freitragendem Eisenbeton-Dach« – aus dem Jahre 1904 an der Königgrätzer Straße können als einfache Rechteckräume hier vernachlässigt werden; auch der Mozartsaal mit etwa 1550 Sitzplätzen in dem 1906 entstandenen Gebäudekomplex am Nollendorfplatz ist in diesem Zusammenhang trotz seiner gewissen Zentralraum-Wirkung durch die von den Längsseiten auskragenden Balkone noch zu sehr dem Rechteckraum verwandt.

Der stürmische Aufschwung, den das Berliner Musikleben auch durch gastierende Orchester des Auslandes nahm, kommt in dem 1910 durchgeführten Umbau der Markthalle in der Mauer- und Zimmerstraße zu Berlins größtem Konzerthaus zum Ausdruck. Nach der Planung des Architekten Johannes Kraaz sollten in der Halle an den beiden Längswänden Terrassen angelegt und mit blühenden Pflanzen geschmückt werden. Die Mittelpromenade zwischen den Pfeilern, die das Dach trugen, endete in einem 400 m^2 großen kuppelüberwölbten Bereich, in dessen Mitte sich die leuchtende Fontäne eines Wasserspiels befand. Schwierigkeiten machte die Auswahl des Standortes für das Orchester. Schließlich ist Johannes Kraaz, dem der gesamte Umbau übertragen wurde, an die Lösung dieser Frage derart herangegangen, daß er über den Eingangstüren nach der Zimmerstraße zu eine Estrade errichtete, die mit einer Fläche von 140 m^2 auch für die größten Orchester Raum bietet. Die Ausgestaltung jenes Konzertsaales läßt auf die vielfältigen Arten der Konzertdarbietungen schließen, die, durch Rundfunk und Fernsehen verdrängt, sich in Einzelfällen, wie z.B. in London als Promenadenkonzerte, noch erhalten haben.

Bedauerlicherweise führten die künstlerisch überaus vielseitigen zwanziger Jahre in Berlin nicht zu einer neuen Konzertsaal-Konzeption.

Zur Juryfreien Kunstschau 1928 richtete Paul Rudolf Henning in einer Halle des Landesausstellungsparks in der Invalidenstraße einen Musikraum ein. Der Grundriß dieses eiförmigen Versuchsraumes verweist durch seinen Bezug auf theoretische Erkenntnisse der Akustik und durch die räumliche Konzentration auf das Musikgeschehen auf die 1927 in Paris aus einer Parabel konstruierte Salle Pleyel. In jenem kleinen Konzertraum wurde vermutlich erstmals in Berlin die räumliche Einheit zwischen Künst-

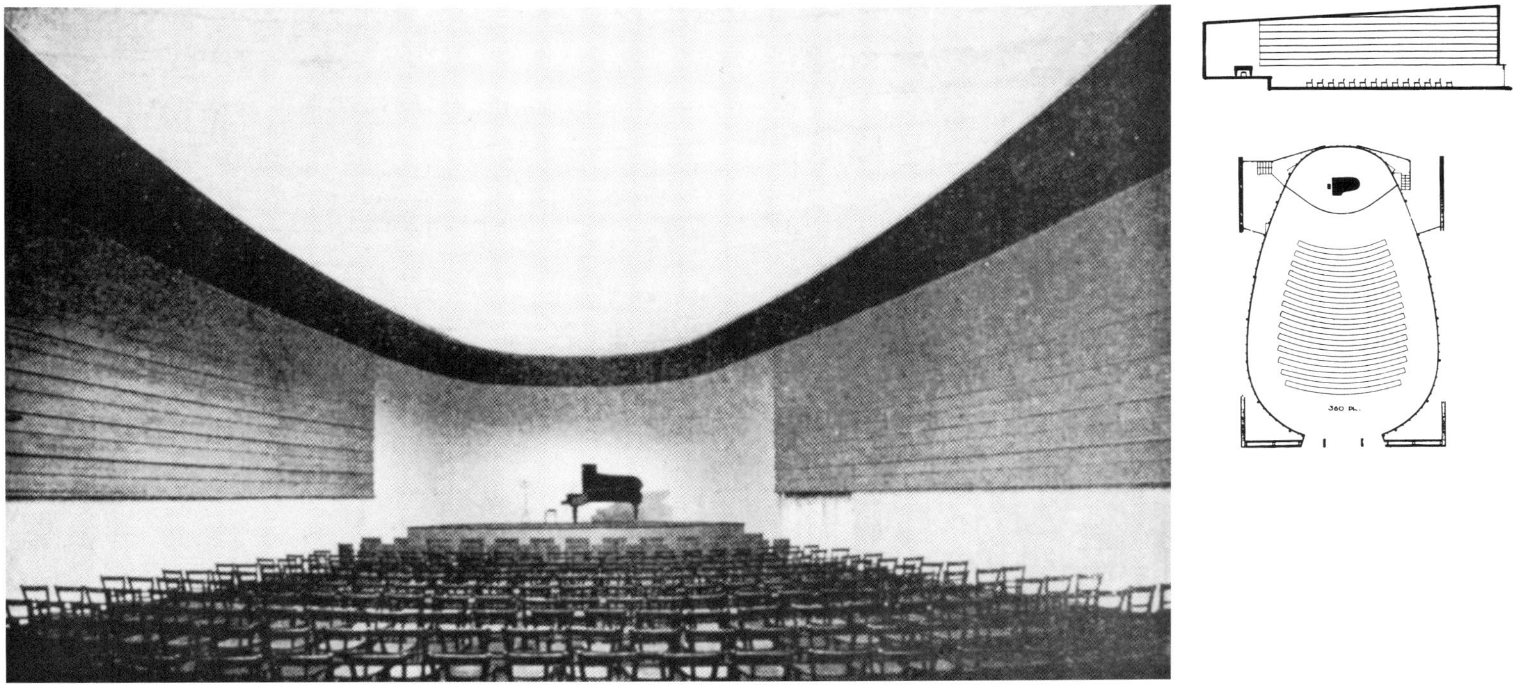

Musikraum der »Juryfreien Kunstschau«, R. Henning, 1928, Innenraum, Schnitt und Grundriß

Haus des Rundfunks, Berlin, H. Poelzig, 1929–31, Erdgeschoß

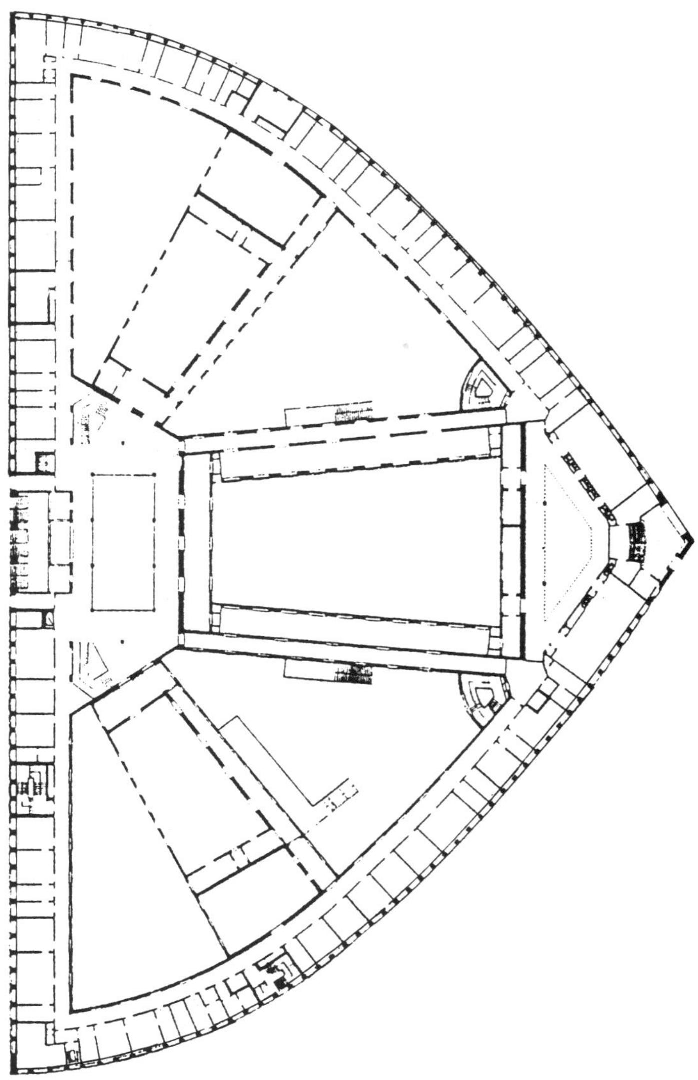

ler und Publikum in konzentrierter Form verwirklicht. Sämtliche Bindungen an Grundrißformen und Gestaltungen der Vergangenheit waren gelöst und einer betont einfachen Ausstattung mit kieferner Brettschalung an den Wänden gewichen. Die Eiform des Raumes führte zu unangenehmen akustischen Brennpunktbildungen in der Nähe des Podiums sowie zu Echos von der gekrümmten Rückwand mit erheblicher Laufzeitdifferenz des Schalles. Die Wände konnten (wie bei der Salle Pleyel) keineswegs die erhoffte gleichmäßige Schallverteilung bewirken und ergaben als negative Begleiterscheinung, daß sich der Störpegel des Publikums brennpunktartig auf das Podium richtete. Wegen des Volumens von nur 2600 m^3, d. h. etwa 7,5 m^3 Luftrate je Person, entstand durch die schallschluckende Decke auch bei Kammermusikaufführungen zwangsläufig ein trockenes Klangbild. Bei Beachtung akustischer Grundformen hätten von dieser konzentrierten Raumform Impulse für den Konzertsaalbau ausgehen können, wie sie erst in den fünfziger Jahren, z. B. im Saal des Hessischen Rundfunks in Frankfurt, wiederaufgenommen worden sind.

Die stürmische Entwicklung des Rundfunks wirkte sich auch auf den Konzertsaalbau aus. Als 1929 ein engerer Wettbewerb für den Bau des Rundfunkhauses in Berlin-Westend, im sogenannten Zukunftsviertel, unter den Architekten Bonatz & Scholer, Poelzig und Riemerschmid bestritten wurde, waren die traditionellen, an historischen Vorbildern orientierten Bauformen auch für Saalbauten überwunden.

Den Auftrag erhielt schließlich Hans Poelzig. Er disponierte die beiden großen Säle in symmetrischer Diagonalanordnung. In Weiterführung der Bogenform des Grundrisses an der Bredtschneiderstraße bildete er nicht nur die Haupttreppenhäuser, sondern auch die Rückwände der Säle halbkreisförmig aus; die drei Sitzreihen auf den Balkonen waren entsprechend geformt. Da auch die Podiumwände konkav in elliptischer oder Korbbogenform beabsichtigt waren, hätten sie wegen der Brenn-

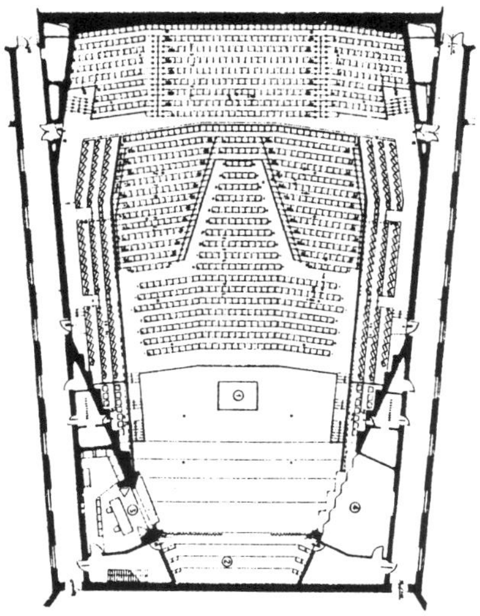

Umbau des großen Sendesaals im ehem. Haus des Rundfunks, Bundesbaudirektion Berlin, 1958–1959, Innenraum und Saalgrundriß

punktbildung akustisch transparent ausgeführt werden müssen, damit die dahinterliegende gradlinig verlaufende Gebäudewand akustisch wirksam werden konnte. Die gegenüberliegenden halbkreisförmigen Wände führten vermutlich zu so starken akustischen Brennpunktbildungen, daß sie formal nur mit einer schalltoten Wandbehandlung nach dem ursprünglichen Entwurf hätten erhalten werden können; hierdurch wäre aber der Nachhall zu sehr verringert worden.

In dem 1929/31 stark veränderten Entwurf wurde die Expressivität der der gebogenen Raumformen raumakustischen Lösungen mit nicht parallel ausgeführten Längswänden radikal geopfert, obwohl aus dem Planvergleich erkennbar wird, daß die wissenschaftlichen Grundlagen der Akustik bereits erkannt waren. Für die beiden kleineren Säle war bereits eine variable Akustik für Nachhallveränderungen entwickelt worden.

»Unter Anwendung der neuesten Erzeugnisse von schalldämpfenden Stoffen sind die Wände des Sendesaales III, als Ersatz für die Publikumsdämpfung, so ausgestattet, daß die Nachhallzeit nur 1,6 bis 1,3 Sekunden beträgt. Die Wandbekleidung besteht aus drehbaren schmalen Tafeln, die auf der Vorderseite mit Holz und auf der Rückseite mit schallabsorbierenden Celotexplatten versehen sind. Hierdurch kann die je nach der Art der Darbietung und nach der Größe der Besetzung erforderliche Dämpfung erreicht werden. Die breitere Schmalwand dient als Absorptions- und die schmalere, mit Marmor bekleidete, als Reflexionswand« (Alfred Wedemeyer, in: Deutsche Bauzeitung, 1931).

Der große Sendesaal erhielt schließlich im Erdgeschoß beidseitig angeordnete Flure für den internen Betrieb, die zugleich als Rettungswege in die Innenhöfe dienten, und außerdem parallel liegende, flurartige Umgänge für die Erschließung der Parkettplätze. Hierdurch entstanden zwangsläufig umgebende flache Ränge, die entsprechend dem Studiocharakter keine Raum- oder Podiumsbezogenheit ergaben. Der Saal erhielt bei einer Länge von 38 m und einer Breite von 20 m im Erdgeschoß und 28 m in Ranghöhe eine visuelle Raumhöhe von 12 m durch die Einhängung einer akustisch-transparenten, waagerecht angeordneten Gitterdecke; der 3 m hohe Luftraum über dieser Decke trug zur Nachhallverlängerung bei. Das Raumvolumen konnte hierdurch auf rd. 11 000 m^3 gesteigert werden (Luftrate annähernd 10 m^3 je Besucher) und bildete damit die Grundlage für den notwendigen Nachhall bei Aufführungen großer Orchesterwerke. –

Das Haus des Rundfunks mit dem großen Sendesaal von Poelzig überstand den Zweiten Weltkrieg nahezu unbeschädigt und wurde nach dem Krieg zunächst auch für Konzertaufführungen benutzt. Leider war der studiohaft wirkende Sendesaal mit den expressiven Projekten von Poelzig nicht zu vergleichen. Der Umbau des großen Saales durch die Bundesbaudirektion, Berlin brachte als Ergebnis einen recht konventionell wirkenden Konzertsaal, in dem lediglich die gitterartige Decke von Poelzig noch erhalten ist.

Als erster Konzertsaal-Neubau nach dem Zweiten Weltkrieg entstand 1949 der Konzert- und Übungsraum der Hochschule für Musik. Entsprechend dem Entwurf von Paul Baumgarten wird das Podium organisch in den Saal eingebunden und konsequent aus der Rückwand die Deckenform entwickelt. Es gehört zur Konzeption des Architekten und seines Akustikers, Werner Gabler, das wesentliche akustische Bauglied eines Konzertsaales, die Decke, dominieren zu lassen und sie daher konsequent vom Podium bis zur letzten, etwa 40 m entfernten Sitzreihe vor der Rückwand des Ranges zu wölben. Durch diese gleichsam soziale Idee der räumlichen und akustischen Einbeziehung entsteht eine besonders gute Hörsamkeit auf dem Rang – also auf den preiswerten Plätzen. Wegen des verhältnismäßig geringen Volumens bei einer Kapazität von 1348 Plätzen ergibt sich ein relativ kurzer Nachhall, dadurch erhielt der Raum einen durchsichtigen, allerdings wenig atmosphärischen Klang.

Die Konzerte des Berliner Philharmonischen Orchesters unter Leitung seines Chefdirigenten Herbert von Karajan fanden bis zur Eröffnung des Neubaues der Philharmonie in diesem Konzertsaal der Hochschule für Musik statt. Wegen des kurzen akustischen Nachhalls und der beschränkten Aufführungsmöglichkeiten für große Orchesterbesetzungen mit Chor bildete der Raum über viele Jahre einen Kompromiß im Berliner Musikleben, dennoch hat er wegen der klaren Gegenüberstellung des ausführenden Künstlers zum Publikum auf Musiker und einige Kritiker eine bestimmende Wirkung ausgeübt, die nach der Eröffnung der neuen Philharmonie mit der »Musik im Mittelpunkt« in unterschiedlicher Weise deutlich spürbar wurde.

Konzertsaal Hochschule für Musik, P. Baumgarten, 1953–54, Innenraum, Schnitte und Grundriß

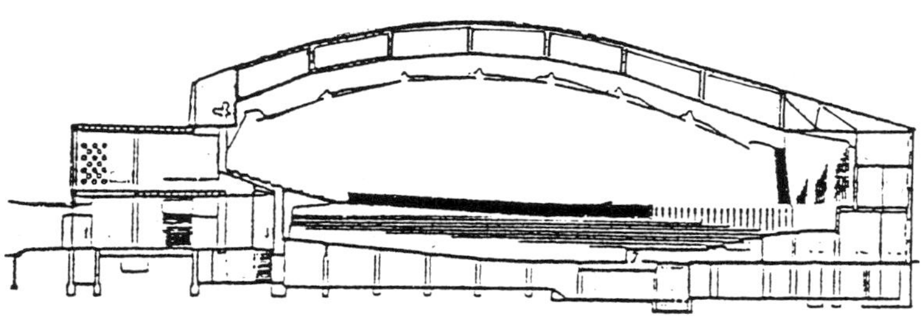

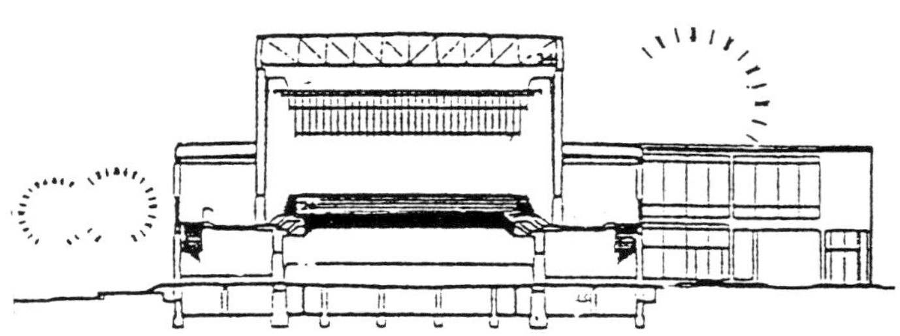

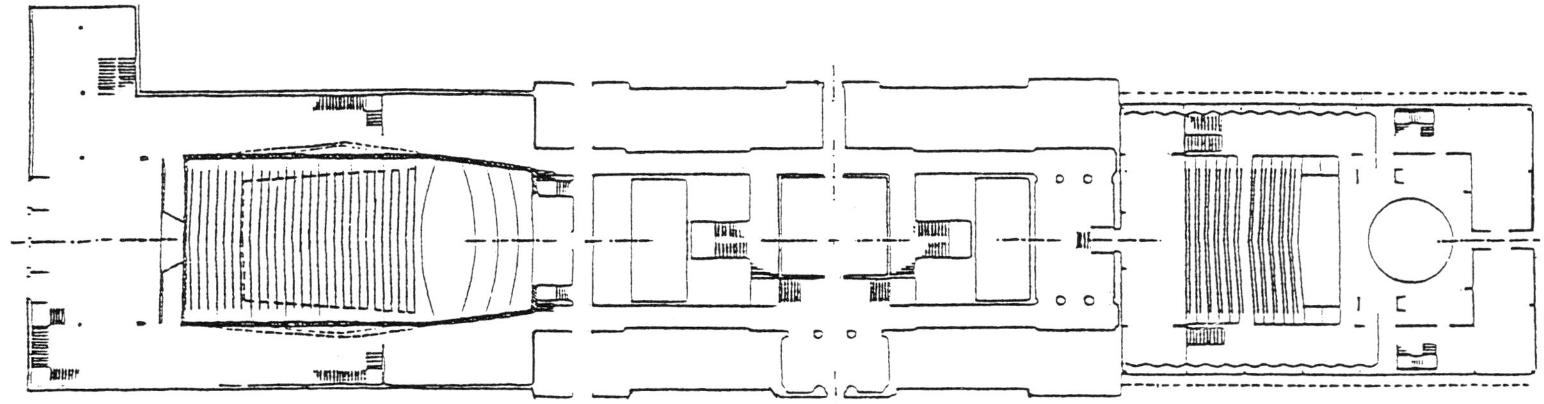

Titania-Palast, Berlin, Scheffler-Schloenbach, Jacobi, 1927, Innenaufnahmen

Es wird hier ergänzt, daß die Konzerte des Berliner Philharmonischen Orchesters nach dem 2. Weltkrieg zunächst in einem Großkino, in dem Titania-Palast in Steglitz, stattfanden.

Der Raum war auch akustisch ein Kompromiß, bleibt aber unvergessen, weil in ihm noch Wilhelm Furtwängler und die anderen großen Dirigenten-Persönlichkeiten musizierten. Auch Erstaufführungen der Neuen Musik für Berlin mit Werken von Igor Strawinsky unter Igor Markevich und Ferenc Fricsay fanden dort statt. Erstmalig waren auch Werke von Schönberg und anderen Komponisten der Neuen Musik zu hören, die im Krieg verboten waren. Paul Hindemith dirigierte seine Kantate an die Hoffnung, bei der das Publikum den Refrain mitsang, anläßlich der Viererkonferenz in Berlin.

Auch im östlichen Teil der Stadt entstand zunächst kein spezielles Konzerthaus, daher mußten die Konzerte der Staatskapelle bis zum Wiederaufbau der Staatsoper Unter den Linden und der Komischen Oper vorwiegend im ehemaligen Admirals-Palast (ehemals Deutsche Staatsoper) in der Friedrichstraße stattfinden. Der in den Jahren 1973–76 errichtete Palast der Republik am Lustgarten (an der Stelle des 1975 abgerissenen Schlosses) übernahm auch die Aufgabe eines in Ost-Berlin zentral gelegenen Konzertsaales. Erst im Jahre 1981 wurden Pläne veröffentlicht, wonach der Wiederaufbau des im Krieg ausgebrannten Deutschen Schauspielhauses von Schinkel am Gendarmenmarkt als Konzertgebäude mit einem Saal für 2000 Zuhörer und einem kleinen Kammermusiksaal mit etwa 600 Plätzen gedacht war.

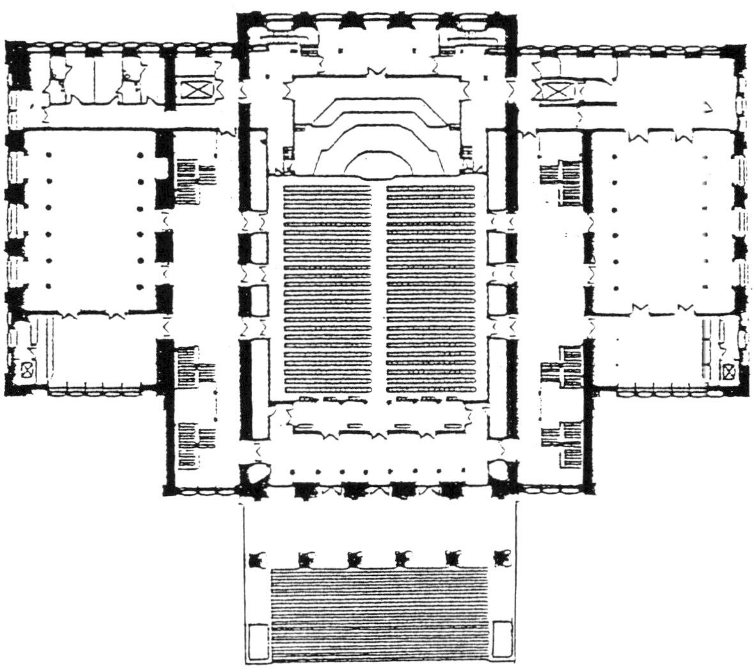

Konzertsaal im ehem. Schauspielhaus, Gendarmenmarkt, Berlin, Kollektiv M. Prasser und K. Just, 1979–1984

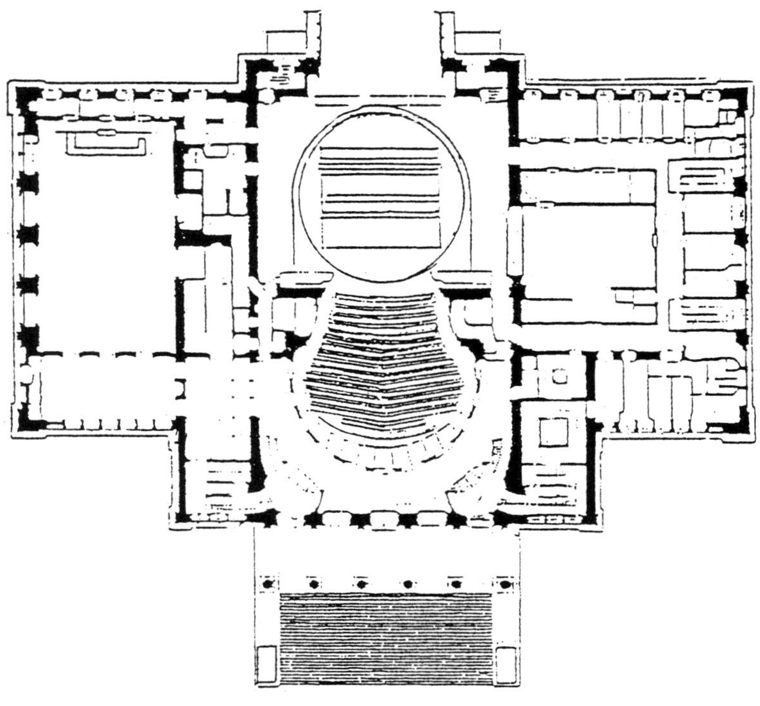

ehem. Schauspielhaus von K. F. Schinkel

Konzertsaal im ehem. Schauspielhaus von Schinkel, Innenraum und Grundriß der Rangebene

die auf S. 37 abgedruckten Grundrisse zeigen, daß von Schinkels Raum nichts mehr erhalten ist.

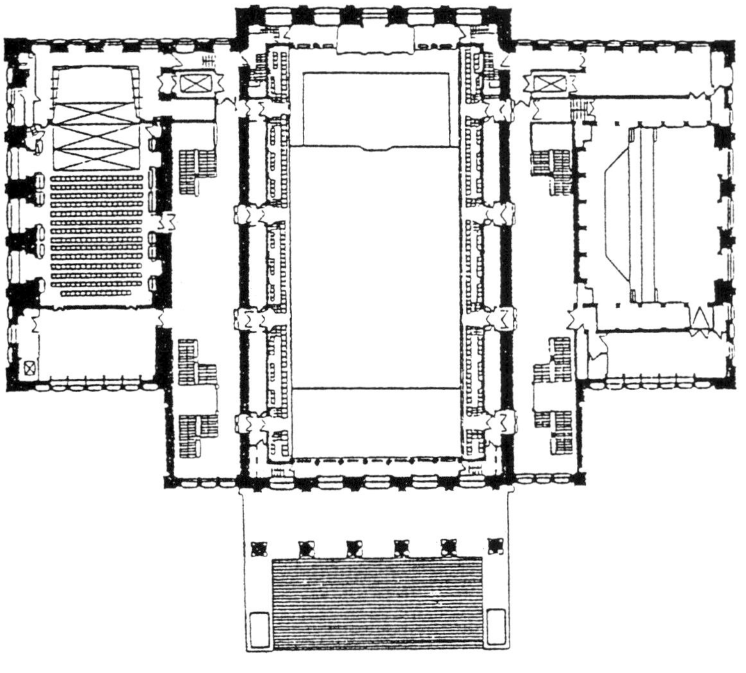

Die äußere Gestalt des Baues ist als getreue Rekonstruktion des Schauspielhauses wiedererstellt; im Inneren, besonders in den Konzertsälen, wurde eine Synthese zwischen den historischen Bauformen und den Erfordernissen eines modernen Konzertsaales versucht. Die Fertigstellung des Baues erfolgte 1984.

Das ursprüngliche Bühnenhaus wurde in den Konzertsaal einbezogen, dadurch geriet der Raum aus den Proportionen. Die nachempfundenen dekorativen Elemente lassen die fehlende Authentizität bedrückend spüren. Die Akustik ist wegen fehlender Mitschwinger und der schallharten parallelen Wände, die den Klang der dominierenden lautstarken Instrumente (Blechbläser und Schlagzeug) vergröbern, sehr hallig und unausgeglichen. Bei großer Orchesterbesetzung werden die Streicher in mittlerer Lage sowie die Holzbläser übertönt, es bildet sich ein untransparenter und undifferenzierter Gesamtklang.

Zentralräume im internationalen Konzertsaalbau vor der Berliner Philharmonie

Die vorangegangenen Ausführungen über die Entwicklung des Theaters seit der Antike lassen die intensiven Bemühungen um den stimulierenden Zentralraum zur Versinnbildlichung der Ideen des Theaters erkennen. Die Probleme, die jedoch aus der Richtungsbezogenheit des Bühnenbildes resultieren, erlaubten offensichtlich keine konsequente Zentralraumstruktur. Als Konzerträume sind jene früheren zentralraum-ähnlichen Bauten nicht, allenfalls als Kompromiß benutzbar. Die Ursachen sind u.a. fehlende Flankenwände oder entsprechende Ersatzlösungen, wie Reflektoren, ohne die eine klangliche Qualität und das exakte Zusammenspiel eines größeren Ensembles nicht zu erreichen sind.

Die konsequente Hinwendung zum Bühnenbild, zum Geschehen auf der Bühne führte zur Bauform der großen historischen Theaterräume und Opernhäuser, die jedoch als Konzertsaal nur mit erheblichen akustischen Einschränkungen zu nutzen sind. Wenn das Orchester auf der Bühne plaziert ist, muß das Bühnenhaus dreiseitig und zusätzlich durch eine eingehängte Decke akustisch abgeschottet werden, damit sich der Schall nicht in den Weiten des hohen Bühnenhauses und der Seitenbühnen verliert oder durch Kulissen geschluckt wird. Derartige mobile Einbauten können aber technisch nicht als schwere Wandflächen konstruiert werden – es entstehen also durch die leichten Einbauten Schallabsorptionen anstelle der gewünschten Schallreflexionen. Theater mit Bühnenhäusern bilden darüber hinaus visuell und akustisch einen negativen Kompromiß, weil der Bühnenrahmen eine räumliche Einbindung in den Zuschauerraum verhindert und die Schallabstrahlung einschränkt. Durch das Fortlassen des Bühnenrahmens und des Bühnenhauses hat sich der Rechteck-Konzertsaal »shoe-box« entwickelt – mit ihm die Polarität, so daß sich quasi »Produzent und Konsument« (Scharoun) gegenübersitzen.

Die Urform des Musizierens in der Runde hätte zu zentralraum-ähnlichen Bauformen führen müssen. Die nicht an den Kirchenraum gebundene weltliche Musik hatte ihre Eigenständigkeit jedoch weitgehend verloren und geriet in eine dienende Funktion für das Theater – das solistische Musizieren oder das Ensemble-Konzert entwickelte sich nicht autark neben dem Phänomen Oper.

Die urtümliche Gattung der Volksmusik mit dem Rundgesang – die Form des Rondos ist bis in die Kunstmusik des 20. Jahrhunderts transponiert worden – war der Beginn einer zentralen Musikausführung; der Minnesänger setzte dieses zentralbetonte Musizieren fort. Es fand seine Wiederaufnahme in ähnlicher Form erst wieder im Salon des Adels und des Bürgertums – das Bild des musizierenden Franz Schubert, umgeben von seinen Freunden, ist bekannt. Dennoch entwickelte sich diese Kammermusik nicht in der Urform der Runde weiter, das Virtuosentum und die als Konzertsaal dienenden Opernhäuser führten zur »Darstellung« des Virtuosen auf der Bühne. Der geistig-musikalische Aufbruch durch schöpferische Künstler wie Chopin, Liszt und Paganini wurde durch epigonale Nachfahren quasi ins Artistische gesteigert; hierzu bedurfte es der Schaustellung auf der Bühne.

Aus der dienenden Funktion des Opern-Orchesters folgte nicht die Struktur des Konzert-Orchesters, vielmehr löste sich die »bildhaft« schildernde Musik schließlich aus der Begleitfunktion im Theater und gewann als Tafelmusik oder »Tanz- und Unterhaltungsmusik« eine selbständige Stellung und Form. Zur Ausführung war diese Musik jedoch fast ausschließlich auf die Empfangs- oder Theatersäle des Hofes angewiesen und außerdem von der Größe und Qualität der Hofkapelle abhängig, die sich der betreffende Souverän hielt.

Die Komponisten der Wiener Klassik und der Frühromantik waren bei ihren Konzerten und Akademien immer noch auf derartige Säle oder Theater angewiesen; die Räume beeinflußten Besetzung und Struktur der zu schaffenden Werke.

Erst mit der Gründung der Orchester und der selbständigen kammermusikalischen Ensembles entstanden die Konzertsäle, wobei es sich zunächst vorwiegend um Umwandlungen vorhandener Säle handelte. Die »Schaustellung« des Orchesters – wie im Theater – mag dazu beigetragen haben, daß sich zunächst ausschließlich der übliche Konzertsaal-Typus entwickelte, in dem die Musiker den Hörern gleichsam vorgesetzt sind.

Die Entwicklung zu anderen Konzertsaalformen setzte erst sehr zögernd ein, auch waren sehr unterschiedliche Impulse raumbildend, die in den folgenden Ausführungen rückblickend analysiert werden.

Die sakrale Musik erhielt dagegen durch die Gregorianik eine räumlich dialoghafte Spannung, die sich gestaltgebend auf den Kirchenraum auswirkte. Die Wechselgesänge und Responsorien der Liturgie des Mittelalters zwischen dem Geistlichen und dem Mönchschor und später der Gemeinde finden letztlich ihren räumlichen Ausdruck in der Polarität: Altar – Chor-Empore mit der Orgel. Die Gegenüberstellung der Sänger-Emporen im Dom von San Marco führte zu den mehrchörigen Kompositionen von Willaert, Gabrieli und Monteverdi, die bestimmend für die gesamte Barockmusik waren und deren Einfluß in Form und Struktur der Wiener Klassik spürbar sind. Die mehrchörigen Motetten von Gabrieli oder Claudio Monteverdis »Vespro della Beata Vergine« lassen die außerordentliche Wirkung der »Raummusik« des 16. und 17. Jahrhunderts ahnen. Über die Einrichtungen für Ausführungen von »Raummusik« aus jener Zeit, aus der Spätromantik und der Gegenwart in der Philharmonie wird noch speziell berichtet (siehe Kap. »Raum – Musik«). Ist die Raummusik, d.h. das Musizieren von der Peripherie des Raumes, quasi die Umkehrung der »Musik im Mittelpunkt«, so bedingen aber dennoch beide räumlich-musikalischen Kompositionsstrukturen den Zentralraum.

Die akustischen Probleme der großen Kirchenräume, die vorwiegend in den konkaven Gewölbeformen und Kuppeln sowie in dem außerordentlich großen Raumvolumen liegen, konnten nur durch spezielle musikalische Formen wie die einstimmige Gregorianik adäquat gelöst werden. In der Gregorianik singt die Schola den wechselnden Text des Graduale, Oratorium, Communio zu dem jeweiligen Sonntag oder Feiertag, während die Gemeinde die unveränderlichen sechs Hauptteile der Missa – Kyrie, Gloria, Credo, Sanctus, Benedictus, Agnus Dei – respondierend mitsingt. Schon der gesungene Vortrag der Epistel und des Evangeliums war akustisch nur für einen begrenzten Hörerkreis, die Predigt ohne elektro-akustisches Hilfsmittel nur noch für einen Teil der Gemeinde verständlich.

Leonardo da Vincis Skizzen für einen kreuzförmigen Zentralraum mit drei Konchen und einer vierten Eingangs-Apsis könnten aus dem unlösbaren Problem der Sprachverständlichkeit

BENEDITUSQUIUENITINNOMINEDOMINI

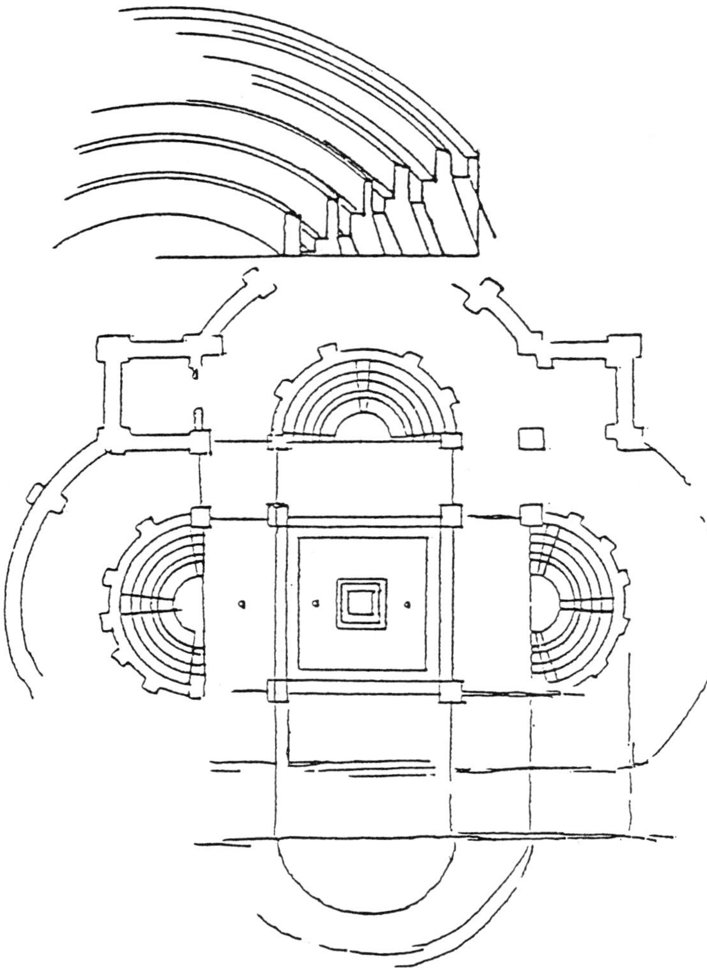

S. 40: S. Marco, 2. Hälfte 11. Jh., Ebene der Sängeremporen

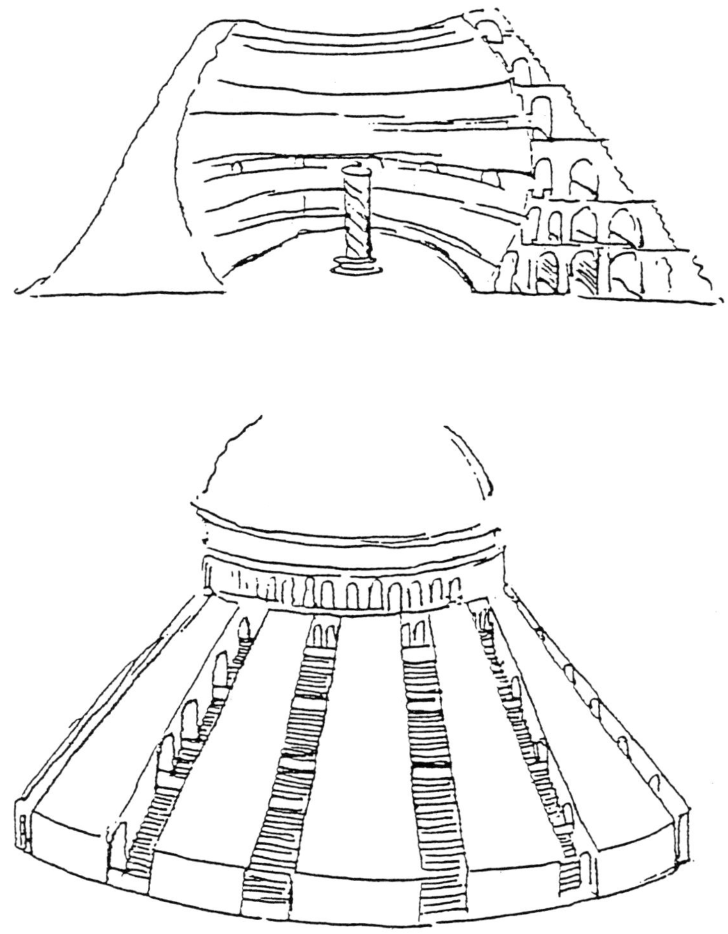

Leonardo da Vinci, Skizzen zu »teatri per udire messa«

erwachsen sein. In dieser frühen Zentralform sollte der Prediger in der Mitte stehen und die Gemeinde ihn allseitig umgeben.

Noch konsequenter skizzierte er eine akustische Lösung für einen kugelförmigen Raum, mit umgebenden Galerien für die Gemeinde; der Prediger sollte auf einer Säule, also nicht nur im Mittelpunkt einer Kreisform, sondern sogar der Kugel stehen. Leonardo da Vinci kannte sicher die Richtwirkung der menschlichen Stimme, hoffte aber, durch Reflexionen von den schallharten Brüstungen des kugelartigen Raumes die Richtwirkung zu überwinden.

Immer wieder entwickelten die frühen Baumeister intuitiv Raumformen, in denen die physikalischen Wirkungen des Schalls durch sphärische Formen für das Hören dienstbar gemacht werden sollten. Nur unter speziellen geometrischen Bedingungen können sphärische Formen, ohne störende akustische Brennpunktbildungen, erreicht werden, für den Konzertsaal scheiden konkave Großformen nahezu völlig aus.

Bezeichnenderweise nennt Leonardo seine Idee »teatri per udire messa« und den Ort für den Prediger »loco dove si predica«. Es gibt wohl keinen Entwurf, in dem der Mensch so mathematisch exponiert im Mittelpunkt stehen würde – auch wenn er das Wort Gottes verkündet. Dieser Renaissance-Gedanke wird bei etlichen großen Sälen, die nicht nur für die Aufführung von Musik vorgesehen waren, spürbar.

In der Rotunda in Ranelagh Garden in Chelsea, 1742, die als Stich und Gemälde von Canaletto überliefert ist, bildet nur ein gewaltiger Kamin den Mittelpunkt des Raumes, um den Stützen für die Dachkonstruktion angeordnet sind – Orchester und Orgel waren offensichtlich auf einer Seite unter einem baldachinartigen Schalldeckel plaziert. Offenbar waren die akustisch störenden Brennpunktwirkungen von der gewölbten Voutenzone zwischen der logenartigen Saalwand und der Decke sowie der Voute um den in der Mitte stehenden tempietto mit dem Kamin erkannt worden.

In dem Stich ist die Decke zwar wie ein Vorhang zeltförmig angedeutet, jedoch scheint dies lediglich eine malerische Gestaltung des Künstlers zu sein, sonst wäre hier die Urform der akustischen Zeltform, wie sie viel später in der Decke der Philharmonie aufgegriffen wurde, erstmalig nachgewiesen.

Beim Bau der Albert Hall in London hat man die akustisch störenden Vouten nicht erkannt, sonst wären die negativen Auswirkungen vermieden worden. In der Rotunda halten sich die Menschen stehend wie auf einem antiken Platz auf – der Mensch wird gleichsam zum Mittelpunkt.

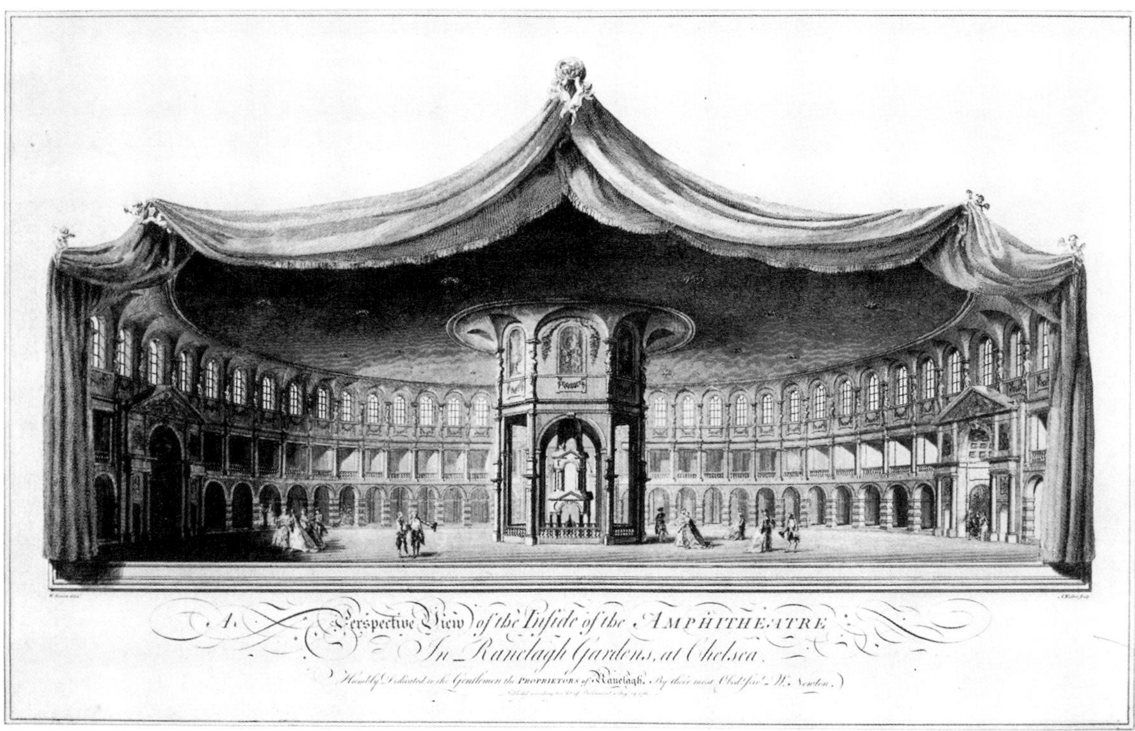

oben: Rotunda in Ranelagh Garden in Chelsea, 1742, Ölgemälde von Canaletto

links: »Amphitheatre«, Stich des Innenraums

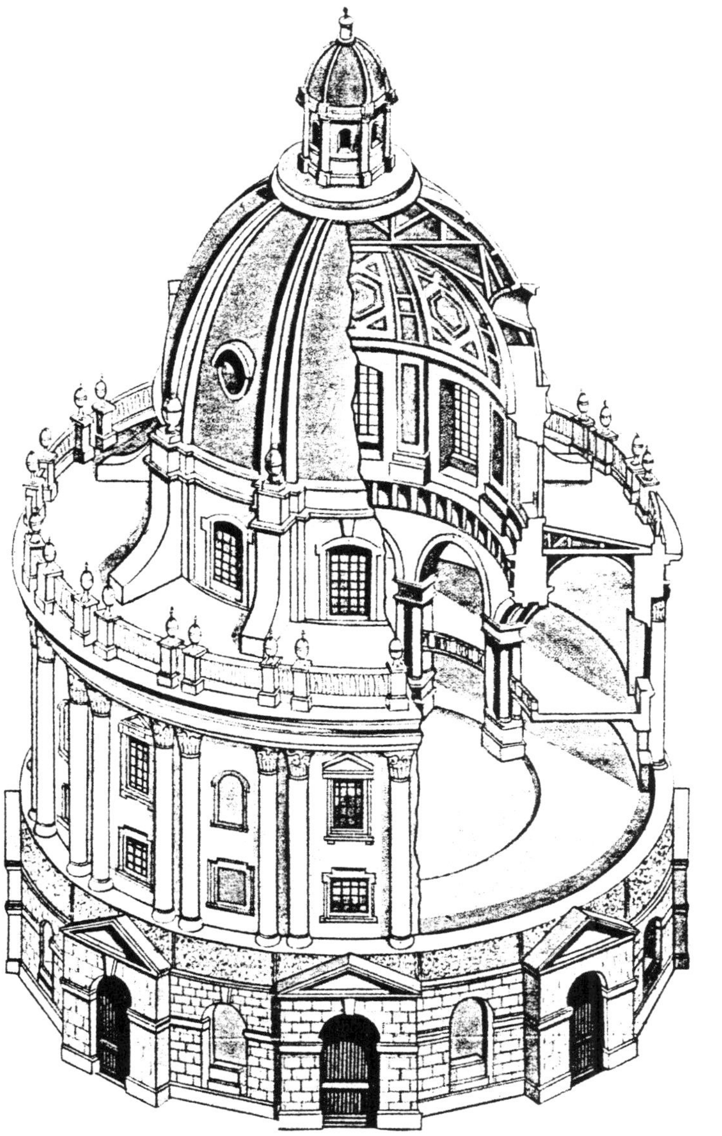

Auch im Bibliotheksbau gibt es Tendenzen, die zum Zentralraum führen. In der aus dem Sakralbau entwickelten Radcliff-Bibliothek in Oxford, von James Gibbs 1749 geplant, steht nicht mehr der Altar im Mittelpunkt, sondern das Buch wird zum Symbol des menschlichen Geistes.

Dieser Zentralraum mit einer umlaufenden Galerie und einer Kuppel als Krönung hat sich auf die Großform der Bibliotheken nachhaltig ausgewirkt. Noch während der Planung der Staatsbibliothek in Berlin habe ich die geheime Sehnsucht der Bibliothekare nach dem kuppelgekrönten Lesesaal der vergangenen Jahrhunderte erlebt.

Mit jener pathetischen Raumform setzt sich eine Tendenz im Konzertsaalbau fort, bei der die baugeschichtliche Sakralstruktur wohl wegen der überhöhenden Bedeutung der Kuppel ausschlaggebend gewesen sein dürfte, obwohl die negativen akustischen Auswirkungen aus den konkaven Kuppelformen bekannt gewesen sein müßten.

Der Entwurf für einen Konzertsaal von Gabriel Dumont von 1764 geht ebenfalls von einem kreisrunden Zentralraum wie dem Pantheon aus, jedoch umgibt diese Raumform ein quadratisches Gebäude, in dessen vier Ecken kreisförmige Vorräume versteckt sind; es entsteht insgesamt der Eindruck eines Kastells oder eines frühchristlichen Zentralraums mit extrem geweiteten Proportionen.

Das Orchester ist jedoch auf einer Seite des Raumes und nicht in der Mitte angeordnet, vor ihm liegen eine Parterre-Fläche und ein ansteigendes Hochparkett mit anschließenden Logen sowie zwei den Raum weitgehend umfassende Galerien.

Die Saaldecke ist in der Zeichnung als massives Ellipsoid dargestellt, das akustisch untragbare Brennpunktwirkungen hervorrufen würde.

links: Radcliff-Bibliothek, Oxford, J. Gibbs, 1749

unten: Entwurf für einen Konzertsaal, Paris, G. Dumont, 1764

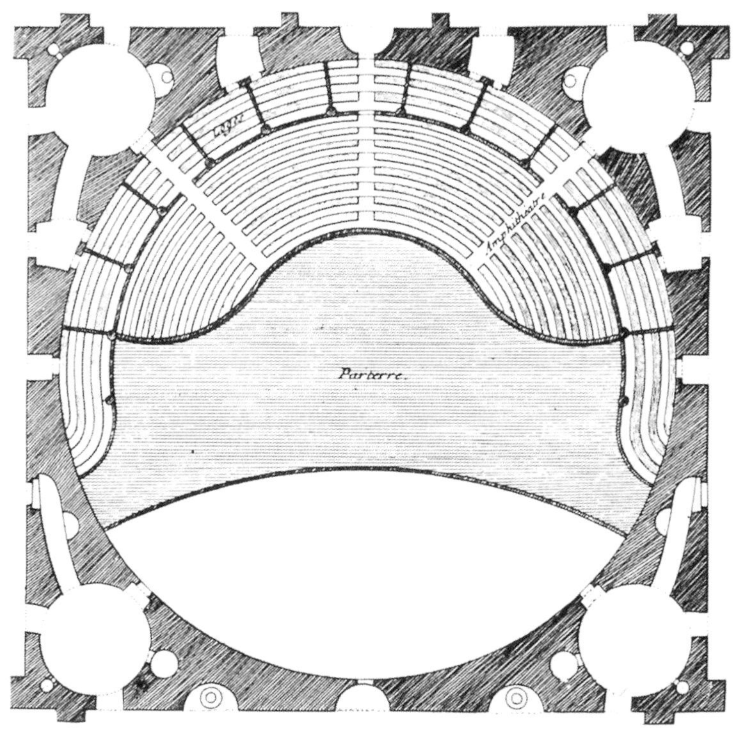

Entwurf für eine Oper, Paris, Boullée, 1781

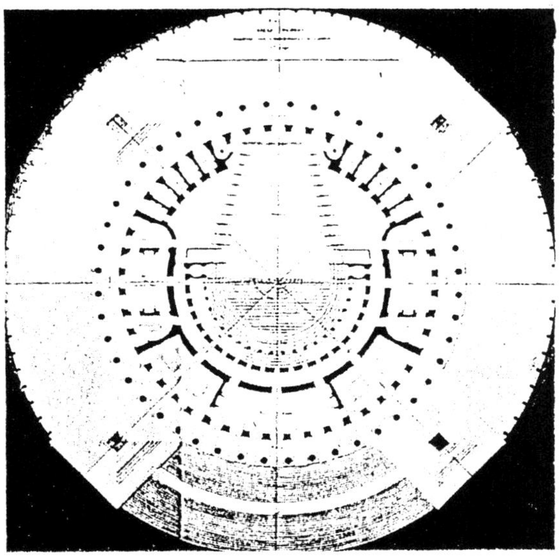

unten: Zirkus Renz Berlin, Hitzig, 1855, Schnitt und Grundriß

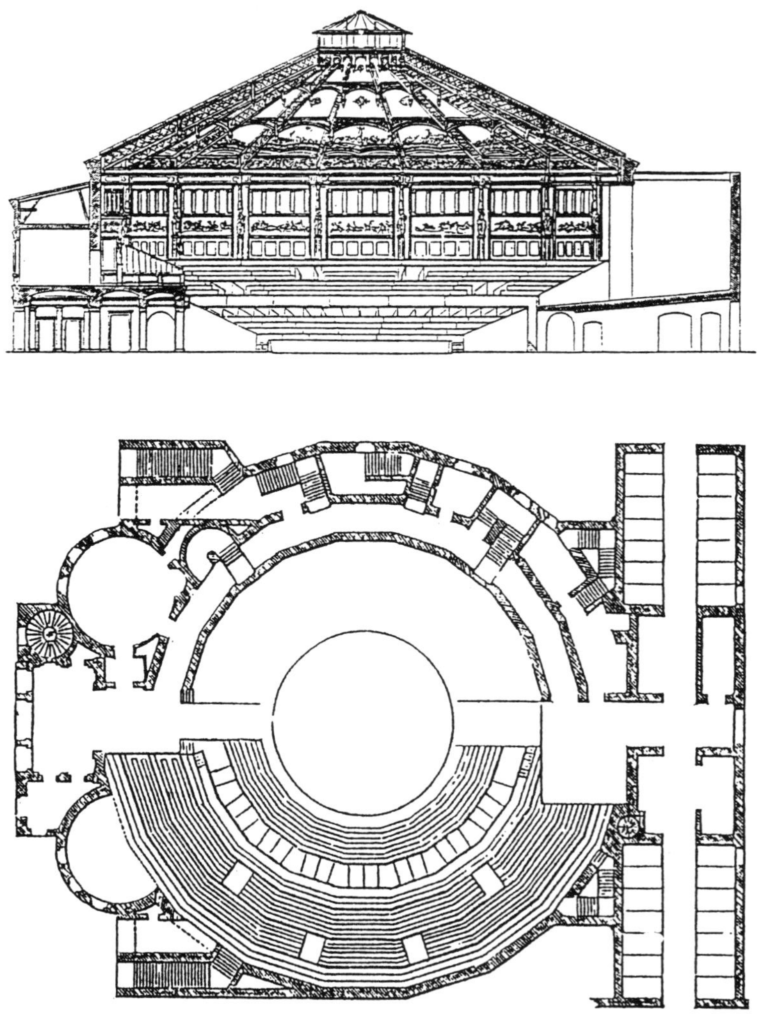

In dem Entwurf einer Oper für Paris von Boullée (1781) ist die renaissancehafte Rückwendung zu antiken Raumformen spürbar. Der Querschnitt zeigt, daß, ähnlich wie bei Leonardo da Vinci, umlaufende Galerien in die halbkugelartige Raumform integriert sind. Die beiden unteren Ebenen sind, wie in der Rotunda von Chelsea, in Logen aufgelöst; darüber scheint die Kassettenstruktur aus dem Pantheon aufgenommen zu sein, jedoch sind die Kassetten z. T. geöffnet und dienen zusätzlich als Logen. Es ist nicht nachweisbar, ob dieser Zentralraum funktionell wie in der Ideenskizze von Leonardo da Vinci genutzt werden sollte oder ob er nur äußerlich den Eindruck eines Zentralraumes erweckt, während er im Inneren zur einen Hälfte als Bühne und zur anderen als Zuschauerraum gedacht war.

Invalidendom Paris, J. Hardouin-Mansart, 1675–1706, Erdgeschoß

Berlioz dirigiert in der Maschinenhalle der Ausstellung von Industrieprodukten, Paris, 1844

Der Beginn des industriellen Zeitalters ermöglichte technische Lösungen, bisher unüberbrückbare Spannweiten durch Stahlkonstruktionen zu überspannen. Die dabei entwickelten Raumformen spiegeln die Errungenschaften der Technik wider und dienen dem erwachenden Bürgertum als Versammlungsstätten und zur Demonstration eines neuen Machtbildes.

So wurde z.B. das Gebäude für den Zirkus Renz nach einem Entwurf von Hitzig 1855 errichtet, das einen äußeren Durchmesser von ca. 40 m aufwies und mit einem »in Eisen konstruierten Zeltdach« überdeckt war.

Dieser Bau wurde für »equestrische Darstellungen« von herumziehenden Kunstreitertruppen benutzt und bot ca. 3000 Zuschauern Platz. Die Arena in der Mitte hatte einen Durchmesser von ca. 13 m; dem Eingang gegenüber befand sich eine Bühne für szenische Darstellungen, unter welcher die Reiter von der Stallseite in den Zirkus gelangten. Diese Gebäude dienten auch Konzertzwecken und für Bälle.

Auch die gewaltigen Ausstellungshallen für Produkte des beginnenden industriellen Zeitalters wurden als Konzerthallen benutzt. Aus den Memoiren von Hector Berlioz geht hervor, wie bedeutsam die gigantischen Konzerte für sein kompositorisches Schaffen waren; jene Veranstaltungen können heute nur noch mit den Freiluft-Konzerten, z.B. in der Hollywood Bowl, in Tanglewood oder mit den Jazz-Konzerten in aller Welt verglichen werden. In Berlin wird die Waldbühne für »open-air«-Konzerte mit elektro-akustischer Verstärkung genutzt.

Das Requiem von Hector Berlioz, geschrieben für den Invaliden-Dom in Paris, ist ohne die gewaltigen Massenkonzerte in den Ausstellungshallen kaum denkbar. Berlioz gewann aber aus der Raumstruktur des Invaliden-Doms die Wirkung mit den vier Fernorchestern und verschmolz in genialer Weise räumliche Vorgaben mit transzendierenden musikalischen Effekten. Die Posaunen des Jüngsten Gerichts, die aus den vier Himmelsrichtungen auf die Menschen musikalisch einwirken, haben bis heute ihre Wirkung nicht eingebüßt – adäquate elementare Wirkungen konnten in der Philharmonie erlebt werden.

Im sich steigernden Nationalismus und Patriotismus waren sicher weitere Impulse für neue gewaltige Raumformen, seien es Sakralbauten oder Konzerthallen, impliziert. Wiederum war es Hector Berlioz, der das Finale im Te Deum durch einen Marsch zum Schwenken der Siegesfahnen krönte und Bildhaftes, Außermusikalisches aufgriff.

Verfolgt man die Entwicklungsgeschichte der Royal Albert Hall in London von Captain Francis Fowkes, beendet durch Leutnant Colonel H. Y. D. Scott (1867–1871), so findet man den Nationalismus als Impuls für gigantische Konzertsäle bestätigt. Zugleich muß der außerordentliche Mut zu der ingenieurmäßigen Konstruktion konstatiert werden, mit dem die Spannweiten von 60 × 72 m gemeistert wurden. Bezeichnenderweise wurden die Grundlagen der Akustik bezüglich der Echowirkungen mißachtet, obwohl mit Kuppelbauten genügend negative Erfahrungen vorlagen.

Das Orchester wurde in der Royal Albert Hall zwar nicht im Mittelpunkt oder in einem der beiden akustischen Brennpunkte postiert, sondern auf einer Seite. Die Hauptebene, das Parterre, ist daher auf das außermittige Orchester orientiert und nicht wie in einem Zentralraum disponiert; das Hochparkett und die drei Galerien sowie die darüber befindlichen Logen umgeben jedoch das Orchester.

S. 47 oben: Concertgebouw in Amsterdam, A. L. van Gendt, 1895, Grundriß und Innenraum

S. 47 Mitte: Großer Musikvereinssaal Wien, T. von Hansen, 1867–1869 (vor der Renovierung 1911), Grundriß und Innenraum

Royal Albert Hall, London, F. Fowkes und H. Y. D. Scott, 1867–1871, Stich des Innenraums und Grundriß

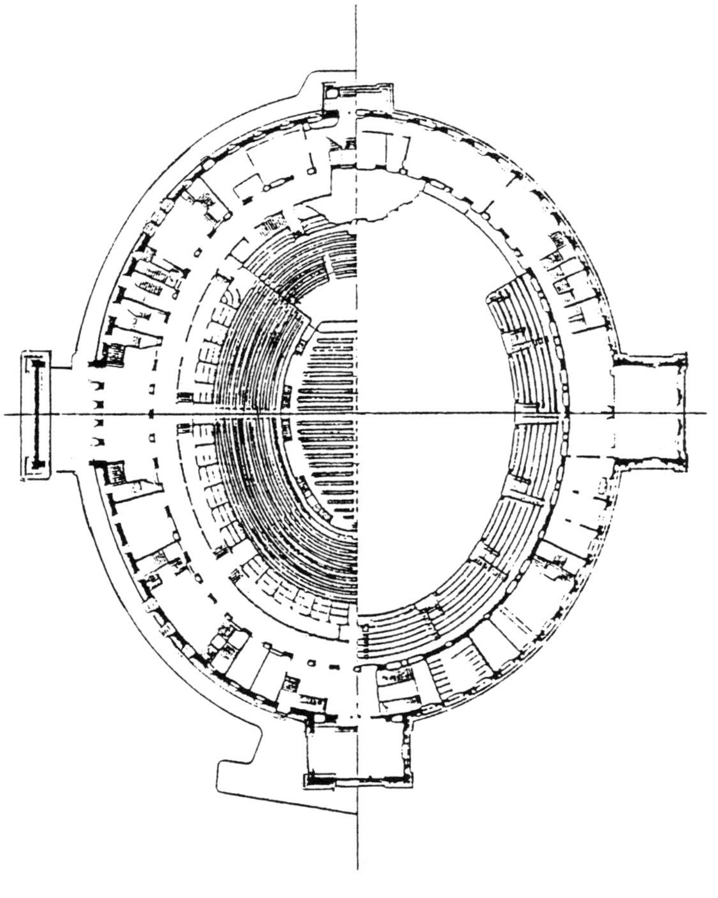

Die Decke ist als Gesamtform elliptisch gekrümmt; ihre Krümmungsmittelpunkte liegen im Querschnitt nur etwas unter dem Fußboden. Daher entstehen von der Decke konzentrierte Reflexionen, die als Echos zu hören sind; die Laufzeitdifferenz beträgt etwa 1/5 Sek., die Wegdifferenz des Schalles mißt etwa 60 m. Dies hatte zur Folge, daß im hinteren Parkett und auf den Rängen durch die Echobildungen akustisch unbrauchbare Plätze entstanden.

Als Korrekturmaßnahmen wurden zunächst große Vorhänge unter die Decke auch im Bereich der voutenartigen gekrümmten Übergangszone zwischen den Wänden und der Decke gehängt; hierdurch verkürzte man aber den ohnehin schon zu geringen Nachhall noch weiter. Außerdem ging ein Teil der Schallenergie durch den Vorhang hindurch und reflektierte nach wie vor; Echobildungen minderten weiterhin die musikalische Brauchbarkeit des Raumes.

Erst 1971 – zum 100jährigen Jubiläum der Halle – konnten die Echowirkungen durch den Einbau von 135 glasfaserverstärkten Polyester-Diffusoren unter der Decke und durch einen Reflektor über der Orchesterbühne beseitigt werden.

Die Royal Albert Hall wird auch heute noch, trotz ihrer Monumentalität für musikalische Großveranstaltungen, u. a. für die populären Promenaden-Konzerte genutzt. In diesem Raum ist der Geist des 19. Jahrhunderts in seinen vielfältigen Facetten erhalten geblieben.

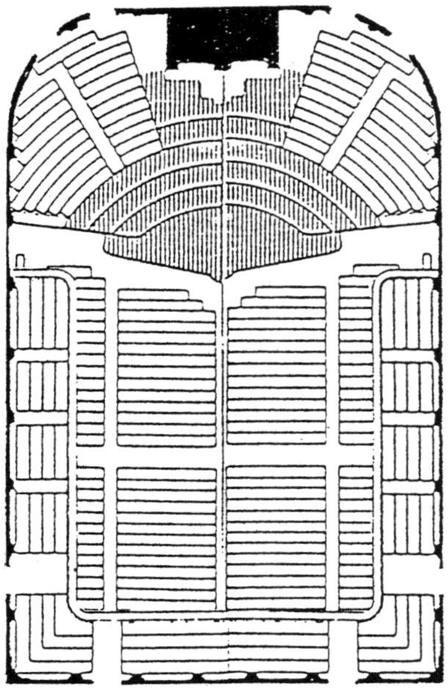

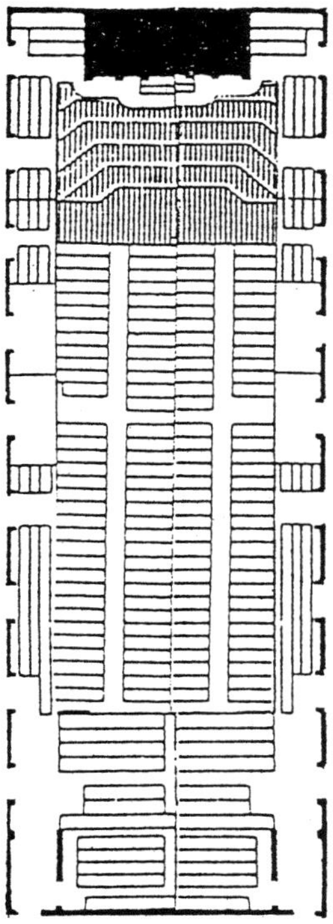

Gegen Ende des 19. Jahrhunderts entstand, 24 Jahre nach der Royal Albert Hall in London, 1895, das Concertgebouw in Amsterdam von A. L. van Gendt. Dieser Raum gehört der Raumform nach zu den Rechteckräumen »shoe-box«, da sich das Podium zwischen den beiden Längsseiten des Saales befindet. In der Mittelachse des Podiums steht an der Rückwand eine gewaltige Orgel, jedoch sind je zwei große Platzgruppen für den Chor beidseitig der Orgel angeordnet; so entsteht der Eindruck eines »halbierten« Zentralraums. Über dem rechteckigen Parkett ist jedoch lediglich eine U-förmig gestaltete Galerie vorhanden, die keine Entsprechung zu dem gekrümmten Orchester- und Chorbereich bildet. Der Raum hat daher eine gewisse Inkonsequenz in seiner Gesamtheit und würde steif wirken, wenn es nicht den sehr suggestiven Podiumsbereich gäbe. Sind bei Orchesterkonzerten die Chorplätze durch Publikum besetzt, mildert sich diese quasi dualistische Gegenüberstellung dennoch nicht, denn eine formale Zusammenfügung zwischen den hochparkettähnlichen Chorplätzen und dem umlaufenden Rang als räumliche Verschmelzung entsteht nicht.

Es ist vorstellbar, daß Aufführungen der »Sinfonie der Tausend« (8. Sinfonie) in Fortführung der großen Mahler-Tradition in Holland zu großartiger Wirkung gelangen können. Allerdings wird diese Wirkung »vorgestellt« – sie findet nicht in der Mitte umringt von Menschen, wie in der Berliner Philharmonie, statt.

Das Auditorium Chicago, Adler und Sullivan, 1886–89, Stich und Schnitt des Innenraums

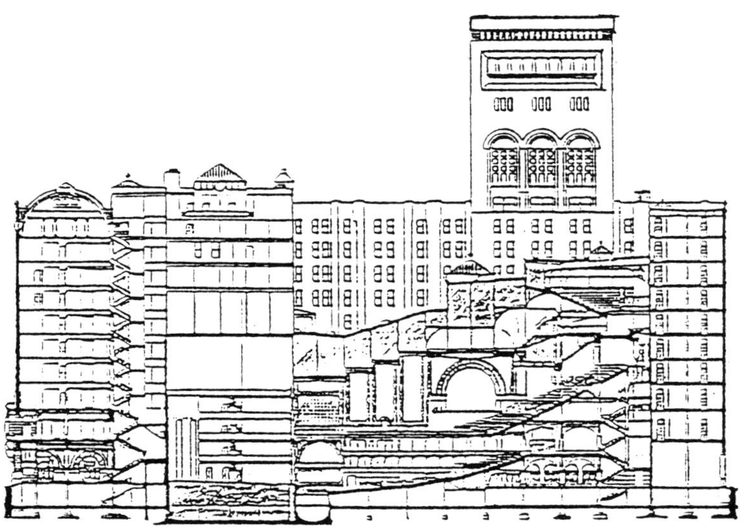

Die Saaldecke bindet zwar Zuhörer- und Podiumbereich visuell zusammen, erlaubt aber nicht die himmelstürmende Expansion, die insbesondere dieses Werk fordert.

Die formale Verwandtschaft zwischen dem Concertgebouw-Saal als typischem Saal des ausgehenden 19. Jahrhunderts und dem großen Musikvereinssaal in Wien ist evident. Ich bestreite nicht, daß diese Räume auf den meisten Plätzen einen vorzüglichen Höreindruck vermitteln, der z. B. im Musikvereinssaal in Wien so »schön« ist, als hätte Gustav Mahler nur das Lied von den »himmlischen Freuden« geschrieben und nicht die verzweifelte Ausweglosigkeit seiner 6. Sinfonie oder das »Purgatorio« der bruchstückhaft überlieferten 10. Sinfonie geschaffen. Diesen Räumen haftet musikalisch und visuell durch ihre Gestalt und ihre Dekoration etwas Bewahrendes, Museales an, was unserer Zeit und dem Ausdruckswollen der Neuen Musik nicht mehr adäquat ist.

Das Auditorium in Chicago von Adler & Sullivan 1886/1889 weist eine wesentlich dynamischere Raumstruktur auf, als die der strengen Rechteckräume. Das Hauptparkett steigt, von der Bühne ausgehend, stark an und wird durch einen sehr tiefen Rang fortgeführt; an den Seiten befinden sich logenartige Arkaden und darüber zwei Galerien, so daß eine sehr hohe Platzzahl im Verhältnis zu dem geringen akustischen Luftraum geboten wird. Die Decke ist jedoch aus elliptischen Bögen geformt, die zwar den Schall zerstreuen sollen, zugleich aber akustische Brennpunkte im gesamten mittleren Saalbereich bilden.

In diesem gewaltigen Raum drückt sich durch die Emphase der Deckenform vielleicht eher ein amerikanisches Nationalgefühl aus, als in der strengen puritanischen Symphony-Hall in Boston. Wenn das Podium mit großem Orchester und Chor besetzt ist, entsteht eine Dynamik durch den in der Höhe gestaffelten Chor, die sich in dem aufwärts strebenden Parkett und dem Rang widerspiegelt – durch diese Disposition entsteht quasi der Eindruck eines Zentralraums.

Mehrere Konzertsäle, die nach der Jahrhundertwende entstanden, basieren zwar auf der Saalstruktur des Neuen Gewandhauses Leipzig, übernehmen jedoch nicht die parallelen Seitenwände und die rechtwinklig dazu verlaufende Rückwand, wie im

Palau de la Musica Catalana, Barcelona, Lluis Domènech i Montaner, 1905–08, Innenraum und Grundrisse

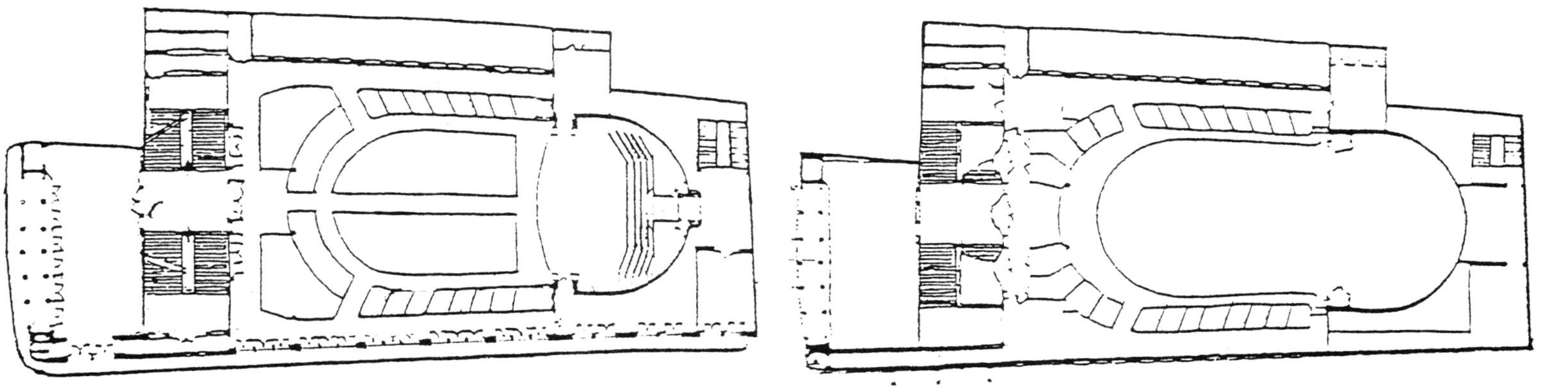

Concertgebouw Amsterdam, sondern erweitern vom Podium ausgehend den Raum quasi trichterförmig; folgerichtig wird der dem Podium gegenüberliegende Rang-Bereich auch geschwungen und das Parkett umfassend ausgeführt. Solche Konzertsaalformen wurden u. a. 1914 in Edinburgh mit der Usher-Hall von Stockdale-Harrison und H. H. Thomson errichtet. Es handelt sich zwar nicht um konsequente Zentralräume, sondern um Räume, in denen die Musik nicht in einer Guckkasten-Bühne »vorgestellt« wird und daher räumlich stärker präsent ist.

Ein besonders wichtiges Beispiel hierfür ist der Palau de la Musica Catalana, Barcelona, 1905–08 von Lluis Domènech i Montaner entworfen.

In diesem Saal liegt das Podium zwar nicht im Mittelpunkt, aber durch die Lichtführung der umgebenden Fenster, durch die weit herumgreifenden Logen und die Empore wird die formale Einbeziehung des Podiums mit der Orgel spürbar.

Die Decke verbindet die verschiedenen Elemente des Raumes und krönt den Raum durch ein facettiertes, farbiges Glasoberlicht mit Motiven der Volksmusik, deren Aufführung zum Anlaß für den Bau wurde.

Die starke plastische Gliederung des Äußeren und der gesamten inneren Gestalt des Baues erinnert stilistisch an Antoni Gaudí, sie dürfte im Saal vorrangig zur Schallzerstreuung beitragen, d. h. somit eine gute Hörsamkeit gewährleisten.

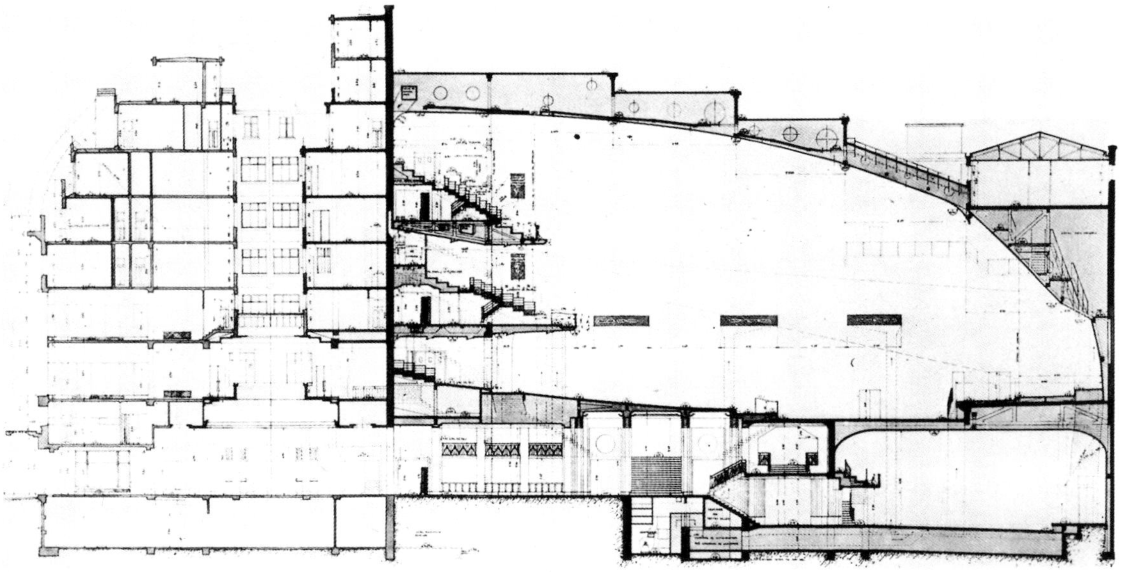

Salle Pleyel, Paris, Aubertin, Granel und Mathon, 1927, Schnitte und Grundriß

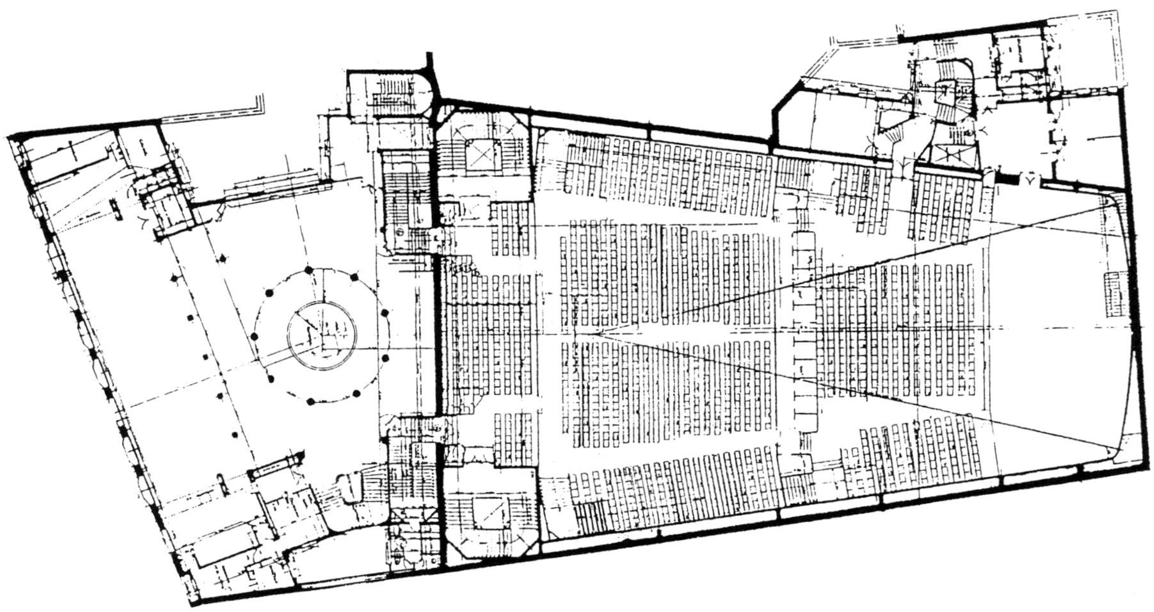

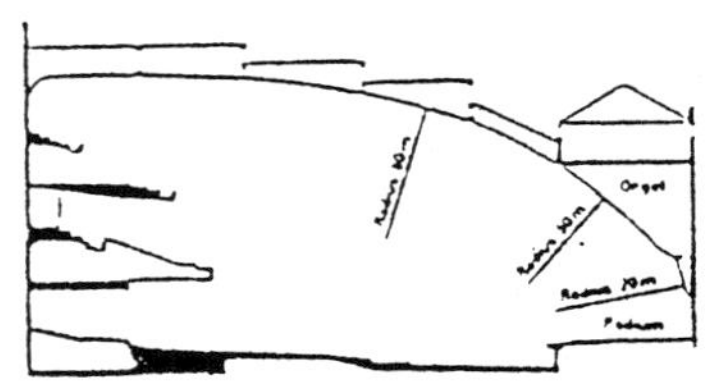

Auch die außerordentlich gute handwerkliche Ausführung des Palau de la Musica Catalana assoziiert das Werk von Antoni Gaudí, welches vorschnell immer wieder mit Scharouns Werk verglichen wird. Bei zahlreichen Führungen, die ich durch die Philharmonie leitete, wurde ich häufig mit der Frage konfrontiert, ob Scharoun von Gaudí beeinflußt wäre. Es ist festzustellen, daß Scharoun das Werk Gaudís nur durch Veröffentlichungen kannte. Bei einer Vorführung von Lichtbildern, die ich 1960 nach einer Besichtigungsreise der Bauten in Barcelona Scharoun zeigte, wurde dies offensichtlich. Er war besonders von der handwerklichen Ausführung beeindruckt, auch wenn ihm die formalen Motive wohl fremd blieben. Er bewunderte die Leidenschaft, mit der Gaudí sein Werk verfolgte, das auf einen christlichen Mystizismus zurückzuführen ist, denkt man an die symbolistische Gestaltung für die Kathedrale »Sagrada Familia« in Barcelona. Ich glaube auch, daß Scharoun von den originellen konstruktiven Lösungen, die aus der räumlichen Struktur von Gaudí entwickelt wurden, beeindruckt war. Damals, d. h. zur Zeit der Planung für die Philharmonie, sah ich meine Aufgabe auch vorrangig darin, aus meinem konstruktiven Interesse Scharouns Gestaltungsvisionen adäquat zu realisieren.

Nach der Jahrhundertwende begannen die Architekten über das Phänomen der Akustik systematisch nachzudenken, Erfahrungen zu sammeln oder von musikalisch-instrumentalen Grundformen wie dem Schalltrichter bei der Konzeption von Konzertsälen auszugehen. Die Folge waren Konzertsäle mit trichterförmig vom Podium zum Hörer sich weitenden Räumen, die jedoch keineswegs günstige Schallverteilungen bewirkten; derartige Säle wurden auch noch nach dem 2. Weltkrieg mit negativem Ergebnis gebaut.

Außerdem wurde die schalleitende Decke des Konzertsaals als wichtigstes Kriterium erkannt und daher angenommen, man müsse der Decke eine Parabelform geben, deren Brennpunkt auf dem Podium liegt. Das bekannteste Beispiel mit negativem Effekt ist die Salle Pleyel in Paris (1927) von Aubertin, Granel und Mathon mit Gustave Lyon als akustischem Berater.

Die Schallverteilung war durch die trichterförmig geweiteten Längswände ungünstig, außerdem entstanden starke Rückwürfe von der Rückwand, die erst durch Abdeckungen mit Schluckstoffen beseitigt werden konnten. Die schalleitende Parabelform der Decke führte außerdem zu dem negativen Effekt, daß sich die Musiker untereinander schlecht hören konn-

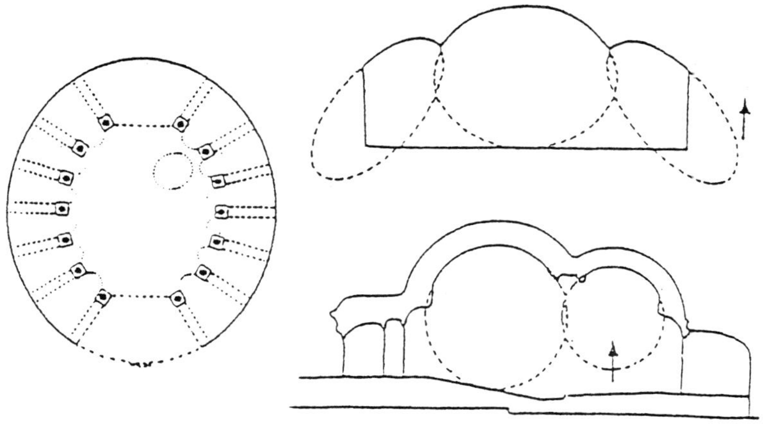

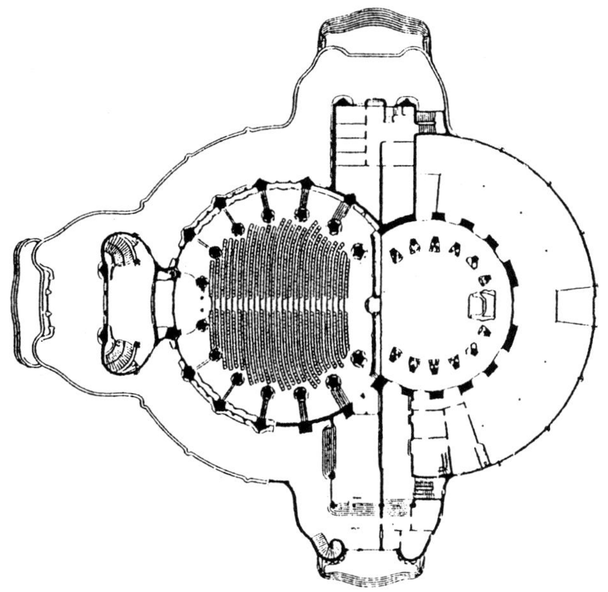

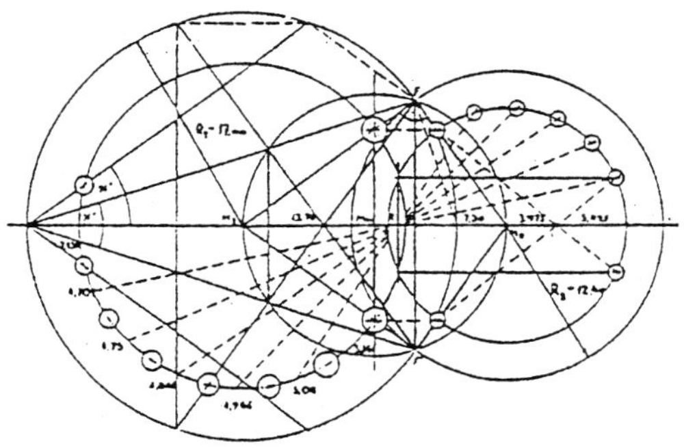

oben links: Plan für einen Kuppelbau in Malsch, R. Steiner – K. Stockmeyer, 1908–09

oben rechts: Erstes Goetheanum, Dornach, R. Steiner, 1913–20

unten links: Grundrißkonstruktion für das erste Goetheanum, C. Schmid-Gurtius

ten, weil der Schall direkt über die Decke ins Publikum geleitet wurde. Außerdem wurde aber der Störschall des Publikums über die Decke reflektiert und durch den akustischen Brennpunkt im Podiumsbereich gebündelt.

Nachdem der Saal 1928 abgebrannt war, lösten die Akustiker die akustische Bündelung der Parabelform der Decke durch gefaltete Flächen auf, so konnten diffuse Reflexionen statt der geometrisch konzentrischen erreicht werden.

Der Saal erhielt durch diese Umbaumaßnahme die gewünschte außerordentliche Klarheit eines analytischen Klanges; sie mag der französischen Musik adäquat sein – entspricht jedoch weniger der romantischen Musik insbesondere der deutschen Spätromantik. Auch die impressionistische Musik bedarf m. E. eines längeren Nachhalls und einer sehr guten Vermischung des Orchesterklanges. Die Salle Pleyel ist selbstverständlich kein Zentralraum, dennoch kann an diesem Beispiel demonstriert werden, welche akustischen Bemühungen um den richtigen Konzertsaal es in den ersten Jahrzehnten des 20. Jahrhunderts gegeben hat und wie viele Fehlschläge mit vorrangig von der Ratio bestimmten Gestaltungen verbunden waren.

Eine Persönlichkeit wie Rudolf Steiner steht zum abstrakt analytischen Denken als Antipode. Die geistigen Beziehungen zwischen Rudolf Steiner und Hans Scharoun bzw. Hugo Häring, auf dem Scharouns gedankliches Werk weitgehend aufbaut, können hier nur in wenigen Aspekten verglichen werden.

Der geistige Funktionalismus Steiners entspricht grundsätzlich Scharouns Suche nach der »Wesenheit« eines Bauwerks durch geistige Überhöhung des funktionellen »Vorgangs«. Der gesamtheitliche Ausdruck in der Geschlossenheit der Gesamtanlage bei Steiner ist mit Scharouns Bemühungen um die »Gestaltfindung« im übergeordneten Sinne vergleichbar, aus der die »Gestaltanweisung« folgt. Das Bemühen um das »Gesamtkunstwerk« ist sowohl bei Steiner als auch bei Scharoun zu finden, wenn letzterer auch mit dem anspruchsvollen Begriff sehr zurückhaltend war. So hat Scharoun bei aller Anerkennung des gedanklichen Werkes von Rudolf Steiner die Formensprache als zu individuell und nicht als allgemeingültig empfunden. Gerade im Spätwerk von Scharoun konnte ich das Bemühen um das Sublimieren der expressiven Formen auf einfachere Gestaltformen und das Ringen um Allgemeingültigkeit des Ausdrucks miterleben.

Obwohl Scharoun dem anthroposophischen Weltbild gegenüber sehr aufgeschlossen war, machte er es nicht zum gestaltgebenden Impuls für sein Werk. Die Freiheit der Empfindung und des Gedankens sollte jedem Menschen in den von ihm gestalteten Räumen überlassen bleiben – daher hat z. B. die Decke der »Lesesaal-Landschaft« in der Staatsbibliothek keine Richtungsbezogenheit, keine Tendenz, keinen Blickpunkt erhalten. Scharoun hätte die Wiederaufnahme der Raumachsen postmoderner Architekten als unerträgliche Beeinflussung empfunden und letztlich mit dem Faschismus in Verbindung gebracht. In den letzten Jahrzehnten seines Lebens waren die funktionelle Überbetonung und der vordergründige Konstruktivismus – bei denen die freie räumliche Vielfalt fehlte – konträre Tendenzen zu seinen Gestaltungen.

Rudolf Steiners erstes Goetheanum in Dornach von 1913–20 (später abgebrannt) ist nicht unter akustischen Gesichtspunkten zu beurteilen, denn es hatte wahrscheinlich durch die Kuppelformen und die kreisförmigen Grundrisse zahlreiche grundsätzliche akustische Fehler, wie Brennpunktbildungen oder Effekte der Flüstergalerien u. ä. Als Aufführungsraum für Musik war dieses bipolare Gebilde sicher wenig geeignet,

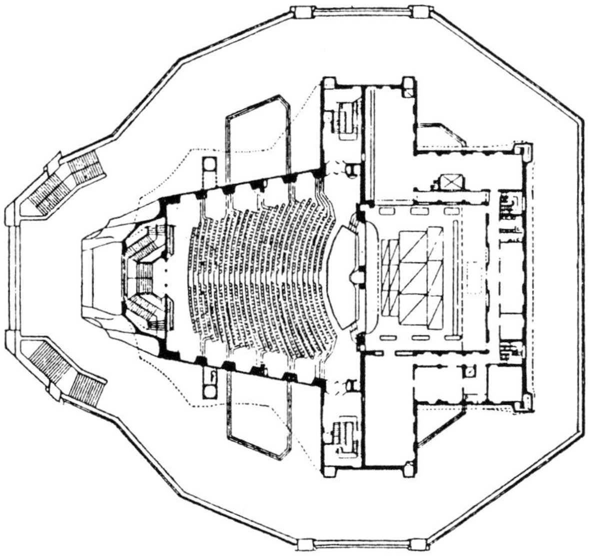

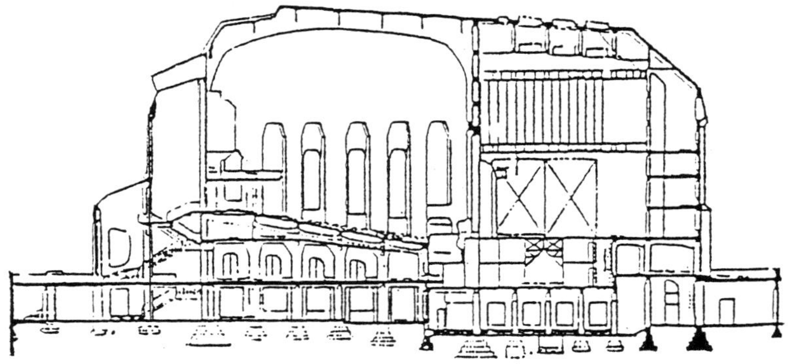

Zweites Goetheanum, Dornach, R. Steiner, Baubüro, 1924–1928, Grundriß und Schnitt

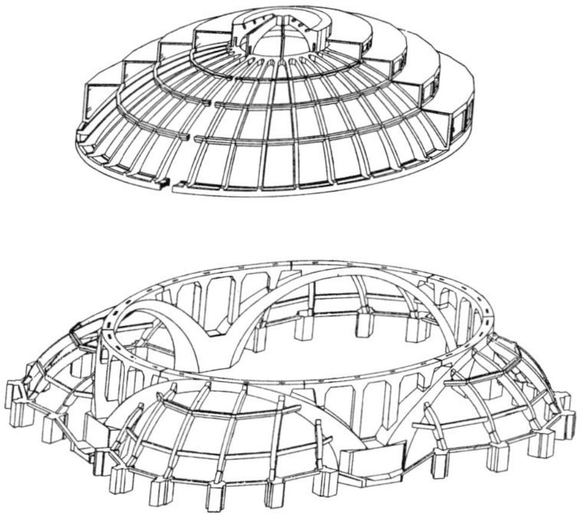

seine Bedeutung lag im anthroposophisch-mystischen Wollen begründet.

Gingen die ersten Überlegungen zum Goetheanum wohl auf das Modell eines Kuppelbaus in Malsch bei Karlsruhe 1908/09 zurück, den E. A. Karl Stockmeyer nach Angaben von Rudolf Steiner errichtete, so sind bei dem zweiten Goetheanum die akustisch gefährlichen konkaven Formen eliminiert; der Gesamtraum weist die zusammenführende Wirkung eines Ovals auf, das mit orthogonalen Strukturen gebildet wird. Die räumliche Durchdringung zwischen der konischen Raumform für die Zuhörer, die überdies noch durch einen Rang gesteigert wird, mit der sogenannten »Spielbühne« findet nicht statt – es entsteht der Eindruck einer Guckkasten-Bühne. Gegenüber den räumlich verschmolzenen »zwei Welten« im ersten Goetheanum mutet die spätere Gestaltung konventionell an. Vielleicht haben die akustischen Probleme zu dieser starken Vereinfachung geführt; selbstverständlich spielen auch die technischen Einrichtungen dieser Spielbühne bei der Gestaltung eine wesentliche Rolle. Es ist zu bedauern, daß Rudolf Steiners Werk, abgesehen von kleineren Bauformen, nicht fortgeführt worden ist und sich gegenüber den gleichzeitig entstehenden Monumentalbauten der spätwilhelminischen Aera nicht durchsetzen konnte.

Die Jahrhunderthalle in Breslau von Max Berg (1911–13) ist als Stahlbetonbau mit einer Spannweite von ca. 67 m ein gewaltiges Ingenieur-Bauwerk; mit diesem Bau wurde die Spannweite des Pantheons in Rom (43 m) um die halbe Spannweite übertroffen. Der Stahlbeton war als Material gewählt worden, damit dieser Bau »auch nach hunderten von Jahren Zeugnis für die Kultur unserer Zeit ablegen« sollte.

Erich Mendelsohn sah in diesem patriotischen Wahrzeichen, das mit Gerhart Hauptmanns Erinnerungsfestspiel an die Befreiungskriege von 1813 eingeweiht wurde und für Versammlungen, Sängerfeste, Turnveranstaltungen usw. gedacht war, »irdische und himmlische Kühnheit« zugleich. »Einmal werden auch wir unsere technischen Gedanken zu sakraler Bestimmung erweitern müssen.«

Hans Poelzig baute auf diesen technischen Errungenschaften der Jahrhunderthalle auf und schuf die expressionistischen, visio-

S. 52 Mitte: Jahrhunderthalle Breslau-Scheitnig, M. Berg, 1911–13, Innenansicht und System der Kuppel

S. 52 Mitte rechts: Ausstellungsgelände Breslau-Scheitnig mit Jahrhunderthalle, Ausstellungsgebäude (Poelzig) und geplante Erweiterungsbauten

oben: Reichshauptstadt Berlin, geplante Nord-Süd-Achse, Modell, Fassung von 1942, A. Speer – Generalbauinspektion (vorn Südbahnhof und Triumphbogen)

Mitte: »Große Halle«, Reichstag und Brandenburger Tor

nären Räume des großen Schauspielhauses Berlin und den Entwurf für Salzburg. Es darf aber auch nicht übersehen werden, daß Poelzig mit seinem unausgeführten Erweiterungsentwurf für das Ausstellungsgelände Breslau-Scheitnig auf eine Formensprache zurückgriff, die überwunden zu sein schien. Der spätwilhelminische Duktus und die dominierende Axialgestaltung kündigten eine für Deutschland verheerende »geistige Ordnung« an, die ihr Ende erst mit dem Zusammenbruch des Dritten Reiches finden sollte.

Die große »Halle des Deutschen Volkes« von Albert Speer, als Zentralbau geplant, steht daher am Ende dieses Kapitels; die vorhergehenden zentralraumähnlichen Bauten des Dritten Reiches wurden nicht berücksichtigt, weil sie thematisch nebensächlich sind.

Es zeigte sich, daß die Zentralbauten aus einer absolutistischen Aera im Faschismus durch die Beherrschung der technisch-konstruktiven Möglichkeiten wiederentstehen konnten und der Nationalsozialismus noch weit größere Dimensionen – unmenschliche Dimensionen – hervorgebracht hat.

Die Entwicklungsgeschichte des Zentralbaus ist zugleich eine Chronik der soziologischen Verhältnisse und der nationalen Übersteigerungen. Es bedarf keiner weiteren Erläuterung, daß in solchen Räumen die Musik nicht geduldet, sondern allenfalls zu dienenden Zwecken degradiert war.

Die Magie des Zentralraums, das Faszinosum, wurde ins Übermenschliche gesteigert und diente zur Beherrschung des Menschen und zu seiner Reglementierung.

Scharoun hat die Zeit des Faschismus bitter erlebt. In seinen visionären Aquarellen, die er während der beruflichen Restriktionen im Dritten Reich malte, ist der unerfüllbare Freiheitsdrang zu spüren, der Jahrzehnte später in der Philharmonie und in der Staatsbibliothek baulich Gestalt annehmen sollte. Die Konzertsaalbauten und großen Hallen-Konstruktionen zwischen den beiden Weltkriegen waren also nicht die gestaltgebenden Impulse für den Bau der Philharmonie. Der »Ursprung« der Philharmonie kann nur durch einen Analysierungsversuch des Werks von Scharoun und durch tieferes Eingehen auf sein Wesen gefunden werden.

Der Zentralraum im Werk von Scharoun bis zum Bau der Philharmonie – Tendenzen zum Raum der Philharmonie

Die Zentralraum-Vision zieht sich durch Scharouns gesamtes Schaffen. Die Gründe dafür sind sicher nicht nur im Gestalterischen zu finden, sosehr Scharoun auch das »Geheimnis der Gestalt« faszinierte, das besonders im Raumerleben und in der Raumbildung des Zentralraums evident wird. Es ist sicher die soziale – die mitmenschliche Idee, die Scharoun immer wieder zur Auseinandersetzung mit dem Zentralraum anregte und die ihre höchste Steigerung zweifellos im Raum der Philharmonie fand – den zu bauen und zu erleben ihm noch vergönnt war.

In seinen Ideen und Visionen waren derartige Raumbildungen stets ganzheitlich vorhanden und warteten auf den Impuls zur Gestaltwerdung. Jene innere Schau ist mit dem Schaffensprozeß Mozarts zu vergleichen, in dessen Vorstellung ein Werk formal geschlossen »geboren« wurde und nur der Niederschrift bedurfte.

Scharouns typischer Schaffensprozeß – von der erträumten Vision über die erdachte »Gestaltfindung« zur strukturellen »Gestaltanweisung« – läßt sich im Wirken während seines gesamten Lebens nachvollziehen. Diese Schaffensweise ist schon bei den hymnischen Jugendwerken und sublimiert in dem meditativen, »landschaftlichen« Gesamtraum der Staatsbibliothek – den er selbst im Rohbau nicht mehr erleben durfte – zu spüren. Der letzte gemeinsame Baustellenbesuch führte über die gerade zu Beton erstarrte gewaltige südliche Haupttreppenanlage hinauf bis zur eingeschalten Grundebene der »Lesesaal-Welt«. Der Schritt auf die baulich noch nicht fertige Hauptebene des kontemplativen Zentralraumes, bei dem die diaphane Hülle und die »Dachlandschaft« mit der »Himmelschaft« der Decke noch völlig fehlten, blieb ihm verwehrt. Vermutlich konnte er sich dennoch diese eigentümliche Deckenstruktur, in der die vielen Kunststoff-Kugelringe wie glimmende »Nebensonnen« eingebettet sind, in ihrer Ganzheit auch ohne die Wirklichkeit zu erleben, problemlos vorstellen. Der Hinweis auf eine graugrüne, kühle »wissenschaftliche« Farbwahl für die Decke der Lesesaal-Landschaft und auf den blass-rosa Farbton »wie Abendstimmung« für die Sheds – damit das einfallende Nordlicht nicht »zu kühl wird« – sondern »etwas Wärme und Leben« erhält, waren die letzten Farbanregungen aus seinem Munde.

Es wäre aufschlußreich für eine einfühlende Analyse des Werkes Scharouns, seine Farbgestaltungen zu den Räumen und Gebäuden im Zusammenhang mit den Führungen des natürlichen und künstlichen Lichts zu erarbeiten; man würde auch dem Wesen Scharouns viel näher kommen. Das Hineinfühlen in die »Welt« Scharouns müßte an der Farbgebung seiner Skizzen beginnen und würde bald zu der Frage führen, wie weit Scharoun von den anthroposophischen Gedanken Rudolf Steiners beeinflußt – oder nicht frei war. In den letzten 15 Jahren seines Lebens, die ich eng mit Scharoun zusammenarbeiten durfte, war ein deutlicher Bezug auf die Anthroposophie nicht spürbar. Allerdings teilte sich Scharoun über etwaige Einflüsse auch gegenüber den engsten Mitarbeitern nicht mit. Er gebrauchte seine bruchstückhaft aphoristische eigene Sprachgebung, um lediglich Hinweise zu Skizzen oder zu den Räumen zu geben.

Die Arbeitssitzungen begannen am späten Nachmittag und zogen sich bis in die Nachtstunden – in völliger Stille und ohne eitel wirkende Erläuterungen – hin. Diese egozentrisch erscheinenden, von höchster Konzentration erfüllten, klausurhaften Zusammenkünfte stehen scheinbar im Widerspruch zur festlichen Lebendigkeit der Zentralräume, die in diesen Augenblicken und meistens nach einer vorhergehenden inneren Schau noch einmal »nachgeboren« wurden – und Gestalt annahmen. Dieser Widerspruch blieb auch im Äußeren erhalten, denn Scharoun wirkte auf seine Umwelt zurückhaltend, fast scheu und ging Selbstdarstellungen immer aus dem Wege. Die einzige Ausnahme bildete eigentlich sein Wirken als Präsident der Akademie der Künste, Berlin, das er mit Umsicht und hohem Verantwortungsbewußtsein für die Ziele der Akademie wahrnahm. Zu diesen Zielen gehörte der Versuch ihrer kooperativen künstlerischen Neuformung – als Transposition barocken Geistes in einer Metamorphose von Raum und Zeit.

Welchen Wandel politischen und soziologischen Denkens hat Scharoun von den zwanziger bis zu den siebziger Jahren erlebt – und kreativ, gedanklich und gestaltend mitvollzogen! Sein Weg vom emphatischen Aufbruch der »Gläsernen Kette« von 1919, voll von menschheitlichen und visionär-sozialistischen Ideen – über den weitgehenden Entzug der baulichen Verwirklichung während des Dritten Reiches – bis hin zum immer noch umstrittenen und bekämpften Spätwerk – spiegelt sich in seinem Werk wider. Er stand über den »Widerwärtigkeiten«, die er als Auseinandersetzung in »Raum und Zeit« sah.

»Laßt doch, die Idee trägt ja! –« war sein beruhigender Kommentar, als wir uns in der letzten Nacht vor der Abgabe eines Wettbewerbes um die Ausarbeitung von Einzelheiten mühten. An keinem Wettbewerb wurde ohne »Gesamtidee« teilgenommen, wobei Scharoun unter »Idee« immer eine neue Lösung für die soziale, funktionale oder städtebauliche Aufgabe verstand. Kam er nicht zu einer neuartigen Sicht und ließ die Jury des Preisgerichts eine Teilnahme als sinnlos erscheinen, brach Scharoun die weiteren Überlegungen ab; eine konventionelle Lösung interessierte ihn nicht.

War aber die »Idee« geboren, so zögerte er mit ihrer »Freigabe« bis zum Äußersten, um diese in ihrer Genialität, auch auf Allgemeingültigkeit, zu überprüfen. Häufig begann, z. B. bei den Theater-Wettbewerben erst eine Woche vor Abgabe die Ausarbeitung, um dann in einem unermüdlichen, rauschartigen Arbeitsprozeß auf das Papier gebannt zu werden. Aus den Hinweisen zum Schaffensprozeß, der mit »Träumen« begann, sind die heute fast hypertroph erscheinenden Raumvisionen der »Gläsernen Kette« zu verstehen.

»Erzwingen wir reinstes Schaffen durch Überlegung, durch Erkenntnis? – nein – der Mensch sei Mittpunkt, Erstrebtes um uns sich wölbend gleich dem Firmament...

Aus dem Mittelpunkt roter Menschendämmerung losgelöste, leidenschaftliche Kräfte schwingen in Rhythmen. Sie sind gering, lösen sich kaum vom Mittelpunkt los. Sind sie stark, erfüllen sie in Wirbeln heißer Phantasie gedanklichen Zwischenraum und streifen – hell leuchtet Vereinigung – Firmament einer Unendlichkeit in breiter Bahn....«

Und in dem Aufsatz »Gedanken zum Theaterraum« (1920) heißt es:

...»Engendem Aufbau, konventionellem Theaterraum entrückt, in dem hier ›der‹ Mensch zwischen ihm zu Liebe dekorierten Wänden sitzt, dort hinter Bühnenraum Geschehen vorüber-

S. 55: Hans Scharoun, Aquarell, 1919

Hans Scharoun, Aquarell, zwischen 1933 und 1945

zieht, das Raumfremde und Abbildhaftes des Geschauten nicht zum Erlebnis werden lassen, stellen wir kühnen Griffes Raum und Schauspiel über Mensch und in den Menschen hinein. Form, gemeinschaftliches Bewußtsein und gemeinsames Erleben, in Haus, Ding und Mensch sind einheitliches Wiederspiel unseres Zeitsehnens: Einen Kunst und Leben.

›Ein‹ Mensch im Angesicht eines anderen, gereicht in Kreise, in mächtig schwingenden Bogen um strebende Kristall-Pyramide. Raum: aus Schwarz und Blau wühlend durch 1000 Farbsprühen; zum silber-gelben Stern emporschwingend; in Bogen, Rippen, Vorsprung und Aushöhlung aus dunkler Masse zu beschwingter Reinheit hintastend, sich selbst und erwartungsheißer Volksmenge Aufstieg und Krone weisend.

So weitet er raumlose Unendlichkeit und bereitet empfangsfrohen Boden den Mysterien der Farbe, des Wortes und des Tones.

Raum dunkelt, verschwebend verdichtet sich Lichtschein aus unsichtbarer Lichtquelle in der Kuppel. Aufstrahlen im Kristallblock, Farbe und Form: bald aus Erddunkel sich lösend, bald aus Lichtkuppel heruntergegossen; bald rot züngelnd, bald silberblau tropfend.

Form und Farbe im Rhythmus der Tonklänge, die von irgendwo her Raumweite durchziehen. Durchstoßen übertönt oder begleitet vom Wort, von verdeckt aufgestellten Einzelspielern oder Chorgruppen gesungen oder gesprochen.

Orchester, Orgel und Sprechende sind hinter der raumschließenden, geschickt durchbrochenen Umwandung verteilt.«

In dem Manifest der »Gläsernen Kette« sind gewiß Träume und Ideen des russischen Symbolismus und Futurismus amalgamiert, wie sie durch Aleksej Kruchenych und Michael Matjeschin in ihren utopischen Werken eingefangen wurden. Die synästhetischen Bestrebungen Aleksandr N. Skrjabins – Visionen zum kosmopolitischen Gesamtkunstwerk – in seinem unvollendet gebliebenen Universum-Mysterium klingen an. In der Philharmonie konnten wir Einrichtungen für Farblichtprojektionen, wie sie Skrjabin in seinem Spätwerk »Prometheus« forderte, nur zum Teil durchsetzen. Zusammen mit den Raummusik-Emporen und den an der Peripherie sowie über dem Podium kreisförmig angeordneten Lautsprechern für elektronische Musik, sind 40 Jahre nach den Utopien der »Gläsernen Kette« in dem Zentralraum der Philharmonie unerfüllbar erscheinende Hoffnungen zum »Gesamtkunstwerk« realisiert worden.

Neben dem Aquarell »Theaterentwurf« und der Federzeichnung »Volkshausgedanke« von 1919/20 zeigt schon der frühe Wettbewerbsentwurf für ein Theater, Volkshaus und Kulthaus

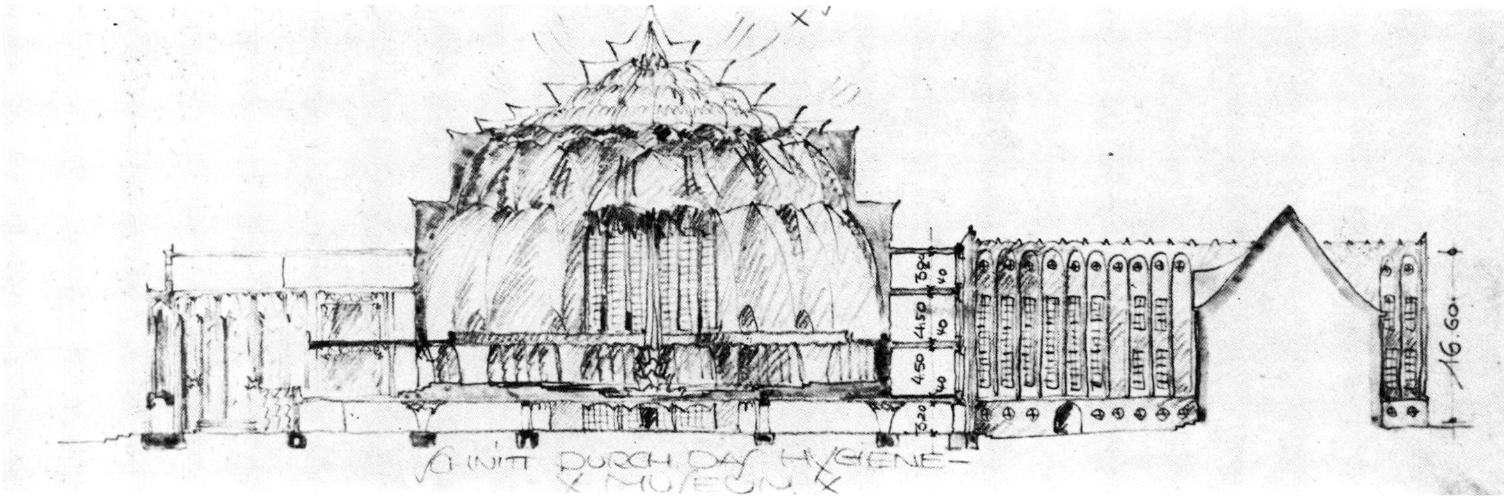

Wettbewerbsentwurf Hygiene-Museum, Dresden, Hans Scharoun, 1921, Skizzen der Ansichten und Grundrißausschnitt (unten rechts)

Gelsenkirchen (1920) unter dem Motto »Der Mensch ist gut« die erste Auseinandersetzung mit dem Zentralraum.

Scharoun schrieb hierzu im Erläuterungsbericht:

»...So soll die Krone dieser Bauaufgabe ein Kulthaus sein, der Kunst – Musik, Plastik, Malerei, Architektur – in ihren reinsten Klängen gewidmet. Und vielleicht noch Anderem, Tieferem. Gedanke im Augenblick nur. Tat wird die Zukunft bereiten. Fußend auf dem Volkshause, das gemeinschaftlichem Bildungsdrange und der Freundschaft Tempel sein will...«

Schon 1921 folgt ein ähnlicher Wettbewerbsentwurf für das Hygiene-Museum Dresden unter dem Motto »Kultur und Zivilisation«. Auch aus dieser strengeren Gesamtanlage entwickelte sich ein achteckiger kristalliner Kuppelbau als »Tempel der Gemeinschaft« und Krone des baulichen Ensembles.

Im Jahre 1922 entstand das Aquarell »Musikhalle«, es zeigt einen riesigen visionären Kuppelbau, der zusätzlich durch einen aufgesetzten Streifen – wie bei einem Goldhelm – überhöht erscheint. Eine gewisse Parallele zu Erich Mendelsohns Gestaltung am Turm des Universum-Theaters ist erkennbar. Scharouns »Goldhelm« wirkt jedoch baulich formal völlig geschlossen; vielleicht ist in diesem Aquarell die Urvision zur Philharmonie zu sehen, bei der die goldene »Haut« – wie bei einer Skulptur – nicht nur die Fassaden, sondern ursprünglich auch das Dach einhüllen sollte.

In seiner Antrittsvorlesung an der Staatlichen Akademie für Kunst und Kunstgewerbe in Breslau führte Scharoun 1925 u.a. zum Thema »Zentralraum« aus:

»...Ich sprach ferner davon, daß die Bau- und Raumelemente des modernen Bauwerkes in Harmonie zu bringen seien. Das soll nicht etwa eine Begrenzung oder Beengung sein, denn um in den Ausdrücken der Musik weiter zu sprechen, darf die Folge der Elemente auch disharmonisch zueinander geordnet werden, ohne aber deshalb atonal zu werden.

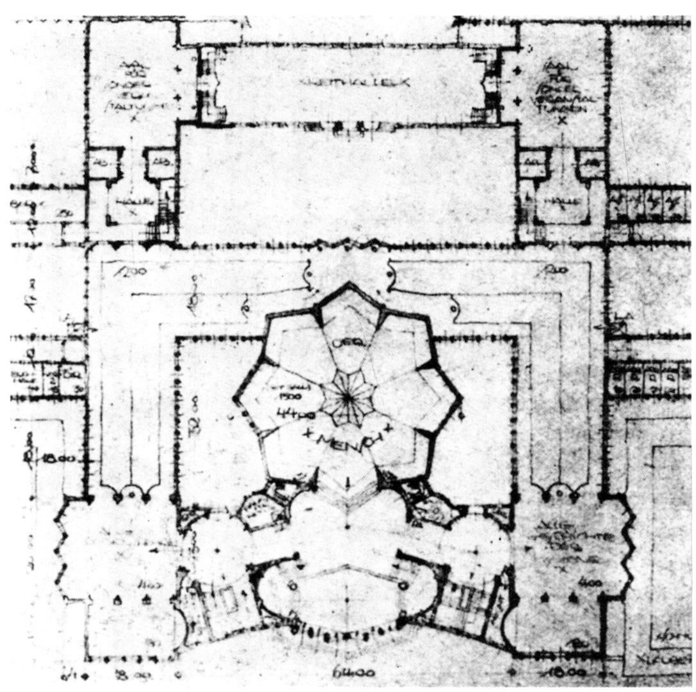

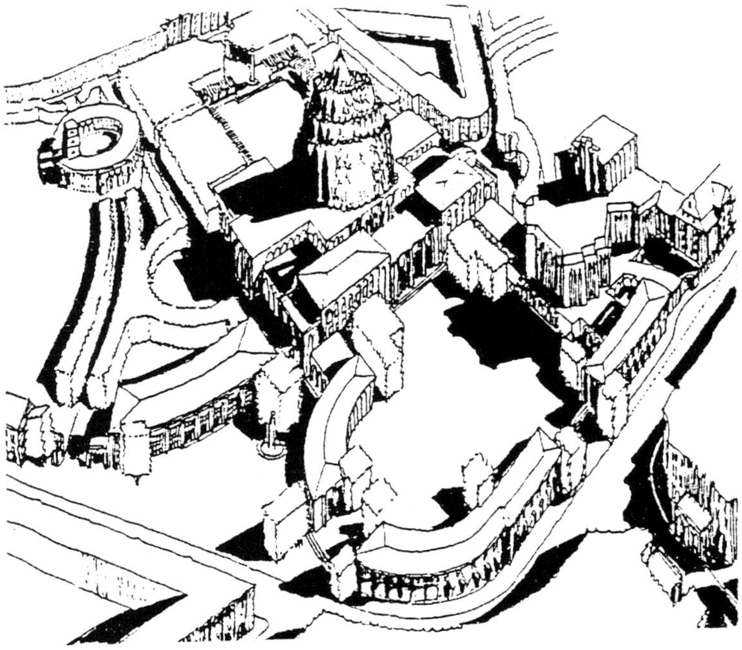

Wettbewerbsentwurf für Theater, Volkshaus und Kulthaus, Gelsenkirchen, Hans Scharoun, 1920, Isometrie

Die Art der Verwendung der Faktoren, die die Gesamtheit des Bauwerkes zum Musikalischen machen, bleibt heute noch im weitesten Maße dem einzelnen Künstler und seinem Temperament überlassen. Der in ihm schwingende Klang wird von dem Klang der Zeit noch nicht derart beeinflußt, daß der Zeitklang beherrschend und allen hörbar aus dem Werke des Künstlers zurücktönt.

Gemeinsam ist den Architekten unserer Zeit die Ablehnung einer Empfindungskunst und die Ablehnung des Motives. Statt dessen begegnen wir im modernen Formschaffen oft dem Rhythmus.«

»Ich glaube, es ist unschwer zu erkennen, daß der Verlust des Gefühles für den allbeherrschenden Raum den Niedergang wie in der Architektur so auch in der Bühnenkunst mit sich brachte...

Die Empfindung des sich ändernden Raumes hat in gleicher Weise wie der Ablauf der Zeit dem Menschen das Gefühl einer Gesetzlosigkeit eingegeben, die ihn in Schrecken versetzen kann und deren er sich durch Schaffen irgend einer Gesetzmäßigkeit zu erwehren trachtet. Alle Gemeinschaftsgedanken gipfeln oder besser gesagt, werden anschaulich durch Formung des Erlebnisses zwischen Einzelwesen und Raum um uns. Die bildende Kunst, Malerei, Plastik, ist durch das Material einseitig an das Statische, an die Wiedergabe eines Zustandes gebunden, während die Architektur gleich der absoluten Musik das Dynamisch herauszustellen in der der Lage ist.«

Das Uranliegen aller Räume Scharouns ist das Wechselspiel zwischen Freiheit und Bindung, zwischen freier Form und Gesetzlichkeit sowie die Beziehung des Individuums zur Gemeinschaft im Raum. Alle diese Faktoren, die in der Antrittsvorlesung von 1925 anklingen, sind mit der Konzeption der Philharmonie Gestalt geworden.

In den Jahren nach 1925 hat Scharoun vorwiegend an Problemen des Wohnens, des Städtebaus und des Siedlungswesens gearbeitet. Es entstanden Einfamilienhäuser, das Wohnheim der Werkbundausstellung Breslau (1929) und die Wohnbauten der Siedlung Siemensstadt (1930). Diese fruchtbare Schaffensphase wurde jäh im Dritten Reich beendet. Dies traf Scharoun mit 40 Jahren, also in einem Alter, in dem ein Architekt die nötigen Erfahrungen gesammelt hat, um »Jugendträume« Realität werden zu lassen.

Weitgehend Einfamilienhäuser konnten noch realisiert werden. In jener Zeit des Zweiten Weltkriegs, die gegensätzlicher zu visionären Träumen kaum sein konnte, bannte er wiederum seine Ideen in Aquarellen und Federzeichnungen, die immer wieder um die Themen Freiheit und Bindung kreisten.

Es sind unbegrenzte, von unendlichem Freiheitsdrang beseelte Gebilde, die von Menschenströmen »begangen« werden, und Baugebilde plastischen oder auch mantelhaften Charakters in exorbitanten Dimensionen, die für die Menschen Schutz und einen unermeßlichen Raum – eine »Welt« – bilden.

Nur eine äußerst subtile Studie könnte Motive und Formen dieser Phantasie-Explosionen im späteren Entwurf und in den Skizzen zu Einzelheiten der Philharmonie aufspüren. Diese Visionen waren unterbewußt vorhanden, als Scharoun seine Ideen zur Philharmonie fixieren mußte. Noch während der Ausarbeitung des Entwurfs für die spätere Fassung am neuen Standort Kemperplatz war der Widerstreit zwischen der aufgestauten, von barocker Sinnenfreude erfüllten Formkraft und dem Reduzieren auf eine baubare, vor allem finanzierbare Gestaltung mitzuerleben. Die erhaltenen Skizzen lassen diese notwendige »Erstarrung« der Ideen-Welt erschütternd erkennen. Als Scharoun sich schließlich aus der Fülle seiner Ideen zu einer selbstverständlichen Detailgestalt durchgerungen hatte, mußte er immer wieder Einschränkungen vornehmen, weil die Gegner seiner revolutionären Raumform den Bau wegen der angeblich zu hohen Kosten verhindern wollten. So hätte er z. B. auf den Natursteinboden verzichtet (in den Kostenanschlag wurde Linoleum hineingeprüft) oder akzeptierte soweit wie technisch möglich Holzfenster statt der teuren Metallfenster. Seine trotzige Devise war: »Ich will den Raum bauen!«

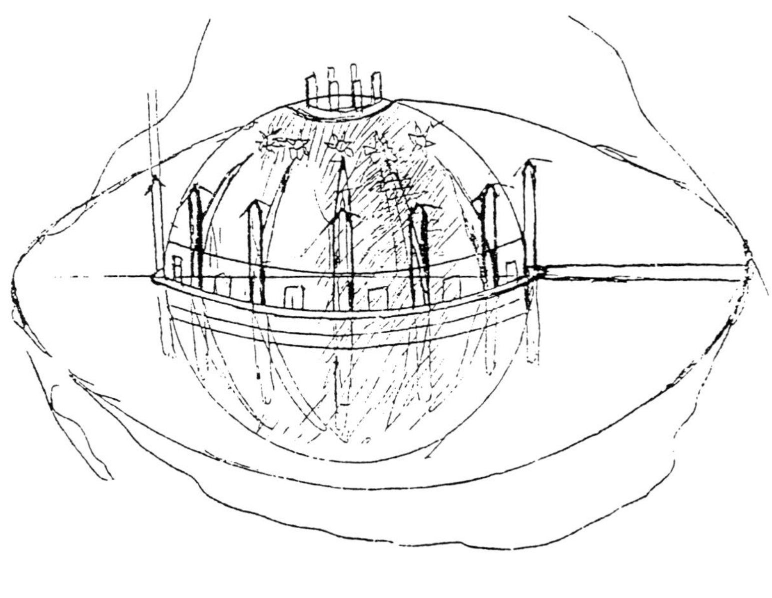

Skizze von A. Skrjabin zu einem Tempel für die Zelebrierung des Mystère. Mysterien-Tempel als Halbkugel-Dom über einer Wasserfläche errichtet, die Spiegelung ergänzt das Gebäude zur Kugel. Geplante Errichtung des Tempels in Indien für 2000 Menschen, die sich in einem kreisförmigen Raum um den Künstler-Propheten gruppieren.

Der Raum der Mitte in Entwürfen und Bauten Scharouns nach dem 2. Weltkrieg

Der Wettbewerbsentwurf für die Liederhalle in Stuttgart, 1949, wurde mit dem ersten Preis ausgezeichnet – gebaut wurde sie jedoch von Rolf Gutbrod.

In diesem Entwurf erreichte Scharoun eine außerordentlich starke Einbindung des differenzierten Gebäudekomplexes in die Landschaft, wie er sie später für das Staatstheater Kassel noch vollkommener gestaltete. Das Raumprogramm sah leider die Teilung der Säle und Gesellschaftsräume vor, so konnte er einen Zentralraum nicht vorschlagen. Scharoun versuchte dennoch eine Zentralanlage der Säle durch Kombination.

Scharoun 1949, Erläuterungsbericht zum Wettbewerbsentwurf:

»...Gesellschaftliche Funktionen: Trennbarkeit der Räume und mehrere Möglichkeiten teilweiser und ganzheitlicher Zusammenfassung. Nicht nur als technisches Problem, sondern als Gestaltproblem – bezogen auf die Teile der Lösungen und auf die Gesamtlösung – gesehen.

Der Gesamtkomplex – akzentuiert durch die Großräume – ist durch eine Vielzahl kleinerer, dem Täglichen dienenden Räume durchsetzt, der lebendigen Nutzung zu allen Zeiten dienend.«

Wettbewerbsentwurf Liederhalle Stuttgart, Hans Scharoun, 1949, Skizze zum Innenraum, Ansicht und Grundriß

Die Säle sollten Strukturen aus Oberlichtkuppeln erhalten, um den Eindruck eines »toten Raumes« nicht aufkommen zu lassen. Die Gestaltung erinnert an die diaphanen Raum-Visionen der frühen Aquarelle und leitet zur lichtdurchlässigen Decke über der Lesesaal-Landschaft der Staatsbibliothek über. Ähnliche Ideen wie für die Liederhalle finden sich auch im Wettbewerbsentwurf für die Amerika-Gedenkbibliothek, Berlin (1951).

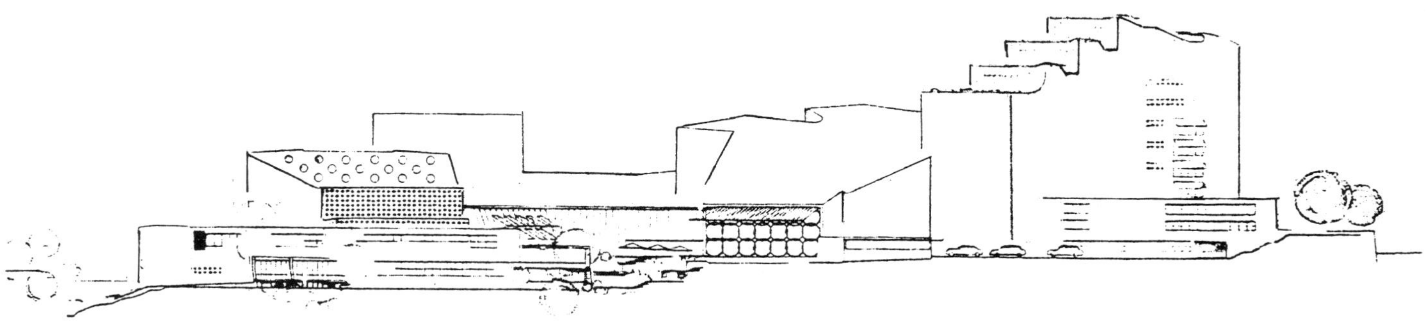

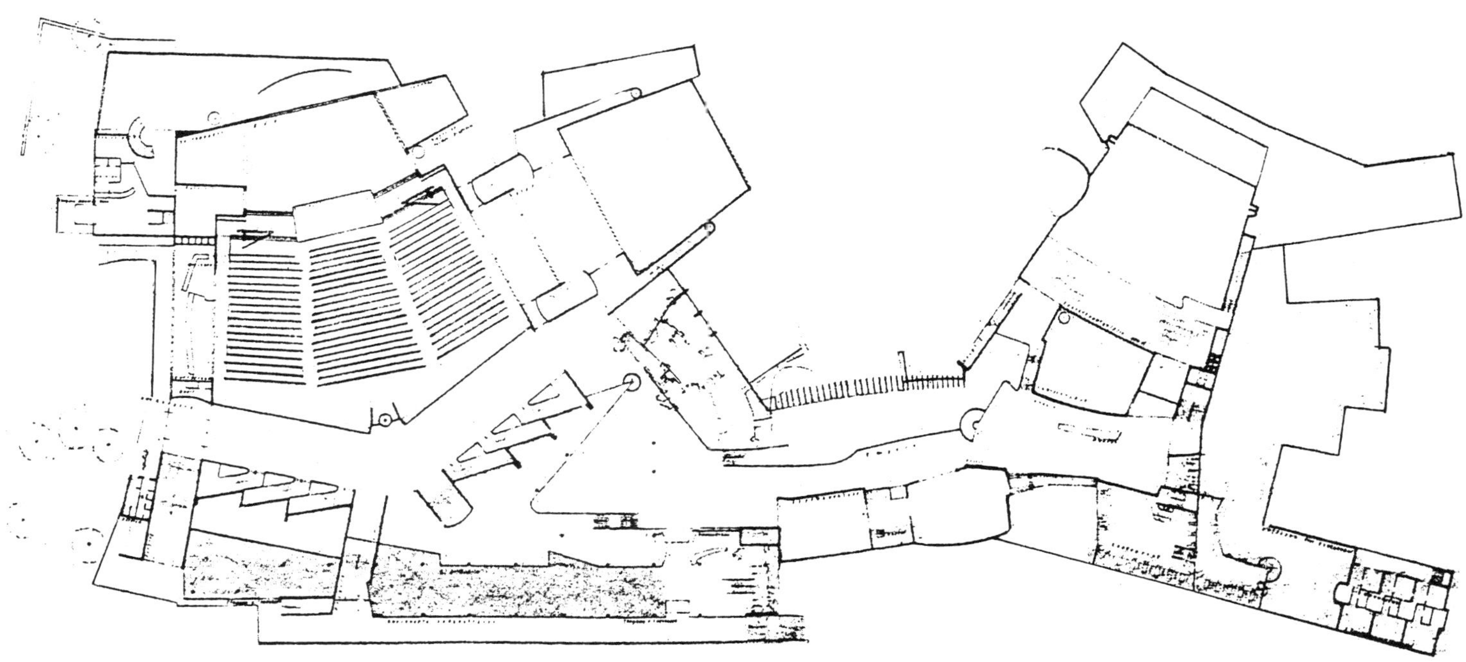

Im Jahre 1952 gewann Scharoun mit Hermann Mattern und Wilhelm Huller den ersten Preis in dem Wettbewerb für das Staatstheater Kassel. Es kann an dieser Stelle nicht über die Intrigen gesprochen werden, die dazu führten, daß der Entwurf eines anderen Architekten gebaut wurde. In der Zeit der Intrigen und Planungsunterbrechung bei der Philharmonie wehrte Scharoun mein Drängen auf Weiterplanung mit dem Hinweis ab, er können ein »zweites Kassel« nicht ertragen.

In dem Entwurf für das Staatstheater Kassel sind die vom Bühnenhaus bestimmten hohen Baumassen in eine die Landschaft paraphrasierende Form geführt worden. Der Saal sollte durch technisch-funktionelle Variabilität den vielfältigen Anforderungen des Theaters dienen.

»Das große Haus ist als Raumtheater gedacht, aber so, daß die differenzierten Aktionsbedingungen für den Schauspieler und den Zuschauer in ihren Bedingtheiten als Sein und als Schein auseinandergehalten und mittels der Formgebung einander konfrontiert werden. Die Verwertung einer solchen Gegenüberstellung gibt wohl auch das Mittel zur Schaffung der notwendigen Intimität. Sie sollte den höfischen Repräsentationsgedanken ablösen.«

»Der jeweiligen Bedeutung des unterschiedlichen dichterischen oder darstellerischen Produktes entspricht der in zahlreichen Variationen – in quantitativer Hinsicht – wandelbare Raum. Er will durch die jeweils geänderte Atmosphäre und durch jeweils angemessene Maßstäbe die andere Situation andeuten und so durch das Erlebnis zum Mitdenken anregen.

Die dargestellten Räume entsprechen der historischen Entwicklung des Theaters, indem sie dem klassischen Schauspiel, dem Shakespeareschen Theater, dem barocken oder dem modernen Theater Raumbildungen zur Verfügung stellen, die den Begriffen des Aktionsraumes, des Schau- oder Darstellungsraumes bis zum Bedeutungsraum entsprechen.«

Trotz der vielfältigen Nutzungen vom Kammerspiel bis zur Oper und zum Oratorium konnte durch Einbeziehung einer Orchestra in das Parkett eine dem Zentralraum angenäherte Raumform erarbeitet werden. Dies war das äußerste Zugeständnis, das in der gegebenen Situation zu erreichen war. Durch eine erheblich breitere Bühnenöffnung gelang ein fließender Raumzusammenhang zwischen Zuschauer- und Bühnenraum; die Guckkastenbühne mit ihrem Proszeniumsrahmen als Barriere zwischen Schauspieler und Zuschauer wäre so vermeidbar gewesen.

Im Wettbewerbsentwurf des Nationaltheaters, Mannheim (1953) ist der fließende Raum noch erweitert und zugleich eine starke Gliederung des Zuschauerraumes entwickelt worden, die bereits auf die Terrassenbildung in der Philharmonie hinweist.

Wettbewerb Staatstheater Kassel, 1. Preis, Hans Scharoun mit Hermann Mattern und Wilhelm Huller, 1952, Grundriß

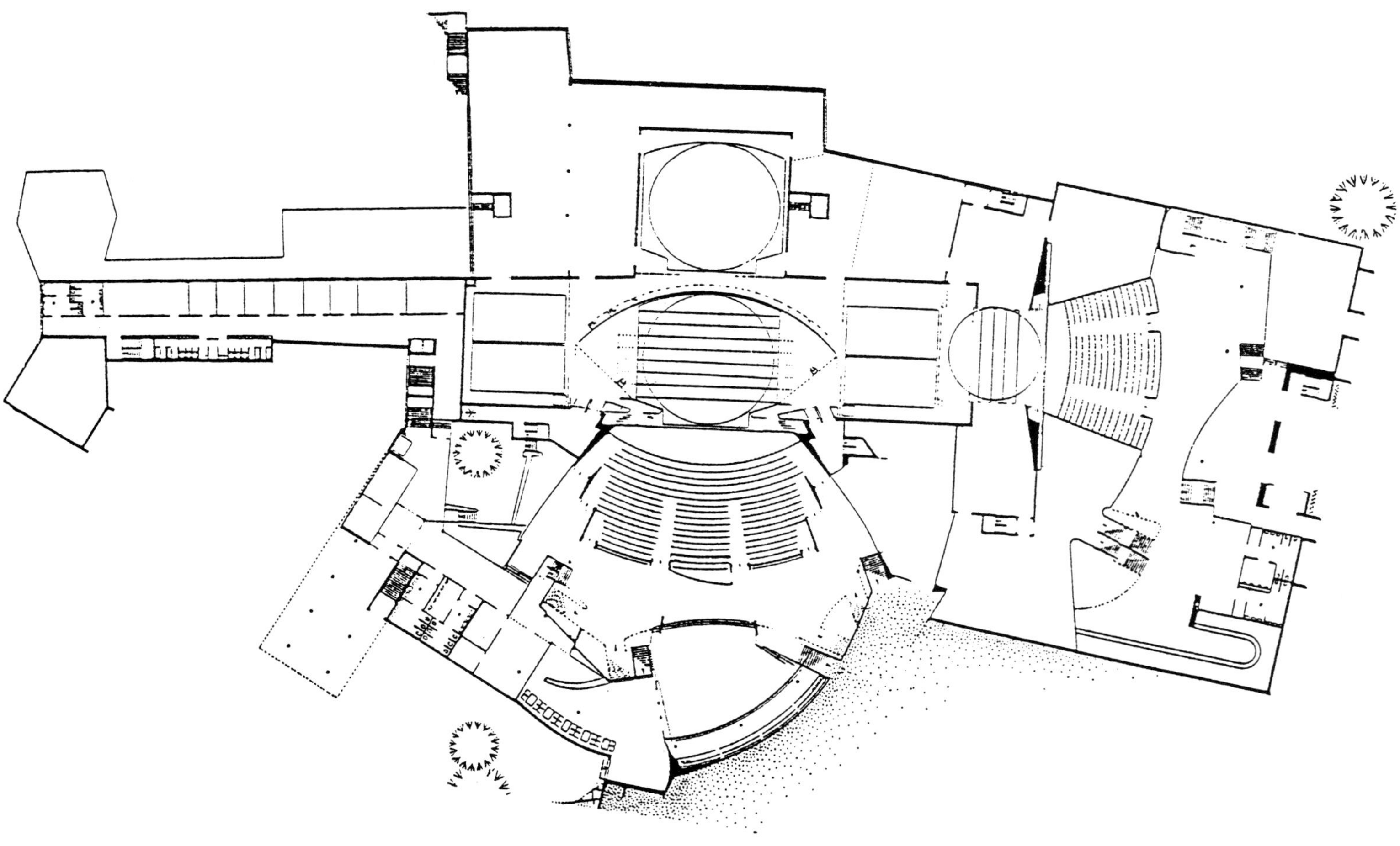

Staatstheater Kassel, Hans Scharoun, 1953–55, Modell des Entwurfs

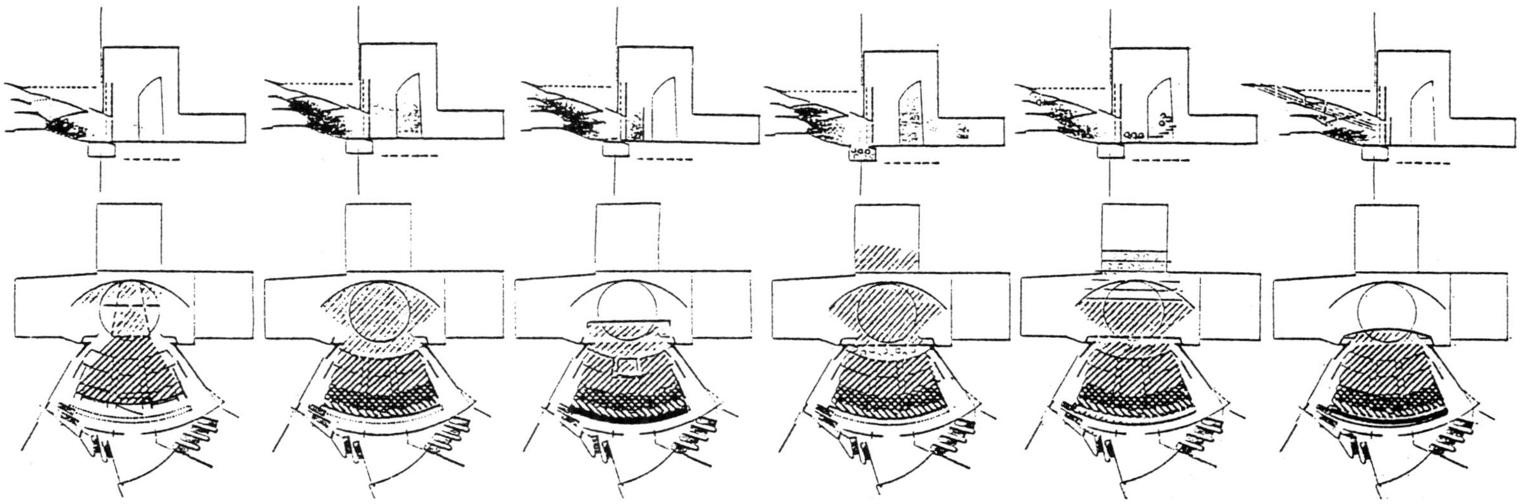

Nutzungsvarianten

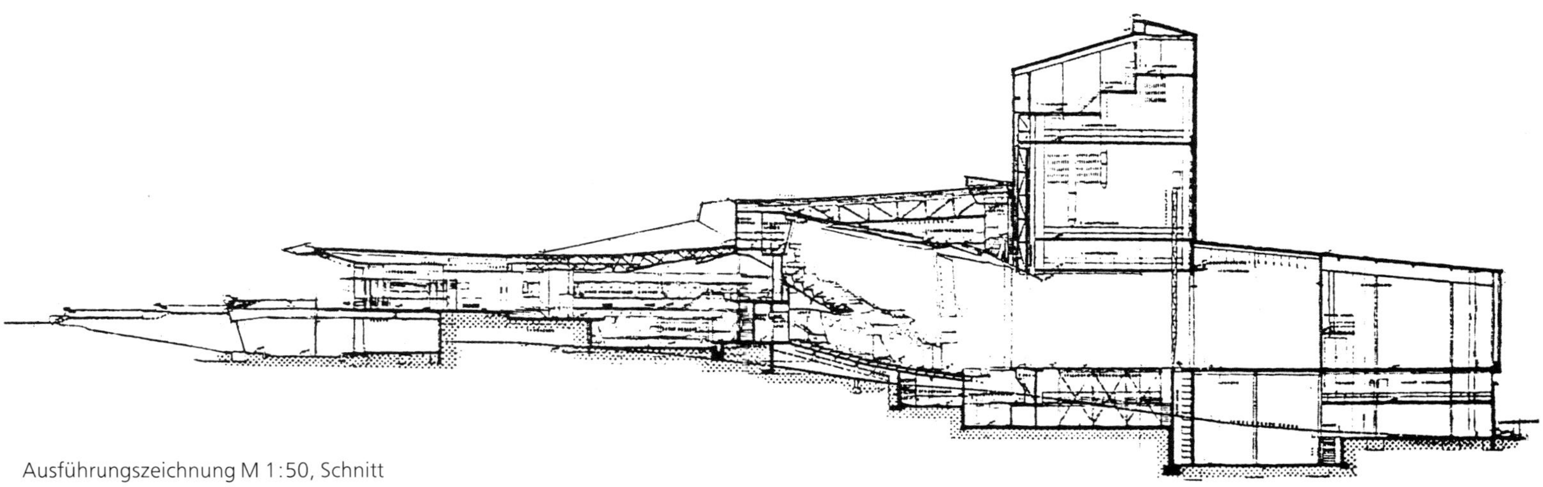

Ausführungszeichnung M 1:50, Schnitt

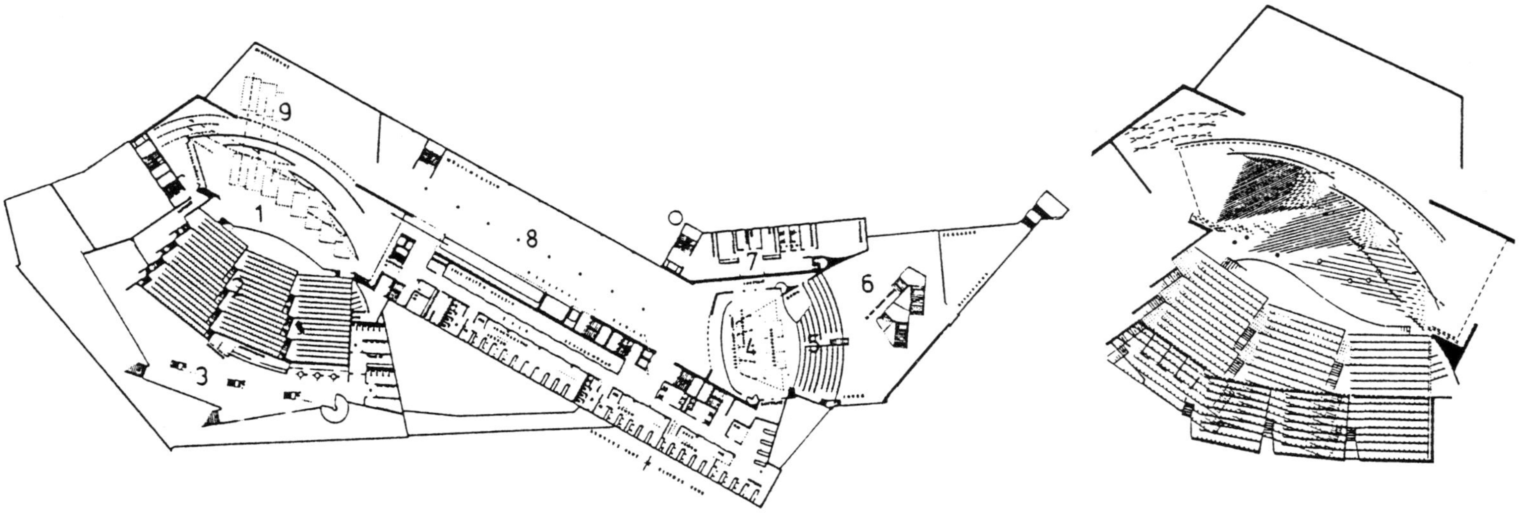

Wettbewerb Nationaltheater Mannheim, Hans Scharoun, 1953, Erdgeschoß und Prinzipzeichnung zum Saal

In dem Bau des Geschwister-Scholl-Gymnasiums in Lünen/Westfalen (1956) ist die zentrale verbindende Halle zu einem polygonalen Raum erweitert, der als kleiner Zentralraum, als Aula, für vielfältige Veranstaltungen dient.

Noch organhafter wirkt der »Raum der Mitte« in der Haupt- und Grundschule in Marl/Westfalen (1960), weil hier der Raum zu einem marktplatz-ähnlichen Treffpunkt in Verbindung mit der Pausenhalle werden kann, auf den sternförmig alle Klassentrakte bezogen sind. Dieser »Raum der Mitte« ist gleichzeitig mit der Philharmonie entstanden; in ihm sind typische Elemente, wie die Terrassenbildung, die Deckengestaltung als kleinerer »Sternhimmel« usw. wiedererkennbar.

Geschwister-Scholl-Gymnasium Lünen/Westf., Hans Scharoun, 1956–62, Erdgeschoßgrundriß

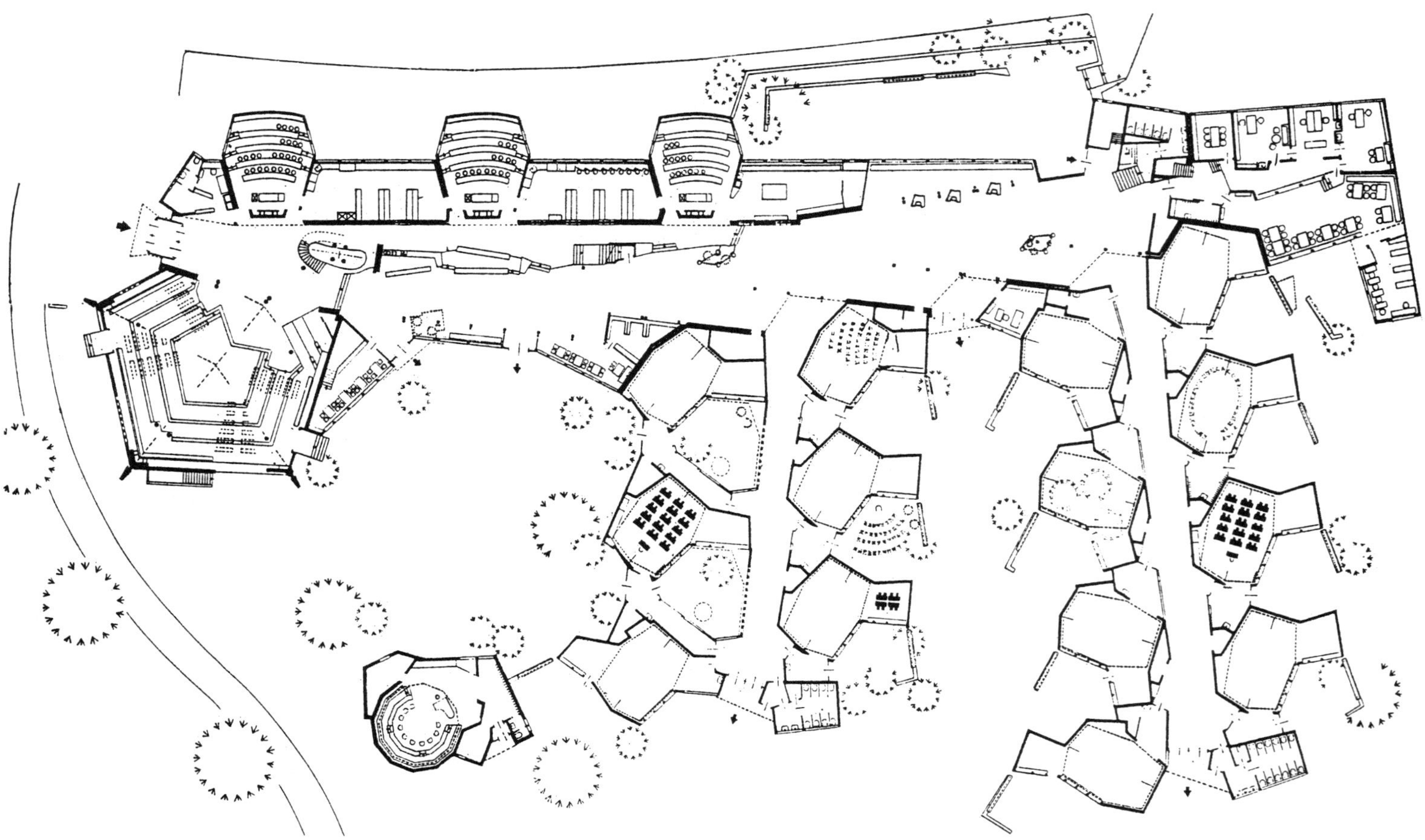

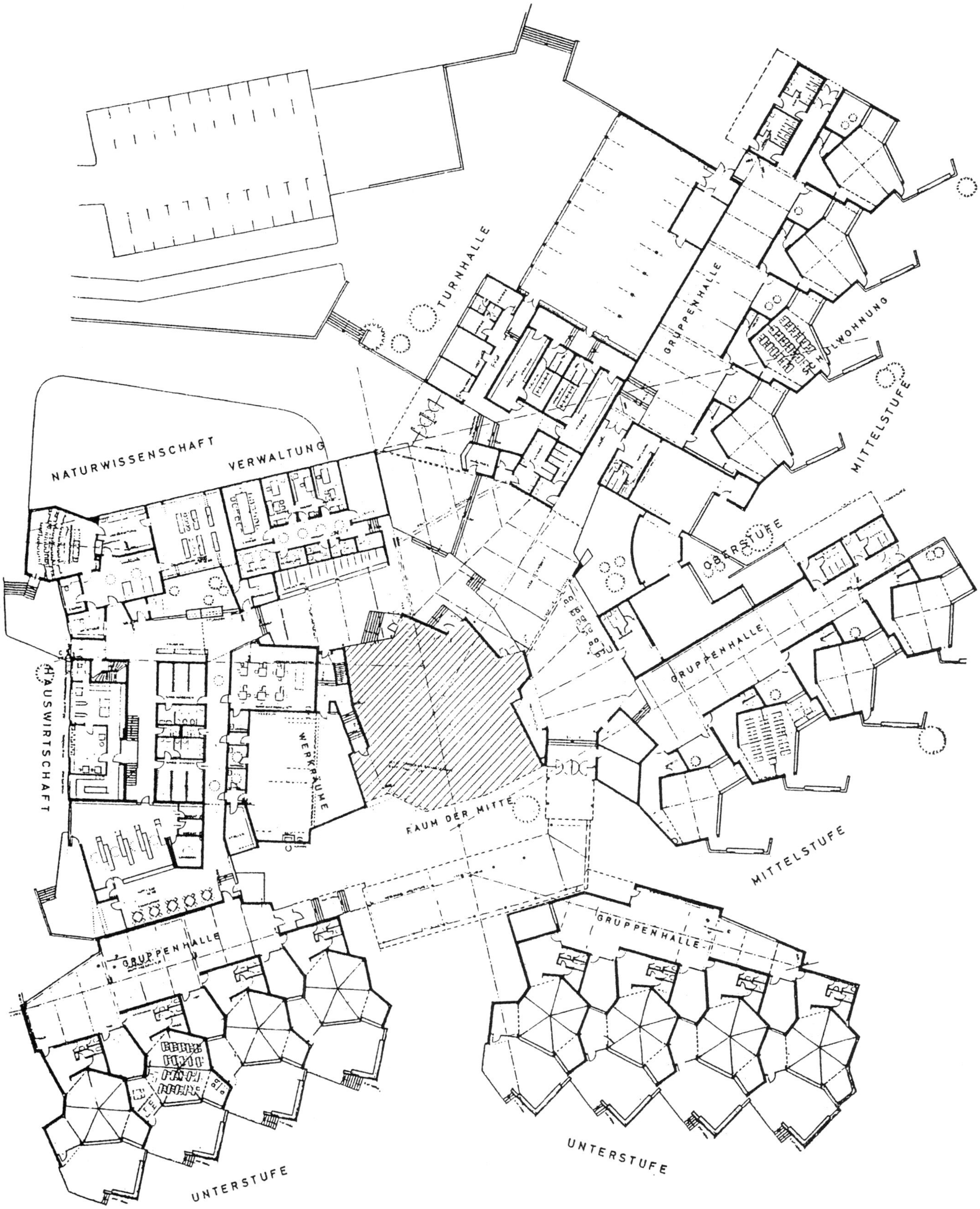

Haupt- und Grundschule in Marl/Westf., Hans Scharoun, 1960, Erdgeschoßgrundriß

Der Wettbewerb für den Neubau der Philharmonie

Im Januar 1944 wurde auch die Berliner Philharmonie in der Bernburger Straße durch Bombentreffer ein Opfer des Krieges. Obwohl große Teile der Stadt zerstört und viele lebensnotwendige Probleme zu lösen waren, regte sich bald der Wunsch nach einem Neubau der Philharmonie als zukünftigem Heim für das Berliner Philharmonische Orchester. Es sollte aber nach Kriegsende noch elf Jahre dauern, bis 1956 der Wettbewerb für den Neubau ausgeschrieben wurde. Die Ursache für die Verzögerung war die Standortfrage, denn der vorgesehene Standort für die Philharmonie hinter dem Joachimsthalschen Gymnasium an der Bundesallee war zweifellos keine Lösung für die Philharmonie in der noch ungeteilten Hauptstadt Berlin. Der ehemalige Standort in der Bernburger Straße nahe dem Anhalter Bahnhof und unweit des Potsdamer Platzes konnte nicht durchgesetzt werden. Schon damals gab es – wie z. B. während der Teilung der Stadt durch die Mauer – Meinungen, die Philharmonie und andere übergeordnete kulturelle Einrichtungen müßten nicht im Zentrum der Stadt, sondern könnten, wie ein Boulevardtheater, möglichst am Kurfürstendamm liegen.

Nach jahrelangem Streit wurde daher das dreiecksförmige Grundstück hinter dem Joachimsthalschen Gymnasium – ein Schulbau aus den Gründerjahren von den Architekten Giersberg, Strack, Kleinwächter und Klutmann – als Wettbewerbsstandort festgelegt. Das Grundstück wird durch das vorgelagerte Gymnasium von der Bundesallee verdeckt und durch die Schaper- und Meierottostraße begrenzt; eine zweibahnige Schnellstraße sollte durch das weitgehend erhalten gebliebene Stadtviertel hindurchgebrochen werden.

Von den zwölf Architekten, die zum Wettbewerb aufgefordert worden waren, beteiligten sich die folgenden zehn: Adolf Abel und Rolf Gutbrod, Stuttgart; Fritz Bornemann, Berlin; Karl Friedrich Demmer, Berlin; Hermann Fehling, Berlin; Otto Firle, Düsseldorf; Hans Geber und Otto Risse, Berlin; Gerhard Graubner, Hannover; Karl Wilhelm Ochs, Berlin; Hans Scharoun, Berlin; Franz Heinrich Sobotka und Gustav Müller, Berlin. Werner March, Berlin, und Wilhelm Riphahn, Köln, beteiligten sich nicht. (siehe Günther Kühne »Wettbewerb Philharmonie Berlin« in: Bauwelt Jg. 78, 1957, Heft 4, S. 76 ff).

Die Preisrichter der Jury waren Professor Werner Hebebrand, Dr. Riedel, Wassili Luckhardt, Professor Bernhard Hermkes, Oberbaurat Teubner, Baurat Mertz und Ministerialdirigent Rossig als die sieben Fachpreisrichter sowie Bezirks-Bürgermeister Dumstrey, Senator Professor Dr. Joachim Tiburtius, Dr. von Westermann (für Herbert von Karajan), Senator Dr. Haas, Professor Hans Heinz Stuckenschmidt und Walther Karsch als Laienpreisrichter. Stellvertretende Preisrichter waren Präsident Gleimius, Dr. Limbach und Professor Boris Blacher. Die vier Vorprüfer waren Oberbaurat Birk, Baurat Horstmüller, Oberbaurat Gerhardt und der Akustiker Dr. Fritz Winckel.

Die Wettbewerbsarbeiten waren bis zum 28. November 1956 einzureichen. Der Baubeginn wurde nach dem Ende der Kälteperiode 1956/57 angesetzt (!).

Scharoun schreibt im Erläuterungsbericht seines Wettbewerbsbeitrags unter der Kennziffer 002200:

Erläuterungsbericht

»Die Idee«

Eine einfache Überlegung liegt der Idee dieses Entwurfes zugrunde. Es geht um einen Raum, welcher der Musik geweiht ist – in dem Musik gemacht und gehört werden soll. Zwar gibt es genügend gute Beispiele, wie solche Aufgabe gelöst werden kann. So vielfältig jedoch die Lösungen sind, die bereits Gestalt wurden, so übereinstimmend sind sie in einem Punkt: Selbst moderne Konzertsäle halten an der traditionellen Anordnung fest – das Orchester befindet sich auf der »Bühne«, das Publikum sitzt im »Zuschauerraum«, wie in einem Theater.

Es ist aber gewiß kein Zufall, daß Menschen sich heute wie zu allen Zeiten sofort zu einem Kreis zusammenschließen, wenn irgendwo improvisiert Musik erklingt. Dieser ganz natürliche Vorgang, der von der psychologischen wie von der musikalischen Seite her jedem verständlich ist, müßte sich auch in einen Konzertsaal verlegen lassen – das war die entscheidende Überlegung. Musik sollte auch räumlich und optisch im »Mittelpunkt« stehen. Davon ausgehend ergaben sich alle Folgerungen. Dem Orchester wurde ein zentraler Platz zugewiesen. Die Menschen wurden »kreisförmig« in ansteigenden Reihen um das Podium gruppiert, was zugleich auch eine völlig neue Sicht auf die Musiker und den Dirigenten ermöglicht, der nun zum wirklichen Mittelpunkt des Geschehens wird.

Akustische Maßnahmen

1) Schallschutz: Den Anforderungen auf ausreichenden Schallschutz wird durch 40 cm starke Betonwände Genüge getan, denen innen noch Schalen vorgesetzt sind; teilweise ist der Raum auch noch durch die umliegenden Räumlichkeiten geschirmt. Der Saal ist fensterlos. Die Decke ist zweischalig: unter der tragenden Decke von 14 cm Dicke hängt in ca. 2,50 m Abstand eine 6–8 cm Rabitzdecke.

2) Rauminhalt: Das Gesamtvolumen des Saales beträgt ca. 17 500 m^3, was bei 2000 Personen und 80 Musikern einen Rauminhalt von rund 8,5 m^3/Person entspricht. Das Podium hat eine mittlere Tiefe von 8 m bei einer Breite von 16 m. Hinter dem Orchesterpodium ist ein zweites Podium für den Chor angeordnet, das gelegentlich mit Zuhörern besetzt werden kann.

3) Raumform: Entgegen den meisten Konzertsälen ist, wie vorstehend bemerkt, das Orchester amphitheatralisch vom Publikum umgeben. Durch diese Gestaltung des Raumes sind die maximalen Entfernungen der Zuhörer vom Orchester relativ gering. Es ist ferner kein Rang vorhanden. Aus beiden Gründen wird eine Bündelung des Schalles auf das Publikum weitgehend überflüssig.

Die Hörbarkeit der Musiker untereinander wird durch Rückwurfflächen seitlich, hinter und über dem Orchester gewährleistet.

a) Über dem Podium befindet sich ein großer Orchester-Reflektor. Dieser ist über dem Orchester in Längsrichtung waagerecht, in Querrichtung leicht konkav gegen das Orchester gewölbt, um den Klang seitlich zusammenzufassen. Im vorderen Teil (gegen die Mehrzahl der Zuhörer hin) ist der Reflektor leicht angehoben, um die Abstrahlung – vornehmlich der Streicher – in die mittleren Parkettreihen zu unterstützen.

S. 65: Wettbewerbsentwurf Konzerthaus des Berliner Philharmonischen Orchesters, 1. Preis, Hans Scharoun, 1956, Saalmodell

b) Die Sitzreihen seitlich des Podiums sind durch Brüstungen bzw. Rückenwände als Flankenreflektoren unterbrochen. Der Grundriß des Studio-Turmes ist so ausgebildet, daß sich dem Podium zugeneigte Flächen ergeben.

c) Im gleichen Sinne ist ein Teil der Vorderfront der Orgel ausgebildet.

d) Bei Abwesenheit des Chores wird die Wirkung all dieser Rückwurfflächen noch durch die Neigung der Brüstung hinter dem Chor unterstützt.

Die Gesamtform des Raumes kommt dem Wunsche nach Diffusität entgegen, einmal durch die Auflösung aller begrenzenden Flächen, dann durch die Auflockerung der Zuhörerflächen durch Abstufungen und Brüstungen und schließlich durch die zeltartig durchhängende Decke.

Für die Gesangssolisten sind Plätze am vorderen Rand des Chorpodiums vorgesehen. Vor den Solisten befindet sich eine leicht geneigte Fläche von einigen Quadratmetern, die die Abstrahlung der Solistenstimmen – in Verbindung mit dem Orchester-Reflektor – unterstützt.

4) Material: Die Nachhallzeit bei mittleren und hohen Frequenzen ist im wesentlichen durch Publikum und Bestuhlung gegeben. Als Bestuhlung ist in üblicher Weise Polster auf Sitz und Lehne, aber nicht auf der Rückseite vorgesehen. Dafür kann die Unterseite der Klappsitze schallschluckend ausgestaltet werden.

Es kommt, wie fast immer, nur darauf an, noch die nötigen Schallschlucker für tiefe Frequenzen in den Raum zu bringen. Diese werden in Form mitschwingender Holzplatten hineingebracht, die zunächst einmal durch die zahlreichen Brüstungen und Stufen innerhalb der Publikumsfläche gegeben sind, dann aber auch durch die oberhalb der Publikumsfläche zur Verfügung stehenden Wandflächen. Es ist vorgesehen, diese Holzplatten durch Wahl verschiedener Dicken und verschiedener Wandabstände auf verschiedene Tongebiete zu verteilen.

Sollte eine Nachhallberechnung noch zusätzliche Tiefenschlucker erforderlich machen, so könnte die Rabitzdecke mit Durchbrechungen versehen werden, über denen dann abgeschalte Hohlräume einzubringen sind.

Bei der guten Auflösung aller Wandflächen erscheint es nicht notwendig, hochgradig schluckende Flächen zur Echo-Vermeidung vorzusehen, was im Interesse einer genügend langen Nachhallzeit von großem Vorteil ist.

Technische Einzelheiten

2176 (ohne Benutzung der Chorplätze) Sitzplätze, Außenwände aus Beton, 40 cm stark, mit Luftschicht und Holzschale. Holzschale = Naturhölzer heller Färbung, teilweise farbig behandelt.

Dach und Decke: Verbund-Konstruktion aus Stahl und Stahlbeton, abgehängte Rabitzdecke.

Beleuchtung: Saalausleuchtung, vorwiegend indirekt, zusätzlich direkte Beleuchtung nahe dem Publikum. Desgleichen Strahler in Verbindung z.B. mit dem Orchester-Reflektor. (Beleuchtergang innerhalb des First-Trägers).

Außenbehandlung: Sichtbeton, Putzflächen, Mosaik und Plastik miteinander wechselnd, Kupferdach.

Stahlfenster.

Fußböden: Naturstein, Parkett, Linoleum, je nach Verwendungszweck.

Innenwände: Naturstein, Klinker, Putz, Holz – miteinander abwechselnd, je nach Verwendungszweck.

Zur Funktion:

Fußgänger-Eingänge und Vorfahrt sind getrennt. Dies gilt in gleicher Weise für den Konzertsaal und den Kammermusiksaal im Altbau. Ein Aufbau des Kammermusiksaales in zeitnaher Weise liegt nahe, ist aber wegen der dadurch entstehenden Mehrkosten in dem vorliegenden Entwurf nicht behandelt.

Die Garderoben sind auf 2 Geschosse verteilt. Die geschoßweise getrennten Garderoben-Anlagen sind gleich groß und bedienen jeweils die linke oder rechte Hälfte des Konzertsaales.

Die Wege- und Treppenführungen (einschließlich der mehreren eingeschalteten »Platten«) folgen der getrennten Führung der Besucher.

Verwaltung und Intendanz sind mit den repräsentativen und technischen Räumen und Einrichtungen des Konzertsaales eng verbunden.

Auf die Benutzung der Klassen als Umkleideräume für den Chor ist zugunsten der besseren betriebswirtschaftlichen Organisation verzichtet.

Platz für ein später zu errichtendes Restaurant in Verbindung mit dem Saalbau ist freigehalten – die Einheit des Bauwerkes wird aber auch bei fehlendem Restaurant nicht gestört.

Genügender Parkplatz ist vorgesehen – in Verbindung mit diesem auch die Zufahrt für die Feuerwehr zu den inneren Gebäudeteilen.

(Ende des Erläuterungsberichtes)

Das Preisgericht beurteilt den Entwurf, der unter der Kennziffer 002200 eingereicht worden ist, wie folgt:

»Die durch die neue Führung der Meierottostraße bedingte städtebauliche Situation ist gut erfaßt. Ebenso ist die Absetzung der Konzerthalle von dem bestehenden Bau gut gelungen. Die gebogene Front zum Meierottopark ist räumlich glücklich angeordnet und wird geschickt eingeleitet durch die Mauer am Südflügel des Altbaues. Im Haupteingang wird durch die Anordnung der im Verkehrsfluß liegenden vier gestaffelten Treppen eine reizvolle Führung des Verkehrs erreicht, wenn auch Kreuzungen des Besucherstromes zu starken Stockungen führen werden. Hinter den Garderoben beginnt eine starke Aufspaltung des Besucherstromes durch eine Vielzahl von Treppen. Hierdurch wird wohl eine interessante Raumwirkung erzielt, andererseits aber auch die Orientierung erschwert. Die endgültige Führung eines Teiles der Treppen ist aus den Plänen nicht erkennbar. Als einziger aller Entwürfe schlägt der Verfasser eine Anordnung des Orchesters in der Mitte der Zuhörer vor, ausgehend von der Idee der Verbundenheit von Musizierenden und Zuhörern. Alle Sitze sind optisch und akustisch zum Orchester orientiert. Diese ungewöhnliche Lösung scheint akustisch beherrschbar. Es ist darauf hinzuweisen, daß das Prinzip dieser Zeltform bereits einmal in Aspen (USA) ausgeführt und dort akustisch besonders gut gelungen ist. Bedingt durch die sehr weitgehende Platzbelegung des Raumes ist geschickt für den Einbau einer Anzahl gut verteilter Reflektoren gesorgt, wobei die ausgedehnte Deckenfläche eine entscheidende Rolle spielt. Die Hörsamkeit wird im Hauptparkett besser sein als auf den dem Orchester direkt benachbarten seitlichen und rückwärtigen Reihen. Andererseits hat die Erfahrung gezeigt, daß solche um das Orchester herum angeordneten Plätze von vielen Zuhörern sehr begehrt sind. Der optische Eindruck der vollbesetzten Halle wird ein besonders festlicher sein. Die Kapazität der Halle ist mit etwa 2000 Plätzen übererfüllt, hierdurch ergibt sich ein Raumvolumen von nur 7,4 m^3 pro Per-

Wettbewerbsentwurf Konzerthaus des Berliner Philharmonischen Orchesters, 1956, Gesamtmodell.
Rechts im Modell die Bundesallee mit dem Joachimsthalschen Gymnasium.

Die Eingangs- und Kassenhalle sollte im Eingangstrakt des Altbaues liegen; der Anbau der neuen Philharmonie an das Gymnasium war eine Forderung des Auslobers.

son. Zu beanstanden ist die Aufstellung der Orgel neben den Sitzreihen. Die Chorreihen mußten näher an das Orchester herangeführt werden. Die besondere Ausbildung des Saales beschränkt die Möglichkeit der Verwendung szenischer Hilfsmittel. Der Treppenturm beeinträchtigt in seiner Form die Raumwirkung, doch erscheint eine andere Lösung möglich. Der Weg der Künstler zu den Solistenzimmern durch den Erfrischungsraum ist zu beanstanden. Die eigenwillige Bauform hat komplizierte Konstruktionen zur Folge, die in der Darstellung nicht erkennbar sind. Die Baukostengrenze von 7 Mill. DM ist nach Überprüfung des Projektes durch die Vorprüfer um 1,3 Mill. DM überschritten. Diese Überschreitung ist zu einem großen Teil auf die Anordnung von 200 Plätzen zurückzuführen, die über die im Programm verlangte Zahl von 2000 Plätzen hinausgehen.«

Das zuvor zitierte Urteil der Jury bekennt sich zum Prinzip des neuen Raumes mit der »Musik im Mittelpunkt«. Mit diesem Impuls, mit diesem Postulat, wurde eine Spannung ausgelöst, die in den folgenden vier Jahren bis zum Baubeginn zu Kontroversen und Intrigen führte und die durchaus noch während der ersten Konzertsaison nach der Eröffnung 1963 anhielt.

Es mag sein, daß Gegner der neuen Konzeption vorwiegend der älteren Generation zugehörig waren – sie hatten vielleicht jahrzehntelang außerordentliche Konzertaufführungen in der alten Philharmonie erlebt und hingen instinktiv an einer Raumform, die dem ehemaligen Rollschuhsaal verwandt war. Friedrich Herzfeld gibt in dem folgenden Artikel einen Einblick in die Empfindungen eines namhaften Kritikers, wenn auch die Behauptung einer »zauberhaften Akustik« nach unseren heutigen Kenntnissen erheblich relativiert werden muß. – »Aber in noch höherem Grade war dieser Saal durch die Musik geadelt worden«.

Friedrich Herzfeld schreibt:

Die Nacht vom 29. zum 30. Januar 1944 hat das Berliner Musikleben von Grund auf geändert. In dieser Nacht traf eine Brandbombe die Berliner Philharmonie in der Bernburger Straße. Am Morgen des 30. Januar stürzte die Saaldecke mit den Kronleuchtern ein. Nicht mehr ein Stein steht von der alten Philharmonie.

Philharmonie ist einer jener Begriffe, die für ein Gebäude wie für eine Körperschaft gleicherweise gelten. Auch die Kapelle war erst nur ein Raum und wurde dann der Name für Orchester, wie die Orchestra auch erst ein Teil der griechischen Bühne gewesen war und dann der Name für einen Instrumentalkörper wurde. Philharmonie heißt: die Harmonie, den schönen Klang liebend. In der Tat entsprach das Philharmonische Orchester diesem Begriff.

Ob es recht war, ihn auf den Saal zu übertragen, in dem sie wirkten, bleibt fraglich. Denn an sich war er eine Scheußlichkeit sondergleichen. Daß dieser Raum einmal als Rollschuhbahn gedient hatte, konnte er nie ganz überwinden. Gewiß wurde er mehrere Male umgebaut. Aus einem Breitsaal wurde dabei ein Längssaal. Aber immer klebte an ihm die billige Üppigkeit der Gründerzeit. Gipsstukkatur von seltener Geschmacklosigkeit bildete seinen Schmuck. Hinter dem Saal lag ein kleiner Garten, der von einer hohen Hauswand abgeschlossen war. An ihr sah man auf die Ziegelsteine gemalt eine Dekoration, die Neapel oder Sorrent darstellen sollte. Das war ein Überbleibsel aus der vor-philharmonischen Zeit. Aber der Saal war ungefähr aus dem gleichen Geist entstanden. Wenn Ärger über seinen Ungeschmack noch einen weiteren Anstoßes bedurfte, so hätte ihn das Gestühl im Saal liefern können. Nichts Unbequemeres gab es als diese harten Holzstühle. Bei der geringsten Bewegung verursachten sie lärmendes Knarren. Ein kleinerer Saal an der Seite des Hauptsaales, der als Büfett diente, roch immer nach Alkohol und Rauch. Hier wie im großen Saal fanden oft Fastnachtsvergnügen statt.

Trotzdem hingen die Berliner mit zärtlicher Liebe an ihrer Philharmonie, und nicht zu Unrecht. Einen unschätzbaren Vorteil hatte dieser Saal: er besaß eine zauberhafte Akustik. Aber in noch höherem Grade war dieser Saal durch die Musik geadelt worden, die hier jahrzehntelang erklang. Nun lag er in Schutt und Asche wie das Sinnbild einer schrillen Dissonanz.
(Aus: »Rund um die Philharmonie«, Cameron-Verlag Berlin, Heft 2, 1957).

In dem vorgenannten Heft »Rund um die Philharmonie« wird über das Preisgericht zum Wettbewerb für den Neubau der Philharmonie wie folgt berichtet:

(Die Kennziffern der eingereichten Arbeiten hatten von den Vorprüfern neue Tarnnummern erhalten. Die von Scharoun gewählte Kennziffer 002200 wurde durch die Nummer 44 ersetzt.)

Das Preisgericht
Wettbewerb
»Neubau der Philharmonie«
Am 15. Dezember 1956, 10 Uhr, trat das Preisgericht im Hause des Senators für Bau- und Wohnungswesen – Raum 101 – zusammen, um in strengster Klausur die Entwürfe der 10 besten Architekten zu prüfen und zu prämiieren. Die Liste der Preisrichter setzt sich wie folgt zusammen:

Fachpreisrichter:
Professor Hebebrand (für Prof. Bartning),
Dr. Riedel (für Senator Schwedler),
Dipl.-Ing. Luckhardt (für Prof. Bonatz),
Prof. Hermkes,
Oberbaurat Teubner,
ORBaurat Mertz (für Prof. Schwippert),
Min.-Dirigent Rossig.

Laienpreisrichter:
Bez.-Bürgermeister Dumstrey (für Reg. Bürgerm. Prof. Dr. Suhr),
Senator Prof. Dr. Tiburtius,
Dr. von Westermann (f. Herrn v. Karajan),
Senator Dr. Haas,
Prof. Stuckenschmidt,
Walther Karsch.

Stellv. Preisrichter:
Präsident Gleimius,
Dr. Limbach,
Prof. Blacher.

Vorprüfer:
Oberbaurat Birk,
ORBaurat Horstmüller,
Oberbaurat Gerhardt,
Dr. Winckel.

Auf einstimmigen Wunsch wird Professor Hebebrand zum Vorsitzenden des Preisgerichts bestimmt. Keiner der Herren hat Kenntnis der eingereichten Arbeiten, die alle, trotz der Kürze der Zeit, termingerecht eingegangen sind. Keiner der Herren kennt vorläufig die Namen der Architekten zu den zu prüfenden einzelnen Entwürfen: anonym – ohne Ansehung des Namens – und gerecht soll die Preiskrönung erfolgen.

S. 68: Wettbewerbsmodell M 1:50; die Reihen seitlich des zentral gelegenen Podiums sind noch ungegliedert, ebenso die rückwärtigen Parkettflächen.

Einblicke in das Wettbewerbsmodell. Die Idee des »Sternhimmels« wird ersichtlich; über dem Podium war ein baldachinartiger Reflektor vorgesehen, der räumlich und akustisch Nachteile gebracht hätte.

Nach grundsätzlicher Diskussion kommt das Preisgericht zu folgender Entschließung: »In Anbetracht des Umstandes, daß nach dem Wettbewerbsprogramm der Neubau des Konzertsaales (einschließlich Nebenräumen) mit dem vorhandenen und wiederherzustellenden Altbau »ehem. Joachimsthalsches Gymnasium« in der Bundesallee verbunden werden muß, wird folgendes festgestellt: Der Neubau soll nicht ein Anbau an diesen Altbau sein, sondern er soll seine Zweckbestimmung als Konzertsaal der Berliner Philharmonie in seiner Gestaltung und übergeordneten Bedeutung klar zum Ausdruck bringen.«

Eingehendst wird nun geprüft und diskutiert. Am 15. Dezember dauert die Stitzung von 10 bis nach 22 Uhr, am 16. nochmals von 10 bis 14 Uhr. Das Ergebnis dieser verantwortungsbewußten Prüfung ist:

1. Preis: Entwurf Nr. 44
2. Preis: Entwurf Nr. 41
3. Preis: Entwurf Nr. 48

Nun endlich werden die Briefumschläge geöffnet und somit die Verfasser der Entwürfe festgestellt:

1. Preis: Prof. Scharoun (Berlin)
2. Preis: Architekt Fehling (Berlin)
3. Preis: Prof. Ochs (Berlin)

Nach dem Text der Ausschreibung verpflichtet sich der Auslober, den ersten Preisträger für die weitere Entwurfsbearbeitung und die künstlerische Oberleitung gegen Honorar nach der GOA dem Bauherrn zu empfehlen.

Im Anschluß hieran ist in einem zweiten Absatz verlangt, daß für den Beschluß des Perisgerichts über diese Empfehlung eine 3/4 Mehrheit des Preisgerichts erforderlich ist. Die für den 1. Preis vorgesehene Arbeit Nr. 44 erhielt 9 Ja-Stimmen und 4 Nein-Stimmen; die nach der Ausschreibung erforderliche 3/4 Mehrheit wurde also nicht erreicht. Nach langer Diskussion gab der Preisrichter, Herr Ministerialdirigent Rossig, der gegen die Zuerkennung des 1. Preises für diesen Entwurf gestimmt hatte, zu Protokoll, daß er sich durch den zweiten Absatz der Ausschreibungsbedingungen gebunden gefühlt hat, daß er aber für eine Zuteilung des 1. Preises für diesen Entwurf sei, weil er die dem Entwurf zugrundeliegende Idee für überragend hält.

Die weitere Diskussion ergibt, daß über die Auslegung des in der Ausschreibung festgelegten 3/4 Mehrheitsbeschlusses zwei Auffassungen bestehen. Das Preisgericht ist der Meinung, daß die Klärung dieser Frage durch den Auslober herbeigeführt werden müsse.

Die Auslober: vertreten durch Präsident Gleimius; Bürgermeister a.D. Dipl.-Kfm. Reet und Herr von Dresky-Düffe traten am 27. Dezember, 13 Uhr, wiederum zu einer entscheidenden Sitzung im Raum 101 zusammen, um nochmals eingehendst über die Modelle zu beraten und ihren Entscheid – schwerwiegend und verantwortungsvoll – dem Kuratorium, das am 8. Januar zur endgültigen Entscheidung zusammentritt – zur Ausführung zu übergeben. (Ende des Zitats)

Günther Kühne zitiert in seinem Artikel »Der Wahlberliner« in ›Hans Scharoun, Architekt in Deutschland 1893–1972‹ aus dem Protokoll des Preisgerichts, abgedruckt in ›Bauwelt‹, 1957, Heft 4, 80, die Äußerungen des Preisrichters Rossig, der gegen die Empfehlung zur Baudurchführung gestimmt hatte, wie folgt:

Ministerialdirektor Johannes Rossig, Vertreter des Bundesbauministeriums in der Jury, rückversicherte sich durch eine Protokollnotiz, daß er zwar »gegen die Zuerkennung des 1. Preises für diesen Entwurf gestimmt hätte, ... daß er sich durch den zweiten Absatz der Ausschreibungsbedingungen gebunden gefühlt hat, daß er aber für eine Zuteilung des 1. Preises für diesen Entwurf sei, weil er die dem Entwurf zugrunde liegende Idee für überragend hält.«

So banal-bürokratisch geht es zuweilen bei Entscheidungen zu, deren Tragweite von manchen der Preisrichter gar nicht übersehen wird.

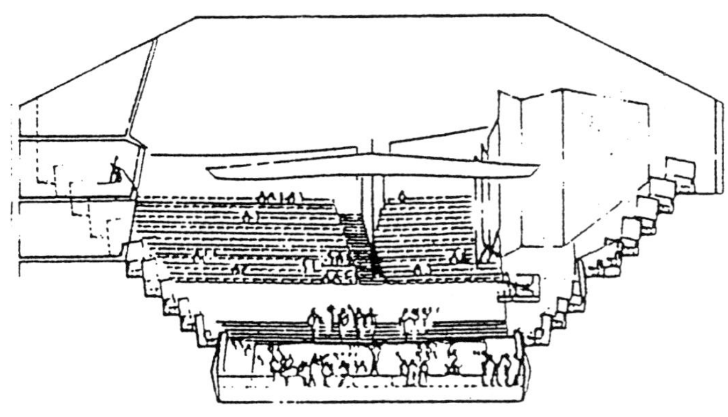

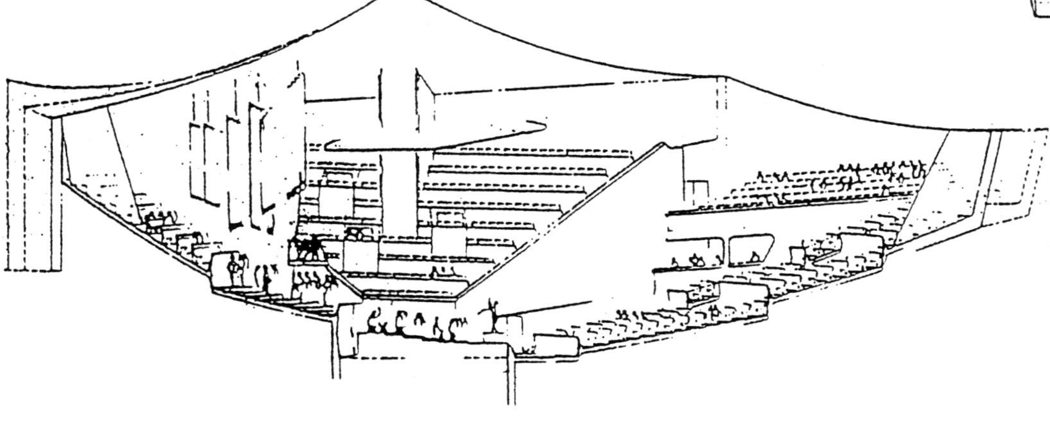

Schnittskizzen zum Innenraum

S. 71–73: Veröffentlichung der »Bauwelt« zum Wettbewerb. Abdruck der ersten drei Preise

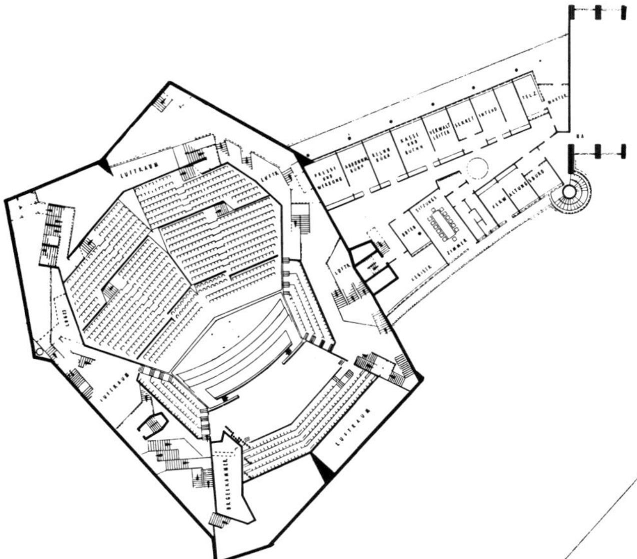

Zweites Obergeschoß. Im Verbindungsflügel sind die Büros untergebracht

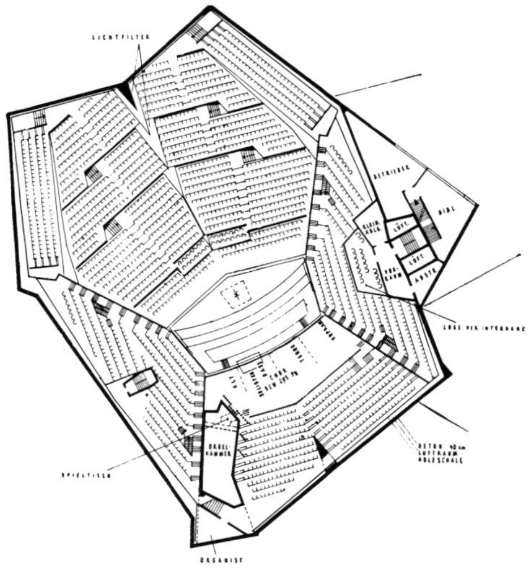

Drittes Obergeschoß mit vollständiger Saalbestuhlung. Maßstab 1:1000

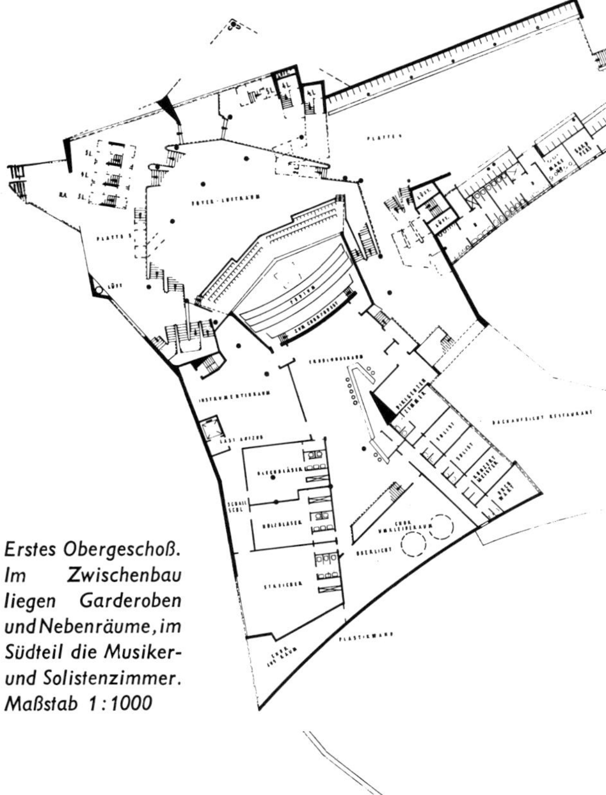

Erstes Obergeschoß. Im Zwischenbau liegen Garderoben und Nebenräume, im Südteil die Musiker- und Solistenzimmer. Maßstab 1:1000

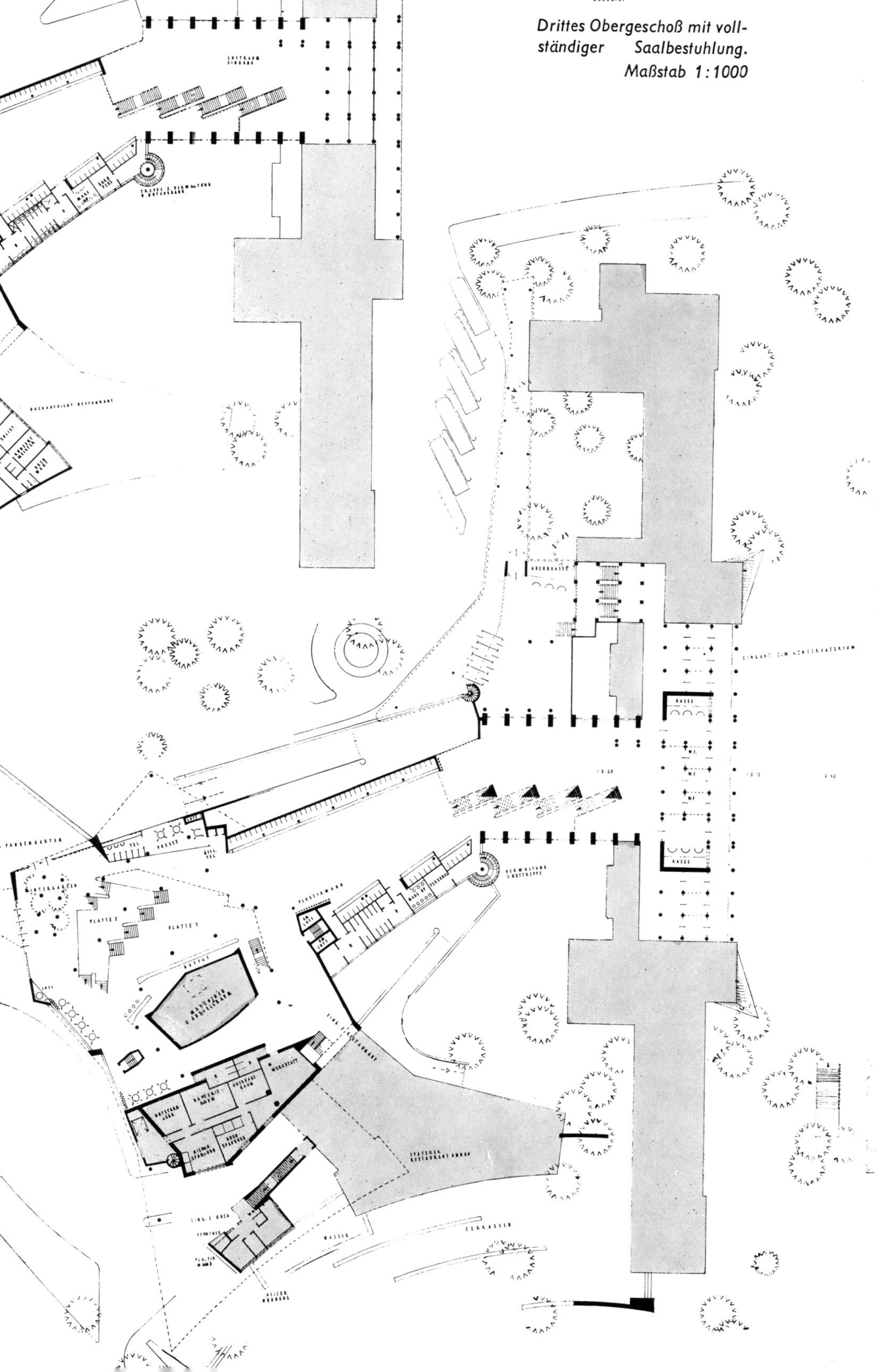

1. Preis: Professor Dr.-Ing. h. c. Hans Scharoun, Berlin. Akustische Beratung: Professor Dr.-Ing. Cremer, Berlin

Erdgeschoß mit Zugang von der Bundesallee. Vier Treppen führen von der großen Halle zum Foyergeschoß. Im Untergeschoß des Saalbaues liegen technische Nebenräume. Später ist im Südteil der Anbau eines Restaurants vorgesehen

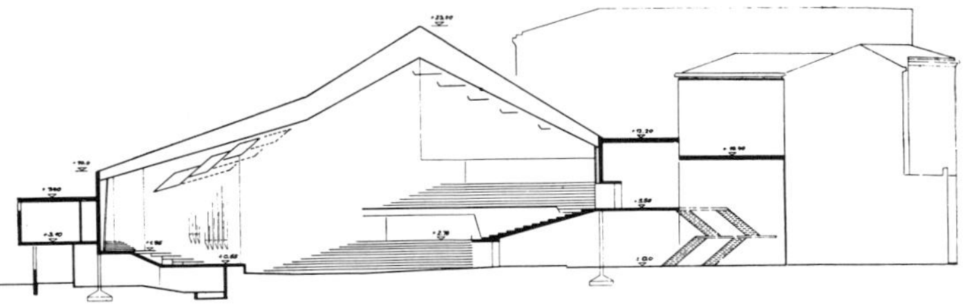

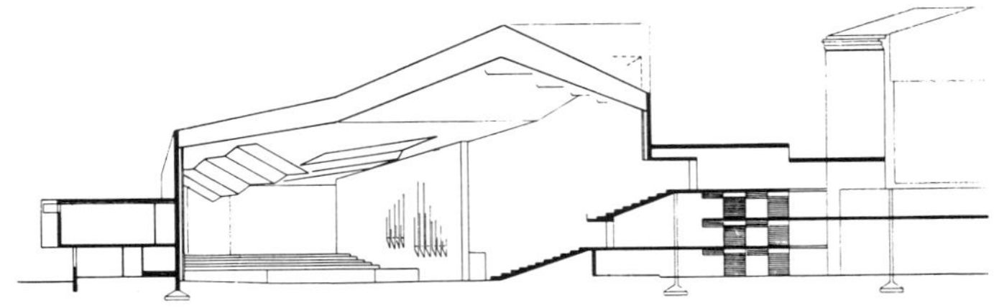

Die Längs- und Querschnitte machen die Raum-Konzeption deutlich. Maßstab 1:1000

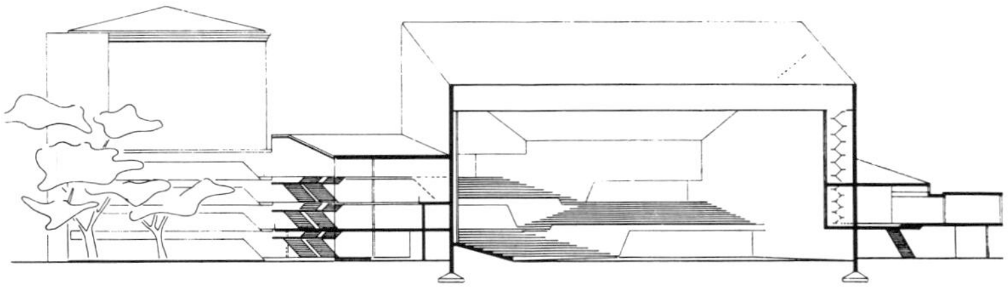

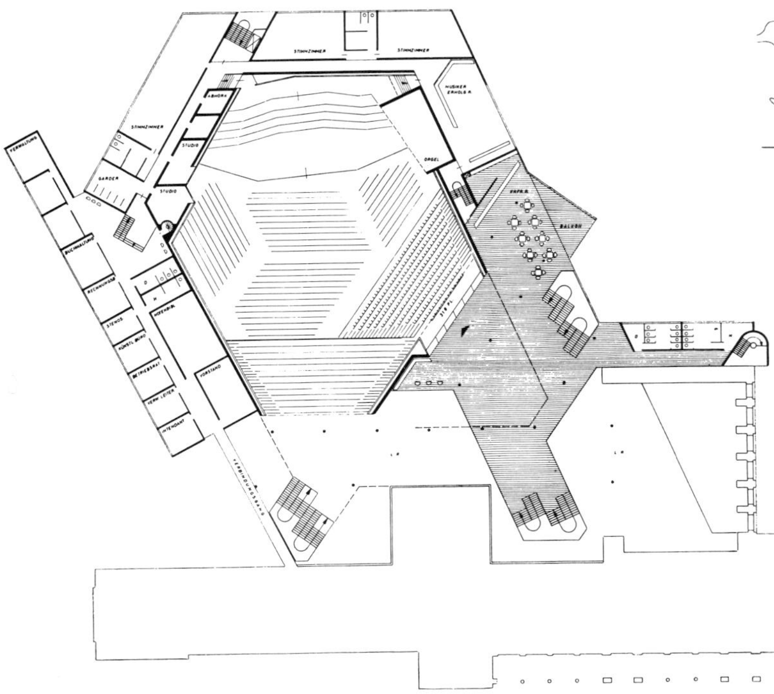

Erstes Obergeschoß mit den Foyer-Räumen und der Saalbestuhlung. Maßstab 1:1000

Das Preisgericht zum Entwurf Fehling:

„Der Verfasser versucht, bei gleichzeitig enger Bindung zwischen Altbau und Neubau die Selbständigkeit des Konzertsaales zum Ausdruck zu bringen. Er schafft von der bestehenden Eingangshalle des Altbaues aus in sehr lebendiger und freier Weise eine gute Verbindung zum Neubau. Dabei hat er Eingriffe in die bestehende Bausubstanz vorgenommen, die stärkere konstruktive Maßnahmen erfordern dürften, als es in den Zeichnungen zum Ausdruck kommt. Städtebaulich wird die Schaffung eines Platzraumes an der Kreuzung Bundesallee und Meierottostraße angestrebt. Dieser an sich richtige Gedanke ist beeinträchtigt durch den in der Baumasse zu klein gehaltenen Vorbau, der die Verwaltungsräume enthält. Die äußere und innere Organisation ist klar und gut durchdacht. Durch die starke Konzentrierung der Gesamtanlage scheint die Einhaltung der Bausumme möglich. Die freizügige Gestaltung der Gesamtanlage kommt auch im Konzertsaal zum Ausdruck. Raumform und Raumvolumen eröffnen die Aussicht auf eine gute Hörsamkeit. Die Sitzreihen im Raum sind sehr glücklich gegliedert und gut proportioniert. Bei einem Teil der Sitze wird durch die Blickrichtung auf die gegenübersitzenden Besucher der Kontakt mit den ausübenden Künstlern erschwert, ein Mangel, der durch Drehung jedes einzelnen Sitzes behoben werden könnte, wodurch allerdings die Zahl der Sitzplätze sich etwas verringern würde. Die Gesamthaltung verspricht eine gute und lebendige Lösung."

Aus dem Erläuterungsbericht (Fehling):

„Das Grundstück, das durch die vorhandene Baumasse des alten Gymnasiums weitgehend beherrscht wird, gestattet es nicht, auf ihm ein selbständiges neues Gebäude zu errichten. Die neuen Baumassen des Konzertsaales und der Verwaltung wurden deshalb als konzentrierter und raumsparender Komplex an das vorhandene Gebäude gelehnt. Der Konzertsaal erhält dadurch eine gute Isolierung gegen äußere Schallstörungen, und der wertvolle Baumbestand des Parks kann erhalten bleiben ... Im Gegensatz zum Theaterbesucher, der den direkten optischen – möglichst achsialen – Bezug zum Vorgang auf der Bühne wünscht, bedarf der Konzertbesucher dieses strengen Gegenübers nicht. Der Vorgang des Musikerlebnisses findet im ganzen Raume statt. Der Hörer wird immer einen freien Bezug zum Orchester wählen, wie auch der Radiohörer sich nicht direkt vor den Lautsprecher setzt, wie etwa der Fernsehteilnehmer ... Diesen Überlegungen entsprechend ist die übliche Form des ‚Zuschauerraumes' ... verlassen und eine Kombination von vier Ebenen entwickelt worden, die den freien Bezug zum Orchester ermöglicht und gleichzeitig Beziehungen untereinander schafft. Der Raum wurde bewußt in die Breite entwickelt um zu große Entfernungen vom Orchester zu vermeiden. Der Luftraum beträgt 20 400 cbm, d. h. bei 2100 Personen etwa 9,7 cbm pro Person ... Es ist vorgesehen, Wände und Decken in Holz zu verkleiden. Außenwände und Decken sind zweischalig. Vor der Betonaußenwand steht eine zweite Schale in Holz. Der Zwischenraum von etwa 30 cm gibt die Möglichkeit verschiedener Ausbildungen von dicht an der Wand liegenden Platten bis zur vollen Ausnutzung des Zwischenraumes ..."

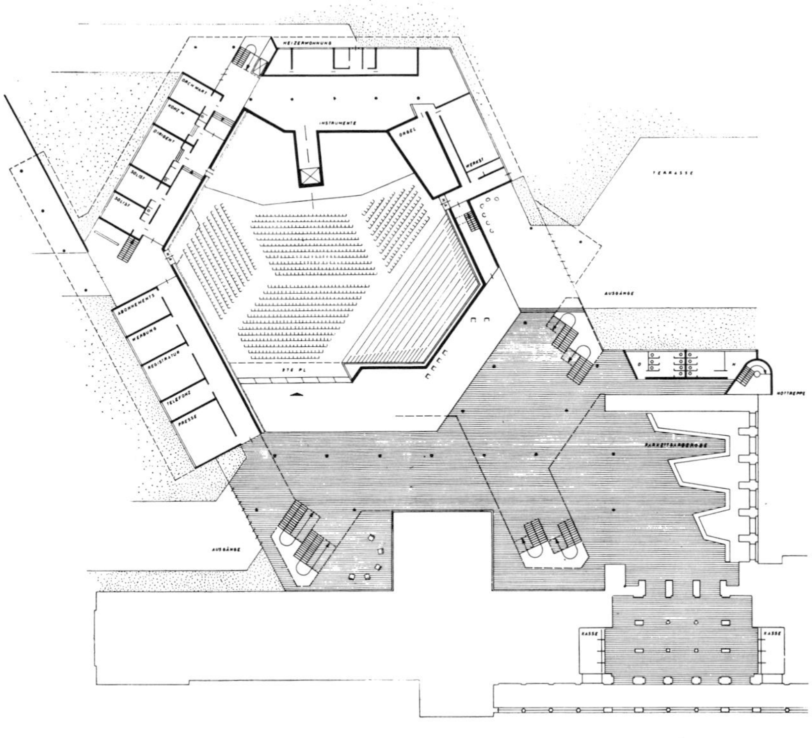

Zweiter Preis: Architekt Hermann Fehling, Berlin. Mitarbeiter: Daniel Gogel und Peter Pfannkuch. Akustische Beratung: J. M. Kempe, Berlin. Grundriß des Erdgeschosses mit Zugang von der Bundesallee. Rechts liegen die Garderoben. Maßstab 1:1000. Rechts: Lageplan im Maßstab 1:2500

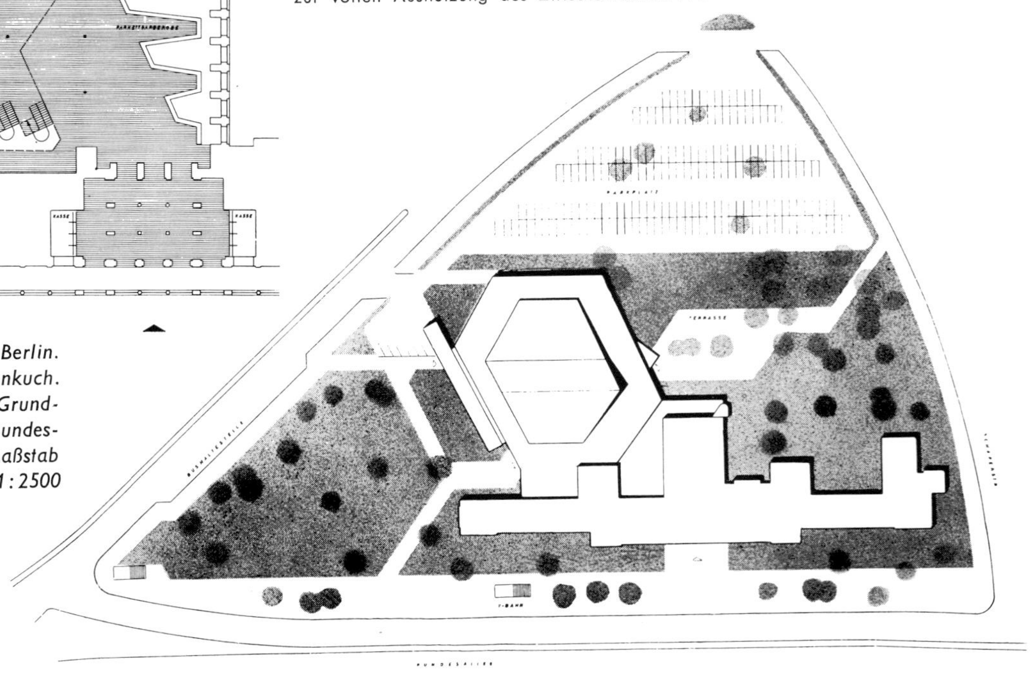

Innenraum-Modellansicht des Fehlingschen Entwurfes (siehe Seite 78)

Innenraum-Modellansicht des Entwurfes von Professor K. W. Ochs, Berlin

Das Preisgericht zum Entwurf Ochs:

„Die städtebauliche Lösung ist grundsätzlich richtig. Die Placierung des Konzertsaales, losgelöst vom Altbau, in nördliche Richtung, überzeugt. Dabei könnte der südliche Flügel des Altbaues durchaus erhalten bleiben, ohne daß die städtebauliche Lösung wesentlich beeinträchtigt würde. Bei der Bewältigung der Massengestaltung im einzelnen ist eine gewisse Nüchternheit festzustellen, insbesonders betrifft dies den Anschluß der Kurve des Flachbaues an die Giebelwand des Altbaues. Der Entwurf ist in bezug auf Volumen, Raumform und Gliederung akustisch günstig gestaltet. Der ellipsenförmige Rang sollte in ein Polynom aufgelöst oder in der Oberfläche absorbierend ausgeführt werden, um bei Verwendung von Mikrofonen Brennpunktwirkungen zu vermeiden. Die Entfernung der letzten Besucherreihe von der Bühnenvorderkante von nur 37 m ist vorteilhaft. Der äußeren Gestaltung entspricht die Formgebung des gut proportionierten Innenraumes."

Aus dem Erläuterungsbericht (Professor Ochs):

„Der eindringlichen Forderung des Programms, daß der Neubau der Philharmonie an die Rückseite des Gymnasiums angefügt und durch dessen Mittelrisalit erschlossen werden soll, ist im Entwurf entsprochen, ohne die Problematik dieser Synthese dabei zu berühren. Der Saalbau mit seinen Zubehörräumen liegt im nördlichen Bereich des Grundstücks, um das südliche Dreieck als ungeteilte Grünfläche dem Blick von und nach der Bundesallee freizuhalten und das Foyer nach Süden zu öffnen. Hieraus ergibt sich die . . . Anregung, nicht nur den südlichen Querflügel des Gymnasiums, sondern auch den südlichen Flügel längs der Bundesallee zu beseitigen . . . Eckbau und Turm an der Nordseite bilden das richtige Gegengewicht zum Mittelrisalit, und die Symmetrie der Straßenfront ist nicht mehr begründet, wenn der Alt- und Neubau im Nordteil des Geländes als eine gemeinsame Baugruppe wirken sollen . . . Der befreiende Verzicht des Programms auf einen Mehrzweckraum beschränkt den Rätselkreis um das Wesen und die Gestalt des großen Saales auf die Aufgabe, dem extremen und vieldeutigen Nebeneinander musikalischer Ausdrucksformen eine würdige und gültige Hülle zu geben . . . Der gerundete Raum umfaßt die Hörer und schließt sie zusammen, nicht anders im umlaufend geschwungenen Rang als im Parkett mit seinen gegliederten Stufen. Er umfaßt auch in ganzer Höhe den engeren Podiumsbereich, ohne ihn als Nische auszuschließen. Das Auge soll dort unvermerkt hingelenkt und die Konzentration erleichtert werden. Alle Plätze haben ausreichende Sicht auf das Podium. Die umlaufende Faltung, die sich auch im Äußeren ausdrückt, teilt die Wände in rhythmische Abschnitte . . .

Dritter Preis: Professor Karl Wilhelm Ochs, Berlin. Mitarbeiter: Erhard Lucas, Helga Ochs, Dr.-Ing. Hermann Heckmann, Konrad Ufer, Siegfried Karoll. Akustik: Professor Cremer und Dieter Schwarze, Berlin. Lageplan Maßstab 1:2500, sowie Grundrisse des Erd- und Obergeschosses Maßstab 1:1000

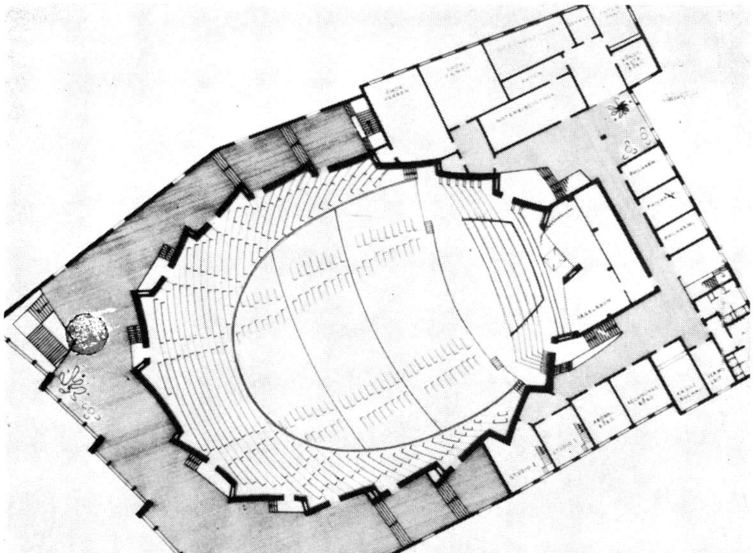

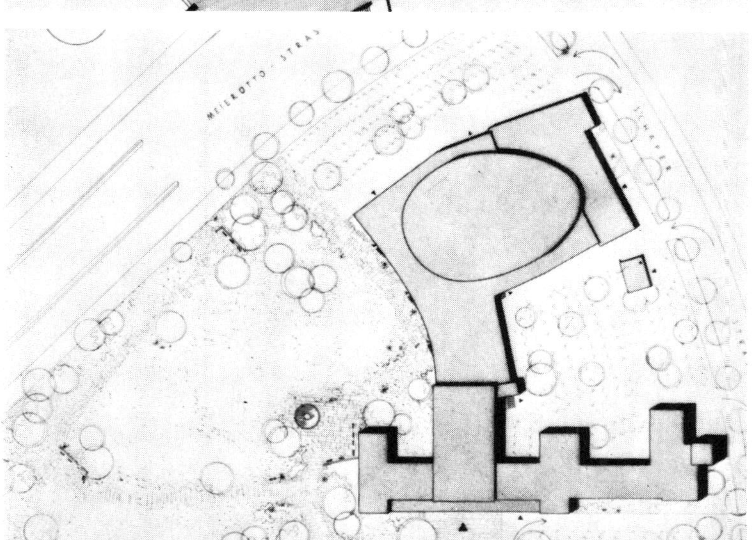

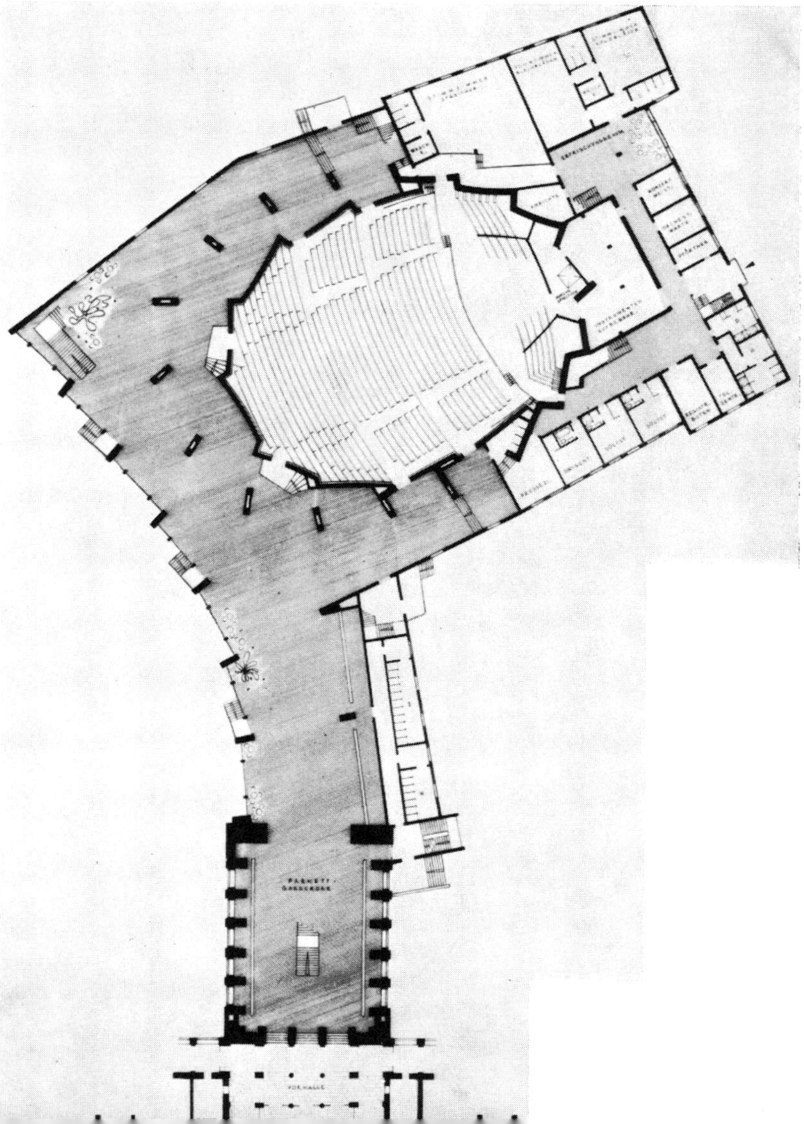

Hans Heinz Stuckenschmidt und Claudia Hoff äußern sich zu den Vorgängen in der Presse:

Pressestimmen

Die Presse äußert sich u. a. wie folgt:
Prof. Stuckenschmidt in der »Welt« vom 21. Dezember 1956 (auszugsweise):

Um Professor Scharouns Modell

Wird das Beste nicht gebaut?

Zum Architekten-Wettbewerb für unsere neue Philharmonie

Wer am zukünftigen Gesicht Berlins interessiert ist, sollte in diesen Tagen einen kleinen Besuch beim Senator für Bau- und Wohnungswesen machen. In seinem Amtshaus am Fehrbelliner Platz, Eingang Württembergische Straße 6–10, ist im ersten Stock allerlei zu sehen, beispielsweise ein Modell des Hansaviertels, wie es übers Jahr stehen soll. Und gleich ein paar Schritte weiter, im Zimmer 101, eine Ausstellung von Entwürfen für den Konzertsaal, den man Berlin seit nunmehr sieben mageren Jahren verspricht, für dessen Verwirklichung eine »Gesellschaft der Freunde der Philharmonie« gegründet und von Wilhelm Furtwängler gefördert worden ist...

...Als man 12 Stunden beraten, alle Entwürfe geprüft, über ihre Eigenschaften ausführlich diskutiert, Vergleiche mit anderen Konzertsälen herangezogen, die Gutachten der Baupolizei und der Wissenschaft »Akustik« gehört hatte, gab es keine Unsicherheit mehr. Fünf Entwürfe wurden aus triftigen Gründen ausgeschieden, und zwar einstimmig. Bei der Preisverteilung teilten sich die Geister. Nr. 44 bekam neun Ja- und vier Neinstimmen für den ersten Preis. Es war, wie sich bei der Demaskierung erwies, der Entwurf von Hans Scharoun.

Wer die Bedingungen über die Preisverteilung gelesen hatte, wußte, daß dieses Ergebnis zwar genügte, um die höchste künstlerische Qualität, die originellste Idee unter den Einsendungen zu prämiieren. Nicht aber, um dem Träger des ersten Preises auch für eine »weitere Entwurfsbehandlung die künstlerische Oberleitung« zu übergeben. Dazu hätte eine Mehrheit von drei Viertel der Stimmen erreicht werden müssen. Es fehlte also eine Stimme. Kürzer gesagt: das Beste soll nicht gebaut werden. Man fragt sich, warum dann eigentlich ein Preisgericht bemüht worden ist.

Der seltsame Tatbestand, dessen Protokoll der Öffentlichkeit zugänglich ist (denn es handelt sich ja um öffentliche Gelder), wirft ein besonderes Licht auf unsere kulturelle Lage. Es wird noch seltsamer, wenn man im Protokoll die Erklärung eines der Preisrichter liest: sein Nein habe nur praktische Motive, künstlerisch halte auch er den Entwurf Nr. 44 für den besten.

Wohin sind wir gekommen? Ein Konsortium von Sachverständigen krönt in großer Mehrheit einen Entwurf mit dem Preis von 10 000 DM, verhindert aber gleichzeitig, daß der Urheber zur Ausführung seines Planes empfohlen wird. Das ist eine Art, L'art pour l'art zu treiben, wie sie die Welt noch nicht gesehen hat. Diese Welt nimmt aber auch zur Kenntnis, daß der Preisträger einer der großen, international berühmten Architekten ist, die den Baustil der Gegenwart mitgeformt haben. Und sie wird wohl den Kopf schütteln über einen Staat, dessen Finanz- und Baubehörden methodisch zu verhindern suchen, was sich aus allen Gründen der Qualität empfiehlt.

Noch ist keine Entscheidung gefallen. Noch kann die Gesellschaft der Freunde der Berliner Philharmonie ihre Entschlüsse frei fassen. Sie wird dabei gewiß nicht das Gutachten Herbert von Karajans übergehen, der sich (als eingeladener, aber im letzten Moment am persönlichen Erscheinen verhinderter Preisrichter) begeistert zu dem Entwurf geäußert hat. Sie muß wissen, daß Scharouns Entwurf, dem neue, schöpferische Ideen zugrunde liegen, eine Baugesinnung verkörpert, die weit über den aktuellen Anlaß hinausweist. Die ringförmige Anordnung des Konzertsaals, die an das antike Amphitheater anknüpft, stellt zwischen Musiker und Hörer eine Gemeinschaft her, wie sie der konventionelle Raum nicht kennt. Die asymmetrische Form, im Kirchenbau seit ältesten Zeiten bewährt, neuerdings in der Stuttgarter Liederhalle auch an modernem Material erprobt, hat akustische Vorteile.

Vielleicht ist die Lösung keine bequeme; sie wird Probleme mit sich bringen, die bei traditionsgebundenen Bauten wegfallen. Aber wann wäre Großes und Geniales bequem gewesen? Wohin käme es mit unserer Kultur, wenn die Menschen immer den Weg des geringsten Widerstands gingen? In der Entscheidung über das Projekt Philharmonie wird sich zeigen, ob in Berlin (wie in Stuttgart) die weltoffenen oder (wie in Kassel) die provinziellen Kräfte siegen sollen.

H. H. Stuckenschmidt

Claudia Hoff im »Tagesspiegel« vom 18. Dezember 1956 (auszugsweise):

Hans Scharoun gewann den ersten Preis

Der kühnste Entwurf für den Neubau der Berliner Philharmonie

Scharouns Entwurf ist kühn, neu, vielleicht provokatorisch, weil er durch amphitheatralischen Aufbau rund um Orchester und Dirigenten die Tonquelle nicht mehr an das Ende von Ohr und Auge legt, sondern ins Zentrum, ähnlich dem Hochaltar in manchen barocken Kirchen, um den sich die Andacht von allen Seiten schloß. Mit dieser Grundkonzeption geht Scharoun über den bisher modernsten deutschen Konzertsaalbau, die Stuttgarter Liederhalle, hinaus.

Eine Umfrage an bedeutende Dirigenten, wo sie eine Aufführung leiten würden, von der ihr Renommee entscheidend abhinge – veranstaltet von dem Berliner Akustiker Fritz Winckel, der am Neubau der Philharmonie beratend mitwirkt –, brachte ein bemerkenswertes Ergebnis: es wurde nur *ein* neuerer, nämlich der 1935 erbaute Konzertsaal in Göteborg genannt. Außerhalb der Umfrage äußerte sich der durch seinen glasklaren sachlichen Stil geprägte griechische Dirigent Dimitri Mitropulos begeistert über den Zeltbau von Aspen im Staate Colorado. Die Stuttgarter Liederhalle wird von Musikern, Dirigenten, Kritikern und Hörern ihrer hervorragenden Akustik wegen gleichermaßen gelobt; Berlins neue Philharmonie könnte darüber hinaus durch die Taktilität, die Musikalität, den Einfallsreichtum der Architektur weit über Berlin und Europa exemplarisch werden für ein modernes Konzerthaus. Scharouns Entwurf ist unter den zehn Einsendungen der einzige, der die Tradition und die komplizierte und heute scheinbar diktatorische Technik in einem einzigen intelligenten und zugleich intuitiven Griff faßt und überwindet.

Einzelheiten mögen sich beim Bau ohne Schaden abwandeln lassen, da das Ganze klingt. Die 1,3 Millionen aber, die Scharouns Entwurf die gesetzte 7-Millionen-Grenze überschreitet, sollten nicht auf die Waage geworfen werden, die auf der anderen Seite ein schöpferischer Geist, einer der wenigen Künstler unter den deutschen Architekten der Gegenwart beschwert. Man bringe in Berlin doch endlich das latente Ärgernis an der Kunst zum Schweigen, diese Furcht vor dem Künstler, der unbequemer aber auch wahrhaftiger ist als der Könner, denn er tut, was seine Zeit fordert. Wir haben Kassel übelgenommen, daß es das nicht vermochte. Wir wünschen, daß Scharoun in Berlin baut, daß er an einem lohnenden Objekt wie dem der Berliner Philharmonie baut. Und des Kritikers Höflichkeit schweigt über die Millionen, die Senatsbauten mehr gekostet haben, als ursprünglich geplant.

Claudia Hoff

Dem Entwurf von Scharoun wurde der erste Preis zuerkannt. Er erhielt neun Ja-Stimmen und vier Nein-Stimmen. Der für die Ausführungs-Empfehlung notwendigen Dreiviertel-Mehrheit fehlte also eine Stimme gemäß der Wettbewerbsausschreibung. Die Entscheidung, nach der die weitere Entwurfsbearbeitung erfolgen konnte, wurde schließlich durch das Gutachten des Chefdirigenten des Berliner Philharmonischen Orchesters, Herbert von Karajan, herbeigeführt, in dem es heißt:

Gutachten
über die Modelle und Entwürfe zum Neubau der Philharmonie

Herbert von Karajan

Nach eingehender mehrmaliger Betrachtung und Beratung mit Herrn Dozent Winckel sind wir zu dem folgenden Ergebnis gekommen. Von allen eingereichten Entwürfen scheint uns mit Abstand derjenige den Vorzug zu verdienen, der als sein Grundprinzip die Einbeziehung des ausführenden Klangkörpers in die Mitte des Saales vorsieht (Modell Scharoun; es ist in weiß und hat eine goldene Bestuhlung). Dieser Entwurf scheint mir deshalb so glücklich zu sein, weil außer den akustisch sicher sehr günstigen Anordnungen der Wände ein Moment besonders hervorgehoben wird, und das ist die restlose Konzentration der Zuhörer auf das Musikgeschehen. Ich kenne keinen bestehenden Konzertsaal, in dem das Sitzproblem so ideal gelöst ist, wie in diesem Entwurf. Dadurch, daß das Orchester quasi im Zentrum des Raumes steht, scheint mir und Herrn Dozent Winckel auch die Tatsache gewährleistet, daß mehr als bisher in einem der bekannten Säle der typische Stil der Musikinterpretation des Philharmonischen Orchesters, dessen Hauptmerkmale das lange, weiträumige Ausschwingen und der besondere Atem im Beginn und am Ende einer musikalischen Phase sind, hier in idealer Weise geprobt und dargestellt werden können. Es sind einige kleine Einschränkungen zu machen, die im Gespräch mit dem Architekten meiner Meinung nach rasch zu klären wären; kurz angedeutet sind es die etwas unglückliche Stellung von zwei Seitenwänden und die Intendantenloge mit der darüberliegenden Tonkabine, die meiner Meinung nach zu weit in den Saal vorspringen und das Gesamtbild trüben. Doch dies sind nur Kleinigkeiten und besagen nicht viel im Gegensatz zu der Großartigkeit des Gesamtprojektes, das ich nicht warm genug zu einer Ausführung empfehlen kann.

In »Rund um die Philharmonie« wird folgende Beurteilung zum Gutachten Herbert von Karajans angefügt:

»Das Urteil dieses Experten sollte nicht übersehen werden: er soll ja einen großen Teil der Konzerte im neuen Saal leiten – und er, der in fast allen Konzertsälen der Welt schon dirigiert und sie auf Akustik geprüft hat, dürfte wohl als verantwortungsbewußter Fachmann auf diesem Gebiet zu werten sein.«

Der 2. Preisträger war der Architekt Hermann Fehling, Berlin.
Mitarbeiter: Daniel Gogel und Peter Pfankuch.
Akustische Beratung: J. M. Kempe, Berlin.

3. Preisträger war Prof. Karl Wilhelm Ochs, Berlin.
Mitarbeiter: Erhard Lucas, Helga Ochs, Dr. Ing. Hermann Heckmann, Konrad Hufer, Siegfried Karoll.
Akustik: Prof. Cremer und Dieter Schwarze, Berlin

Die Wettbewerbsbeiträge und Erläuterungsberichte sowie die Beurteilungen der beiden Preisträger durch die Jury werden anschließend an Scharouns Entwurf abgedruckt.

Günther Kühne geht in der »Bauwelt«, Heft 4, vom 28. Januar 1957 insbesondere auf die umstrittene Standortfrage für die Philharmonie hinter dem Joachimsthalschen Gymnasium und die Problematik, die aus dem Wettbewerbsergebnis entstanden ist, ein:

Wettbewerb Philharmonie Berlin

Das Tauziehen um die Berliner Gedächtniskirche – auf den Seiten der Bauwelt übergenug kommentiert und glossiert – hat eine fast genauso gute Entsprechung in dem jahrelangen Streit um den Aufbau der Philharmonie. Auch hier ist offenbar die Standortfrage die wichtigste; die vielen Meinungen, die sich für eine Verlegung in das eigentliche Citygebiet Berlins aussprachen (die alte Philharmonie lag in der Bernburger Straße unweit des Anhalter Bahnhofs), konnten leider nicht durchdringen. So wurde der Plan, die zufällig erhaltene Fassade des Joachimsthalschen Gymnasiums für den Neubau der Philharmonie zu benutzen, zur Grundlage der Ausschreibung gemacht. Zweifellos ein absurder Gedanke, die Fassade eines – allerdings nicht gar so schlechten – Schulbaus aus den Gründerjahren (von den Architekten Giersberg, Strack, Kleinwächter und Klutmann) als Eingangsfront für einen modernen Konzertsaal zu benutzen. Der Wettbewerb hat denn auch deutlich erwiesen, daß – fast – alle Arbeiten ohne den Altbau denkbar und auch besser sind, daß die vorhandene Substanz des alten Schulgebäudes in keinem Verhältnis zu dem steht, was neu geschaffen werden muß. Es erhebt sich also die Frage, ob der Bau nicht besser zurückzustellen wäre, zurückzustellen zumindest bis zum »Wettbewerb Groß-Berlin«, in dessen Rahmen auch die Standortfrage für die Philharmonie zu klären wäre.

Im Sommer vorigen Jahres wurde ein engerer Wettbewerb unter zwölf Architekten ausgeschrieben (vgl. Bauwelt 36/1956), von denen zwei (Professor Werner March, Berlin, und Dr. Wilhelm Riphahn, Köln) sich nicht beteiligten. Zu bedauern bleibt, daß sich unter den Aufgeforderten nicht Professor Baumgarten befand, der Erbauer des Konzertsaales der Berliner Musikhochschule (Bauwelt 49/1954 und 19/1955), dessen Erfahrungen sicher von Nutzen gewesen wären. Das Preisgericht, unter dessen fünfzehn Teilnehmern sechs Stellvertreter waren (unter anderen Werner Hebebrand für Otto Bartning, Wassili Luckhardt für Paul Bonatz), hat sich entschieden, den ersten Preis Professor

Hans Scharoun zuzuteilen. Eine Klausel der Wettbewerbsausschreibung sah jedoch vor, daß zur Ausführungs-Empfehlung eine Dreiviertelmehrheit notwendig sei – eben aus diesem Grunde entschied sich Ministerialdirigent Rossig vom Bundesfinanzministerium zwar für die Zuerkennung des ersten Preises an Scharoun, sprach sich aber gleichzeitig dagegen aus, diesen Entwurf zur Ausführung vorzuschlagen (siehe Protokoll-Auszug auf Seite 80) – immerhin etwas ungewöhnlich. Da der Bund indessen der Geldgeber für die Berliner Philharmonie ist, steht die letzte Entscheidung noch aus. Wir müssen noch warten, wobei die Hoffnung auf die oben angeschnittene Klärung der Standortfrage nicht aufgegeben sei. (Ende des Zitats)

Obwohl im Januar 1957 durch das Votum Herbert von Karajans die Entscheidung zugunsten des 1. Preisträgers Hans Scharoun gefallen war, begannen erst die jahrelang anhaltenden Kämpfe um die Durchsetzung und Realisierung des Baues. Ich möchte dieses traurige Kapitel über die Intrigen, Querelen und Voreingenommenheiten hier nicht schreiben, obwohl der Inhalt wohl symptomatisch wäre, denn immer, wenn eine geniale Idee oder eine Gestaltung gegen eine herrschende Architekturmode herausgestellt wird, beginnen die Gegner und Kleingeister mit ähnlichen Agitationen.

Scharoun mußte diese Behinderungen, wie so oft in seinem Leben, erneut erfahren, jedoch hatte er unter anderen Persönlichkeiten wie Hans Heinz Stuckenschmidt einen besonderen Fürsprecher für seine Konzeption gewonnen – den Chef-Dirigenten des Berliner Philharmonischen Orchesters, Herbert von Karajan.

Herbert von Karajan stand zu seinem Votum für die neuartige Konzeption und erklärte sinngemäß, er würde Berlin verlassen, wenn dieser Saal nicht gebaut wird.

Aber die Bemühungen der Gegner, die Idee »Musik im Mittelpunkt« und das Projekt zu Fall zu bringen, dauerten weiter an.

Scharouns Gedankenwelt wurde nur von wenigen verstanden, und das waren (wie meistens) keine starken Fürsprecher.

In einem Beitrag für »Rund um die Philharmonie« Heft 4 (1957) erläutert Scharoun den gedanklichen Zusammenhang, aus dem die Idee zum Saal der Philharmonie und zur Gestaltung erwuchs:

»Zu diesen Folgerungen gehört an erster Stelle das Gestaltungsprinzip. Mittel der Gestaltgebung sind – einmal vereinfacht gesagt – die Geometrie oder die Organik. Der Raum der Geometrie ist dem Gedanklichen eng verbunden. Im Raum der Organik ist das Geheimnis des Wirkens der menschlichen Seele spürbar. Die Geometrie ist an das Meßbare, ja an das Zählbare gebunden. Newton sagt: Alles Meßbare messen, alles, was nicht meßbar ist – meßbar machen. Kein Wunder also – da wir heute noch größtenteils der Zeit der Ratio angehören –, daß eine der ersten Fragen der Öffentlichkeit an den Architekten lautet: Wieviel Ecken hat Ihr Entwurf? Verständlich ist aber auch, daß der Architekt darauf keine präzise Antwort geben kann, da die »Ecke« – als Übergang und in organischem Sinne – oft trennender und oft verbindender Natur ist. Im rechteckigen, überhaupt im eindeutig symmetrischen Raum wiederholt sich die gleiche Eck-Lösung; allerdings ist sie in ihren Winkelbezügen von verschiedener Bedeutung, z. B. beim Quadrat oder beim länglichen Rechteck, – sie ist anders in der quadratischen Grundfläche der Pyramide als in der länglichen des griechischen Tempels. Wer aber kann die Frage beantworten, wieviel Ecken zum Beispiel der Limburger Dom hat? Die Fülle der Raumbeziehungen in der Vertikalen ebenso wie in der Horizontalen bringt ein so reiches Gefüge oder besser Gewese des Objektes zum Ausdruck, daß uns gerade aus dem Miteinander und Zueinander raumhafter Teile seine ungeheure Musikalität anspricht. Allerdings gelangen wir zu der Klarheit erst, wenn wir uns mit solchem Gefüge innerlich auseinandersetzen. Dann beglückt der Reichtum, aus dem diese Klarheit erwächst, – die Vielfalt, die einem Bauwerk organhafter Natur eigen ist. An solche vertiefte Betrachtung ist jedoch der Mensch unserer Zeit nicht mehr gewöhnt – man ist an einem schnellen Urteil interessiert, das zwar unsere Beobachtungsgabe bestätigt, unser Gefühl jedoch ebenso schnell abkühlen läßt.

Es ist ähnlich wie auf dem Gebiete der Musik: der Hörer bedarf des Hinweises, des Impulses. Mit dem Wesen eines Musikwerkes jedoch hat er sich selbst auseinanderzusetzen, hat es selbst zu finden, nicht nur nach-, sondern auch mitzuerleben.

Dies in einem entwickelten Sinne zu tun, ist im Grund auch die Aufgabe des Bauens. Auch hier darf nichts nur im Ästhetischen haften bleiben, wenn auch die Ästhetik in das Werk einbezogen werden muß. Merkwürdigerweise wird dies ohne weiteres für die Musik akzeptiert – auf dem Gebiete des Bauens mangelt es oft an der vorbehaltlosen Mitarbeit des »Konsumenten«. Daher ist hier die Ästhetik immer noch vorherrschend und nicht dienend. Musik und Baukunst – und zwar besonders im nordischen Raum – sind dynamischen Charakters. Der Architekt spricht in diesem Zusammenhang von der notwendigen Beachtung des »Vorganges« – so wie Mensch und Staat nur im geschichtlichen Ablauf vorstellbar sind. Es geht also um den Menschen, in seiner Freiheit und in seiner Bindung. Denken wir dabei nur an Beethoven: Wie er sich, besonders in seinem Alterswerk, zum Gemeinsamen hinwendet in der Darstellung bewußt erlebter und beklagter Isoliertheit ebenso wie im Aufruf zum gemeinsamen Wirken.

Der L'art pour l'art-Standpunkt, die ästhetisch bedingte, repräsentative Darbietung der Musik in der letzten Vergangenheit ist fraglos nur ein Übergang in einer fließenden Entwicklung. Was einst wesensbedingt war und am Leben unmittelbar teilhatte, wurde »Ding an sich«, ja Ware, wenn auch oft von hoher Qualität.

Heute soll Musik – auf einer neuen Bewußtseinsebene – wieder auf neue Art Mittelpunkt des Erlebens werden. Daß dieses in räumlicher und technischer Hinsicht möglich ist, verdanken wir der Vorleistung der akustischen Wissenschaft. Auch die Ausweitung der Konzertsäle alten Stils – im Sinne des Theaters –, welche auf der Ausweitung des Klangkörpers ebenso wie auf der des Zuhörerkreises beruhte, war ohne die Mithilfe der entwickelten Technik nicht denkbar. Es bedurfte also nur der kritischen Betrachtung und Entwicklung bereits gewonnener Erkenntnisse, um sie auf neue Raumkonzeptionen anzuwenden. Eine gute Grundlage für die Zusammenarbeit zwischen Architekt und Akustiker bildeten die raum-künstlerischen und technischen Absichten des Philharmonie-Entwurfs – die »gefalteten« Außenwände, das Zeltdach, der Verzicht auf Emporen und der kurze Weg der Schallwellen vom Orchester bis zur letzten Hörer-Reihe. Über dem Podium befindet sich der »Orchester-Reflektor«, welcher über dem Orchester in Längsrichtung waagerecht, in Querrichtung leicht konkav gewölbt ist, um den Klang seitlich zusammenzufassen und um die Hörbarkeit der Musiker untereinander zu gewährleisten. Besonders gehört aber hierher die räumlich bedingte Einschnürung zu seiten des Orchesters, welche dem Akustiker die Verwendung des »Weinberg-Systems« gestattet. So fügten sich Überlegungen optischer wie akustischer Herkunft glücklich zusammen. Diese optisch wie akustisch gleich bedeutsame Gestaltgebung des Konzertsaales unterscheidet ihn grundsätzlich von Raumgebilden, die wir als Arena, Zirkus usw. bezeichnen. Die lebendige Differenzierung der flächenhaften Ausdehnung und der Höhe der einzelnen Teile gestattet eine lebendige strukturelle Aufgliederung der Zuhörermasse. Das Gefüge des Orchesters, zum Beispiel, und das Wirken des Dirigenten lassen sich in ihrer Wesenheit und in ihrer Aktion von mannigfaltigen Aspekten her beobachten – an die Stelle des nur Bühnenmäßig-Bildhaften tritt das Verbindliche des umfassenden Zusammenhanges. Kurz: Bautechnisches und Wissenschaftliches, das Funktionelle und das Organisatorische werden wie von selbst zu Partnern strukturell bedingter Voraussetzungen – immer wieder ein »Wunder« für den schöpferischen und den erlebenden Menschen. Mensch und Bauwerk sollen in ihrem Verhalten zueinander das sein, was wir heute auch bei der Planung einer Stadt verlangen, wenn wir sie als Stadt-Landschaft sehen: Die Teile, die Elemente der Stadt sind dann wie Berg und Tal, wie Wald und Wiese, wie Wasser und Fels. Wird so auch das Bauwerk der neuen Philharmonie als Teil der Stadt-Landschaft gesehen, spielt hier das Atmosphärische eine besondere Rolle. In diesem Zusammenhang fällt dem Licht, der künstlichen Beleuchtung, eine wesentliche Aufgabe zu.

Die untere und die obere Zone des Saales bedürfen jeweils der selbständigen Wirkung. Die heutigen Mittel der Ausleuchtung gestatten eine wesentliche Unterscheidung des kühleren, mehr transzendenten und des warmen, hüllenden Lichtes. Es sei auch noch auf folgendes hingewiesen:

Bei der bühnenmäßigen Anstrahlung des Orchesters verursacht die intensive Ausleuchtung des Podiums die gleichzeitige intensive Anstrahlung der das Orchester umgebenden Wände – zu Ungunsten der harmonikalen und diffusen Ausleuchtung des Gesamtraumes. Wird nun aber, wie es beabsichtigt ist, der »Orchester-Reflektor« gleichzeitig Träger der Beleuchtung, so läßt sich die Ausleuchtung auf das Orchester selbst beschränken – ohne störende Nebeneffekte.

Überhaupt läßt sich die Lichttechnik heute hervorragend zur Inszenierung des Konzertsaales benutzen, wenn sie den Wandlungen des Vorganges folgt und wenn sie sich auf eine wesentliche Durchgestaltung des Saales stützen kann.

Dieser Aufgabe entsprechend sind die Oberflächen der Dekken und Wände zu behandeln, welche darüber hinaus selbstverständlich auch akustische Forderungen erfüllen müssen. Das Ziel der architektonischen Behandlung in gestalterischer Hinsicht ist trotz einer gewissen Monumentalität Intimität. Die Intimität vermag das unmittelbare Teilhaben, die eigene, individuelle, mitschöpferische Aktivität am Musikgeschehen und am gesellschaftlichen Erlebnis in Gang zu setzen.

Aus dieser Aufgabe und aus dieser Forderung an den Konzertsaal selbst ergibt sich folgerichtig die Behandlung der zusätzlichen Räume. Sowohl die vorwiegend funktionsbedingten Räume, Kleiderablagen, Verkehrsräume usw. als auch die der Entspannung dienenden Aufenthaltsräume sind auf flüchtige Benutzung eingestellt, dienen der Vorbereitung des Musikerlebens in Gemeinschaft.

Das »Flüchtige« steht in einem Spannungsverhältnis zum »Verweilenden«, zur feierlichen Gelassenheit des im wahren Sinne des Wortes das Bauwerk krönenden Konzertsaales. Der geschwungene Boden des Konzertsaales bildet daher auch – dem Boden eines Schiffes gleich – die Decke der Verkehrs- und Aufenthaltsräume. Den späteren Besucher der neuen Philharmonie interessieren wohl kaum die Bezüge der Räume, welche dem Orchester, der Verwaltung, der Übertragungstechnik usw. dienen. Hingegen sei noch ein Wort über die Einbeziehung des Bauwerkes ins Stadtbild gesagt: Fußgänger-Zugang und Vorfahrt sind getrennt. Die Vorfahrt liegt an einem neuen Platz in Verbindung mit der Schaperstraße. Durch die Lage der Gebäude und die zusätzliche Bepflanzung wird diesem Platz Gestalt gegeben. Die im Winkel zwischen der Meierotto-Straße und der Bundesallee vorhandene Grünfläche wird als Erholungsfläche erhalten und ausgestaltet – später in Verbindung mit einem Restaurant. Über den flachen Anbauten und Terrassen erhebt sich der etwa 30 m hohe Baukörper der neuen Philharmonie.«

Als ich als Absolvent der Technischen Universität Berlin auf Wunsch von Scharoun die Planung für die Philharmonie an dem Standort Bundesallee durchführte, war es höchst ungewiß, ob die Idee durchgesetzt werden könnte, auch weil sich einige anerkannte Musiker des Berliner Musiklebens gegen die Konzeption wandten. Sie waren der Meinung, daß das »Musikmachen« auf der einen Seite und das Hören auf der anderen Seite zu geschehen habe und die Musik so »gewachsen« sei. Diese Meinung wurde durchaus auch von etlichen Mitgliedern des Berliner Philharmonischen Orchesters geteilt, obwohl sie sich wegen des Votums ihres Chef-Dirigenten in der Öffentlichkeit nicht artikulierten.

Vielleicht konnte ich als Schüler von Hans Heinz Stuckenschmidt, er las an der TU Musikwissenschaft, und durch meine musikalischen Nebentätigkeiten einiges zur Durchsetzung der Idee in Gesprächen und Vorträgen beitragen.

Es dürfte für die meisten Besucher der Philharmonie unvorstellbar sein, daß die Verwirklichung dieses Baus nach dem Wettbewerbserfolg in den Jahren 1957 bis 1959 hoffnungslos zu sein schien, weil immer wieder neue Argumente von den Gegnern vorgebracht wurden. Wenn dennoch an der Planung mit einigen Mitarbeitern weitergearbeitet wurde, so ist diese Beharrlichkeit nur aus dem Glauben an die überragende Konzeption zu verstehen und aus dem Verantwortungsbewußtsein des Architekten vor dem Werk, das es durchzusetzen galt.

Weil in jenen Jahren der Wettbewerbsstandort hinter dem Joachimsthalschen Gymnasium mehr und mehr in Frage gestellt wurde, konzentrierte sich meine Arbeit auf die Durcharbeitung des Entwurfs nach musikalisch-akustischen und aufführungstechnischen Gesichtspunkten, insbesondere des Saales und der angrenzenden Räume.

Im folgenden Vergleich der Wettbewerbsfassung mit dem realisierten Raum werden vorwiegend Hinweise zu den Bereichen der Konzeption gegeben, die nach der Ausschreibung aus formalen, akustischen oder funktionellen Gründen abgeändert wurden. Zunächst ist grundsätzlich festzustellen, daß die Gesamtkonzeption des Saales mit dem zentral gelegenen Podium unverändert realisiert werden konnte. Hierzu gehört auch die Lage des Podiums, die niemals im mathematischen, sondern immer im ideellen Schwerpunkt des Gesamtraumes lag. Es waren stets wesentlich mehr Plätze in konventioneller Anordnung vor dem Orchester als hinter dem Orchester geplant.

Die stärkste Umgestaltung nach der Wettbewerbsfassung betraf die seitlichen Bereiche des Saales. Von den akustisch notwendigen Flankenwänden am Podium stiegen die Platzreihen

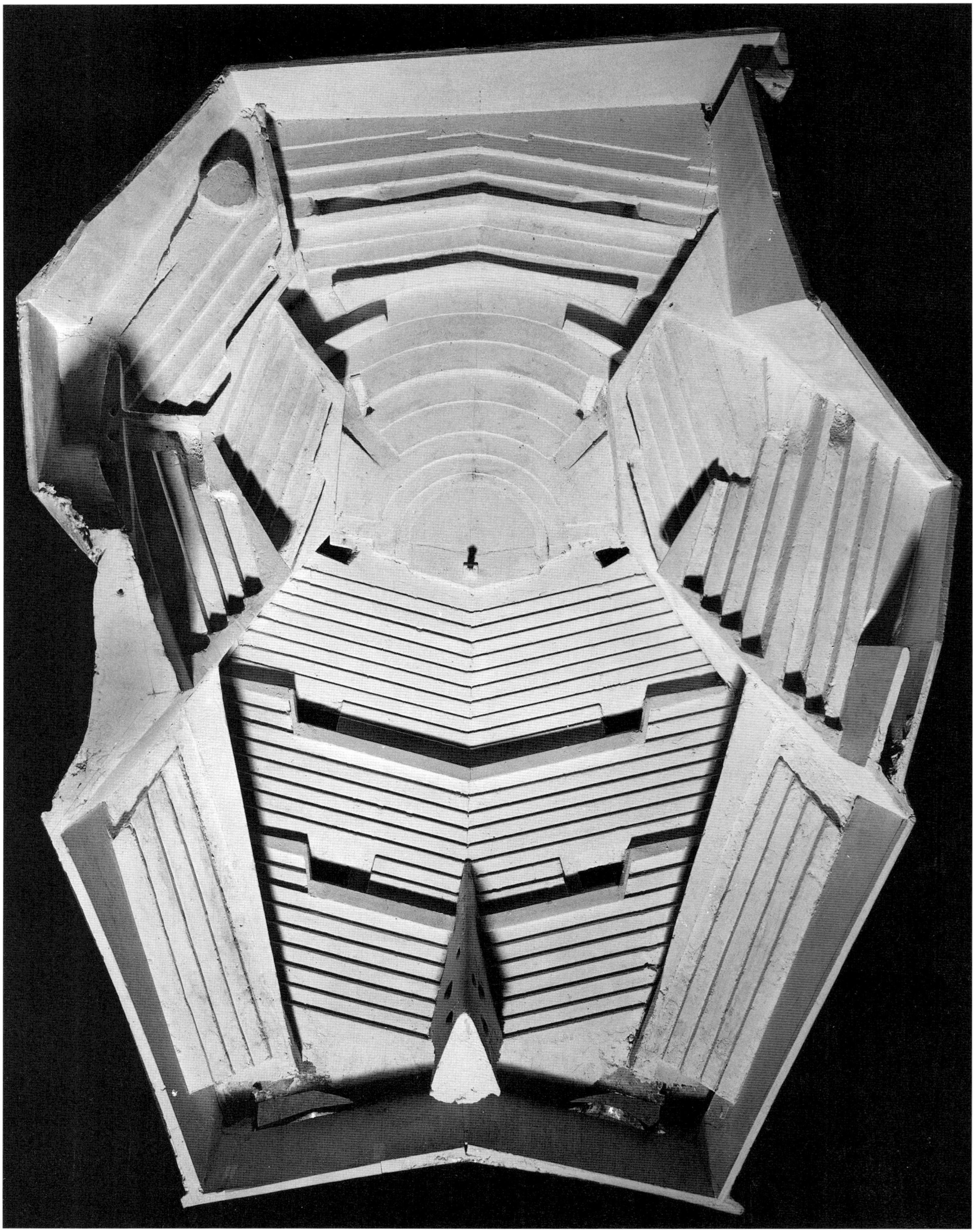

S. 78: Modell M 1:50, 1957; erste Ausformung nach dem Wettbewerb

Einblick in das Modell nach der ersten Ausformung der seitlichen Parkettgruppen

ursprünglich drastisch in einer geschlossenen, fast lapidar anmutenden Form an; sie ist erst bei der späteren Ausarbeitung durch Einziehen von Brüstungen in drei Hochparkettflächen – »Weinberge« genannt – in sich gegliedert worden.

Bedeutsamer ist die skulpturale Ausformung der drei Seitenparketts, die zueinander räumlich in Spannung gesetzt, weitaus differenzierter den Zentralraum formen. Es mag dahingestellt bleiben, ob Scharoun durch die einfache Urform des Raumes den Preisrichtern vorrangig die Idee nahelegen wollte, führen doch differenzierte Raumbildungen leider meistens zum Argument der erhöhten Kosten – oder zu Überforderung der Vorstellungskraft der Preisrichter. Durch die spätere Formung der Seitenparkettgruppen entstand aus der elementaren Raum-Idee die in sich ruhende und schwingende Zentralraum-Struktur.

In jenen zunächst ungegliederten Seitenparketts waren einige Reflexionsflächen für Flankenreflexion zum Orchester vorgesehen, die als Äquivalent für die entfallene Orchester-Muschel der Guckkastenbühne geplant waren. Die Effizienz jener Flächen erschien zu gering, so daß auch auf Forderung des akustischen Beraters Lothar Cremer die Unterteilung des zusammenhängenden Blocks durch mehrere »Weinberg-Stufen« geschah. Eine schallreflektierende Brüstung sollte zunächst auch hinter der dritten Reihe im Hauptparkett eingefügt werden. Da jene Brüstung eine zu starke formale Zäsur des sich aus der Podiumsfläche entwickelnden Hauptparketts bedeutet hätte, eliminierte Scharoun bei der weiteren Ausformung des Raumes jene akustische Maximalforderung.

Schon in der Urskizze von Scharoun war als Ersatz für die entfallene Orchester-Muschel ein Reflektor über dem Podium für die Hörsamkeit und den Kontakt der Musiker untereinander sowie für wichtige Zwischenreflexionen für die dem Podium benachbarten Plätze vorgesehen. Der Reflektor bestand aus einer zusammenhängenden tragflügelartigen Fläche, in der auch die Podiumleuchten eingebaut werden sollten. Die große geschlossene Reflexionsfläche wurde bei der späteren Ausarbeitung in zehn einzeln aufgehängte Reflektoren aufgelöst, damit der Schall teilweise auch an diesen Reflektoren vorbei bis zur Saaldecke steigen und von dort in den Raum reflektiert werden konnte. Hierdurch wurden in dem Saal »akustische Löcher« wegen der zu großen »Abschattung« der Decke durch den ursprünglichen Reflektor vermieden – es wäre auch der Eindruck einer den Raum visuell teilenden Zwischendecke entstanden.

Entscheidende Bedeutung für die Durchsetzung der Konzeption war, daß auf die im Wettbewerb verlangte Teilung des Konzertsaales für kleinere Veranstaltungen verzichtet werden konnte, weil die Aula des Joachimsthalschen Gymnasiums als Saal für Kammermusik-Aufführungen umgebaut werden sollte. Das Portal des Gymnasiums als Haupteingang für die Philharmonie war eine Festlegung des Wettbewerbs; in die anschließende Säulenhalle sollten die Kassenanlagen integriert werden. Dagegen wurde das Prinzip der Erschließung des Saales über großzügige Treppenanlagen von 2 Ebenen, auf denen sich die Garderoben befanden, auch im endgültigen Entwurf für den Standort am Tiergarten beibehalten.

Während der Durcharbeitung der Wettbewerbsplanung hielten die Kämpfe und Intrigen, die den Vorgängen um Scharouns Planung für das Staatstheater in Kassel ähnlich waren, unvermindert an. Die Gegner der Konzeption erklärten, sie sei akustisch nicht zu beherrschen und infolgedessen als Haus für das Berliner Philharmonische Orchester nicht zu verantworten.

Mit dem Neubau der Philharmonie war ein Heim für das Berliner Philharmonische Orchester, als das bedeutendste deutsche Orchester, zu schaffen. Mit diesem Saal und seiner speziellen Akustik (verlangte Nachhallzeit 2 Sekunden im gesamten Frequenzbereich) sollte der besonderen Qualifikation des Berliner Philharmonischen Orchesters, die musikalische Tradition der deutschen Spätromantik fortzuführen, entsprochen werden. Das war der Grund, warum die Gegner dieser revolutionären Idee erklärten, man könne dieser traditionellen Aufgabe nur mit einer traditionellen Raumgestalt gerecht werden.

Einige Architekten und Konstrukteure waren auch der Meinung, Scharoun könne die Philharmonie niemals bauen oder der Entwurf müsse erst einmal »baubar« gemacht werden, d.h. es seien möglichst viele Ecken im Grundriß zu beseitigen, da ein schiefwinkeliges Gebilde nicht zu konstruieren und viel zu teuer sei.

Neben den akustischen Bedenken waren es immer wieder die angeblich zu hohen Kosten, mit denen das Projekt zu Fall gebracht werden sollte. Die Kostenschätzung der Vorprüfer des Preisgerichtes ergab DM 7 Mio. Diese Summe war zu niedrig und einem Bauwerk von der Bedeutung einer Philharmonie nicht angemessen. Auch die endgültigen Baukosten betrugen sechs Jahre später nur DM 17,5 Mio., nachdem etliche Ergänzungen hinzugekommen waren.

Sogar nach dem Standortwechsel zum Kemperplatz und bei bevorstehendem Baubeginn wurden von Baufirmen noch Gegenvorschläge eingebracht, die eine Philharmonie für die Hälfte der schon zu niedrig angesetzten Kosten »liefern« wollten. Es gab auch Vorschläge von Konstrukteuren, die den Saal erst einmal von seiner Stützen-Stellung herunter auf den Boden holen wollten – angeblich um Kosten zu sparen; allerdings hätte man dann das unter dem Saal liegende Foyer außen anbauen müssen. –

Gegen die Scharoun-Konzeption mit der Musik im Mittelpunkt wurde der Wettbewerbsvorschlag des dritten Preisträgers Karl Wilhelm Ochs durchzubringen versucht; sein Vorschlag sah ein großes Parkett und einen Rang in einem eiförmigen Grundriß, als höchst traditionelle Raumform vor. Es können hier nicht Einzelheiten über diese schwierige und deprimierende Zeit berichtet werden; sogar die von Scharouns Büro eingereichten Zeichnungen waren mitunter bei der Bauverwaltung monatelang verschwunden oder »unauffindbar« – um zu beweisen, daß Scharoun keine brauchbaren Pläne liefern könne.

Hatte nach dem Wettbewerb das Eintreten Herbert von Karajans für die Idee von Scharoun zur Aufnahme der Planung geführt, so waren es im weiteren Verlauf immer wieder Persönlichkeiten des künstlerischen und politischen Lebens in Berlin, die im Glauben an die Konzeption und an die schöpferische Kraft Scharouns die allseits als Wagnis empfundene Idee mittrugen. Hier seien besonders das leidenschaftliche Engagement des damaligen Kultursenators Joachim Tiburtius und das immer wieder mahnende Wort von Hans Heinz Stuckenschmidt genannt. Erschwerend war in jener Zeit gegensätzlicher Meinungen und Intrigen die allmählich reifende Erkenntnis, der Standort für die Philharmonie hinter dem Joachimsthalschen Gymnasium sei städtebaulich falsch und man dürfe schon deshalb den Architekten mit der Ausführung baureifer Pläne nicht beauftragen. Schließlich wurde Scharoun durch Eingreifen des Senats zu städtebaulichen Untersuchungen für einen neuen Standort der Philharmonie an zentraler Stelle der Stadt aufgefordert.

Das Verlassen des Wettbewerbsstandortes konnte für den preisgekrönten Entwurf den endgültigen Todesstoß bedeuten – die Wiederholung der Vorgänge um das Staatstheater Kassel war evident. Dennoch wollte Scharoun sich dieser Aufforderung nicht entziehen, weil er die Philharmonie immer als eine Dominante des von ihm bezeichneten »geistigen Bandes« kultureller und wissenschaftlicher Einrichtungen, dem Verlauf des ost-westgerichteten Urstromtales folgend, sah.

An dieser Straßenfolge liegen Universitäten, Theater, Museen und Hochschulen; im Bereich des Tiergartens wird dieses Band gleichsam bis zum Nord- und Südrand geweitet und umfaßt nördlich den Reichstag, die Akademie der Künste und das Schloß Bellevue, während südlich durch die Kriegsfolgen amorphe städtebauliche Situationen überkommen waren, die kulturelle Dominanten erhalten müßten.

Im Rahmen jener städtebaulichen Untersuchungen schlug Scharoun fünf Standorte am Nord- und Südrand des Tiergartens vor; allen Standorten war eine Ensemblebildung von Gebäuden mit einem Kammermusiksaal und umgebender einbindender Bebauung gemeinsam. Entscheidend war schließlich die Lage der geplanten Philharmonie im Verhältnis zur projektierten Westtangente, die über den ehemaligen Kemperplatz durch den Tiergarten nach Norden geführt werden sollte. Die Westtangente und die Nähe des Verkehrsknotenpunktes Potsdamer Platz sowie ein von Scharoun bereits früher vorgeschlagener kultureller Bereich südlich des Potsdamer Platzes führten zu dem endgültigen Standort. Mit den vorhandenen und geplanten Verkehrstrassen wären die Zufahrten aus allen Stadtteilen der damals noch ungeteilten Stadt möglich gewesen. Das Abgeordnetenhaus von Berlin beschloß schließlich am 25. November 1959 – drei Jahre nach dem Wettbewerb – den neuen Standort für die Philharmonie am Südrand des Tiergarten. Zwei Tage zuvor hatte Scharoun einen Vortrag anläßlich des 10jährigen Bestehens der Gesellschaft der Freunde der Berliner Philharmonie e. V. gehalten und zu dem neuen Standort folgendes erläutert:

»Neben anderen wichtigen Überlegungen hat wohl diese prägnante Gestalt des Bauwerkes, die Entwicklung der eigenen, wesentlichen Gestalt des Bauwerkes mit dazu beigetragen, einen neuen Standort zu suchen. Eine Reihe solcher Standorte wurde untersucht und das Für und Wider erörtert. Was den Standort Bundesallee anbelangt, so erkannte das Preisgericht die gelungene Angleichung der beiden, jeweils auf eigener Wesenheit beruhenden Bauwerke an. Es ist aber nicht zu verkennen, daß das erforderliche Bauvolumen des Konzerthauses den gegebenen Raum einfach sprengt, um so mehr, als der Bauplatz durch die geplanten umfangreichen Verkehrsbauten beschnitten wird.

Städtebaumodell mit der Philharmonie an dem neuen Standort zwischen Kemper- und Matthäikirchplatz nach der Planung Scharoun mit Wisniewski; der Grünraum des Tiergartens wird bis in die Piazza vor der St. Matthäuskirche hineingezogen.

unten: Die Piazza vor der St. Matthäuskirche mit beidseitiger Einbindung der Kirche durch Platzrandbebauungen, die sich zum Landschaftsraum des Tiergartens öffnen. Der Standort für den späteren Kammermusiksaal ist lediglich als Begrenzung der Piazza angedeutet. Die südlich und östlich geplante städtebauliche Einbindung der Philharmonie mußte im Modell weggelassen werden, um die Realisierung der Philharmonie nicht zu gefährden.

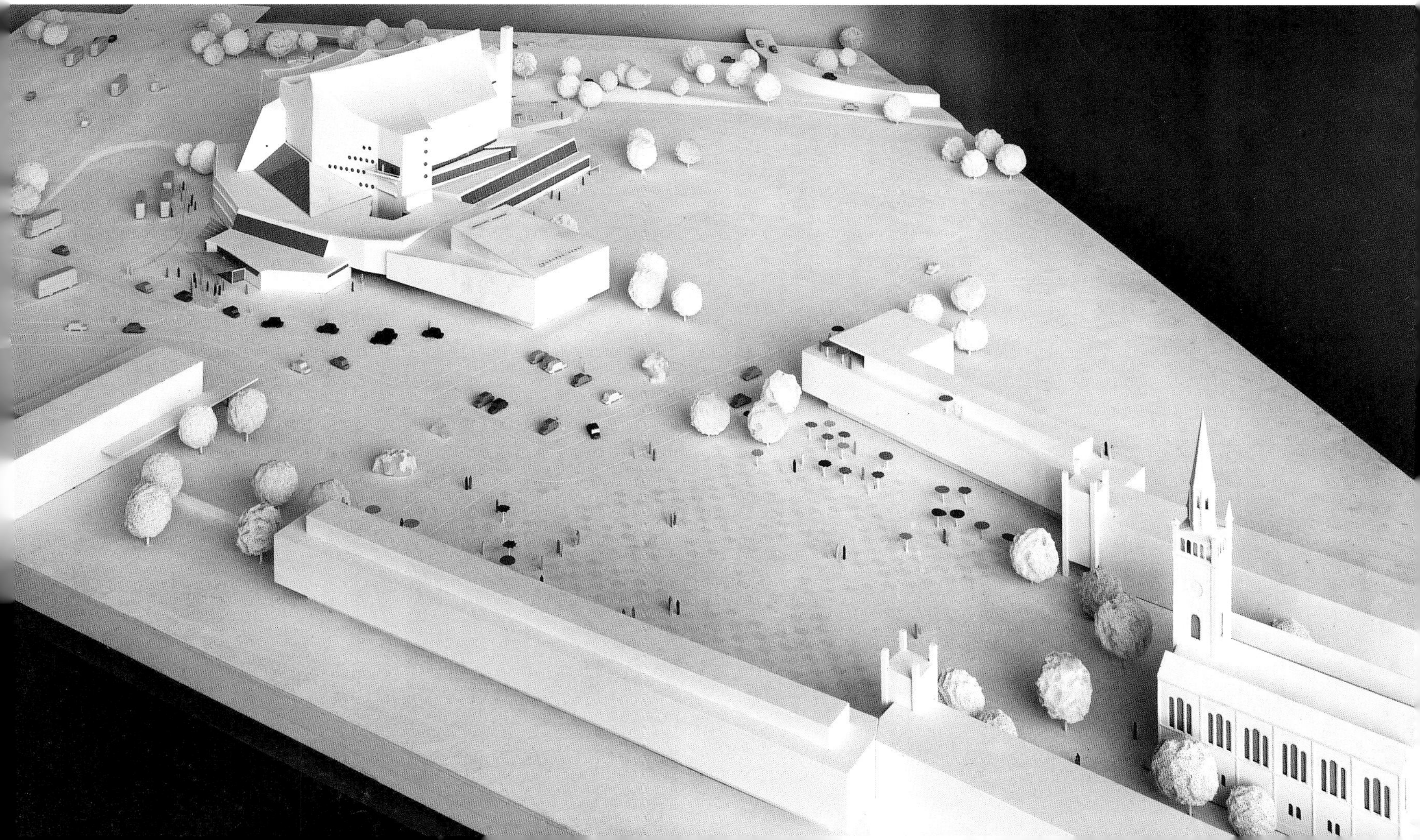

Wir wissen allerdings auch um den Reiz der Intensivierung der Baumassen aufeinander bezogener Bauwerke. Wir kennen solches aus Großstädten, welche mit Raumnot zu kämpfen hatten oder zu kämpfen haben. Es lag aber immer schon am Wesen Berlins – daß gewichtige Bauwerke genügend Freiraum, genügend Luft um sich hatten und um sich haben können, um ohne gegenseitige Beeinträchtigung zur freien Entfaltung zu kommen.

Dies zur lokalen Situation – wozu noch zu sagen ist, daß die Verkehrssituation fraglos günstig ist, dagegen die Forderung an Parkplätzen nur sehr schwierig zu erfüllen wäre. Neben den Parkflächen bleiben Grünflächen so gut wie gar nicht übrig.

In regionaler Hinsicht war die Frage, ob die Lage des Bauwerkes der neuen strukturellen Ordnung der Hauptstadt Berlin entspräche oder dienlich sei, immer schon umstritten.

Ich darf nur kurz darauf verweisen – die Ergebnisse des Wettbewerbes Hauptstadt Berlin haben es uns nochmals deutlich ins Bewußtsein gebracht –, daß der große Grünraum Berlins, der Tiergarten, die gottgegebene Stelle ist, alle Spitzenbauwerke des kulturellen, des administrativen und des wirtschaftlichen Sektors anzusiedeln, wenn man zu einer neuen, wesentlichen Struktur und zu einer entsprechenden Rangordnung innerhalb dieser Struktur kommen will.

Warum Tiergarten? Alle ins Flächenhafte strebenden Großstädte erzeugen keine dominierenden Silhouetten mehr – wie dies noch bei den überschaubaren Städten des Mittelalters oder der Barockzeit der Fall war. Damals waren Städte als plastische Gebilde, als Dominanten für den auf die Stadt Zureisenden erlebbar. Heute hat man sich wie durch einen langen Tunnel durch die Vorstädte hindurchzuarbeiten. Berlin hat den einen Vorzug, mit Hilfe des großen Grünraumes eine Art Innenplastik anzubieten und zu ermöglichen. Am Rande dieser Innenplastik reihen sich geordnete Komplexe – im Ganzen als Dominanten empfunden oder mit einzelnen Dominanten ausgestattet.

Eine solche Dominante aber sollte unabdingbar eine der Welt zugeordnete Institution, wie es die Philharmonie ist, sein.

Der Wunsch, die Verbindung mit diesem im Wettbewerb Hauptstadt Berlin vorgesehenen Grünraum zu besitzen, war auch beim Standort Bundesallee mit am Werke. Der künstliche, vielleicht noch zu schaffende Grün-»Korridor« wäre aber nur funktionell von Wert gewesen – in struktureller Hinsicht wohl ohne Bedeutung. So suchte man nach Standorten am Tiergarten selbst. Einer war nahe dem Lützowplatz, ein anderer nahe der Kongreßhalle. Beide Standorte haben ihrer Lage nach Vorzüge und Nachteile. Beide Standorte mußten aber letzten Endes auf Grund der inzwischen weiter geklärten strukturellen Zusammenhänge des Gefüges Berlin und auch auf Grund der Besitzverhältnisse fallengelassen werden.

So konzentrierte sich das Interesse immer mehr auf den Bauplatz am Kemperplatz – besonders, nachdem durch das Entgegenkommen des Herrn Bausenators die West-Tangente so verlagert wurde, daß ein ausreichender Bauplatz westlich dieser Tangente nunmehr zur Verfügung steht.

Die für den Standort Kemperplatz gefertigten Modelle zeigen, daß die wiederhergestellte Matthäi-Kirche mit dem Neubau der Philharmonie durch die Art der Bebauung und durch die Art der zu schaffenden Plätze zu einem glücklichen Ensemble vereinigt werden kann – zu einem Ensemble, das in seiner Wirkung nicht nur auf formal-ästhetischen Überlegungen beruht, sondern auf der Realisation eines lebendigen und wirksamen Lebensvorganges. Dem mögen Wohnflats, Erholungsstätten, Galerien usw. dienen und vielleicht die wiederzuerrichtende Staatsbibliothek oder eine neu zu errichtende Galerie des 20. Jahrhunderts.

Dieser Standpunkt läßt sich optisch gut mit dem Brandenburger Tor, dem ehemaligen Reichstag, mit der Kongreßhalle und mit dem Bundespräsidenten-Palais verbinden.

Einige bauliche Veränderungen sind gegenüber dem für die Bundesallee bestimmten Entwurf allerdings notwendig. Die Nebenräume können in breiterer Art angelegt und aufgegliedert werden, da der lange Durchgang durch das bestehende Bauwerk fortfällt. Der Konzertsaal behält, abgesehen von einigen Verfeinerungen, auch hier die ursprünglich zentral konzipierte Form.

Die Garderoben sind auf zwei Geschosse verteilt – die Garderoben für die rechte Saalhälfte liegen im Erdgeschoß, die für die linke Saalhälfte im Obergeschoß. Die Garderoben sind den vier Hauptaufgängen so zugeordnet, daß eine gute Führung des Besucherstromes leicht möglich ist. Die Nebenräume sind konsequent in ihrer Folge angeordnet, was nicht nur dem Funktionellen, sondern auch dem Strukturellen zugute kommt. Zur Verkehrssituation kann gesagt werden, daß fraglos in absehbarer Zeit eine Reihe neuer Aufgaben im Zusammenhang mit dem Tiergarten ihre Lösung finden wird. Eine Verbesserung der Verkehrsverhältnisse wird automatisch folgen. Im Augenblick werden neben U- und S-Bahnhof Potsdamer Platz die U-Bahnhöfe Kurfürstenstraße und Bülowstraße bevorzugte Bedeutung haben und die Straßenbahn in der Potsdamer Straße. Neue U-Bahn-Strecken sind geplant. Der Bus-Verkehr zur Kongreßhalle – zur Verkehrsschleife ausgeweitet – könnte die im Entstehen begriffenen und geplanten Bauobjekte am Rande des Tiergartens bedienen. Im übrigen werden dereinst die Verkehrs-Magistralen – die ausgebaute Tiergartenstraße und die West-Tangente – den Standort Kemperplatz mit allen Stadtbezirken Berlins auf das günstigste verbinden. Genügend Parkplätze sind leicht zu schaffen. Trotzdem können in nächster Nähe des Bauwerkes Grün- und Erholungs-Anlagen in genügendem Ausmaße entstehen.

Kann sich das neue Bauwerk in der Weite des Raumes frei entfalten, dann wird das dritte Kennzeichen, auf dem Aspekt des Gestalthaften, Wirklichkeit werden. Dieses Kennzeichen wird ebenso monumentalen Charakters sein wie es – so hoffe ich – von einer dem Wesen des Bauwerkes entsprechenden Beschwingtheit erfüllt sein wird.«

Die Bebauung zwischen dem Kemperplatz (Schnittpunkt zwischen der Bellevue-Allee und der Tiergartenstraße) und dem Matthäikirchplatz ist im Krieg völlig zerstört worden.

Weniger bekannt dürfte bisher sein, daß die Nazis bereits mit dem Abriß von Gebäuden begonnen hatten, um die hypertrophe Nord-Süd-Achse bauen zu können.

Scharoun setzte bei der städtebaulichen Neuordnung die Philharmonie in städtebauliche Spannung zur St. Matthäus-Kirche und schlug maßstabgebende Gebäude an den Seiten der Kirche sowie eine Piazza als Fußgängerbereich vor.

Diese Ideen bildeten den Keim zu dem Kulturforum, zu welchem später die Neue Nationalgalerie von Ludwig Mies van der Rohe, die Staatsbibliothek von Scharoun, vollendet durch den Verfasser, die Staatlichen Museen der Stiftung Preußischer Kulturbesitz und weitere verbindende Gebäude hinzukamen.

Bei dem Entwurf für die Philharmonie am Kemperplatz sollte der Saalbaukörper (auch aus Honorargründen) beibehalten wer-

Ausschnitt aus dem Modell der Nord-Süd-Achse mit der »Großen Halle«. Im Vordergrund der runde Platz, an der Westflanke der Achse die riesige Soldatenhalle von Kreis – hier stehen heute die Philharmonie und das Staatliche Institut für Musikforschung mit Musikinstrumenten-Museum.

Das untere Foto zeigt – an der Stelle des heutigen Kulturforums – den gewaltigen Riegel der Soldatenhalle, eine axial ausgerichtete Platzanlage mit Wasserbecken, an der Stelle der St. Matthäuskirche ein turmartiges Hochhaus und axial gegenüber am Tiergartenrand einen Obelisken; der steinerne baumlose Platz wird durch 4 bedrohlich wirkende Blockbauten »geordnet«.

den, lediglich die umgebenden Bauteile mit der Kassenhalle, den Garderoben, dem Musiker- und Verwaltungstrakt konnten neu entwickelt werden. Obwohl sich besonders der Baukörper des Saales durch die Forderungen der Akustik vergrößerte (zweischalige Wand- und Dachkonstruktionen sowie Vergrößerung des Raumvolumens, um die Nachhallzeit von 2,0 Sekunden im besetzten Saal zu erreichen), sollten die Baukosten 10 Mio. DM nicht übersteigen. Diese relativ geringe Summe führte später u. a. zum Verzicht auf Terrassen, zur Einsparung der Fassadenverkleidung und damit zu dem ockerfarbenen Anstrich der Rohbetonwände. Die Durchführung des Baues war noch in der ersten Jahreshälfte 1960 völlig ungewiß und umstritten; erst im Herbst 1960 erfolgte schließlich die Zustimmung zum Baubeginn. Daher lag wegen der fehlenden Beauftragung weder die Ausführungsplanung vor, noch hatten die akustischen Modellversuche begonnen; dennoch sollte der gesamte Bau in nur drei Jahren bis zum Herbst 1963 errichtet werden.

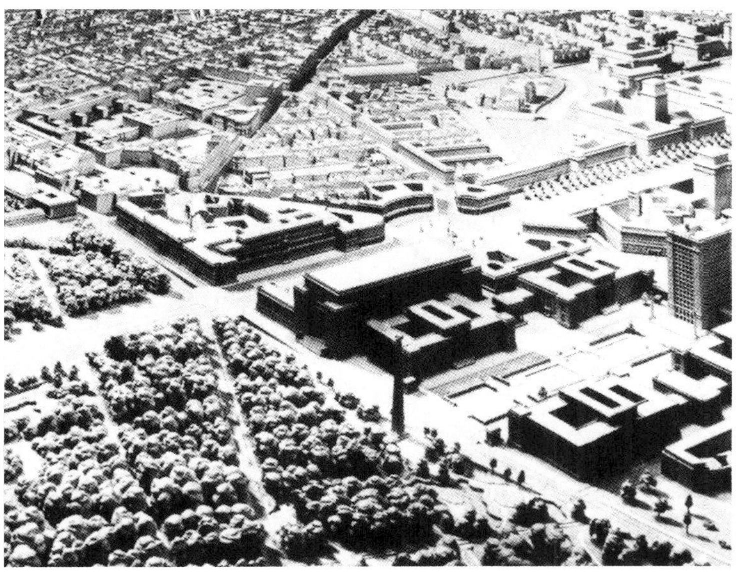

Am 19. September 1960 wurde der Grundstein gelegt, knapp 15 Monate später, am 1. Dezember 1961, das Richtfest gefeiert, und am 15. Oktober 1963 konnte tatsächlich nach dreijähriger Bauzeit die Philharmonie eröffnet werden. Die kurze Bauzeit stellt nicht nur wegen der fehlenden Vorlaufzeit für die Planung – sie mußte baubegleitend erbracht werden –, sondern auch wegen der bautechnischen Schwierigkeiten ein hervorragendes Ergebnis dar. Die Realisierung des schiefwinkeligen Grundrisses und des skulpturalen räumlichen Gebildes sowie der schwierigen bauakustischen Maßnahmen (zweischalige Außenwände und doppelte Dachdecken) war aufgrund des damaligen technischen Standards mit großen Schwierigkeiten verbunden. In jene Bauzeit fiel auch der Bau der Mauer, die fast 3 Jahrzehnte zur Teilung der Stadt führte. Die Leidenschaft, mit der damals geplant und z.T. nach veralteten Methoden gebaut werden mußte, war vom Wiederaufbau- und Lebenswillen einer neuentstehenden Stadt gekennzeichnet.

Es ist eine Tatsache, daß heute mit neuen technischen Methoden und Hilfsmitteln meistens langsamer als damals gebaut wird.

Unverändert ist der Kampf um die Baukosten geblieben, wobei sich durch die Indexsteigerungen lediglich die Zahlen verändert haben. Die Kostensteigerungen der Philharmonie von DM 10 Mio. auf DM 13 Mio. und schließlich auf DM 17,5 Mio. wurden als negative Sensationen empfunden und führten zu den folgenschweren Einsparungen – beispielsweise von DM 300 000 für die Fassadenverkleidung, worüber noch gesondert berichtet wird. Die endgültigen Baukosten von 1963 in Höhe von DM 17,5 Mio. mit einem Preis von ca. DM 165,– pro m^3 stellen aber ein heute noch unvorstellbar niedriges Resultat dar. Das Ergebnis zeigt, wie wenig Berlin für sein wohl international bekanntestes und bedeutendstes Bauwerk nach dem Krieg investierte. Berlin konnte sich zwar nach dem Krieg Bauten wie das Internationale Congress Centrum (ICC) bis zur Milliarden-Grenze leisten, brachte aber für den revolutionären Bau der Philharmonie, mit dem das Kulturforum begonnen wurde, nicht die erforderlichen finanziellen Mittel auf.

Der Bau der Philharmonie am Kemperplatz

Philharmonie Berlin, Fertigstellung 1963
Architekt: Hans Scharoun
mit Werner Weber, technische Planung u. Projektabwicklung;
Edgar Wisniewski, künstlerische Planung und Leitung

Die Baubeschreibung der Philharmonie erleichtert die Plananalyse, sie ist für die Frage nach dem Ursprung der Konzeption unerläßlich. Zunächst gebe ich einige grundlegende Informationen, denen sich einige technische Erläuterungen anschließen.

Das äußere Charakteristikum der neuen Philharmonie ist die Dachsilhouette, deren drei Schwünge die den Konzertsaal formende, raumbestimmende Saaldecke nachzeichnen. Der so weithin spürbar werdende übergeordnete Saal ist als oberer polygonaler Baukörper auf einen weitgehend verglasten Unterbau aufgesetzt und von funktionell ergänzenden Baukörpern wie der Kassenhalle, dem zweigeschossigen Garderobentrakt, dem Chorsaal und dem dreigeschossigen Südtrakt mit den technischen Zentralen, der Verwaltung und den Musikerräumen umgeben. Treppenhäuser und hochliegende Terrassen am Saalkörper sind maßstabgebende Bauteile, welche die Baumassen des Saalbaues gliedern und steigern. Glasdächer an der Westseite lassen Tageslicht bis in das Erdgeschoßfoyer fallen, leiten von den Anbauten zum Saalkörper über und bilden charakteristische, verbindende Bauformen in der skulpturhaften Gesamtgestalt.

Der Dynamik des Saalkörpers sind die in ihren Funktionen ablesbaren umgebenden Anbauten in Material, Farbe und Außenhaut gegenübergestellt. Der ursprüngliche an die Schlösser der Mark Brandenburg erinnernde ockerfarbene Anstrich der Saalaußenwände, die in ihrer vertikal geschalten Betonstruktur zunächst belassen werden mußten, stand zu den weiß gestrichenen Putzflächen der Stahlbetonskelett-Trakte in kontrastreicher Beziehung. Die ursprünglich vorgesehene Polyester-Fassadenverkleidung des Saalkörpers, dessen Fensteranordnung noch von dem Maß der Fassadenelemente – 80 × 80 cm – bestimmt ist, konnte, abgesehen von einigen Fassadenelementen als Schornsteinverkleidung an der Südostecke des Baues, aus finanziellen Gründen nicht verwirklicht werden, obwohl sie lediglich 300 000 DM gekostet hätte. – Erst nach Scharouns Tod konnte ich die endgültige Fassadengestaltung mit anderen Kunststoffelementen durchsetzen; sie wird am Ende des Kapitels beschrieben. Form und Gliederung des Daches als Entsprechung der Saaldecke finden ihren Kulminationspunkt und ihre formale Weiterführung in der Dachskulptur von Hans Uhlmann.

oben: Westansicht der Philharmonie

S. 85: Nordfassade von der Tiergartenstraße gesehen; über dem Rauchklappenaufbau die phönixartige Aluminiumskulptur von Hans Uhlmann

Die Foyer-Landschaft

Der Konzertsaal bestimmt die Gestalt des Hauses, er ist ebenso gestaltgebend in der räumlich-strukturellen Gliederung des Foyers spürbar. Die Untersichten aller Parkettebenen sind in den Foyers als Decken ablesbar, bilden den Foyerraum, in den die Zugangsebenen zum Saal von den Außenseiten des Gebäudes quasi hineinwachsen und den Konzertsaal erschließen. Die Foyer-Landschaft ist eine Symbiose zwischen der sich abzeichnenden raumbildenden Saalstruktur und der funktionell bedingten Raumstruktur, sie verschmilzt mit der seitlich angegliederten Eingangs- und Kassenhalle und dem zweigeschossigen Garderobentrakt zu einem Raumkontinuum. Diese Verschmelzung bewirkt den organischen Übergang aus dem Funktionell-Technischen des Kassen- und Garderobenbetriebs zu den Foyerräumen und führt dadurch zu der beabsichtigten räumlichen Vielfalt und zum differenzierten Raumerleben.

Scharoun wollte durchaus keine räumliche Trennung der Funktionen z. B. durch einen räumlich abgeschlossenen Garderobentrakt, sondern den funktionell fließenden räumlichen Zusammenhang. Die Garderobenanlagen sind infolgedessen auch nicht nur aus städtebaulichen Gründen auf einer Seite an den Saalbauteil herangesetzt, sondern das peripherische Umwandern oder Unterwandern des zentral liegenden Saalbaukörpers in der Foyer-Landschaft ist als ein die Erwartung steigerndes Motiv, vor dem Raumeindruck des Zentralraums in seiner Geschlossenheit, eingefügt.

Die Treppenanlagen zur linken Saalseite gehen von der Erdgeschoßebene aus, die zur rechten Saalseite führen dagegen vom oberen Garderobengeschoß zu den Saalzugängen weiter. Aus der oberen Garderobenebene entwickelt sich eine Umgangs- und Terrassenebene, die entlang der Nordwand mit Aussicht auf den Tiergarten an das Hauptfoyer gelegt ist. Sie wird von der zweiten entgegengesetzten Umgangsebene mit dem Südfoyer ergänzt, dessen Raumstimmung verhalten kontemplativ ist und bewußt im Gegensatz zu dem forumartigen nördlichen Hauptfoyer steht.

Der Saal wird beidseitig von je drei den Parkettgruppen vor dem Orchester entsprechenden Hauptebenen erschlossen; von diesen Hauptebenen aus leiten kleine, zum Teil brückenartig schwebende Zugangsstege zu den als Schallschleusen ausgebildeten Saalzugängen. Zu den drei Parkettgruppen vor dem Podium führen außerdem Zugangstreppen direkt in die Parkettreihen hinein; die Schallschleusenkörper hängen gondelartig an dem im Foyer sichtbaren Saalboden. Vier Aufzüge verbinden die Ebenen und die hochgelegenen Pausenterrassen. Ein Spiel quasi schwebender Treppen regt die Besucher an, die Foyer-Landschaft als Räume des Gesellschaftlichen, der Muße oder der Kontemplation zu erwandern. Die Untersichten der drei Parkettebenen vor dem Podium sind skulpturhaft aus dem »Podiumkern« im Erdgeschoß entwickelt – als Arbeitsbegriff wurde vergleichsweise vom »Schiffsboden« gesprochen.

Der Mittelknick in der Decke des Schiffsbodens – folgerichtig als »Kiel« bezeichnet – läßt schon im Foyer die Symmetrielinie des Saals spüren. Scharoun vermied in seinen späteren Werken grundsätzlich Achsenwirkungen und liebte drastische Vergleiche zu Achsenwirkungen in der Architektur und im Städtebau der Nazizeit. Die Wiederaufnahme autoritärer Achsenwirkungen in der Architektur der Postmoderne zu erleben blieb ihm erspart.

Zur Konstruktion

Schon bei der Philharmonie lag ein spezielles Interesse von mir darin, eine Konstruktionsstruktur zu entwickeln, in der die Form des Saalbodens mit der Konstruktion kongruent verschmolzen wird. Im Foyer der Philharmonie habe ich diese Einheit und Wechselbeziehung zwischen Raumgestalt und adäquat entwickelter Konstruktionsstruktur erstmals formen können. Scharoun erkannte dieses Bemühen um die Integration der Konstruktion in die Raumstruktur, die von ihm ihn seinem früheren Werk wenig beachtet wurde. In den folgenden Bauten der Staatsbibliothek, des Musikinstrumenten-Museums und des Kammermusiksaales habe ich die Symbiose zwischen Raum und Konstruktion zu einer dem Raumwillen dienenden skulpturhaften Stahlbetonkonstruktion weiter entwickelt. In der Philharmonie entstand so nicht nur die Kongruenz zwischen der sich an der Foyerdecke abzeichnenden Saalstruktur, sondern auch die tragende Konstruktion des Saalbodens wird wie in einer Innenplastik im Foyerraum spürbar. Die Stahlbetondecken werden von den Wänden des »Podiumkerns« zu den Spannbeton-Querunterzügen, in welche die Schallschleusenkörper integriert sind, und weiter zu den Foyer-Außenwänden gespannt. Aus den Querunterzügen, die unter den schallreflektierenden Brüstungen im Saal angeordnet sind, entwickeln sich organisch die Stützen, die den gesamten Saalboden tragen. Sie sind wie auch die mehrgeschossigen treppentragenden Wände in ihrer Sichtbetonstruktur belassen worden und lediglich in leicht gebrochenem Weißton gestrichen. Nur die Außenwände mit der innenliegenden Wärmedämmung wurden geputzt; die Wärmedämmung mußte entgegen den bauphysikalischen Erkenntnissen auf der Innenwand angeordnet werden, weil die ursprünglich vorgesehene Fassadenverkleidung mit außenliegender Wärmedämmung trotz der relativ geringen Baukosten in Höhe von 300000 DM nicht durchgesetzt werden konnte. Unter die Leichtkörperoder Rippendecken der Saalbodenkonstruktion wurden Rabitzdecken aus bauakustischen Gründen (zweite Schale) und zugleich als Untergrund für den Schallschluckputz gehängt. Ein kompliziertes Tragsystem liegt in der Mittelachse des Foyers. Zwei Längsüberzüge in Spannbeton mit den zugehörigen kielartig in der Foyerdecke modellierten Druckplatten steigen vom »Podiumkern« über den doppelten »V-Bock« an, und kragen über den in der Foyer-Außenwand stehenden »A-Bock« aus; der »A-Bock« ist in die rote Farbglaswand integriert. Die Längsüberzüge tragen auch Deckenflächen der Parkettebenen und als Kragarme schließlich die nördliche Außenwand des Saals, über die außerdem noch Dachlasten abgeleitet werden. Die Ausführung zweier Überzüge erlaubte die Verminderung der statischen Höhe, zugleich aber konnte durch die zwischen den Überzügen entstehenden drei Kanalquerschnitte die Zuluft zu den drei Haupt-Parkettebenen des Saales geführt werden. Ähnliche Verschmelzungen zwischen Konstruktion, Haustechnik und formaler Gestalt wurden noch an anderen Stellen im Gebäude erreicht.

Die Außenwandausbildung des Saales mußte aus finanziellen Gründen als Stahlbeton-Skelettkonstruktion mit Ausfachungen in bewehrtem Beton errichtet werden. Aus bauakustischen Gründen sind die Saalaußenwände zweischalig: hinter der mindestens 20 cm dicken, konstruktionsbedingten Betonwand stehen halbsteinstarke Mauerwerkswände oder Monierschalen, die dritte Schale ist die Holzwand-Konstruktion des Saales; hinter dieser befinden sich aus Brandschutzgründen Rigips-Abschottungen. Die aus akustischen und räumlichen Gründen geneigten Holzwände des Saales sind mehrschalig als Resonatoren konstruiert und tragen zur Teilabsorption im tieferen Frequenzbereich zusammen mit den hölzernen weißgestrichenen Brüstungsverkleidungen bei.

Akustisch analog wurde eine zweischalige Dachkonstruktion ausgeführt. Die Dachdecke ist eine monolithisch ausgeführte 7 cm dicke Stahlbeton-Plattenbalkendecke mit darüberliegender Wärmedämmung aus bitumierten Korkplatten und einer Dachhaut aus Alumanbahnen.

Als zweite Schale mußte wegen der Flugzeuggeräusche eine 14 cm dicke Plattenbalkendecke angeordnet werden, an der wie eine dritte Schale die Rabitzdecke als sichtbare Saaldecke hängt. Der begehbare Dachraum zwischen den beiden Stahlbetondekken ist mit Schallschluckmatten zusätzlich gedämpft; von dort können die Leuchten durch verschließbare Öffnungen in die Rabitzdecke hinuntergelassen werden. Die Plattenbalkendecken werden von fünf parallel liegenden Querbindern getragen. Es wurden sog. fischbauchartige Vierendeel-Spannbetonbinder konstruiert, deren maximale Spannweite 52 m und konstruktive Höhe teilweise mehr als 5 m beträgt. Die Dachdecke und die untere Stahlbetondecke passen sich der vorgegebenen Saaldekkenform durch geknickte oder verwundene Flächen an. Die ursprünglich vorgesehene Stahlbeton-Hängeschalenkonstruktion konnte aus finanziellen Gründen, wegen der hohen Schalkosten der stetig gekrümmten Flächen, nicht verwirklicht werden.

Aus bauakustischen Gründen hätte auf den dünnen Hängeschalen aber eine zweite biegeweiche Schale aufgeständert werden müssen. Die zusätzlich aufgebrachten Deckenlasten hätten den Vorteil der Hängeschalenkonstruktion auch wegen der enormen Horizontalkräfte sinnlos werden lassen. Überdies wäre die bauakustische Wirkung wegen der zahlreichen Verbindungen beider Decken höchst unsicher geworden. Die monolithisch ausgeführte Dachkonstruktion der Philharmonie hat die hohen Anforderungen zur Abschirmung der Verkehrsgeräusche voll erfüllt. Die statischen Berechnungen entstanden unter der Leitung von Professor Werner Koepcke in enger Zusammenarbeit mit dem Berliner Chefkonstrukteur der Firma Dyckerhoff & Widmann, Dr. Neunert; Prüfingenieur im Büro Hans Schröder war Manfred Manleitner.

Die konstruktiven Lösungen für die zwei- und dreigeschossigen Bauteile entsprechen den Systemen der Saal- und Foyerbauteile. Die Stahlbetonunterzüge über dem Chorübungssaal konnten als Trägerkonstruktion mit zwischengehängten Rabitzflächen zur Diffusion des Schalles sichtbar bleiben. Die umgebenden Bauteile sind durch Dehnungsfugen vom Saalkörper gelöst, der Hauptbauteil in der Ausdehnung von ca. 60 × 60 m wurde aus akustischen Gründen ohne Dehnungsfugen errichtet; die auftretenden Spannungen konnten in der Bewehrung des monolithischen Körpers rechnerisch berücksichtigt werden.

oben: Blick in das Hauptfoyer, darüber der Saalboden

unten: Hauptfoyer, Aufgänge zur linken Saalseite

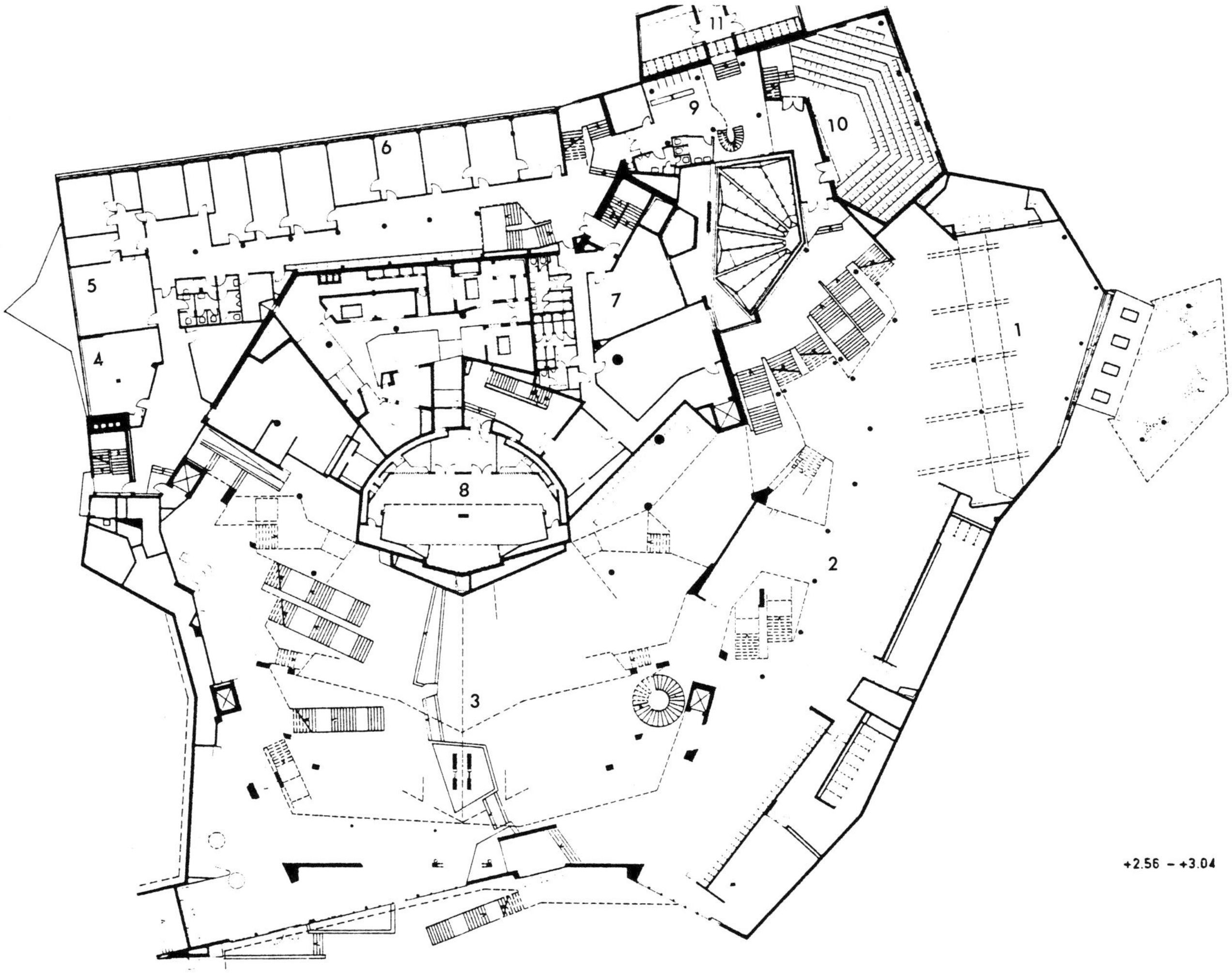

Grundrißebene
+2,56 – +3,04

1. Luftraum Kassenhalle
2. Luftraum Garderobenfoyer
3. Luftraum Hauptfoyer
4. Sitzungsraum
5. Intendanz
6. Verwaltung
7. Personalraum
8. Orchestergraben
9. Chorsaalfoyer
10. Chorsaal
11. Übergang zum Kammermusiksaal

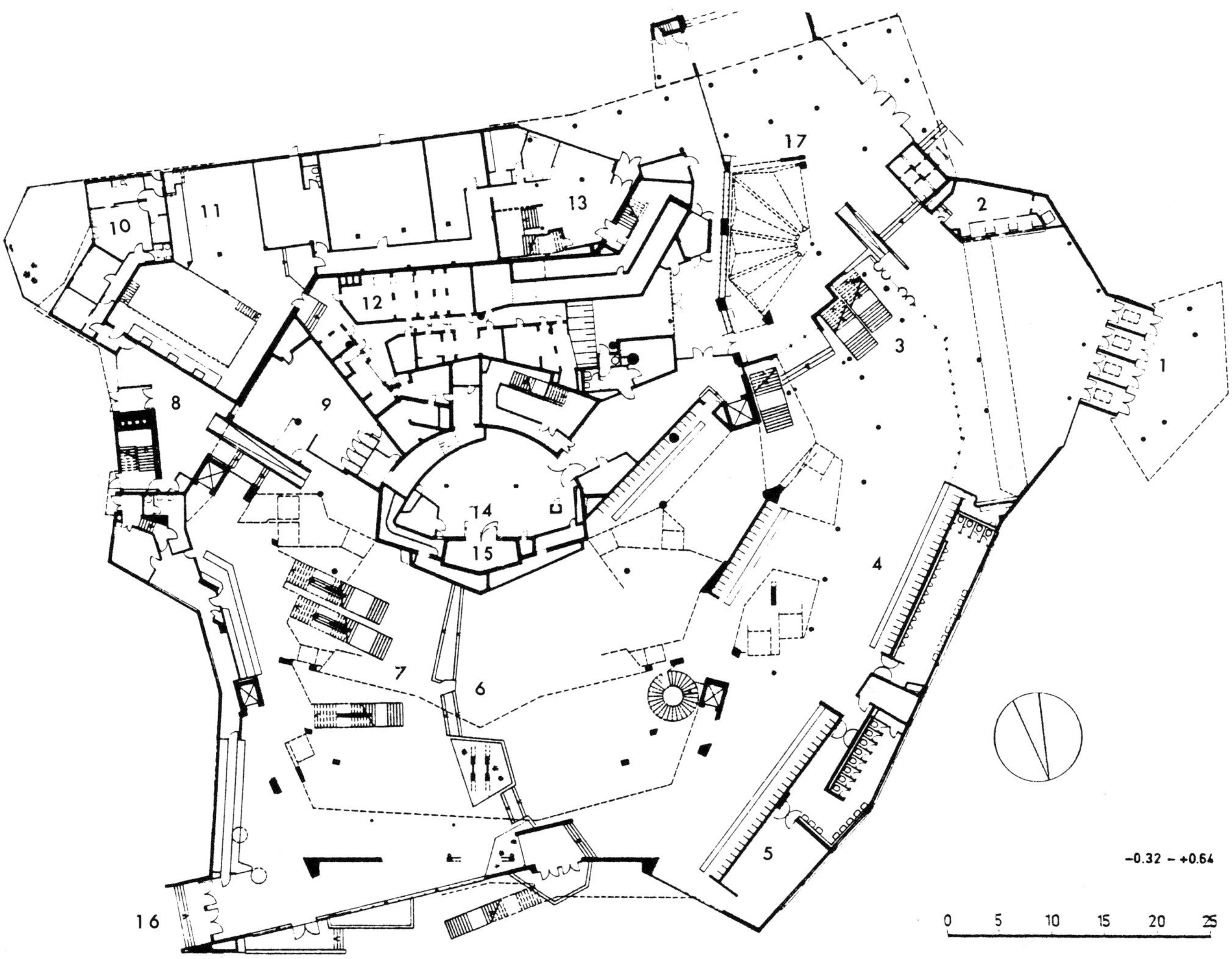

Grundrißebene
– 0,32 – +0,64

1. Haupteingang
2. Kasse
3. Treppenanlage zum oberen Garderobengeschoß und zur rechten Saalseite
4. Garderoben
5. Make-up-Raum
6. Hauptfoyer
7. Treppenanlage zur linken Saalseite
8. Nebeneingang für Behinderte
9. Presseraum
10. Hausmeisterwohnung
11. Technische Zentralen
12. Klimaanlage
13. Musiker- und Verwaltungseingang
14. Instrumentenlager
15. Flügelaufzug
16. Übergang zum Musikinstrumenten-Museum
17. Übergangsfoyer zum Kammermusiksaal

S. 89: Treppenaufgänge zur oberen Garderobenebene und zur rechten Saalseite

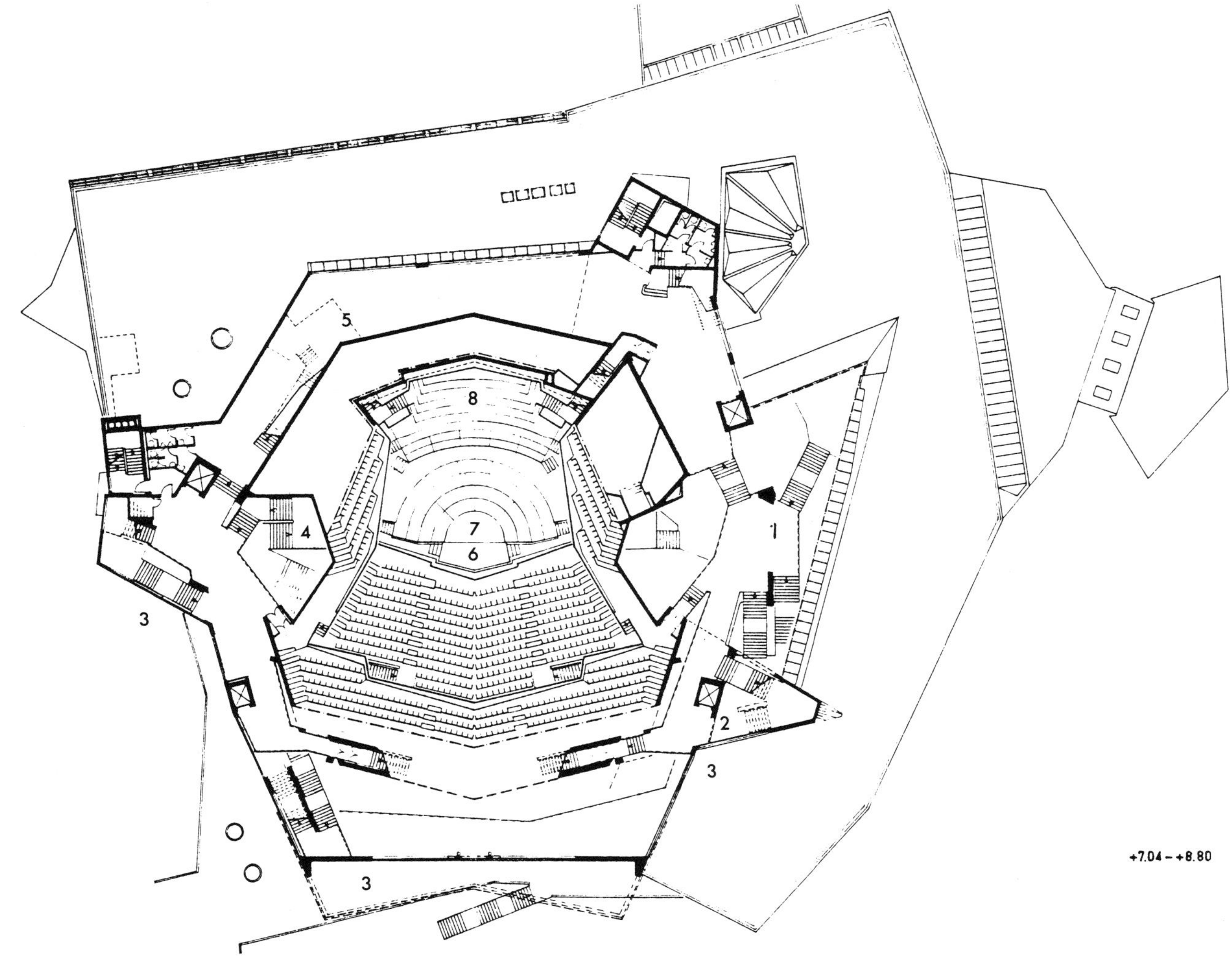

Grundrißebene
+7,04 – +8,80

1. Treppenanlage zur rechten Saalseite
2. Dreiecks-Treppenhaus
3. Farbglaswände
4. Treppenanlage zur linken Saalseite
5. südliches Umgangsfoyer
6. Flügelaufzug
7. Orchesterpodium
8. Chorpodium

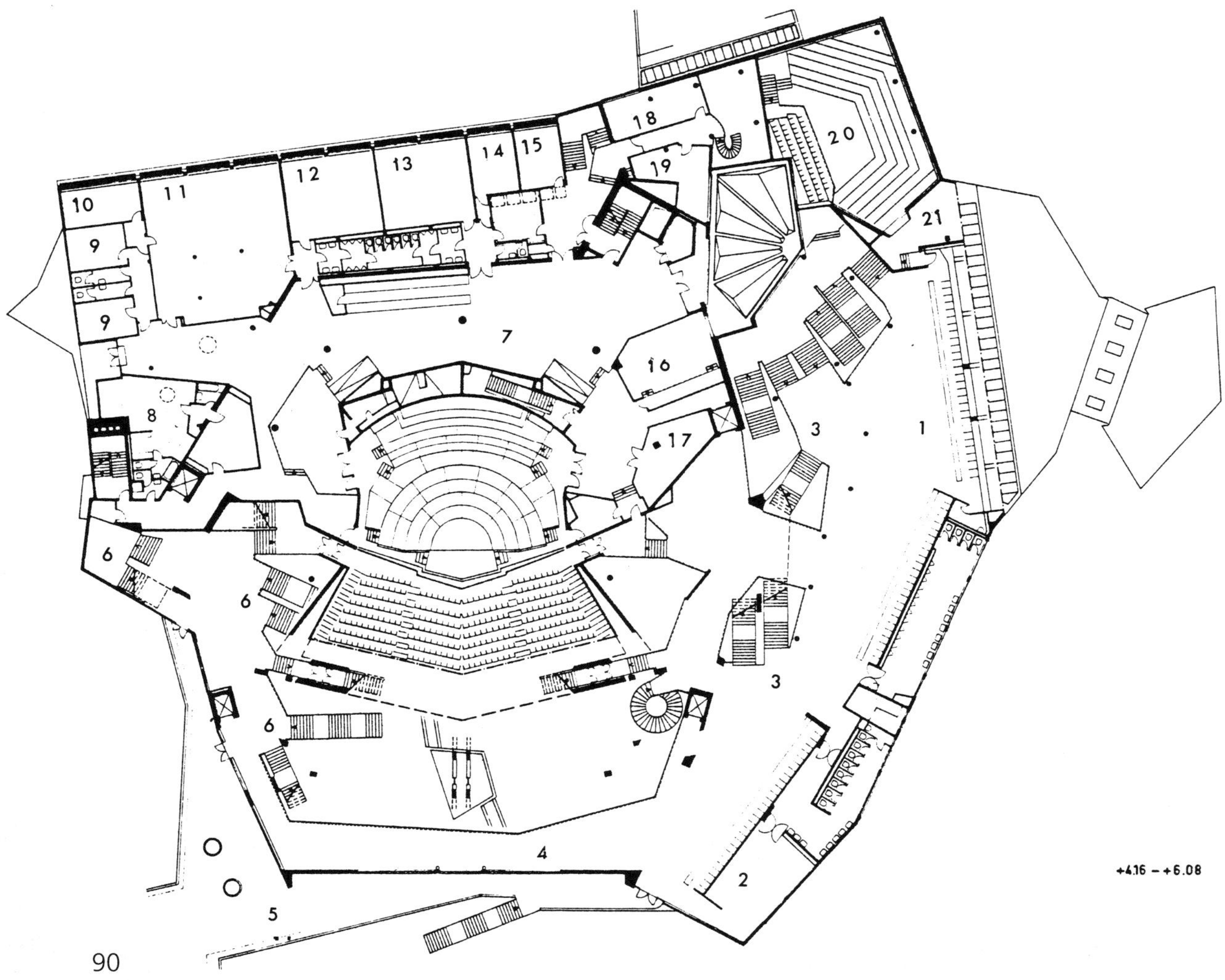

Grundrißebene
+4,16 – +6,08

1. oberes Garderobenfoyer
2. Make-up-Raum
3. Treppenaufgänge zur rechten Saalseite
4. nördlicher Foyerumgang
5. Pausen-Terrasse
6. Treppen zur linken Saalseite
7. Musikerfoyer
8. Dirigentenraum
9. Solistenräume
10. Konzertmeisterraum
11. Streicher
12. Holzbläser
13. Blechbläser
14. Schlagzeug
15. Orchesterwarte
16. Notenbibliothek
17. Instrumentenraum
18. Damenchor
19. Herrenchor
20. Chorsaal-Empore
21. Aufnahmeraum

S. 91: Südlicher Treppenaufgang
von der oberen Garderobenebene zur rechten Saalseite

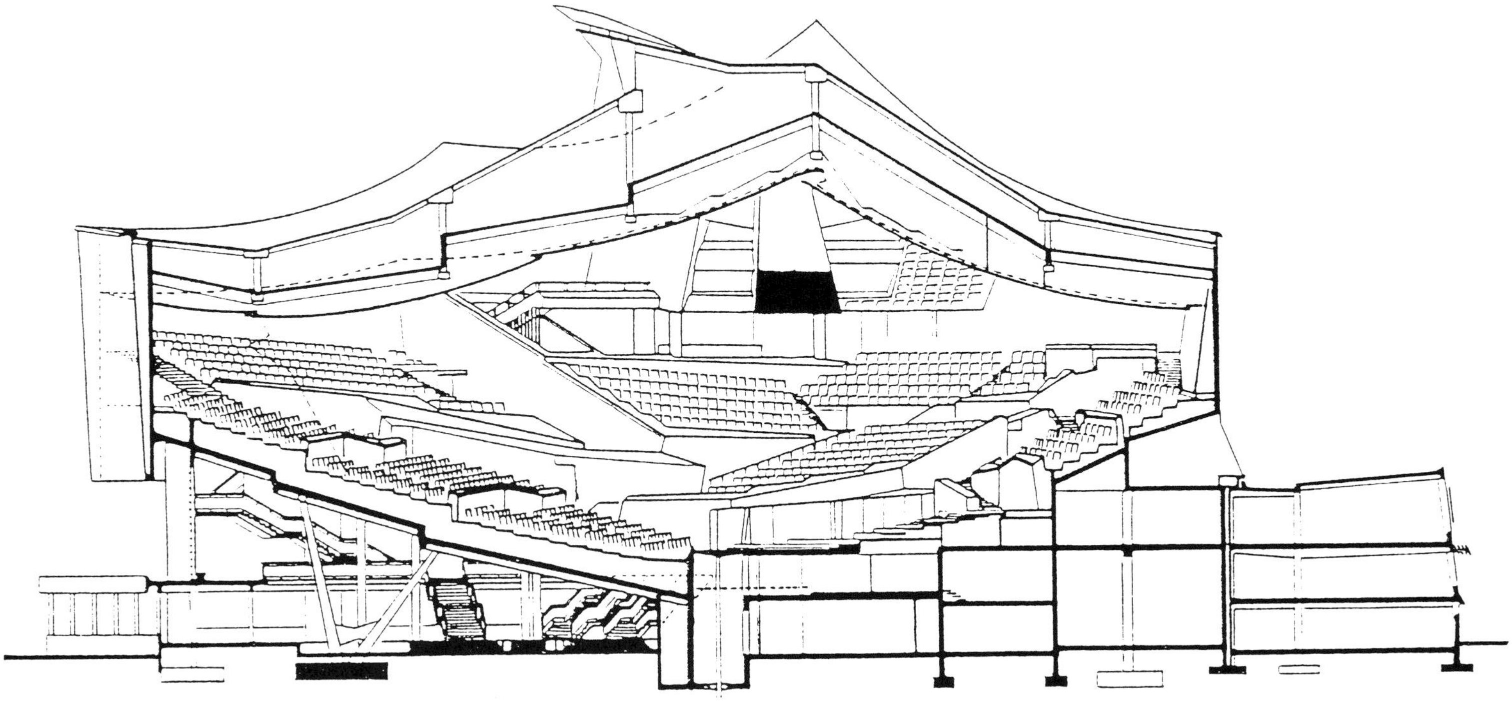

Längsschnitt; unter dem Saalboden liegen das Hauptfoyer, das Instrumentenlager, technische Zentralen und das südliche Umgangsfoyer, sowie der dreigeschossige Trakt mit technischen Zentralen, der Verwaltung und den Musikerräumen.

unten: Aluminium-Skulptur »Auftakt 63« von Bernhard Heiliger

S. 93 oben: Westfassade mit nachträglicher Fassadenverkleidung, 1978 Planung: Edgar Wisniewski, nach der Architektengemeinschaft Scharoun/Wisniewski (Hans Scharoun verstarb 1972)

S. 93 unten: Südwestecke des Saalbaues; vorgelagert sind die Kassenhalle, der Chorübungssaal und der Musiker- und Verwaltungstrakt

Künstlerische Gestaltungen im Foyer

Das Prinzip wechselseitiger Wirkung zwischen industriellen Produkten und künstlerischer Gestaltung liegt den vier Farbglaswänden des Foyers zugrunde. Scharoun wollte keinesfalls sakrale Farblichtwirkungen, sondern quasi eine »industrielle Veredelung«. Auf kreisförmige Glasbausteine wurden Antik- oder Farbengläser geklebt, in Beton eingebettet und als Fertigteilelemente in Stahlkonstruktionen gesetzt. Die Farbkompositionen stammen von Alexander Camaro. Die Glaswand des Hauptfoyers zeigt ein »Farb-Decrescendo« vom intensiven Rot über grauweiße Töne bis zur Klarverglasung. Die Farbstimmungen auf den drei anderen Farbglaswänden basieren auf den Farbspannungen Blau-Grün, Grau-Rosa, Braun-Gelb. Die kugelförmigen Leuchten des Haupt- und Süd-Foyers von Günther Ssymmank wurden aus je 72 Fünfeckflächen aus Polyamid auf einem kugelförmigen Kunststoffgerüst zusammengesetzt. Sie wurden als industrielles Serienprodukt speziell für die Philharmonie entwickelt. Die Gestaltung des Natursteinbodens (Quarzite, Schiefer und Glasmosaik) stammt von Erich F. Reuter. »Auftakt 63« nennt Bernhard Heiliger seine an bevorzugter Stelle im Foyer stehende Aluminium-Skulptur. Lou Scheper-Berkenkamp war beratend bei der Farbgestaltung tätig.

S. 94/95: Einblicke in das Hauptfoyer; Bodengestaltung von Erich F. Reuter

S. 95 unten: Treppenanlage zur rechten Saalseite mit Farblichtreflexionen der benachbarten Farbglaswand

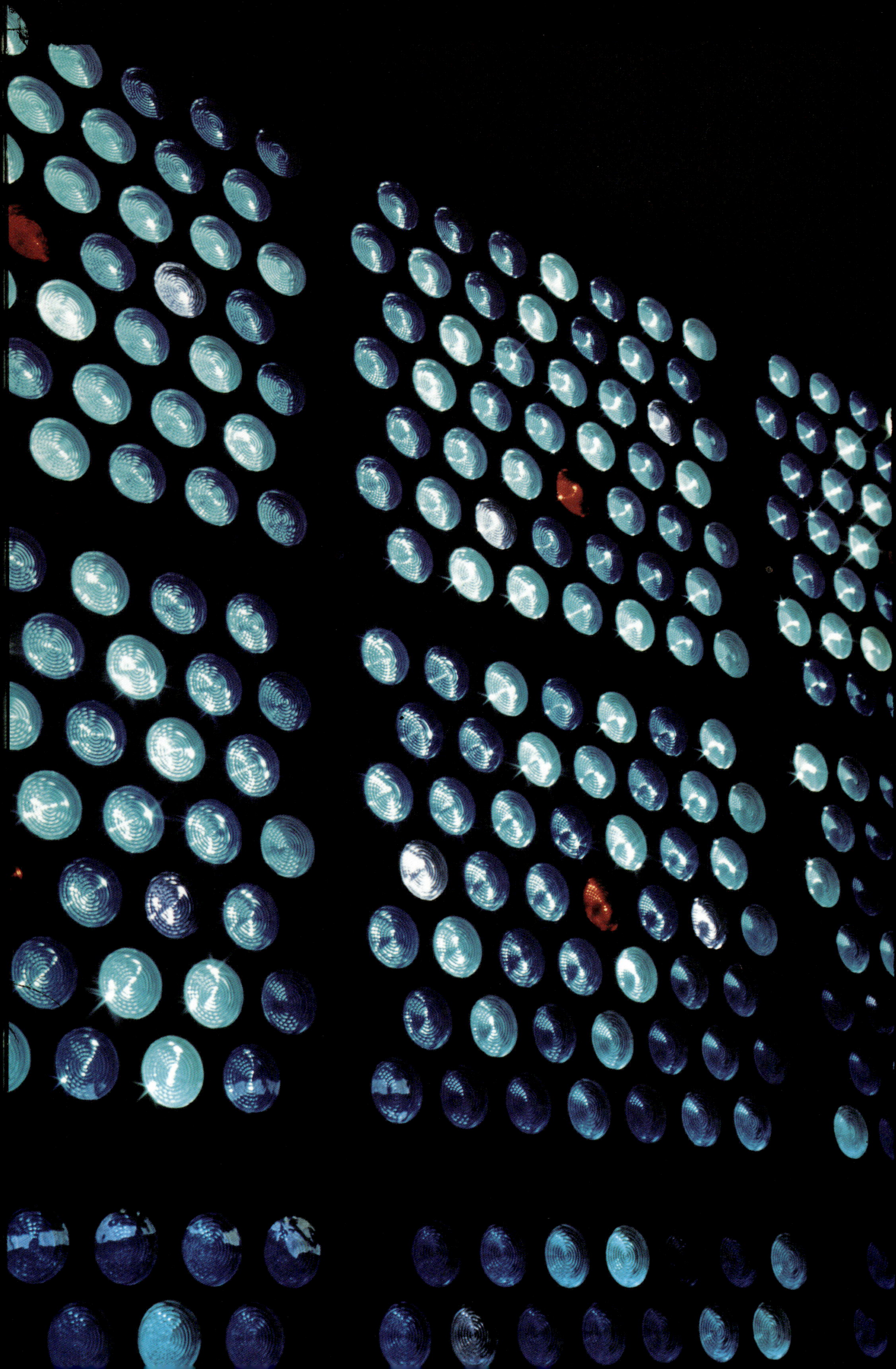

Der Konzertsaal

Musik im Mittelpunkt – das ist die Grundidee des Saales. Das Podium ist auf allen Seiten von Zuhörern umgeben. Der Dirigent steht im ideellen – nicht im mathematisch genauen – Mittelpunkt des Ganzen; das Abbild einer gesellschaftlichen Struktur, Ausdruck der Beziehung Gemeinschaft–Individuum, umgibt das Zentrum des künstlerischen Geschehens. Das musikalische Erleben ist auf die äußerste Dichte und Unmittelbarkeit in der Kommunikation und in der Intensität des künstlerischen Vorgangs gebracht.

Die Platzanordnung ist im wesentlichen symmetrisch oder zu einer Mittellinie spiegelbildlich: 4 vor dem Orchester liegende Parkettgruppen werden durch 2 hinter dem Orchester angeordnete Parketts konfrontiert. Die beiden in 3 Gruppen gestaffelten Seitenparketts drängen quasi an das Podium und sind wichtige Spannungsfaktoren des Raumes. Das oberste Seitenparkett (Block G) hat keine symmetrische Zuordnung, sondern liegt in einer Diagonalbeziehung, die durch die Stellung der über den linken Seitenparkettgruppen disponierten Ehrenloge bedingt ist.

Die Ehrenloge befindet sich also nicht mehr an der vom höfischen Theater überkommenen autoritären Position in der Mittelachse des Raumes, sondern sie ist, einbezogen in die Seitenparketts, an einen für diesen Zentralraum bevorzugten Ort gesetzt. Direkt neben der Ehrenloge schließt die Behindertenloge an, zu der Versehrte im Rollstuhl mit einem Aufzug hinaufgefahren werden können (22 Plätze). Über den Logen sind vier Regieräume für Rundfunk- und Schallplattenaufnahmen angeordnet. Auf der dominierenden Wandfläche zwischen den Regiefenstern befindet sich das Signum der Philharmonie, das dreifache Pentagon als Symbol der neugeschaffenen Beziehung »Raum–Musik–Mensch«.

Die rechts vom Dirigenten gelegene Saalseite wird weitgehend von der Orgel beherrscht; das mit 72 Registern disponierte Instrument wurde von der Firma Schuke, Berlin, gebaut. Ein zweiteiliges kleines Werk mit 13 Registern, vorwiegend für Rezitativbegleitungen in oratorischen Werken, faßt die Chorreihen beidseitig ein.

Der Saal hat 2218 Plätze, von denen etwa 1330 Plätze vor dem Orchester, über 300 Plätze auf jeder Seite und etwa 250 Plätze hinter dem Orchester liegen, 44 Plätze auf den drei Raummusik-Emporen und zusätzlich 120 Plätze auf dem Chorpodium bei Konzerten ohne Chor.

Die größte Entfernung vom Podium mißt nur etwa 30 m; die Gesamtausdehnung in der Symmetrielinie beträgt 60 m, in der Querrichtung etwa 55 m. Die Parketts oder Terrassen sind durch Brüstungen in kleine, überschaubare Bereiche gegliedert. Ein anderes raumgliederndes Element ist der in der Mittelinie im Bereich des dritten Parketts stehende keilartige Baukörper, der eine Plattform für Fernseh-Aufzeichnungen und Scheinwerferanlagen für halbszenische Aufführungen verbirgt. Scharoun wollte auch durch die Anordnung der Parketts um das Podium und die strikte Vermeidung von Rängen jede »Rangordnung« eliminieren. Dadurch konnten die akustisch schlechten Plätze unter einem Rang (wegen der abgeschatteten Deckenreflexionen) vermieden werden. Die spezielle »atmosphärische« Akustik der Philharmonie hat primär ihre Ursache darin, daß auf allen Plätzen die vielfältigen gebrochenen und vermischten Schallreflexionen von der hohen Saaldecke ungehindert »empfangen« werden.

S. 96: Farbglaswand an der südwestlichen Treppenanlage, Farbgestaltung Alexander Camaro (farbige Gläser auf Glasbausteine aufgeklebt, in Stahlbetonfertigteilen einbetoniert)

»Der Saal ist wie ein Tal gedacht, auf dessen Sohle sich das Orchester befindet, umringt von den ansteigenden Weinbergen. Die Decke entgegnet dieser Landschaft wie eine ›Himmelschaft‹; vom Formalen her wirkt sie wie ein Zelt« (Scharoun).

Die starke räumliche Gliederung der Parketts, Terrassen oder Weinberge und die zeltartige Decke waren die wichtigsten Vorgaben für das akustische Gelingen, denn nur durch die »Großauflösung« der Schallfronten konnte bei der Größe des Raumes und bei der ungewohnten, unerforschten Raumstruktur eine Vermischung des Orchesterklanges und eine differenzierte Schallverteilung im Raum erreicht werden. Der für die gewünschte Nachhallzeit von 2,0 Sekunden (im besetzten Saal) erforderliche Luftraum beträgt ungefähr 26000 m³, das entspricht etwa 10 m³ pro Person (Zuhörer, Musiker, Chor). Der Saal hat damit den größten Luftraum aller Konzertsäle Europas. Die über dem Podium 22 m hohe Saaldecke wird in drei Schwüngen zu den Außenwänden hinabgeführt, damit an der Peripherie des Saales intime Raumhöhen entstehen. Die konvexe Krümmung der zur akustischen Schallverteilung dienenden Rabitzdecke wird durch zwei Zylinderflächen und im Bereich des dritten Parketts durch Translationsflächen (verwundene Flächen) erzeugt. Die an ca. 12000 Drähten schwingungsfähig abgehängte Rabitzdecke wurde so dünn wie handwerklich möglich, d. h. zwischen 15 und 25 mm, ausgeführt, damit sie einen Teil der tiefen Schallfrequenzen, vorrangig der Blechbläser und des Schlagzeugs, absorbiert. Diese Teilabsorption trägt zur gewünschten Transparenz des Klangbildes bei, indem die mittleren Frequenzen, namentlich der Holzbläser, Bratschen und Celli, im vollen Orchesterklang deutlicher hörbar sind, d. h. weniger von den Blechbläsern und dem Schlagzeug übertönt werden. (Vgl. Anmerkung S. 105)

Zur »Kleinauflösung« der Schallfronten wurden u.a. die Strukturen aus 136 pyramidenartigen Deckenkörpern (Helmholtz-Resonatoren als Tiefenabsorber) entwickelt. Die über dem Orchester hängenden Schallreflektoren (Kugelausschnitte aus Polyester) verstärken in erster Linie die Hörsamkeit und den Kontakt der Musiker untereinander und erzeugen Zwischenreflexionen für die dem Podium benachbarten Plätze. Die Brüstungen, besonders auch der Seitenparketts, sind in ihrer Neigung zum Orchester reflektierend gerichtet, um die im Verhältnis zur Guckkastenbühne niedrigen Flankenwände akustisch zu ersetzen. Die Saalwände sind zum größten Teil als Resonatoren ausgebildet, damit der Verlust der hohen Frequenzen, der durch die Kleidung des Publikums und die Polster des Gestühls entsteht, durch Teilabsorption der tiefen Frequenzen ausgeglichen wird. Als Holz für die Saalaußenwände und die Stuhllehnen wurde Kambala gewählt; die Wände und Brüstungen des unteren Saalbereichs bestehen aus weiß gestrichenen Holzplatten (sog. Mitschwinger für Teilabsorptionen).

Die Brüstungsabdeckungen und Podiumwände wurden in Jura-Kalkstein ausgeführt, wenige Flächen, z.B. die Wand über der Behindertenloge sowie die Wände im Bereich der Orgel konnten als pastellfarben gestrichener Sichtbeton beibehalten werden.

Saalgrundriß mit umgestaltetem Podium, 1975
Planung: Edgar Wisniewski

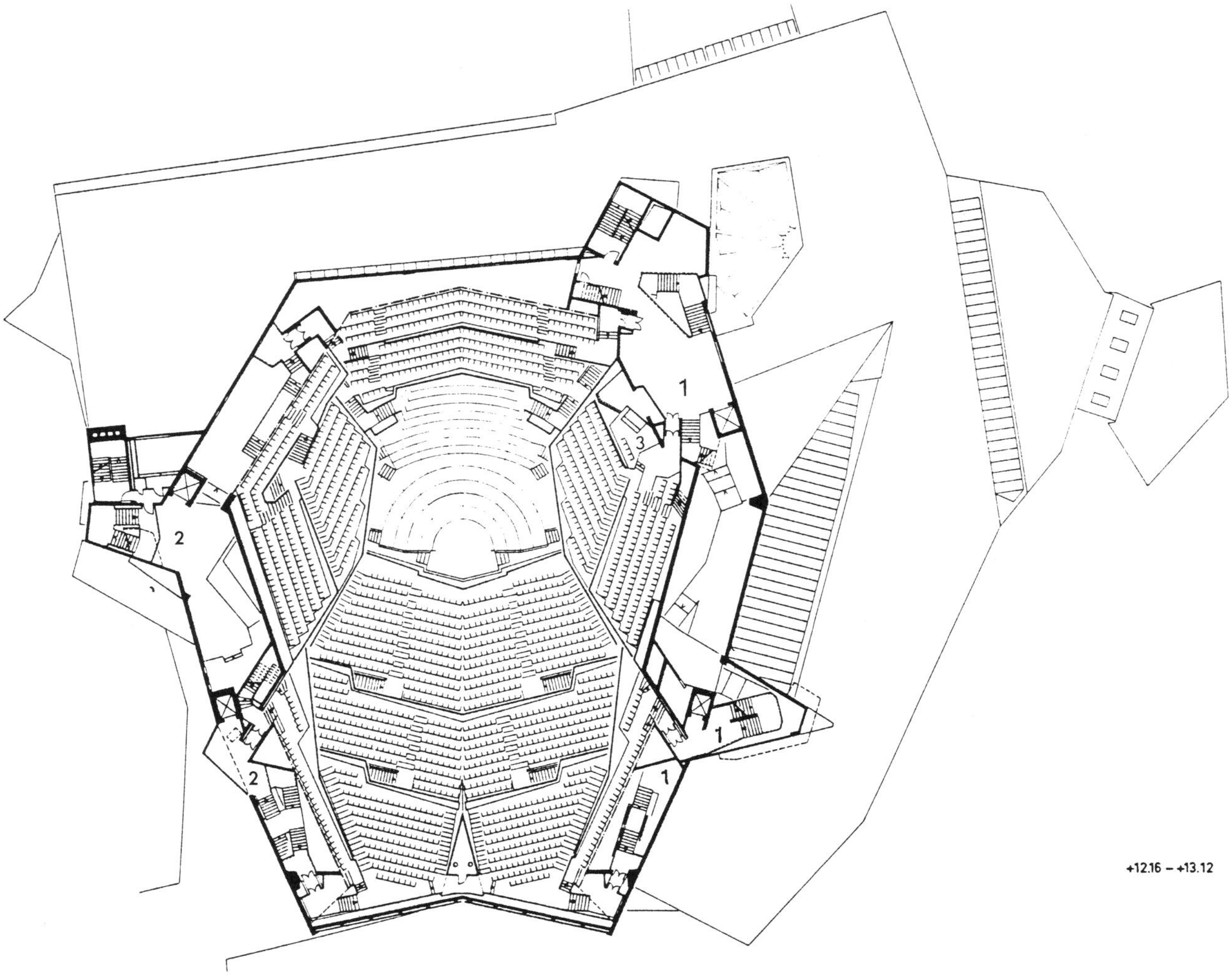

Grundrißebene
+ 12,16 – + 13,12

1. Aufgänge zur rechten Saalseite
2. Aufgänge zur linken Saalseite
3. Spieltisch der Orgel mit mechanischer Traktur

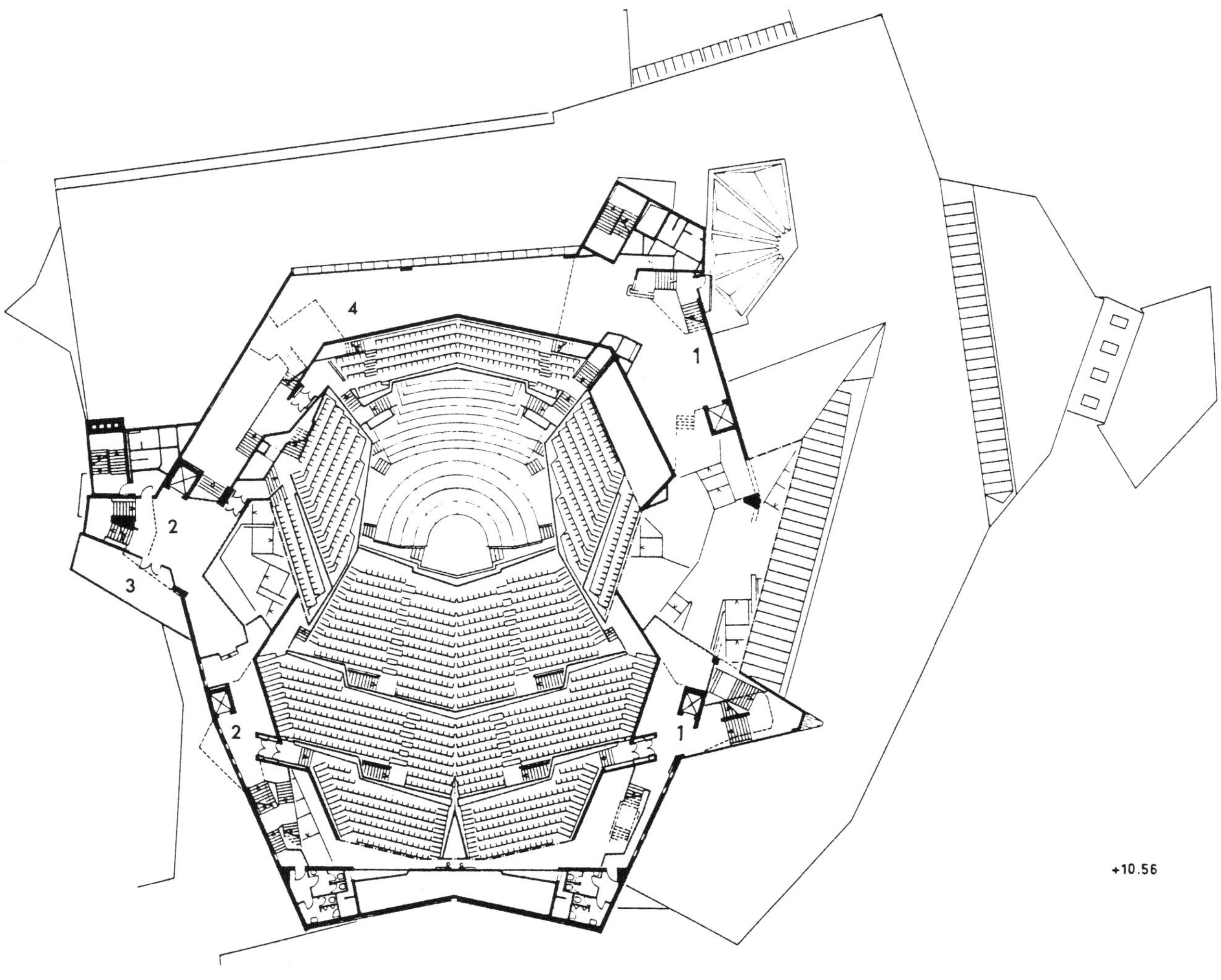

Grundrißebene + 10,56

1. Treppenaufgänge zur rechten Saalseite
2. Treppenaufgänge zur linken Saalseite
3. Pausen-Terrasse
4. Luftraum über südlichem Umgangsfoyer

Grundrißebene
+ 17,60 – + 19,68

1. Treppenaufgänge zur rechten Saalseite
2. Raummusik-Empore, rechts neben der Hauptorgel
3. Fernsehaufnahme- und Scheinwerfer-Kammer
4. Raummusik-Empore, links neben der Ehrenloge
5. Schallplatten-Studio
6. wie vor
7. Raummusik-Empore, neben rückwärtigem Parkett
8. Beleuchter-Studio
9. Studio für elektronische Musik
10. Orgelkammer

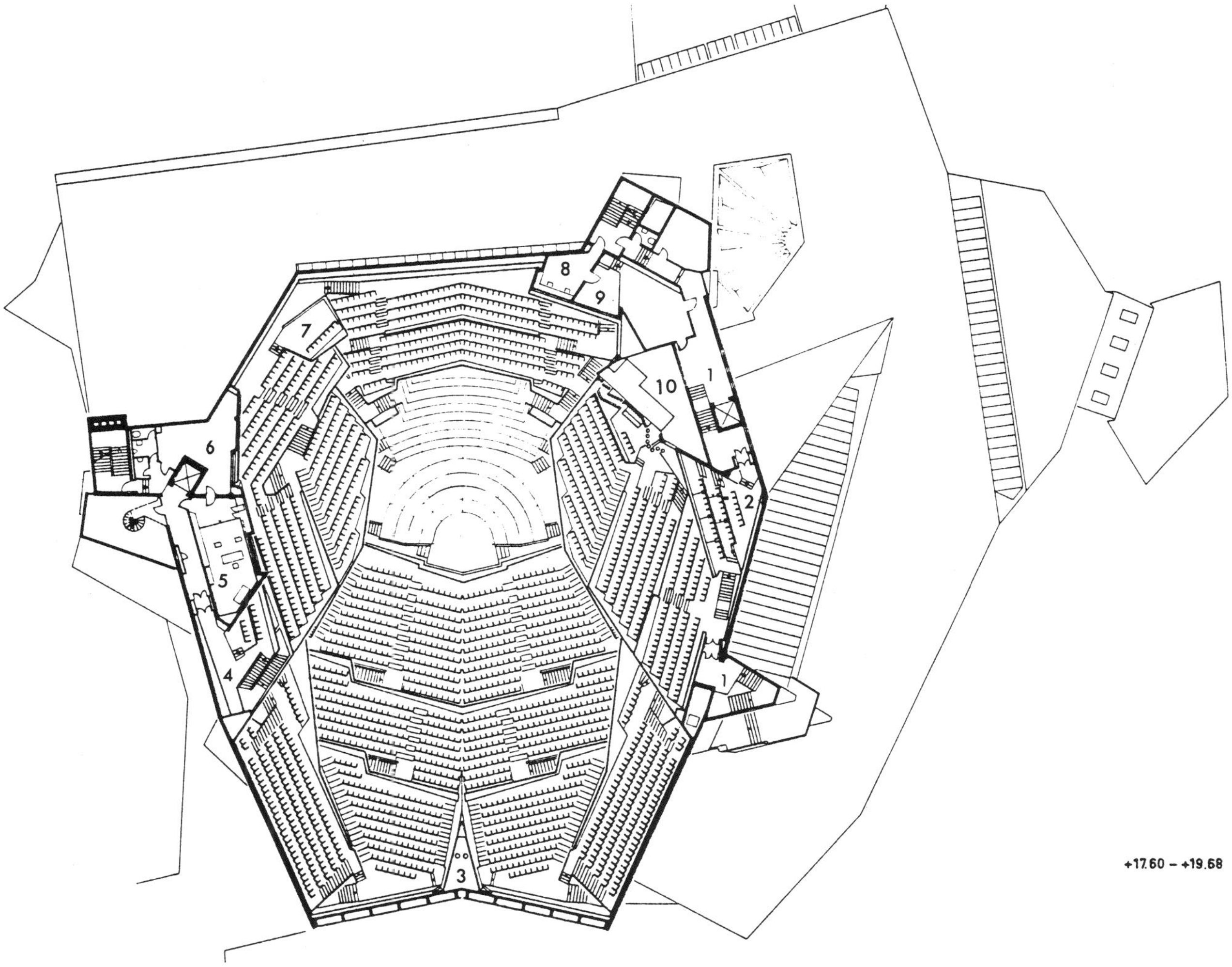

Grundrißebene
+ 15,57 – + 16,00

1. Treppenaufgänge zur rechten Saalseite
2. Pausen-Terrasse
3. Treppenaufgänge zur linken Saalseite
4. Ehrenloge und Empfangsraum
5. Schwerbeschädigtenplätze mit Arthrodesenstühlen und Fläche für Rollstuhlbenutzer

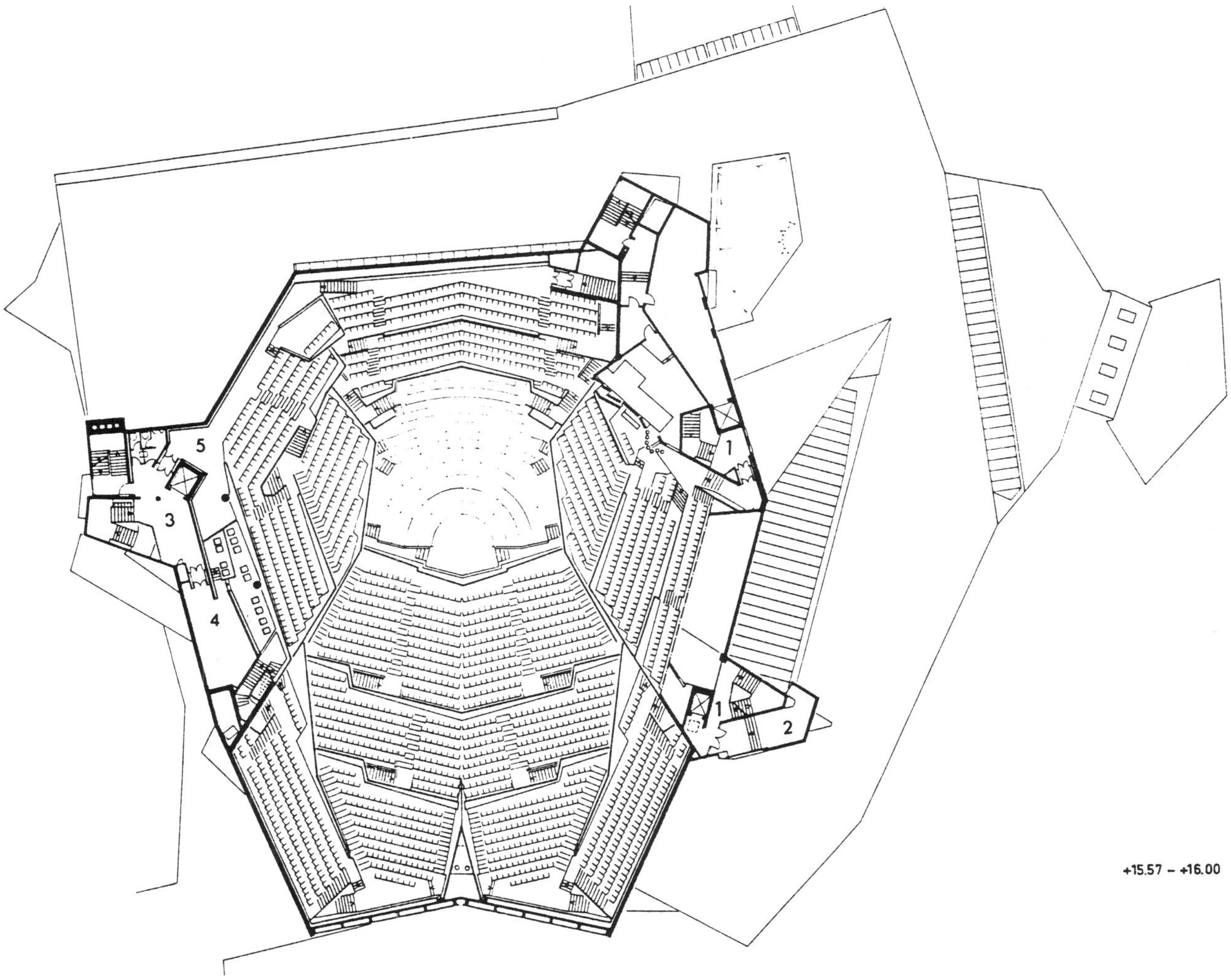

Eröffnungskonzert am 15. 10. 63

unten: Längsschnitt

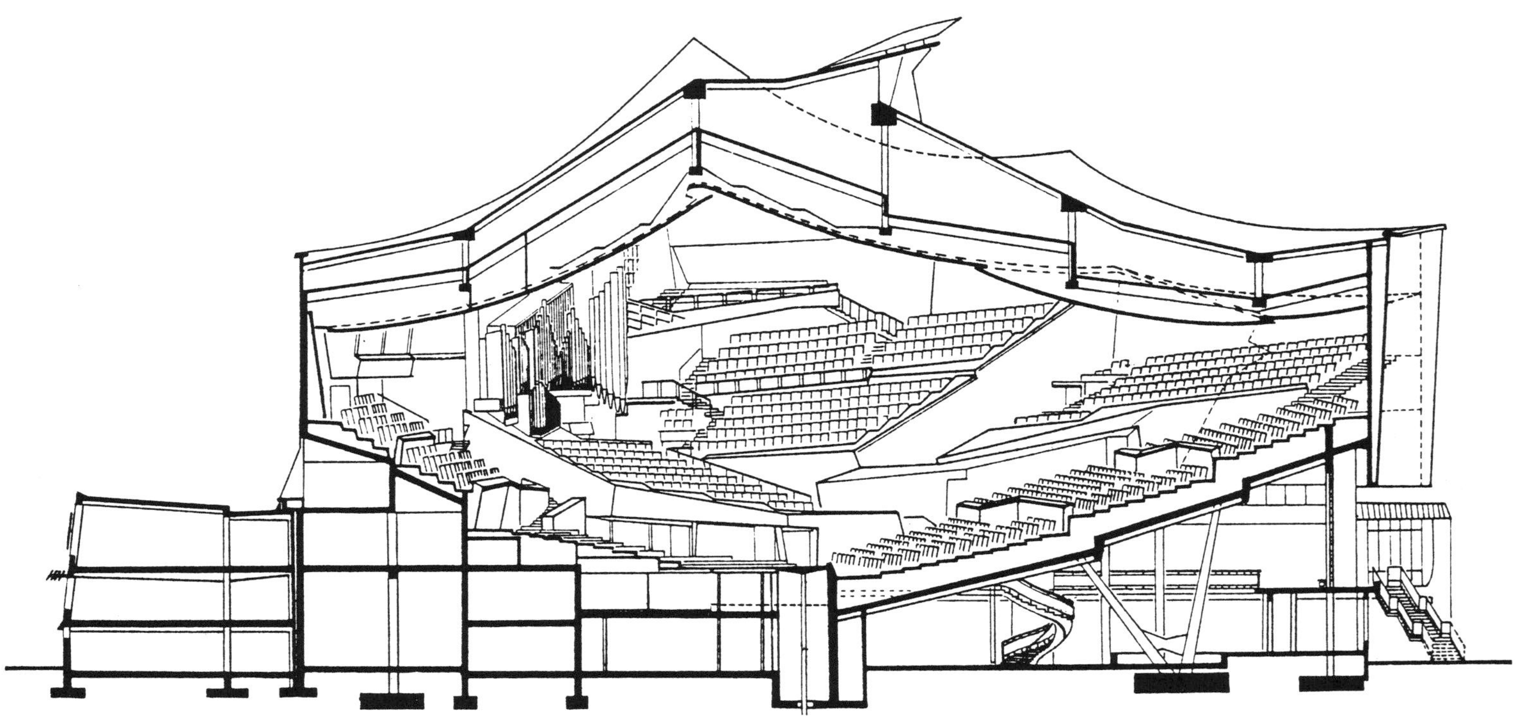

S. 101 oben: Blick auf die seitlichen und rückwärtigen Plätze

unten: Blick auf das Hauptparkett

S. 102 oben: Gesamtraum, unten: Saaldetails

S. 103: Blick zur linken Saalseite, darunter Ansicht des »Studioturms«

S. 104: oben links: Herbert von Karajan, Chefdirigent des Berliner Philharmonischen Orchesters bis zu seinem Tod am 16. 7. 1989

S. 104 oben rechts: Herbert von Karajan beim Konzert mit Solisten und Chor

S. 104 unten: Claudio Abbado als neuer Chefdirigent des Berliner Philharmonischen Orchesters

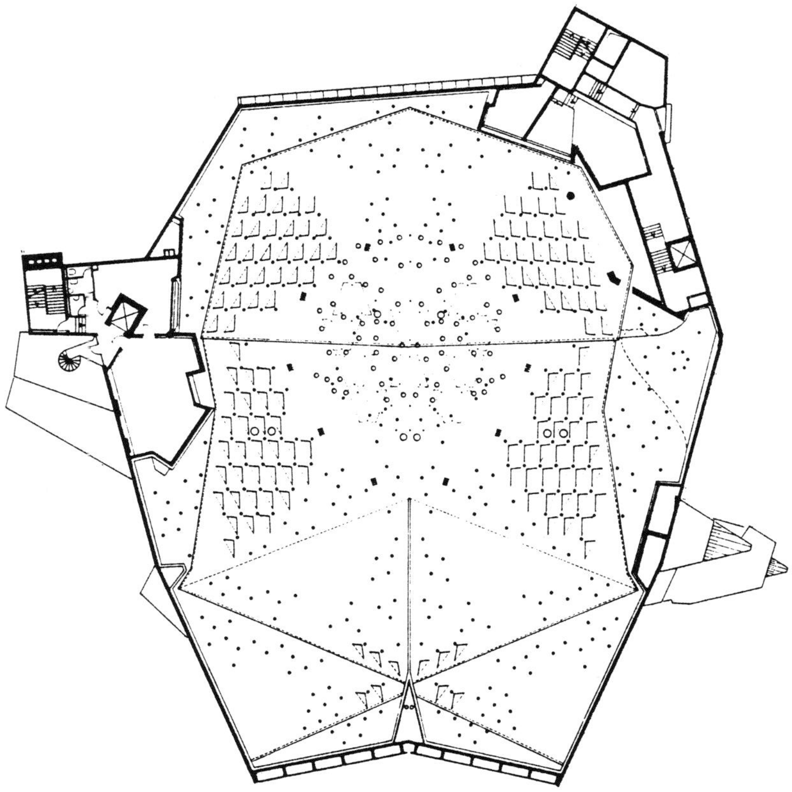

Grundriß mit Saaldecke und 2 Studios; darunter Längsschnitt

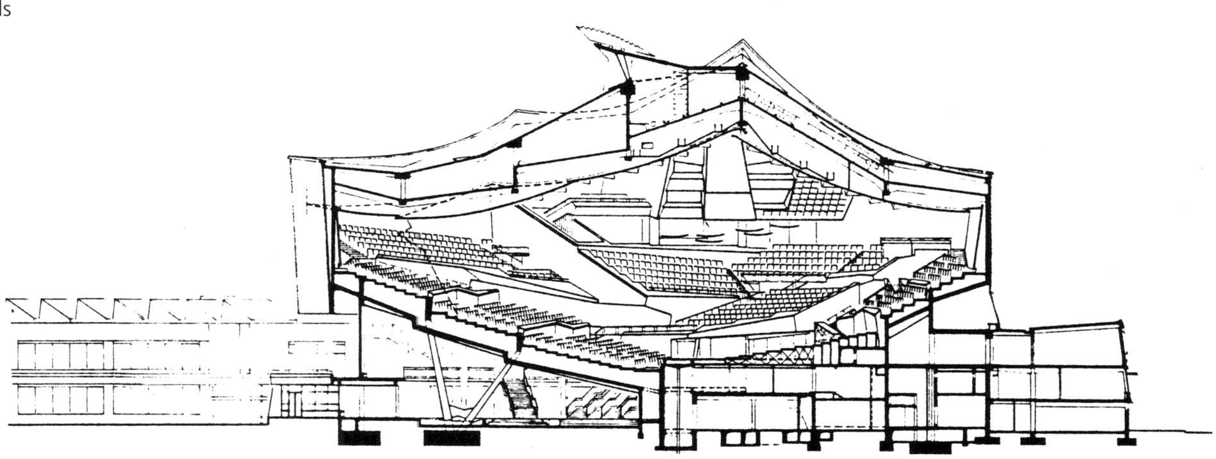

S. 106/107: Details mit Saaldecke

Anmerkung:

Die ursprüngliche mitschwingende Rabitzdecke ist nachweislich durch unsachgemäße Behandlungen und Umbauten beschädigt worden, die zum Abplatzen von ca. 2 m² Feinputz von der etwa 3000 m² großen Deckenfläche führte.

Obwohl die Restaurierung der Decke des unter Denkmalschutz stehenden Baues zur Erhaltung der hervorragenden akustischen Eigenschaften des Saales unter Wahrung aller Sicherheitsaspekte durchaus möglich war, wurde die Rabitzdecke anläßlich einer anderthalbjährigen Baumaßnahme 1991/1992 herausgerissen und eine erheblich dickere, schwingungsunfähige Decke an einer zusätzlichen Stahlkonstruktion aufgehängt, eingebaut. Die Auswirkungen dieses gravierenden Eingriffs in die Akustik des Raumes werden in der nächsten Auflage dieses Buches eingehend behandelt.

Nebenräume

Unmittelbar hinter dem Podium liegt ein Foyer für den Aufenthalt und die Entspannung der Musiker, an das sämtliche Stimmzimmer anschließen. Die Stimmzimmer sind den verschiedenen Instrumentengruppen des Orchesters zugeordnet. Außerdem liegen die Räume des Dirigenten, der Solisten, Konzertmeister, Orchesterwarte und u.a. die Notenbibliothek an diesem »Musikerfoyer«.

Ein zweiter, in sich geschlossener Raumkomplex ist der Bereich des Chorprobensaales, zu dem u. a. ein kleines Foyer, der Chordirigentenraum und die Umkleideräume des Chores gehören. Der Chorsaal hat etwa 260 Plätze, von denen ungefähr 210 das Podium halbkreisförmig umschließen, gegenübergesetzt ist eine niedrige Empore mit etwa 50 Plätzen für einen Knabenchor (cantus firmus) oder einen Sprechchor. Der vom Haupteingang erreichbare Chorprobensaal ist auch für Studiokonzerte zu benutzen; dem Saal wurde ein Regieraum für Rundfunk- oder Schallplattenaufnahmen zugeordnet.

Eine weitere Raumgruppe ist an der Südseite des Hauses im ersten Obergeschoß zusammengefaßt; sie enthält die Räume der Intendanz, der Verwaltung und des technischen Personals. Im Erdgeschoß dieses Traktes liegen der Verwaltungs- und Musikereingang, die Elektro-, Heizungs- und Lüftungszentrale sowie (ursprünglich) eine Hausmeisterwohnung mit Garten.

Haustechnik

Für die Beheizung des Gebäudes mußte eine Heizzentrale mit drei Kesseln errichtet werden, inzwischen ist das Gebäude an die Fernheizung angeschlossen worden.

Die Warmwasserheizung ist für alle Räume und Foyers mit Ausnahme des eigentlichen Konzertsaales ausgelegt, der ausschließlich mit klimatisierter Luft versorgt wird. Mehrere Flächen des Erdgeschoßfoyers, insbesondere die Kassenhalle, sind zusätzlich mit Fußbodenheizungen ausgestattet. Die Grundheizung des Foyers, der Kassenhalle, des Chorsaales usw. wird durch mehrere Lüftungsanlagen, die allein für die Foyers mit 50000 m^3 stündlicher Zuluftleistung arbeiten, ergänzt.

Der Konzertsaal, die Stimmzimmer und die Instrumentenlager sind vollklimatisiert; dem Saal können stündlich 100000 m^3 Luft zugeführt werden (bei 26000 m^3 Luftraum des Saales). Ein Teil dieser Luftmenge wird durch eine getrennt arbeitende Podium-Klimaanlage aufbereitet.

Durch Befeuchtung der Luft soll im Winter eine relative Luftfeuchte von 50% konstant eingehalten werden. Für die Kühlung der Luft sind ursprünglich mehrere Tiefbrunnen angelegt worden, die der Klimaanlage eine Kühlleistung von ungefähr 500000 kcal/h gewährleisten.

Mit dem Bau des Kammermusiksaals wurde außerhalb der Gebäude eine unterirdische Kältezentrale errichtet, daher konnte die Entnahme von Grundwasser zur Kühlung ausgeschaltet werden. Die klimatisierte Luft wird durch ein kompliziertes, akustisch gedämpftes Kanalsystem in Druckkammern geblasen, die durch mit Betonplatten abgedeckte Reihenaufständerungen auf den tragenden Stahlbetondecken der Parketts gebildet werden, die Zuluft gelangt unter den Stühlen in den Saal. Die Absaugung der Luft geschieht vorrangig an der querverlaufenden Dekkenvoute über dem Podium und an zwei Deckenabsätzen über dem dritten Parkett.

Zu den elektroakustischen Anlagen gehören die Einrichtung der Rundfunk- und Schallplattenstudios, das Studio für elektronische Musik, die Inspizientenruf- und Mithöranlagen, die Schwerhörigenanlage, eine Redner-Verstärkungsanlage sowie die verschiedenen Lautsprechereinrichtungen für Raummusik-Einspielungen oder elektronische Musik.

Die Ausführung des Baues

Wegen der zahlreichen Widerstände gegen das Projekt wurde auch die Beauftragung der Ausführungsplanung bis zur endgültigen Entscheidung des Senates für den Bau der Philharmonie am Kemperplatz verzögert. Die Ausführungsplanung geschah in Zusammenarbeit mit dem Büro Prof. Werner Weber, Berlin. Um die schiefwinkelige Grundstruktur maßlich genau festlegen zu können, wurde ein Koordinationssystem mit x- und y-Achsen über den Grundriß gelegt, und alle Grundrißpunkte durch Polygonzüge auf dieses System bezogen. Das Koordinatensystem folgt in der x-Achse der vorgegebenen Symmetrielinie des Saales, die Parkettgruppen der Blöcke A, B, C, D, E und F sind spiegelbildlich, die anderen Platzgruppen G, H und K dagegen asymmetrisch.

Die Grundrißfestlegung war durch dieses System trotz der nichtorthogonalen Struktur absolut genau möglich, schwierig dagegen die maßliche Fixierung der in zwei Richtungen geneigten Parkett- und Seitenparkettebenen mit ihren Durchdringungen. Erschwerend kam hinzu, daß, ausgehend von den Fertigmaßen des Ausbaus, bei dem Unterbau der Parkettebenen noch die Reihenaufständerungen als Fertigteilkonstruktionen und die Druckkammern für die Zuluft mit den Zuführungen berücksichtigt werden mußten. Schließlich waren bautechnische Vorkehrungen zu treffen, denn auf den schrägen Flächen mußten Auflager für die riesigen Leergerüste zur Einschalung der Spannbetonbinder und der Dachkonstruktion errichtet werden. Obwohl es Modelle zur Übersicht gab, ist die Philharmonie nicht nach Modellen – wie es mitunter behauptet wird –, sondern nach minutiös ausgearbeiteten Zeichnungen gebaut worden. Abgesehen von dem Akustik-Modell, über das noch berichtet wird, dienten die Arbeitsmodelle zur Übersicht und zur »Kontrolle der Phantasie«-

Es wäre unmöglich gewesen, den Bau nach einem Modell zu errichten, selbst wenn sich die Ausführungsfirmen auf ein solches Ansinnen eingelassen hätten. Die Ausführung derartiger Ingenieurbauten, wie die Philharmonie, der Kammermusiksaal oder die Staatsbibliothek, ist mit einem Ringen um Mehrkosten-Nachforderungen von Firmen verbunden, von denen sich Nicht-Fachleute keine Vorstellungen machen können. Schon aus diesem Grund wäre eine Bauausführung nach Modell völlig utopisch.

Zur Dachkonstruktion der Philharmonie sei bemerkt, daß die Ausführung mit parallel angeordneten Spannbetonbindern und dazwischengehängten Stahlbetondecken der längsgerichteten Tendenz dieses Zentralraums nicht generell entgegensteht. Sie mußte aus Kostengründen akzeptiert werden, um die Verwirklichung der Philharmonie nicht noch durch zusätzliche Kosten zu gefährden. Auf einen ausführlichen Bericht über die Entwicklung der Dachkonstruktionen vom Wettbewerb bis zum endgültigen Bau muß hier verzichtet werden.

Anschauungsmodell (2-teilig) M 1:50. Das Modell zeigt lediglich die ungefähre Lage der Parkettflächenebenen und war nur zur Anschauung und Disposition des Arbeitsablaufes auf der Baustelle gedacht. Die Rohbaukonstruktion ist weitaus differenzierter, die 2-schalige Dachkonstruktion fehlt im Modell völlig. Für die Gestaltung des Ausbaues gab es lediglich ein Arbeitsmodell aus Pappe des Planungsbüros, das nur Teilaspekte zeigte und zur Unterstützung und Kontrolle der Vorstellung diente.

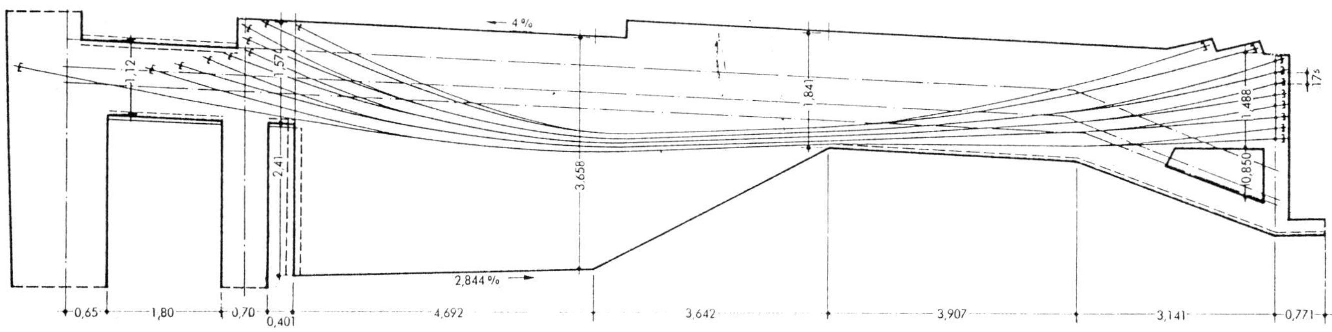

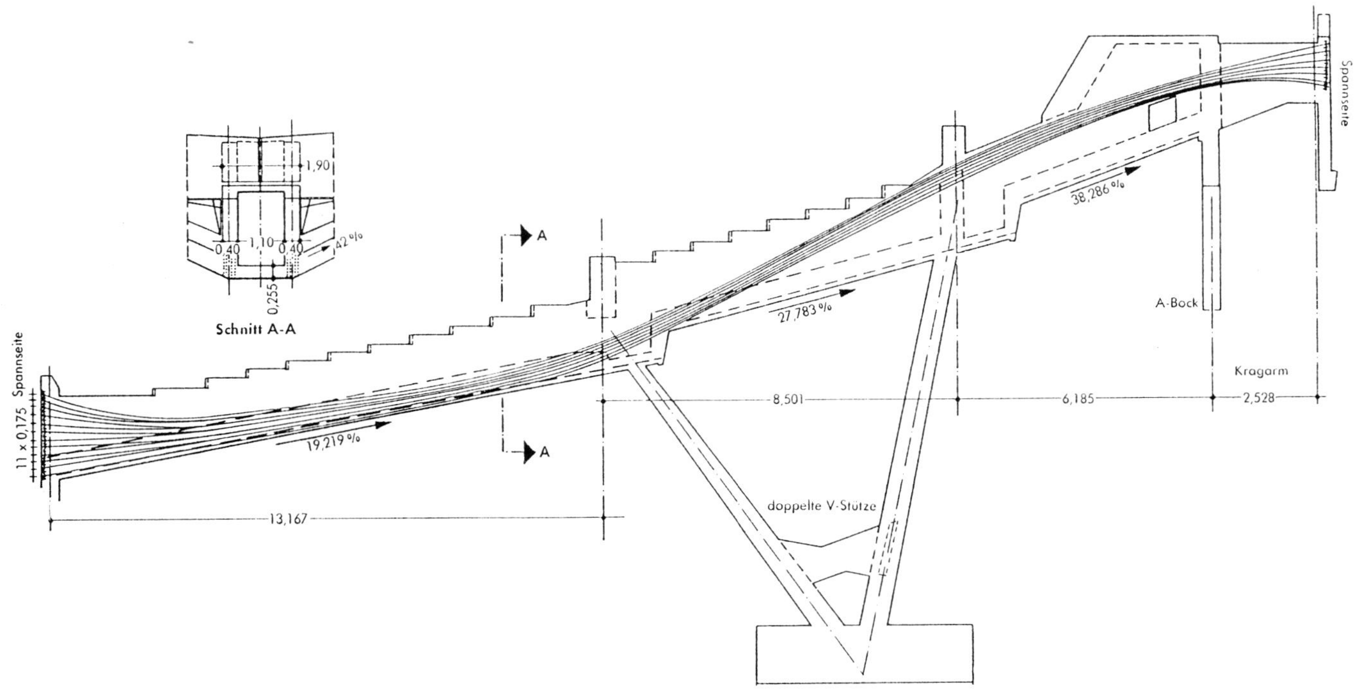

oben: Prinzipschnitt eines Parkettunterzuges (zwischen Auflager und mittlerem Kielbalken) mit DYWIDAG-Spannbewehrung

unten: Prinzipschnitt durch das Tragsystem des sog. Kielbalkens über dem Foyer zwischen Podiumwand und Nordfassade; Schnitt A–A zeigt den Querschnitt des Doppelbalkensystems mit dem begehbaren Zuluftkanal für die 3 Parkettgruppen.

Bei der Dachkonstruktion des Kammermusiksaals konnte hingegen die Kongruenz zwischen der Saaldeckenform und der Dachkonstruktion erreicht werden; die Binder der Dachkonstruktion treffen und durchdringen sich punktförmig an der höchsten Stelle im Spitzzelt des Zentralbaues.

Es kann in dieser Zusammenfassung über die Baudurchführung nicht auf die vielen Einzelheiten des Ausbaues eingegangen werden, der durch die schiefwinkelige und skulpturhafte Raumstruktur ebenfalls besondere Schwierigkeiten bereitete. Lediglich auf eine außerordentliche Erschwernis bei der Ausführung der sichtbaren Saaldecke sei hingewiesen.

Aus finanziellen Gründen (um die Kosten für ein zusätzliches Gerüst zu sparen) wurden die Lehrgerüste, welche die Dachkonstruktion getragen hatten, zunächst nur so weit abgebaut, daß Ebenen für die Ausführung der Rabitzdecke des Saales entstanden. Von dieser wildzerklüfteten Arbeitsbühne aus mußte die Rabitzdecke mit den Helmholtz-Resonatoren ausgeführt, die Deckenleuchten des Sternhimmels eingebaut, die Öffnungen für die Scheinwerfer, Mikrophone und Reflektoren ausgebildet und schließlich die gesamte Decke gestrichen werden. Als dann die Lehrgerüste abgebaut waren, konnte Scharoun den Saal erstmalig als Raum im Rohbau sehen und erleben. Oben, d.h. maximal 22 m hoch, hing fertig und unkorrigierbar die Rabitzdecke, während unten »im Tal« ein bizarrer Rohbauzustand herrschte. Obwohl Scharoun durch die Modelle die Konzeptionsform der Decke kannte, beweist der Bauablauf der Decke, über welche Vorstellungskraft er bei der Gestaltung der Deckenstruktur und der Atmosphäre bildenden Farbgebung verfügte, und mit welcher Sicherheit er aus einer Vorstellung – aus einem inneren Gesicht – seine »Himmelschaft« auf dem Papier fixieren konnte.

S. 111: Blick in den Rohbau nach Abbau der hölzernen Lehrgerüste für die Einschalung der Dachbinder. Die noch vorhandenen Stahlbetonschwellen auf den Seitenparketts der Platzgruppen E, F und G dienten zur Lastverteilung der über die Lehrgerüste abgeleiteten Lasten der Dachkonstruktion (vgl. S. 113 Prinzip des Lehrgerüsts). Im Block A wird die Unterkonstruktion für die Stahlbetonfertigteile der Parkettreihen montiert. Die endgültig gestrichene Rabitzdecke mit den Helmholtz-Resonatoren hängt fertig im Saal.

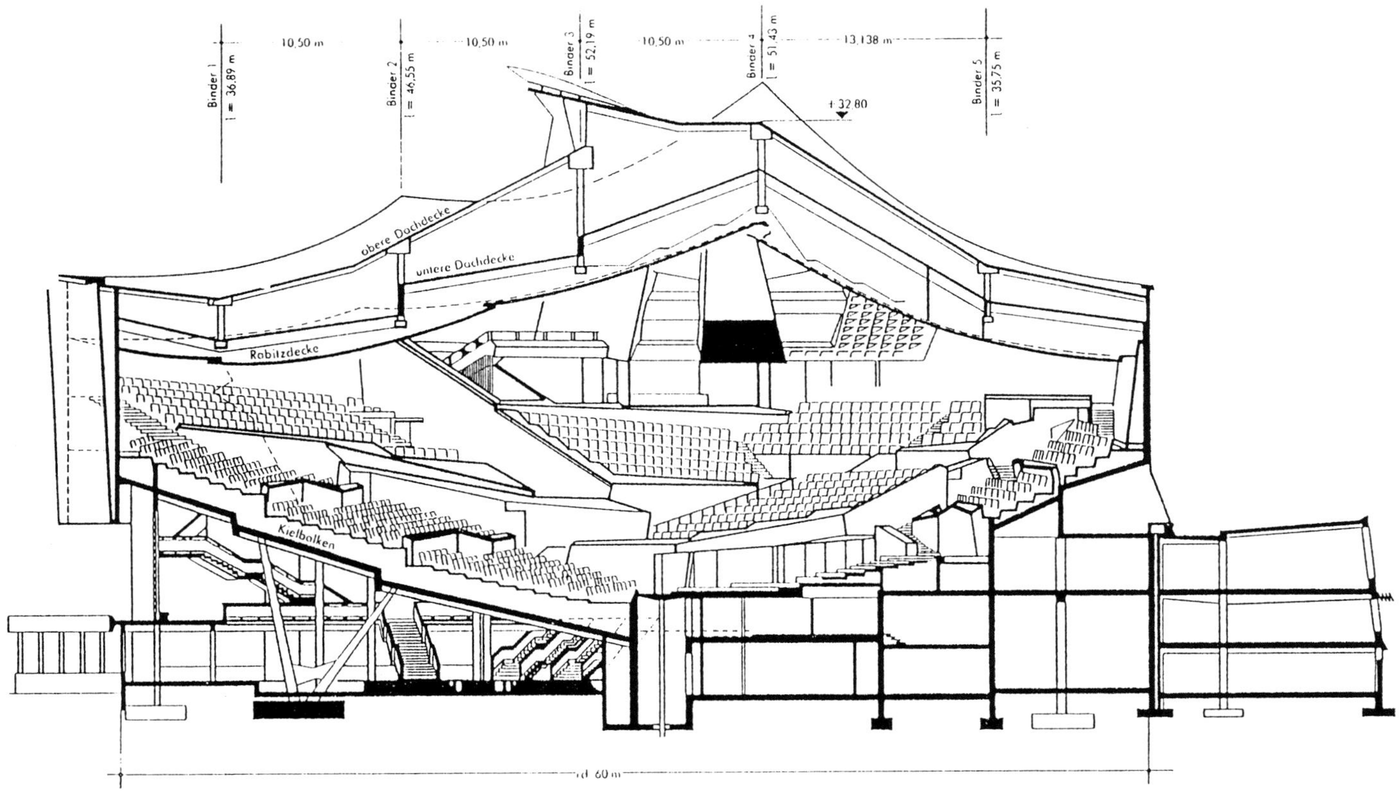

Längsschnitt mit Lage der Dachbinder

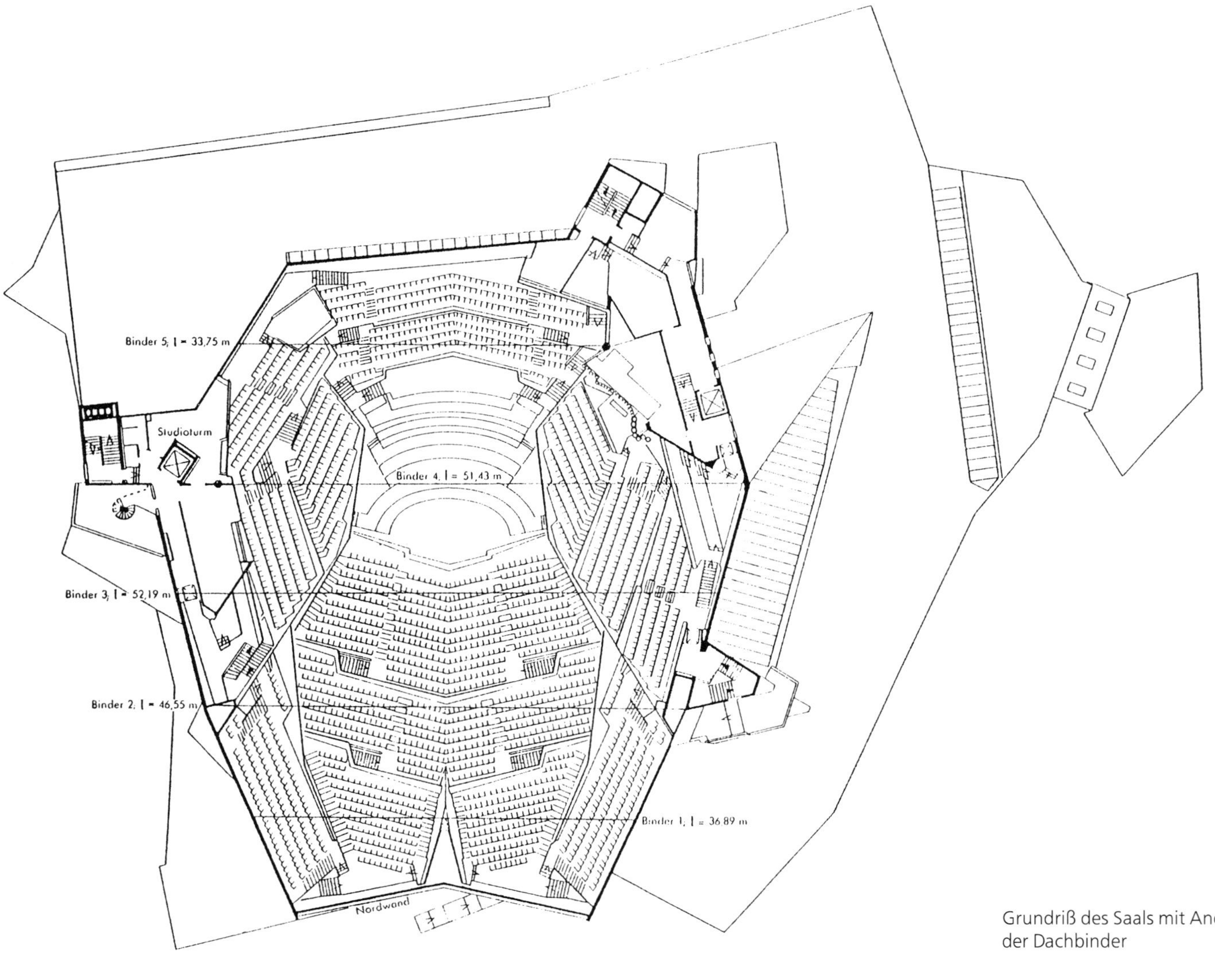

Grundriß des Saals mit Anordnung der Dachbinder

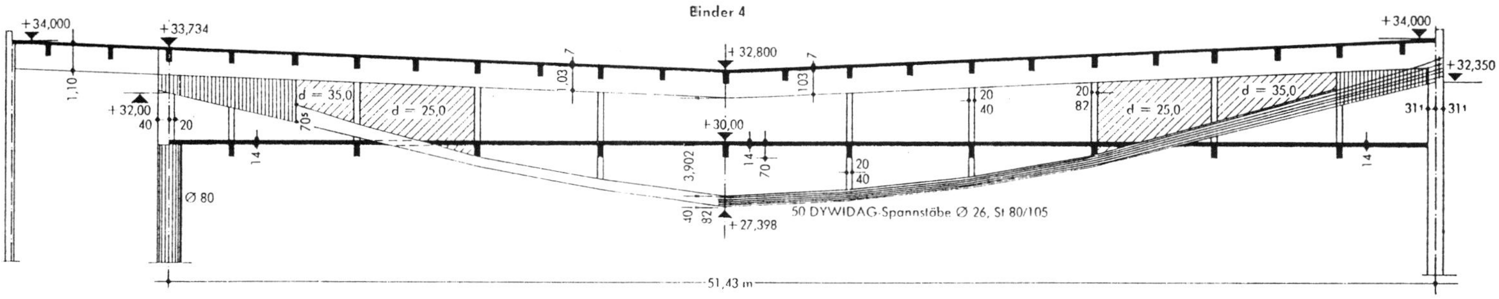

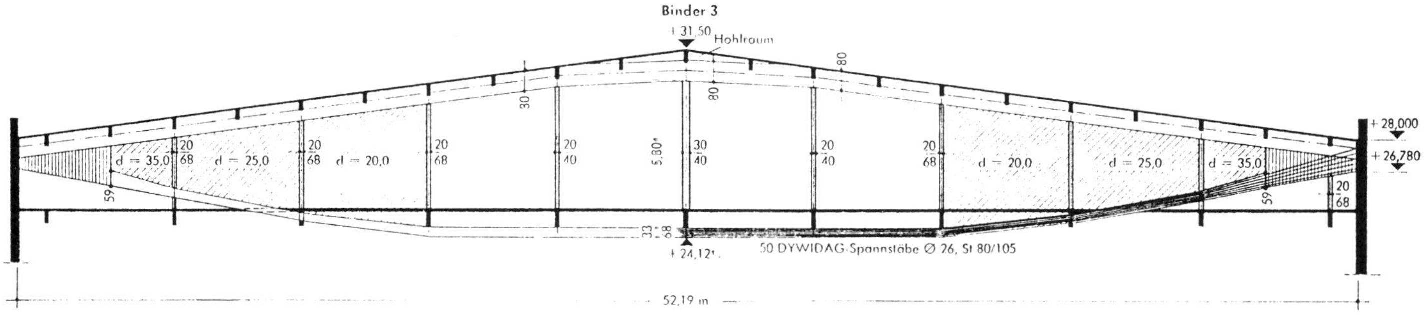

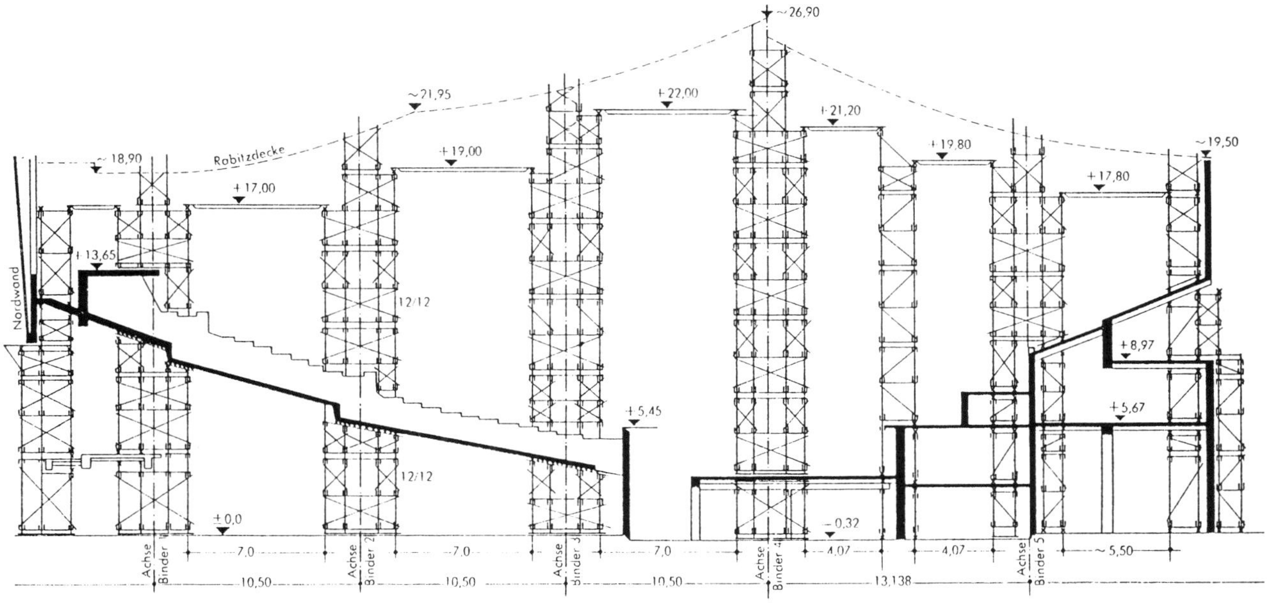

oben: Prinzipschnitt durch den Spannbetonbinder 4

darunter: Prinzipschnitt durch den am höchsten belasteten Spannbetonbinder 3

Mitte: Prinzip der Lehrgerüste für die Spannbetonbinder der Dachkonstruktion; von den treppenartig angeordneten Montageebenen wurde die Rabitzdecke ausgeführt.

unten: der Saalkörper im Rohbau, Winter 1961/62, die Anbauten fehlen noch völlig.

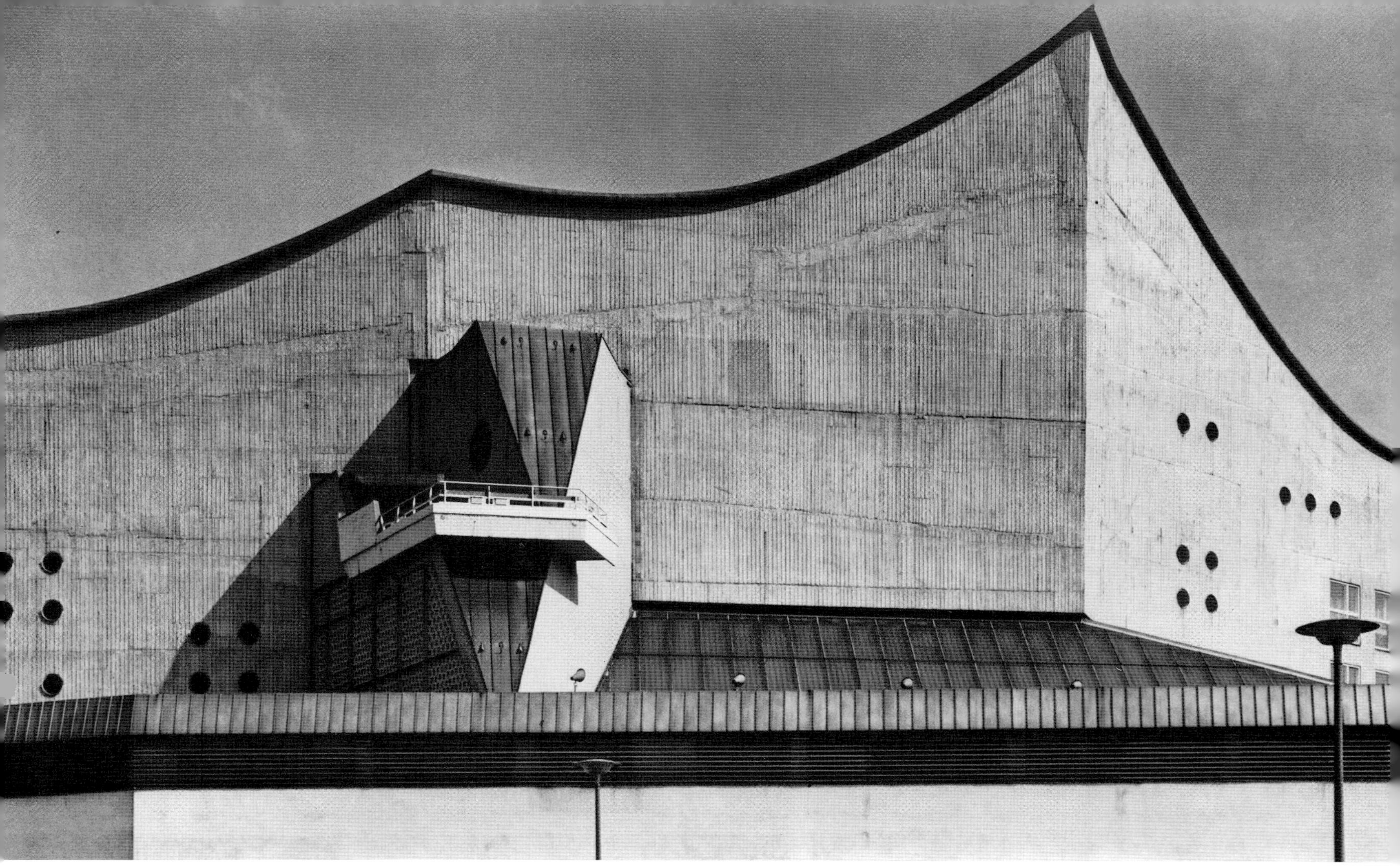

Die endgültige Fassadenverkleidung

War der nachträgliche Einbau eines maschinell verstellbaren flexiblen Podiums im Jahr 1975 noch mit verhältnismäßig geringem Aufwand verbunden und nur für Fachleute durch einen Planvergleich erkennbar, so stellt die endgültige Fassadenverkleidung der Philharmonie auch für den Außenstehenden ein nicht zu übersehendes Novum war. Als die Philharmonie aus dem ursprünglichen Wettbewerbsstandort, dem Wohngebiet an der Bundesallee, herausgelöst und zum Kristallisationspunkt für das entstehende Kulturzentrum am Tiergarten wurde, entstand mit dieser Transposition auch der Impuls zu einer neuen Fassaden-Idee. War die ursprüngliche Fassadengestaltung – abgeleitet aus der plastisch-skulpturhaften Bauform – lediglich mit Putz als Fassaden-Oberfläche im Material den umgebenden Gebäuden des Wettbewerbsstandortes verbunden, so wurde für den neuen exponierten Standort am Tiergarten eine überhöhende, visionäre Expressivität erforderlich. Zwar hatte der städtebauliche Bezug zur St. Matthäuskirche Einfluß auf den Farbwert des provisorisch gestrichenen Rohbetons, und Scharouns Hinweis auf die Fassadenfarben der Schlösser in der Mark Brandenburg gab eine Erklärung für die Farbwahl, dagegen ist festzustellen, daß die endgültige Fassadenverkleidung der ursprünglichen visionären Konzeption entspricht. Diese Konzeption ging von zwei Grundtendenzen aus, von einem Fassaden-Element, welches das Skulpturhafte des Gebäudes nachvollzieht, und von einem räumlich-strukturellen Element, das in Verbindung mit Lichteinwirkungen das Diaphane und die Tiefendimension der Außenhaut bewirkt.

Als 1959 nach Jahren der Unsicherheit, ob das Bauwerk mit seiner neuartigen Raumkonzeption realisiert werden würde, kurzfristig die Ausführungsplanung zu erbringen war, bestanden weder finanzielle noch technische Möglichkeiten, die Idee einer visionären Baukörpererscheinung zu verwirklichen. Scharoun entsprach daher dieser Zwangssituation durch die Entwicklung einer farbigen Kunststoff-Fassade, deren 80 × 80 cm große Platten in der Oberfläche plastisch gefaltet waren, die aber auch bei wechselnden Lichtverhältnissen keine visionäre Tiefe ergaben. Der gesamte Saalbaukörper mußte mit seinen Fenstern und Bulleyes auf dieses technische Modulor-System bezogen werden, um der endgültig auszuführenden Fassadenverkleidung zu entsprechen. Durch die Faltung der Kunststoffelemente entstanden bandartige Diagonalstrukturen, die auf dem weißen Untergrund vorwiegend in zartgrauen und rosa Farben gedacht waren. Zu diesem farbig verkleideten Saalbaukörper – von Scharoun »Narrenhemd« genannt – sollten die umgebenden Randbauteile und Treppenhaustürme anthrazitfarben in Kontrast gesetzt werden.

Durch den zu engen Kostenrahmen war die Ausführung dieser Fassadenverkleidung, die mit der dahinterliegenden Wärmedämmung nur etwa 300 000 DM gekostet hätte, nicht durchsetzbar. Erst während der Baudurchführung wurde die Ausführung als lediglich vertikal geschalter Rohbeton mit ockerfarbenem Anstrich entschieden. Eine nachträgliche Fassadenverkleidung des provisorisch gestrichenen Baukörpers war zwar geplant, es sollte aber nahezu 20 Jahre dauern, bis das Gebäude

oben: 2 Fassadenmuster aus Polyester der während der Bauzeit geplanten Fassadenverkleidung des farbigen »Narrenhemdes«.

Mitte: 2 Muster des später geplanten sechseckigen Aluminium-Kunststoff-Elements.

unten rechts: Muster für die endgültige Fassadenverkleidung mit 80 cm breiten Aluminium-Kunststoff-Elementen.

unten links: Ausschnitt der Fassade aus eloxierten Aluminium-Blechen, die aus finanziellen Gründen an den Treppenhaustürmen zur Ausführung kam und regelmäßig, um Korrosionsschäden zu vermeiden, gereinigt werden muß. In dieser fälschlicherweise »sparsamen« Ausführung mußte der riesige Magazinkörper der Staatsbibliothek verkleidet werden. Wegen der Luftverschmutzung ist eine regelmäßige Reinigung und Pflege erforderlich.

S. 114: Die ursprünglich ockerfarben gestrichene Rohbetonfassade mit Absätzen des Betoniervorgangs, noch ohne die späteren Korrosionsschäden.

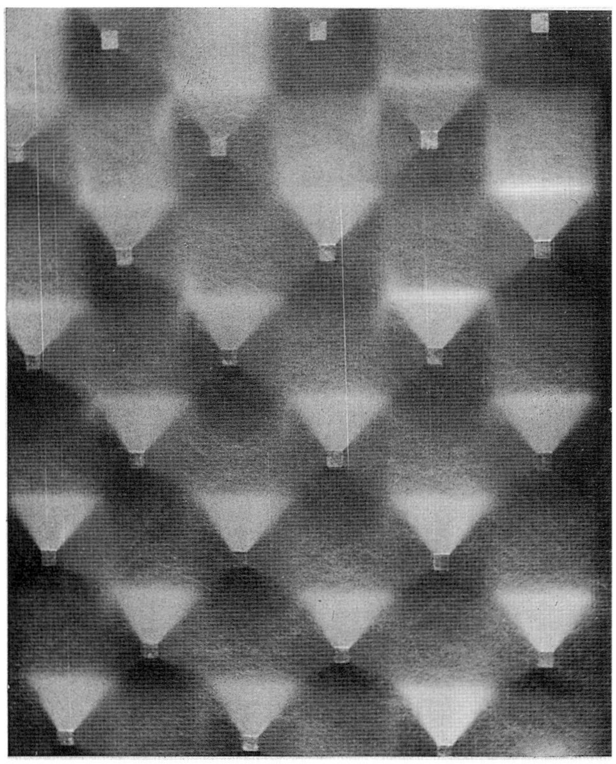

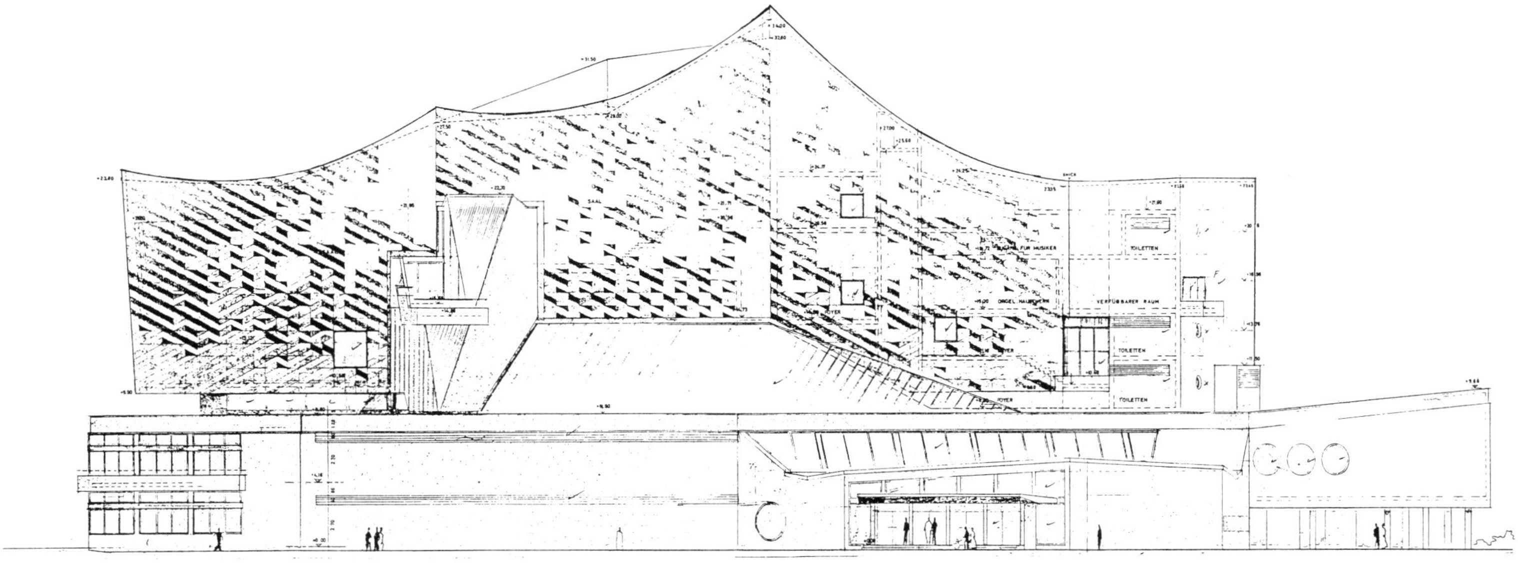

WESTANSICHT

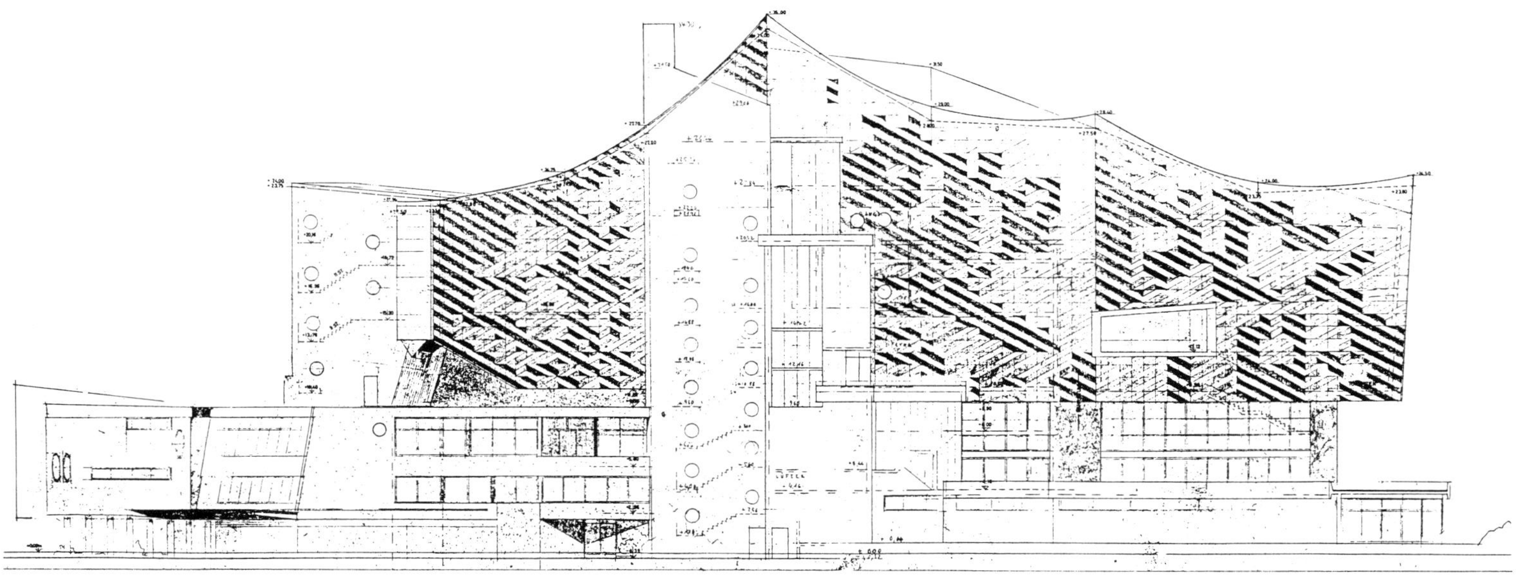

OSTANSICHT

Fassadenzeichnungen für das sogenannte farbige »Narrenhemd«

seine endgültige Fassadenverkleidung erhielt. Aufgrund der folgenschweren Einsparung mußte die Wärmedämmung zwangsläufig auf der Innenseite der Betonwände angebracht werden, wodurch sich im Laufe der Jahre auf dem 60 m langen, aus akustischen Gründen monolithisch ausgeführten Baukörper Risse und andere Betonschäden bildeten, da der Anstrich den thermischen Beanspruchungen des Betons nicht gewachsen sein konnte und Feuchtigkeit in die Betonoberfläche eindrang.

Etwa acht Jahre nach Eröffnung der Philharmonie konnten erstmals Überlegungen und Versuche für eine nachträgliche Fassadenverkleidung durchgeführt werden; der damalige Bausenator wollte vorrangig den Baukörper durch eine außenliegende Wärmedämmung vor weiteren Schäden schützen. Weil die farbliche Erscheinung der Philharmonie mit dem goldocker gestrichenen übergeordneten Saalkörperbau zusammen mit den weiß kontrastierenden Randbauteilen sich als markantes Bauwerk in Berlin eingeprägt hatte und damit ein latenter Bezug zur ursprünglichen Gold-Vision verbunden war, hätte die Wiederaufnahme der Fassadenidee mit den farbigen Kunststoffplatten zu einer völlig ungewohnten Erscheinung des Gebäudes im Stadtbild geführt. Nach Versuchen mit sechseckigen Aluminium-Polyester-Elementen, die eine wabenartige Fassadenstruktur ergeben hätten, aber den differenzierten formalen Gegebenheiten des geschwungenen Daches und des polygonalen Baukörpers nur bedingt entsprachen, wurde Scharouns Idee eines kunststoffüberzogenen Sechseck-Elementes vom Verfasser in das endgültige Aluminium-Kunststoff-Element modifiziert. Dabei konnte der 80 cm breite Fassaden-Modulor aufgenommen werden und durch beliebig zu schneidende Fassadenelemente dem komplizierten Baukörper entsprochen werden. Basierend

Die endgültige Fassadenverkleidung etwa 20 Jahre nach Fertigstellung und Eröffnung des Hauses

auf anderen typischen Detailformen von Scharoun habe ich die goldfarben eloxierte Aluminium-Strukturplatte mit Pyramidenstümpfen entwickelt, die durch eine Polyester-Abdeckhaube geschützt, vielfältige Lichtbrechungen und Reflexionen bewirkt.

Hierdurch entstand die goldschimmernde visionäre Erscheinung, von der Scharoun ursprünglich sprach. Anfang 1970 wurden Muster der Fassadenelemente an dem Gebäude angebracht, um die Lichtwirkungen zu kontrollieren. Scharoun hat diese Muster mit geringfügiger Farbnuancierung zur intensiven Goldfärbung akzeptiert; die Konzeptplanung konnte jedoch erst im Jahre 1972, dem Todesjahr von Scharoun, erarbeitet werden. Angebracht wurde die Fassadenverkleidung aber erst 1978–81, sie kostete schließlich 6 000 000 DM.

Die ca. 10 mm dicke Kunststoffplatte der Abdeckung besteht aus einer Mischung von glasfaserverstärktem Polyester mit Acryl (Plexiglas). Die Mischungsverhältnisse sind von der chemischen Industrie entwickelt und die Platten Bewitterungstests ausgesetzt worden. Schwierigkeiten bereitete zunächst die Herstellung der kassettenähnlichen Kunststoffteile mit einem Vakuum-Ziehverfahren des flüssigen Kunststoffs. Die Kunststoffabdekkung befindet sich in einem Abstand von etwa 3 cm vor der lichtreflektierenden Strukturplatte.

Die hohen Kosten entstanden sowohl durch die Sanierung des beschädigten Rohbetons als auch durch eine Sprühflutanlage mit automatischen Temperatur-Maximal-Meldern. Die Ausführung dieser Löschvorrichtung bildet das Äquivalent zur Verwendung von Kunststoff als Fassadenmaterial.

Nach 6jährigen Versuchen und ständigen Aufforderungen zu Alternativ-Ausführungen, die dem Baukörper und Scharouns Vorstellungen in keiner Weise entsprochen hätten, konnte ich endlich den Entwurf der Fassadenverkleidung durchsetzen.

Auch die Warnungen, der Kunststoff würde sich in kürzester Zeit schwarz-braun verfärben, erwiesen sich als haltlos. Im übrigen sei erwähnt, daß die hohen Kosten für die Reinigung und Pflege wie bei Metallfassaden nicht entstehen – die Kunststoff-Fassade der Philharmonie ist seit ihrer Anbringung vor z.T. 15 Jahren noch nicht gereinigt worden. –

Räumliche Gestalt und Akustik

In zahlreichen Diskussionen wurde ich immer wieder zu der Wechselwirkung zwischen der räumlichen Gestalt und der Akustik gefragt. Häufig herrscht Unkenntnis darüber, zu welchem Planungsstadium der Akustiker als Berater an das Projekt gebunden wird, um es dann bis zur Fertigstellung zu begleiten. In der Regel wird der Akustiker eingebunden, wenn die räumliche Konzeption des Architekten vorliegt – dann wird vom beratenden Ingenieur für Akustik bezeichnet, was akustisch ungünstig oder untragbar an dem Entwurf ist und welche Änderungen unabdingbar verlangt werden.

Der Akustiker ist also nicht der Schöpfer des Raumes – denn hätte er den idealen akustischen Raum konzipiert, würden alle Konzertsäle der Welt in einer solchen risikolosen Saalform gebaut werden.

Für den Wettbewerb der Philharmonie wählte Scharoun den Leiter des Instituts für technische Akustik der Technischen Universität Berlin Professor Lothar Cremer als Berater. Scharouns Idee und Postulat der »Musik im Mittelpunkt« führte zunächst aber zur Ablehnung durch den Akustiker, erst nachdem leitende Mitarbeiter des Instituts die akustischen Möglichkeiten eingehender untersucht hatten, war der Akustiker bereit, das Risiko einzugehen und die Idee mitzutragen.

Hierzu Cremer in »Deutsche Bauzeitung«, Heft 10, Jahrgang 1965:

»Sicher dachte Scharoun dabei mehr an gesellschaftsbildende als an akustische Aspekte. Vor allem aber lag ihm als Architekt daran, statt des in den Bereich der Aktiven und einen Bereich der Passiven geteilten Raumes eine Einheit zu schaffen, und das ist ihm nach übereinstimmendem Urteil beispielhaft gelungen.

Für den Akustiker interessiert aber nur die Frage, ob diese neuartige gesellschaftliche und architektonische Lösung nicht zu akustischen Schwierigkeiten führen mußte. Die Frage ist um so berechtigter, als der Akustiker hier ausnahmsweise nicht erst nach fertig durchgezeichneten Plänen gebeten wurde, die Verantwortung zu übernehmen, ohne etwas ändern zu dürfen, sondern daß er von Hans Scharoun gleich nach der Ausschreibung des Wettbewerbs als Berater zugezogen wurde. Dabei fühlte sich der Berater durchaus verpflichtet, dem Architekten von der zentralen Orchesterlage abzuraten und ihn auf die möglichen Schwierigkeiten hinzuweisen. Aber in diesem Hauptpunkt blieb Scharoun unnachgiebig. Dagegen war er gerne bereit, alles mitzumachen, was dieser Idee dienlich sei. Auch ein solches Angebot durch einen Architekten ist selten, und da das zu betretende Neuland den Akustiker begreiflicherweise als Wissenschaftler reizte, griff er diese Konzeption als die ihm gestellte Aufgabe auf und übernahm damit eine Mitverantwortung.«

Natürlich ist die zentrale Lage des Podiums und die Eliminierung der vom Theater übernommenen Guckkastenbühne das riskante Novum. Auch wurde kritisiert, man würde in der Philharmonie die Musik auf den seitlichen und rückwärtigen Plätzen nur »indirekt« hören. Hierzu Cremer in derselben Veröffentlichung:

»Die naheliegende Frage, die sich dem Akustiker aufdrängt, wenn er Zuhörerplätze neben und hinter einem Orchester gruppieren soll, ist die Frage der Richtwirkung der Instrumente. Sicherlich entfällt sie für solche Wellenlängen, die groß zu den Abmessungen der strahlenden Flächen sind. Bei den Holzblas-Instrumenten mit ihren kleinen Öffnungen gilt das bis zu ziemlich hohen Frequenzen. Aber auch große strahlende Flächen sind in unserem Zusammenhang uninteressant, wenn sie horizontal liegen wie bei Baßtuba und Kesselpauke. Dagegen weiß man sehr wohl, daß die sehr obertonreichen Trompeten nur in Richtung der Öffnung den schmetternden Klang geben. Dennoch könnte ich nicht sagen, daß ich diese Eigenart auf den rückwärtigen Plätzen vermißt hätte. Aber etwas anderes wurde uns dort erstmalig klar: daß wir nämlich im üblich ausgerichteten Konzertsaal die Hörner nur deshalb als obertonarm empfinden, weil ihre Öffnungen nach hinten oder zumindest seitlich gehalten werden...

Noch ausgesprochener sind die Richtwirkungen der Streichinstrumente. Jeder Konzertbesucher weiß, wie wichtig es für ihn ist, ob ihm beispielsweise die Kontrabässe die Breitseite oder die Schmalseite zukehren. Gerade daß manche Dirigenten die eine oder andere Aufstellung bevorzugen, mag beweisen, wie wenig man dabei bisher an die Frage optimaler Richtwirkungen gegenüber Fernsitzenden gedacht hat...

Es gibt also unzweifelhaft Richtwirkungen, die die Balance unter den Instrumenten beeinflussen; und dennoch läßt sich nicht allgemein behaupten, daß sie für unseren ästhetischen oder gar musikalischen Eindruck wesentlich seien. Es kommt zumindest sehr auf die Erwartung an, die der Zuhörer hat. Im Parkett eines Opernhauses wird es sogar als reizvoll empfunden, daß alle Orchesterinstrumente im Gegensatz zum Sänger nur indirekt zu hören sind. In seinem Bayreuther Festspielhaus hat Richard Wagner selbst diesen indirekten Schall noch weiter beschnitten, nur um zwischen Zuschauern und Bühne einen mystischen Abgrund entstehen zu lassen, in dem auch der Dirigent verschwand. Im Vergleich dazu war das, was hier gewagt werden sollte, gering.«

Die Philharmonie hat tatsächlich ein neues Hörerlebnis gebracht, über dessen Eigenart in dem Kapitel »Raum – Musik – Mensch« berichtet wird. Zu den wichtigsten Voraussetzungen für die Hörsamkeit bei der »Musik in der Mitte« gehört die Anordnung der schallreflektierenden Brüstungen – diese aber entsprechen dem Gestaltungswillen des Architekten, möglichst kleine, überschaubare Bereiche »wie Weinberge« zu schaffen. Hierzu gehören auch die hölzernen Flächen über den Rückenlehnen des Gestühls, die wegen des erforderlichen Sichtwinkels mit der Reihensteigung höher werden. Nur durch die schallreflektierenden Flächen ist die Grundidee »Musik im Mittelpunkt« für die seitlichen und rückwärtigen Plätze realisierbar.

Der starke Reihenanstieg führt dazu, daß jeder Platz ungehindert (im Gegensatz zum ebenen Parkett) den direkten Schall, den Primärschall erhält. Weil Scharoun wegen der Vermeidung der Rangordnung auf Ränge verzichtete, können außerdem die besonders wichtigen Schallreflexionen von der Saaldecke jeden Platz im Saal erreichen. Die Saaldecke leitet den Schall diffus wegen ihrer konvexen Zeltform bis zu den entferntesten Plätzen. Die Idee des »Tales«, in dem die Menschen sitzen, aber auch die Notwendigkeit, das gesamte Podium von den seitlichen Plätzen über die Flankenwände hinweg zu überblicken, führt zu dem hohen Anstieg zur Peripherie, der mehr als 10 m gegenüber dem Podium beträgt.

Blick auf die mit dem Arbeitsbegriff »Weinberge« bezeichneten Seitenparketts; darüber die Ehrenloge, anschließend die Schwerbeschädigtenloge, zu der Behinderte im Rollstuhl gefahren werden können. Im Studioturm darüber befinden sich 4 Regieräume für Rundfunkübertragungen, Tonaufzeichnungen und Wiedergabe elektronischer Musik; links anschließend eine der 3 Raummusik-Emporen.

Durch die Gegenbewegung der ansteigenden Parkettebenen zu den herabgleitenden Formen der Saaldecke wird der Schall zwangsläufig sehr konzentriert auch auf die entferntesten Plätze geleitet. Diese beiden Bewegungstendenzen des Raumes sind völlig konträr zur Form der »shoe-box« oder zu Räumen mit geschwungenen Grundformen, in denen aber die Deckenform weitgehend eben ist.

Die Zeltform der Decke erlaubt den räumlichen Höhepunkt über dem Podium ohne die konkave Kuppelform, die akustisch meist nicht zu beherrschen ist. Über dem Podium ist die Decke etwa 22 m hoch, damit konnte der Raum das akustisch notwendige Volumen erhalten und kann sich der Schall »atmosphärisch« entwickeln und vermischen.

Der Saal hat ein akustisch wirksames Volumen von ca. 26000 Kubikmetern, d.h. etwa 10 m^3 pro Person bei ca. 2250 Hörern, zusätzlich Orchestermusiker und Chor. Das Volumen ist die Voraussetzung für die Länge des Nachhalls von zwei Sekunden im besetzten Saal; im leeren Zustand beträgt die Nachhallzeit etwa 2,4 Sekunden. Die verlangte Nachhallzeit von zwei Sekunden im gesamten wahrnehmbaren Frequenzbereich entspricht dem musikalisch gewünschten Nachhall, (dem »klingenden«) bei großen Orchesterwerken der spätromantischen Musik. Weil der Saal nur etwa 4 m hohe seitliche Flankenwände (anstelle der Guckkastenbühne) hat, sind für den Kontakt der Musiker untereinander Schallreflektoren erforderlich (Kugelsegmentflächen aus Polyester). Auch werden Schallreflexionen mit zu langen Laufzeiten von der Decke des Saals auf das Podium gebrochen und diffus aufgelöst. Eine ähnliche Wirkung haben die Reflektoren für die dem Podium benachbarten Plätze, indem Zwischenreflexionen bewirkt und Echos von der Saaldecke wegen der hohen Laufzeitdifferenz zwischen dem direkten Schall und den Deckenreflexionen vermieden werden. Zur Auflösung der Schallfronten wurden auch die pyramidenförmigen Deckenkörper entwickelt; es sind Helmholtzresonatoren als Tiefenabsorber.

Die gesamte, zwischen 12 und 25 mm dicke membranartige Decke ist als Tiefenabsorber mitschwingend hergestellt worden. Die Absorption der tiefen Frequenzen ist notwendig, weil die Kleidung der Besucher bzw. die Polster des Gestühls die hohen Frequenzen absorbieren. Ohne die Tiefenabsorber würde der Raum zu dumpf klingen, die Tiefen würden wie in einem Kirchenraum die hohen Frequenzen der Violinen und Holzbläser breiig überlagern. Auch die Holzwände und Brüstungen wurden als Absorber, als Resonatoren für unterschiedlich tiefe Frequenzen ausgebildet. Entgegen der häufig zu hörenden Meinung kommt es keinesfalls darauf an, daß Wände und Decke eines Konzertsaales aus Holz sein müssen. Hierzu wird als negatives Beispiel auf den neuen Konzertsaal in München am Gasteig verwiesen und als positives Beispiel auf den Musikvereinssaal in Wien. In dem Musikvereinssaal fallen besonders die Skulpturen an den Längsseiten des Raumes auf, durch welche die Schallfronten gebrochen und in das Parkett diffus reflektiert werden.

Die Schallverteilung im Raum kann durch Modellversuche simuliert werden. Daher wurde für den Saal der Philharmonie ein Modell im Maßstab 1:9 (es sollte so groß wie möglich sein) aus Holz und Hartfaserplatten gebaut und die Schallverteilungsversuche mit elektrischen Funkenknall-Impulsen erzeugt und mit Mikrophonen Echogramme aufgenommen. Bei diesen Versuchen wurden Wandflächen, die störende Echos geworfen hätten, erkannt und so geneigt oder in verschieden geneigte Flächen »aufgelöst«, daß die Echowirkungen ausgeschaltet werden konnten.

Keinesfalls aber kann mit Modellen die Länge des Nachhalls oder der Frequenzverlauf simuliert werden, hierzu dienen Berechnungen, in denen sämtliche Materialien des Saal quantitativ und hinsichtlich ihrer Absorptionsfähigkeit erfaßt werden müssen.

Weitere musikalisch-akustische Kriterien wie Präsenz (Deutlichkeit) und Durchsichtigkeit – Kriterien, die für einen modernen Konzertsaal von besonderer Bedeutung gegenüber dem Saal des 19. Jahrhunderts sind – lassen sich weder berechnen noch durch Modellversuche ermitteln, sie sind spezifische Eigenart des jeweiligen Raumes. Bei der Berliner Philharmonie sind diese modernen Kriterien wie Präsenz und Deutlichkeit besonders ausgeprägt und führen mit zu dem neuen Hörerlebnis, daß dieser Raum gebracht hat.

Es ist üblich, daß bei einem neuen Konzertsaal Probeaufführungen vor der eigentlichen Eröffnung und weiterhin Korrekturen durchgeführt werden, denn die tatsächlichen Ergebnisse lassen sich endgültig nur im besetzten Saal erkennen. Bei dem Neubau der Philharmonie bestand für akustische Versuche mit dem Orchester und dem Publikum durch die kurze Bauzeit von drei Jahren und die Festlegung des Eröffnungstermins in den Festwochen 1963 keine Möglichkeit. Vielmehr fanden sich wenige Tage vor der Eröffnung Herbert von Karajan, die Solisten, das Orchester und der Chor zu musikalischen Proben für die Aufführung der IX. Sinfonie von Ludwig van Beethoven in dem neuen Saal zusammen, als wenn es sich um ein Konzert in einem konventionellen, erprobten Saal handelte.

Dabei wurde eine Änderung vollzogen, die endgültig blieb; das Orchesterpodium wurde um 50 cm erhöht, diese Position war durch Herauffahren der Orchestergrabenversenkung in eine Bühnenposition leicht zu erreichen; die anschließenden Podiumflächen wurden durch Holzpraktikabel ergänzt. Durch diese Korrektur sollte sich der Klang der Streicher freier entwickeln, weil das Orchester ursprünglich nur wenig höher über den ersten Reihen des Hauptparketts saß. Die Maßnahme wurde auch durch den akustischen Berater Herbert von Karajans, Professor Fritz Winckel, befürwortet. Es ist jedoch zu bemerken, daß jede weitere Höhensteigerung des Orchesters zu einem Verlust der Flankenreflexionen von den seitlichen Podiumswänden geführt hätte und daß das musikalisch-akustische Ideal für den Raum der Philharmonie ein Podium wäre, auf dem die Blechbläser und das Schlagzeug nicht gegenüber den Streichern und Holzbläsern erhöht postiert sind. Eine gemeinsame Podiumsebene ist aus spieltechnischen Gründen nicht anwendbar, obwohl hierzu sogar Versuche unternommen wurden. Nahezu alle Überlegungen, ob an dem akustischen Ergebnis der Philharmonie etwas zu ändern wäre, betrafen das Podium und hingen mit aufführungstechnischen Problemen zusammen.

Bevor über den nachträglichen Einbau des mechanisch-variablen Podiums berichtet wird, sollen zwei andere akustische Korrekturen erläutert werden. Die Reflektoren über dem Podium wurden als Polyester-Kugelsegmentflächen erst kurz vor Eröffnung des Hauses beauftragt; es gab daher keine genügende Vorbereitungszeit für jene komplizierten Schalen und die Aushärtung des Materials. Da sich diese – jeweils nur an drei Punkten aufgehängten Schalen – verformten, mußten sie ausgewechselt und durch wiederum zehn neue Reflektoren, die dann um 1/10 der Fläche vergrößert wurden, ersetzt werden. Die verstellbaren Reflektoren hängen seit der Eröffnung höher, als vom Akustiker ursprünglich gewünscht. Diese Höheneinstellung geschah auf Wunsch Herbert von Karajans – sie entsprach seiner Empfindung

Blick in das Akustikmodell M 1:9, das zur Untersuchung der Schallreflexionen und etwaiger Echowirkungen gebaut wurde. Das untere Foto zeigt Abdeckungen mit Schallschluckstoffen (anstelle des Publikums); die schraffierten Wandflächen mußten akustisch aufgelöst, d. h. so stark gegliedert werden, daß sie kein Echo auf die gegenüberliegende Saalseite werfen.

Aufführung eines Oratoriums mit Solisten und Chor; links auf dem Podium der Spieltisch mit elektrischer Traktur, von dem die große Orgel, aber auch die beidseitig des Chors angeordneten Chororgeln gespielt werden können.

für die musikalisch-atmosphärische Höhe des Raumes. Unverständlicherweise wird von einigen Architekten, aber auch von Dirigenten behauptet, die Reflektoren seien zur Verbesserung der Akustik erst nach der Eröffnung des Hauses in den Saal gehängt worden. Die Fotos von der Eröffnung mit den Reflektoren gingen quasi um die musikalische Welt und können jederzeit z. B. auch in diesem Buch überprüft werden.

Eine akustische Änderung betraf die Brüstungen in der Nähe des Podiums, die auch als Resonatoren ausgebildet sind und infolgedessen tiefe Frequenzen absorbieren. Wegen der verlangten Länge des Nachhalls von 2 Sekunden im menschlich wahrnehmbaren Frequenzverlauf bestand die Sorge, daß – bedingt durch den erheblichen Reihenanstieg – die Kleidung des Publikums und das Polster des Gestühls eine zu starke Schluckung der hohen Frequenzen bewirken würden und der Raum wegen der dominierenden tiefen Frequenzen zu dumpf klingen könnte. Diese grundsätzliche Überlegung führte zu den relativ kleinen Rückkissen vor den Stuhllehnen und zur Ausbildung der Brüstungen und Wände des Saales als Tiefenabsorber. Nicht berechenbar war jedoch, daß die Druckkammern für die Zuführung der klimatisierten Luft unter den ansteigenden Reihen, obwohl sie nur durch Zuluftrohre mit dem Saal verbunden sind, zusätzlich als Tiefenabsorber wirken. Um die Tiefenabsorption zu verringern, sind die Resonatoren in der Nähe des Podiums korrigiert worden; damit wurde der gewünschte Anstieg der tiefen Frequenzen im Nachhall des Saales erreicht.

Der inzwischen verstorbene Akustiker Prof. Keilholz empfand den architektonisch-formalen Raum zwar als überaus gelungen, die Akustik jedoch hielt er für unzulänglich. Er empfahl einen generellen Umbau mit einer konventionellen Orchestermuschel, bei dem die Plätze an den Seiten und hinter dem Podium entfallen wären. Dieser Vorschlag wurde schließlich abgelehnt, denn er hätte zwangsläufig die Idee der Philharmonie zerstört.

Das akustische Wagnis war so groß, daß für die erste Saison die Konzerttermine des Berliner Philharmonischen Orchesters noch im Saal der Musikhochschule reserviert waren, falls sich der Saal als unbrauchbar erwiesen hätte oder gravierende Änderungen notwendig gewesen wären.

Das variable Podium der Philharmonie

Um die außerordentlich niedrigen Baukosten zu erreichen, mußte nicht nur auf die vorgesehene Fassadenverkleidung verzichtet werden, sondern auch die Ausführung von Holzfenstern und besonders preiswerten Stahlfenstern resultierte aus dem zu eng gesteckten Kostenrahmen. Auch der Ausbau von drei Regieräumen für Schallplattenaufnahmen und eines Studios für elektronische Musik war aus finanziellen Gründen nicht möglich und konnte jahrelang nicht erreicht werden. Im Konzertsaal mußten dagegen, mit Ausnahme des ursprünglich bereits durch hydraulische Hubvorrichtungen variierbar konzipierten Podiums, keine besonderen Einschränkungen vorgenommen werden. Der statt dessen ausgeführte Praktikabel-Aufbau erlaubte eine Höhenstaffelung durch Zwischenstücke aus Stahl; der Umbau des Podiums erforderte zwangsläufig erheblichen Arbeits- und Zeitaufwand.

Aber auch jene Praktikabel-Konstruktion war teilweise hinfällig, weil die ersten Proben vor Eröffnung des Hauses das Anheben des Podiums um 50 cm und ein Zurückverlegen des gesamten Orchesters um etwa eine Podiumreihe als vorteilhaft für die neuartige Saalform ergaben. Durch vielfältige Praktikabel-Aufbauten mußte den unterschiedlichen aufführungstechnischen Anforderungen vom Solokonzert bis zu den großen Oratorien oder der 8. Sinfonie, Sinfonie der Tausend, von Gustav Mahler entsprochen werden.

Nachdem etwa 10 Jahre der provisorische Praktikabel-Aufbau in Benutzung war, wurde 1973 für Filmaufnahmen ein Aufbau auf dem vorhandenen Podium errichtet, der auf Wunsch des Chefdirigenten des Berliner Philharmonischen Orchesters, Herbert von Karajan, auch für die Konzerte unter seiner Leitung benutzt werden sollte. Die Grundrißform jenes Podiums war ein strenger Halbkreis, in dessen Mittelpunkt der Dirigent stand. Durch die starre, gradlinige Vorderkante des sog. Filmpodiums entstanden zwangsläufig räumlich-formale Härten zu den benachbarten Flankenwänden und Brüstungen. Außerdem ergab die Halbkreisform keinen Bezug zu den Seitenparkettgruppen, es entstand eine zufällig wirkende Zäsur zwischen den Außenkonturen des provisorischen Podiums und den vorhandenen Seitenwänden, die formal sehr unbefriedigend wirkte.

Durch den starken Anstieg der Podiumsstufen nach den Seiten wurde die Intensität des Streicherklanges einerseits gesteigert, andererseits die Vermischung des Klanges wegen der weitgehend verdeckten reflektierenden Flankenwände gestört und durch die erhöhte Anordnung der Blechblasinstrumente und des Schlagzeugs die angestrebte klangliche Ausgeglichenheit aller Instrumentengruppen wieder beeinträchtigt. Ließ sich die erforderliche akustische Ausgeglichenheit bei Schallplatten- oder Filmaufnahmen durch Mikrophone zwar herstellen, so waren die klanglichen Härten bei Konzertaufführungen unvermeidbar, da sie der akustischen Konzeption des Raumes nicht entsprachen.

Da das Filmpodium weder formal noch akustisch für die Konzertveranstaltungen geeignet war, wurden mehrere Vorschläge zur Lösung der vielfältigen Probleme ausgearbeitet. Im Frühjahr 1975 legte der Verfasser im Rahmen eines Gutachtens einen Vorschlag vor, der die mechanische Flexibilität des Podiums ermöglichte und die neue Podiumgrundform variiert in die formale Gesamtstruktur des Raumes integrierte. Nach dieser Konzeption wurde das Podium in den Spielferien des Jahres 1975 umgebaut. Es zeigt sich sowohl den akustischen als auch den vielfältigen aufführungstechnischen Anforderungen gewachsen. Die technische Lösung gelang durch die Entwicklung von Hubpodesten mit Doppelscheren-Systemen, so daß Vibrations- und Durchbiegungserscheinungen, die beim Musizieren untragbar gewesen wären, ausgeschaltet wurden. Durch die geringe Bauhöhe von nur 50 cm dieser Hubkonstruktion konnten die Unterkonstruktion, der eigentliche Bühnenboden, und die Absenkung für den Orchestergraben erhalten bleiben.

Um die höhenmäßige Differenzierung der einzelnen Podiumreihen zu erreichen, wurden insgesamt 40 Hubelemente hergestellt, auf denen die verschiedenen Segmentformen des Podiums montiert sind. So konnte die gewünschte neue kreisbogenartige Grundform des Podiums statt der früheren elliptischen Form erreicht werden; sie entspricht prinzipiell der Raumform des Konzertsaales mit dem Orchester im Mittelpunkt. Durch die elektrisch-motorisch angetriebenen Hubpodeste kann der Höhenaufbau des Podiums auf Knopfdruck in kürzester Zeit verändert werden und erlaubt alle Nuancierungen des Höhenreliefs für Konzertprogramme mit sehr unterschiedlichen Besetzungen. Die ebene Podiumsfläche ist ebenso wie eine blockhafte Struktur zu erzielen, die bei Aufführungen neuer oder experimenteller Musik erprobt wurde. Durch die Weiterführung der seitlich anschließenden Materialien und der formalen Details konnte der neue Podiumaufbau trotz der erheblichen Höhenstaffelung nahtlos in die Gesamtform des Raumes eingebunden werden.

An der Vorderkante des Podiums liegt ein hydraulischer Flügelaufzug, mit dem gleichzeitig zwei Konzertflügel aus dem Instrumentenlager heraufgefahren werden können. Die anschließende Fläche ist durch Spindeltriebwerke zu einem Orchestergraben absenkbar, so daß auf der verbleibenden Fläche Werke wie z.B. Strawinskys »Oedipus Rex«, Dallapiccolas »Il Prigioniero«, Schönbergs Melodram »Die glückliche Hand« oder Nonos »Intolleranza« in halbszenischer Darstellung aufführbar sind.

Die Größe des gesamten Orchester- und Chorpodiums von etwa 330 m² ermöglicht auch Konzerte mit sehr starken Besetzungen der spätromantischen oder Neuen Musik, wie das Requiem »Grande Messe des Morts« von Hector Berlioz, die 8. Sinfonie von Gustav Mahler, die Gurre-Lieder von Arnold Schönberg oder das War-Requiem von Benjamin Britten.

Ein höchst umstrittenes Problem war die Dicke des Holzbodens auf den Hubpodesten. Die Meinungen der Musiker und der Akustiker liegen konträr zueinander, denn die Musiker möchten meistens einen möglichst dünnen schwingungsfähigen Boden – die Akustiker dagegen einen nicht schwingungsfähigen Boden, weil dieser sonst tiefe Frequenzen absorbiert. Nach speziellen Proben wurde im Bereich der Kontrabaßgruppe der sonst etwa 45 mm dicke Bühnenboden aus Oregonpine als etwa 25 mm dikker zusammengeleimter Resonanzboden ausgeführt. Ist die Ausführung eines derartigen Bodens wissenschaftlich umstritten und haben die in der Philharmonie durchgeführten Experimente auch kein eindeutiges Ergebnis gegenüber einem dickeren Boden erbracht, so wird der etwas vibrierende, mitschwingende Holzboden von den Kontrabassisten wohl besonders wegen seiner stimulierenden Wirkung geschätzt.

Neben der Lösung für die mannigfaltigen aufführungstechnischen Probleme – bei Wahrung der räumlich-strukturellen Gegenbenheiten – liegt ein entscheidender Vorteil in dem flexiblen Podium darin, daß dem Musiker das Gefühl gegeben wird, das Podium jeweils in einer dem aufzuführenden Werk adäquaten Form und akustischen Abstrahlung durch technische Modifikation dienstbar machen zu können.

Umbau des Podiums, 1975
Im Jahre 1975 beauftragte der Senator für Bau- und Wohnungswesen den Architekten E. Wisniewski mit einem Gutachten und anschließender Planung für die Umgestaltung des bisherigen Podiums mit Praktikabel-Aufbauten zu einem maschinell variierbaren Podium mit speziell für die Philharmonie entwikkelten Hubsystemen. Herbert von Karajan entschied sich – von den eingereichten Vorschlägen – für diese Ausführung, die auch formal am besten in die Gestaltung des Saales integriert werden konnte.

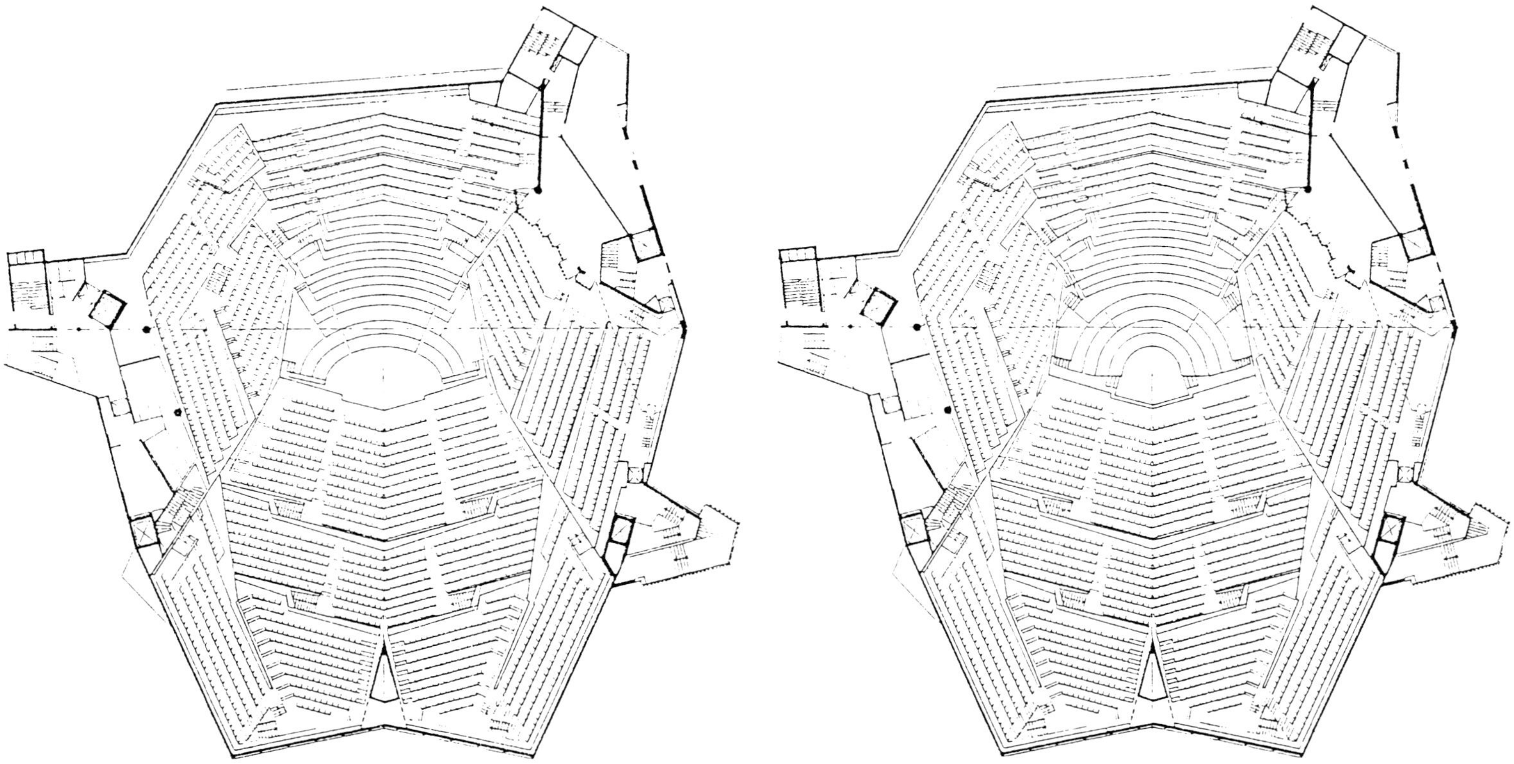

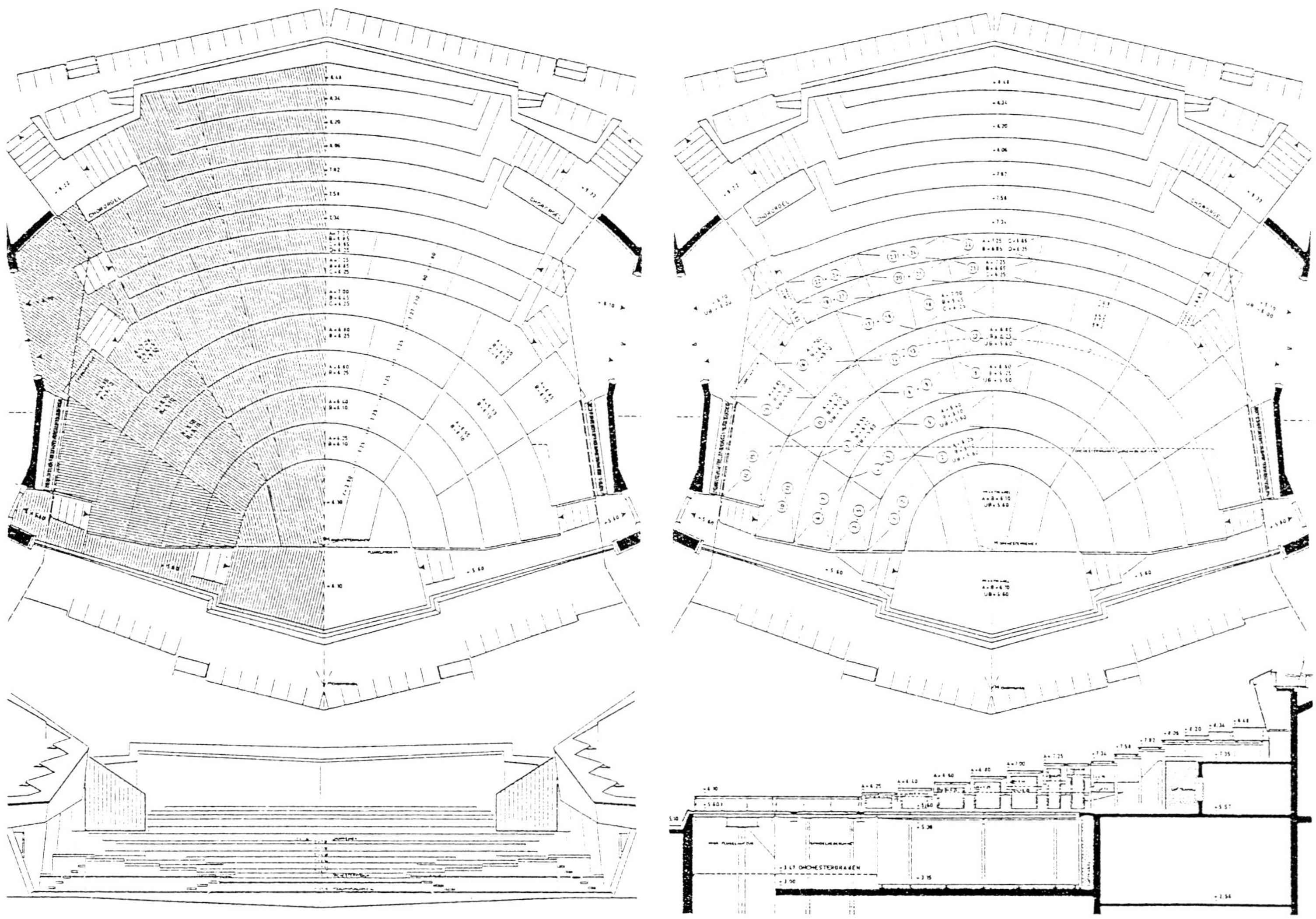

oben links: Saalgrundriß mit dem ursprünglichen Podium in Korbbogenform; rechts davon das neue Podium in Halbkreisanordnung

Zeichnungen des 1975 umgebauten Podiums mit Scheren-Hubpodesten. Der Schnitt zeigt die Hubpodeste auf der Orchestergraben-Hubbühne und über dem anschließenden Orchestergraben.

Die Philharmonie als Zentralraum

Der Rückblick in die Baugeschichte zeigt, daß Begriffe wie Zentralbau und Zentralraum weit gefaßt werden. Gilt als Zentralbau sogar schon eine zentralistische Gesamtanlage mit einem räumlichen Mittelpunkt, so wird unter dem Begriff Zentralraum das bauliche Gehäuse verstanden, in dem die Kultstätte, der Altar oder die Spielfläche eines Theaters an zentraler Stelle für den umgebenden Raum disponiert sind. Dies bedeutet nicht, daß nur ein absolut punkthafter Raum wie ein Baptisterium oder eine Zirkusarena als Zentralraum bezeichnet werden kann, sondern es zählen auch Raumgefüge dazu, deren Aktions-Mittelpunkt außermittig vom mathematischen Zentrum liegt.

Ein derartiger Raum mit einem außermittigen Raumschwerpunkt – dem Podium mit dem Künstler – ist der Konzertsaal der Philharmonie. Die Grundriß-Struktur ist quasi eine Symbiose zwischen Längsraum und Zentralraum. Scharoun wollte das Wagnis »Musik im Mittelpunkt« nicht übersteigern: hieraus resultiert die grundsätzliche Entscheidung, 1300 Plätze (der Saal der Musikhochschule in Berlin hat etwa diese Platzzahl) in konventioneller Anordnung vor dem Orchester, auf den Seiten jeweils etwa 300 Plätze und hinter dem Orchester nur etwa 250 Plätze (d.h. 1/10 aller Plätze) zu disponieren.

Die Rücksichtnahme auf traditionelle Hörgewohnheiten und das »Aufbrechen« des Zentralraumes durch die Längsbetonung haben ihre eigentliche Ursache in dem Wesen Scharouns. »Ein selbständiger Architekt soll sich nicht von Sensationen, sondern von Reflexionen leiten lassen.« Dieses Motto schrieb der 17jährige Hans Scharoun über einen Entwurf »Kirche als Fels« im Jahre 1910. Scharoun wollte auch Jahrzehnte später keine Sensation, sondern einen höchst sensibel und verantwortungsvoll gestalteten Raum als Heim für das Berliner Philharmonische Orchester – als Metamorphose der traditionellen Raumform – und kein egozentrisches Abenteuer.

Die Anordnung von etwa 800 bis 900 Plätzen seitlich und hinter dem Orchester genügte, um die Ganzheit des Raumes oder die Einheit Raum–Musik–Mensch zur Wirkung kommen zu lassen: »Das Spiel in Gang zu setzen« bezeichnete er gern derartige Konstellationen.

Bei diesem »Spiel« denkt man jedoch eher an Hermann Hesses »Glasperlenspiel«, denn es handelte sich bei Scharouns Raumschöpfungen immer um einen länger dauernden, vom Warten auf umfassende Intuition geprägten Denkprozeß – wie sich ein Vorgang in »Raum und Zeit« wandelt oder welche Wandlungen vom Architekten durch den schöpferischen Raum eingeleitet werden können.

Es ist nachvollziehbar, wie Scharoun in seinen Grundriß-Strukturen und in der Raumbildung das kreative Wechselspiel zwischen einer »heilen Form« und ihrem »schöpferischen Zerbrechen« suchte. Dies gilt ebenso für das »Spiel mit der Symmetrie« im Saal der Philharmonie, denn Scharoun wußte wohl, daß besonders einem großen Raum eine übergeordnete Gesetzlichkeit, eine skeletthafte Struktur zugrunde liegen muß, die auch auf den von der Symmetrielinie entferntesten Plätzen immer als innere Ordnung spürbar bleibt.

Die Exponierung asymmetrischer Dominanten, z.B. der Orgel, des »Studioturms« und der drei Raummusik-Emporen, gab ihm willkommene Anlässe für den Bruch mit der Symmetrie, den er jeweils aus der Funktion heraussuchte und entwickelte. So sind die asymmetrischen Einwirkungen auf den Raum an der Peripherie gesetzt – sie dringen gleichsam von außen in den »Spielraum« ein und beeinflussen ihn. Hierin liegt vermutlich eine Ursache, daß den Werken von Monteverdi, Mahler und Schönberg, in denen der Bruch der Tradition und der Aufbruch zu neuen Strukturen impliziert ist, durch diesen Raum besonders entsprochen werden kann. Die neuen Strukturformen in der Philharmonie sind die Ergebnisse vielgestaltiger Gesetzhaftigkeit. Scharoun entwickelte sie für jede Aufgabe neu; ich sehe hierin eine Wesensverwandtschaft und Parallele zum Schaffen Arnold Schönbergs und zugleich zu seinem Bemühen, die Freiheit der Atonalität durch das Gesetz der Dodekaphonie zur Allgemeingültigkeit zu führen.

Die Raumbildung der Philharmonie entspricht der Grundriß-Struktur als Symbiose zwischen Zentral- und Längsraum. Die »Ur-Skizze« von Scharoun zeigt, wie der Höhepunkt des Raumes über dem Podium nicht durch eine akustisch unlösbare pathetische Kuppelform gebildet, sondern durch eine leichter, »schwebend« wirkende Zeltform ersetzt wird. Die Hauptflächen der gleichsam »herabgleitenden Decke« bestehen aus konvexen Zylinder- und Translationsflächen. Durch diese Deckengestalt wird die Tendenz des Längsraumes stärker als die Zentralform betont. Sie ist konsequent in der Außenform, insbesondere in der Dachsilhouette nachvollzogen. In dem »punkthaften« Zentralraum des Kammermusiksaales ist die Decke dagegen wie in einem Spitzzelt zusammengefaßt, da auch die Grundrißgestalt, abgesehen von einer geringfügigen Axialbetonung im unteren Parkettring, im Gegensatz zum großen Saal keine Längsbetonung in der Zentralstruktur aufweist.

Wenn Scharoun zur Beschreibung der Saalgliederung in der Philharmonie Begriffe des Landschaftlichen, »wie Tal, Berg und Weinberg«, wählte, so sind dies nur gern gebrauchte Metaphern, da er das Pathos, trotz seiner bedeutungsvollen »Eigensprache« zu vermeiden suchte. Der Urimpuls und das Grundanliegen für die Philharmonie war die Zusammenführung der Menschen um das Podium, um das Geschehen. Durch den Verzicht auf Ränge – um Rangordnung zu vermeiden – und den Ersatz durch gleichrangige Parkettgruppen manifestiert der Raum den revolutionären Aufbruch und zugleich demokratische Ausgewogenheit.

Zur Grundrißform des Saales gab es, außer dem bildhaften Vergleich mit dem Klangkörper eines riesigen Streichinstrumentes, schon mehrfach hypertrophe Deutungen. Es scheint eher geboten, die Idee des Gesamtraumes mit dem Archetyp des »Bootes« vergleichen. Dieses Sinnbild liegt nahe, da zu dem Reihenanstieg auch das Längsgefälle der Reihen modelliert wurde; es ist für die verbindende Wirkung zur Bildung einer latenten mitmenschlichen Gemeinschaft außerordentlich bedeutsam. Scharoun hat das Schiff als »reine Leistungsform« bezeichnet, in der alle wesentlichen Formen aus der Funktion – oder, wie er es nannte, aus dem »Vorgang« entwickelt sind.

Die Formen und Neigungen der Brüstungen und Wände sind nicht nur aus dem Streben nach einer einheitlichen geschlossenen Gesamtform konzipiert, sondern folgen den Forderungen der Akustik. Es ist eine glückliche Fügung, daß die erwünschte Auflösung der Schallfronten – durch die vielgestaltige Gliederung der »Weinberge« bewirkt – dem formalen Gestaltwillen adäquat ist. So wird durch die Entwicklung kleiner »familiärer« Bereiche auf den seitlichen Weinbergen entsprechend der sozialen Idee die humane, individuelle Gemeinschaft nachgebildet.

Der Gesamtraum mit den 3 Raummusik-Emporen an der Peripherie des Saals, vgl. S. 129

Die zusätzliche »Kleinauflösung« und zugleich Vermischung des Schalles wird u. a. durch die Sichtbeton- und Glasstrukturen auf dem Studioturm erreicht; sie sind der akustische Ersatz für die plastischen Ornamente der historischen Säle. Auch die hölzernen Flächen über den Rückenkissen des Gestühls sind wichtige akustische Details, um den Schall möglichst vielfältig auf die seitlichen und rückwärtigen Platzgruppen zu reflektieren.

Mit dem Raum der Philharmonie wurde »Neuland« erobert, gibt es doch für einen Konzertsaal als Zentralraum keine vergleichbaren Vorstufen und damit keine akustischen Erfahrungswerte. Der Saal sollte nicht nur ein »musikalischer« Raum für die traditionelle Musik bis zur Moderne sein, sondern muß durch überragende Qualität dem meisterhaften »Instrument« des Berliner Philharmonischen Orchesters und durch eine außerordentliche musikalische Sensibilität den künstlerischen Intentionen der bedeutendsten Dirigentenpersönlichkeiten entsprechen.

Die Hoffnungen auf die Kreativität des Raumes gingen aber viel weiter. Sie erstreckten sich auf alle Formen der Raummusik, für die dieser Zentralraum prädestiniert ist. So wurden im Laufe der Planung besondere Einrichtungen für Raummusik geschaffen, die den Saal der Philharmonie weit über einen normalen Konzertsaal hinaus kreativ wirksam werden lassen. Anläßlich der Eröffnung des Hauses 1963 habe ich in der »Bauwelt« einen Aufsatz unter dem Titel »Raum – Musik« geschrieben, in dem die neuen musikalischen Intentionen, die Leitideen für räumlich aufeinander bezogener Wirkungen der Musik, beschrieben werden.

Der Aufsatz schloß mit der Frage:

»Wird Scharouns Berliner Philharmonie der Raum sein, aus dem in Amalgamierung aller technischen Mittel eine ›Neue Musik‹ entsteht?«

Ich versuche in den folgenden Kapiteln diese Frage zu beantworten.

Raum – Musik

Die abendländische Musik aller Epochen ist nicht ohne die Beziehung zu dem Raum zu denken oder ohne Anpassung an diesen Raum, für den sie komponiert ist. Häufig liegt in der Wechselwirkung Musik – Raum jene fruchtbare Spannung, die zu neuem schöpferischem Impuls führt.

Die Wechselgesänge und Responsorien in der Kirche des Mittelalters zwischen dem Geistlichen und dem Mönchschor, später der Gemeinde, finden letztlich ihren räumlichen Ausdruck in der Polarität Altar – Chor bzw. Orgel. Die Konfrontierung der Sängeremporen im Dom von San Marco aber führte zu den mehrchörigen Kompositionen von Willaert, Gabrieli und Monteverdi, die bestimmend für die gesamte Barockmusik war, deren Einfluß selbst in Form und Struktur der Wiener Klassik spürbar ist. Claudio Monteverdis »Vespro della Beata Vergine« und Giovanni Gabrielis »Cantiones Sacrae« waren in Berlin zu hören und ließen die außerordentliche Wirkung der »Raummusik« des 16. und 17. Jahrhunderts ahnen.

In der Berliner Philharmonie sind über den obersten Seitenparketts drei Plateaus oder Emporen für Chor- oder Orchestergruppen diametral angeordnet. Boris Blachers Fanfare für drei Bläsergruppen demonstrierte bei der Einweihung des neuen Hauses die musikalischen Möglichkeiten.

Barocke Echowirkungen oder Dialoge zwischen mehreren Orchestergruppen erreichte W. A. Mozart in seinem »Notturno« für 4 Orchester oder in der Bühnenmusik des »Don Giovanni«; transzendierende Wirkungen aber strebte die Musik der Spätromantik in den Kompositionen mit einem oder mehreren Fernorchestern oder Fernchören an. Die Trompeten des Jüngsten Gerichtes im »Requiem« von Guiseppe Verdi, der noch stärkere Effekt durch zwei Fernorchester in Gustav Mahlers »Auferstehungssinfonie« (2. Symphonie) sind ohne Einfluß des Theaters nicht denkbar. Die äußerste Steigerung der musikalischen Mittel wurde in den genialischen Chorwerken von Hector Berlioz erreicht, in denen gesellschaftliche oder patriotische Impulse zu den Kompositionen der »Symphonie Funèbre et Triomphale« führten, oder in dem für den Invalidendom geschriebenen »Requiem«, das vier Fernorchester verlangt.

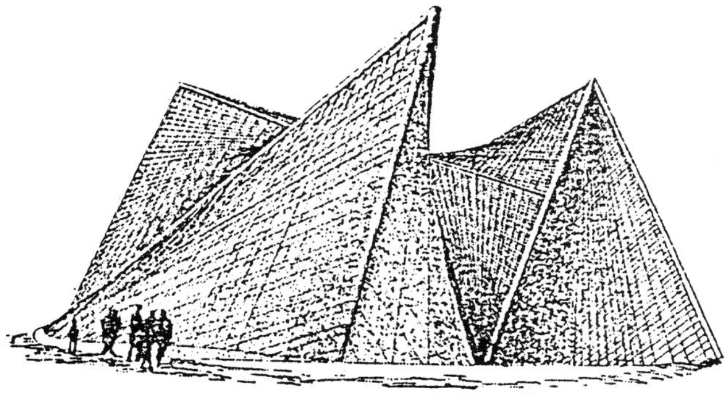

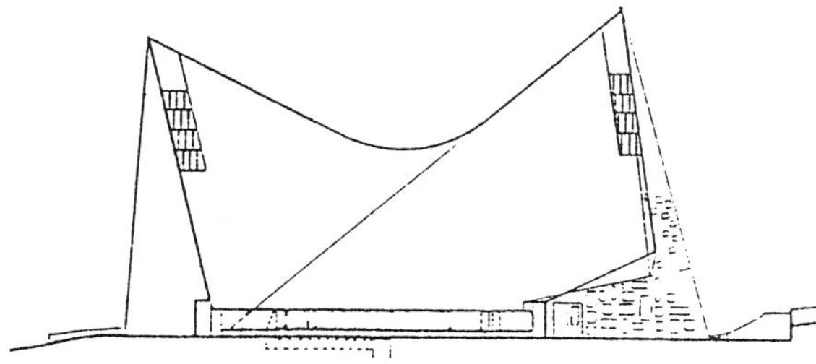

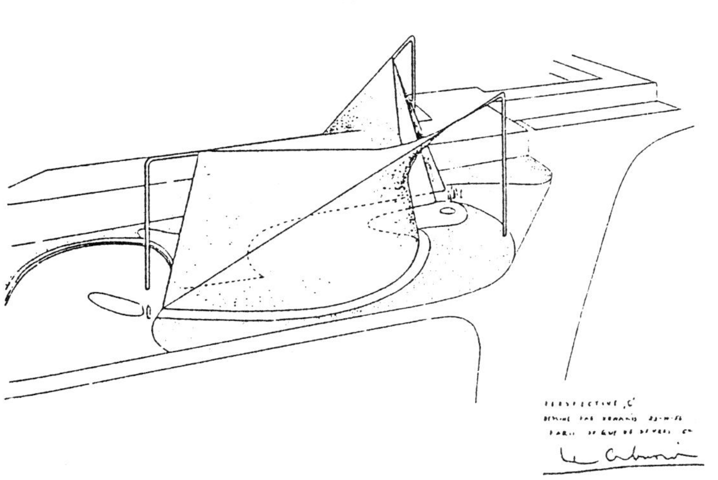

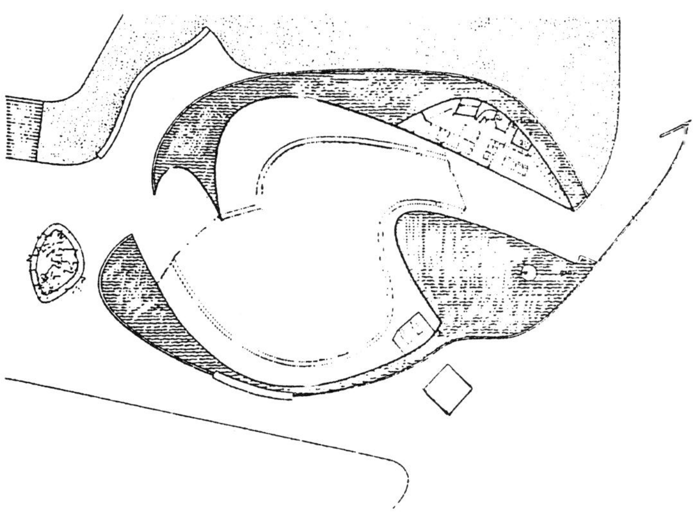

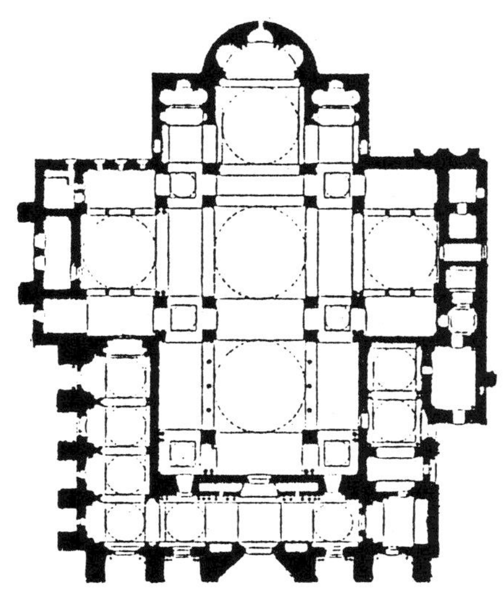

Konzeptionsskizzen von Le Corbusier in Zusammenarbeit mit J. Xenakis und E. Varése für »Le poème électronique« im Philips-Pavillon, Brüssel, 1956–57

oben: Sänger-Emporen im Dom von S. Marco, Venedig, für die »Raummusik« im 15. Jh. – unten: Grundriß von S. Marco

Das Alternieren vagierender Klang- oder Geräuschgruppen in Werken von Edgar Varèse, wie in der 1931 geschriebenen »Ionisation«, das wellenartige Korrespondieren der Instrumenten- und Schlagzeuggruppen in Hans Werner Henzes 1962 in Berlin uraufgeführten »Antifone für 11 Solostreicher, Bläser und Schlaginstrumente« sind Beispiele aus der Fülle jener Kompositionen, die die Dimension des Raumes in ihre Ausdrucksmöglichkeiten einzubeziehen suchen. Derartige Werke oder die komplexhafte Dichte serieller Determinationen beispielsweise in den »Structures« von Pierre Boulez lassen sich wahrscheinlich besonders auf den Seitenparketts der neuen Philharmonie, deren Charakteristikum ein leicht analysierbarer Klang ist, erfassen. Karlheinz Stockhausen hat in seinen 1957 vollendeten »Gruppen für 3 Orchester« die kritische Überlagerung wandernder Klangstrukturen durch die räumliche Trennung der drei Orchestergruppen gelöst. Er fügt die räumliche Wirkung oder Bedingung als Parameter den Parametern der Tonhöhe, -farbe, -dauer oder Dynamik gleichberechtigt hinzu.

Neben den Aufführungsmöglichkeiten für »Raummusik« auf gewöhnlichen Orchesterinstrumenten wurden in der Philharmonie auch die Einrichtungen für elektronische Musik vorgesehen und installiert. Über dem Podium sind in einem Kreis zehn Deckenlautsprecher eingebaut; Anschlüsse für Lautsprecher befinden sich an den peripherischen Wänden des Saales. Die Leitungen sind zu dem Studio für elektronische Musik neben der Hauptorgel geführt; die Planung und Leitung der Anlage lag in den Händen von Fritz Winckel.

Jeder Komponist hat sich mit den Problemen der Technik in seiner Art auseinanderzusetzen, häufig um das seinen Vorstellungen entsprechende optimale Instrument für den gegebenen Raum zu erzielen. Die Entwicklung der Orgel bestimmte in hohem Maße Stil- und Aufführungspraxis der Barockmusik; die Entwicklung des modernen Konzertflügels führte mit zu jenem Virtuosentum des 19. Jahrhunderts, das seinen Ausdruck noch immer in der Gegenüberstellung Künstler–Publikum der meisten bestehenden Konzertsäle hat. In seinem Oratoriumfragment »Die Jakobsleiter« versuchte Arnold Schönberg, durch außerinstrumentale Mittel transzendierende Klangeffekte zu erzielen, die Jahrzehnte später Arthur Honegger oder Olivier Messiaen durch das Trautonium oder die Ondes Martenot erreichen.

Die heutigen elektronischen Klangerzeuger sind nur noch von Spezialisten zu nutzen; die musikalischen Ergebnisse sind meistens nur einem speziellen Publikum bekannt; die Rundfunkanstalten haben die Aufgabe übernommen, mit ihren technischen und finanziellen Möglichkeiten jene schöpferischen Experimente zu fördern. Die Entwicklungslinie des »musikalischen Raumes« führt somit von dem sakralen über den höfischen Raum, über das Theater, den Konzertsaal des 19. Jahrhunderts in irgendeiner Weise immer in das Rundfunkstudio. Die Studios für elektronische Musik der Sender Paris, Mailand, Köln usw. haben trotz aller Sendemöglichkeit auf den Musikhörer nur eine begrenzte Ausstrahlkraft; die wachsende technische Kompliziertheit scheint teilweise zum »elfenbeinernen Studio« zu führen; die Hörer in den Konzertsälen des 19. Jahrhunderts sind schon durch die fehlende räumliche Entsprechung nur begrenzt angesprochen.

Die Einrichtung eines Studios für elektronische Musik in der neuen Philharmonie soll daher nicht eine neue Schule bilden; es muß den erarbeiteten Ergebnissen der internationalen Entwicklung gleichberechtigt Raum geben, ihnen Instrument sein. Es muß die Möglichkeit bieten, aus der latenten musikalischen Spannung und der soziologischen Forderung dieses Konzertsaales Anregungen für neue Werke in neuer umfassender Sicht zu geben.

Die aus räumlich-akustischen Gründen bedingte Stellung der Haupt- und Nebenorgel in der neuen Philharmonie könnte bei Orgelkonzerten neben konzertanten Wechselwirkungen auch der Verdeutlichung dichter polyphoner Gefüge in Werken der Barockmusik oder der Gegenwart dienen. Die Teilung der Chororgel in zwei Instrumente ist in Hinsicht auf die doppelchörige Aufstellung in Bachs »Matthäuspassion« geschehen. Die Aufstellung einer Choralgruppe auf dem Plateau vor der Hauptorgel würde die beabsichtigte Identität des Chorales mit der Zuhörer-Gemeinde manifestieren. Es wäre eine Wechselwirkung von Künstler und Hörer gegeben, die im sakralen Raum durch die Liturgie erhalten ist, jene aktive Beziehung und Kommunikation, die Paul Hindemith in seiner »Kantate an die Hoffnung« fordert, wenn er das Publikum den Refrain mitsingen läßt.

Die Versuche, das dramatische Geschehen szenisch in den Mittelpunkt zu stellen, sind Jahrhunderte hindurch in immer neuer Abwandlung gestaltgebend für den umgebenden Raum gewesen. Die Form und Idee der griechischen Tragödie sind in neuer Deutung in Werken beispielsweise Igor Strawinskys und Darius Milhauds von eminent ausschlaggebender Bedeutung.

In der Berliner Philharmonie wurden die Möglichkeiten gegeben, mit einfachen Mitteln in kurzer Zeit den Umbau des Podiums zu einer Bühne mit abgesenktem Orchestergraben zu vollziehen. Die hinteren Reihen der Chorplätze können für einen kleinen Chor erhalten werden, andernfalls kann aber auch das erste rückwärtige Parkett durch einen Chor benutzt werden. Werke wie Strawinskys »Oedipus Rex«, »Perséphone«, Honeggers »Jeanne d'Arc au bûcher« sind in der Oper, Luigi Dallapiccolas »Prigioniero« in einer halbszenischen Aufführung im Saal der Hochschule für Musik in Berlin gezeigt worden und seien als Beispiele genannt. Vielleicht führen aber Werke wie Schönbergs schon 1913 vollendetes Melodram »Die glückliche Hand«, Boris Blachers »Abstrakte Oper«, Bestrebungen der Bauhaus-Bühne oder die jüngsten Experimente des Balletts zu neuen, dem Raum entsprechenden Darstellungen. Von besonderer Bedeutung dürfte auch die mit mehreren Raummusiklautsprechern arbeitende Oper »Intolleranza« von Luigi Nono für die Berliner Philharmonie sein.

Scheinwerfereinbauten in der Decke und der im Bereich des dritten Parketts stehende keilartige Beleuchterturm sind für derartige Inszenierungen gedacht; sie erlauben aber auch jene Farblichtexperimente zu wiederholen, die Aleksandr Skrjabin schon im Jahre 1910 in seinem »Poème du feu« unternahm. Die technischen Möglichkeiten zur Aufführung der neuesten Musik sind vorhanden; der den verschiedenen musikalischen Strömungen entsprechende Raum ist zwar nicht in der sehr technisch-akustischen Vision Stockhausens als kugelartiger Raum, sondern als Versuch einer neuen gesellschaftlichen Beziehung: Raum–Musik–Mensch gegeben. Wird Scharouns Berliner Philharmonie der Raum sein, aus dem in Amalgamierung aller technischen Mittel eine neue Musik entsteht?

Es ist festzustellen, daß die »Raum-Musik« der Spätromantik mit Fernorchestern und Echowirkungen im Raum der Philharmonie zu außerordentlichen musikalischen Wirkungen gelangte. Es sei hier an die Aufführungen von Hector Berlioz' Requiem »Grande Messe des Morts« mit den vier Fernorchestern unter den Dirigenten Charles Münch, Anton Lippe und Seji Ozawa erin-

oben: Die 3 Raummusik-Emporen

Mitte rechts: Orgel-Empore, ebenfalls für Fernwirkungen

Grundriß 1: Aufführung vom Hauptpodium und den 3 Raummusik-Emporen, sowie einer vierten hinter dem Block C, z. B. für das Requiem von Berlioz

Grundriß 2: elektronische Musik – aus dem Studio gesteuert – und über 10 in der Decke und 15 an den Saalwänden installierte Lautsprecher eingespielt

Grundriß 3: halbszenische Aufführung mit Chor bei Absenkung des Podiums zum Orchestergraben

Grundriß 4: halbszenische Aufführung, jedoch unter Einbeziehung der 3 Raummusik-Emporen; der Chor steht in Block H

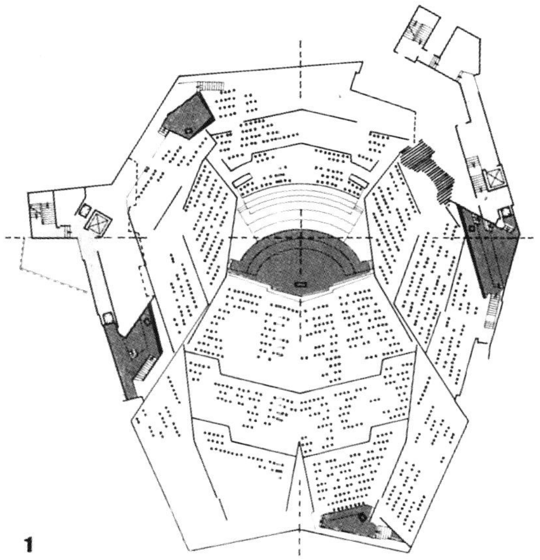

1

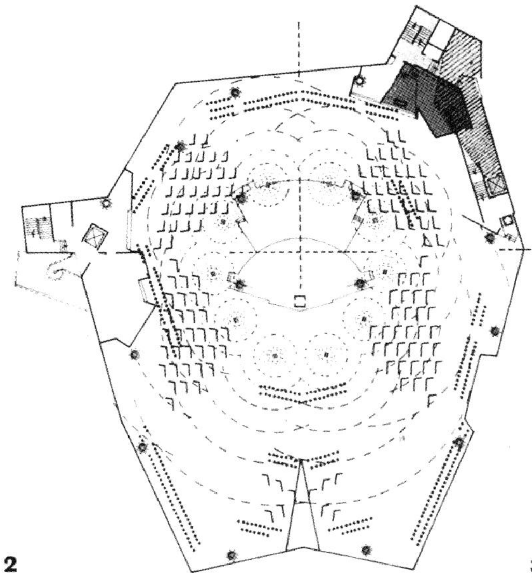

2

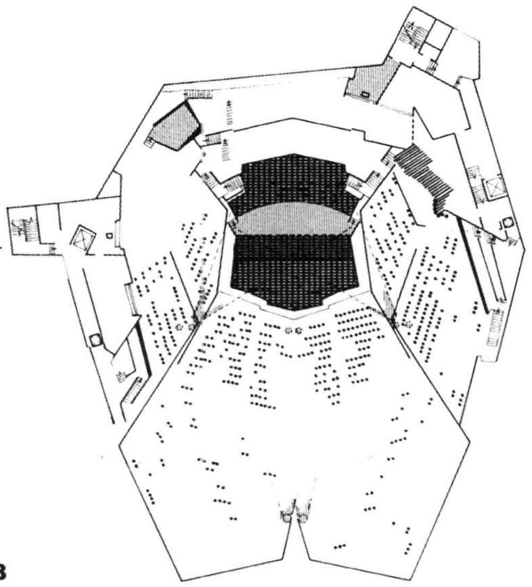

3

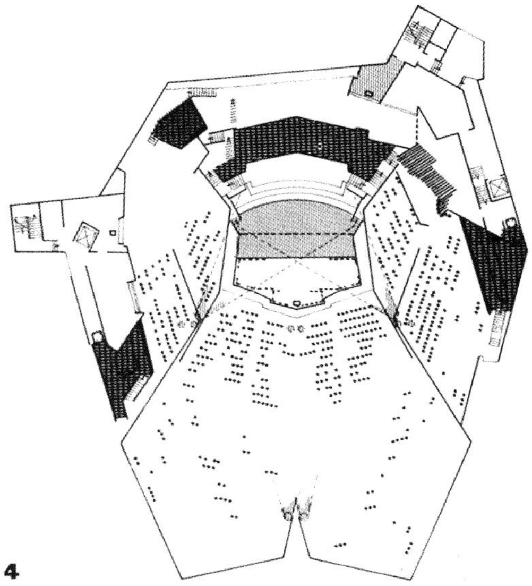

4

nert. Musikalische Fernwirkungen gelangen bei den Aufführungen von Gustav Mahlers »Auferstehungs-Sinfonie« (2. Sinfonie), der »Sinfonie der Tausend« (8. Sinfonie) und in seinem frühen Oratorium »Das klagende Lied« oder in Franz Liszts »Dante-Sinfonie«. Ähnliche diametral disponierte Raum-Musik-Wirkungen waren im »War-Requiem« von Benjamin Britten oder in Hector Berlioz' »Romeo und Julia« zu erleben.

Leider blieben die Aufführungen der Barock- oder Renaissancemusik mit räumlich getrennt aufgestellten Chorgruppen und Instrumentalisten Ausnahmen. Dies mag schon mit dem Musikbetrieb zusammenhängen, denn das räumliche Musizieren verlangt wesentlich mehr Proben für den akustisch-musikalischen Zusammenhalt und die Ausbalancierung der Dynamik. Die Raummusikemporen in der Philharmonie sind im Vergleich zu den Emporen im Dom von S. Marco erheblich weiter voneinander entfernt, damit verstärken sich wegen der langen Laufzeiten des Schalles die aufführungstechnischen und akustischen Probleme.

Nur relativ wenige Raummusik-Werke der Neuen Musik waren nach der Eröffnung der Philharmonie zu erleben. Sogar Karlheinz Stockhausens Bemühungen, sein zukunftsweisendes Werk »Gruppen, für drei Orchester« von 1955/57 in dem prädestinierten Saal der Philharmonie zur Aufführung zu verhelfen, scheiterten. Es ist bedauerlich, daß derartige Werke, die mit einem Arbeitsaufwand für Podest-Umbauten verbunden sind, nicht aufgeführt werden – die Philharmonie jedoch nach erheblichen Podium-Umbauten, z. B. für Veranstaltungen zur Funkausstellung u. a., zur Verfügung steht.

Erst 1987 konnte Karlheinz Stockhausen sein 32 Jahre zuvor geschriebenes elektronisches Werk »Gesang der Jünglinge« zusammen mit den »Hymnen« von 1966/67 in der Philharmonie erstmalig für Berlin zur Aufführung bringen.

Hans Werner Henzes räumlich disponiertes Orchesterwerk »Antifone« ist zwar, wie auch seine Sinfonien, mit beeindruckender Wirkung zu hören gewesen – jedoch scheint die Philharmonie Komponisten, wie zum Beispiel Luigi Nono, trotz internationaler Anerkennung offensichtlich verschlossen zu sein. Für namenlose junge Komponisten besteht keine Möglichkeit, Werke experimentell zu erproben – Saal und Orchester stehen bedauerlicherweise für weiterführende Musik selten zur Verfügung.

Mit zeitlichem Aufwand ist auch die Aufführung halbszenischer Werke verbunden; die zusätzlichen Proben ließen sich vor Beginn einer neuen Saison durchaus arrangieren. Bis zum Umbau des Podiums im Jahre 1975 konnte die vordere Fläche motorisch zu einem Orchestergraben abgesenkt werden. Die hintere Hauptfläche des Podiums ist für halbszenische Aufführungen freilegbar. Es ist bedauerlich, daß, mit dem Hinweis auf die Opernhäuser, die Aufführungsmöglichkeiten in dem Arena-Raum der Philharmonie verkannt und nicht genutzt werden. Durch den 1975 erfolgten Umbau zu einem motorisch-verstellbaren Podium ist die Absenkung zum Orchestergraben zwar erschwert, jedoch prinzipiell weiterhin möglich. Auch die ebene Spielfläche ohne Orchestergraben bietet für den Zentralraum außerordentliche künstlerische Möglichkeiten – einen Eindruck brachte 1982 die »Philharmonische Revue« anläßlich des 100jährigen Jubiläums des Berliner Philharmonischen Orchesters. Bei dieser Veranstaltung war auch die Einbeziehung von farbigem Licht in Verbindung mit symphonischem Jazz in einer, allerdings dekorativ wirkenden, futuristischen Show zu erleben.

Leider konnte auch in den Berliner Festwochen 1983, die dem Symbolismus und Futurismus gewidmet waren und in denen das Werk Alexander Skrjabins im Vordergrund stand, sein bereits 1909/10 geschriebener »Prometheus« mit Farblicht-Projektionen aus finanziellen Gründen nicht verwirklicht werden. Die von Skrjabin intendierte Lichtwirkung ist als zusätzliche »Lichtstimme« (Luce) in der Partitur des Prometheus notiert. Die über jeweils mehrere Takte andauernden Grundlichtstimmungen werden durch wechselnde Lichtakzente überlagert. Dabei sind noch nicht die synästhetischen Wirkungen eines Gesamtkunstwerkes – wie in seinem unvollendet gebliebenen Universum-Mysterium – beabsichtigt, sondern der Versuch, Farben »hörbar zu machen«, d. h. bestimmte Farbwahrnehmungen mit jeweiligen Tonkomplexen und Tonarten zu verbinden. Diese Versuche wären für den Saal der Philharmonie von besonderem Reiz, sie verlangen aber das Medium eines Farbenklaviers, weil die Farbänderungen genau dem musikalischen Ablauf anzupassen sind.

Die weltweiten vereinzelten Versuche, Skrjabins Farbenklavier nachzubauen, zeigten, daß seine technischen Vorstellungen visionär waren und noch lange unrealisiert bleiben sollten. Um seine Intentionen mit dem musikalischen Ablauf zu koordinieren, bedarf es einer aufwendigen elektronisch speichernden Apparatur und überdies einer großen Anzahl von Scheinwerfern mit motorischer Bedienung. An den finanziellen Auswirkungen ist daher eine künstlerisch qualifizierte Aufführung in der Philharmonie gescheitert. Erst 1992 führte Claudio Abbado den »Prometheus« von Skrjabin mit Farblichtwirkungen in der Philharmonie auf, die jedoch wegen eines Diskothek-ähnlichen Lichtarrangements dem Werk eher abträglich waren.

Hat nun der Raum der Philharmonie eine »Neue Musik« initiiert? Abgesehen von wenigen räumlich-experimentellen Kompositionen, wie auch Krzysztof Pendereckis »Lukas-Passion«, blieben die neuen räumlich-musikalischen Aufführungen zu selten. Ob dies nur auf die erwähnten notwendigen zusätzlichen Proben zurückzuführen ist oder ob die Qualität der Werke experimentellen Charakters von den Verantwortlichen bezweifelt wurde, ist nicht bekannt. Ebenso ist leider nicht bekannt geworden, ob Werke zeitgenössischer Komponisten für die Philharmonie geschrieben oder durch den Raum angeregt wurden, aber keine Gelegenheit zur Aufführung erhielten; meistens wurden finanzielle Schwierigkeiten oder fehlende Probezeiten geltend gemacht.

Erschwerend ist auch für einen Komponisten, wenn ein neues umfangreiches Werk adäquat nur in der Philharmonie aufgeführt werden kann. Daher ist es verständlich, daß die jungen Komponisten weiterhin die Einbeziehung des Raumes in ihre Kompositionen kaum anstreben und bei konventionellen Formen bleiben. Vielleicht liegt der Grund auch darin, daß nach einem hoffnungsvollen Aufbruch nach dem 2. Weltkrieg die überragenden Komponisten der Neuen Musik, die an der Raummusik und elektronischen Musik interessiert waren, nicht erkannt oder nicht gefördert wurden. Es bleibt daher nur zu hoffen, daß Einrichtungen für Raum-Musik oder für elektronische Experimente auch in anderen Konzertsälen geschaffen werden, damit für die jungen Komponisten ein Anreiz für derartige Kompositionen gegeben wird. Doch vor der Frage, ob der Raum der Philharmonie dennoch die »Neue Musik« gefördert hat, möchte ich die Frage zu beantworten versuchen, wie weit sich die Zentralform der Philharmonie bewährt hat, in der Raum–Musik–Mensch in neuer Einheit zusammenfinden.

Raum – Musik – Mensch

Zur Eröffnung der Philharmonie am 15. Oktober 1963 schrieb Hans Scharoun:

»Es gehört zu den Glücksfällen im Schaffen eines Architekten, wenn der realisierte Bau der ursprünglichen Konzeption entspricht. Bei der Philharmonie ist dies der Fall. An der Idee hat sich gegenüber dem Wettbewerbsentwurf von 1956 kaum etwas geändert. Auch die Verlegung des zunächst vorgesehenen Standorts Bundesallee zum Kemperplatz, die 1959 beschlossen und 1960 vollzogen wurde, hat wohl einige Erweiterungen, jedoch keine grundsätzlichen Veränderungen mit sich gebracht – was besonders hervorzuheben ist bei einem so komplizierten Bauwerk und bei der langen Vorbereitungszeit. Denn erst am 19. September 1960 erfolgte die Grundsteinlegung.

Musik im Mittelpunkt – das war von Anfang an der Leitgedanke, aus dem sich die Gestalt des Saales der neuen Philharmonie ergibt, des Saales, der seine Priorität bei dem gesamten Bauwerk bewahrt. Das Orchester mit seinem Dirigenten wird auch räumlich und optisch zum Mittelpunkt, denn es befindet sich zwar nicht in der mathematischen Mitte des Raumes, wohl aber ist es von allen Seiten von den Reihen der Zuhörer umringt. Es stehen sich nicht sozusagen »Produzent« und »Konsument« gegenüber – die Gemeinschaft der Zuhörer ist lebendig aufgegliedert und in verschiedenen Ebenen um das Orchester gruppiert.

So konnte dem Saal – trotz seiner Größe – eine gewisse Intimität erhalten bleiben, die das unmittelbare, mitschöpferische Teilhalben am Musikgeschehen in Gang zu setzen vermag. Das Musizieren und das gemeinsame Erleben der Musik finden also an einem Ort statt, der in seiner baulichen Konzeption nicht vom Formal-Ästhetischen ausgeht, sondern vom Vorgang. Mensch, Raum, Musik – sie treten hier auf neue Art in Beziehung.

Die Gestaltgebung folgt dabei dem Bild einer Landschaft. Der Saal ist wie ein Tal gedacht, auf dessen Sohle sich das Orchester befindet, umringt von den aufsteigenden »Weinbergen«. Die Decke entgegnet dieser »Landschaft« wie eine »Himmelschaft«. Vom Formalen her wirkt sie wie ein Zelt. Dieses Zeltartige, d. h. Konvexe, hängt eng mit der Akustik zusammen, mit dem Bestreben, die Musik im Raum zu verteilen. Der Ton wird nicht von einer Schmalseite in den Raum geschickt – er steigt aus der Mitte und Tiefe des Raumes nach allen Seiten auf und senkt sich vielfältig auf die Zuhörer. Besonders bedacht wurde der kurze Weg der Schallwellen vom Orchester bis zu den entferntesten Hörerplätzen. Dem Diffusen dient auch die Brechung der Saalwände und die vielschichtige, verschiedenartig geneigte Begrenzung der Weinberge und der überhöhten Parkette. Diese Lösung ist nicht zuletzt der Vorleistung der akustischen Wissenschaft zu verdanken; hier wurde Neuland erobert und erarbeitet.

Der Saal bestimmt bis in jede Einzelheit die Formgebung des monumentalen Bauwerks. Auch die Außenkontur hängt damit zusammen – die Zelt-Tendenz der Saaldecke tritt hier deutlich in Erscheinung. Ebenso ergab sich aus der Konstruktion des Saales – der über den Hauptfoyers angeordnet ist – die Behandlung aller anderen Räume, in denen sich die jeweiligen Funktionen frei entfalten können, wie auch das Spiel der Treppen, das sich rhythmisch einfügt.

So dient alles der Vorbereitung auf das Musikerlebnis, so stehen alle Räume in einem dynamischen Spannungsverhältnis zur feierlichen Gelassenheit des im wahren Sinne des Wortes das Bauwerk krönenden Konzertsaales.«

Haben sich in den nahezu 30 Jahren nach der Eröffnung der Philharmonie die Hoffnungen auf diesen Raum erfüllt? Ist die Botschaft der neuen Einheit zwischen Raum–Musik–Mensch, die dieser Raum bringt, angenommen worden?

Scharoun war es 10 Jahre vergönnt, seinen Raum zu erleben, der – sosehr er alle Einzelheiten und Regungen zur Gestaltwerdung kannte – sich immer mehr aus seinen Händen gelöst hat. Es soll sein Geheimnis bleiben, was er in diesen Jahren bis zu seinem Verstummen in so vielen Konzerten gehört und empfunden hat, folgten doch auf die triumphale Eröffnung bittere Jahre voller Angriffe, Gehässigkeiten und Verleumdungen. Bestand doch jahrelang die Gefahr, daß die Idee ›Musik im Mittelpunkt‹ von nicht am Bau beteiligten Akustikern beseitigt und der Saal durch einen Umbau in einen konventionellen Konzertsaal umfunktioniert werden würde.

Wenn nun, etwa 30 Jahre nachdem erstmalig Musik in diesem Raum erklang, der Versuch einer Formulierung über das ›Ergebnis‹ der Philharmonie, über die neue Einheit von Raum–Musik–Mensch gewagt wird, so geschieht dies nicht aus einer leidenschaftslosen Distanz. Das Erlebnis, diesen Bau entstehen zu sehen, scheint gegenwärtig zu sein; es verbindet sich die Erinnerung an die Kämpfe um die Verwirklichung dieses Werkes mit den Kämpfen für die Realisierung des Kammermusiksaales. Das rauschhafte Erleben dieses musikalischen Raumes bleibt trotz unzähliger Konzertereignisse wie in der Gegenwart vollzogen; das Abenteuer neuer künstlerischer Ereignisse schafft eine ständige Fluktuation, die den Raum nicht altern läßt. Für den Architekten ist es dennoch notwendig, den Saal zu analysieren und die Kräfte, die im ›Geheimnis der Gestalt‹ verborgen sind, aufzuspüren, da es im Kammermusiksaal das Wagnis erneut einzugehen galt.

Hat sich Scharouns Wort bestätigt: »Laßt doch, die Idee trägt ja!«? Hat sich die Einheit ›Raum–Musik–Mensch‹ aus der Sicht des Beteiligten und aus der Empfindung, aus dem Gehörten zahlloser Konzerte erfüllt – ist die Philharmonie mehr als ein Konzertsaal, in dem gut musiziert und gut Musik gehört werden kann? Da der Saal seit fast 30 Jahren unverändert genutzt und überaus gut besucht wird (das ist bei einem Konzertsaal nicht selbstverständlich), braucht diese Frage nicht untersucht zu werden; es sei aber daran erinnert, daß es keinen »absoluten« akustisch und aufführungstechnisch vollkommenen großen Saal mit mehr als 2000 Plätzen gibt; werden doch gleichermaßen absolute musikalisch-akustische Ereignisse bei Konzerten mit einer Solo-Gitarre oder bei Gustav Mahlers VIII. Sinfonie, der ›Symphonie der Tausend‹, erwartet. Was bietet aber dieser Raum über die Grundeigenschaften der guten Akustik hinaus? Nach dem Zweiten Weltkrieg entstanden in Europa mehrere Konzertsäle, die in der Form des Schalltrichters das »akustische Heil« der besten musikalischen Vermittlung suchten. Die Ergebnisse waren – zumal sich jene Form als akustisch unzulänglich erwies – eindimensional, waren Musikinformation, ein besonderes musikalisches Raumerlebnis wurde nicht geboten. Zu Recht wurde behauptet, eine von Tonmeistern klanglich ausbalancierte Schallplatte könne bessere musikalische Information und somit beliebig reproduzierbares Musikerleben vermitteln. Die wirklich innige Einheit zwischen Mensch–Raum–Musik entsteht nur, wenn der Künstler oder das Orchester die künstlerische und menschliche Ausstrahlung bewirken.

Ein zu hoher Anspruch, eine zu hohe Erwartung? Sie wurden und werden in der Philharmonie immer wieder Ereignis. – Der Raum »hilft« dem Künstler – er stimuliert.

Von dem Platz des Dirigenten wirkt der Saal äußerst konzentriert und dicht. Das Verlangen der umgebenden Menschen nach Musik, nach einer besonderen künstlerischen Leistung oder Aussage, ist hautnah spürbar; es entsteht ein mitmenschlicher Kontakt, gleichsam eine familiäre Gemeinschaft mit den umgebenden teilhabenden Hörern.

Schon hierin liegt der Grund, wenn Künstler mit einer zutiefst menschlichen Ausstrahlung, Künstler, die nicht nur Musik »machen« – sondern quasi als »Medium eines höheren Wesens dienen«, in der Philharmonie so gern musizieren und die wirkliche Gemeinschaft zwischen Erlebenden und Ausführenden erreichen.

Welche musikalisch-akustischen Eigenschaften hat der Saal – welche weitergehenden, transzendentalen Wirkungen kann dieser Raum erzielen?

Die Philharmonie vermittelt keine Musikinformation, sondern ein Musikerlebnis. Dieses Erlebnis setzt sich aus mehreren Komponenten zusammen. Schon im Foyer fällt auf, wie sich das gesellschaftliche Ereignis in der Berliner Philharmonie im Gegensatz zu Städten wie Hamburg oder München ohne jede aufgesetzte Repräsentation vollzieht. Der kategorisch konzeptionelle Verzicht auf jede Art von Rangordnung kommt nicht nur durch das Fehlen der Ränge ins Bewußtsein, sondern durch die Parkett- oder Terrassenstruktur, durch die jedem Platz der unmittelbare, visuell ungehinderte Bezug zum Podium gegeben ist. Eine weitere Grundsatzentscheidung war für Scharoun die Vermeidung eines ebenen Parketts (der entscheidende Nachteil aller Mehrzwecksäle, um Festivitäten bis zum Karneval zu feiern). Durch die starke Höhenstaffelung der vor dem Orchester gelegenen Parkettgruppen A, B und C entstehen auch in den entferntesten Reihen unbeeinträchtigte Sichtverbindungen zum Podium; ebenso gelangt der direkte Schall ungehindert bis zu den letzten Reihen an der Peripherie des Konzertsaales. Hierin liegt die soziale, die humane Idee, die Scharoun nicht einmal betont, wenn er in seinen Erläuterungen Metaphern wie »Landschaft« oder »Weinberge« gebraucht.

Die Plätze auf den Seiten des Podiums, auf den »Weinbergen«, sind besonders beliebt, weil sie nahe am Geschehen sind und die Anteilnahme am künstlerischen Vorgang hier besonders intensiviert wird. Schon hierdurch wird eine Platzwahl möglich, die nicht aus der finanziellen Staffelung resultiert, sondern aus der Einstellung zur Musik – ob der Besucher in der Nähe des Podiums oder lieber distanziert seinen Platz wünscht. Schon durch die Disposition der Parkettebenen um das Podium ist eine Gleichberechtigung, eine Gleichwertigkeit gegeben, und damit ist Scharouns Bemühen um einen demokratischen Raum gelungen.

Der Saal der Philharmonie bietet verschiedene Möglichkeiten, Musik zu hören – zu erleben. In jedem Rangtheater fällt auf, daß die Plätze unter dem Rang von Reihe zu Reihe akustisch schlechter, »trockener« oder klanglich »dünner« werden. Der Grund liegt vor allem an dem Fehlen der Deckenreflexionen. Denn der Schall der meisten Instrumente breitet sich kugelförmig aus und gelangt ungehindert zu den hochgelegenen Plätzen und zur Raumdecke, kann von dort aber nicht unter einen Rang oder in eine Loge reflektiert werden. Der Grundsatz, daß alle Plätze in der Philharmonie die Saaldecke über sich haben und somit die Schallreflexionen insbesondere von dort erhalten, ist durchaus

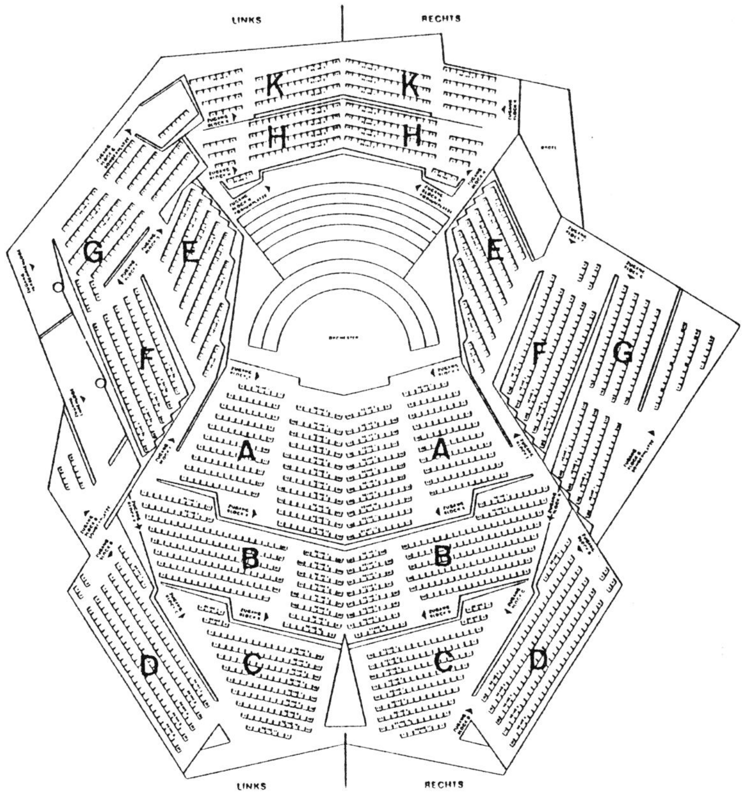

Schematischer Sitzplan des Konzertsaals mit den Platzgruppen A–K und den 3 Raummusik-Emporen

musikalisch-akustisch spürbar und wird als befreiende räumliche Weite entgegen einem Konzertsaal mit Rängen empfunden. In jedem großen Saal ist das Hören auf verschiedenen Plätzen unterschiedlich – es gibt keinen akustisch gleichmäßigen Konzertraum. Dies muß nicht ein Nachteil, sondern kann ein Vorteil sein, wenn die Dichte der Klangreflexionen gegeben ist. In der Philharmonie herrschen auf den verschiedenen Platzgruppen durchaus unterschiedliche Hörsamkeiten, die sich bei den verschiedenen Veranstaltungen mit stark differenzierenden Besetzungen auch unterschiedlich auswirken können. Kenner des Raumes und der Musik versuchen daher, ihre Kartenwünsche den jeweiligen Veranstaltungen anzupassen. Die akustisch-musikalische Hörsamkeit in den Parkettgruppen vor dem Orchester, also in traditioneller Anordnung, entspricht einem quasi emotionalen Hören, das sich mit größerer Distanz (Block C und D) zu einem kontemplativen Hören verändert. Obwohl der Saal über 2200 Plätze hat, beträgt die maximale Entfernung zum Podium dennoch nur 28 m. Diese mathematische Distanz wird durch die Höhenstaffelungen der Parkettgruppen visuell verringert, da jeweils mehrere Reihen durch die Brüstungen verdeckt und für den entfernt sitzenden Zuhörer nicht abzählbar sichtbar sind; dadurch entsteht eine scheinbare Annäherung zum Podium.

Die Plätze seitlich des Orchesters, namentlich die Blöcke E und F, weisen eine spürbar andere, eine stärker analytische Hörsamkeit auf, weil der Einblick in das Orchester von den höheren Plätzen stärker gegeben ist und damit neben dem visuellen Bezug auch der direkte Schall leichter »geortet« werden kann. Hinzu kommt eine Betonung der Deckenreflexionen, durch die der Eindruck, »der Klang kommt von oben, von der Decke«, verstärkt wird. Diese Plätze sind für die neue akustische Hörsamkeit in der Philharmonie besonders bedeutsam.

Blick auf die symmetrisch angeordneten Platzgruppen A, B, C und D sowie E und F, die Platzgruppe G ist nicht symmetrisch angeordnet.

In dem keilartigen Gebilde, durch das der Block C unterteilt wird, befinden sich Scheinwerfer und Kameras für Fernsehaufzeichnungen.

Die noch höher liegenden Plätze der Blöcke G, die auf der linken und rechten Saalseite verschieden, d. h. zur Symmetrielinie asymmetrisch disponiert sind, bieten wiederum ein anderes Hörerlebnis, das besonders im Block G rechts als klanglich sehr geschlossen bezeichnet werden kann, ohne daß die Deutlichkeit fehlt. Auf diesen Plätzen ist die Idee des »Tales« spürbar und vermittelt ein eigentümliches Verhältnis zum musizierenden Orchester, das wie ein Hören auf einer »höheren Warte« empfunden wird. Diese Assoziation stellt sich z. B. bei den Episoden mit den Herdenglocken in Mahlers 6. Sinfonie ein, als höre der Mensch in der Einsamkeit des Berggipfels das Läuten der Herdenglocken im Tal – als wäre er »der Welt abhanden gekommen«.

Da der Saal der Philharmonie mit maximal 50 m sehr breit ist, entsteht auf keinem der Seitenplätze das Gefühl eines Kompromisses oder etwa der Eindruck, Opfer einer architektonischen Idee zu sein. Vielmehr wirken gerade diese Plätze durch ihre Nähe zum Künstler als bevorzugt und reizvoll.

Ungewohnt waren jedoch zunächst besonders die Plätze hinter dem Orchester der Platzgruppen H und K, denn die Orchester haben in der Philharmonie schon wegen der Gastdirigenten ihre traditionelle Aufstellung wie in einem Konzertsaal mit einer Orchestermuschel beibehalten. Entscheidend ist jedoch, daß diese Plätze wesentlich höher als das Orchester und der anschließende Chorbereich disponiert wurden und sich der Klang bereits vermischt hat. Wenn sich auch der Schall der meisten Instrumente kugelförmig ausbreitet, so sind doch – namentlich bei den Violinen – Abschattungen durch die Haltung des Instrumentes gegeben, wodurch der direkte Schall auf diesen Platzgruppen z. T. schwächer ist, dagegen der warme, sonore Klang der Bratschen hier besonders schön gehört werden kann. Auch ist der direkte Schall der Trompeten und Posaunen und sogar der Schlaginstrumente vermindert oder abgeschattet und damit eine Ausbalancierung des Klanges gegeben. Für die wichtigen Schallreflexionen sorgen außer den Reflektoren über dem Orchester die Brüstungen in der Nähe des Podiums und die sehr diffusen Reflexionsflächen der hölzernen Stuhllehnen.

Auf den rückwärtigen Plätzen ist die Nähe und Ausstrahlung des Dirigenten besonders spürbar und die vorgegebene musikalische Konzeption und ihre Weiterführung im Orchester besonders erlebnishaft nachvollziehbar. Ist hierdurch für Orchesterwerke auch bei Mitwirkung des Chores ein wesentliches Äquivalent gegeben, so sind diese Plätze bei Gesangssolisten zwangsläufig akustisch benachteiligt. Die Mimik des Sängers geht verloren, und der direkte Schall gelangt kaum zu diesen Plätzen, wird allerdings durch ausreichend reflektierten Schall ersetzt. Dieses Problem entsteht weniger bei dem klassischen Oratorium oder bei Messen als bei romantischen Orchesterliedern, bei denen die solistische Singstimme häufig durch ein sehr stark besetztes Orchester, wie in Gustav Mahlers »Lied von der Erde«, übertönt wird.

Wegen der recht seltenen Werkform der Orchesterlieder aber sollte bei den konzeptionellen Überlegungen nicht auf die rückwärtigen Plätze verzichtet werden. Wieviel bedeutsamer ist dagegen bei der großen Symphonik die Nähe zu der künstlerischen Ausstrahlung des Dirigenten und zu dem musizierenden »Menschen«! Es bildet sich gleichsam durch die ablesbare Gestik eine suggestive Beziehung, die im konventionellen Konzertsaal nicht entstehen kann, weil der Dirigent dem Publikum den Rükken zukehrt.

Das unmittelbare hautnahe künstlerische Erlebnis kann von den Chorplätzen verfolgt werden, wenn diese für Zuhörer bei Orchester- oder Solistenkonzerten verfügbar sind. Selbstverständlich ist hier der klangliche Gesamteindruck unausgeglichen – das gesamte Orchester kann gelegentlich durch »Schlagzeugorgien« völlig übertönt werden. Bei dynamisch ausgeglichenen Werken funktionieren die akustischen Maßnahmen wie die Reflektoren, die reflektierenden Brüstungen und Podiumwände sowie die Schallrückwürfe von den Lehnen des Gestühls ähnlich auch für diese Plätze; es entsteht ein ausgeglichenes Klangbild. Das Gehör wird quasi wie eine »Richtantenne« umfunktioniert, besonders engagiert gespielte Soli oder Tutti einzelner Instrumente oder Instrumentengruppen werden geortet und in einen neuen musikalischen Gesamteindruck integriert.

Wieviel bedeutsamer aber ist die Unmittelbarkeit mit der künstlerischen Ausstrahlung zu dem musizierenden Künstler. Es bildet sich auch mit dem wortlos, aber durch Gestik und Haltung natürlich »sprechenden« Dirigenten eine Gemeinschaft, wie in einen Dialog, die weit über das Musizieren hinaus zur künstlerischen Konzeption und zur Wesenheit des musikalischen Werkes führt. Da die Hörbarkeit des Schalles in einem Konzertsaal mit dem Quadrat der Entfernung abnimmt, die Ausstrahlung des Menschen aber noch rascher verlorengeht, ist es verständlich, daß die Chorplätze nicht nur von Enthusiasten, sondern auch von Kennern aufgesucht werden, denen es primär um das Wesen der Komposition und um die gedankliche Konzeption des Künstlers geht.

Wie die Stehplatz-Gemeinschaft in der Wiener Staatsoper oder der »Musikalische Heuboden« bei vielen Opernhäusern hat sich auf den Chorplätzen der Berliner Philharmonie längst ein Publikum gefunden, das die Nähe zum künstlerischen Ereignis höher als die klangliche Ausbalancierung, wie sie z.B. auf der Schallplatte angestrebt wird, schätzt. Jedem Musikausübenden fällt es schwer, in einem Konzert nicht »mitzumachen«. Die Philharmonie läßt durch das nahezu unmittelbare Musikerlebnis, z.B. durch die Vibrationen, die sich bei dem kultisch-orgiastischen Stampfen im »Sacre du Printemps« vom Orchester auf das Gesamtpodium übertragen, eine neue sensualistische Dimension des Musikerlebens zu.

Das gegenteilige Musikerlebnis bietet sich auf den drei Raummusikemporen, zumal die Sichtverhältnisse durch die breiteren Reihen für musizierende Fernorchester zum Podium nicht optimal sind. Auf die sich kugelförmig ausbreitenden Schallfronten wurde bereits hingewiesen; diese Auswirkungen sind auf den höchsten Plätzen der Philharmonie deutlich nachvollziehbar. Durch die unmittelbare Nähe der Decke und besonders auch durch die Voutenwirkung der zeltartigen Deckenform kumulieren die Schallwellen des ganzen Orchesters zu einem äußerst geschlossenen Klangspektrum, das durch das nahezu vertikale Hineinhören in das Orchester dennoch diaphan ist. Bei einzelnen Instrumenten, z.B. beim Soloklavier oder bei Streichinstrumenten, können sogar mitunter die Geräusche beim Andrücken der Saiten auf dem Griffbrett hörbar werden und der Eindruck der »Überakustik« entsteht. Selbstverständlich werden alle Nuancen sensiblen Musizierens auf diesen – billigsten – Plätzen hörbar. Es gehört zu den absonderlichen Möglichkeiten in der Philharmonie, auf solchen Plätzen sehr abstrakte oder auch konstruktive Musikstrukturen, wie die Präludien und Fugen des »Wohltemperierten Klaviers« von Johann Sebastian Bach oder die »Kunst der Fuge« nachvollziehen zu können. Die völlige Klarheit, mit der diese Werke »ausgehört« werden können, führt zu Empfindungen, die zwischen Kontemplation und Entrückung liegen.

Die Akustik im Musikvereins-Saal in Wien ist in ihrer betörenden Schönheit des Klanges wohl ein absoluter Gipfel, der kaum mit rational-wissenschaftlich akustischen Methoden erzielt wurde, auch wenn man heute einzelne Faktoren des Gesamtergebnisses kennt. Die Akustik der Berliner Philharmonie dagegen beschönigt nicht, sondern sie ist »wahr«, sie gibt wieder, was der Künstler musikalisch ausdrückt – »Elysium oder Apokalypse«.

Die Frage nach dem akustischen und musikalischen Gelingen des neuartigen Raumes kann zunächst mit der nüchtern erscheinenden Feststellung beantwortet werden, daß die Grundforderung, der Nachhall müßte im vollbesetzten Raum in allen Frequenzen 2,0 sek. betragen, weitgehend erreicht wurde. Damit ist die Grundlage für ein klangliches und zugleich durchsichtiges Musizieren bereitet, welches dem musikalischen Ideal Herbert von Karajans entspricht. Aus vielen Gesprächen mit Künstlern und besonders mit den Mitgliedern des Berliner Philharmonischen Orchesters wurde spürbar, wie sich nach einem anfänglichen Gewöhnungsprozeß ein künstlerisches »Heimatgefühl« zu diesem Raum bildete, hat doch dieses Orchester alle bedeutenden Konzertsäle der Welt musizierend erlebt.

Der »Berliner Saal« ist durch die zentrale Situation, in der das Orchester spielt, musikalisch äußerst anspruchsvoll, ja geradezu demaskierend. Um so leichter kann der Funken des Außerordentlichen auf den Musikhörenden überspringen – das Podium wird gleichsam zur »Walstatt« für den Künstler.

Das »Geheimnis des Raumes« (Scharoun) ist vergleichbar mit einem »Geheimnis des Klanges«, der nicht auf einen Grundtyp festzulegen ist. Bei einem hellen konzertanten Werk ist der räumliche Klang objektiv und strahlend. Im Gegensatz zu den

S. 135: Blicke auf das Podium mit der Zuordnung der Hauptorgel

meisten modernen Konzertsälen kann sich der Klang modifizieren, wirkt warm, ja »warmherzig«, wenn – namentlich bei Werken der großen Symphonik – in diesem Sinne musiziert wird.

Die Dynamik, d.h. die musikalische Lautstärke, entwickelt, bildet sich durch die befreiende Weite des akustischen Luftraums zu allen für das menschliche Ohr wahrnehmbaren Stärkegraden. Verdis Forderung »quasi niente« z.B. in seinem Requiem, läßt jäh beim Ersterben der Musik den Raum als »Raumheit« spüren. Das andere dynamische Extrem des hymnisch rauschhaften Klanges im Sonnen-Hymnus der »Gurre-Lieder« von Arnold Schönberg oder in der Schlußanrufung des »Veni Creator Spiritus« in Mahlers 8. Sinfonie steigert und faßt der Raum zugleich, ohne zur schmerzhaft brutalen Geräuschorgie zu verfälschen. Mahlers ekstatisches Bild zu dieser »Sinfonie der Tausend« ... »daß das Universum zu tönen und klingen beginnt, es sind nicht mehr menschliche Stimmen, sondern Planeten und Sonnen, welche kreisen«, kann sich nur in einem Raum erfüllen, der die Enge nicht kennt.

Durch die Weite und durch die von Scharoun angestrebte Unbegrenztheit des Saalraumes, die er durch den Gegensatz der hellen, steinern wirkenden Brüstungen zu dem unbestimmbaren und unidentifizierbaren Holzton der Saalaußenwände in Spannung setzte, entsteht das Naturhafte »wie eine Landschaft«, das in der romantischen Musik, besonders bei Sibelius, Priorität hat.

Durch diese materialhaft räumliche Spannung gelingt ebenso die Assoziation zum geistlich-sakralen und zugleich sinnenfrohen Barock, wie er Anton Bruckner in seinem Leben umgab und in seinem sinfonischen Werk als Gegenpol zum Unendlichen wiederklingt. Die Vision über Bruckners letzten Takten in seiner 9. Sinfonie – nach der implodierenden, zermalmenden Gewalt des Dissonanzschreies – bis zum ruhig schreitenden, zuversichtlichen, sich auflösenden Ausklang findet in der Philharmonie den adäquaten, transzendentalen musikalischen Raum.

Es sei hier Herbert von Karajan gedankt, der gegen alle Widerstände die Entscheidung zur Verwirklichung dieses Raumes erreichte. Bruckners 9. Sinfonie wurde unter seiner Leitung zum musikalischen Analogon zur Schöpfung der Philharmonie.

Die Philharmonie als Bauwerk führte in Berlin zu Kontroversen, als zukunftsweisender Konzertsaal dauern die Auseinandersetzungen weltweit an. Es scheint, als wäre die Auseinandersetzung – die musikalische Durchführung des Sonaten- bzw. Sinfonie-Satzes – bei aller Vielfalt der musikalischen Möglichkeiten die Ur-Leistung dieses Raumes.

Scharoun stellte für sein Werk immer die Frage nach dem »Lebensvorgang« und gewann daraus die Impulse zum Schaffensprozeß. In den großen sinfonischen Werken von Beethoven, Bruckner und Mahler sind die Kräfte und Auseinandersetzungen des Lebens über den Tod zur Verklärung bis in das Irrationale geweitet. Durch die Affinität zur Auseinandersetzung scheint die Musik in dem Zentralraum der Philharmonie zu »sprechen« – es wird leichter faßbar, was hinter der Musik als nur »tönend bewegte Form« steht.

Der rezitativische Duktus in Mozarts großen Sinfonien und seinen Klavierkonzerten oder Beethovens Wunsch »von Herzen, möge es wieder zu Herzen gehen« zu seiner »Missa Solemnis« wurde in der zutiefst menschlichen und visionär jenseitigen Gestaltung durch Carlo Maria Giulini Ereignis. Diese Aufführung sei als Beispiel für die metaphysischen Spannungen, die dieser Raum birgt, genannt. Vermutlich hätte Wilhelm Furtwängler ähnliche musikalische Visionen beschwören können, wäre ihm die neue Philharmonie zu erleben und zu erfüllen vergönnt gewesen.

Sir John Barbirolli gelang in Mahlers 4. Sinfonie das Wechselspiel zwischen einfacher und mitmenschlicher Demut des Musizierens und das Ringen um die Vision der »himmlischen Freuden«. Er setzte mit jener Aufführung bald nach Eröffnung des Hauses das Zeichen, zu welcher Entrückung Musik und Raum führen können.

Es bleibt uns verborgen, aus welchen Quellen das Geniale geboren wird und sich immer wieder ereignet. Das Geheimnis der Philharmonie birgt zugleich die Magie des Naturhaften und des Kultischen in sich. Diese Kräfte zu erwecken und künstlerisch zu beschwören gelingt auch jüngeren Künstlern, wenn sie die meditative Kraft der Versenkung und tiefe Menschlichkeit in sich tragen.

In der Person des japanischen Dirigenten Seiji Ozawa sind, durch die buddhistisch-christliche Abstammung, asiatisch-naturhafte Versenkung und anrührende Menschlichkeit, ja Leidenschaftlichkeit, vereinigt.

»Wie ein Naturlaut« heißt Gustav Mahlers Hinweis zu Beginn seiner 1. Sinfonie – der Konzertsaal wurde durch Seiji Ozawa zur klingenden Natur, zur Landschaft. Ihm gelingt es – wie kaum einem anderen Dirigenten, das »irdische Leben«, die »Wunderhorn-Stimmung« des jungen Gustav Mahler zu wecken.

Die magische, übernatürliche Atmosphäre beschwor Ozawa in der 8. Sinfonie von Gustav Mahler, der Sinfonie der Tausend, vor dem »Chorus mysticus«.

In der Totenmesse von Hector Berlioz gelang ihm erneut die quasi asiatische Versenkung in den einstimmigen überirdischen Chorlinien und die leidenschaftlichen klang-ekstatischen Ausbrüche bei der Raummusik mit den Fernorchestern aus den vier Himmelsrichtungen. Eine größere räumlich-musikalische Spannung ist nicht mehr erreichbar. Scharoun konnte diese Ereignis gewordene Vision, wie er sie in der »Gläsernen Kette« erträumte, leider nicht mehr erleben.

Seiji Ozawa ist es gegeben, die Philharmonie »zeitlos« werden zu lassen. Sein leidenschaftliches Interesse an Neuer Musik war schon bei den Jazz-Ausbrüchen in der 4. Sinfonie von Charles Ives und der konzertanten Aufführung des Saint François d'Assise von Olivier Messiaen zu bewundern. In der musikalischen Symbiose zwischen Jazz und Sinfonik, anläßlich des 100. Jubiläums des Berliner Philharmonischen Orchesters uraufgeführt, stand erneut ein »Gewandelter« mitten im Orchester und demonstrierte, welche Vielseitigkeit und Aktualität dieser Raum bietet.

Das Geheimnis des Mitmenschlichen in der Philharmonie zu beschwören gelingt offenbar am eindringlichsten ohne die »aufgesetzte Maske« des Interpreten.

In diesen Augenblicken stellt sich nicht nur die künstlerische Einheit, sondern auch die wahrhaft menschliche Gemeinschaft ein, die in dem Symbol »Raum–Musik–Mensch« erträumt wird.

S. 137: Eröffnungskonzert in der Philharmonie. Das Foto zeigt die gestalterischen Verbindungen zwischen dem Hauptparkett und den seitlichen Parkettgruppen; darüber die Ehrenloge

Geheimnis der Gestalt

Im künstlerischen Schaffensprozeß gibt es Augenblicke, in denen sich das Unerklärliche, das Geheimnisvolle vollzieht; Augenblicke, in denen die suchende, formzwingende Ratio durch den irrationalen Einfall überwältigt wird. Der Einfall erweist sich häufig als Metamorphose eines früher Gesehenen, Erlebten, der verschüttet, vergessen war und nun neugeboren die Lösung eines gestalterischen Problems oder sogar die Uridee zur Gestaltfindung bildet.

In den Ausführungen über den Raum des Kammermusiksaals spreche ich von den Visionen Scharouns über das Theater, die in dem Band 10 der Schriftenreihe der Akademie der Künste, Berlin, abgedruckt sind. Diese Texte entdeckte ich wieder, als der Kammermusiksaal in der Planung nahezu fertig war.

In der Publikation »Das Orchester« von Dieter Blum/Emanuel Eckhardt wird über den Saal berichtet: »... eines der wenigen Bauwerke des 20. Jahrhunderts, dem man nachsagen könnte, daß der Himmel mit eingebaut wurde« (S. 129).

Gemeint ist die Kulmination der 6teiligen Decke in einem sechsstrahligen, leuchtenden Stern. Das Zusammenfügen dieser komplizierten konvexen Deckenformen in die überhöhende, diaphane Gestalt eines Sternes war tatsächlich ein Einfall, der nicht erzwungen wurde, sondern plötzlich »wie von selbst« die Lösung des schwierigen formalen, technischen und akustischen Problems ergab.

Erst später habe ich in einer Veröffentlichung über Bauten des Islams gesehen, daß sehr ähnliche Wirkungen von den Baumeistern bereits vor Jahrhunderten erzielt wurden, die auch in den Sakralbauten des Abendlandes bei weitem nicht erreicht worden sind.

Scharoun sprach vom »Geheimnis der Gestalt«, ohne jedoch auf den Schaffensprozeß näher einzugehen. Dabei bezog er sich mit diesem Wort vorwiegend auf die Raumgestalt oder Raumstruktur und nicht auf das Äußere eines von ihm geschaffenen Bauwerks. Sosehr ihm die übergeordnete Gestalt eines Gebäudes als Hinweis auf den verborgenen Raum bedeutsam war, so war er sich dennoch bewußt, daß die Außengestalt durch die Gestaltanweisung entstand, die wiederum nicht nur von technischen und konstruktiven Prämissen abhängig, sondern jeweils auf die städtebauliche oder topographische Situation bezogen war.

Die Silhouette der Philharmonie mit den drei Dachschwüngen zeichnet zwar die Decke des Konzertsaals nach, nimmt aber auch Bezug auf die Landschaft des Tiergartens. Ähnliche Überlegungen führten zu der aus der Landschaft entwickelten Gestalt des Projektes für das Staatstheater in Kassel und in anderer Gestaltwerdung auch für das Theater in Wolfsburg.

Das »Geheimnis der Gestalt«, das im Saal der Philharmonie verborgen ist, läßt sich nicht offenbaren. Dennoch möchte ich einige Gedanken zum Raum der Philharmonie anführen, die Hinweise auf den bewußten oder unbewußten Schaffensprozeß Scharouns geben könnten. Hierbei hat die Frage nach dem latenten Ordnungsprinzip für den kleineren Saal, den Kammermusiksaal, zu den anschließenden Überlegungen zur Philharmonie geführt.

Obwohl Scharoun in seinen Städtebau-Vorlesungen sehr eingehend zu baugeschichtlichen Strukturformen Stellung nahm, um so auch die soziologischen Hintergründe zu deuten, hat er sich bei seinen vorbereitenden Arbeiten zu den Vorlesungen weitgehend auf Veröffentlichungen der Grundrisse und Schnitte gestützt, ohne längere Auslandsreisen unternommen zu haben. Seine Vorstellungsgabe ersetzte die Wirklichkeit und ließ in ihm Analysen und Erkenntnisse reifen, die frei vom umgebenden Ballast der Gegenwart waren.

Wenn ich darzustellen versuchte, daß die Entwicklung zum Raum der Philharmonie nicht aus dem Theater stammt, sondern aus dem Sakralraum geschehen sein könnte, so bleibt immer noch die Frage nach der eigentlichen Herkunft zu stellen.

Der endgültige, realisierte Saal der Philharmonie führt nicht zum Ursprung, ist er doch wie eine Skulptur bearbeitet worden und wurde in dieser Gestalt zu einem Absolutum in der Baugeschichte, das Neues bewirkt hat.

Scharoun gibt lediglich den Hinweis auf die menschliche Runde, jedoch ist der Saal der Philharmonie kein absoluter Zentralraum, sondern eine Mischform zwischen Zentralraum und längsgerichtetem Raum. Die Gründe liegen hierfür in der Nutzung, im »Vorgang« als Konzertraum für ein großes Orchester mit Chor, also ein Musiker-Ensemble mit einer Richtwirkung durch die Hinwendung zum Dirigenten.

Die Urskizze zum Saal zeigt nicht die Außengestalt oder eine deutliche Grundrißform, sondern lediglich Verdichtungen und Akzentuierungen um das musikalisch-künstlerische Geschehen im Mittelpunkt. Sicher hat es vor dieser Urskizze Vorskizzen gegeben, die Scharoun jedoch zu vernichten pflegte.

Verfolgt man die Entwicklung des sakralen Zentralraums bis in die Ursprünge zurück, so fällt auf, daß asymmetrische Zentralformen in den geschichtlichen Perioden vorherrschten, in denen die Ratio noch nicht die Baustrukturen prägte. Es sind dies Grabkammern oder Mausoleen, wie der Kurgan Balandy II im Islam, bei dem um einen Mittelraum sieben Kammern kreisförmig angeordnet sind. Ähnliche Beispiele lassen sich aus anderen frühen Kulturformen nachweisen.

Jedoch schon mit den Zentralbauten der Antike sind die ungeraden Raumstrukturen gleichsam verbannt; beherrschend sind Räume mit vier Apsiden, häufig auf dem Quadrat als Außengestalt aufbauend, wie in den Caracalla-Thermen in Rom oder den Forum-Thermen in Pompeji. Die Urformen mögen Türme gewesen sein, die sich auf die Zentralräume auswirkten, wie der torre de' Schiavi in Rom, das Grabmal des Theoderich in Ravenna u. a. Die Verdoppelung des Vierer-Metrums in acht Apsiden führt zu einer Vielzahl von Zentralräumen. Als Beispiele seien der Felsendom in Jerusalem, der Rundbau der Caracalla-Thermen in Rom, S. Lorenzo in Mailand, S. Vitale in Ravenna genannt. Die Aufgliederung der Rotunde wird immer reicher, jedoch bleibt die symmetrische Anordnung streng erhalten, wie im Pantheon in Rom, aber auch in S. Stefano Rotondo in Rom oder S. Angelo in Perugia.

Eine weitere Steigerung auf zehn Apsiden, wie in S. Minerva Medica in Rom oder im Baptisterium in Pisa mit zwölf rhythmischen Jochen, zeigt immer noch die strenge Beibehaltung der geradzahligen Symmetrieformen. Ausnahmen, wie die Kirche S. Maria Maggiore in Nocera mit einem 15teiligen System wurden vermutlich durch äußere Einflüsse bewirkt.

Von höchster Eindringlichkeit sind die Skizzen bzw. Architekturzeichnungen von Leonardo da Vinci aus dem Codex Atlanticus, aus denen ersichtlich wird, wie Leonardo sich von der Symbolform des Kreuzes, wie von einem »Gestaltzwang« (Scharoun) zu lösen versucht, dabei jedoch die technische Lösung des Kreuzgewölbes und die Kuppel über der Vierung beibehalten muß. Seine Skizzen zeigen den »Ausbruch« aus der Kreuzform bis zu einem ringartigen Kranz von Apsiden, der zwar dem Pantheon ähnlich ist, aber die Außengestalt schon prägt.

Es kann hier keine Chronik über die Entwicklung des Zentralraums im Sakralbau versucht werden, zumal diese von äußeren Einflüssen unterschiedlicher Art abhängig war. Es zeigt sich jedoch, daß immer wieder Rückgriffe auf vorgegebene Gestaltformen geschahen, wie beispielsweise mit der punktförmigen Zentralkirche in Todi, nahe Assisi, die direkt auf die Skizzen von Leonardo zurückzugehen scheint. Alle diese Sakralbauten wirken wie Abbilder von Machtstrukturen oder Hierarchien mit unterschiedlicher Intensität, auch wenn sie »ad maiorem dei gloriam« gebaut wurden.

Der Negativbeweis, um zu einem Einfluß auf die Philharmonie zu kommen, läßt sich erweitern, führt letztlich aber nicht zum Ziel. Die Rückwendung und Besinnung auf die Antike in der Renaissance mit der Priorität der Ratio entsprach nicht Scharouns Credo vom »Wandel der Struktur in Raum und Zeit« im Wechselspiel von Freiheit und Bindung noch seinem soziologischen oder humanitären Denken. Auch sehe ich den latenten Ursprung für die Philharmonie nicht (wie einige Architekten) in der Hagia Sophia, obwohl das befreiende Raumgefühl und die Konzentrationsform durch den elliptischen Grundriß gegeben sind. Die Raumzusammenfassung der Decke jedoch, die sich zwingend auf den gesamten Raum auswirkt, entspricht nicht der Philharmonie; sie ist gleichsam absolut, geschlossen, unabänderlich. – Es sind alles Gestaltungsprinzipien, die Scharoun ablehnte, wollte er doch den Wandel der Gestalt in Raum und Zeit, d.h. durch das Zerbrechen einer Ordnung, ihre Neuordnung auslösen.

So ist unzweifelhaft der Barock, und zwar in den süddeutschen Gestaltformen, die latente Struktur, die Scharoun am ehesten adäquat ist und die zum Ursprung der Philharmonie führen kann. Der Raum der Philharmonie deutet barockes Lebensgefühl, Sinnenhaftigkeit und zugleich Erahnen des Todes und des Jenseits an. Es sind die weitgespannten Wesenselemente, die sich in dem Menschen Hans Scharoun, in seiner Wesenheit ahnen lassen, über die er jedoch nicht sprach.

War früher von Scharoun als einem »wüsten barocken Kraftgenie« die Rede, in dem das Sinnenhafte in überschäumender Fülle zum Ausdruck kam und sich nach der Verweigerung im Dritten Reich vulkanhaft Bahn brach, so waren die letzten zehn Lebensjahre von einem Zurückziehen auf das Wesentliche, auf eine spätstilhafte Vergeistigung, gekennzeichnet. Der Bau der Philharmonie brachte diesen Wandel, der sich auch stilistisch deuten läßt, mit sich, doch die Auswirkungen auf den sogenannten Personalstil an den Skizzen zur eigentlichen Bauplanung hier nachweisen zu wollen, sprengt den gesetzten Rahmen. Auf die Merkmale der Spätphase, die zu Scharouns einziger Skizze für den Kammermusiksaal führten, wird noch eingegangen.

Es soll hier nun nicht versucht werden, den Ursprung für die latente Barockstruktur des Philharmonie-Saals in einer Barockkirche Süddeutschlands zu finden oder nachzuweisen. Immer wieder habe ich bei Grundrißformen, die Scharoun skizzierte, die Weitung des Raumes aus dem engenden Rechteck zu elliptischen, quasi barocken Formen miterlebt. Die Empfindung für Raumweitungen erstreckte sich während der Vorplanung für die Philharmonie sogar auf die eckigen kleinen Schallschleusen zum Saal, die Scharoun in miniaturhafte Eiformen ändern wollte; unter dem Druck entstehender Schwierigkeiten (wegen der akustischen Plattenverkleidungen) und erheblicher Kosten wurden diese dem Barock verwandten Vorräume von Scharoun später als »Bier-Idee« abgetan.

Es ist die ovale Raumform generell, die im Saal der Philharmonie verborgen liegt und die in der Abtei St. Gallen von Thumb als Symbiose mit einem längsgerichteten Raum erkennbar ist; die jedoch wesentlich konzentrierter aus der Klosterkirche Weltenburg der Brüder Asam, der Kirche St. Peter, Wien, von Lukas von Hildebrandt oder der Dreifaltigkeitskirche, Salzburg, von Fischer von Erlach deutlich wird.

Vielleicht ist die Kirche in der Wies von Dominikus Zimmermann das Analogon, die latente Großform, auch wenn sie aus der von Scharoun freigegebenen Urskizze zur Philharmonie wegen des Fehlens der Wände als Außenform nicht ablesbar ist.

Erwähnt sei hier, daß Scharoun das Motiv der Doppelsäulen, das entscheidend die räumliche Wandstruktur der Kirche in der Wies prägt, bei konstruktiven Lösungen immer wieder vorschlug. Diese »brachten« dem Statiker üblicherweise jedoch nichts, weil er ein Stützensystem aus Einzelstützen durchsetzen wollte, Scharoun jedoch einen »Stützenwald« nicht gebrauchen konnte.

Im Kammermusiksaal habe ich dieses Prinzip der räumlichen Auflösung von Außenwänden mit neuartigen Bockstrukturen entwickelt, die letztlich ihren Ursprung in barocken Sakralräumen haben können.

In allen genannten Barockgrundrissen ist jedoch eine quasi verfälschende Komponente inbegriffen, denn es handelt sich eigentlich um quer geweitete Längsräume, deren Bezugspunkt immer noch der anschließende Chor mit dem Hochaltar bildet. Häufig wird dieser Zwiespalt zwischen Raumbildung und Funktion durch die geradlinige Aufstellung der Kirchenbänke auffällig und als Härte spürbar.

Dieser Zwiespalt zwischen Funktion und Raum ist in der Wallfahrtskirche Vierzehnheiligen von Balthasar Neumann vermieden. Der Nothelfer-Altar steht im Mittelpunkt und symbolisiert den Ort für das menschliche Anliegen in der mitmenschlichen Begegnung der Wallfahrt, während der Hochaltar, zu diesem Mittelpunkt in Spannung gesetzt, erst in einer weiteren Raumfolge erlebt wird.

Durch diese bipolare Funktionsspannung erhält Balthasar Neumanns Gesamtraum eine Wechselwirkung zwischen dem menschlichen Anliegen und der göttlichen Verehrung – zwischen dem Diesseitigen und dem Jenseitigen – und bietet keine absolute Definition. Ein ähnliches Wechselspiel zwischen Fixierung und kontemplativem Ausweichen zieht sich durch Scharouns gesamtes Schaffen, z.B. auch bis zu den Anordnungen der Stuhlreihen in der Philharmonie, die nicht starr konzentriert auf einen Mittelpunkt angeordnet sind, sondern den Menschen immer den Blick in die Weite des Raumes gewähren.

Die Verschmelzung der Raumfolgen in Vierzehnheiligen und die Einbindung der Raumweitungen mit den Emporen sind auch für Scharouns Gestaltfindungen vergleichbar. Ich glaube sogar, daß die diagonalen Gurtbögen, durch welche die gegenüberliegenden Vierungspfeiler verbunden werden und zugleich die Decke maßstäblich gliedern, impulsgebend zur ursprünglichen Deckengliederung der Philharmonie gewesen sein können.

In der farbigen Urskizze sind rot gestrichelte Linien erkennbar, die schon die Hauptgliederung der Saaldecke andeuten; es handelt sich dabei um eine Unterteilung der Rabitzdecke, durch welche die Längsraumtendenz der Hauptparkett-Gruppen gegliedert und zugleich die Zuordnung zu einem Zentralraum angedeutet wurde. Diese bedeutsame Kontur wurde bei der späteren Gestaltung der Decke variiert beibehalten und ist ausgeführt worden.

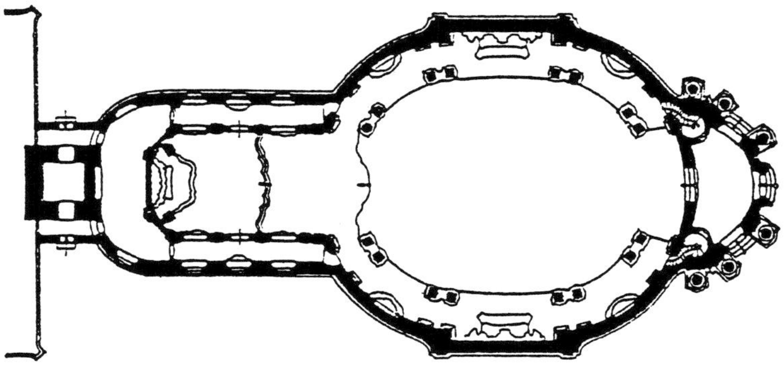

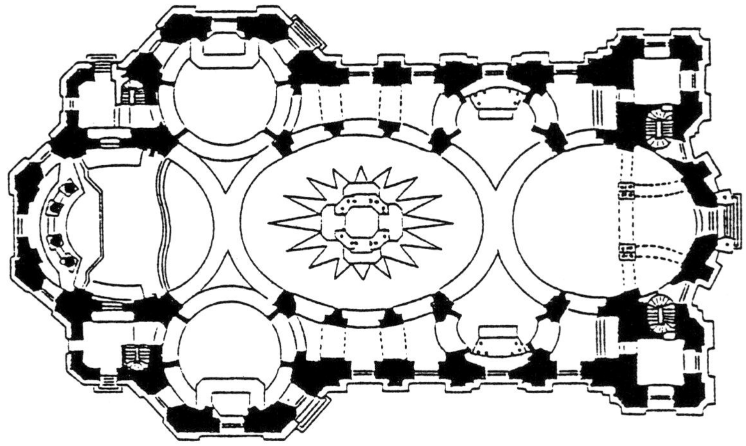

Grundrisse der Wieskirche (links) und Vierzehnheiligen (rechts)

S. 141: Grundriß und Schnitt der »Urskizze« zur Konzeption der Philharmonie von Scharoun

Die Dachkonstruktion liegt über dieser Deckenkontur; sie ist in der Skizze blau (im Schnitt) angedeutet, denn Scharoun benutzte diese Farbe für Stahlkonstruktionen oder auch Glaswände und andere untergeordnete Elemente einer Grundriß-Skizze.

In der veröffentlichten Urskizze zur Philharmonie sind die ursprünglichen Bleistiftstriche, die auf die Gesamtgestalt hindeuten, nur andeutungsweise und bruchstückhaft erkennbar, denn sie wurden durch Farbstifte übermalt, um genauere Definitionen und Akzente zu setzen. Immer wieder habe ich, gegenübersitzend, Scharouns Hand beobachten können, die wie ein Seismograph zunächst nicht genau faßbare Konturen – wie aus dem Unterbewußten – hervorbrachte; sie nahmen nach und nach durch Verdichtungen ablesbare Gestalt an, ließen jedoch immer noch Wendungen und Varianten offen. Erst nach und nach wurden deutlichere Festlegungen durch Farbstifte »freigegeben«; mit Violett und Rot setzte er die wichtigsten Akzente und Tendenzen für einen Grundriß oder eine städtebauliche Konzeption.

Erst wenn die wichtigen Farben benutzt waren, wählte er Braun oder Blau, meist für konstruktive oder technische Bereiche. Natürlich gab es Ausnahmen, wie die Urskizze der Philharmonie, wenn die beliebten Farben bei rauschhaften Steigerungen sich nach langer träumerischer Gestaltfindung im Unterbewußtsein, bei der »Freiwerdung« der Ideen nicht finden ließen.

Für den Saal der Philharmonie konnte es nicht zwei Funktionspole wie in Vierzehnheiligen geben; die räumliche Symbiose zwischen dem Oval, der Eiform – wie in der Kirche in der Wies – mit der Zentralfunktion von Vierzehnheiligen ist in der Philharmonie zu einem Unikum verschmolzen.

Die Gurtbögen von Vierzehnheiligen führten in der Philharmonie-Skizze nicht nur zur Gliederung der Decke, sondern zunächst sogar zu zwei Hauptstützen oder Säulen, die beidseitig in den Seitenparkett-Gruppen stehen sollten und über denen die Hauptkonstruktion im First gedacht war. Die Außengestalt des Daches war durch diese Firstlinie und die zuvor erwähnte geknickte Sekundärform bereits vorgegeben; unter den gliedernden Bindern sollte die zeltförmige Decke hängen. Die Entwicklung zur Außenform ging von der zeltförmigen Decke aus, denn die Überlegung, das Pathos einer Kuppel durch die konvexen Zeltflächen (die für das akustische Gelingen unabdingbar sind) zu ersetzen und so den Höhepunkt des Raumes über dem Podium zu bilden, war ein genialer Einfall.

Die Zeltformen sind im Gegensatz zu den Kuppeln in den Barock-Kirchen schon aus konstruktiven Gründen, vermutlich aber auch wegen des quasi bis zum Himmel sich weitenden Lebensgefühls nicht gegeben. Scharoun erfand, wie schon erwähnt, für die Gestaltung der Decke den Begriff »Himmelschaft«, der wohl eher auf den sakralen Ursprung und nicht auf das Theater hinweist. Er gebrauchte jedoch auch die Begriffe »Landschaft« und »Tal« für die Gruppierung der Menschen um das künstlerische Geschehen in der Mitte. Die barocken Kirchen bieten diese Gestaltform nicht, auch wenn hochgelegene Emporen das Geschehen in der Mitte, wie in Vierzehnheiligen umgeben. Die Anordnung der Emporen war im Barock wohl ein artifizielles Anliegen, das zur Steigerung des Raumes und zur Auflösung der Wand in eine räumliche Mehrdimensionalität diente. Die Landschaft, die Natur, ist bei den meisten Barock-Kirchen in Süddeutschland und Österreich ohnehin umgebend vorhanden und mußte in das »Gotteshaus« nicht einbezogen werden.

Vielleicht erkannte Scharoun in der Frauenkirche in Dresden von Georg Bähr mit der kreisförmigen Anordnung der Emporen das Grundprinzip, aus dem er seine »Landschaft« mit den sogenannten »Weinbergen« entwickelte, aber durch die Terrassierung die latente Rangordnung der Ränge vermied.

S. 142: Aquarell 1919, Hans Scharoun

Vierzehnheiligen – der Nothelferaltar im Mittelpunkt

Der Versuch, im Unterbewußtsein verborgene Raumformen als »Vorbilder« für die Philharmonie zu analysieren, sollte nicht dazu führen, Scharoun als einen Baumeister des Neo-Barocks im Geistigen und in der Gestaltfindung einordnen zu wollen. Zu sehr war er von der gesellschaftlichen Struktur des Absolutismus entfernt und schien auch frei von einer gestaltzwingenden religiösen Bindung zu sein. Er offenbarte sich auf metaphysischem Gebiet auch in seinen vielfältigen Aufsätzen nicht. So lassen sich am ehesten seine Metaphern »Landschaft« und »Himmelschaft« als authentische Hinweise deuten; aber auch derartige Wortschöpfungen waren nur Synonyme, waren oft Ausflüchte, hinter denen Scharoun sein äußerst differenziertes und keineswegs festlegbares Wesen verbarg.

Anläßlich der Überlegungen über den Ursprung der Philharmonie stieß ich auf den Band »Barock« der Reihe »Architektur der Welt« von Pierre Charpentrat, zu dem Scharoun ein Vorwort geschrieben hat. Das Vorwort, datiert 1964, war also wenige Monate nach der Eröffnung der Philharmonie im Oktober 1963 verfaßt worden. Auch die Fotos aus der Philharmonie lassen erkennen, daß die Veröffentlichung kurze Zeit nach der Eröffnung des Hauses entstanden sein muß. In diesem Vorwort gibt Scharoun deutliche Hinweise auf seine Affinität zum Barock, daher kommt es hier ungekürzt zum Abdruck:

»Der Zeitcharakter des Barocks und die unterschiedlichen Aspekte, auf denen die Bauwerke ihre Gestalt gewannen, ebenso wie Herkunft und Temperament der Künstler jener Epoche sind im vorliegenden Werk erschöpfend behandelt. Damit ist der Forderung der Gegenwart nach Darstellung der derzeitigen Zusammenhänge auf mannigfaltige Weise entsprochen. So mögen die folgenden Bemerkungen dazu dienen, auf die Notwendigkeit des kritischen Vergleichs heutiger Tendenzen mit den Phänomenen im geschichtlichen Ablauf und auf die sich daraus ergebenden Zusammenhänge hinzuweisen.

Wenn wir uns nicht der Meinung Spenglers anschließen, alle großen Kulturen seien ebensoviele Niederlagen, sondern Hugo Häring folgen, welcher die Genesis der Menschheit zum Anliegen hat – ihre Hereinnahme in den schöpferischen Prozess selbst –, so sind die großen Kulturen die »Pensen«, welche der Menschheit auferlegt sind und welche etappenweise in »Werkräumen« abgewickelt werden – im Spannungsfeld des Irrationalen und Rationalen, jenes Rationalen, welches im griechischen Raum seinen Aufbruch hatte. Ihm verbanden sich fortan die Strukturfiguren der Geometrie – wie das Rechteck (Griechenland) und der Kreis (Rom) – bis hin zur doppelpoligen Ellipse, welche dem Barock, und besonders dem deutschen Spätbarock, Spannung und Gepräge gibt.

Dies drückt sich vor allem im barocken Kirchenbau aus. Sein Wesen ist also nicht nur die Folge der Befreiung aus der dogmatischen Erstarrung, welcher die Renaissance schließlich anheimfiel, und erst recht nicht eine emotionelle Illustration der wiedererstandenen Heilslehre. Vielmehr entspricht das Ekstatische der Kunst des Barocks in seiner radikalen Intentionalität der Verhaltensweise des barocken Menschen überhaupt – Kultur ist einheitlich durchstrukturiertes Leben.

Hiermit im Zusammenhang sei auf die heute wieder im Vordergrund stehende Beachtung der Struktur verwiesen. Während im Mittelalter Planen und Bauen sich vom Glauben her, gleichnishaft, ordnete, geht der Barock unmittelbar vom Mensch-Raum-Bezug aus. Er setzt, besonders in Süddeutschland, den »offenen« Raum an Stelle der vorgegebenen Raumform. Dies ist, wenn auch auf anderer Ebene, ebenfalls eine Forderung auch unserer Zeit.

Willi Flemming verweist im »Handbuch der Kulturgeschichte« auf das Ich-betonte und das extravertierte Ich-Gefühl des barocken Menschen in Polarität zur »Inbrunst zum Jenseitigen«. Daraus erwachsen Spannung und Verspanntsein im Baulichen und Menschlichen, um »die Welt restlos in die Verherrlichung der eigenen Person hineinzuwandeln«. So dokumentiert sich in den Schwingungen der Ellipse und der Parabel das Abbild leidenschaftlicher Verwobenheit des Personalen mit der Unfaßbarkeit des Alls. Die Spannung zwischen diesem personalistischen Gestaltungsbedürfnis und menschlichem Willen veranschaulicht deutlich die Gestaltgebung der Mettener Klosterbibliothek: gleichnishaft wird ein dramatischer und gleichzeitig offensichtlich ungemütlicher Zustand, eine Balance von Wissen und Macht, zur Darstellung gebracht.

Ein anderes Problem bei baulichen Realisationen unserer Gegenwart ist die Beachtung des »Vorganges«. Auch im Barock entstanden dem Vorgang entsprechende Strukturgefüge, die sich zum Beispiel in Kirchentypen niederschlugen. Ebenso beispielhaft ist die Gestaltgebung des Zuschauerraums des Theaters, wie beim Bayreuther Haus. Dieser Bau ist ein Abbild der damaligen gesellschaftlichen Schichtung mit seiner »Rang«-Ordnung im doppelten Sinne. Das Parterre, dem »Volke« zugewiesen, wurde gegebenenfalls zum Ort des Mithandelns, indem das Volk zum Beispiel Bauerntänze aufführte.

Diese zielgerichtete Zuwendung des Bewußtseins zum Gegenstand ist Sache einer Phantasie intentionalen Wesens. Was uns dabei berührt, uns auch heute anregt und aufregt, ist das vielfältige Ergebnis – ekstatisch und, wo es gelang, zeitlos. Eine radikale Meinung wird hier zum Kunstwerk. Bis zur Neuschöpfung der Natur in den großen Parkgestaltungen und bis zur Lust an den roboterhaften »Automaten« – die Schöpfung der zweiten natürlichen Welt, an der seitdem die nachfolgende Zeit arbeitet, findet im Barock erste, spontane Realisierungen als impulsive Eingriffe in Natur und Leben.

Was geschieht, geschieht dabei im Banne des Machtpolitischen. Gleichnishaft. Noch eins ist bemerkenswert: während der Profanbau oft äußerlich bleibt, abgesehen von wenigen Festräumen und dem berauschenden Spiel der Treppen, gelingt bei den Kirchen – ob tragisch, heiter oder dramatisch vorgetragen – vielfach die Ganzheitlichkeit der Teilinhalte. Auch da ist wieder ein Zusammenhang – der Wiederherstellung der Ganzheitlichkeit gilt das Bestreben schöpferischer Phantasie in Wissenschaft, Kunst – insbesondere auf dem Gebiete der Baukunst – auch unserer Zeit.

Es sei nochmals betont – die Reiche irdischer Machtfülle bauten sich auf den Strukturfiguren der Geometrie auf. Der Barock wiederholte diese Figuren und überwölbte sie durch die zweipolige Ellipse als Grundlage der letzten großen Stilepoche. Die jahrhundertealte individualistische Kultur wird damit abgelöst durch die subjektivistische Weltanschauung und endet im autoritären Absolutismus.

Heute ist die künstlerische Entwicklung nicht mehr wie im Barock der Intuition Einzelner überlassen. Ein neues Pensum ist der Menschheit aufgegeben. Es würde sich uns jedoch niemals ganz erschließen ohne die Kenntnis der vorausgegangenen. So ist es von wesentlicher Bedeutung, sich mit dem Pensum der Barockzeit zu befassen, das der Welt reiche und vielfältige Impulse vermittelt hat und weiterhin zu geben vermag.«

Von der Philharmonie zum Kulturforum

Die Philharmonie bildete in Scharouns Schaffen zweifellos den Höhepunkt. Er hatte schließlich mit 70 Jahren sein »pensum« – um den Begriff Hugo Härings wieder aufzugreifen – erfüllt. Die folgenden acht Jahre seines Lebens waren trotz des internationalen Erfolges, den die Philharmonie für Scharoun bedeutete, erneut mit Kämpfen und vielen Widerwärtigkeiten verbunden, die bis zu seinem Tod anhielten.

Die vorangegangenen Ausführungen über den barocken Raum – 1964 also bald nach der Eröffnung der Philharmonie geschrieben – sind von Reflexionen über das eigene Schaffen, von Grundsätzen und Postulaten durchzogen. In dem Text klingt auch Resignation an – vielleicht aus der Ahnung, das von Hugo Häring aufgegebene »pensum«, das organhafte Bauen in breitem Maße durchzusetzen, nicht mehr leisten zu können. Mehrere große Projekte konnte oder wollte Scharoun nicht mehr aufgreifen. Zwar konnte er das Theater in Wolfsburg und das Schiffahrtsmuseum in Bremerhaven noch vollenden, für das Kulturforum in Berlin hatte er mit der Philharmonie aber erst den ersten »Baustein« gelegt. Das Ringen um die Philharmonie hatte acht Jahre voller Intrigen und Anfeindungen gedauert. Scharoun war trotz seiner visionären Gabe durchaus Realist. Er wußte, daß alle anderen Planungen für das Kulturforum Fragmente bleiben würden, um so häufiger fiel in unseren Besprechungen der Satz »da bin ich längst tot«.

Als 1964, ein Jahr nach der Eröffnung der Philharmonie, der Wettbewerb für den Bau der Staatsbibliothek ausgeschrieben wurde, zögerte Scharoun, trotz der Aufforderung teilzunehmen. Auch aus dem umfangreichen Raumprogramm und dem gewaltigen 4fachen Bauvolumen im Verhältnis zur Philharmonie zog er berechtigte Folgerungen auf die Länge der Planungszeit, sollte seine Teilnahme zum Wettbewerbserfolg führen.

Verständlicherweise wollte Scharoun in seinen letzten Lebensjahren lieber noch greifbare Bauaufträge verwirklichen und war der Meinung, daß er in seinem Leben in genügender Zahl an Wettbewerben teilgenommen habe und daher wohl den Anspruch auf direkte Beauftragungen hätte.

In einem für mich unvergeßlichen Gespräch auf dem Parkplatz der Philharmonie angesichts der Ödnis des von den Nazis bereits für die Nord-Süd-Achse geräumten Geländes, konnte ich Scharoun zur Teilnahme am Wettbewerb bewegen, weil mit dem Entwurf für die Staatsbibliothek die städtebauliche Planung für die Mitte des Kulturforums mit dem Künstler-Gästehaus als Wettbewerbsleistung verbunden war.

Scharoun übertrug mir daraufhin die gestalterische Ideenfindung, entsprechend dem umfangreichen Programm unter Berücksichtigung der vielfältigen funktionellen Konditionen einer Großbibliothek, zu entwickeln. Als die Konzeption vorlag, ergaben sich die städtebauliche Struktur und die Disposition der erheblichen Baumassen fast wie von selbst – Scharoun griff nur noch modellierend z. B. bei der Dachsilhouette, die sich zum Tiergarten senken sollte, ein. Es gibt daher auch keine »Urskizze« von Scharoun zur Staatsbibliothek wie zur Philharmonie, aus der die inhaltliche Konzeption ablesbar wäre. Ich halte einige Erläuterungen zum Wettbewerb für den Bau der Staatsbibliothek mit der städtebaulichen Planung für die Mitte des Kulturforums in diesem Buch über die Philharmonie und den Kammermusiksaal für angebracht, weil durch das Künstler-Gästehaus nicht nur städtebaulich, sondern auch inhaltlich die Verbindung zu den Philharmonie-Bauten geschaffen werden soll. Auch wird aus diesem chronikähnlichen Bericht ersichtlich, welche Bauten zwischen der Fertigstellung der Philharmonie 1963 und dem zugehörigen Kammermusiksaal (Eröffnung 1987) zu errichten waren. Ich möchte aber ausdrücklich betonen, daß die Stadt Berlin für den Bau des Kammermusiksaals vor 1984 keine finanziellen Mittel zur Verfügung hatte und zudem die Notwendigkeit eines Kammermusiksaales schlicht bezweifelte. Hieraus wird verständlich, warum Scharoun für eine hypothetische Planung nicht zu gewinnen war, zumal andere Bauaufgaben zu erfüllen waren.

Im Erläuterungsbericht vom 30. 5. 1964 für den Wettbewerb zum Bau der Staatsbibliothek mit der städtebaulichen Planung für das Kulturforum und das Künstler-Gästehaus heißt es (auszugsweise):

Erläuterungsbericht:
I. Zur Entwurfsanordnung

1. Im Stadtraum

Der Lageplan im Maßstab 1:500 und das Modell erläutern, wie sich der Verfasser die strukturelle Zusammenordnung der Bauwerke untereinander und mit der Stadtlandschaft denkt. Es sind Bauwerke und Stadträume verschiedener Aufgaben und verschiedener künstlerischer Intention zu einem Ensemble so zusammenzuführen, daß der gewünschte Zusammenhang entsteht, ohne das einzelne Objekt in seinem Ausdruckswillen zu behindern – in der Spannung der verkehrstechnisch bestimmten Situation im Osten und der Parklandschaft des Tiergartens.

Die vorwiegend technisch bestimmten Bauteile der Staatsbibliothek schirmen gegen Osten ab. Sie senken sich – im Komplex der Leseräume – zur Potsdamer Straße. Dieser Bewegung entgegnet die des Ansteigens des Gästehauses von der Potsdamer Straße zur Piazza. Im Zuge der Potsdamer Straße entsteht so ein Tal, in welches die Galerie des XX. Jahrhunderts vorstößt. Die Silhouette des Magazingebäudes paraphiert die steigende Bewegung der Westtangente und bildet zugleich den Übergang zum Tiergarten und zum Maßstab der Philharmonie. Der hohe Gebäudetrakt des Gästehauses bildet die Ostwand der Piazza (die als Architekturplatz gedacht ist). Ihre Westwand wird durch einen Baukörper, der zum Museumskomplex gehört, gebildet. Er könnte im Obergeschoß Verwaltungsräume aufnehmen, im Erdgeschoß Räume öffentlichen Charakters. Sie dienen der Information über Neuanschaffungen oder Spezialausstellungen usw. ebenso wie dem Vertrieb von Erzeugnissen, zum Beispiel der Gipsformerei der Staatlichen Museen und der Bundesdruckerei (wie Drucke der früheren Reichsdruckerei). Diese Erdgeschoßräume könnten weitgehend auch auf der Rückseite verglast sein, so daß sich vom Platz aus der Blick in die Anlagen der Museen erweitert. Ebenso wäre ein Zugang zu den Museen von der Piazza aus wohl erwünscht.

Der Bebauungsvorschlag für die Nordseite des Museumsgeländes gibt einen strukturellen Hinweis auf eine vielfältige Gliederung der Ausstellungsräume einerseits und andererseits auf die wünschenswerte Differenzierung der Maßstäbe an der Piazza und gegenüber der Parklandschaft des Tiergartens. Desgleichen sind die Museen abgestimmt auf die bestehenden und die geplanten Bauteile der Philharmonie.

Dem Talcharakter im Zuge der Potsdamer Straße entspricht auch die Verwendung der unterirdischen Verbindungen; – Brükken in der erforderlichen Höhe würden den Raumeindruck stö-

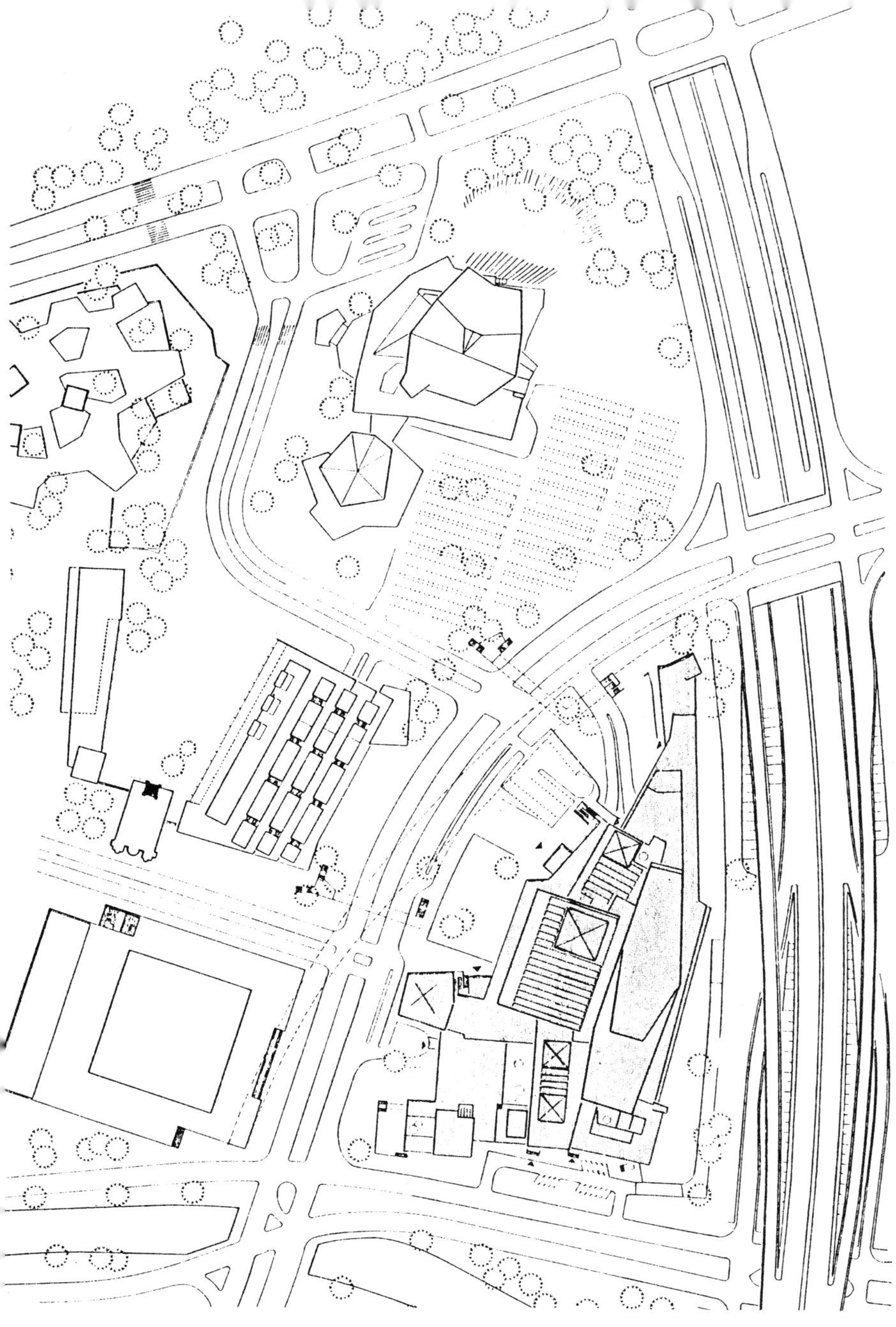

Lageplan des Wettbewerbs für den Bau der Staatsbibliothek (Baukörper in späterer Fassung); rechts die geplante Westtangente – die vorgegebene Straßenplanung bestimmte das dreiecksförmige Grundstück und bedingte die Konzeption des Gebäudes. Die Planung des der Staatsbibliothek gegenüberliegenden Künstler-Gästehauses war Teil der Wettbewerbsaufgabe. Die entscheidenden Faktoren für die städtebauliche Gesamtkonzeption des Kulturforums waren durch die Gestaltungen der Staatsbibliothek und das korrespondierende Künstler-Gästehaus zu setzen.

ren. An die Ausgänge der Tunnelanlagen auf dem Glände der Staatsbibliothek sind auch die Ausgänge der unterirdischen Parkplätze angeschlossen. Zwei Wirtschaftshöfe bedienen die Bibliothek und den Restaurationsbetrieb. Die Bewirtschaftung und die Anlage der Parkplätze für das Gästehaus liegen ebenerdig unter dem Terrassenhausbau.

2. Im Bauwerk

Der hohe Baukörper im Osten enthält die internen Bezirke, die Transporteinrichtungen, die maschinentechnischen Einrichtungen, die Ausleihen und den Besucherweg als Bindeglied zwischen dem offenen Bezirk des Erdgeschosses (vor den Kontrollen) und den Leseräumen.

Der Zweck dieser Anordnung ist leichte Orientierbarkeit mit wenigen Auskunfts- und Informationspunkten sowie weitgehend mögliche Verzahnung der internen und öffentlichen Räume, soweit diese vom Betrieb her gewünscht wird. Die beiden Kontrollpunkte liegen an den beiden Haupttreppenanlagen zwischen Erdgeschoß und Besucherweg; – zwei Anlagen erscheinen der freien Zirkulation wegen wünschenswert.

Die Magazinräume sind mit dem Gesamtvolumen – rund 50 000 m^2 – im Entwurf vorgesehen. Die oberen Magazine könnten gegebenfalls vorläufig ungebaut oder *unausgebaut* bleiben.

Die Leseräume liegen auf Plattformen vor dem hohen Bauteil und sind durch diesen gegen die Schnellstraße abgeschirmt. Sie sind in die gewünschten Hauptgruppen und darüber hinaus in Untergruppen gegliedert und in ihren Ausmaßen von genügender Großzügigkeit, um sie auf verschiedene Art miteinander optisch und räumlich zu verbinden. Die Untergruppen sind untereinander leicht unterschiedlich in den Fußbodenhöhen. Zwischen ihnen liegen Abstandsflächen, welche, mit Natursteinen verkleidet, Gelegenheit geben, Pflanzen oder auch Plastiken usw. unterzubringen.

Die Aufteilung der Flächen für den internen Betrieb läßt die Verwendung von Einzelräumen oder auch Bürogroßräumen zu.

(Ende des Zitats)

Die Jury erkannte am 9. 7. 1964 Scharoun einstimmig den 1. Preis zu und beurteilte insbesondere die städtebauliche Planung wie folgt:

1. Preis:
Professor Hans Scharoun, Berlin

Urteil des Preisgerichts:

Die städtebauliche Konzeption dieses Entwurfes ist meisterhaft. Jedem einzelnen Bauwerk des kulturellen Zentrums am Kemper-Matthäikirchplatz wird die ihm gebührende Bedeutung zugemessen, und doch fügen sich diese – durch Funktion und Gestalt so verschiedenartigen und eigenwilligen – Gebäudegruppen zu einem überzeugenden und harmonischen Ensemble zusammen.

Das Forum entwickelt den auf den Menschen bezogenen Maßstab der an ihm entworfenen Gebäude aus der vorgegebenen zierlichen Gliederung der Matthäikirche; sein sich nach Norden öffnender Raum bezieht zunächst den im Maßstab kleiner geformten Kammermusiksaal der Philharmonie und dann die im Hintergrund aufragenden größeren Baumassen dieses Gebäudes in glücklicher Weise ein.

Das Ausstellungsgebäude Mies van der Rohes – seine Integrierung ist eine besonders schwierige Aufgabe dieses Wettbewerbes – ist ausgezeichnet eingefügt in die großzügig terrassierten Baumassen des Gästehauses und findet seine maßstäbliche und formale Entsprechnung in dem der Gebäudemasse der Staatsbibliothek – gleichfalls auf einer Terrasse – vorgelagerten großen Lesesaal.

Gesamtmodell 1964 mit der Staatsbibliothek in der Wettbewerbsfassung und dem Künstler-Gästehaus. Der Kammermusiksaal (aus Plastilin) ist lediglich als räumlicher »Drehpunkt« angedeutet; im Hintergrund die Westtangente mit den Rampenanlagen; rechts: Hans Scharoun vor dem Modell des Kulturforums

Von allen Blickpunkten – insbesondere von Norden in der Richtung der Potsdamer Straße gesehen – findet die vorzügliche Eingliederung des Ausstellungsgebäudes in das städtebauliche Konzept ihre eindrucksvolle Bestätigung.

Aus der Feinheit des Maßstabes des Forums entwickeln sich die vorgeschlagenen Baumassen des Gästehauses zu einer bedeutenden Form, die mit großer Geste sich talwärts bewegt. Diese Bewegung wird durch den kraftvollen Baukörper der Staatsbibliothek aufgefangen und beendet.

Die Disposition der Baumassen der Staatsbibliothek: dem Forum, dem Gästehaus, dem Ausstellungsgebäude Mies van der Rohes zugewandt, die gegliederten und zugleich öffentlichkeitsbezogenen Gebäudegruppen – Eingangsbereich, Vortragssaal, Lesesaal, Verwaltung, Restaurant, zur Westtangente angeordnet die Magazine –, führt zu einer zugleich maßstäblich, funktionell und städtebaulich hervorragenden Lösung. Diesem Entwurf gelingt es, auch an der Stadtautobahn einen plastisch durchgebildeten großzügigen Baukörper zu planen, der durch Form und Größe der Aufnahmefähigkeit sich schnell fortbewegender Autofahrer angemessen ist und ihnen einen Eindruck der Staatsbibliothek vermittelt, der aber zugleich – den Wünschen des Auslobers entsprechend – die Benutzerräume akustisch, optisch und gegen Staubbelästigung von der Autobahn abschirmt.

Diese Disposition der Baumassen hat noch ein zweites wichtiges Ergebnis: die aus der Form der Baukörper ablesbaren, für eine Bibliothek typischen Funktionen – Lesesäle und Magazine – geben dem Gebäude im Gegensatz zu den meisten anderen Entwürfen den charakteristischen Ausdruck einer großen Bibliothek.... (Ende des Zitats)

Die Konzeption des Kulturforums basiert auf Scharouns Idee der Stadtlandschaft als einer neuen städtebaulichen Struktur mit mehreren Dominanten – konträr zu den restaurativen Tendenzen der nivellierenden Blockbauweise im Städtebau der 90er Jahre. Die Einbeziehung des Tiergartens entsprach durchaus der historischen Situation der ehemaligen Parklandschaft mit offener Bebauung durch Villen und einem städtischen Kristallisationspunkt um den Matthäikirchplatz, dessen Bauten schon z. T. von den Nazis für die flankierenden Bauten der Nord-Süd-Achse abgerissen waren. Anstelle des Kulturforums war die monströse »Soldatenhalle« (Entwurf: Wilhelm Kreis) geplant.

Scharoun hatte die stadtzerstörerische Planung von Speer in Berlin miterlebt, hieraus resultiert seine entschiedene Gegnerschaft gegen jegliches Achsendenken. Wie ist es zu verstehen, daß seit Beginn der 80er Jahre etliche Architekten und Stadtplaner mangels anderer kreativer Kraft ausgerechnet mit Achsensystemen »Ordnung« in gewachsene lebendige Stadtgefüge bringen wollen und auch vor Anleihen an Speersche Platzformen nicht zurückschrecken?

Ebenso unverständlich ist es, daß seit den 80er Jahren, beginnend mit der Planung der Internationalen Bauausstellung IBA, mehrfach Versuche unternommen wurden, die neue Potsdamer Straße im Kulturforum zu einer neuen Nord-Süd-Achse zu begradigen und mittels eines Knies auf dem Philharmonie-Grundstück mit der Leipziger Straße als Ost-West-Achse zu verbinden. Die neue Nord-Süd-Achse in einem demokratischen Berlin würde nur ca. 100 m westlich der Achse von Speer für Berlin als Germania liegen!

Die Staatsbibliothek wurde an der Stelle des bereits im Rohbau erstellten »Haus des Fremdenverkehrs« am »Runden Platz«

Senatsmodell des Kulturforums. Die Piazza öffnet sich räumlich zum Tiergarten; im Vordergrund das Ensemble Philharmonie mit Kammermusiksaal, das Staatliche Institut für Musikforschung mit Musikinstrumenten-Museum und das Deutsche Musikarchiv mit Audiovisuellem Zentrum. Die Terrassengestalt des Künstler-Gästehauses steht in Korrespondenz zur Terrassierung der Staatsbibliothek »wie Berg und Tal« (Scharoun) – unten: Blick von Süden

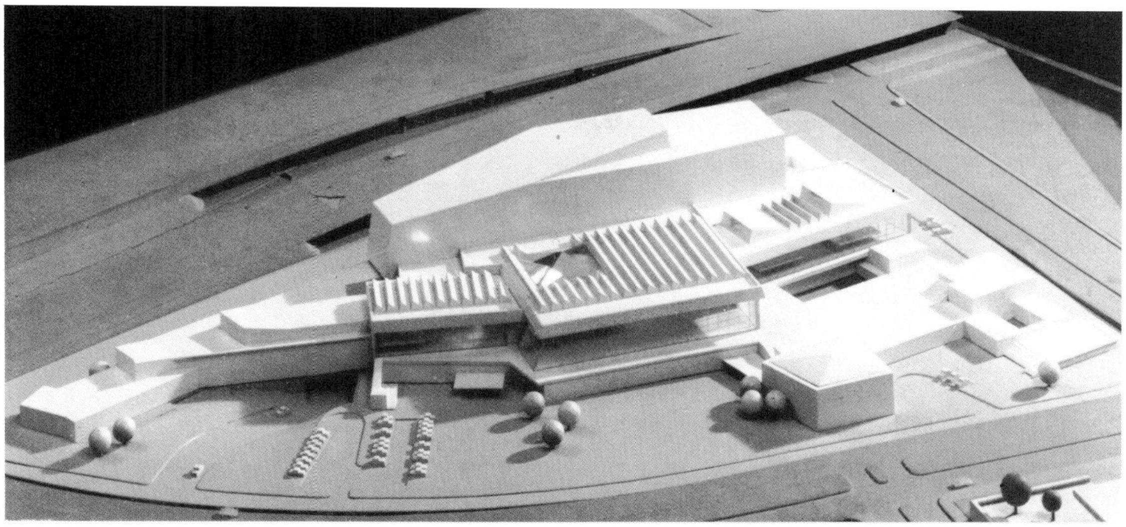

Modell der Staatsbibliothek 1974; im Hintergrund die Westtangente in Hochlage mit Brücke über den Landwehrkanal

im Zuge der Achse von Speer errichtet. Es sei hier ausdrücklich erwähnt, daß die Stadtplanung der 60er Jahre das Grundstück für den Neubau der Staatsbibliothek vorsah und anstelle der ehemaligen Reichsstraße 1 (zwischen Aachen und Königsberg) die Westtangente gebaut werden sollte. Durch diese unabdingbaren Vorgaben war die städtebauliche Hinwendung der Staatsbibliothek nach Westen zur neuen Potsdamer Straße und zum Matthäikirchplatz präjudiziert. Die Planung des gesamten Kulturforums hatte von der Verkehrsplanung auszugehen. Unter diesen Voraussetzungen erfolgte die Beauftragung für die Planung der Staatsbibliothek; das Künstler-Gästehaus mußte wegen der fehlenden Finanzierung zurückgestellt werden.

Im Gegensatz zu den Vorgängen um den Bau der Philharmonie erhielt Scharoun auch einstimmig die Empfehlung zur Bauplanung. Scharoun überließ mir auch die folgende Entwurfsplanung nahezu vollständig, nicht nur weil er andere Planungen in der Bundesrepublik durchführte, sondern auch weil ihm die hochtechnifizierte Struktur einer Staatsbliblιothek ein wenig fremd blieb. Die bauliche Realisierung erforderte von mir ein besonders starkes ingenieurmäßiges Engagement, um die »Freiheit der Lesesaal-Landschaft« durch weitgespannte Überdachungen, mit quasi schwebenden Konstruktionen, zu erzielen. Über den fertigen Bau habe ich insbesondere in der »Festgabe zur Eröffnung der Staatsbibliothek« und in der Bauwelt Nr. 1/1979 berichtet.

Scharoun hat nur noch den relativ kleinen 1. Bauabschnitt, den Nordbauteil und den Beginn des 2. Bauabschnitts, den Hauptbauteil, jedoch nicht mehr den Rohbau der »Lesesaal-Landschaft« erleben können.

Nach seinem Tod im November 1972 führte ich das Werk im Rahmen der künstlerischen Oberleitung fort. Zu dem 3. Bauabschnitt gehörten das Iberoamerikanische Institut und die zwei Vortragssäle; der Otto-Braun-Saal wurde besonders vor dem Bau des Kammermusiksaals der Philharmonie für Aufführungen von Kammermusik genutzt. Die Planungs- und Bauzeit der Staatsbibliothek betrug inklusive Verzögerungen durch Finanzierungsschwierigkeiten 14 Jahre (!), die Eröffnung fand 1978 – sechs Jahre nach Scharouns Tod – statt.

Eine umfangreiche Veröffentlichung über die Planung und den Bau der Staatsbibliothek und über das Kulturforum befindet sich in Vorbereitung, daher möchte ich hier über die letzten Lebensjahre von Scharoun – über die Zeit seines Verstummens nicht berichten. Leider haben die für den Bau der Staatsbibliothek verantwortlichen Institutionen auf das Nachlassen seiner physischen und psychischen Kräfte keine Rücksicht genommen, vielmehr durch unverständliches und unakzeptables Verhalten zu Scharouns resignierendem Abwenden beigetragen.

Auch in den folgenden Jahren war an eine bauliche Realisierung des Künstler-Gästehauses als bedeutender Teil des Wettbewerbserfolges nicht zu denken. Das »Haus der Mitte« soll nun mit privater Finanzierung errichtet werden. Solange das Kulturforum im Grenzbereich der Mauer der geteilten Stadt lag, fand sich kein Investor für das Projekt. Die Kritiker des Kulturforums aber beklagen die Leere und versuchen die Situation Scharouns städtebaulicher Konzeption anzulasten. Über die Versuche, das Kulturforum als Scharouns Vermächtnis für Berlin zu zerstören, wird in einem späteren Kapitel, anläßlich der Kämpfe um den Bau des Kammermusiksaals berichtet.

Zur Vollendung des Kulturforums wurde im letzten Lebensjahr Scharouns die Architektengemeinschaft Scharoun/Wisniewski gegründet und mir die Federführung von Scharoun übertragen.

So ist die seit vielen Jahren bestehende faktische Architektengemeinschaft juristisch nachvollzogen und die Fortführung des unvollendeten Werks gesichert worden.

Nach dem Tod von Scharoun habe ich aufgrund der vertraglichen Regelung zunächst die Fassadenverkleidung der Philharmonie und anschließend das Staatliche Institut für Musikforschung mit Musikinstrumenten-Museum geplant. Auch meine Planung für den Bau des Kammermusiksaals basiert auf der von Scharoun gegründeten Arbeitsgemeinschaft. Nach 15jährigem Erleben des Menschen Hans Scharoun sehe ich über die juristische Verpflichtung hinaus die menschliche Bindung an Hans Scharoun und seinen Wunsch zur Fortführung des gemeinsamen Werks als unabdingbar an. Noch während der Fertigstellung der Staatsbibliothek konnte die unterbrochene Planung für das Staatliche Institut für Musikforschung mit Musikinstrumenten-Museum durch die Stiftung Preußischer Kulturbesitz wieder beauftragt werden; damit wurde die Kontinuität der Planung für das Kulturforum erreicht. Das Projekt, nahe der Mauer gelegen, ist mit ZIP-Mitteln (Zukunftsinvestitions-Programm) verwirklicht worden. Da es sich um einen direkten Anbau an die Philharmonie handelt und auch eine inhaltliche Ergänzung darstellt, möchte ich anschließend zu dem Gebäude einige Erläuterungen geben.

Staatsbibliothek zu Berlin, Preußischer Kulturbesitz, 1978
Architekt: Hans Scharoun mit Edgar Wisniewski.
Nach dem Tod von Hans Scharoun 1972, im Rahmen der künstlerischen Oberleitung, Fortführung der Planung durch Edgar Wisniewski

unten: Lageplan des Kulturforums 1987 mit den fertiggestellten Bauten Staatliches Institut für Musikforschung und Musikinstrumenten-Museum und Kammermusiksaal der Philharmonie

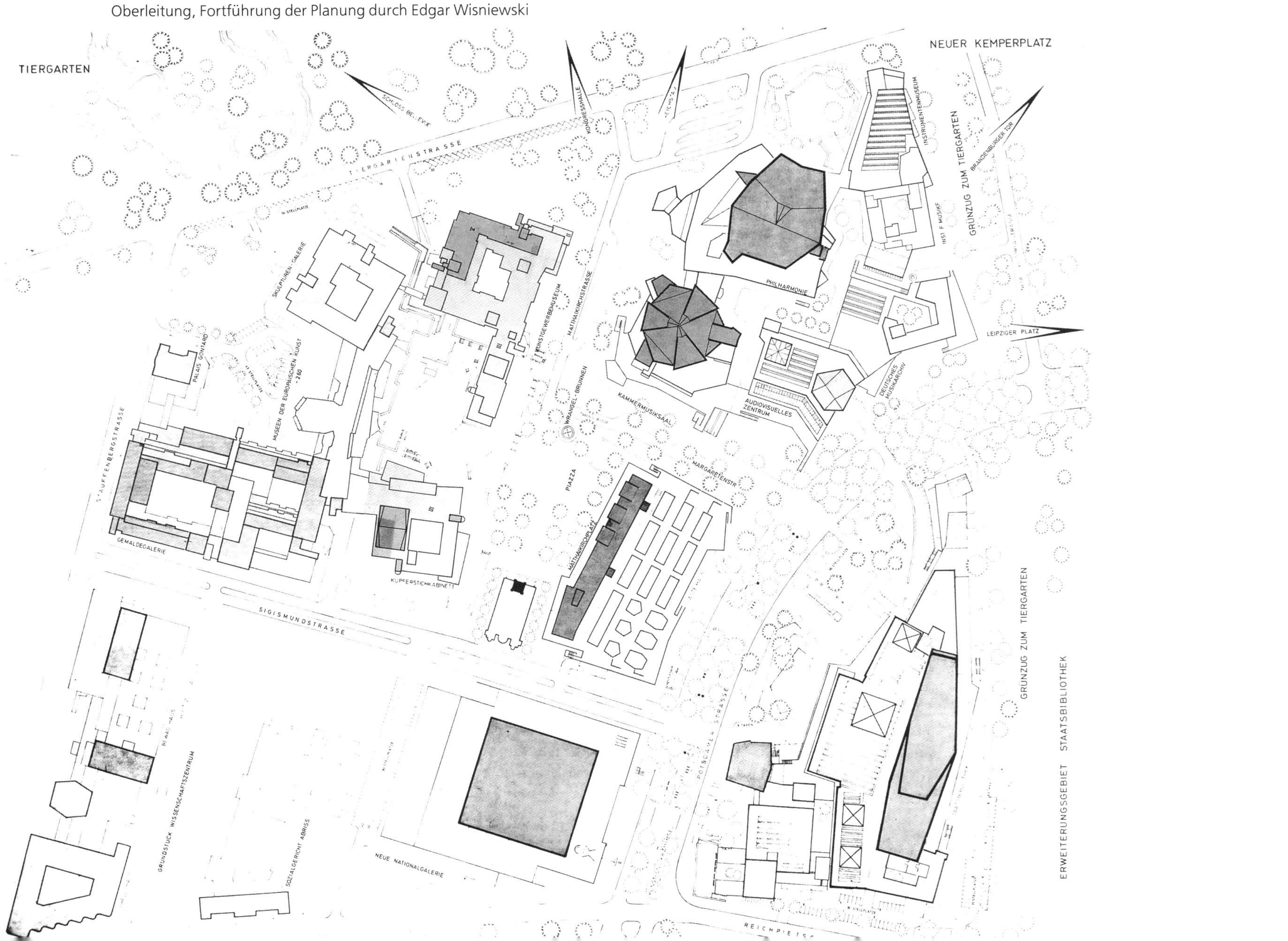

oben: Schnitt durch das Gebäude mit unterirdischer Magazinerweiterung (2. Baustufe)

Mitte: Grundriß der Lesesaalebene (3. OG)

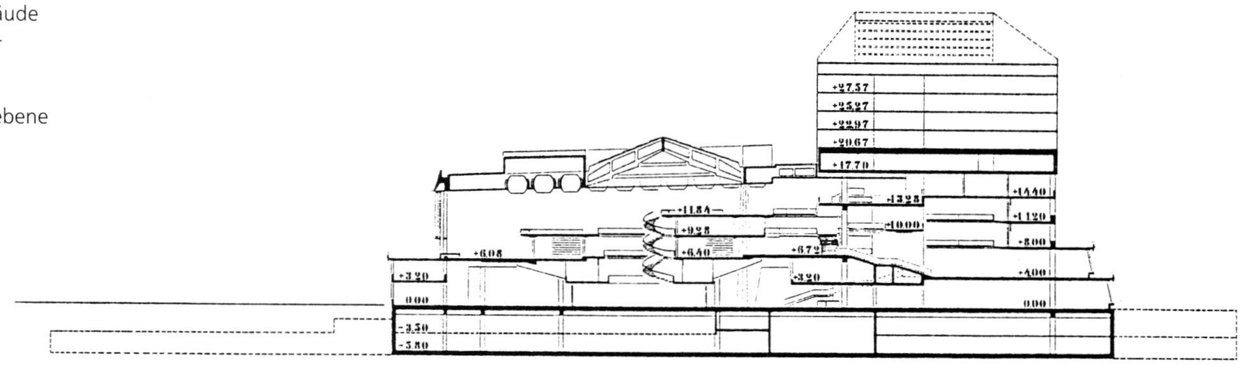

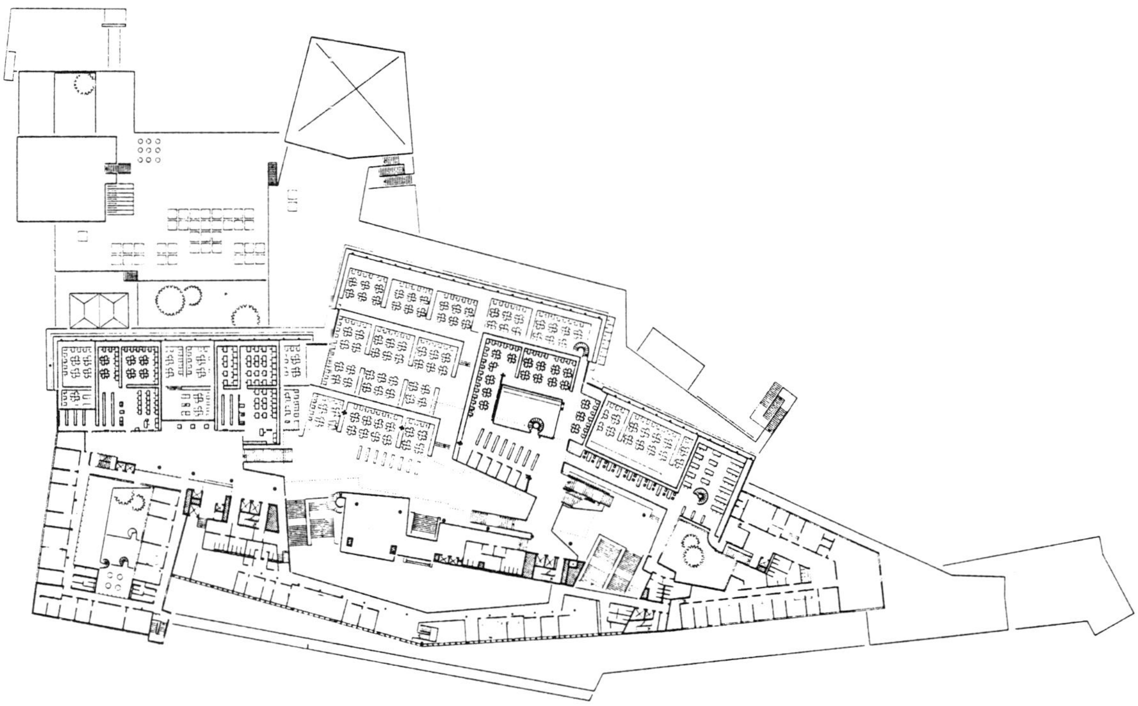

unten: Grundriß der Erdgeschoß-Ebene; rechts das Bibliothekarische Lehrinstitut, links das Ibero-Amerikanische Institut, unten die Akzession und das etwa 100 m lange Großraumbüro für die Titelaufnahme der ca. 550 Neuzugänge pro Tag

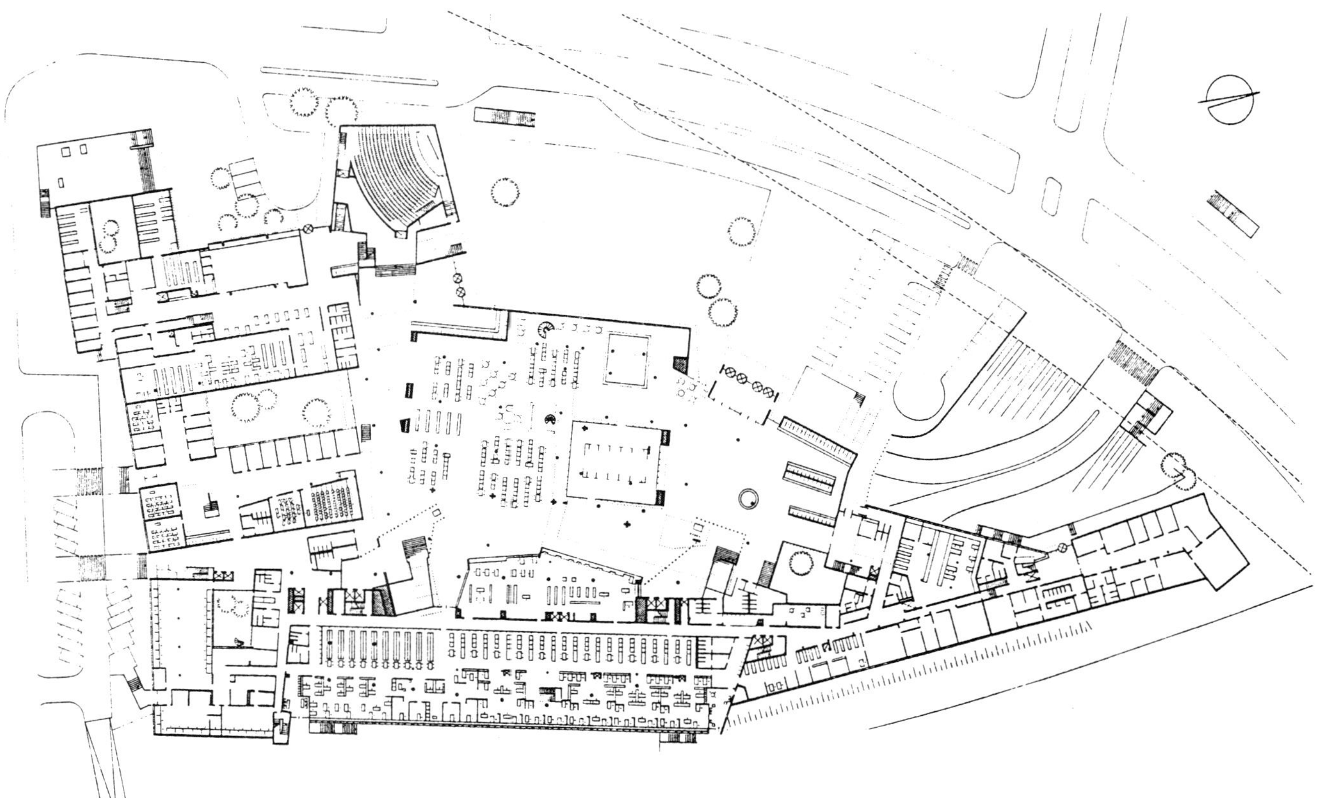

Das Musikinstrumenten-Museum als östlicher Anbau an die Philharmonie

Die Philharmonie war städtebaulich niemals als Solitär, sondern als Dominante eines Gebäude-Ensembles mit sich ergänzenden Nutzungen geplant. Bei der Standortwahl am Südrand des Tiergartens war östlich des Hauptgebäudes der Philharmonie zunächst an eine Gebäudeergänzung mit einem Weinrestaurant, Musikgeschäften u. ä. gedacht, eine private Finanzierung erwies sich für den Bau im Grenzbereich in unmittelbarer Nähe der Mauer als unmöglich.

Es war daher eine glückliche Fügung, daß 1968, fünf Jahre nach Fertigstellung der Philharmonie, der damalige Präsident der Stiftung Preußischer Kulturbesitz, Hans-Georg Wormit, Scharoun die Idee zur Angliederung des Staatlichen Instituts für Musikforschung mit Musikinstrumten-Museum an die Philharmonie unterbreitete. Scharoun griff diesen Vorschlag gern auf, weil damit der nördlichste Punkt seiner Gesamtkonzeption und die Einbindung der Philharmonie in den Tiergarten endlich Gestalt annehmen würden. Zugleich sollte damit vom Kemperplatz ausgehend eine Straßenrandbebauung im Zuge der alten Victoriastraße entstehen, auch wenn dort zunächst die Entlastungsstraße entlanggeführt wurde und über viele Jahre die Tunneleinfahrt und Rampe der geplanten Westtangente vorgesehen waren. Entstand 1964 das städtebauliche Wechselspiel zwischen der Staatsbibliothek und dem geplanten terrassierten Gästehaus, so wurde 1968 mit der Konzeption für das Institut für Musikforschung mit Musikinstrumenten-Museum – in direkter Anbindung an die Philharmonie – auch die inhaltliche Verklammerung als übergeordnete Idee des Kulturforums manifestiert.

Die Idee der Philharmonie »Musik im Mittelpunkt« gilt gleichermaßen für das Institut für Musikforschung wie für das Musikinstrumenten-Museum, als auch für das geplante Deutsche Musikarchiv mit Audiovisuellem Zentrum.

Es wird eine kreative Wechselbeziehung angestrebt, bei der dem Institut für Musikforschung eine besondere Bedeutung zukommt, weil die wissenschaftliche Erforschung der Musik dem Musikleben neue Impulse geben kann, Ausstrahlung und Spannungen ausgehen können, die eine esoterische Musikwissenschaft ausschließen. Von den Labors für elektronische Musik im Institut werden auf die Philharmonie und den Kammermusiksaal musikalisch übergreifende Experimente erwartet; über dieses hinaus können durch die unmittelbare Verbindung zum Kammermusiksaal mit den Einrichtungen für experimentelle Musik völlig neuartige kammermusikalische Mikrostrukturen entstehen.

Die Angliederung des Musikinstrumenten-Museums an das Foyer der Philharmonie soll in den Konzertpausen zum Besuch des Museums einladen und führt vom Erleben des Instrumentariums eines modernen Symphonie-Orchesters zur Rückbesinnung auf die alten Instrumente und ihre klanglichen Veränderungen.

Es war das Ziel, daß der Raum nicht durch kabinettartige, spezialisierende Teilung, sondern als ganzheitlicher Raum, baulich somit als Zentralraum, aber mit einer Längsbetonung wirkt. Die beiden räumlichen Parameter scheinen widersprüchlich zu sein, zumal der Raum noch eine zusätzliche Spannung durch eine latent suggestive konische Engführung erhält. Diese räumliche Zusammenfassung leitet wiederum auf zwei gegensätzliche Gestaltungselemente, nämlich auf eine 10 m hohe Glaswand, die den Ausblick auf den Tiergarten am Kemperplatz erlaubt und daneben auf eine »mystische« Gebäudenische für eine große alte Kirchenorgel. Damit diese beiden räumlichen Akzente für den Gesamtraum nicht zu dominant werden, liegt die Wechselausstellung etwas vertieft davor – überdeckt durch die verbindende Galerie –, die alles wieder zerschneidet und die formale Bindung zerbricht. Das Wechselspiel zwischen Freiheit und Bindung, zwischen Zentralraum und längsgerichtetem Raum, zwischen Symmetrie und Asymmetrie, ist auch in diesem Bau spürbar – als Spiel zwischen Gesetzlichkeit und scheinbar freiem Gefüge.

Im Musikinstrumenten-Museum wird die Zentralraum-Struktur durch die räumliche Einheit der 3 Ebenen gesteigert. Der Hauptausstellungsbereich im Erdgeschoß mit der Schausammlung findet durch die Studiensammlung im Obergeschoß seine Ergänzung und ist durch weiträumige Treppenanlagen auch mit dem Untergeschoß verbunden. In der Schausammlung folgt die Aufstellung der Instrumente trotz übergeordneter thematischer Zusammenhänge weitgehend einer chronologischen Reihenfolge vom 16. bis zum 20. Jahrhundert. Dagegen sind die Instrumente in der darüberliegenden Studiensammlung nach Gattungen gruppiert; zusätzlich aber werden thematische Schwerpunkte, wie die Entwicklung des Klaviers oder die Cembalo-Renaissance, gesetzt.

Die chronologische Aufstellung ergibt einen halbkreisartigen Ablauf, dem auch das Galerieband entspricht; im Norden wird die Raumgestalt durch eine kapellenartige hohe Raumsteigerung mit 2 Kirchenorgeln unterbrochen; an der Ostseite geschieht eine weitere räumliche Bereicherung durch 3 erker- oder konchenartige Erweiterungen. Ist die Verschmelzung des Instituts für Musikforschung mit dem Musikinstrumenten-Museum zu einem Gesamtgebäude – ähnlich der Zusammenfassung der Disziplinen im Sinne der Universitas litterarum in der Staatsbibliothek – das Postulat, so wird dieses Prinzip im Gesamtraum des Museums ähnlich, durch die Freiheit des Angebots ohne gängelnde Raumfolgen weitergeführt. Der zentrale Zugangsbereich erstreckt sich durch das gesamte Museum bis zu der etwas tiefer liegenden Wechselausstellung, umgibt auch die ebenfalls vertieft liegende Ausstellungsfläche für die Instrumente des 20. Jahrhunderts und erlaubt durch den direkten Zugang zu den vielfältigen Ausstellungsbereichen die individuelle Auswahl.

Die peripher gelegene Schausammlung ist gegenüber dem zentralen Erschließungsbereich etwas herausgehoben, wodurch die alten kleinmaßstäblichen, aus ihrer historischen Umwelt gelösten Instrumente maßstäblich gesteigert werden; zugleich entsteht eine podiumsartige Exposition, die für die musikalische Vorführung der Instrumente, besonders für Besuchergruppen und Schulklassen, bedeutsam ist. Zur Klangkonzentration wurden daher an 3 Stellen Reflektoren aus Polyester aufgehängt, die den Schall, namentlich schallschwacher Instrumente, konzentrieren und auf die Zuhörergruppe leiten.

Die Belichtung entspricht prinzipell der jeweiligen Situation, in der sich die Musikinstrumente ursrprünglich befanden. Die Instrumente des 17. und 18. Jahrhunderts erhalten Seitenlicht, die des 19. und 20. Jahrhunderts in den konchenartigen Erkern an der Ostseite zusätzlich Oberlicht, und für die Studiensammlung im Obergeschoß wurden genordete Sheds ausgeführt. Die Shed-Decke bildet zugleich die Belichtung für den zentralen Zugangsbereich; ihre rhythmische Gliederung bewirkt, in Ver-

Staatliches Institut für Musikforschung mit Musikinstrumenten-Museum, Fertigstellung 1984
Architekt: Edgar Wisniewski. Bis zum Tod von H. Scharoun 1972 in Arbeitsgemeinschaft H. Scharoun/ E. Wisniewski

Längsschnitt durch den Bau mit dem 3geschossigen Musikinstrumenten-Museum

darunter: Das Obergeschoß mit den Studiensammlungen, dem Jazz- und Folkloreraum und der Wurlitzer-Orgel;
anschließend: Das Institut für Musikforschung mit der Bibliothek

Mitte: Erdgeschoß-Grundriß, Übergang zum Foyer der Philharmonie, der Hauptraum des Museums nimmt die Schausammlung auf, rechts die Gray-Orgel, mittig die Ausstellungsfläche für die Instrumente des 20. Jh.; unten im Grundriß liegt der Curt-Sachs-Saal, anschließend das Institut für Musikforschung

unten: Untergeschoß mit Musik-Café, Junioren-Museum, Instrumentenlager, technische Zentralen, spezielle Räume für Musikforschung und Restaurierungswerkstatt für Musikinstrumente

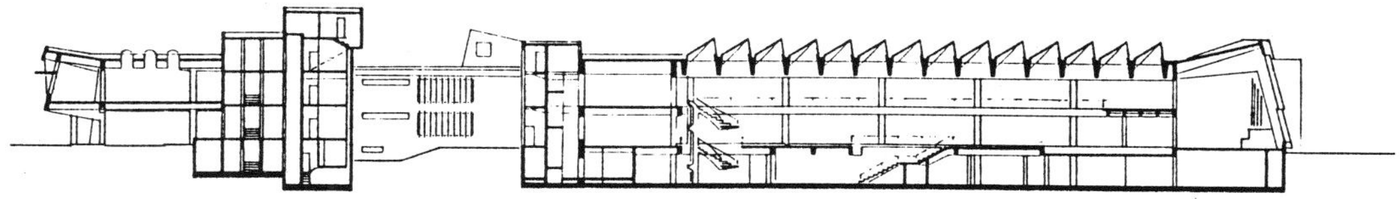

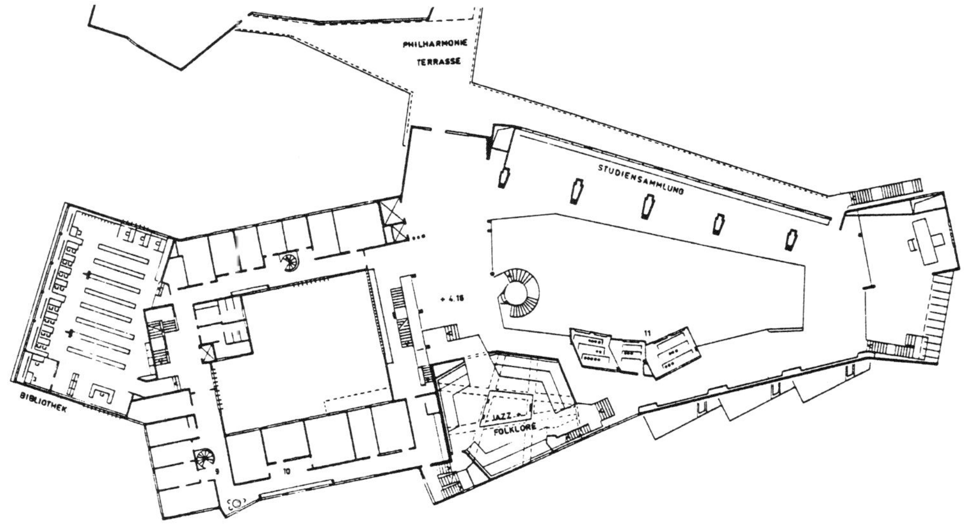

1. OG

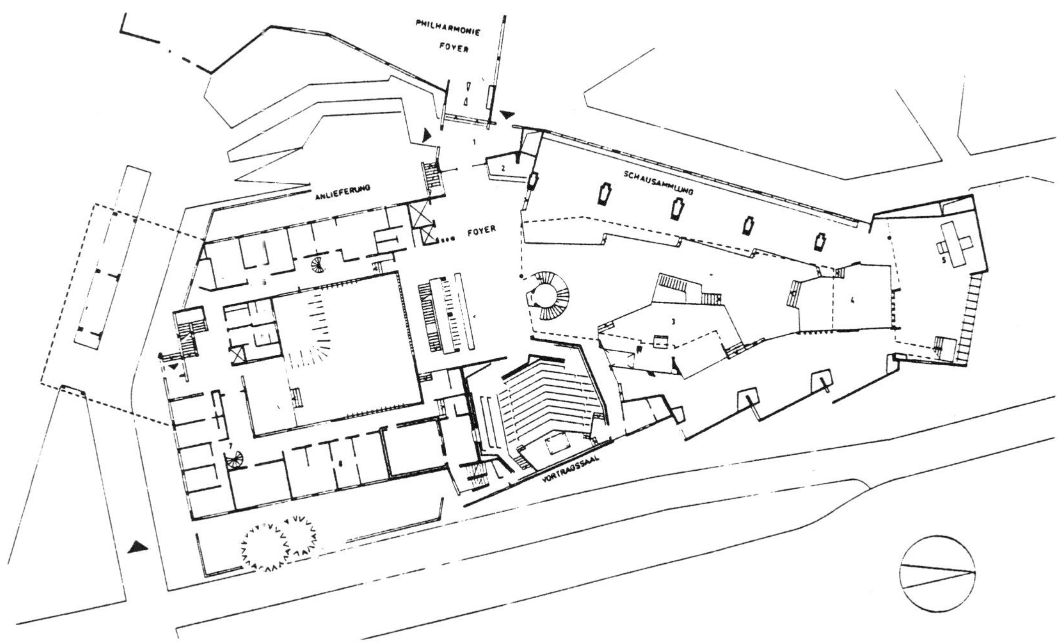

EG

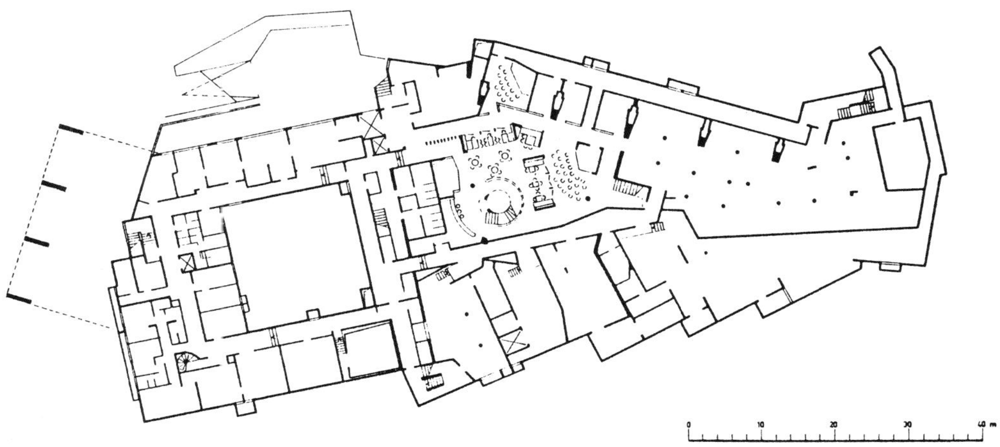

Blick in das Musikinstrumenten-Museum bei einer Vorführung der Wurlitzer-Orgel mit musikalischen Evergreens

bindung mit der atmosphärischen Lichtwirkung die gewünschte Zusammenfassung für den alles verbindenden Zentralraum.

Wegen der formalen Vielfalt der frei aufgestellten Instrumente und der thematischen Gliederung innerhalb des Gesamtraums wurde eine weitere rhythmische Akzentuierung durch Stahlbeton-Hohlstützen, in denen Kanäle der Klimaanlagen geführt werden, entwickelt. Diese Rhythmisierung wird, wie in einer musikalischen Parallelführung, durch die Stellung der räumlich bestimmenden Vitrinen weitergeführt. Diese metrische Grundrißstruktur bildet die ordnende Gesetzlichkeit für den Gesamtraum, in dem dann die Vielfalt des freistehenden Instrumentariums »rhapsodisch« variierbar ist.

Der Charakter eines »Konzert-Museums« wird durch die podiumsartigte Aufstellung der Tasteninstrumente und vor allem durch die 3 Orgeln erzielt. Über dem zentralen Ausstellungsbereich für die Instrumente des 20. Jahrhunderts mußte eine Wurlitzer-Orgel integriert werden, sie bildet einen dominierenden Raumakzent. Da das Werk keinen Prospekt mit klingenden Pfeifen besitzt – es war für den Konzertsaal der »Villa W. von Siemens« in Berlin-Lankwitz geschaffen worden –, mußte die Orgel durch ihre dreiteilige Gliederung in Haupt-, Solo- und Orchester-Werk sowie durch schalleitende Holzlamellen dem Besucher visuell als Orgel nahegebracht werden. Zahlreiche Einblicke geben auf der Galerie einen Eindruck von dem vielfältigen und skurrilen Instrumentarium dieser gewaltigen Kino-Orgel.

Die zweite Orgel beherrscht den nördlichen Bereich des Museums; es ist eine dreimanualige englische Kirchenorgel, vermutlich von John Gray aus der Zeit um 1820. Das Werk stand ursprünglich auf einer geschoßhohen Galerie und mußte schon wegen der Wirkung des Rückpositivs im Museum auf einen emporenartigen Unterbau gesetzt werden, damit die ursprüngliche formale und klangliche Disposition bei der gegebenen Raumhöhe des Museums soweit wie möglich zum Ausdruck kommt. Die Empore wurde auch für Solisten oder einen kleinen Chor zur Aufführung von Kirchenmusik geschaffen. Die Chichester-Orgel mit 24 Registern im Hauptwerk, Rückpositiv, Schwellwerk und Pedal, wird von einer kleinen Marcussen-Orgel von 1905 mit 6 Registern flankiert, für die wiederum eine dem Instrument räumlich adäquate Einbindung geschaffen werden mußte.

Erlaubt der mehrgeschossige Raum sogar die Aufstellung von 3 Orgeln verschiedener Dispositionen, so gehört zur räumlichen Konzeption auch die Verklammerung zwischen dem Museum mit dem Musik-Café im Untergeschoß und mit dem Vortragssaal sowie dem darüberliegenden, arenaartigen Auditorium. Der Vortragssaal mit 193 Plätzen ist akustisch auch als Kammermusiksaal ausgebildet worden, in dem durch Vergrößerung des Podiums Aufnahmen von Kammermusik stattfinden können. Durch seitlich angeordnete Sonderplätze für einen Moderator bei Podiums-Diskussionen oder z. B. für den Vorleser bei einer Aufführung von Igor Strawinskys Geschichte vom Soldaten animiert der kleine Raum zu vielfältigen Nutzungen. Durch

Das Musikinstrumenten-Museum mit der Schausammlung und Wendeltreppe zur Ebene der Studiensammlung, links die Wurlitzer-Orgel

unten: Der Jazz- und Folkloreraum mit der Stahlbeton-Hängekonstruktion für die Decke des darunterliegenden Curt-Sachs-Saals. Das Podium wird von amphitheatralisch ansteigenden Reihen umgeben; der Raum wird hauptsächlich für Jazzkonzerte von jugendlichen Zuhörern benutzt

92 in der Decke und in den Wänden angeordnete Lautsprecher können Nachhallveränderungen und quasi akustische Raumvergrößerungen erzielt werden, daher eignet sich dieser Raum mit verhältnismäßig kleinem Volumen auch für Aufführungen elektronischer und experimenteller Musik.

Der Jazz- und Folkloreraum über dem Vortragssaal ist bewußt als »Anti-Konzertraum« konzipiert worden, indem er durch 3 kräftige Stahlbeton-Hängestützen, an denen der Fußboden in der Dachkonstruktion aufgehängt ist, »gestört« wird. Diese konstruktive Lösung einer tragenden Hauptkonstruktion für 2 Raumbildungen ist das Ergebnis von verlangten Kubatur-Einsparungen zur Realisierung des Bauvorhabens. Die arenaartige Anordnung der Sitzreihen um das zentrale Podium für Jazz- und Folklore-Vorführungen gibt dem Raum Dichte und zugleich ein Fluidum von Improvisation und Spontanität. Im Gegensatz zum kühlen visionären Licht der »Nebensonnen« in der Lesesaaldecke der Staatsbibliothek ist hier durch Oberlichtkuppeln bewußt der Sonneneinfall als stimulierendes Element für Folklore-Musik gewählt worden, das sogar bei bedecktem Himmel durch goldfarbene Gläser und künstliche Beleuchtung beschworen werden kann. Die gegenteilige Lichtatmosphäre einer »Jazz-Höhle« ist durch eine Vielfalt von Spots vorgegeben. Die zwanglose Atmosphäre dieses Raumes – im Gegensatz zu dem trotz aller Vielfalt didaktischen Museums – war dem Architekten besonders wichtig, um namentlich in der jüngeren Generation die Hemmschwelle zum Museum zu brechen.

Diese Intentionen wurden im Untergeschoß des Museums variiert. Außer Musikübungsräumen, einem Junior-Museum mit Möglichkeiten zum Basteln von Musikinstrumenten, einer kleinen Theater-Spielfläche sowie einem Symposiumsraum, liegt dort vor allem das »SIM«-Café (SIM = Staatliches Institut für Musikforschung). Auch dieser Raum – in seinen Begrenzungen

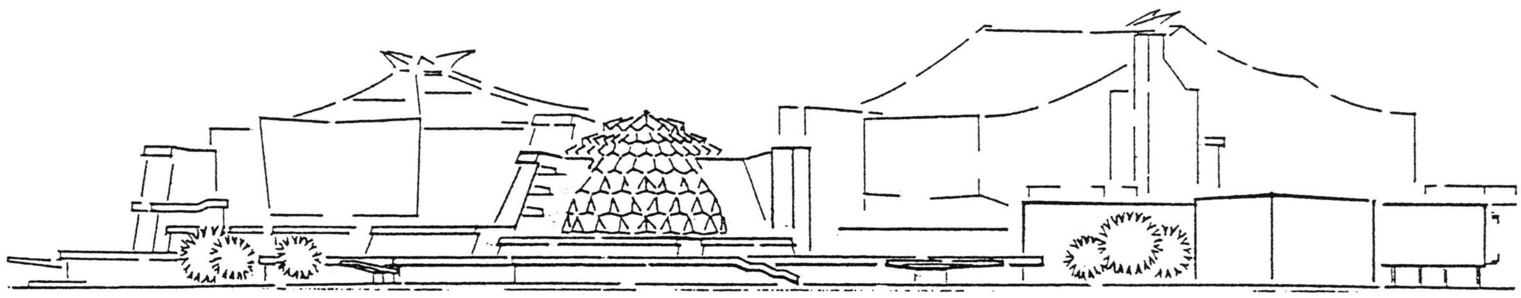

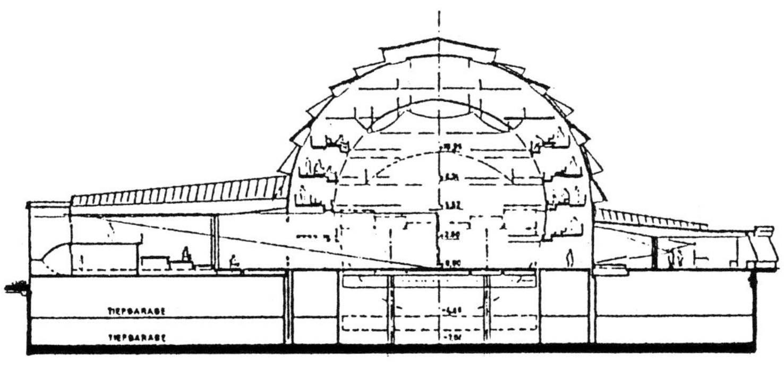

oben: Ansicht des geplanten Deutschen Musikarchivs mit Audiovisuellem Zentrum im Anschluß an den Bau des Staatlichen Instituts für Musikforschung mit Musikinstrumenten-Museum. Konzeption: Scharoun/Wisniewski. Fortführung der Planung: Edgar Wisniewski.
links: Schnitt durch das Kugelauditorium des Audiovisuellen Zentrums mit angegliederten Ausstellungsbereichen

S. 157: Gesamtplan des Kulturforums, städtebauliche Planung durch die Architekten Hans Scharoun und Edgar Wisniewski, nach dem Tod von Hans Scharoun 1972 Fortführung der Planung durch Edgar Wisniewski

fließend und nicht starr definiert – ist durch halbhohe farbige Glaswände Mittelpunkt eines zusammenhängenden »Raum-Labyrinths«, das durch die Expressivität und Dynamik der zentralen Wendeltreppe auch in der Vertikale alle Fixierungen sprengt. Die aufgestellten Orchestrion-Instrumente können mit der menschlichen Stimme – z. B. mit den nostalgischen Chören der Berliner Hymnentafel – konfrontiert werden.

Ist im Folklore-Raum die Farbgebung durch naturhaftes Eosinrot stimulierend, so wird im SIM-Café mit vitalen Farben, auch auf den z. T. gewölbten Deckenformen, und durch braune, flaschenfarbene Glaswände eine anti-museale Farbgebung angestrebt und die Atmosphäre eines »Auerbach-Kellers« angedeutet.

Der Bau des Staatlichen Instituts für Musikforschung mit Musikinstrumenten-Museum wurde 1984 eröffnet, also 12 Jahre nach Scharouns Tod, in seinen letzten Lebensjahren war an eine Realisierung des Baus nicht zu denken, auch die Entwurfsplanung geschah erst 1978, nach Fertigstellung der Staatsbibliothek.

Das Gebäude bildet in der formalen Gesamtgestalt mit der Philharmonie und dem Kammermusiksaal eine Trias. Die konzeptionell bedeutsame Verbindung zwischen dem Foyer der Philharmonie und dem Musikinstrumenten-Museum wird bedauerlicherweise nur bei besonderen Veranstaltungen geöffnet. Die ursprüngliche Idee, Konzertbesucher der Philharmonie könnten in der Pause ins Musikinstrumenten-Museum hinübergehen, ließ sich aus Personal- bzw. Kostengründen nicht verwirklichen, weil das Museum abends nicht geöffnet ist.

Bei Wandelkonzerten jedoch, Multimedia-Veranstaltungen, wie auch dem Kammermusikfest anläßlich der Eröffnung des Kammermusiksaals, waren die Foyers der drei Gebäude miteinander verbunden und das Raumkontinuum erlebbar.

Das Staatliche Institut für Musikforschung soll durch das Deutsche Musik-Archiv nach der vorliegenden Planung ergänzt werden. Der Standort für das Deutsche Musik-Archiv liegt seit Anfang der 70er Jahre an der Südostseite der Philharmonie fest, die mehrfach versuchte Realisierung des Bauvorhabens scheiterte bisher daran, daß das Institut als Teil der Deutschen Bibliothek Frankfurt am Main wegen des seit langem geplanten Neubaus in Frankfurt nicht finanziert werden konnte.

Das geplante Gebäude soll mit dem sog. Audiovisuellen Zentrum verbunden werden, weil durch das Deutsche Musik-Archiv auch die wissenschaftliche Aufgabe zur Sammlung des Video-Materials des gesamten audiovisuellen Bereichs einschließlich der Happening- und Fluxus-Bewegungen gehört.

Das Audiovisuelle Zentrum ist als Kugelauditorium mit ringartig angeordneten Galerien geplant, es kann durch vielfältige räumliche Durchdringungen mit einem Ausstellungsbereich für das Instrumentarium der audiovisuellen Medien kombiniert werden. Mit dem Audiovisuellen Zentrum würde das geplante Gebäude-Ensemble der Philharmonie vollendet werden; von besonderer Bedeutung ist die inhaltliche Nutzung als Verbindungsglied und Kulminationspunkt zwischen den auditiven Institutionen der Philharmonie mit dem visuellen künstlerischen Bereich der Museen. In diesem geplanten Kulminationspunkt liegt eigentlich das Ur-Anliegen für das Kulturforum, eine kreative Zusammenführung divergierender künstlerischer Bereiche und Medien im Sinne eines modernen Gesamtkunstwerks zu bilden.

Bedauerlicherweise ist die inhaltliche und bauliche Verwirklichung dieser übergeordneten Konzeption nur mit unermüdlichen jahrelangen Anstrengungen zu erreichen. Hätte ich nicht die Widerstände um den Bau der Philharmonie erlebt, so hätte ich vielleicht nicht die Ausdauer und die Leidenschaft aufgebracht, nach der Vollendung der Staatsbibliothek das Musikinstrumenten-Museum und den Kammermusiksaal nach Scharouns Tod noch durchzusetzen. Insbesondere der Kammermusiksaal ist heute aus dem Berliner Musikleben nicht mehr wegzudenken, zahlreiche musikalische Ereignisse und Uraufführungen sind bereits mit diesem Raum verbunden. Die Beurteilungen der Hörer, der Musiker und Komponisten sind die Bestätigung für die Notwendigkeit der Mühen um diesen Bau, dessen Durchsetzung sich über 25 Jahre hinzog. –

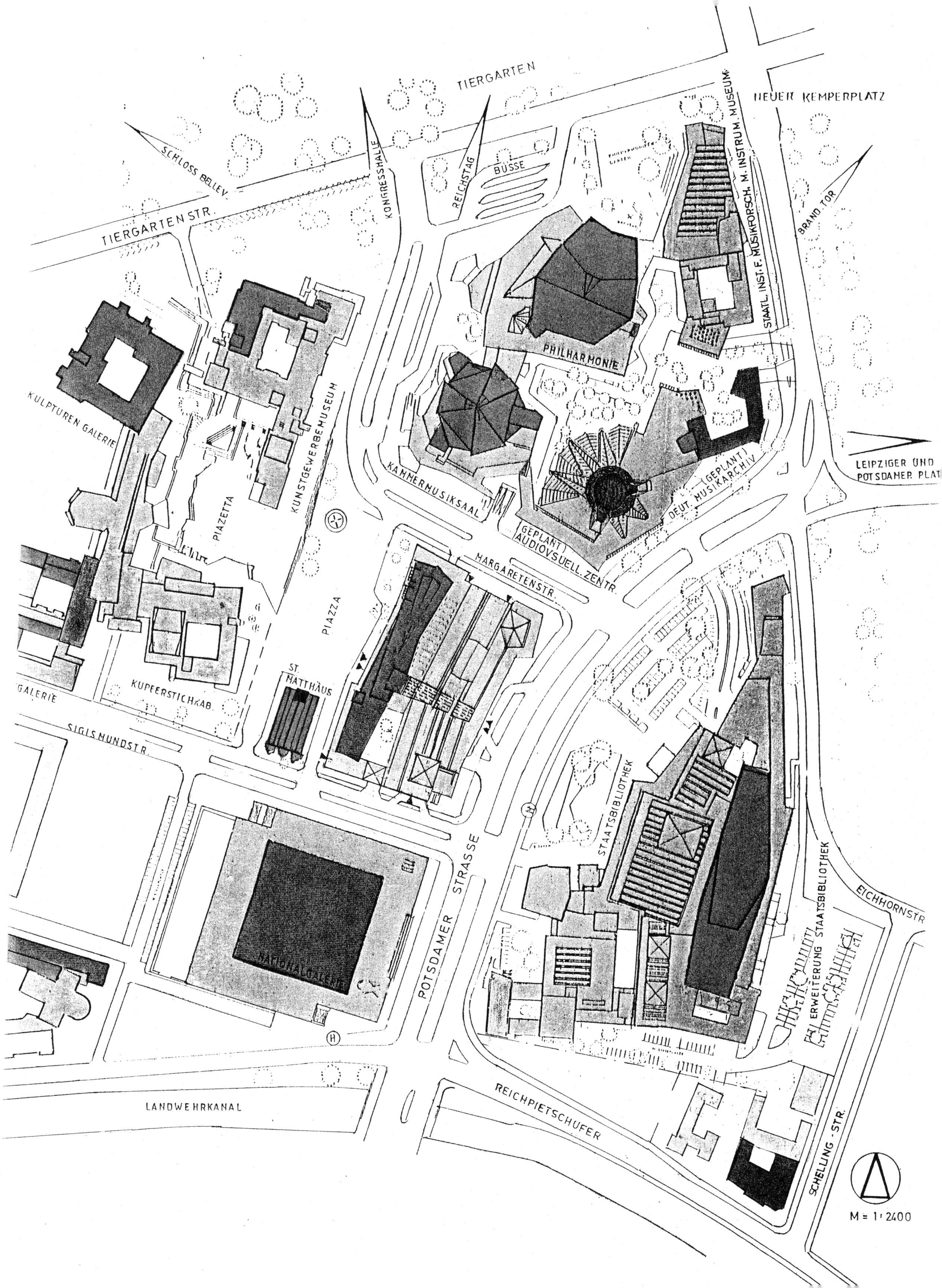
TIERGARTEN
NEUER KEMPERPLATZ
SCHLOSS BELLEV.
KONGRESSHALLE
REICHSTAG
BUSSE
TIERGARTENSTR.
STAATL. INST. F. MUSIKFORSCH. M. INSTRUM. MUSEUM
BRAND. TOR
PHILHARMONIE
KULPTUREN GALERIE
KUNSTGEWERBEMUSEUM
PIAZETTA
KAMMERMUSIKSAAL
LEIPZIGER UND
POTSDAMER PLAT
DEUT. MUSIKARCHIV (GEPLANT)
(GEPLANT) AUDIOVSUELL. ZENTR.
MARGARETENSTR.
PIAZZA
ST. MATTHÄUS
KUPFERSTICHKAB.
GALERIE
SIGISMUNDSTR.
STAATSBIBLIOTHEK
POTSDAMER STRASSE
NATIONALGALERIE
EICHHORNSTR.
ERWEITERUNG STAATSBIBLIOTHEK
LANDWEHRKANAL
REICHPIETSCHUFER
SCHELLING-STR.
M = 1 : 2400

BAUTEN AN DER PHILHARMONIE

BAUTEN AN DER PHILHARMONIE

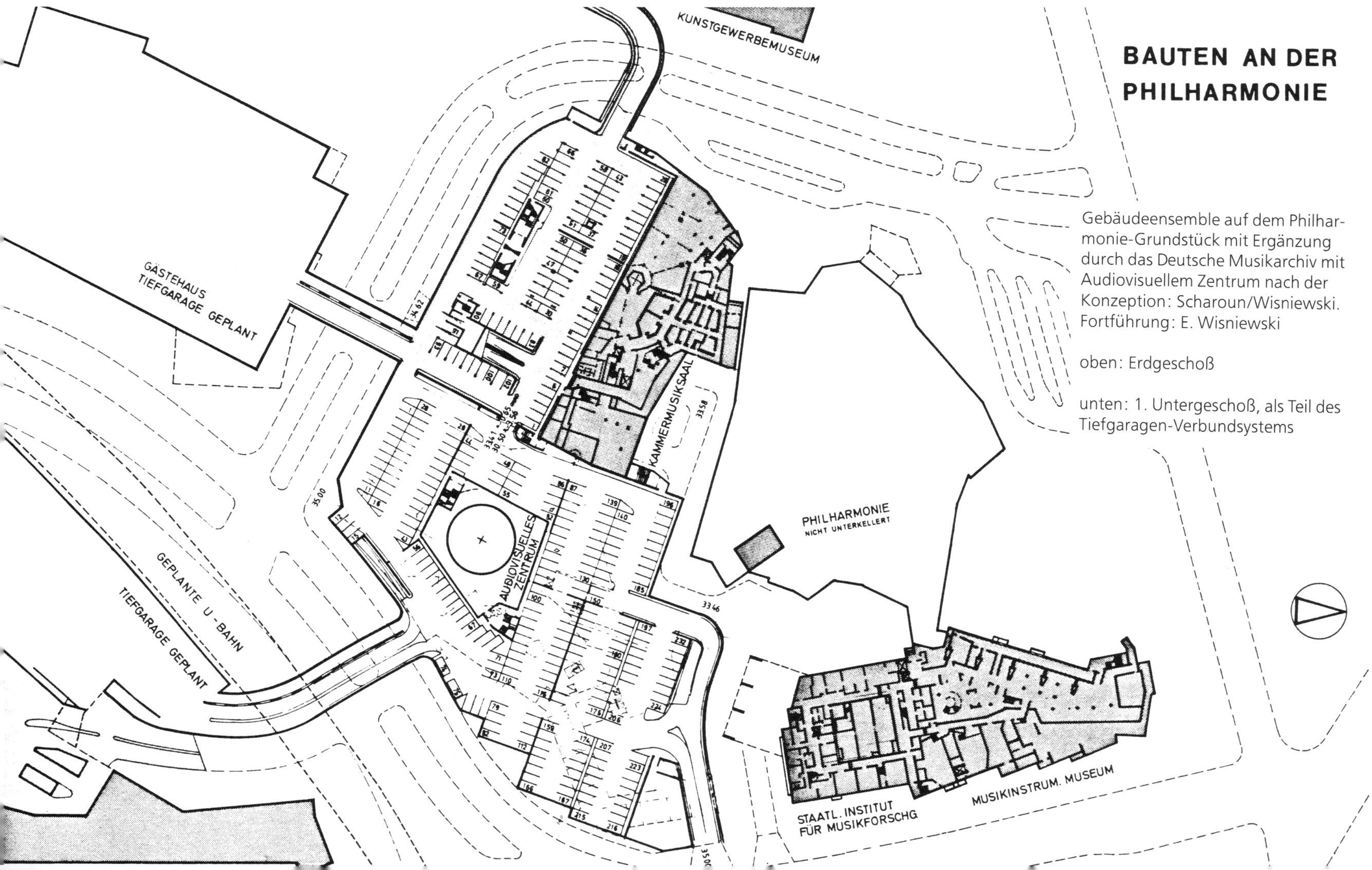

Gebäudeensemble auf dem Philharmonie-Grundstück mit Ergänzung durch das Deutsche Musikarchiv mit Audiovisuellem Zentrum nach der Konzeption: Scharoun/Wisniewski. Fortführung: E. Wisniewski

oben: Erdgeschoß

unten: 1. Untergeschoß, als Teil des Tiefgaragen-Verbundsystems

BAUTEN AN DER PHILHARMONIE

1. OG des Deutschen Musikarchivs mit Audiovisuellem Zentrum als Kugelauditorium, angrenzende Ausstellungsbereiche.

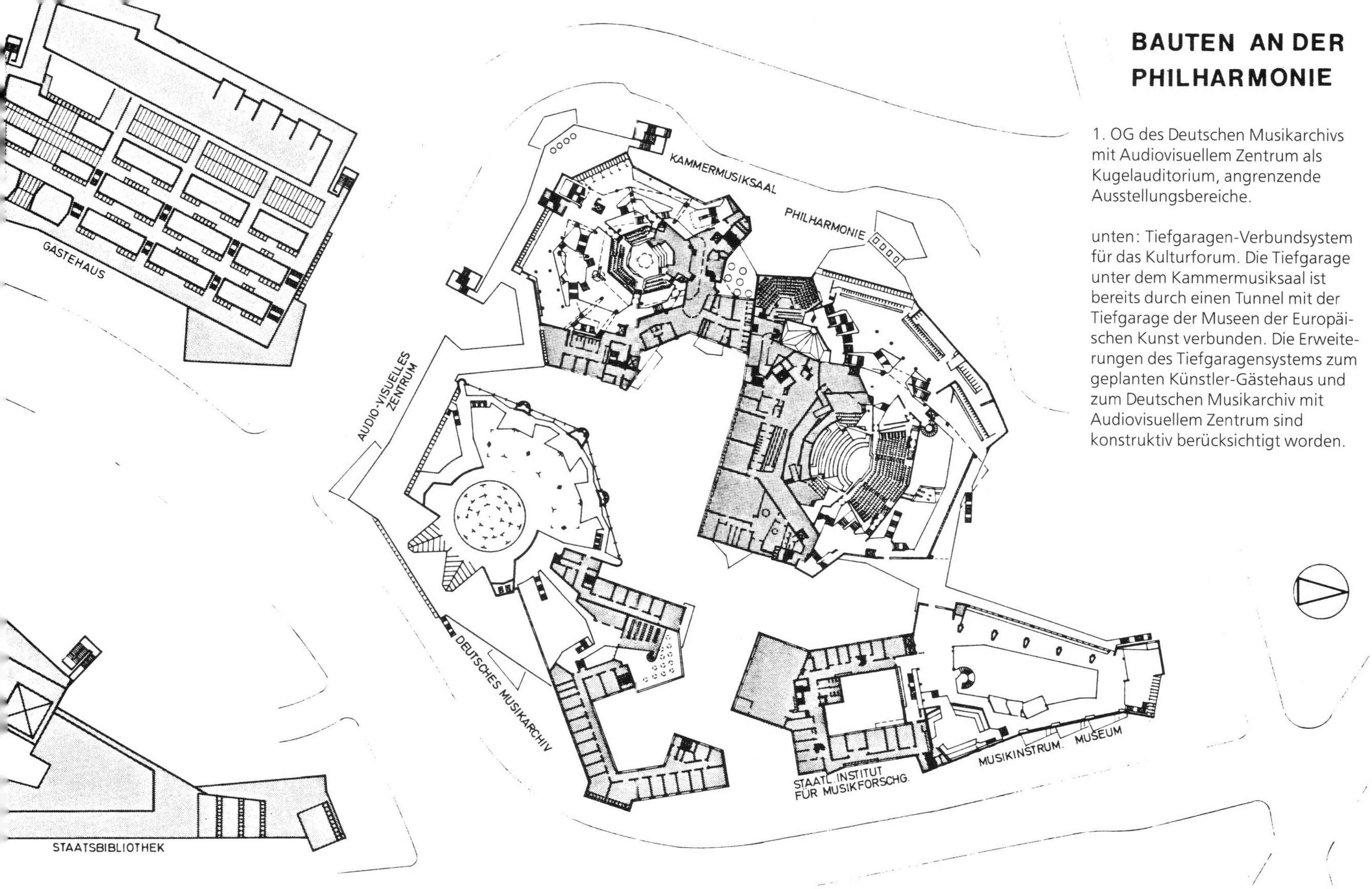

unten: Tiefgaragen-Verbundsystem für das Kulturforum. Die Tiefgarage unter dem Kammermusiksaal ist bereits durch einen Tunnel mit der Tiefgarage der Museen der Europäischen Kunst verbunden. Die Erweiterungen des Tiefgaragensystems zum geplanten Künstler-Gästehaus und zum Deutschen Musikarchiv mit Audiovisuellem Zentrum sind konstruktiv berücksichtigt worden.

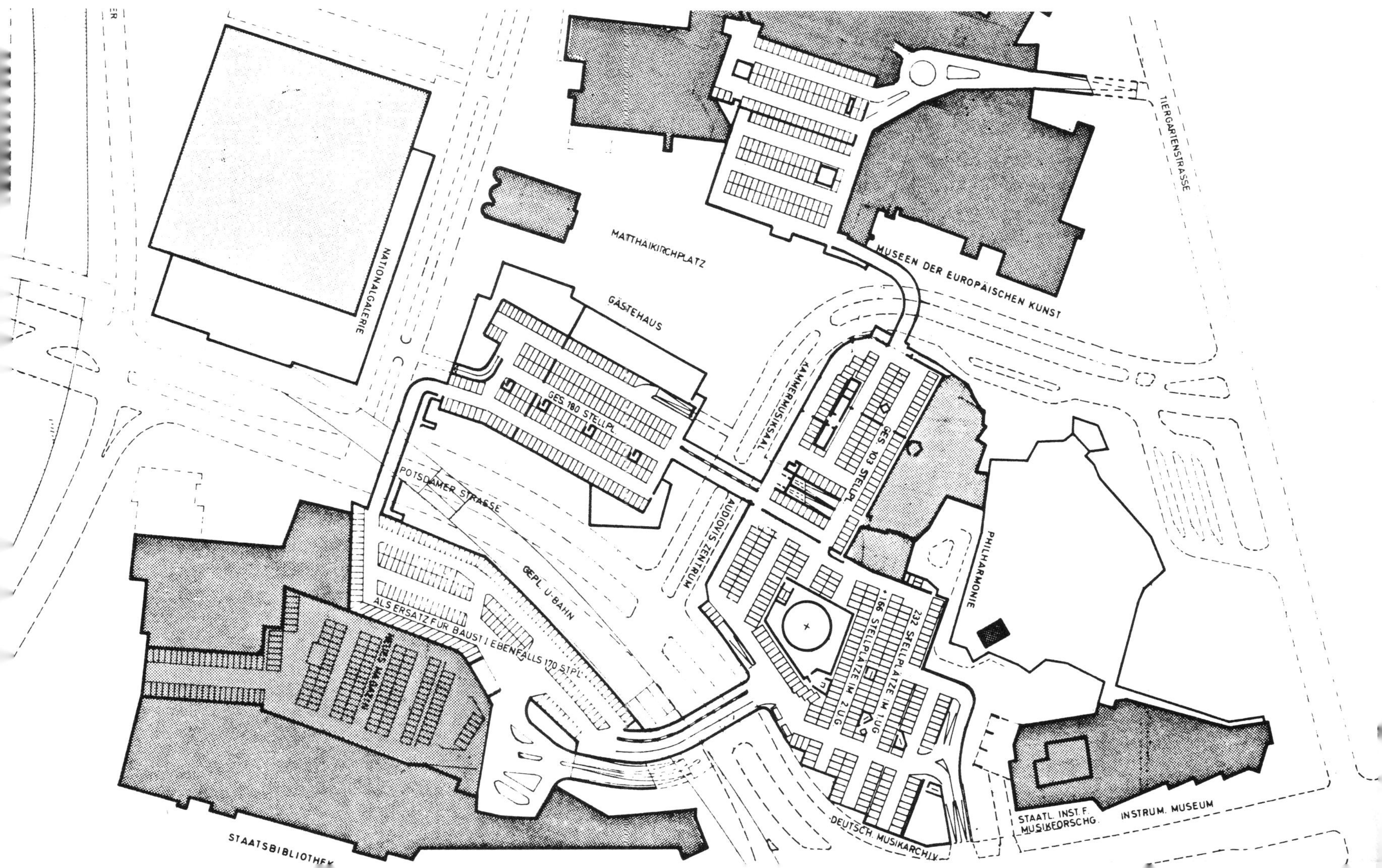

Der Kammermusiksaal der Philharmonie Widerstände gegen das Projekt

Der Neubau der Philharmonie sollte für das Berliner Philharmonische Orchester nicht nur das »musikalische Heim«, sondern auch eine neuartige künstlerische Aufführungsstätte für die Musik der Gegenwart sein. Den musikalischen Schwerpunkt bilden dennoch in Fortführung der Tradition dieses Orchesters die Werke von Beethoven, Brahms und Bruckner sowie die Werke mit großer Orchesterbesetzung von Gustav Mahler und Richard Strauss.

Durch die sensible Gestaltung und den transparenten Klang des Raumes wird der große Saal der Philharmonie auch für Kammermusikkonzerte genutzt. Es entsteht aber bei derartigen Aufführungen ein gewisser räumlicher Widerspruch, weil das große Podium, das im Konzert zuvor 100 Instrumentalisten und 150 Chorsänger trug, plötzlich leer wirkt, wenn nur ein Solist oder ein kleines Ensemble musiziert. Dies gilt auch für die Wirkung des Saales insgesamt, denn die Kapazität von mehr als 2200 Plätzen wird für Kammermusikaufführungen selten benötigt. Für Kammermusik muß der Erlebnisraum intim sein – man möchte dem musikalischen Geschehen sehr nahe, unmittelbar verbunden sein. In allen großen Musikzentren der Welt gehört ein Kammermusiksaal zum großen Saal; die alte Philharmonie in der Bernburger Straße hatte mehrere kleine Säle, noch erheblich differenzierter ist das Raumangebot für Kammermusik in Wien. Auch nach dem Krieg ist bei den internationalen Konzertsaalneubauten ein Kammermusiksaal als »Kleines Haus« stets miterrichtet worden.

Erstreckte sich die bauliche Vervollständigung des Philharmonie-Gebäudes über einen Zeitraum von mehr als 20 Jahren, so ist fast drei Jahrzehnte später, nach Beginn des Kulturforums, die Realisierung der städtebaulichen Gesamtkonzeption von Scharoun noch immer nicht abgeschlossen und gesichert.

Auch bevor die peripher im Kulturzentrum gelegenen Großbauten, wie die Neue Nationalgalerie, die Staatsbibliothek und der geplante Baukomplex für die Museen der europäischen Kunst von Gutbrod, das Kulturzentrum wesentlich erweiterten, war die städtebauliche Einbindung nach Osten zum Potsdamer und Leipziger Platz, nach Süden in das Wohngebiet des Bezirks Schöneberg und nach Westen in das ehemalige Diplomatenviertel mit neuen, der stadtlandschaftlichen Übergangszone am Tiergarten entsprechenden Baustrukturen gedacht. Der Kern des

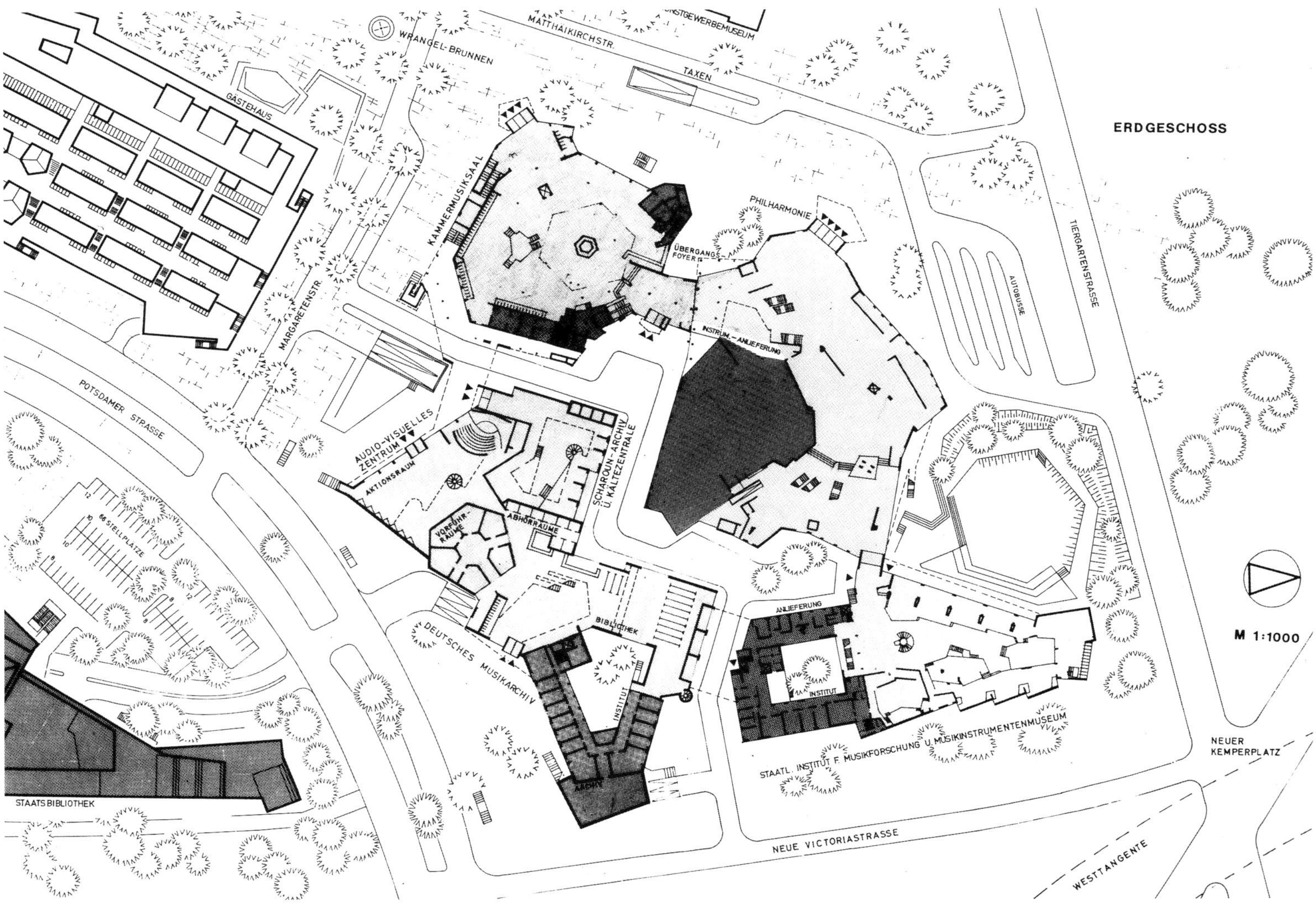

Foyer-Landschaft zwischen Philharmonie, Kammermusiksaal und Musikinstrumenten-Museum, Planung 1973

S. 161: Kulturforum, Senats-Modell, Gesamt-Ensemble

Kulturzentrums soll durch Bauten verschiedener Dominanz eine möglichst hohe Dichte und funktionelle Vielseitigkeit erfahren.

Als zentraler Bau ist von Scharoun und vom Verfasser ein Künstler-Gästehaus als »Haus der Mitte« zwischen Matthäikirchplatz und Staatsbibliothek mit Galerien, Cafés, Atelier-Wohnungen, Boarding-House-Hotel und musikwissenschaftlichen Instituten projektiert worden. Für den Besucher der Konzerte und Ausstellungen sollen Geschäfte, Restaurants und ein Musik-Café zur Verfügung stehen; das Haus bietet auch vorrangig Wohnmöglichkeiten für Künstler und Wissenschaftler, die in dem Kulturforum tätig sind. Unmittelbar neben der Philharmonie, dem Kammermusiksaal und dem Staatlichen Institut für Musikforschung mit Musikinstrumenten-Museum sind das Deutsche Musikarchiv mit der Phonothek und weitere verbindende Bauten mit interdisziplinären Aufgaben, wie ein audiovisuelles Zentrum, gedacht.

Das Staatliche Institut für Musikforschung mit Musikinstrumenten-Museum der Stiftung Preußischer Kulturbesitz öst ich der Philharmonie ist 1984, der Bau des Kammermusiksaals 1987 eröffnet worden.

Es gehört zu den deprimierenden Erfahrungen im Leben eines Architekten, daß auch international anerkannte Bauten die Durchsetzung ergänzender Bauwerke kaum erleichtern und die Schwierigkeiten, Widerstände und Intrigen nicht beseitigen. Scharoun mußte dies während seines ganzen Lebens erfahren; auch der große Durchbruch mit der Philharmonie, dem international anerkannten Gebäude, beschleunigte keineswegs die ergänzenden Bauten zur Philharmonie oder etwa die Realisierung der städtebaulichen Konzeption des Kulturforums. Vielmehr war zum 25jährigen Jubiläum des Baues der Philharmonie festzustellen, daß immer noch und immer wieder das Werk Scharouns auf vielfältige Weise verhindert und intensiv bekämpft wurde. Die städtebauliche Konzeption wurde 1983 einem Gutachter-Verfahren unterzogen, dessen Gutachter dem Werk Scharouns fremd oder feindlich gegenüberstanden. Initiator war die »Internationale Bauausstellung Berlin«, die leider die Konzeption des Kulturforums – Scharouns für Berlin hinterlassenes Erbe – jahrelang bekämpfte und auch den Bau des Kammermusiksaales verhindern wollte.

Kulturforum, Senats-Modell, im Vordergrund die Piazza vor der St. Matthäuskirche mit Kammermusiksaal und geplantem Künstler-Gästehaus (Stand 1982)

Im Jahr 1957 fand in der Akademie der Künste die Ausstellung »Für Berlin geplant und nie gebaut« statt. Es wurden zahlreiche Entwürfe von Knobelsdorff, Langhans und Schinkel gezeigt, von Walter Gropius z.B. wurde der Entwurf des Totaltheaters für Erwin Piscator, von Ludwig Mies van der Rohe das Hochhausprojekt an der Friedrichstraße und eine Anzahl bekannter Projekte von Hans Poelzig ausgestellt, auch Hans Scharoun war mit zahlreichen Projekten sowie städtebaulichen Planungen vertreten. Diese Ausstellung dokumentierte erschütternd, wie Geniales und Außerordentliches durch Mittelmaß und vielfältige Machtstrukturen verhindert wurde.

In einem anderen Kapitel werde ich über die Wirkung der Philharmonie mit der »Musik im Mittelpunkt« in der Musikwelt berichten. Wie ist es möglich, daß in Berlin diese Idee, die im Kammermusiksaal variiert ist, bekämpft wurde? In Scharouns baulichen Ideen steht immer der »Mensch im Mittelpunkt«, und niemals wird die Fassade oder das Gehäuse eitler Selbstzweck. Wie kann eine Zeit, die sogar die Vergangenheit als Denkmal schützen will, den Schutz der geplanten Gebäude negieren, die primär für den Menschen – für sein Wohnen, Leben und Arbeiten – als verbindendes Element im Kulturforum empfunden und erdacht wurden.

Zu dem Ergebnis des Gutachter-Verfahrens zum Kulturforum, das gegen Scharouns Konzeption gerichtet war, nehme ich hier nicht Stellung, eine umfangreiche Chronik über das Kulturforum befindet sich in Vorbereitung. Das Ergebnis des Gutachter-Verfahrens, wonach die städtebauliche Konzeption Scharouns durch den Vorschlag von Hans Hollein, Wien, entstellt worden wäre, blieb Episode, entfachte aber eine leidenschaftliche Diskussion zwischen den Befürwortern der Postmoderne und den Anhängern der Scharoun-Planung. Zu den zahlreichen, z.T. leidenschaftlichen Appellen zur Erhaltung und Vollendung der Scharoun-Konzeption gehörte auch der des Komponisten Luigi Nono, dessen Eintreten für das Kulturforum und insbesondere auch für den Kammermusiksaal für mich ein besonders beglückendes Erlebnis war. Luigi Nono schrieb zum Kulturforum und zu einer Raumklang-Ausstrahlung:

S. 163: Ars Combinatoria – Autograph von Luigi Nono mit Gedanken zu Scharouns Konzeption für das Kulturforum, 1982

ARS COMBINATORIA IN REELEM TRAUMBILD IN GEISTLICHEM BEDÜRFNISS IN WAHRNEHMUNG DER VERÄNDERUNGEN = KULTURFORUM VON H. SCHAROUN.

VON MATTHÄI KIRCHE UND TURM (VIELFÄLTIGES RAUM-KLANG) BIS PHILARMONIE UND JETZT BIS KLEINE PHILARMONIE (AUCH VIELFÄLTIGENE RAUM-KLANG-MÖGLICKHEITEN IN UNSEREN VERSCHIEDENEN TEMPI) –

NATUR-RÄUME (INNERLICH-DRAUSSEN-TECHOLOGISCH-LIVE) FÜR MULTIPLEN EBENE, AUCH VERWIRREND, DER MUSIKWANDERUNGEN: VON EXPERIMENTALES-STUDIO-FORSCHUNG (ATELIER) BIS AKUSTISCHEM RAUM (PH. UND KL. PH.) BIS HISTORISCHEM DASEIN (MUSEUM).

WIE ~~UND~~ UNENDLICH-FREIES PLANETEN-MOTUS.

ECHTES REIZ, FASCHINIREND, ZUM ÜBERRASCHENDEN UNERWARTETEN TRAUM-REALITÄT (NUR MUSIK?), ZU DEM ANDERES ZU DEM UNMÖGLICHEN (HEINER MÜLLER).

DAS SCHÖPFERISCHE GEIST VON BERLIN UND VON H. SCHAROUN SOLL VON DES TAGES MODE NICHT BELEIDIGT, NICHT VERFINSTERT WERDEN,
ABER IN LEIDENSCHAFTLICHER ~~EINKLANG~~ HARMONIE MIT DEM GEFÜHL MIT DER WAHRNEHMUNG VON HEUTE-MORGEN UNENDLICHE TÖNE ~~UND~~ UNENDLICH LEBEN LASSEN.

LUIGI NONO

Musik aus der Mitte

»Ist es ein Zufall – daß überall, wo improvisiert Musik erklingt, sich Menschen sofort zu einem Kreis zusammenschließen? Diesen ganz natürlichen Vorgang, der von der psychologischen Seite her jedem verständlich ist, müßte man in einen Konzertsaal übertragen. Musik sollte auch räumlich und optisch im Mittelpunkt stehen«.

Scharouns erläuterndes Wort zur Philharmonie gilt ebenso für den Kammermusiksaal. Das menschliche Miteinander, die Runde der Musikerlebenden ist zur äußersten Dichte der Gemeinschaft, die in einem Konzertsaal möglich ist, zusammengefügt worden. Der große Saal der Philharmonie inspiriert zur musikalischen Vision, zum Makrokosmos, bis zu den transzendentalen Beschwörungen Bruckners und Mahlers – der kleinere Konzertraum, der Kammermusiksaal, führt zum Ursprung der Musik, zum tönend schwingenden Mikrokosmos, zur musikalischen Linie, zum kristallinen musikhaften Urimpuls.

Im Gegensatz zur außereuropäischen Musik entwickelte sich die abendländische Musik zu immer gewaltigeren Großformen, zu oft schillernden Blüten, zum mächtig tönenden Credo, auch zum Pathos. Mit dieser Entwicklung, die unserer technisch-sozialen Entwicklung folgte, war der Verlust der musikalischen Mitte, wie er in der sogenannten Kammermusik impliziert ist, verbunden.

Sie galt vielfach als Nebenprodukt eines Komponisten, war einer Schar von Liebhabern vorbehalten – sie war gesellschaftlich ältlich, nicht attraktiv, schon gar nicht »fernseh-like« und bot daher wenig Anlaß für Selbstdarstellungen.

Architekten und Bauherren waren Mithelfer, die Kammermusik in Resträume ihrer großen Stadthallen zu verbannen; häufig wurde der kleine Saal dem großen repräsentativen auch baulich, wie in der Alten Oper in Frankfurt, untergeschoben. Seit einiger Zeit ist jedoch im Musikleben der Großstädte ein Wandel spürbar, der in einer gewissen Überdrüssigkeit liegen mag, weil das gängige Repertoire begrenzt ist und es über Gustav Mahlers »Sinfonie der Tausend«, über den Makrokosmos hinaus nicht weitergeht; auch die erträumten Universum-Sinfonien von Alexandr Skrjabin oder Charles Ives sollten Utopien bleiben.

Zum entscheidenden Kriterium für künstlerische Qualität wurde wieder der menschlich musikalische Ausdruck. Beethovens beschwörender Wunsch, »von Herzen möge es wieder zu Herzen gehen«, ist latent zum Maßstab geworden. Auch überträgt sich der musikalische Urimpuls eines Werkes leichter im engsten Miteinander als in einem minutiös ablaufenden Fernseh-Konzert.

In diesem Zusammenhang möchte ich Hans Werner Henzes Deutung zu seiner Kammermusik 1958 zitieren: »Kammermusik hat die Bedeutung von etwas, das Vertrauliches behandeln will und damit die Grenzen des Nennbaren berühren kann. Kammermusik begreift sich als eine tönende Welt, die zwar Grenzen nach außen, aber keine nach innen kennt.«

Selbst die Botschaft der Brüderlichkeit in Beethovens 9. Sinfonie klingt heute fraglich und wird besonders von der jüngeren Generation nicht losgelöst von den uns umgebenden Auseinandersetzungen und Katastrophen gesehen. Hierin können auch Ursachen verborgen sein, wenn viele junge Menschen einen neuen unprätentiösen musikalischen Zugang suchen und sich der kleineren Form der zurückhaltenden Kammermusik zuwenden. Durch die technischen Medien ist das Selbstmusizieren, die Hausmusik in familiärer Bindung, als quasi natürliche Quelle des Musikerlebens und -verstehens, verdrängt worden. Es ist eine andere Form der Musikgemeinschaft, häufig in Form der Runde, an die Stelle getreten, eine ähnliche Entwicklung von der Folklore zum Jazz ist nachvollziehbar; damit entstand eine neue soziologische Form von Freiheit, die ihre Bindung nicht spüren möchte.

Ein Raum für Kammermusik

Was ist heute unter Kammermusik zu verstehen? Wie ist die traditionelle, die klassische Kammermusik für den Menschen unserer Zeit am besten wieder mit neuem Leben zu erfüllen? Welchen Wandel hat die Musik der kleinen Form in unserer Zeit vollzogen und welche räumlich-technischen Medien könnten neue musikalische Impulse – zu neuen musikalischen Strukturen – geben? Fragen, die am Anfang der Konzeptionsfindung standen – Fragen, die wir uns stellten und die wiederum, wie bei der Philharmonie, Überlegungen und Untersuchungen initiierten, die sich von der traditionellen bis zur experimentellen Musik erstreckten.

Es galt den »Wandel der Struktur im Raum und Zeit« für die vernachlässigte musikalische Form der Kammermusik in eine kreative Raumform, quasi in ein Instrument umzusetzen. Nach dem gelungenen akustisch-musikalischen Wagnis, die Musik im großen Saal der Philharmonie in den Mittelpunkt zu stellen, konnte eine weitere Entwicklung zur introvertierten Form der Musik und zum adäquaten Raum folgen. Beide Musikformen sind voneinander untrennbar, ergänzen sich und sind in ihrer Art durch variierende Formen entwicklungsfähig.

Es war also nicht der Wunsch, nur einen kleineren Saal mit 950 Plätzen für Solisten- und Kammerorchester-Konzerte bis zur Orchesterbesetzung der Wiener Klassik zu bauen, sondern der Raum sollte durch seine Konzentrationsform die Ausstrahlung des schöpferisch musikalischen Impulses nachvollziehbar machen. Durch die Unmittelbarkeit zwischen dem Künstler und den umgebenden Musikerlebenden wird die kleinste Ausdrucksnuance mitteilbar – es entsteht der Raum für das Improvisatorische und zugleich das menschliche Miteinander, als würden Schubert oder Beethoven umringt von ihren Freunden den Einblick in ein neues Werk geben.

Die Philharmonie bewirkte auch ein neues Musikerleben, ein Musikhören, das mit dem Einblicknehmen in das Orchester nicht nur das analytische Hören vielschichtiger symphonischer Werke fördert, sondern ebenso emotionelles Musikerleben bewirkt. In dem neuen kleineren Raum ist die musikalische Gemeinschaft zwischen Künstler und umgebender »Runde« noch gesteigert. Musik wird aus der Mitte nahezu »fühlbar, greifbar« und entflammt spontan wie in einem Brennspiegel. Der unmittelbare Bezug zum künstlerischen Interpreten erleichtert die Einblicknahme in komplizierte musikalische Strukturen der Neuen Musik und macht die häufig schroffe musikalische Aussage elementar nachvollziehbar. Eine andere Entwicklungsrichtung der Neuen Musik verlangt jedoch nicht die Musik aus der Mitte des Raumes, sondern wandelt die Zentralform in einen Konzentrationsraum, in dem die Musik von der umgebenden Raumstruktur zur Mitte dringt. Der Raum wird zum Instrument, er wird von der Peripherie zum Schwingen gebracht – und wie ein riesiger Resonanzkörper spürbar.

Seitdem es geschlossene, d.h. überdachte Räume gibt, haben die Komponisten die Integration des musikalisch mitschwingenden Raums als Mittel des Ausdrucks oder der Botschaft erstrebt. Die gewaltigen historischen »Klangkörper«, die Sakralräume des 16. und 17. Jahrhunderts konnten fast nur durch Chorgruppen und Blasinstrumente akustisch angeregt, d.h. zum Schwingen gebracht werden. Heute läßt sich der Klang auch einzelner Instrumente durch elektro-akustische Apparaturen bis zur Unkenntlichkeit verstärken – innerhalb solcher extremen Dynamik liegen exorbitante Möglichkeiten künstlerischer Gestaltung.

Der Kammermusiksaal ist auch speziell für dieses musikalische Neuland konzeptionell – nicht applizierend – entwickelt worden. Die Wesenheit dieses Raumes liegt darin, für die traditionelle Musik die subtilen menschlich künstlerischen Impulse der Komposition und der Interpretation zu offenbaren, dagegen aber für das Neue durch die Raumstruktur und die technischen Apparaturen, die elektronische Musik mit Lichtgestaltungen – »Klang- und Lichtspiele« – künstlerisch zu entfesseln.

Im Dom von S. Marco hat die bauliche Vorgabe der im Raum gegenübergestellten Sängeremporen zu den mehrchörigen Kompositionen von Gabrieli, Willaert und Monteverdi geführt, die somit zum Urimpuls der polyphonen Musik und der konzertanten Formen wurde. Im kleinen Saal der Philharmonie sind durch die maschinelle Variabilität des Hauptpodiums und gleichermaßen der drei Raummusik-Emporen neuartige Aufführungsmöglichkeiten für die Integration der Raumwirkung einer musikalischen Struktur geschaffen worden. Mit der Einbeziehung der elektro-akustischen Einrichtungen wurden Stockhausens Vision eines kugelförmigen Raumes für Osaka, Corbusiers und Xenakis' Poème Electronique, die musikalischen Raumwanderungen von Boulez und die inszenatorischen Raumintegrationen Luigi Nonos als herausragende Experimente und historische Meilensteine der Neuen Musik für die Urkonzeption des neuen Saals wegweisend.

Zur Entwicklung der Konzeption

Der große Saal der Philharmonie sollte immer durch einen kleineren Saal vorwiegend für Aufführungen von Kammermusik ergänzt werden. Die Arbeit am gedanklichen Konzept eines neuen Kammermusiksaals erstreckte sich seit dem Bau der Philharmonie über viele Jahre, da an eine Verwirklichung des Baus nicht zu denken war. Dennoch wurde – basierend auf den akustischen Erfahrungen in der Philharmonie – an einen Zentralraum für das Gebäude des Kammermusiksaals gedacht und anläßlich des Wettbewerbs für die Staatsbibliothek 1964 eine punkthafte Baugestalt im städtebaulichen Gesamtplan des Kulturforums und in den Modellen angedeutet, zu der aber kein Raumprogramm vorlag und somit auch ein Entwurf nicht entwickelt werden konnte.

Den Auftrag für einen »erweiterten Vorentwurf« erhielt Scharoun erst fünf Jahre nach Eröffnung der Philharmonie. Da für eine Realisierung des Baus aus finanziellen Gründen wiederum keine Hoffnung bestand, sollte durch den Vorentwurf wenigstens die Idee für den Saal gesichert werden. Das Raumprogramm sah bereits einen Saal mit 950 Plätzen vor.

Basierend auf musikwissenschaftlichen Untersuchungen und im Gedankenaustausch zur Gestaltfindung mit Scharoun habe ich die Strukturform für den Saal entwickelt, bei der die drei Raummusik-Emporen als Dominanten in einem asymmetrischen Spannungsfeld standen. Die Fortführung der Philharmonie-Idee ›Musik im Mittelpunkt‹ ist für die Kammermusik besonders adäquat, da die akustische Richtwirkung des Schalles beim Streichquartett oder Ensemble ohne Dirigenten weitgehend entfällt, d.h. es entstehen keine einseitig gerichteten, sondern konzentrische Schallabstrahlungen. Die Gestaltanweisung »Runde« war damit evident, dennoch blieb zunächst die wesentliche Grundsatzentscheidung offen, ob der Saal asymmetrisch oder ein strenger symmetrischer Zentralraum werden sollte – bildet doch der Saal der Philharmonie quasi eine Symbiose zwischen einem längsgerichteten Raum und einem Zentralraum.

In einer nächtlichen Arbeitssitzung bei Scharoun entstand als Zusammenfassung unserer Arbeiten eine Skizze, in welcher die Dreiheit der Raummusik-Emporen das Kraftfeld festsetzt und ihre symmetrische Zuordnung zur ausgewogenen Spannung des Raumes führt. Als Konsequenz ergab sich der strenge, in sich symmetrisch komponierte Zentralraum – die Asymmetrie, Eingriffe der Außenwelt – liegen im peripheren Bereich. Die Gliederung in einen unteren und in einen oberen Parkettring geschieht durch einen ringartigen Umgang, von dem die Hochparkettgruppen ähnlich wie im antiken Theater erschlossen werden. Hiermit ist zugleich eine musikalische Idee verbunden, die den Positionswechsel der Musiker, wie es in Kompositionen von Boulez und Stockhausen verlangt wird, ermöglicht.

Die drei Raummusik-Emporen verklammern die drei Hochparkettbereiche des oberen Parkettrings zu je drei aufeinander bezogenen Parketts. In Scharouns zusammenfassender Skizze sind bereits alle Parketts mit der jeweiligen Reihenzahl beziffert, hieraus wird die asymmetrische Differenzierung im peripheren Bereich erkennbar. Scharouns Skizze ist in der Schriftenreihe der Akademie der Künste, Berlin, Band 10, veröffentlicht, der Band erschien nach Scharouns Tod. Neben der Skizze ist meine Urplanung aufgrund unserer Festlegung abgebildet. Die Ausarbeitung ergab eine Kapazität des Saales mit mehr als 1100 Plätzen; diese Zeichnung der Urplanung autorisierte Scharoun 1971 zur Veröffentlichung für das geplante Buch über sein Werk. Der gleichfalls abgedruckte Erdgeschoßplan entspricht meiner Planung, wie sie Scharoun noch erlebte.

Scharouns Skizze zum Kammermusiksaal ist nicht mit seiner Urskizze zur Philharmonie zu vergleichen, aus der sowohl die Idee der Musik im Mittelpunkt evident als auch die Raumgestalt mit der zeltartigen Decke und vielen wichtigen Einzelheiten im Schnitt ablesbar werden.

Scharouns Skizze manifestiert die Entscheidung zum gesetzhaften Zentralraum, in dem Freiheit und Bindung intuitiv spürbar werden. Sie wirkt in ihrer Zusammenfassung wie ein schöpferischer »Urknall« mit einer ungeheuren Expansion, aber zugleich wie ein Kristall, der gesetzhaft das Geschehen in der Mitte bündelnd ausstrahlt.

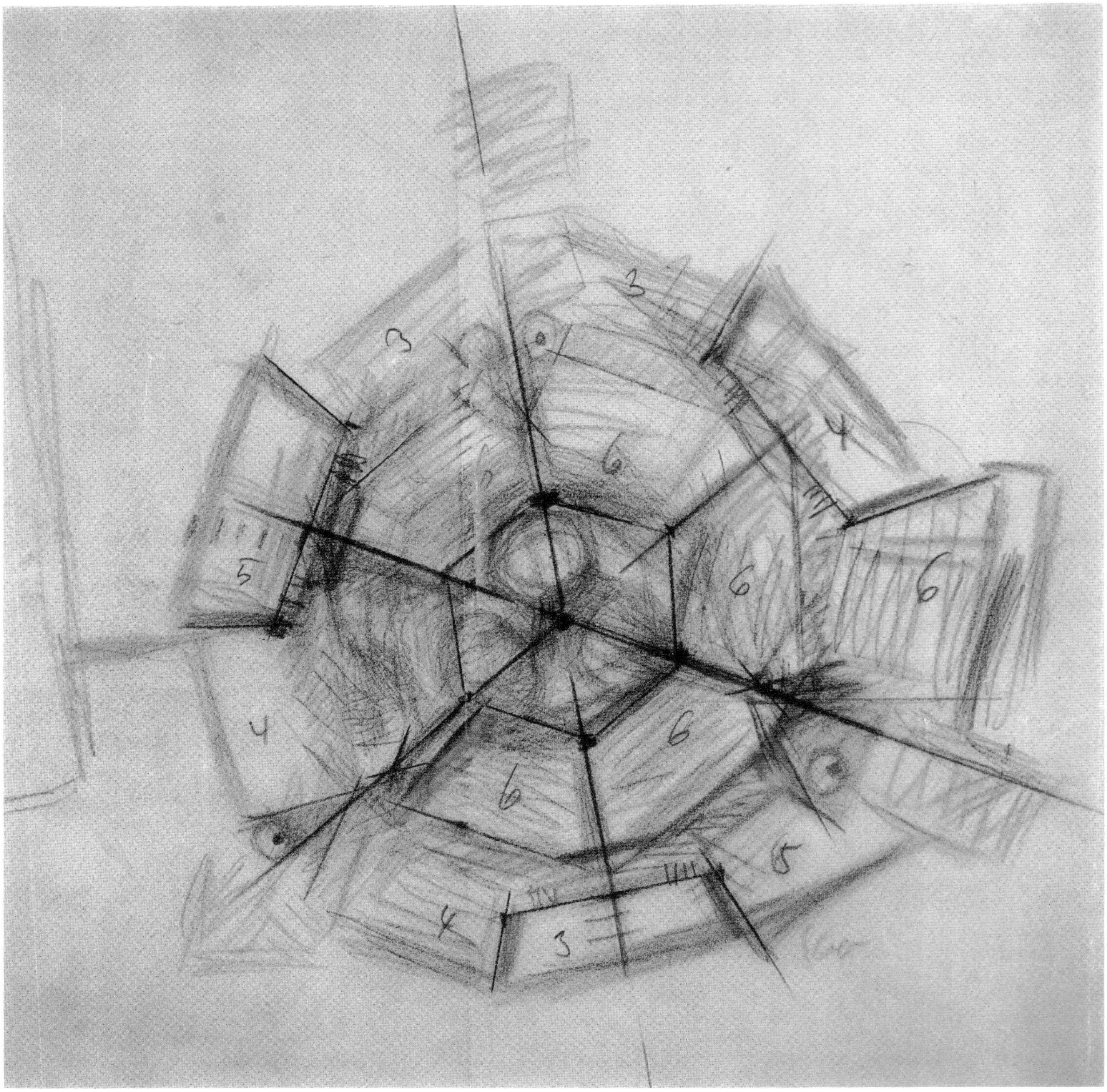

Skizze von Hans Scharoun zum Kammermusiksaal der Philharmonie als Leitidee

Scharouns Skizze ist die »Gestaltanweisung« für die weitere Entwicklung, sie ist ein Sinnbild, der »Leitstern« – aber keine Entwurfsskizze. Meine weitere konzeptionelle Planung für den Vorentwurf hat Scharoun in seinem Todesjahr 1972 noch mitvollziehen können. Seine abgeklärte Distanz zu dieser großen Aufgabe war erschütternd spürbar, er ahnte, daß er die Verwirklichung dieses Baues nicht mehr erleben würde.

In einem späteren Kapitel wird die Frage gestellt, ob Scharouns Zusammenfassung zu einer symmetrischen Saalform letztlich durch »dreipolige« Sakralbauten des böhmischen Barocks beeinflußt wurde. Er hat zu jener Zeit ein umfassendes Vorwort für ein Buch über barocken Sakralbau geschrieben, in dem er auch auf den großen Saal der Philharmonie eingeht.

Metaphern wie »Landschaft und Himmelschaft«, die Scharoun zu Erläuterungen über die Philharmonie gebrauchte, lassen ahnen, daß Scharoun seine aus Träumen, in innerer Schau geborenen Raumvisionen nicht allein als Willensakt empfand, sondern sich als Mittler, als Glied einer Kette sah, indem er ähnlich wie Arnold Schönberg Traditionsformen nicht zerschlug, sondern in eine neue weiterführende Gestalt wandelte. Sein Besinnen auf große Raumschöpfungen der Vergangenheit führte nicht zu eklektizistischen Dekorationen mit vergangenen Baugliedern – wie es in der »Architekturmode« der Postmoderne zu sehen ist –, sondern zur Metamorphose.

Der Impuls zur Dreiheit war sicher nicht die Adaption einer dreipoligen Raumspannung eines barocken Kirchenraums, sondern die Einordnung in das ewige Wechselspiel von Freiheit und Bindung. Hier sei an Anton Bruckners anrührende Frage an seine Schüler, »ob man denn so schreiben dürfe«, erinnert.

Scharouns Skizze dokumentiert seine Bereitschaft zum Neuen, zum Weiterführenden. – Es ist eine Raumstruktur der Neuen Musik, aus der die neuartige Saalform entstand, in der das Gesetzhafte mit der freiheitlichen individuellen Platzanordnung – der Gleichberechtigung in der Runde – verbunden wird.

Die Einheit zwischen Künstler und umgebender Gemeinschaft ist zur äußersten Dichte geführt. Die Musik aus der Mitte des Raums erfordert vom Künstler ein Musizieren ohne »interpretatorische Maske« gleichsam »aus seiner Mitte«. Dann gibt es Augenblicke, in denen Beethovens beschwörender Wunsch, »von Herzen möge es wieder zu Herzen gehen«, erfüllt wird.

Die Scharoun-Skizze bedeutet eine Zusammenfassung und Sublimierung als Gestaltanweisung heterogener, musikalisch-räumlicher Kräfte und Dominanten. Nach 15jähriger Zusammenarbeit, seit der Planung für die Philharmonie, wurde die bestehende faktische Partnerschaft juristisch nachvollzogen, die Architektengemeinschaft Scharoun/Wisniewski gegründet und damit die Weiterführung des Werks gesichert.

Auch nach Scharouns Tod war es wegen der fehlenden Finanzierung für den Bau unmöglich, die Mitarbeit des Akustikers und der anderen Ingenieure zu erhalten. Daher mußten alle akustischen und technischen Anforderungen, vorwiegend nach meinen Erfahrungen bei der Philharmonie, geschätzt werden. Der Vorentwurf ist 1974 an den Senator für Bau- und Wohnungswesen, Berlin, übergeben worden; danach wurde die Planung etwa vier Jahre nahezu eingestellt. Lediglich Verfeinerungen und technische Detailüberlegungen sowie Tiefgaragen-Varianten konnten im Zusammenhang mit der weiteren städtebaulichen Planung für das Kulturforum entwickelt werden. Die vordringliche Aufgabe nach Scharouns Tod war die Planung zur Vollendung der gewaltigen Staatsbibliothek (vierfaches Bauvolumen der Philharmonie). Anschließend gelang es, das Staatliche Institut für Musikforschung mit Musikinstrumenten-Museum zu realisieren.

Während dieser Planung konnte die Entwurfsplanung für den Kammermusiksaal nur stockend mit jahrelangen Unterbrechungen fortgeführt werden. – Das Projekt wurde nahezu einstimmig »totgesagt«, weil Berlin noch immer keine Finanzierung aufbringen wollte.

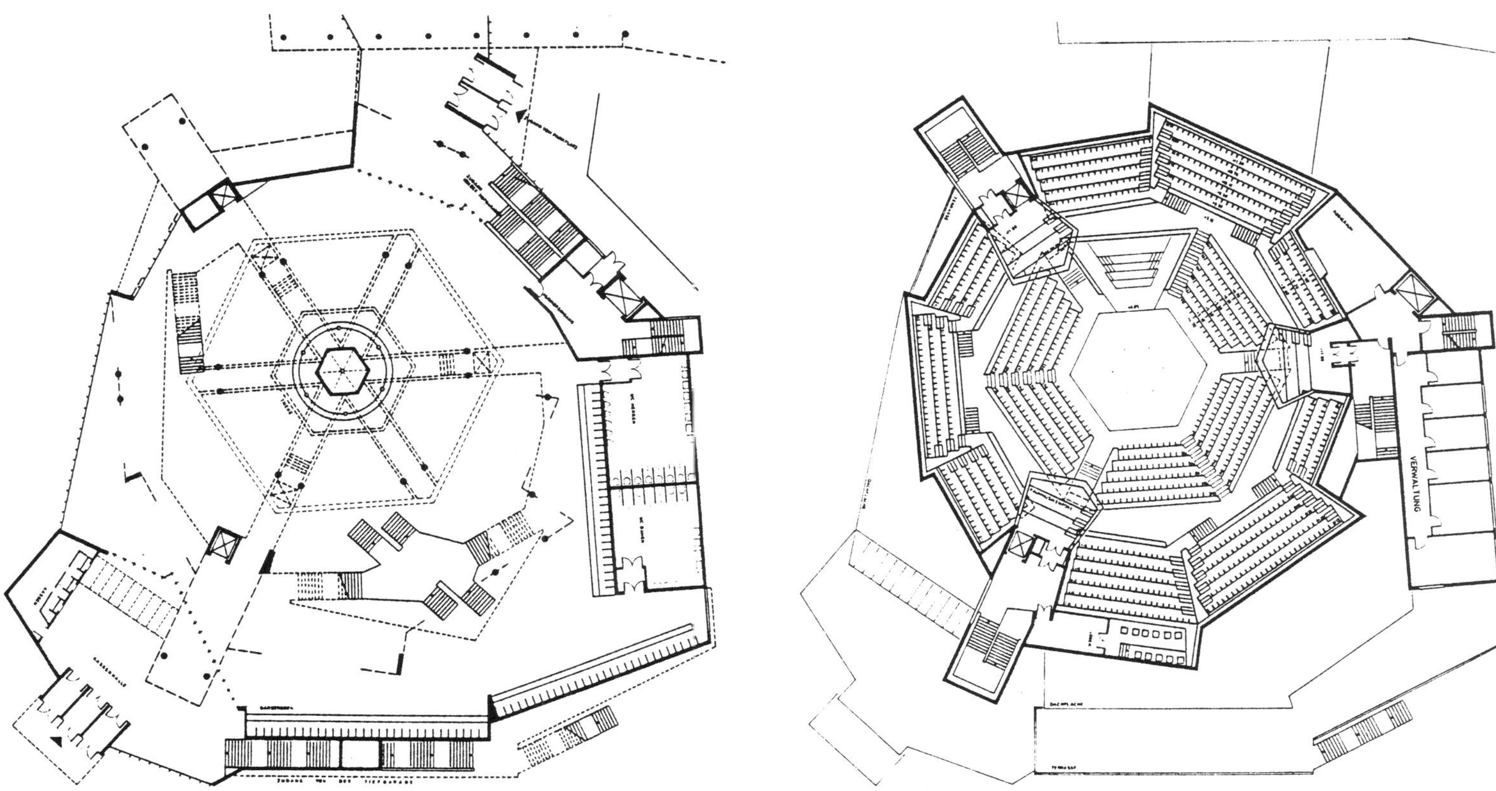

2 Zeichnungen aus der Planung des Verfassers

links: Erdgeschoß, Foyer unter dem Konzertsaal
rechts: Saal-Grundriß

Der Entwurf des Kammermusiksaals im Verhältnis zur Urfassung

Es kann hier keine Chronik der Entwurfsplanungen und der von zahlreichen Beeinflussungen abhängigen Ausführungsplanung versucht werden; der Entwurf von 1979 soll lediglich in Hinblick auf die von Scharoun skizzierte Leitidee und die von mir geplante Urfassung erläutert werden.

In den Ausführungen über Scharouns Skizze erwähnte ich bereits, daß Scharoun in seinen letzten Lebensjahren die Entwicklung des umfangreichen Bauvorhabens mit dem vielgestaltigen Foyer noch miterlebte, sein physischer Zustand erlaubte aber kaum noch eine aktive Teilnahme an der Planung. Weitere Raumbereiche, wie z. B. die Übungsräume für die Mitglieder des Berliner Philharmonischen Orchesters und die Orchester-Akademie, waren in dem ursprünglichen Raumprogramm noch nicht enthalten. Erst zur Entwurfsphase 1978, also sechs Jahre nach Scharouns Tod, konnten die Fachingenieure erstmals durch den Senator für Bau- und Wohnungswesen beauftragt werden. Die Beratung durch den Akustiker der Philharmonie, Prof. Lothar Cremer, war meine unabdingbare Forderung. Es bestand für mich kein Zweifel, daß der Kammermusiksaal als absoluter Zentralraum nur auf der außerordentlichen Leistung basierend, die Cremer für die Philharmonie erbracht hatte, weiterentwickelt werden konnte.

Seinem Vorschlag, für die rückwärtigen Plätze eine schallreflektierende Brüstung im Hauptparkett bereits nach den ersten drei Reihen anzuordnen, konnte ich nicht folgen, weil eine logenartige Gliederung entstanden wäre. Statt dessen schlug ich beidseitige Brüstungen für Flankenreflexionen vor, die zusammen mit der Chorrückwand und den hängenden Reflektoren durch Primärreflexionen den Kontakt der Musiker untereinander gewährleisten. Die Reflektoren und die Brüstungen bewirken außerdem die Primärreflexionen für die dem Podium benachbarten Plätze der Blöcke A, B und C.

Nach Scharouns Leitskizze würden die Reihen vom Podium unmittelbar ohne Flankenwände nach allen Seiten ansteigen – die Idee ist als Prinzip zu verstehen, der Künstler sollte unmittelbar in die Gemeinschaft der Hörer einbezogen werden. Durch die von Cremer akzeptierte Lösung konnte der Zentralraum im konzipierten Spannungsverhältnis auch mit den zuvor erwähnten musikalisch-räumlichen Aufführungsmöglichkeiten erhalten bleiben.

Bei der Entwicklung zur akustischen Lösung des großen Saals der Philharmonie stellte der Akustiker ähnliche Forderungen;

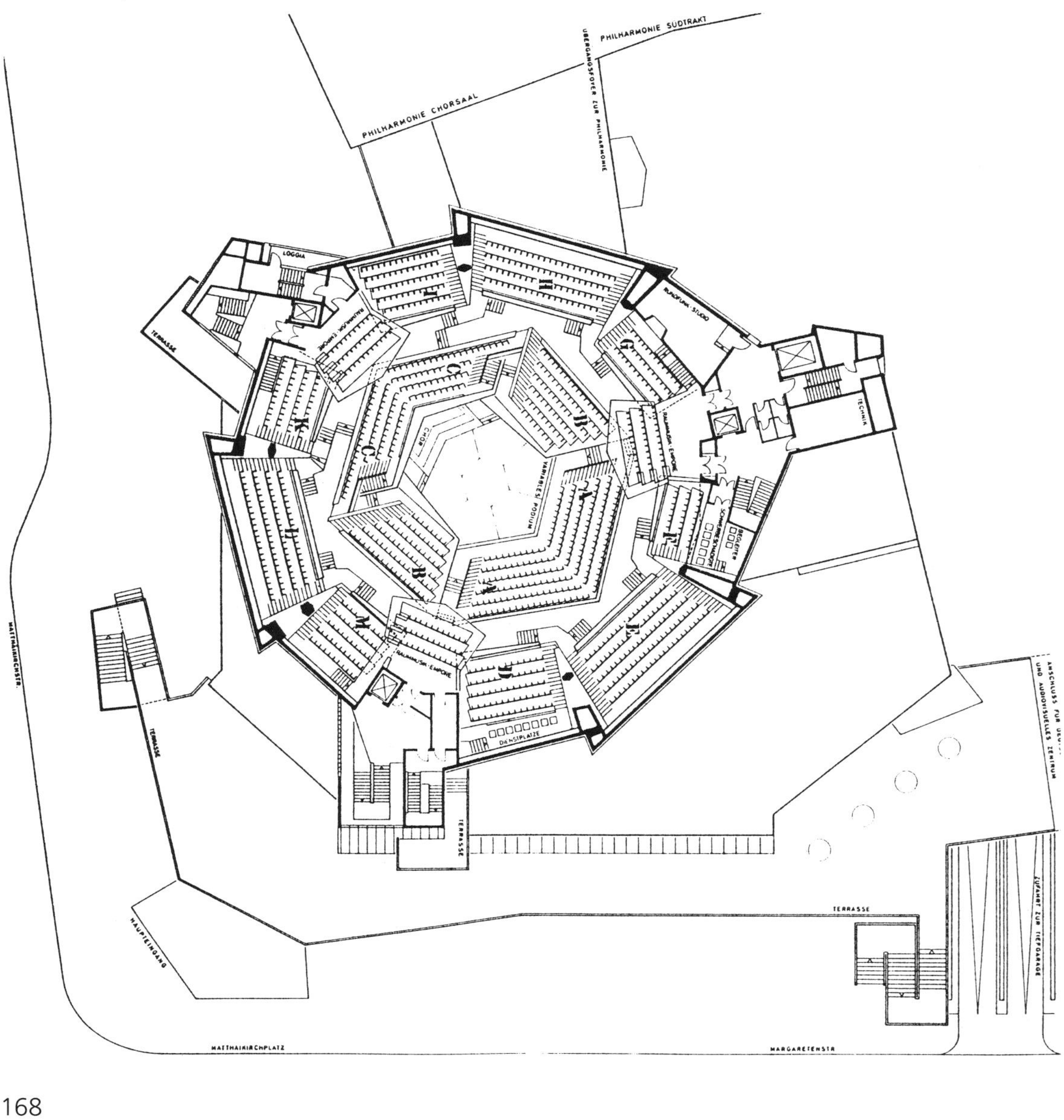

Entwurfsfassung 1978 mit beidseitigen Flankenwänden am Podium, die mittig gelegenen Platzgruppen des Oberrings sind noch nicht im Grundriß gebrochen

S. 169 oben: Blick in das Akustikmodell M 1:50 für strahlengeometrische Untersuchungen mit Laserstrahlen

unten links: Akustikmodell von oben gesehen, die mittig liegenden Platzgruppen des Oberrings sind im Reihenverlauf gebrochen und passen sich der »Runde« organisch an.

unten rechts: Decke des Akustikmodells mit verspiegelten Reflektoren, damit die Laserstrahlen reflektiert werden

Akustische Beratung: Lothar Cremer mit Thomas Fütterer. Cremer betonte mehrmals, daß der Kammermusiksaal, weil er ein tatsächlicher Zentralraum ist, akustisch schwieriger zu beherrschen sei, als der Große Saal der Philharmonie, in dem nur relativ wenige Plätze hinter dem Orchester liegen. Das hervorragende akustische Ergebnis des Kammermusiksaals ist vorrangig auf die starke Gliederung und den notwendigen Höhenanstieg der Reihen zurückzuführen. Die Holzflächen der Stuhllehnen über den Rückenpolstern und die gliedernden Brüstungen des Saals reflektieren den Schall zusammen mit den Kunststoff-Reflektoren so vielfältig, daß eine außergewöhnliche Hörsamkeit für die Musiker im Zusammenspiel entsteht, die zu äußerst sensiblem Musizieren, als Voraussetzung für Kammermusik, führt.

Akustikmodell für die strahlengeometrischen Untersuchungen mit Laserstrahlen. Verändertes Saalmodell nach der Differenzierung des oberen Parkettringes, unter Berücksichtigung der schallreflektierenden Brüstungen

daher war es für Scharoun selbstverständlich, daß bei einer kommenden Beauftragung des Akustikers Modifizierungen der Gestalt unabdingbar sein würden. Über die geforderten Flankenwände des Podiums müssen die Sichtbeziehungen bis zur letzten Reihe des Hochparkettrings gewährleistet sein, damit z.B. auch das Cello eines mittig auf dem Podium spielenden Streichquartetts bis zum Boden gesehen werden kann. Entsprechend der visuellen Beziehung ist auch zugleich die ungehinderte Ausstrahlung des direkten Schalls gewährleistet – eine selbstverständliche Forderung an einen modernen Konzertsaal – damit wird aber nicht nur das Höhenrelief der Parkettebenen, sondern auch die Höhe des Gebäudes festgelegt.

Die erforderliche Höhenstaffelung des unteren und oberen Parkettrings ist somit akustisch von entscheidender Bedeutung. Durch die Anordnung der beidseitigen Flankenwände am Podium wird das akustische Prinzip des Philharmonie-Podiums variiert erhalten; dadurch ist eine Orientierung für den Künstler vorgegeben, der in konventionellen Sälen, die auf dem Prinzip der Guckkasten-Bühne basieren, zu musizieren gewohnt ist. Auch die symmetrische Form des Podiums ist eine Notwendigkeit akustisch-musikalischer Erfahrungen, weil nur so eine dynamische und klangliche Ausbalancierung, z.B. bei einem Kammerorchester oder einem größeren Ensemble mit Chor zu erzielen ist. Die unsymmetrisch angeordneten Flankenwände im Konzert-

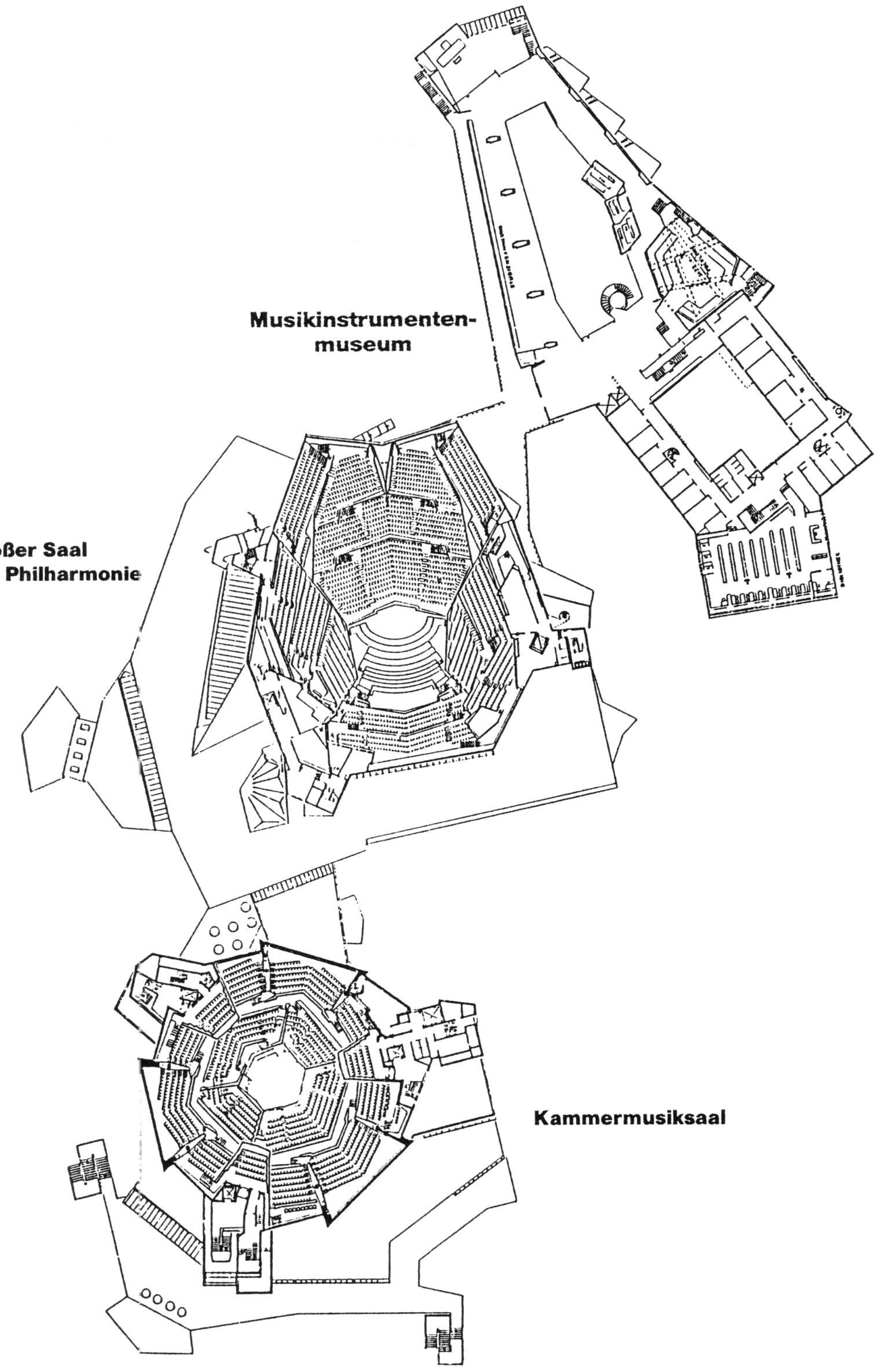

Gebäude-Trias: Philharmonie Großer Saal – Kammermusiksaal – Musikinstrumenten-Museum des Staatlichen Instituts für Musikforschung (siehe Buchumschlag)

saal führen, wie das Beispiel des Saals in Denver/Colorado beweist, zu akustischen Balanceverschiebungen. Auch bei einer neuartigen Raumform muß die symmetrische Grundform des Podiums wegen der »gewachsenen« Ensembleform der klassischen Musik unbedingt beibehalten werden. Eine weitere unabdingbare Voraussetzung für die musikalische Qualität des Raumes bildet die Größe des akustisch wirksamen Raumvolumens, d.h. der Luftraum des Saals. Weil die geforderte Nachhallzeit 1,6 bis 1,8 Sekunden (im besetzten Saal) betragen sollte, konnte das Volumen nur durch die Raumhöhe erreicht werden. Damit wirkt sich die akustische Voraussetzung zwangsweise auf die Außengestalt des Gebäudes aus.

Der Kammermusiksaal – das Kleine Haus der Philharmonie – ist als gleichberechtigtes Gebäude zu dem zuerst errichteten großen Saalbau zu sehen. Die Philharmonie bildet einen Gesamtkomplex, eine Gesamtskulptur aus mehreren Dominanten mit verschiedenen Baukörpern. Eine hierarchische Unterordnung, wie sie einige Stadtplaner und akustisch uninformierte Architekten propagieren möchten, ist unsinnig. Doch bedauerlicherweise beurteilen Stadtplaner Gebäude häufig nur nach äußeren Kriterien wie Dachhöhen oder Anzahl der Geschosse, somit entgeht ihnen auch die innere Struktur eines Gebäudes, die aus der Nutzung und den akustischen Voraussetzungen entwickelt wird.

Äußere Einflüsse auf das Projekt vor Baubeginn

Nach der Fertigstellung des Entwurfs im Jahr 1979 (also sieben Jahre nach Scharouns Tod) mußte die Planung wiederum für etwa vier Jahre unterbrochen werden, da an eine Verwirklichung des Baus aus finanziellen Gründen nicht zu denken war. Erst 1983 wurde das Projekt des Kammermusiksaals nach intensiven Bemühungen erneut aufgenommen, in der Amtszeit des Regierenden Bürgermeisters Richard von Weizsäcker war »die Fertigstellung des Kulturforums auf der Grundlage der Planungen von Hans Scharoun durch den Bau des Kammermusiksaales und den Bau des mit privaten Mitteln zu finanzierenden Gästehauses« vom Abgeordnetenhaus beschlossen worden.

Die Baugeschichte zeigt, daß es nahezu ausschließlich einige Persönlichkeiten waren, die mit Weitblick, Aufgeschlossenheit und Intensität den Mut besaßen, das Neue, Unkonventionelle und mitunter Riskante durchzusetzen. Berlin verdankt die Weiterführung des von Weizsäcker erreichten Senatsbeschlusses und die Realisierung des Kammermusiksaals dem Regierenden Bürgermeister Eberhard Diepgen.

In einer noch zu schreibenden Chronik des Kulturforums wird über die Widerstände gegen die Verwirklichung des Kammermusiksaals durch die Anhänger der Postmoderne zu berichten sein. Der Bau des Kammermusiksaals war der wichtige Schritt zur städtebaulichen Vollendung des Kulturforums durch das »Haus der Mitte« – das Künstler-Gästehaus.

Zur Unterstützung dieses Beschlusses und zur Herbeiführung eines baldigen Baubeginns sammelte die Gesellschaft der Freunde der Philharmonie mehr als 25 000 Unterschriften für den Bau des Kammermusiksaals. Hier möchte ich besonders das unermüdliche Engagement von Wolfgang Stresemann als dem Vorsitzenden der Gesellschaft erwähnen.

Dennoch waren zur Durchsetzung des Bauvorhabens zahlreiche Schwierigkeiten zu überwinden, deren Schilderung den hier gesetzten Rahmen sprengen würden. Erschwerend wirkte sich in der folgenden Planungsphase auch die Auflage aus, den Stellplatznachweis für das gesamte Kulturforum zu erbringen. In mehreren Gutachten ist von mir nachgewiesen worden, daß die Lösung des Stellplatzproblems nur durch ein Tiefgaragen-Verbundsystem mit wechselnden Benutzungsschwerpunkten zu erreichen ist. Für den Kammermusiksaal ist dabei ursprünglich eine zweigeschossige Tiefgarage mit 260 Stellplätzen, entsprechend dem genehmigten Raumprogramm, als Teil des Verbundsystems für das Kulturforum geplant worden.

Das Gebäude des Kammermusiksaals wurde durchaus als Ergänzung zum großen Haus der Philharmonie geplant. Wegen der manisch anmutenden Kostenbegrenzungen beim Bau der Philharmonie, deren eigentliches Ziel die Verhinderung der neuartigen Konzeption war, mußte der Bau mit einem äußerst geringen Raumprogramm an Nebenräumen errichtet werden. Dieses Manko konnte erst bei der Planung des Kammermusiksaals ausgeglichen werden, indem z. B. außer dem Dirigentenraum 4 Solistenräume gebaut wurden, die vorrangig für das große Haus bei konzertanten Aufführungen von Opern, Oratorien oder großen symphonischen Werken mit zahlreichen Solisten zur Verfügung stehen. Neben etlichen Räumen für die Verwaltung, Archivräumen und der unterirdischen Kältezentrale, die für beide Häuser gebaut wurde, befindet sich im Untergeschoß des neuen Hauses auch die Orchester-Akademie der Herbert v. Karajan-Stiftung. Es handelt sich um 10 Einzelübungsräume und 2 größere Räume für Zusammenspiel, die hochgradig bauakustisch voneinander zu isolieren waren, und die mit Klimaanlagen und mechanischer Entrauchung im Brandfall sowie unter hohen bauaufsichtlichen Auflagen gebaut wurden.

Durch schallschluckende Vorhänge kann die Akustik in den Übungsräumen variiert werden, auch sind die Übungsräume auf die verschiedenen Instrumentengruppen eines Orchesters wie Streicher, Holzbläser, Blechbläser und Schlagzeug abgestimmt. Durch eine spezielle Ausstattung z. B. mit einem großen Spiegel in jedem Übungsraum, kann der Orchesterschüler Instrument- und Körperhaltung kontrollieren und sich auf das Spiel als Individuum innerhalb einer Orchestergemeinschaft vorbereiten.

Die Raumprogrammwünsche für den Bau des Kammermusiksaals stiegen, je länger die Realisierung sich verzögerte, zu anspruchsvolle Wünsche wie der eines Fitneß-Centers für das Berliner Philharmonische Orchester fielen jedoch dem Rotstift zum Opfer.

Bevor der parlamentarische Beschluß zum Bau des Konzertsaals im Januar 1984 erfolgen konnte, waren dann jedoch wiederum etliche Einsparungen vorzunehmen. Hierzu gehörte auch die Verkleinerung der Tiefgarage unter Fortfall der zweiten Ebene auf lediglich 103 Stellplätze; mit dieser geringen Kapazität ist die Tiefgarage gebaut worden. Derartige Umplanungen erstreckten sich auf das gesamte Projekt und führten zu der neuen Entwurfsfassung von 1983, die auch zur Grundlage einer nochmaligen Kostenermittlung wurde. Entgegen der seit Jahren vorliegenden Planung der Dachkonstruktion in Spannbeton (wie beim großen Saal der Philharmonie) mußte eine Stahlkonstruktion entwickelt werden, die von einer namhaften Stahlbaufirma in Konkurrenz zum Spannbeton angeboten werden konnte. Es war zu erwarten, daß die Stahlbaufirma den Auftrag für die Dachkonstruktion erhielt. Bedenkt man, daß von dieser Stahlkonstruktion aus bau-akustischen Gründen zur Abschirmung der Verkehrsgeräusche zwei unabhängig voneinander angeordneten Stahlbetondecken getragen werden müssen, so können Fachleute ermessen, wie gravierend die Auswirkungen einer Mischkonstruktion auf eine fertige Planung bei dieser äußerst komplizierten Gebäudestruktur waren.

Sonderkonzerte

Das Berliner Philharmonische Orchester veranstaltet am 3. Juni 1984 in der Philharmonie um 11 Uhr ein Sonderkonzert zugunsten des Kammermusiksaales, das unter der Schirmherrschaft des Regierenden Bürgermeisters von Berlin steht. Außerdem wirkt das Orchester bei der offiziellen Eröffnungsveranstaltung zum „Berliner Sommer", am Sonnabend, dem 30. Juni 1984, 20.00 Uhr in der Waldbühne mit.

Das Programm für den 3. Juni lautet:

Johann Pachelbel: Kanon und Gigue für Streichorchester D-Dur

Johann Sebastian Bach: Brandenburgisches Konzert Nr. 4 C-Dur BWV 1049

Wolfgang Dünschede, Andreas Blau, Flöte; Toru Yasunaga, Violine

Wolfgang Amadeus Mozart: Konzert für Horn und Orchester Nr. 4 KV 495

Gerd Seifert, Horn

Eine kleine Nachtmusik KV 525

Zum Bau des Kammermusiksaals fanden zahlreiche Benefizkonzerte, besonders auch in Wohnungen, Häusern und Gärten des Musikpublikums, statt.

Zum 100-jährigen Jubiläum des Berliner Philharmonischen Orchesters, fand am 8. und 9. Mai eine »Philharmonische Revue« statt, bei der die folgend aufgeführten mitwirkenden Künstler ihr Votum zum Bau des Kammermusiksaals abgaben:
Seiji Ozawa – Loriot – Arleen Auger – Pierre Fournier – Gerty Herzog – Jehudi Menuhin – Krystian Zimmermann – Zara Nelsova – David Levine – Wolfgang Schneiderhan – Luigi Nono – Brigitte Engerer – Gidon Kremer – Galina Wischnewskaja – Anne-Sophie Mutter – Mstislaw Rostropowitsch

Die

Gesellschaft der Freunde der Berliner Philharmonie e. V.

- einst Vorreiter für den Bau der Philharmonie, für den sie vor mehr als 30 Jahren Millionenbeträge sammelte, - hat in unserer Zeit eine neue große Aufgabe bekommen. Sie trägt entscheidend zum Bau des Kammermusiksaales (‚Kleine Philharmonie') bei und ist bestrebt, weitere notwendige Privatmittel zur Vollendung des letzten Scharoun'schen Bauwerkes zu beschaffen. Dazu gehört auch die Innenausstattung mit Instrumenten (Flügel, Cembali, Orgelpositiv)

Gesellschaft der Freunde der Berliner Philharmonie e. V.
Matthäikirchstraße 1, 1000 Berlin 30, Telefon: 261 45 81
Bürozeiten: Montag, Mittwoch und Freitag von 9 bis 13 Uhr

Bankverbindungen:
Postgiroamt Berlin, Konto 428 80-104
Bank für Handel und Industrie, Lietzenburger Straße 51, 1000 Berlin 30
Konto 415122700
Konto 415122701 (nur für Spenden Kammermusiksaal)

Ein Appell zur Spende für den Bau des Kammermusiksaals

Vielfältige Bemühungen um die Verwirklichung des Baues:

Die unterstützende Unterschriftensammlung mit mehr als 25000 Unterschriften wurde durch die Konzertbesucher der Philharmonie mit großem Engagement begleitet. Mitunter wurden bis zu 1000 Unterschriften in einer Konzertveranstaltung abgegeben. Wohl alle Dirigenten und Solisten, die in diesem Zeitraum in der Philharmonie musizierten, gaben spontan ihre Unterschrift für den Bau des Kammermusiksaals ab – hier seien stellvertretend Claudio Abbado, Leonard Bernstein und Carlo Maria Giulini genannt.

Vielleicht kam mit dem Votum zum Bau des Kammermusiksaals der Dank der Musiker und des Publikums an Scharoun für den Bau der Philharmonie zum Ausdruck – ein Vorgang, der als Reaktion auf einen modernen Bau recht selten sein dürfte. –

Zur Konstruktion

Die Konstruktionsformen des Stahlbetons sind im Gebäude des Kammermusiksaals in erheblich höherem Maße als im großen Haus der Philharmonie ablesbar gestaltgebend geworden. Der forcierte Baubeginn war nur möglich, weil von mir im Vertrauen auf eine positive Entscheidung zur Realisierung des Baus die konstruktive Struktur Anfang der 80er Jahre entwickelt wurde und damit die erforderlichen Vorgaben für die nach dem Parlamentsbeschluß (Januar 1984) beginnenden statischen Berechnungen vorlagen.

Die konstruktive Struktur entspricht der räumlichen Struktur des Zentralbaus. Die bockförmigen Stützen im Foyer und im Saal stehen in radialer Anordnung um den Mittelpunkt des Gebäudes, an den Durchdringungen zwischen den 3 höherliegenden betonten Dachsegmenten zu den tieferliegenden Dachflächen. Hieraus ergaben sich zwangsläufig die Grundrißanordnungen der 3 Hauptbinder bzw. 6 paarweise angeordneten Halbbinder, sowohl in der früheren Planung als Spannbeton-Konstruktion als auch bei der realisierten Konstruktion mit Stahlbindern.

Eine besondere gestalterische Schwierigkeit lag darin, die konvex oder verwunden geformten Rabitzflächen der Saaldecke formal zu gliedern, die Flächen voneinander abzusetzen und zu trennen, um räumliche Durchdringungen zu vermeiden. Hierzu wurden über den Stützen an der Peripherie des Saales, welche die Dachlasten tragen, bogenförmige Sichtbetonunterzüge mit Kragarmen entwickelt, die auch die formale Trennung der Rabitzdeckenflächen ermöglichen. Die skulpturhaft ausgebildeten bockähnlichen Gebilde bewirken die formale Trennung von jeweils 4 unterschiedlich gekrümmten, in verschiedenen Höhen liegenden Deckenflächen; konstruktiv tragen sie den Zugring und die Stahlbetonringscheibe, durch welche die Horizontalkräfte der Dachkonstruktion aufgenommen werden.

Aus bauakustischen Gründen, zur Abschirmung des Saals gegen Verkehrsgeräusche, mußten wie beim großen Haus 2 Stahlbetondecken angeordnet werden, die Dachdecke und eine untere Betondecke, die den Boden des Dachraums bildet, der die Klimakanäle und technischen Anlagen aufnimmt. Die Dachkonstruktion ist also 2schalig, darunter hängt wie eine 3. Schale die Rabitzdecke des Saales, sie bildet jedoch wegen der Durchbrüche für die Leuchten u.a. keine 3. Schale im bauakustischen Sinne, auch hätte sie dafür eine viel zu geringe Masse bzw. zu geringes Eigengewicht.

Beide Stahlbetondecken wurden als Fertigteildecken ausgebildet, die von gewalzten I-Profilen getragen werden. Aus bauakustischen bzw. schwingungstechnischen Gründen sollte die Stahlbetondecke des Daches von der unteren Stahlbetondecke wegen der Schwingungsfähigkeit der Stahlbinderkonstruktion getrennt werden; wegen der komplizierten baulichen Gestalt war die Trennung bei der Ausführung mit erheblichen Schwierigkeiten verbunden. Die Dachkonstruktion des großen Hauses besteht dagegen aus einer monolithischen Konstruktion, bei der die Stahlbetondecken mit den Spannbetonbindern wie aus einem Guß verbunden sind – die Abschirmung gegen Verkehrsgeräusche hat sich als optimal erwiesen.

Da eine Stahlkonstruktion durch die Verbindungsteile und die feuerbeständige Ummantelung an Eleganz verliert und infolge der hohen Eigengewichte der Stahlbetondecken durchaus nicht mehr filigran wirkt, hatte ich mich entschlossen, die Idee der Konstruktion, d.h. die Durchdringung der 6 Halbbinder als einen 6teiligen Stern aus Stahlbeton an zentraler Stelle des

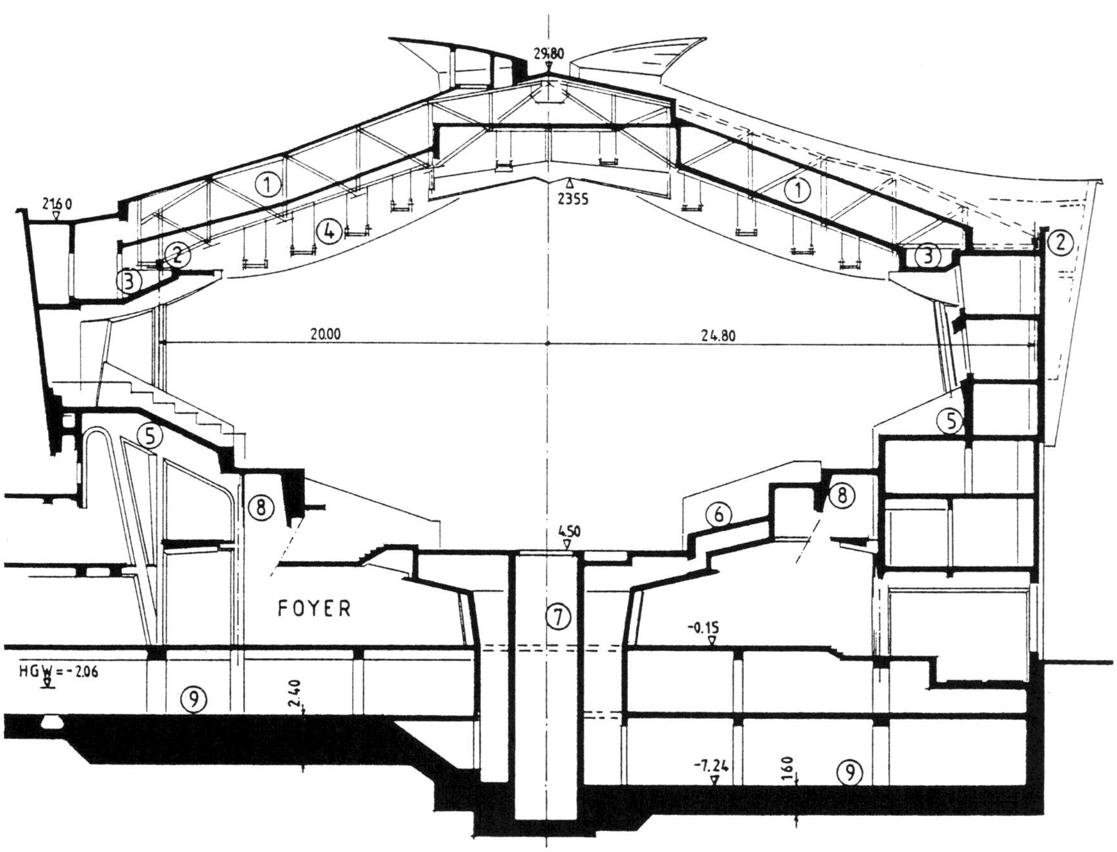

Schnitt durch das Gebäude des Kammermusiksaals mit Darstellung der konstruktiven Struktur. Für die politische Durchsetzung des Baus mußte zur angeblichen Einsparung auf die 2. Ebene der Tiefgarage verzichtet werden, obwohl die technischen Zentralen bei den nördlichen Untergeschossen zweigeschossig erforderlich waren. Die Einsparung führte zu erheblichen Aufwendungen bei der Gründung, weil die mindestens 1,50 m dicke Fundamentsohle, statt auf einer Ebene durchzulaufen, abgeknickt werden mußte.

S. 175 unten links: Prinzip der Dachkonstruktion mit sechs Halbbindern, die sich im Mittelpunkt treffen

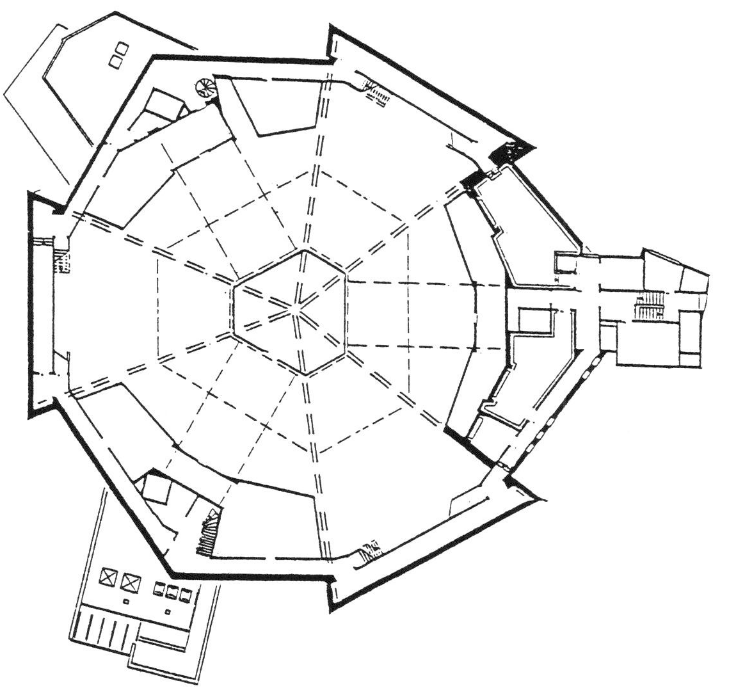

Baustelle im Winter 1985; in der Mitte des Saals wird das Stahlgerüst für die Auflage der sechs Stahl-Halbbinder montiert

Saales anzuordnen. Dieser Stern gliedert formal die 6 Rabitzflächen der Decke mit den 6 durchscheinenden Polyesterflächen in der eigentlichen Sternform. Durch die verschiedenen Höhenanordnungen werden Spalten gebildet, durch welche die Abluft der Klimaanlage zugeführt bzw. der Rauch im Brandfall aus dem Saal abgeleitet wird.

Erst im Frühjahr 1984 konnte mit der Aufstellung der endgültigen statischen Berechnung durch das Büro ISE, Ingenieurbüro Saar, Enseleit und Partner, begonnen werden, nachdem das Abgeordnetenhaus im Januar zuvor die Realisierung des Baus beschlossen hatte.

Die endgültigen akustischen Modellversuche sind sogar erst 1986 – während der Rohbau bereits unabänderlich vorhanden war und der Ausbau durchgeführt wurde – nachgeholt worden. Die Eröffnung war aber für den Herbst 1987 – zum Abschluß der 750-Jahr-Feier der Stadt Berlin festgelegt. Der Zeitdruck für den Planungs- und Bauablauf und das damit verbundene akustische Risiko dürfte auch für Nicht-Fachleute zu ermessen sein.

Städtebauliche Einordnung und äußere Gestalt

Das Gebäude des Kammermusiksaals wird von der Nordseite des Matthäikirchplatzes erschlossen; es bildet eine eigenständige Dominante im Kulturforum und zusammen mit dem Hauptgebäude der Philharmonie und dem Institut für Musikforschung eine Trias. Über dem zweigeschossigen Unterbau der umgebenden Randbauteile mit dem Foyer und den Musiker- und Verwaltungsräumen entwickelt sich der polygone Saalbaukörper, dessen drei überkragende Hauptsegmente der Saalstruktur entsprechen. Der Dynamik der geschwungenen Saaldecke folgt die Dachsilhouette, sie kulminiert in der Skulptur der drei Entrauchungsaufbauten, welche die Bewegung der geschwungenen Dachform auffangen.

Die Fassadenverkleidung des Saalbaukörpers wurde als Entsprechung zur Philharmonie als goldfarben eloxierte Aluminium-Struktur mit einer Abdeckung aus Polyester geplant. Die Kunststoffabdeckung soll aus Einsparungsgründen später montiert werden – die formale Wirkung hat daher bedauerlicherweise auch mehrere Jahre nach der Eröffnung noch nicht die verhaltene Wirkung der Philharmonie-Fassade.

Scharouns Leitskizze zeigt auch die städtebauliche Einordnung des Zentralbaus in seiner sternförmigen Struktur. In dieser Skizze ist die Außengestalt noch amorph und bewußt unbegrenzt für eine weitere Entwicklung, die erst in Verbindung mit den musikalisch-akustischen Erfordernissen entstehen würde. Die städtebaulichen Auswirkungen der Planung auf das Kulturforum hat Scharoun bis zu seinem Tod entscheidend mitgeprägt; der Gesamtplan des Kulturforums von 1971 zeigt bereits das Planungsergebnis für den Kammermusiksaal in Verbindung mit der Staatsbibliothek und dem Gästehaus.

In der äußeren Baustruktur habe ich die Grundrißdynamik der »drei expressiven Pole« der Raummusik-Emporen – im Gegensatz zu den Raumweitungen der Mittelparkettgruppen im Hochparkettring – betont; somit war aus der baulichen Skulptur die konstruktive Struktur für das Dach und den Unterbau des Saals vorgegeben. Die Raumweitungen bilden durch ihre Überkragungen – eine Gestaltungsvariante des Nordteils der Philharmonie – die Expansionsformen der dreiteiligen Zentralstruktur. Der nördliche der drei auskragenden Saalbaukörper leitet zur Philharmonie über, nimmt in der Silhouette den südlichen Dachschwung der Philharmonie auf und führt zum Kulminationspunkt des Zentralbaus hinauf. Die beiden anderen auskragenden Saalbaukörper stoßen südöstlich in den Raum der Potsdamer Straße zwischen Staatsbibliothek und geplantes Gästehaus sowie süd-westlich in den Freiraum der benachbarten Museen; sie leiten zugleich zum Baukörper des Kunstgewerbemuseums über. Durch die Diagonalstellung der expansiven Flügel des Saalbaukörpers wird die Konfrontation zur St. Matthäuskirche vermieden und dennoch mit einem Zentralbau der räumliche Abschluß der Piazza erreicht. Die städtebauliche Korrespondenz zur Kirche, zur Staatsbibliothek und zu den Museen, die in Scharouns Skizze als »Gestaltanweisung« angelegt ist, konnte nicht unsensibler, ja aggressiver gestört werden, als es durch den Vorschlag des Architekten Hollein als Ergebnis des Gutachterverfahrens von 1983 für das Kulturforum mit der Stellung eines Turms unmittelbar vor dem Eingang des Kammermusiksaals geschehen wäre.

Mehr als zwei Jahrzehnte standen Philharmonie und St. Matthäuskirche in einem städtebaulichen Spannungsverhältnis, weil die Einbindungen fehlten. Die freie Sichtbeziehung ist kein räumliches Äquivalent, sondern nur eine Gewohnheit und erinnert an Bilder zerstörter deutscher Städte nach dem Krieg, in denen die Kirchen als monumentale Relikte in einem Trümmerfeld standen. Die Gegner Scharouns sprachen von »Dinosauriern«, die im Kulturforum herumständen, und negierten hierbei die nach dem Wettbewerbserfolg von 1964 geplanten städtebaulich verbindenden Gebäude, vorrangig das sogenannte Gästehaus als »Haus der Mitte«.

Da sie die internationale Anerkennung, die Scharoun für den Bau der Philharmonie erhielt, nicht mehr beeinflussen konnten, versuchten sie Scharoun als Städteplaner wegen der Leere im Kulturforum abzuqualifizieren. Hieraus erklären sich auch die hartnäckigen Widerstände gegen den Bau des Kammermusiksaals, denn mit der Realisierung dieses Baues konnte die Philharmonie aus ihrer Isolierung gelöst werden und ein wesentlicher Schritt für die bauliche Durchsetzung der städtebaulichen Konzeption des Kulturforums erzielt werden.

Der Neubau des Kammermusiksaals bildet mit den umgebenden, vorgelagerten Flachbauten nicht nur den nördlichen Abschluß des Matthäikirchplatzes, sondern auch die straßenräumliche Formulierung der Margareten- und Matthäikirchstraße. Die drei diametral gesetzten Treppentürme leiten zu den benachbarten Gebäuden der Philharmonie und des Kunstgewerbemuseums über. Das auf der Südseite spornartig vorschießende, verglaste Treppenhaus bezieht sich städtebaulich auf das noch fehlende »Haus der Mitte« und führt dynamisch aus der Ebene der Piazza zu den beiden »Gipfeln« der Philharmonie hinauf.

»Foyer-Landschaft«

Das Foyer ist durch den darüber »schwebenden« Saalboden geprägt; die Saalstruktur wird als vielfach gegliederte Decke im Foyer ablesbar. Da im Gegensatz zum großen Saal der Philharmonie die technischen Zentralen in zwei Untergeschossen angeordnet werden konnten (im Gebäude der Philharmonie liegen sie im Erdgeschoß), entstand ein zentralraumähnliches Foyer, dessen Mittelpunkt jedoch in einem skulpturhaft gestalteten Gebilde verborgen ist. Hinter seinen weißen Wandverkleidungen aus kristallinem Marmor liegt der Kern, das technische »Rückgrat« des Konzertsaals mit dem Flügelaufzug und den großen Kanälen für die klimatisierte Luft des Saals. Er reicht über vier Geschosse vom Podium bis in das zweite Untergeschoß zu den Instrumentenlagern und der großen Klimazentrale hinunter, die tief im Grundwasser des Urstromtals der Spree liegen. Diese kernartige konstruktive Mitte übernimmt die Horizontalaussteifung des gesamten Gebäudes. Es war mein besonderes Anliegen, spantenartige Konstruktionsglieder, die zugleich die Saalstruktur nachzeichnen, aus diesem Mittelpunkt zu entwickeln, auch die auskragenden Deckenteile des Kerns dienen zur Verkürzung der Spannweiten des umgebenden unteren Parkettrings.

Hinter den Natursteinwänden sind Lautsprecher, insbesondere für elektronische Musik, versteckt installiert, die zusammen mit der Vielfalt der Lichtgestaltung eine Sublimierung der technisch-konstruktiven Bauglieder bewirken. Die ansteigende Bewegung der Foyerdecke des unteren Parkettrings wird durch

Kammermusiksaal der Philharmonie, 1987
Architekt: Edgar Wisniewski.
Bis zum Tod von Hans Scharoun 1972 in Architektengemeinschaft Hans Scharoun/Edgar Wisniewski.

oben: Das Gebäude vom Matthäikirchplatz gesehen

unten: Gebäudegruppe des Kammermusiksaals mit der Philharmonie im Hintergrund, von der Piazzetta der Museen der Europäischen Kunst gesehen.

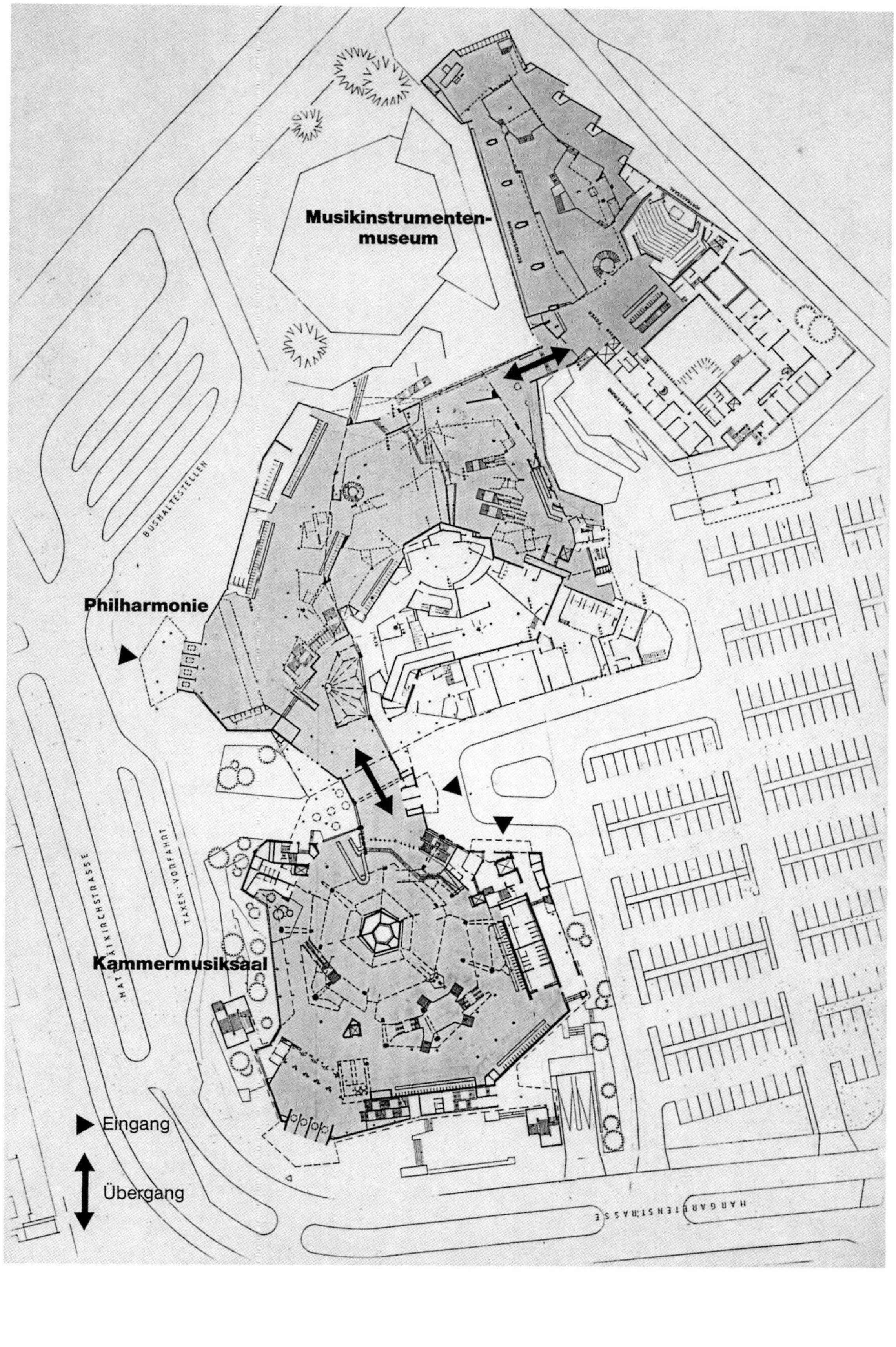

S. 178: Die zwei Stahlskulpturen »Echo I« und »Echo II« von B. Heiliger beidseits des Haupteingangs zum Kammermusiksaal

Das Raumkontinuum der Foyers zwischen dem Kammermusiksaal, dem Großen Saal der Philharmonie und dem Musikinstrumenten-Museum für Wandelkonzerte und Multimedia-Veranstaltungen. Der Kammermusiksaal wurde mit einem Kammermusikfest gleichzeitig in den drei Sälen und dem zusammenhängenden Foyer eröffnet

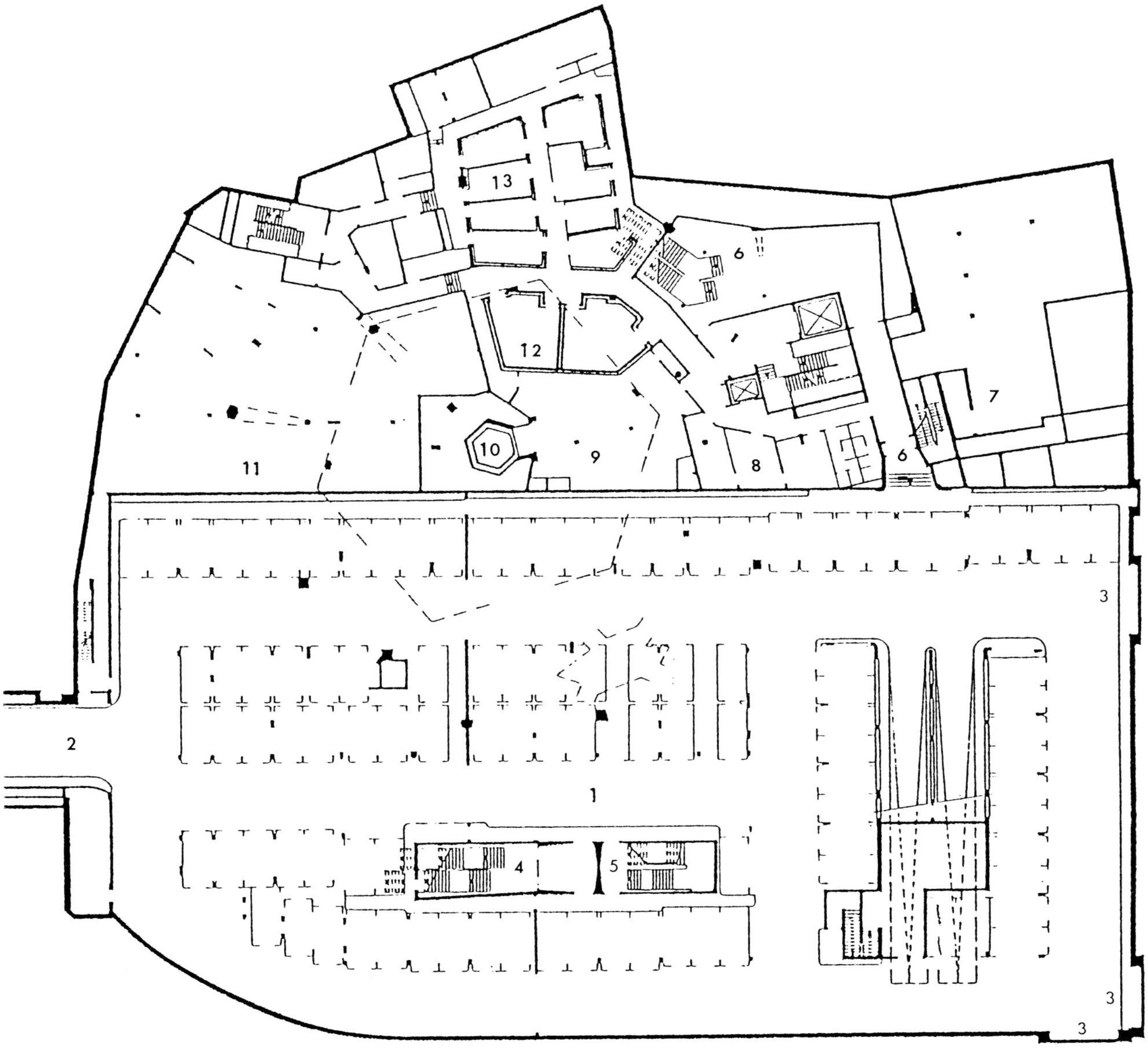

1. Untergeschoß:

1. Tiefgarage 103 Stellplätze
2. Verbindungstunnel zur Tiefgarage der Museen
3. Anschlüsse für den geplanten Tunnel zur Tiefgarage des Künstler-Gästehauses und zur geplanten Tiefgarage unter dem Deutschen Musikarchiv mit Audiovisuellem Zentrum
4. Aufgang zur Kassenhalle des Kammermusiksaals
5. Aufgang zum Kulturforum
6. Aufgang zum Foyer der Philharmonie
7. Kältezentrale für Philharmonie und Kammermusiksaal
8. technische Zentralen
9. Stuhllager
10. Flügelaufzug
11. Klimazentrale
12. Orchester-Akademie, Räume für Zusammenspiel
13. Einzelübungsräume

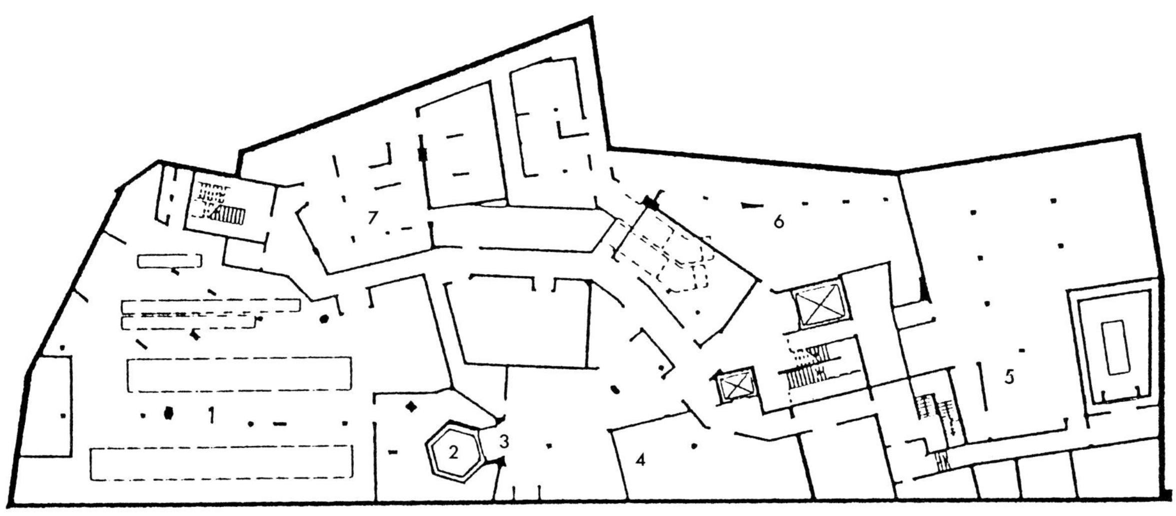

2. Untergeschoß:

1. Klimazentrale
2. Flügelaufzug
3. Instrumentenlager
4. Technische Zentrale
5. Kältezentrale
6. Archiv
7. Installationsbereich

Die Tiefgarage unter dem Gebäude des Kammermusiksaals ist Teil des geplanten Tiefgaragen-Verbundsystems. Bisher konnte die Tunnelverbindung zwischen dieser Tiefgarage und der unter den Museen realisiert werden. Die Anschlüsse für die weiteren Tiefgaragenkammern unter dem geplanten Deutschen Musikarchiv mit Audiovisuellem Zentrum sowie die Tunnelverbindung zur Tiefgarage unter dem Künstler-Gästehaus sind vorgesehen. Langfristig ist auch die Verbindung mit der geplanten Tiefgarage für die Staatsbibliothek konzipiert – der Gesamtplan des Tiefgaragen-Verbundsystems ist auf S. 159 unten abgedruckt.

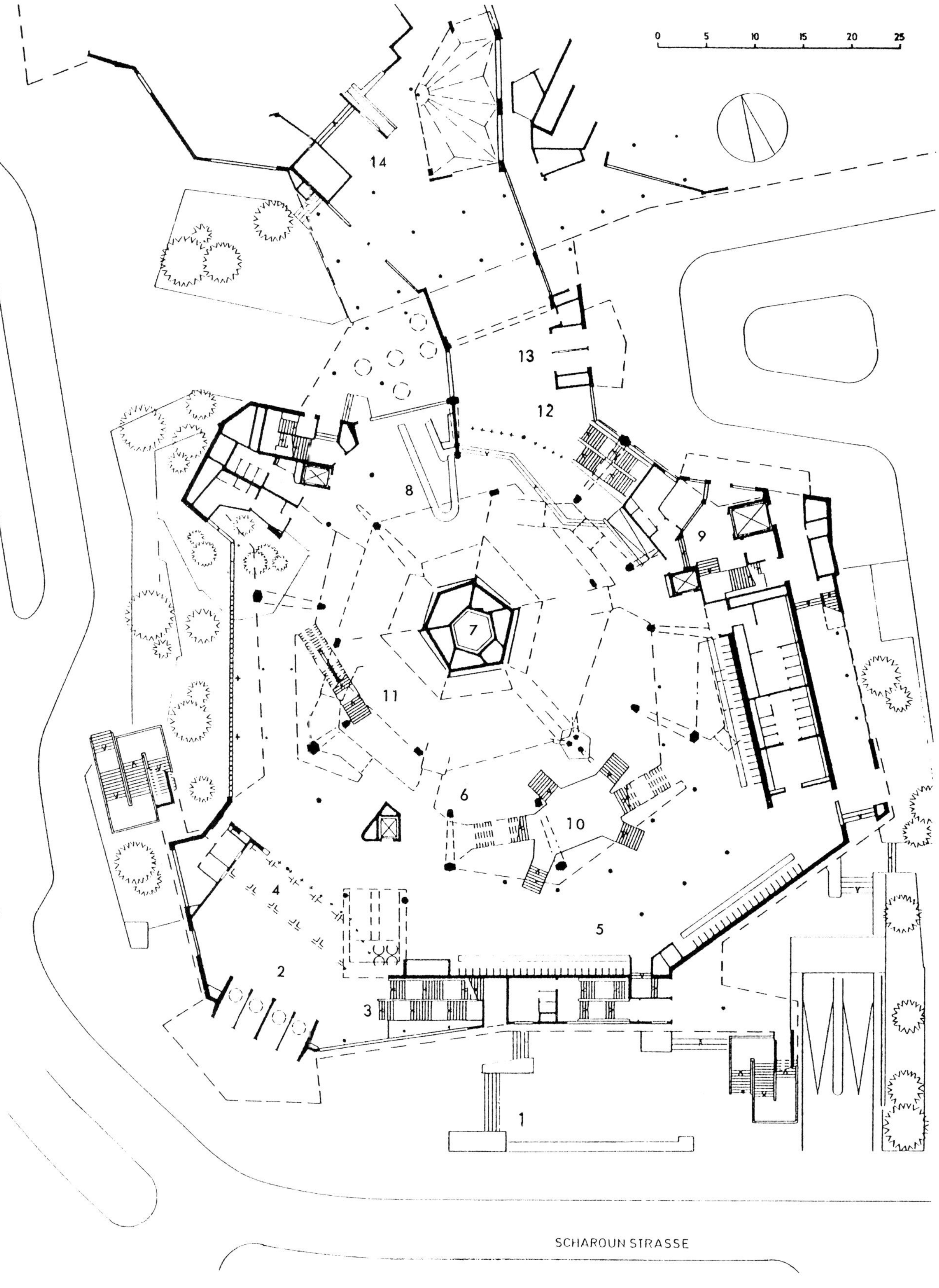

Erdgeschoßebene:

1. Skulpturen-Terrasse
2. Kassenhalle
3. Aufgang aus der Tiefgarage
4. Kassen
5. Garderobenfoyer
6. Hauptfoyer
7. Flügelaufzug
8. Buffet
9. Musiker- und Verwaltungseingang
10. Treppenanlage zu den Platzgruppen A–F, links und rechts
11. Treppenaufgang zu den Platzgruppen G und H
12. Treppenaufgang von der Tiefgarage
13. Eingang vom Parkplatz
14. Übergang zum Foyer des Großen Saals

eine ringartig verlaufende Zäsur, über der sich im Saal der »Aktionsring« befindet, unterbrochen. Danach setzt sich die aufstrebende Dynamik der Deckenfläche, die unter dem Hochparkettring liegt, bis zu den dunklen Außenwänden fort.

Von den Außenwänden des Saals, die zugleich die Wände des oberen Foyerraums bilden, stoßen die großen portalähnlichen, skulpturhaft gestalteten Bogenformen quasi von der Peripherie in den Raum hinein – sie zeichnen die Zentralraumstruktur des Saals nach. Über diese konstruktiv hoch beanspruchten Bauglieder, die auch zur Aussteifung des Gebäudes beitragen, werden nicht nur die Lasten des Konzertsaals, sondern auch die des Dachs und der Außenwände in die Fundamente geleitet. Aus den vielfältigen räumlichen und konstruktiven Konditionen, die jeweils auf diese technischen Bocksysteme einwirken, entstanden die raumbestimmenden individuellen Formen; der komplizierte, expressiv gestaltete Bock z. B. unweit des Haupteingangs ist eine Hängekonstruktion für die Außenwand, um eine stützenfreie Fahrbahn in der Tiefgarage zu gewähren. Die Gestalt gewordenen konstruktiven Lösungen resultieren mehrfach aus dem Problem, daß unter der Zentralraumstruktur des Saales das orthogonale System der Tiefgarage liegt.

Der Konzertsaal wird über drei individuell gestaltete Treppenanlagen erschlossen, die beim Erwandern bis zum 4. Obergeschoß interessante Einblicke in das Hauptfoyer und die höhergelegenen Foyerbereiche bieten. Die Naturstein-Komposition des Foyerbodens von E. F. Reuter und M. Rabari wird wie im Foyer der Philharmonie von höheren Ebenen im Zusammenhang übersehbar. Die drei suggestiven Farbglaswände nach Farbkompositionen von Alexander Camaro wirkten für mich zur Farbgebung des Foyerraums impulsgebend. Die abschließenden Außenwände des Foyers werden an mehreren Stellen quasi »aufgerissen« und geben den Blick auf die umgebenden Bauten des Kulturforums mit der St.-Matthäus-Kirche und auf den Tiergarten frei.

Es war mein Wunsch, die goldene »Vision« der Staatsbibliothek mit den Farben der südöstlichen Farbglaswand visuell zu verschmelzen, aber auch die Farbwirkung des gegenüber gelegenen Kunstgewerbemuseums mit der Farbstimmung der großen westlichen Farbglaswand zu assimilieren. Wie eine Paraphrase auf die zukünftige Piazza schimmern die steingrauen Farben der dritten Farbglaswand in der südlichen Trepenanlage – sie vermischen sich mit den Farbtönen der Wolken und des Himmels.

Zwei kontrapunktisch aufeinander bezogene Stahl-Skulpturen von Bernhard Heiliger betonen den Haupteingang und leiten zu der anschließenden Skulpturenterrasse über. Die terrassierten Bepflanzungen des Außenraums finden im Pflanzenbecken des Foyers ihre Fortführung. Über dem Garderobenbereich erstreckt sich im 1. Obergeschoß ein halbkreisförmiges Foyer, das für Ausstellungen – hauptsächlich zu musikalischen Themen – und für Einführungsvorträge gedacht ist.

Der gesamte Foyerraum des Gebäudes ist durch gestaffelte Ebenen und Raumdurchdringungen als vielgestaltiges »Konzert-Foyer« konzipiert. Im Rahmen der Eröffnungsveranstaltungen haben mehrere Ensembles mit traditionellen Instrumenten spontan Raumklangwirkungen vorgeführt. Für neue, insbesondere elektronische Musik sind zahlreiche Lautsprecher nicht nur im bereits erwähnten Kern, sondern auch in den Foyerdecken installiert. Um Misterioso-Effekte zu erreichen, wurden die Lautsprecher unter den Treppenanlagen versteckt oder in den Wänden der Treppenaufgänge verborgen, durch ein neuartiges Klangsteuergerät kann ein dynamischer »musikalischer Raum« erregt werden, der beim Durchwandern in einem unvergleichlichen neuen Raum-Musik-Erlebnis empfunden wird.

Die Anregungen zu dieser Konzeption, zu der auch Video-Projektionen gehören, gehen vorrangig auf Gespräche mit Luigi Nono zurück. Sein einfühlsames, zugleich enthusiastisches Urteil über die neuartige, musikalische Konzeption für den Bau gehört zu meinen beglückenden Erfahrungen und Begegnungen auf dem schwierigen Weg. Auch der Außenraum kann durch Lautsprecher auf den hochliegenden Terrassen zur Ausstrahlung einer »Klangwolke« in die artifizielle Gesamtwirkung einbezogen werden; Luigi Nono wollte diese ihn sehr inspirierenden Möglichkeiten für die Einbeziehung des Außenraums noch in einer Komposition aufgreifen.

In Gesprächen mit Komponisten und Interpreten war das außerordentliche Interesse an den weiterführenden künstlerisch-technischen Einrichtungen, die dieser Konzertsaal in Zukunft bieten wird, zu erleben – spontan ergaben sich wechselseitig Anregungen zur Verschmelzung von Raum und Musik. Es ist der Versuch eines neuen Gesamtkunstwerks, ein Traum, zu dem der Raum und das Gebäude nur die Anregungen und die technischen Medien bieten können, das Gelingen ist von der umfassenden schöpferischen Genialität des Komponisten abhängig.

Bei der Eröffnungsveranstaltung am 28. Oktober 1987 wurde eine ähnliche Idee Wirklichkeit, Ereignis. Das Hauptfoyer der Philharmonie war erstmalig mit dem des neuen Hauses durch ein Übergangsfoyer und außerdem mit dem Musikinstrumenten-Museum bei einem Kammermusikfest räumlich verbunden. Das Übergangsfoyer verbindet als Ausstellungsbereich das Raumkontinuum, die »Foyer-Landschaft« für Wandelkonzerte und Multimedia-Veranstaltungen.

Beim Wandern durch die Foyer-Landschaft wird spürbar, daß nicht nur das Musikinstrumenten-Museum, sondern auch das Foyer des neuen Hauses durch die Wiederaufnahme formaler Strukturen, durch charakteristische Details und die Weiterführung des Natursteinbodens sowie der Farbglaswände mit der Philharmonie eine Einheit bilden. Es ist jedoch die Einheitlichkeit eines Themas mit Variationen, die zur Urgestalt andere, neue und weiterführende Aspekte zeigen. In einem Schreiben an den Auftraggeber hat Scharoun 1970 zu meinen Ausführungen über die neuen musikalischen Aufführungsmöglichkeiten folgenden Zusatz eingefügt: »Es wird ersichtlich, daß der neue Kammermusiksaal keine verkleinerte Ausgabe des Saales der Philharmonie werden kann.«

Sowohl die weiterführenden raummusikalischen Einrichtungen des Saales als auch das »musikalische Labyrinth« des Musik-Foyers sind das Ergebnis von Überlegungen, die vor 20 Jahren begannen. In diesem Sinne ist Scharouns Wort vom »Wandel der Struktur in Raum und Zeit« zu verstehen. Er bezog sein Werk, seine unvollendeten Entwürfe durchaus ein, sofern die in ihnen liegende Wesenheit nicht zerstört, sondern weiterführend variiert wird.

Obwohl die Philharmonie und die Staatsbibliothek international als Meisterwerke anerkannt sind und die städtebauliche Gesamtplanung des Kulturforums auch vorrangig von ausländischen Architekten und Städteplanern als säkulare Leistung erkannt wird – ist die Vollendung des Werkes von Hans Scharoun seit Jahren gefährdet.

Der Farb-Dualismus im Foyer des Kammermusiksaals, in dem Raum mit den zukunftsweisenden musikalischen Möglichkeiten, spiegelt diesen Kampf zwischen der strahlenden Mitte und den umgebenden dunklen, von außen eindringenden Kräften gleichsam wider. Es ist aber auch der ewige Gegensatz, der sich im Menschen ereignet, ohne den Harmonie nicht erfahren werden kann, ohne den die geheimnisvollen Bereiche des Dunklen, zum Prophetischen, zum Licht nicht erkannt werden. Steht doch bei Mozart neben dem heiteren, lebensbejahenden A-Dur plötzlich unvermittelt das geheimnisvolle, schwermütige Fis-Moll, das erst das Heitere erhörbar macht.

Die Wanderung hinauf zum Konzertsaal führt durch »dunklere Bereiche« und Tore, bis der Saal mit der menschlichen Runde erreicht ist. Hier werden die dunklen Ereignisse nur noch zu Reminiszenzen, zu überwundenen Episoden, wie der ferne Klang der Herdenglocken in Gustav Mahlers Sinfonien, die der Mensch auf seinem Weg hinter sich läßt.

oben: Blick von Süden auf das Gebäude

unten: Südlicher Treppenaufgang mit Terrassen, im Vordergrund Skulpturenterrasse

S. 184 oben: Detail der Dachlandschaft
unten: Nachtaufnahme

S. 185 oben: Eröffnung des Kammermusiksaals am 28. Oktober 1987
unten: Foyer vor Fertigstellung

S. 186: Treppenaufgänge bei Tages- und Kunstlicht

Konstruktive Details bei verschiedenen Lichtstimmungen

Der Konzertsaal

Wenige Monate nach der Genehmigung durch das Abgeordnetenhaus von Berlin im Januar 1984 begannen die Rohbauarbeiten mit der komplizierten Fundamentierung. Die Ausführungsplanung geschah für den gesamten Rohbau daher zwangsläufig baubegleitend. Die 1983 abgebrochenen akustischen Voruntersuchungen für den neuartigen Konzertsaal konnten erst 1986 durch die strahlen-geometrischen Modellversuche mit Laserstrahlen am Modell abgeschlossen werden. Die endgültige Festlegung der formalen Auswirkungen aus den Modellversuchen auf die Decke des Konzertsaals, die Brüstungen und Wände, also alle Bauglieder, die gestalterisch und akustisch von größter Bedeutung für den Raum sind, erfolgte sogar erst im Herbst 1986, d.h., es war lediglich noch ein Jahr bis zur Eröffnungsveranstaltung am 28. Oktober 1987 verfügbar. Welche immense Gestaltungs- und Detaillierungsarbeit insgesamt durch das Team des Architekten zu erbringen war, mag die Zahl von weit über 1000 Original-Zeichnungen verdeutlichen. Stellvertretend für alle Mitarbeiter erwähne ich hier die außerordentlichen und einfühlsamen Leistungen von Peter Bellaire und Scharouns langjährigen Projektleiter Jo Zimmermann, dessen künstlerisches Mitempfinden für mich unentbehrlich war.

Die gebaute Gestalt des Konzertsaals entspricht in der Grundrißstruktur und der Raumbildung der vor 20 Jahren entwickelten Konzeption. Aus akustischen Gründen mußten, um Schallreflexionen mit möglichst kurzer Laufzeit zu erhalten, die Brüstungen vor den neuen Hochparkettgruppen erhöht und unter Fortfall zusätzlicher Treppenaufgänge vorgezogen werden. Mit dieser Änderung war eine Differenzierung der drei mittleren Parkettgruppen des oberen Rings verbunden; sie wurden ähnlich wie die gegenüberliegenden Parkettgruppen im unteren Ring in ihrer Grundrißanordnung mittig gebrochen; damit entstand sogleich eine noch größere Dichte und Kontinuität der umgebenden Runde.

Das Vorziehen der Brüstungen aus akustischen Gründen erbrachte 85 zusätzliche Plätze, die zu den 950 Plätzen des ursprünglichen Raumprogramms hinzugewonnen wurden. Für die drei Raummusik-Emporen war immer eine demontable Bestuhlung vorgesehen, so können 101 Sonderplätze zusätzlich zur Verfügung stehen. Mit der Variabilität in der Platzzahl wird starker Nachfrage oder den höheren Kosten für ein größeres Ensemble Rechnung getragen. Ich möchte auch darauf hinweisen, daß die immer geplante und durch die zuständigen Senatoren geforderte und beauftragte Platzzahl zusammen mit den immer vorgesehenen Sonderplätzen auf den Raummusik-Emporen, die unterste Grenze darstellt, mit der international bekannte Solisten mit Spitzengagen engagiert werden können. Es entspricht nicht der sozialen Grundidee dieses Raums, wenn durch zu geringe Platzzahlen mit überhöhten Eintrittspreisen nur Galakonzerte veranstaltet würden. Die endgültige Platzzahl beträgt 1035 Plätze, zusammen mit den 101 Sonderplätzen auf den Raummusik-Emporen kann die Kapazität auf 1136 Plätze zuzüglich der Plätze für Behinderte mit Begleitpersonal erweitert werden.

Die humane Form der Runde erfordert gestalterisch und akustisch das Zerbrechen der geometrischen Form, des Kreises und zugleich die Auflösung und Neuordnung in kleine »familiäre« Gruppen, die sich um das künstlerische Geschehen in der Mitte scharen. Diese Gruppen sind in einem unteren Parkettring und zwischen den drei raumgliedernden Musik-Emporen in drei Hochparkettgruppen, die wiederum dreifach unterteilt sind, zusammengefaßt. Zwischen dem unteren und oberen Parkettring liegt der sogenannte »Aktionsring«, der nicht nur zur Erschließung des Hochparkettrings dient, sondern auch zum Erwandern des Raums einlädt, denn von hier ist auch der untere Parkettring über kleine Verbindungstreppen erreichbar.

In Kompositionen von Boulez, Nono und Stockhausen z.B. wird der Standortwechsel von Musikern verlangt. Auch die drei Raummusik-Emporen und die drei Raummusik-Podeste hinter den Mittelblöcken des Hochparkettrings können über den vorgenannten Aktionsring vom Zentralpodium erreicht werden. In den gliedernden Brüstungen sind Scheinwerfer installiert und Farblicht-Projektoren geplant, mit denen Alexandr Skrjabins zukunftsweisende Klang-Licht-Komposition seines Prometheus »Le poème du feu« endlich mit angemessener Sensibilität und Atmosphäre (nicht mit den Mitteln einer Diskothek) realisiert werden könnte. Für die drei Raummusik-Emporen konnten maschinell variierbare Reihen für die Aufstellung von Musikinstrumenten durchgesetzt werden, um z.B. die mehrchörigen raummusikalischen Werke von Giovanni Gabrieli und Claudio Monteverdi – aber auch neu zu schaffende Orchesterwerke – aufführen zu können.

Die Raummusik-Podeste an der Peripherie des Hochparkettrings ergänzen die Emporen für Raummusik-Aufführungen; so können responsorische Klangstrukturen zwischen dem zentralen Podium und den peripheren Klangorten erregt werden; die zusätzlich in der Saaldecke integrierten Lautsprecher ergänzen diese wellenartige Struktur zur Dreidimensionalität.

Über Aufführungen raummusikalischer Werke und spezielle Auftragskompositionen für den Kammermusiksaal wird noch berichtet.

Das Spiel oder die Spannung zwischen Symmetrie und Asymmetrie in der Gestalt des Raums entspricht dem Dialog zwischen dem Traditionellen und dem Zukünftigen. Die Symmetrie des unteren Parkettrings hat ihre Ursache in der musikalisch-akustischen Balance, die für die traditionelle Kammermusik bis zur Größe des Kammerorchesters uneingeschränkt Priorität behalten muß. Die Asymmetrie geschieht jenseits der Dreipoligkeit im Hochparkettring an der Peripherie des Raums – die alte Ordnung wird gleichsam zerbrochen oder in Frage gestellt, jedoch durch eine neue Gesetzhaftigkeit, die »Dreiheit«, wiedergeboren.

Eine seitlich zur Symmetrieform des unteren Parkettrings gelegene Raummusik-Empore wird zum Kristallisationspunkt einer gegliederten Wand mit vier Regiefenstern, hinter der sich Aufnahmeräume für Rundfunkübertragungen und Schallplattenaufnahmen sowie Regieräume für elektronische Musik und Beleuchtung befinden. Eine bergende Raumnische, in der Behinderte mit Rollstühlen und ihre Begleiter schrankenlos in die Gemeinschaft einbezogen sind, bildet einen wesentlichen Teil des raumbestimmenden Gebildes. Auf diese dominierende Wandzone antworten in räumlicher Gegenüberstellung vier skulpturhaft geformte Bockstrukturen für die Aufnahme der Dachlasten; die Stützen wurden zugleich für die Befestigung der sechsteiligen Flankenreflektoren aus Polyester benutzt. Alle Brüstungen und die mit Anigré furnierten Wände sind nach akustischen und räumlichen Gesichtspunkten unterschiedlich geneigt, damit die Schallfronten gebrochen werden und kein Echo, sondern durch vielfältige Reflexionen der gewünschte Nachhall von mindestens 1,6 Sek. Dauer entsteht. Auch die in die Deckengestalt integrierten prismatischen Körper sind Diffusoren, Schallzerstreuer, deren formale Anordnung auf die Bockstützen wie Magnetfelder konzentriert ist, um für die Hauptpartien möglichst ruhig wirkende Deckenflächen zu erzielen. Im Gegensatz zum großen Saal sind die Diffusoren nicht zugleich als Helmholtz-Resonatoren (Tiefenabsorber) ausgebildet worden, weil nach neuen akustischen Erkenntnissen die Wirkung der Stuhlreihen als Tiefenabsorber Berücksichtigung fand.

Über dem Podium schweben Reflektoren aus Polyester in kreisförmiger Anordnung; sie gewährleisten den Kontakt der Musiker untereinander und leiten Primärreflexionen zu den Plätzen des unteren Parkettrings, die dem Podium unmittelbar benachbart sind.

Die Zeltform der Decke, eine konvex gekrümmte Rabitzdecke aus Zylinder- und Translationsformen, ist das wichtigste akustische Medium für die Schallverteilung bis zu den äußersten Reihen. Durch sie wird der akustisch wirksame Luftraum des Saals, von dessen Quantität der gewünschte Nachhall von mindestens 1,6 Sekunden abhängt, begrenzt; das Raumvolumen ist Grundlage für das musikalisch-akustische Gelingen des Saales. Diese entscheidenden akustischen Komponenten habe ich als unantastbare Voraussetzung für die Gestaltung der dynamisch schwingenden Deckenform gesehen. Daher habe ich mich bemüht, alle technischen Einrichtungen soweit wie möglich in die Gesamtgestalt zu integrieren oder verdeckt anzuordnen, damit einerseits die neuen Einrichtungen für experimentelle Musik und Multimedia-Aufführungen »entfesselt« werden können, andererseits bei den Konzerten mit traditioneller Kammermusik die technischen Apparaturen nicht visuell dominieren und stören.

Auch in der Decke des Saals ist das »Spiel zwischen Freiheit und Bindung« – zwischen Variationsformen und regelmäßigen, strengeren Strukturen – spürbar. Die Begrenzungen zwischen Wand und Decke verschwimmen, so wie Meer und Himmel verschmelzen; nur einige Akzente des weitgespannten umgebenden Metrums schieben sich dazwischen, wie die Felszacken um eine antike kretische Bergsiedlung. Auch die Rhythmik der konstruktiven dunkeln »Reminiszenzen« verliert über der schwebenden Decke ihre Konturen und erscheint – zur Idee der tragenden Dachkonstruktion sublimiert – als sechsteiliger Stern, der die emporstrebenden Deckenformen gliedert und zusammenfaßt. Die Überhöhung der »Reflektoren-Wolken« geschieht hier durch das Diaphane, durch verhalten leuchtende Flächen aus Polyester, in einer die Formen zusammenfassenden, sternförmigen Kumulation des gesamten Raums.

Scharoun wählte für die Philharmonie die Metaphern »Landschaft« und »Himmelschaft« – auf seinen vor etwa 70 Jahren niedergeschriebenen »Traum« einer Raum-Vision stieß ich wie zufällig vor dem zur Wirklichkeit gewordenen Bau.

Scharoun 1920 – Gedanken zum Theaterraum, im Ruf zum Bauen, Berlin 1920:

»›Ein‹ Mensch im Angesicht eines andern, gereicht in Kreise, in mächtig schwingendem Bogen um strebende Kristall-Pyramide. Raum: aus Schwarz und Blau wühlend durch 1000 Farbsprühen; zum silber-gelben Stern emporschwingend; in Bogen, Rippen, Vorsprung und Aushöhlung aus dunkler Masse zu beschwingter Reinheit hinantastend, sich selbst und erwartungsheißer Volksmenge Aufstieg und Krone weisend.

So weitet er raumlose Unendlichkeit und bereitet empfangsfrohen Boden den Mysterien der Farbe, des Wortes und des Tones. Raum dunkelt, verschwebend verdichtet sich Lichtschein aus unsichtbarer Lichtquelle in der Kuppel. Aufstrahlen im Kristallblock, Farbe und Form: bald aus Erddunkel sich lösend, bald aus Lichtkuppel heruntergegossen; bald rot züngelnd, bald silberblau tropfend.

Form und Farbe im Rhythmus der Tonklänge, die von irgendwo her Raumweite durchziehen. Durchstoßen übertönt oder begleitet vom Wort, von verdeckt aufgestellten Einzelspielern oder Chorgruppen gesungen oder gesprochen.

Orchester, Orgel und Sprechende sind hinter der raumschließenden, geschickt durchbrochenen Umwandlung verteilt.«

Scharoun schrieb diese Raum-Vision, diese Eingebung im Alter von 26 Jahren nieder – er hatte zwar mehrere große Entwürfe konzipiert, aber nur einige Wohngebäude mit Ställen während des 1. Weltkrieges in Ostpreußen bauen können. Am Ende seines Lebens war es ihm vergönnt, mit der Philharmonie die große Variation des archetypischen Themas der menschlichen Runde Gestalt werden zu lassen. Die Vision aus der Zeit nach dem 1. Weltkrieg – das entsprechende Aquarell soll 1919 entstanden sein – weist in unsere Zeit und erträumt Farben, Licht und Musik als Gesamtkunstwerk, wie es mit diesem Bau erneut versucht wird und unterstützt durch technische »Apparaturen«, schrittweise erreichbar ist.

Nun erkenne ich den wahren »Auftraggeber«, der durch sein Wort nach sieben Jahrzehnten die Zeitlosigkeit des archetypischen Bauens für den Menschen und zugleich für sein Werk zeigt. In der niedergeschriebenen Vision wird der eigentliche Auftrag erkennbar – als Glied einer Kette, die lange vor Hugo Häring und Scharoun begann –, fortzuführen, was in einem Menschenleben nicht erfüllbar ist. »Nun müssen wir das auch noch ›schön‹ machen – was wir wollen« – eine Aufforderung Scharouns in seinen letzten Lebensjahren – und zugleich meine Antwort an diejenigen, die dem Mühen um Qualität bei der Ausführung dieses Baus gleichgültig gegenüberstanden oder die Vollendung des Werks in dieser hohen Qualität zu verhindern suchten.

Der Kampf um die Weiterführung der Ideen und des Wollens von Scharoun um die Vollendung des Kulturforums ist nicht nur der Kampf gegen eine politische Tagesmode, die als »Postmoderne« den Schein statt der Wahrheit sucht. Es gibt hierzu kein aktuelleres Werk als Schönbergs Oper »Moses und Aaron« – das Wort, der Gedanke, das Gesetz im Widerstreit zum Bild, zur Beschwörung der Massen, zum Tanz um das Goldene Kalb. Immer ist der Gedanke, ist das Wort, ist die prophetische Vision von den Gedankenlosen oder den Verblendeten bekämpft worden. Auch Aaron bewirkte nur »Tageslösungen« und stillte nicht den wirklichen Hunger der Menschen.

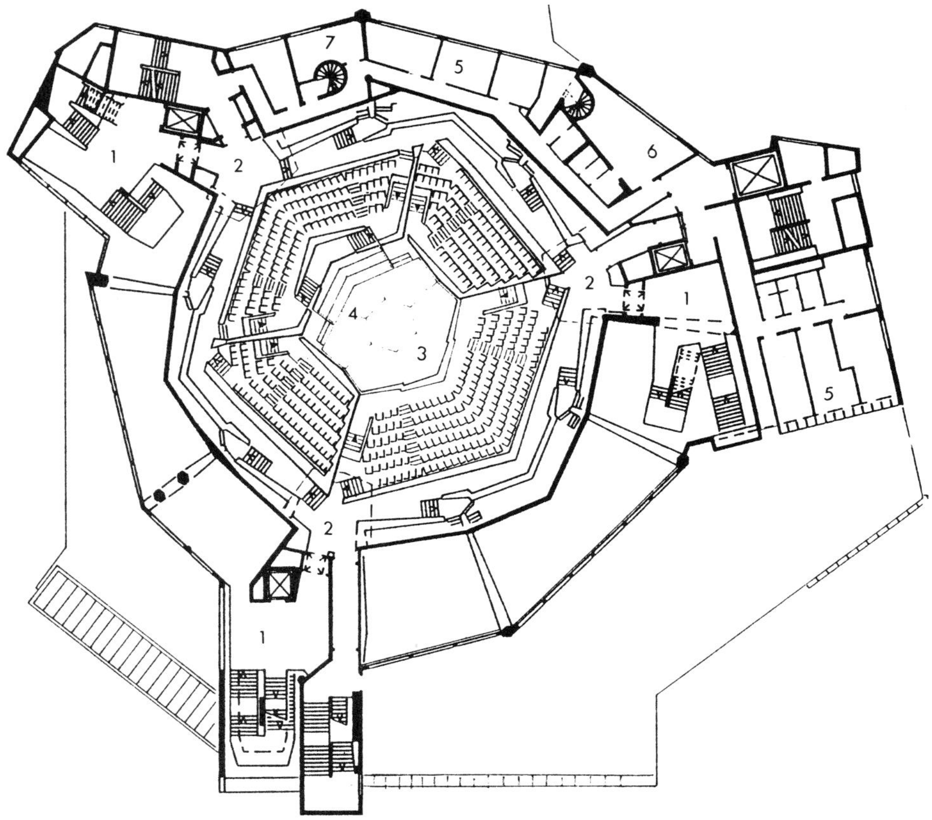

2. Obergeschoß:

1. Treppenaufgänge zum Saal
2. Erschließungs- und Aktionsring im Saal
3. Podium
4. Chorpodium
5. Verwaltung
6. Personalräume
7. Orchesterwarte

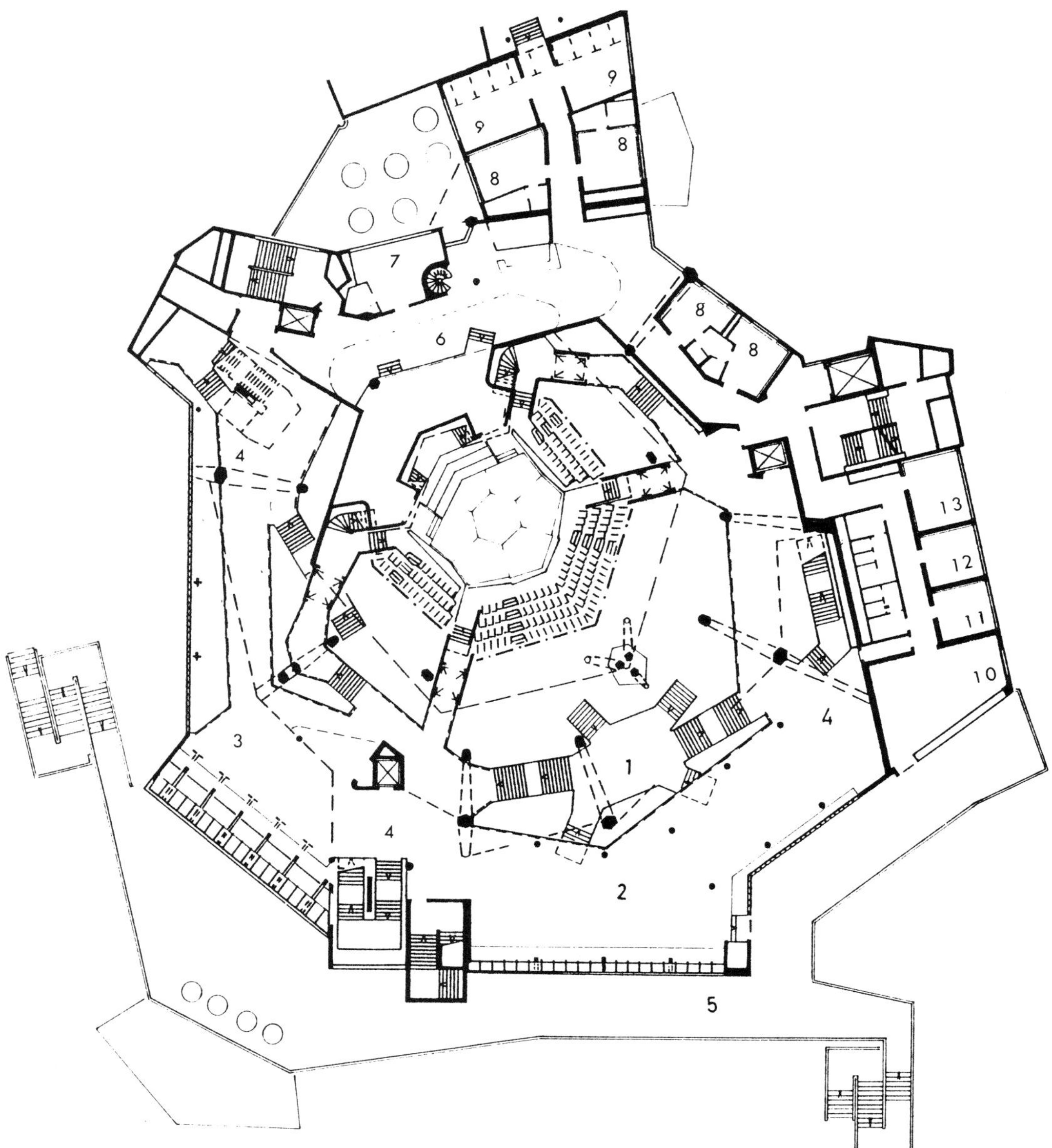

1. Obergeschoß:

1. Treppenaufgang zum Saal
2. Ausstellungsfoyer
3. Umgangsfoyer
4. Treppenaufgänge zum oberen Parkettring
5. Pausen-Terrasse
6. Musikerfoyer
7. Dirigentenraum
8. Solistenräume
9. Chor-Umkleideräume
10. Streicher
11. Holzbläser
12. Blechbläser
13. Schlagzeug

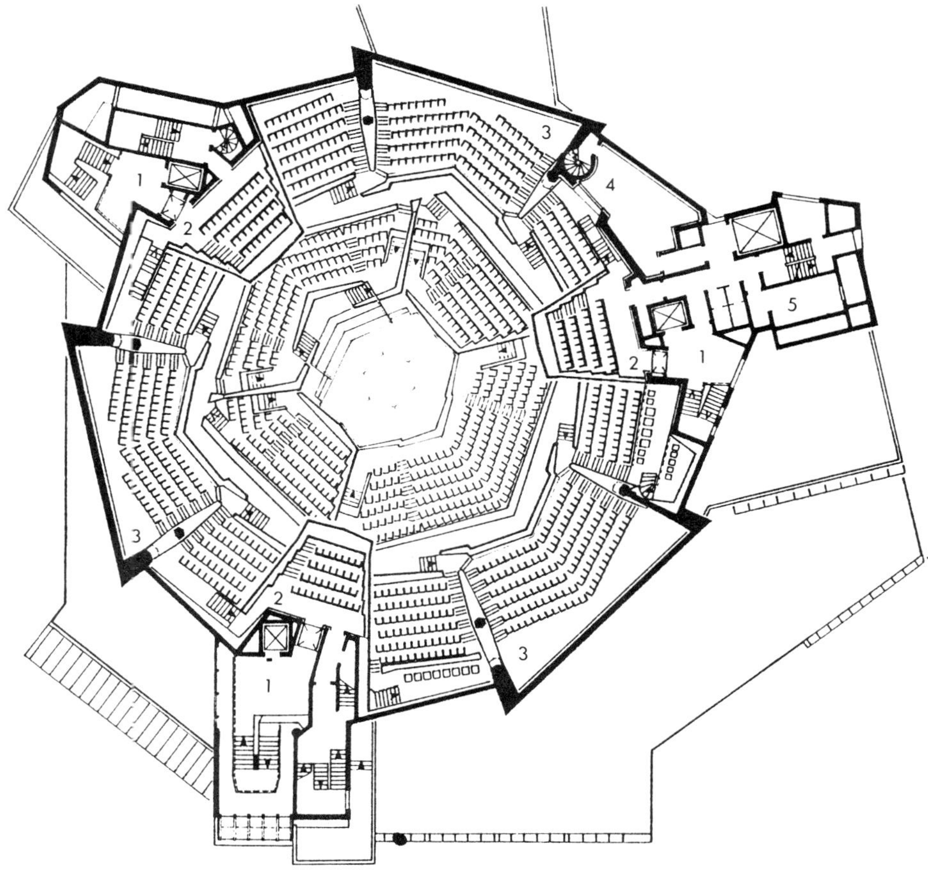

4. Obergeschoß:

1. Treppenaufgänge
2. Raummusik-Emporen
3. Raummusik-Podeste
4. Rundfunkstudio
5. Technik

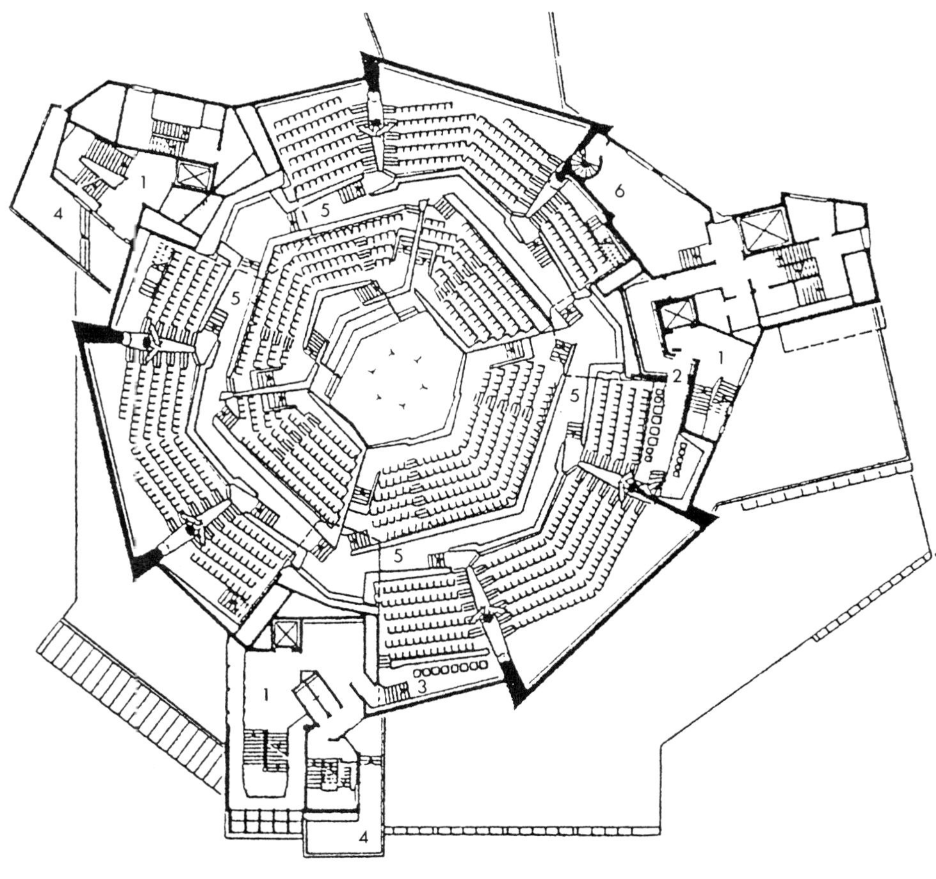

3. Obergeschoß:

1. Treppenaufgänge
2. Schwerbeschädigtenloge mit Begleiterplätzen
3. Ehrenloge
4. Pausen-Terrassen
5. Erschließungs- und Aktionsring
6. Tonstudio für Aufnahmen

S. 193 oben: Blick vom Hochparkett-ring der linken Saalseite; Podium-aufbau zum Eröffnungskonzert

unten: Aufnahme des Saals mit Fischaugen-Objektiv in der Mittellinie von der Raum-Musik-Podestfläche hinter dem oberen Parkettring

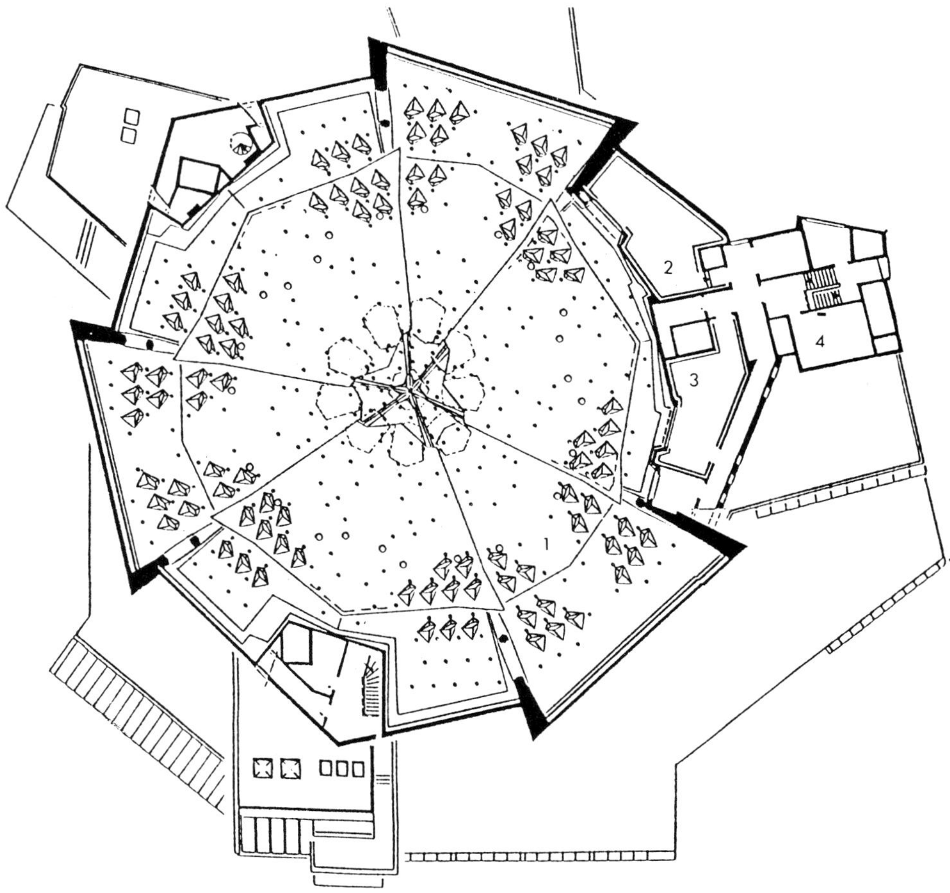

5. Obergeschoß:

1. Saaldecke
2. Studio für Tonaufnahmen
3. Studio für elektron. Musik
4. Technik

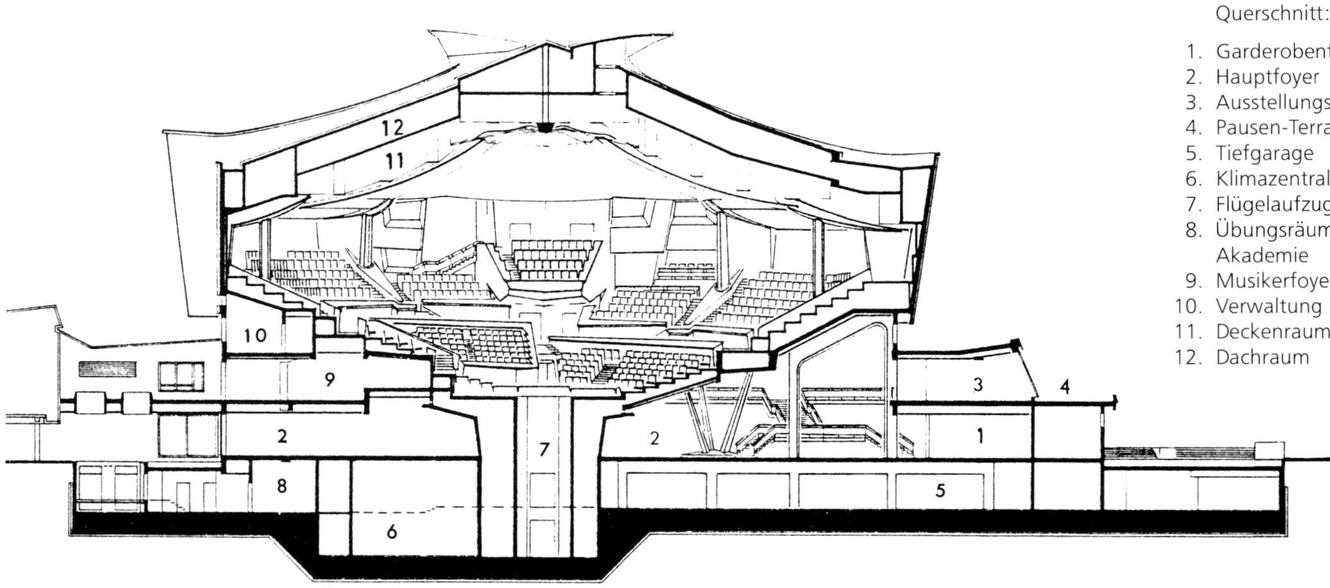

Querschnitt:

1. Garderobenfoyer
2. Hauptfoyer
3. Ausstellungsfoyer
4. Pausen-Terrasse
5. Tiefgarage
6. Klimazentrale
7. Flügelaufzug
8. Übungsräume der Orchester-Akademie
9. Musikerfoyer
10. Verwaltung
11. Deckenraum
12. Dachraum

S. 194 oben: Aufstellung von Lautsprechern in ringförmiger Anordnung auf dem Aktionsring und auf den Raum-Musik-Podesten an der Peripherie des Saals für ein Raum-Musik-Konzert mit Einspielungen elektronischer Musik

unten: Blick auf die rechte Saalseite mit Raum-Musik-Empore im Vordergrund, dahinter das dreifache Pentagon auf der Saalwand, letzte Vorbereitungen vor der Eröffnung des Hauses

S. 195: Saaldecke mit ringförmig angeordneten Kunststoff-Schallreflektoren und Mittelreflektor mit Lautsprechern für Durchsagen und Einspielungen. Hinter den Glasflächen in den pyramidenförmigen Diffusoren an der Decke befinden sich Scheinwerfer und hinter den Deckenflächen vor den Diffusoren Lautsprecher für Raum-Musik

Die »Dreipoligkeit« als demokratische Gestalt

Mit der Philharmonie ist die revolutionäre Tat des demokratischen und humanen Raums gelungen. Aus der akustischen Notwendigkeit, anstelle der überwundenen Guckkasten-Bühne, resultieren die beidseitigen Flankenwände als Abschluß der seitlichen Parkettgruppen, der sogenannten »Weinberge«. Das Geschehen wird quasi in die »Zange« genommen – ein Motto, das Scharoun einem Theaterentwurf gab. Die ursprünglichen Überlegungen für den Kammermusiksaal kreisten gleichsam um die Gestalt des Pentagons, für Scharoun eine »liebe Form«, weil das Mathematische, der »Gestaltzwang« des Quadrats, durch eine einzige Komponente in eine schwingende, aber doch gesetzhafte Gestalt transponiert wird. Diese Form ist weiträumiger, »lyrischer« und freier; es war daher ein Glücksfall, daß durch die vorgeschlagenen drei Raummusik-Emporen aus der musikalischen Funktion der Anstoß und die Legitimation für die »Dreipoligkeit« – die Dreiheit – gegeben wurde.

Es ist dem Menschen oft erst recht spät in seinem Leben zu erkennen und zu erfühlen vergönnt, daß an die Stelle der Polarität, die zur Konfrontation führen kann, ein Drittes hinzutreten muß. Das Ausbrechen aus der Spannung der Gegensätzlichkeit der Sonatenform durch die Variationsform oder die Einführung eines dritten Themas beweist dies. Mögen die drei Themen der Exposition in Anton Bruckners 9. Sinfonie im Transzendentalen ihren Ursprung haben – sie bewirken das Gleichgewicht und die gesetzhafte Harmonie in der Gesamtgestalt.

Die Dreiheit, das Gleichgewicht der gegebenen Spannungskomponenten dieses neuen Raums, das ähnlich das Dreier-Metrum mit seinen Kombinationen schwebend verbirgt, ist im Konzertsaal ein Novum.

Im Sakralbau sind ähnliche Ansätze nur in dreipoligen »befreienden« Raumbildungen des Barocks legitim gewesen. Vielleicht ist in der neuen Raumform dieses in die Zukunft weisenden, demokratischen Konzertsaals tatsächlich ein sakraler Impuls latent gegeben – er ist legitim, denn in der Musik liegt eine menschenverbindende Kraft wie in einer eucharistischen Feier, die heute Menschen über politische Grenzen und konfessionelle Schranken hinweg vereinen kann.

Scharouns träumende Suche nach der Raumvision, in der »Freiheit und Bindung« durch das »Geheimnis der Gestalt« vereint sind, ist in diesem Raum der Zukunft erneut Gestalt geworden. Eine Gestalt – frei von architektonischer Tagesmode –, in der Bleibendes durch den Archetyp der Runde und Neues, Unerhörtes, Kommendes wirken.

Dreiheit und Struktur

Im Gegensatz zum Komponisten oder zum Maler bedarf der Architekt für die Realisierung seiner Planung und der Baudurchführung eines umfangreichen Teams von Spezialisten und einer großen Zahl von Firmen, deren Interessen nicht immer primär auf die optimale Umsetzung der architektonischen Ideen gerichtet sind. Das Bemühen des Architekten, das Gebilde seiner Phantasie so rein und stark wie möglich entstehen zu lassen, führt häufig zu Kämpfen, denen auch die Öffentlichkeit mitunter verständnislos gegenübersteht.

S. 196 oben: Applaus bei voller Saalausleuchtung, unten Saaldetails

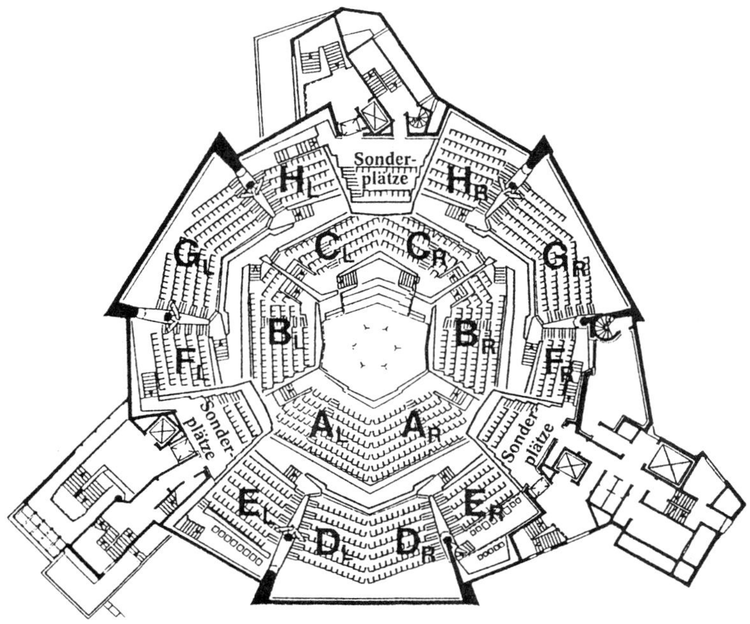

Sitzplan des Saals mit Bezeichnung der Platzgruppen

Die Kämpfe um ein Werk, um seine Gestalt und Sensibilität, ja um die Manifestation seiner formalen künstlerischen Aussage, werden zum existentiellen Ringen, wenn ausschließlich konträre architektonische Tagesmoden machtpolitisch unterstützt und durchgesetzt werden. War das Werk Scharouns in früheren Jahren häufig aus Unkenntnis, Verständnislosigkeit und aus Angst vor dem hohen, geistig formalen Maßstab intriganten Bekämpfungen ausgesetzt, so mußte Scharouns Werk, das aus der Wesenheit der jeweiligen Bauaufgabe entwickelt ist, in schärfsten Dissens zum äußerlich Bildhaften der Postmoderne geraten.

Zweifellos wäre ein solcher Zentralraum wie der Kammermusiksaal im Jahrzehnt der »Postmoderne« in Berlin nicht mehr gebaut worden. Haben doch 1983 politisch mächtige Gegner Scharouns mit äußerstem Nachdruck und gefährlicher Strategie den Bau des Kammermusiksaals verhindern wollen. An dieser Stelle soll keine »chronique scandaleuse« zum Bau des Kammermusiksaals geschrieben werden, vielmehr wird aufgezeigt, daß das Werk eines Architekten – wie wohl zu allen Zeiten – mannigfaltigen machtpolitischen Einflüssen ausgesetzt ist und die endgültige Gestalt häufig nicht mehr den Gestaltgebungen des Architekten entspricht. Dies gilt besonders auch für die Sakralbauten und darf nicht zu falschen Rückschlüssen auf die Baumeister führen.

Die Frage, ob Scharoun durch eine baugeschichtliche Raumform zu der Grundrißstruktur für den Kammermusiksaal beeinflußt wurde, kann nur aus den Vorarbeiten zur Konzeptionsfindung beantwortet werden.

Meine Vorarbeiten für einen Saal zur Aufführung vorrangig kammermusikalischer Werke begannen mit einer Analyse des Berliner Musiklebens und betrafen die verschiedenen Gattungen der sogen. Kammermusik. Hieraus wurden Schwerpunkte entwickelt, denn die Gestalt eines Raumes, und insbesondere eines Konzertsaals, fördert bestimmte Werkgattungen und ist für andere weniger adäquat; die Wiedergabe der Musik erfolgt auf konventionellen, z.T. richtungsbetonten Instrumenten, und nicht durch allseits installierte Lautsprecher, wie bei der elektroakustischen, speziell elektronischen Musik.

Außerdem geschieht die menschliche Ausstrahlung visuell richtungsbetont, während die musikalische Ausstrahlung eines Ensembles ambivalent ist. Grundsätzlich muß bei der Planung davon ausgegangen werden, daß alle Gast-Ensembles auch in einem neuartigen Raum ihre musikalisch erprobte Ensembleform und visuelle Orientierung beibehalten wollen.

Das Ergebnis meiner Analyse zeigte, daß für die abendländische traditionelle Kammermusik drei Aufführungs-Schwerpunkte, d.h. drei Ensemble-Schwerpunkte, disponiert werden sollten, die miteinander kombinierbar sein müssen.

Der erste Schwerpunkt – als musikalischer Mittelpunkt – ist der Platz für den Solisten und die kleine Ensembleform des Streichquartetts bis zum Nonett.

Den zweiten Schwerpunkt bildet das Kammerorchester-Ensemble in seiner Vielfalt der Besetzungen und des Instrumentariums. Der dritte Schwerpunkt bleibt den Gesangssolisten und dem Chor vorbehalten, bei dem nicht nur aufführungstechnische, sondern vor allem akustische Prämissen zu bedenken sind. Die Stimme des Gesangssolisten hat eine Richtwirkung, die zwar musikalisch-akustisch durch Reflexionsflächen retrovertierbar ist, die visuelle Ausstrahlung, das Mimische, läßt sich dagegen nicht reprojizieren.

Aus diesen drei musikalisch-aufführungstechnischen Schwerpunkten entwickelte ich drei Podiumsbereiche auf höhenmäßig zueinander differenzierten Podestflächen; sie sollten »inselartig« durch Publikum besetzbar sein, wenn z.B. nur eine Ebene für einen Gesangssolisten mit Klavierbegleitung benutzt werden würde. Diese drei Schwerpunkte wurden wegen der erforderlichen Variabilität und der Mischformen zu drei Zonen des gesamten Podiumsbereichs erweitert; sie waren vorwiegend für Aufführungen traditioneller Musik prädestiniert. Der dreiteiligen Podiumsstruktur setzte ich drei Raummusik-Emporen an der Peripherie des Saales gegenüber; eine ähnliche Disposition mit drei Raummusik-Emporen konnte ich schon bei der Planung des großen Saales der Philharmonie aufgrund spezieller musikwissenschaftlicher Interessen einbringen, die auf Seminare über Komponisten der Neuen Musik bei Hans Heinz Stuckenschmidt zurückgingen.

Die »Eliminierung« des Podiums und seine alternative Teilbesetzung durch Publikum beruht konkret auf Intentionen von Boulez, Nono und Stockhausen.

Die aus der Dreiteiligkeit des Podiums abgeleitete Saalgestalt war asymmetrisch und verdichtete sich ähnlich wie Kraftlinien um einen »dreipoligen Magneten«, jedoch mit unterschiedlicher Intensität und Auswirkung auf den umgebenden Zuhörerraum. Die gesamte Saalstruktur war somit das Ergebnis von Untersuchungen zur musikalischen Struktur der sogen. Kammermusik unter Einbeziehung eines in der Idee halbkugelartigen Raumgebildes. Die spontane Amalgamierung der Raummusik sprengte die »einzellige« Urform der traditionellen Musik.

Da vorerst keine Hoffnung auf die Realisierung des Baues bestand, blieben diese Struktur-Untersuchungen mehrere Jahre bis zum Ende der 60er Jahre ein Spielmaterial in unserer Hand, das wie ein »Glasperlenspiel« immer wieder am Rand von Arbeitsbesprechungen über den Bau der Staatsbibliothek bei Scharoun zum Dialog führte. »Das Spiel in Gang setzen« war eine von Scharoun gern gebrauchte floskelartige Formulierung, hinter der sich jedoch das Nachdenken über den »Wandel der Struktur in Raum und Zeit« verbarg.

Immer wieder habe ich diese nachdenklichen Augenblicke bei Scharoun erlebt, wenn er etwas gedanklich erarbeitete und durch Prioritätensetzung, z.B. bei Wettbewerben, quasi in letzter Minute sich zur »Freigabe« der Ideen durchringen mußte. Da aber die Verwirklichung des Kammermusiksaals völlig ungewiß erschien, war eine gestalterische Festlegung nicht zwingend. Ich bin auch nicht sicher, ob Scharoun überhaupt noch zu einer Festlegung kommen wollte, denn er ahnte wohl, daß er den Bau nicht mehr erleben würde.

Während einer nächtlichen Arbeitssitzung entstand eine Skizze von Scharoun zum Saal, welche die einzige bleiben sollte; sie ist eine Ideenskizze – und keine Entwurfsskizze. Die Skizze ist Ausdruck von Reflexionen, die zu einer inneren Gestaltfindung, zu einer inneren Schau führten.

Zunächst soll aber über die Aussage der Skizze – als Zwischenergebnis – berichtet werden, denn weitere Skizzen sind von Scharoun nicht entstanden, obwohl er noch mehrere Jahre an anderen Aufgaben arbeitete.

Scharoun griff die diametral disponierten drei Raummusik-Emporen auf, die in seiner Skizze nur als pfeilartige Dreiecke angedeutet sind, sie sind Hinweis auf etwas Neues, was von außen in den Raum der menschlichen Runde eindringt. Damit aber wurde die Dreiheit festgelegt und zugleich eine symmetrisch aufeinander bezogene Struktur fixiert. Auch der absolute Zentralraum, geboren quasi aus dem punkthaften Ensemble des Streichquartetts, war so »beschlossen und besiegelt«.

Scharoun wich jedoch einer dreiteiligen Innenstruktur des Podiumbereichs mit der ihm üblichen Übertreibung aus, er könne sich in der Mitte kein »Gebirge« vorstellen. Dennoch griff er die auf die drei Raummusik-Emporen bezogenen drei »Podium-Inseln« auf – sie wurden als drei Reflektoren (in der Skizze blau, also transluzent dargestellt) »bewahrt«; wohl wußten wir, daß große Reflektorflächen aus akustischen und aufführungstechnischen Gründen irreal sind. Derartige Flächen verschatten die Reflexionen von der Saaldecke, führen zur akustischen Abkoppelung des Luftraumes über den Reflektoren und unterbinden Schallreflexionen von der Decke mit längerer Laufzeit, die für den Nachhall unerläßlich sind. Aufführungstechnisch würden durch die großen Reflektoren nicht genügend Mikrophon-Positionen über einem Kammerorchester verfügbar sein; auch die gleichmäßige Ausleuchtung des Podiums wäre nicht oder nur äußerst schwierig durchführbar. In meinen weiteren Planungen habe ich daher diese mittige Dreierstruktur nicht verfolgt und zunächst ein sechseckiges zentrales Podium mit einem Erweiterungs-Segment für den Chor entwickelt. Ich empfand Scharouns Skizze daher nicht als letztwillige Einigung aller unserer Überlegungen, sondern als einen Zwischenschritt, damit dann vom Saal ausgehend das gesamte Gebäude von mir entwickelt werden kann.

Scharoun hat die entstehenden Pläne noch gesehen und zwei Zeichnungen, den Saalgrundriß und das Erdgeschoß, für die entstehende Veröffentlichung im Band 10 der Schriftenreihe der Akademie der Künste, Berlin, zugelassen, obwohl die Planung nicht ausgereift war. Die Zeichnungen stellen zusammen mit der Skizze das Vermächtnis für den Bau des Kammermusiksaals dar.

Welche Überlegungen, ja welche Impulse können bei Scharoun für die regelmäßige Form der Dreigestalt bedeutsam gewesen sein?

Obwohl Scharoun vom »Vorgang« ausgehend eine Grundrißstruktur entwickelte, hatte er Bedenken, die »Keimzelle« könne nicht genügend weiter entwickelbar sein, um »den Wandel der Struktur in Raum und Zeit« leisten zu können. Das Wech-

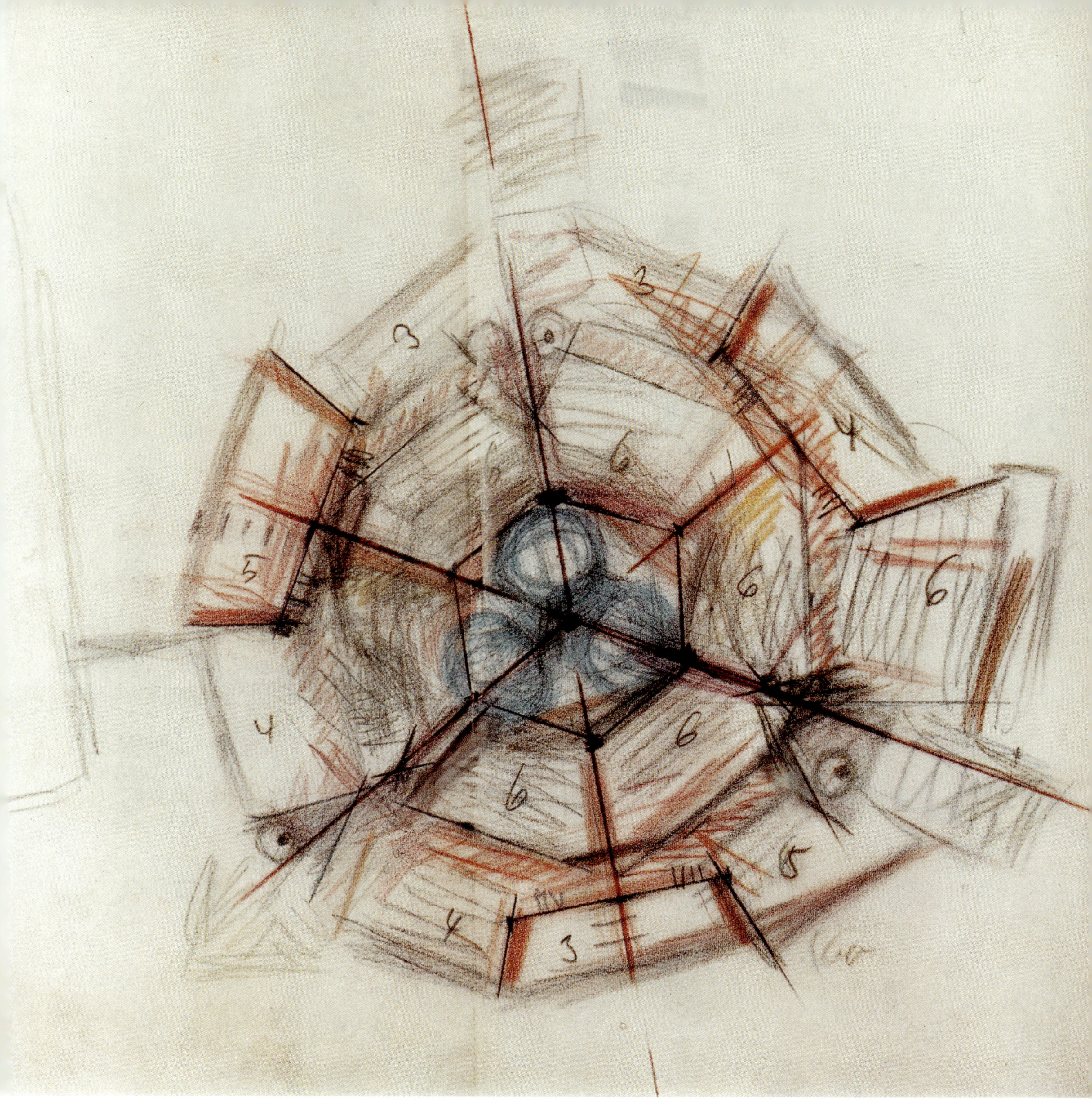

Skizze von Scharoun als Leitskizze zur Entwicklung der Konzeption

S. 200: Eröffnungskonzert des Kammermusiksaals am 25. 10. 1987 mit Herbert von Karajan, Anne-Sophie Mutter und dem Berliner Philharmonischen Orchester mit Antonio Vivaldis »Vier Jahreszeiten«

selspiel zwischen Freiheit und Bindung wollte er mit der gesamten Saalstruktur manifestieren und nicht mit der »Keimzelle« im Mittelpunkt.

Sein Suchen nach der übergeordneten Idee, nach dem latenten Formengesetz, habe ich durch bruchstückhafte Andeutungen und Gestaltungen bei anderen Projekten erlebt. Es war sicher die Sorge vor der Fülle seiner Phantasie, die ihn in seinem Spätwerk zur Allgemeingültigkeit, zum Gesetzhaften bewogen haben mag. Damit stellte er sich in die Reihe der großen Baumeister, deren Ringen um das Geheimnis und um das Gesetzhafte der Gestalt uns seit Leonardo da Vinci überliefert ist.

Das Gesetzhafte entstand bei Scharoun nicht durch adaptierenden Gestaltzwang, sondern war Ergebnis – Ereignis einer träumenden Suche – eines prüfenden Rückblickes auf Baugestalten früherer Jahrhunderte.

Die Saalgestalt der Philharmonie lebt durch ein Wechselspiel von der polaren Einengung des Podiums und dem sich daraus episch-landschaftlich entwickelnden Raum-Kosmos. Der kleinere Saal hat gleichsam eine kristalline Grundstruktur, in der die Dreiheit impliziert ist.

Scharoun sprach in seinem Vorwort zu dem Buch über den Barock, das bereits zitiert wurde, von der Befreiung durch das bipolare Prinzip der zweipoligen Ellipse. Auf der Suche nach der gesetzhaften Absicherung könnte ihm die Erweiterung dieses Prinzips zur Dreipoligkeit die gewünschte Sicherheit gegeben haben, obwohl der Text bereits vier Jahre zurücklag. Scharoun verweist in diesem Text auf die Ganzheitlichkeit der Teilinhalte – ich sehe in diesem Wort den Hinweis auf die zusammenfassende Gesetzhaftigkeit der dreipoligen Struktur des Kammermusiksaals, die von der Mitte ausgehend sich an der Peripherie in den Raummusik-Emporen widerspiegelt.

In dem vorgenannten Buch »Barock« ist auch der Grundriß der Dreifaltigkeits-Kirche, Kappel, von Dientzenhofer abgedruckt, die Scharoun aus eigener Anschauung wohl kaum gekannt haben dürfte. Scharoun mag durch diese Dreigestalt der drei gleichberechtigten, gleichbedeutsamen Konchen – unbewußt auf seiner Suche nach dem übergeordneten Gesetz – »beruhigt« worden sein. Wesentlich erscheint mir auch, daß es wiederum eine Wallfahrtskirche ist, die das Geschehen des Mensch-Gott-Bezuges, wie Scharoun es in seinem Text formulierte, nicht auf den in der Mitte befindlichen Nothelfer-Altar bezieht (Vierzehnheiligen), sondern auf die Hauptaltäre in den drei Konchen.

Den drei Hauptaltären sind jeweils zwei Nebenaltäre zugeordnet, so daß die Dreigestalt noch eine zusätzliche Bereicherung durch eine dreiteilige Untergliederung – einen Dreier-Rhythmus – erfährt, wie er auch im Hochparkettring des Kammermusiksaals gestaltgebend disponiert ist.

Ich halte einen derartigen »Nachweis« nicht für berechtigt, denn Scharoun glaubte wohl nicht an das Geheimnis der Zahl 3; auch sollte man nicht etwa die »Dreifaltigkeit« für die Ur-Idee des Kammermusiksaals bemühen, wie sie in der Disposition der drei Themen im sinfonischen Werk von Anton Bruckner verborgen sein könnte.

Als Hinweis sei erwähnt, daß Scharoun während der ersten Phase der Gestaltfindung, in der von mir zunächst eine fünfeckige Saalstruktur entwickelt wurde, schließlich Bedenken äußerte, seine Grundrißformen könnten alle auf das Fünfeck zurückgeführt werden. Ist doch das Fünfeck nur als Symbol, als Analogon zum Zeichen der Dombauhütten für den Raum der Philharmonie gewählt worden.

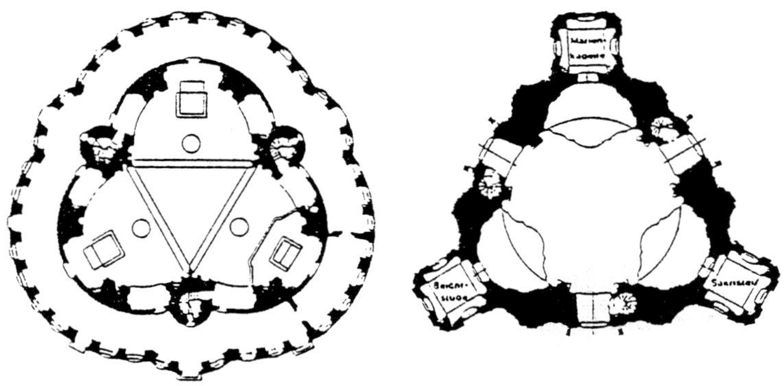

links: Dreifaltigkeitskirche Kappel, G. Dientzenhofer, 1685–1689, Grundriß

rechts: Dreifaltigkeitskirche Stadl-Paura bei Lambach, J. M. Prunner, 1714–1724, Grundriß

Die Dreiheit als Abbild der Dreipoligkeit in einer der letzten Gestaltfindungen von Scharoun ist also nicht als Ausweichen vor dem Fünfeck zu verstehen, sondern ist tatsächlich aus der Keimstruktur des Vorgangs sublimiert worden. Ich habe aber bei Scharoun ein großzügiges Infragestellen oder ein sich Hinwegsetzen über Bindungen, die seine Raumvisionen einengen könnten, durchaus erlebt, um hierin wiederum die nicht variierbare, unumstößliche Urgestalt zu sehen. Die Dreiheit im Kammermusiksaal ist kein religiöses Motiv, sondern ein tief menschliches »Credo«; sie ist ein Symbol eines gleichgewichtigen Verhältnisses der Menschen zueinander, welches nicht durch eine Polarität, die zur Spannung und Konfrontation führt, entsteht, sondern durch das ein latentes Gleichgewicht, ein »Spiel« im Sinne eines »Weltenspiels« gesehen wird.

In den vorherigen Ausführungen habe ich zu den Modifikationen der Grundrißstruktur im unteren Parkettring erläuternd Stellung genommen, zu denen ich aus akustischen Gründen, um das Projekt zu retten, gezwungen war.

Ich sehe auch, nachdem der Raum nicht nur akustisch gelungen ist, sondern von den Menschen begeistert aufgenommen wird, daß diese für mich sehr schwierige Entscheidung letzlich nicht konträr zum Wesen Scharouns steht. Er stellte seine eigenen Erkenntnisse und Festlegungen immer in Frage, wenn eine räumliche Bereicherung aus einer sachlichen Notwendigkeit entstand und die Gesamtidee dadurch nicht gefährdet war.

Nachdem ich nun viele Konzerte mit höchst unterschiedlichen Besetzungsformen in dem neuen Raum erlebt habe und an einer variierten Raumgestalt für ein anderes Projekt arbeite, finde ich das Wechselspiel zwischen einer dualistischen, symmetrischen Form im unteren Parkettring (wegen der akustischen Balance) und der Dreigestalt im oberen Parkettring als letztlich sogar in Scharouns Wesen liegend. Der Raum birgt durch dieses Wechselspiel nicht nur die Infragestellung des Gesetzes, wie sie für Scharoun typisch war, sondern auch eine schwingende Mobilität, die dem Menschen des Barockzeitalters wegen der herrschenden Machtstrukturen nicht adäquat war, aber wie sie heute im Sinne der Demokratie sein könnte. Die Besucher des Raumes empfinden dieses Wechselspiel intuitiv, fühlen sich geborgen und nicht reglementiert – doch alle analysierenden Untersuchungen zum Geheimnis der Gestalt verschwimmen, werden sublimiert, sobald das Sinnenhafte der Musik den Raum erfüllt und das Geheimnis von Raum und Musik verschmilzt.

Der Kammermusiksaal als organhafter Bau

Anläßlich der Eröffnung des Kammermusiksaals wünschte die »Bauwelt« von mir einen Artikel über meine Ziele und Intentionen beim Bau des Kammermusiksaals. Ich wählte das Thema »Der Kammermusiksaal als organhafter Bau« durchaus als Reaktion auf die vorherrschende Architektur-Mode der Postmoderne. Die Ausführungen bilden ein Zeitdokument, denn etliche Behauptungen, auch in den vorangegangenen Kapiteln, sind nur nachzuempfinden, wenn man die autoritäre Haltung der Verfechter der Postmoderne erlebt hat. Bezeichnenderweise waren meine Ausführungen über die Postmoderne in der Veröffentlichung der »Bauwelt« aus Platzmangel gestrichen, eine andere Veröffentlichung über den Bau des Kammermusiksaals in der Schriftenreihe der Senatsbauverwaltung konnte nur mit äußerstem Nachdruck weitgehend durchgesetzt werden. Mein Informationszettel für die Presse sollte beim Richtfest nicht verteilt werden, weil von Scharouns Bauen für den Menschen die Rede war. – Man folgerte, es könne der Eindruck entstehen, Holleins Vorschlag für das Kulturforum wäre dementsprechend unmenschlich.

Die Frage der »Bauwelt« nach meinen Zielen und Intentionen führte zu einigen Überlegungen über mein Verhältnis zu Scharoun, über das zu berichten erst nach der Hektik einer Baudurchführung Muße und Abstand bestehen. Weil ich den Kammermusiksaal für bedeutsam in der Fortführung des organhaften Bauens halte, habe ich mich entschlossen, diesen Artikel, obwohl er mitunter auf vorangegangene Ausführungen erneut Bezug nimmt, an dieser Stelle abdrucken zu lassen. Die Weiterentwicklung im Konzertsaalbau durch die Integration neuer Medien, wie sie in der organhaften Struktur des Kammermusiksaals liegt, führt dann zu einer Antwort auf die Fragestellung im Schlußkapitel zur weiteren Entwicklung im Konzertsaalbau nach der Philharmonie.

Funktionalismus, Konstruktivismus und Postmoderne waren »Meilensteine« der architektonischen Umwelt, in welcher der Kammermusiksaal der Berliner Philharmonie mit zahlreichen Unterbrechungen geplant wurde. Während die Anhänger der Postmoderne noch ihre Bögen über die Eingangsportale zeichnen und die Journalisten Ausschau nach der neuen Architektur-Richtung halten, setzt Philip Johnson in New York auf den wiedererwachenden Konstruktivismus, den »Deconstructivism«.

Der Bau des Kammermusiksaals zieht sich von den ersten Überlegungen bis zum – endgültig 1989 fertiggestellten Bau – über 25 Jahre hin. Es ist daher auch kein Wunder, daß bei den äußerst schnellebigen architektonischen Tagesmoden dieser Bau wegen seiner Anti-Haltung zur herrschenden »Staatsarchitektur« immer wieder in die Schlagzeilen geriet. Die Auswirkungen konnten an der Baudurchführung nicht vorübergehen, zumal diese 1983/84 zeitlich parallel mit dem Gutachterverfahren gegen das Kulturforum nach der Scharoun-Planung begann.

Der von der »Bauwelt« gewünschte Bericht über meine Ziele und Intentionen beim Bau des Kammermusiksaals betrifft also nur einen, wenn auch äußerst wichtigen Teilaspekt. Ziele und Intentionen sind aber auch mit Rückblicken verbunden, die nur subjektiv und persönlich sein können.

»Der Kammermusiksaal als organhafter Bau« war nicht ein gestecktes Ziel, mit dem die Lebensfähigkeit des organhaften Bauens erneut bewiesen werden sollte, sondern das »Organhafte« ergab sich wie von selbst aus der konsequenten Entwurfsmethode. Der Bau ist ein typisches Ergebnis meiner Arbeit aus dem 15jährigen Erleben des Menschen Hans Scharoun und seines Schaffensvorgangs sowie meinem subjektiven Blick auf sein Werk. Die vertrags-juristische Bildung der Architektengemeinschaft Scharoun/Wisniewski sollte die Fortführung der Bauten im Kulturforum gewährleisten. Die Planung und das Erleben des Baues der Philharmonie sind für mich Leitlinie geblieben, unter der ich arbeite – der ideelle und gestalterische Anspruch dieses Baus ist mein Maßstab.

Sinn der Ausführungen ist nicht über meine Verbundenheit zur Philharmonie durch eingeflossene eigene Ideen zu berichten – ich erwähne dies nur, weil meine Arbeit für den großen Saal und den Kammermusiksaal eine Einheit ist. Daher konnten sich auch Überlegungen nicht auswirken, für den Kammermusiksaal etwa völlig andere formale Gestaltungselemente zu entwickeln, nur um vor einer Fachöffentlichkeit eine leicht erkennbare »originelle Handschrift« zu demonstrieren.

Wenn die Philharmonie ein neues Musikerleben in einer menschlichen Gemeinschaft bewirkte, so war es erst recht meine Aufgabe, auf diesem Niveau, auf diesen Erfahrungen aufzubauen und durch Variation ähnliches wieder zu erreichen. Aus der Kontinuität der langjährigen Zusammenarbeit mit Scharoun ergab sich für mich zu keiner Zeit das Gefühl einer Annektion oder Adaption. Hatte ich doch in dem gewaltigen Bau der Staatsbibliothek auch funktionelle und gestalterische Lösungen noch zu Lebzeiten Scharouns finden müssen, die in dieser Dimension im gesamten Werk Scharouns nicht vorgegeben waren.

Ich habe zu keiner Zeit bei den Projekten der Staatsbibliothek (Scharoun hat nicht einmal die Lesesäle im Rohbau erleben können) und anschließend beim Staatlichen Institut für Musikforschung mit Musikinstrumenten-Museum und auch beim Kammermusiksaal geplant, als wenn ich die Handschrift Scharouns ersetzen müsse.

Es war auch nicht mein Ziel, durch Kopieren spezieller Detailformen früherer Bauten Scharouns sein Werk fortzuführen, sondern durch das Erfahren seiner Ideen in einer fruchtbaren Zusammenarbeit diese aus einer eigenen Sicht weiterzuentwickeln. Scharoun sprach nachdrücklich vom »Wandel der Struktur in Raum und Zeit« und bezog diesen Wandel durchaus auch auf sein unvollendetes, ungebautes Werk. Daher stellte ich mir bei der Gestaltung des Kammermusiksaals nicht die Frage, ob sie mehr oder weniger »scharounesk« sei – das Urteil überlasse ich den vielfältigen Kennern des Werkes von Scharoun. –

In unserer medienbetonten Zeit kann sich keine Schule, kein Stil im Sinne einer baugeschichtlichen Ordnung bilden, da jedes Bauwerk nur nach aktueller Originalität oder sogar »postmoderner Ironie« beurteilt wird. Das Weiterentwickeln von Bewährtem wird nicht als tradierend – aus Verantwortung vor dem »Nutzer«, dem Menschen, weiterführend – anerkannt, sondern von der spektakulären Fachpresse als nicht sensationell abgelehnt. Aus dem Erleben, daß Räume den Menschen und das Musikerleben prägen und verändern können und aus der Verpflichtung des Architekten, für die Komponisten der Neuen Musik adäquate künstlerische Klangräume zu schaffen, wurde die Konzeption für den Kammermusiksaal entwickelt. (Vgl.: »Dreiheit und Struktur«.) Ich möchte hier nur erneut auf die Einrichtungen für neue Musik verweisen.

Im großen Saal der Philharmonie sind die drei Raummusik-Emporen während der Ausführungsphase eingeplant worden,

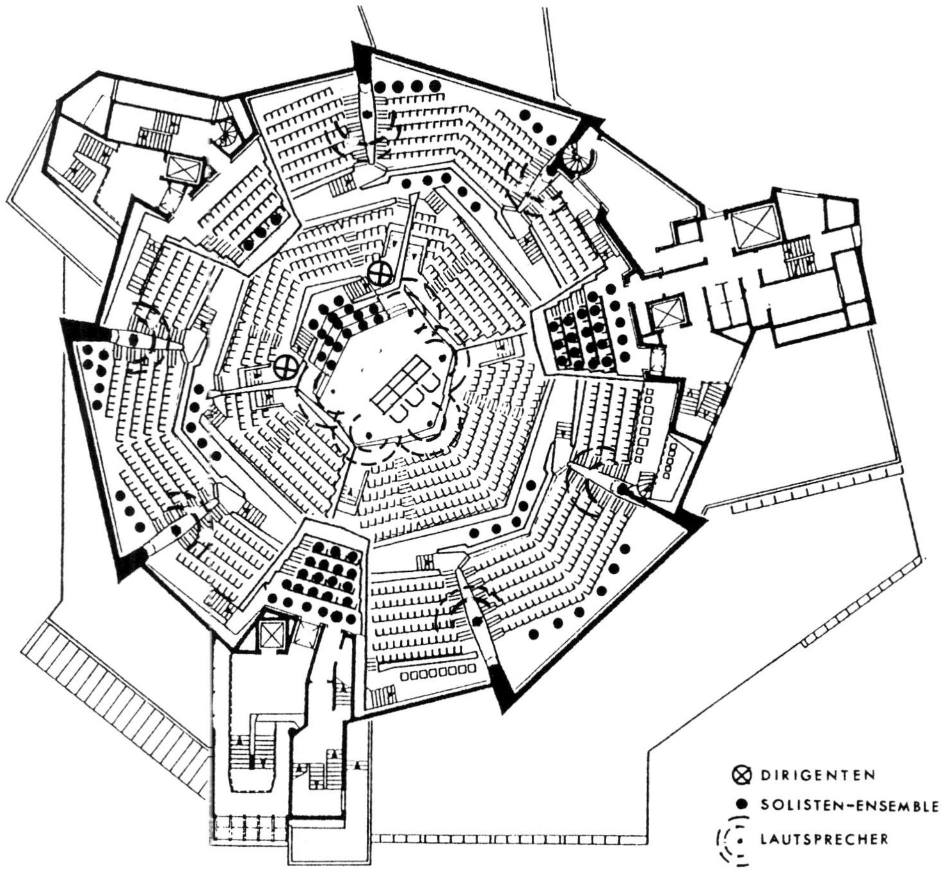

Aufführung des »Prometeo« von Luigi Nono in der für den Kammermusiksaal erweiterten Fassung. Im abgebildeten Saalplan sind die im Raum in differenzierter Aufstellung spielenden Musiker punktuell dargestellt. Die Einspielung der elektronischen Raummusik geschah über zahlreiche Lautsprecher, die an markanten Punkten an der Peripherie des Raumes aufgestellt waren, und über Deckenlautsprecher. Die Einspielungen wurden »life« von der Mitte des Raumes auf dem Podium durch Luigi Nono und die Tonmeister des Studios Freiburg improvisatorisch gesteuert und variiert.

auch die Orchestergraben-Versenkung für halbszenische Aufführungen konnte erst bei der Ausführungsplanung des Podiums durchgesetzt werden.

Im Kammermusiksaal war das Podium schon in der Urkonzeption sehr flexibel vorgesehen, halbszenische Aufführungen können jedoch nur ohne Orchestergraben stattfinden. Die drei Raummusik-Emporen erhielten die finanziell aufwendigen, maschinell verschiebbaren Reihen, so konnte ein Maximum an Variabilität für Raummusik-Wirkungen oder für halb-szenische Aufführungen unter Einbeziehung der Emporen erzielt werden.

Alle Plätze, auch die der drei Raummusik-Emporen, können über kleine Verbindungstreppen vom Podium aus und untereinander erreicht werden. Wichtiges Verbindungsglied ist der sogen. Aktionsring zwischen dem unteren und dem oberen Parkettring, der zudem die musikalische »Mobilität« des Raumes steigert. In Kompositionen von Boulez, Stockhausen, Nono u. a. verändern Musiker ihre Standortpositionen im Raum und »spielen« gleichsam mit dem Raum, nehmen ihn ambivalent in Besitz.

In einem neuen Werk Luigi Nonos, »La lontananza nostalgica futura«, das für den Kammermusiksaal komponiert wurde, spielte der Geiger Gidon Kremer von mehreren Positionen konzertant mit den von ihm zuvor eingespielten musikalischen Paraphrasen, die über Lautsprecher von der Saaldecke, den Wänden oder auch über die geöffneten Türen vom Foyer aus in den Raum einwirken. Außer den drei Raummusik-Emporen sind weitere drei Raummusik-Podestflächen an der Peripherie des Saales für zusätzliche Raummusik-Wirkungen disponiert. Der »Prometeo« von Luigi Nono hat in einer für den Kammermusiksaal speziell erweiterten Fassung die neuen Raummusik-Wirkungen demonstriert. Vier Fernorchester spielten auf den Raummusik-Emporen bzw. -Podesten, Instrumental-Solisten und Sänger »antworteten« auf dem Aktionsring. Lediglich der Chor sang auf dem Chorpodium, jedoch in Richtung zu den zwei Dirigenten, die oberhalb des Podiums im Block C die Raumorchester dirigierten. Das Podium war mit elektronischen Apparaturen vollgestellt, die von mehreren Tonmeistern des Studios Freiburg bedient wurden. Zusätzliche Lautsprecher waren nicht nur über dem Podium, sondern auch kreisförmig im Hochparkettring angeordnet, schließlich befanden sich auch Lautsprecher in den Druckkammern unter den Reihenaufständerungen des Saales, um Mysterioso-Effekte und extreme Tiefen-Eruptionen zu erzeugen. Luigi Nono steuerte vom Mischpult auf dem Podium die immensen dynamischen Klangunterschiede zwischen extremen Klang-Eruptionen und Passagen zeitloser Stille.

Raummusik-Wirkungen sind auch von anderen Komponisten wie Boulez und Isang Yun in diesem neuen Raum beeindruckend erzielt worden. Es würde hier zu weit führen, auch nur die bedeutendsten Kompositionen, die für den neuen Saal geschrieben wurden, oder Werke, die in ihm adäquat dargestellt werden können, aufzuführen und zu beschreiben.

In zahlreichen Besprechungen mit Musikern und Komponisten Neuer Musik habe ich deren Interesse an den neuen musikalischen Einrichtungen des Kammermusiksaals erfahren. Es gehört zu meinen positiven Erlebnissen bei diesem Bau, daß die Einrichtungen für Neue Musik, die gestaltgebend und nicht applizierend im Raum sind, Komponisten zu neuen musikalischen Strukturformen angeregt haben.

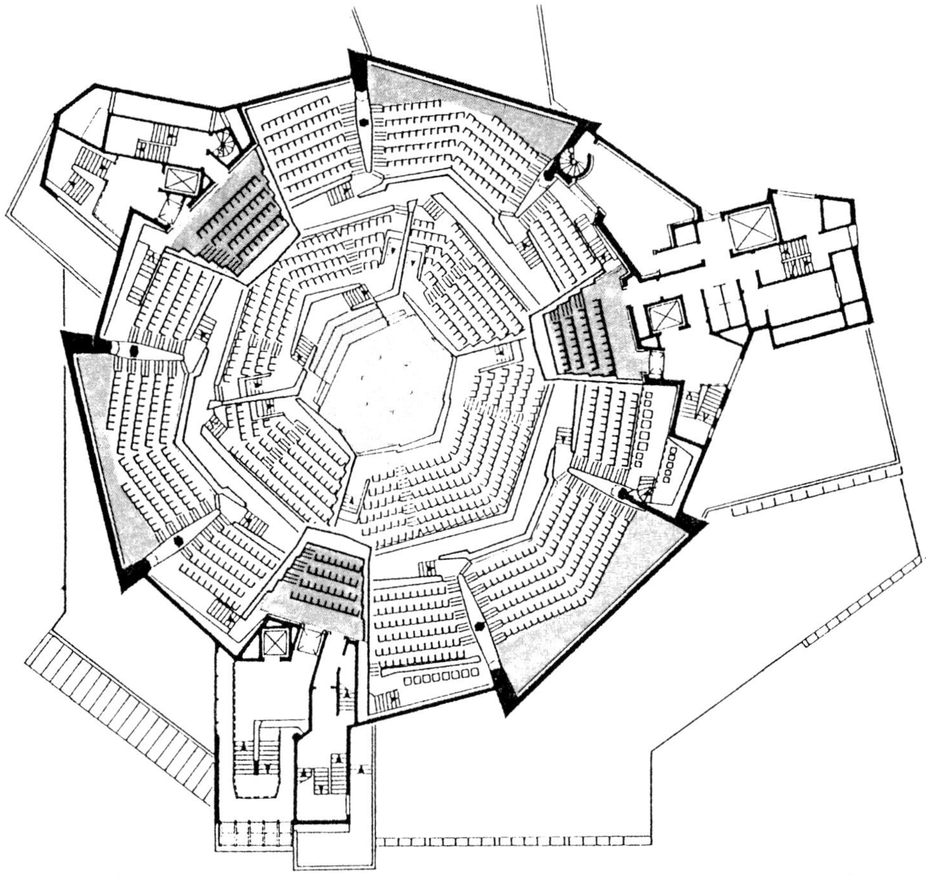

Oberste Saalebene mit den 3 Raummusik-Emporen und den drei 2-teiligen Raummusik-Podestflächen hinter den mittleren Blöcken des Hochparkettringes. Die Reihen der Raummusik-Emporen können mit motorischem Antrieb maschinell verfahren werden, so daß breite Flächen entstehen, wie sie für musizierende Instrumentalisten erforderlich sind; die Bestuhlung der Raummusik-Emporen kann ausgehängt werden, damit die notwendige Bewegungsfreiheit zum Musizieren gewährleistet ist. Es können auf den 3 Emporen auch Gesamtflächen für die Aufstellung von Flügeln kombiniert werden. Solch eine Aufstellung fordert Pierre Boulez in seinem Raum-Musik-Werk »Reponds«, das mit eindrucksvoller Wirkung im Kammermusiksaal aufgeführt wurde.

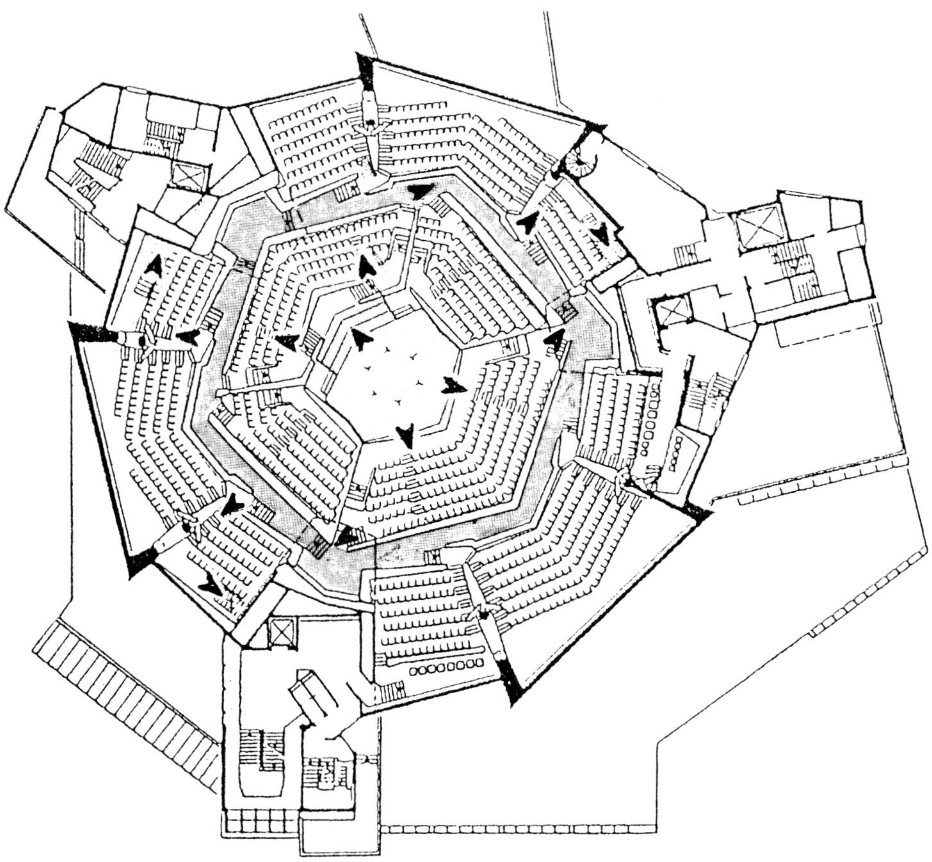

In etlichen Kompositionen der Neuen Musik werden Aufstellungen von Gesangssolisten oder Instrumentalisten in mittlerer Distanz zum Podium verlangt, oder traditionelle Werke sollen mit Echowirkungen aufgeführt werden. Der Aktionsring im Kammermusiksaal ermöglicht die Aufführung dieser Kompositionsstrukturen, hierzu wird z.B. auf den »Prometeo« von Luigi Nono verwiesen. Der Aktionsring ist vom Podium aus über kleine Verbindungstreppen zu erreichen, so daß Musiker bis auf die Raummusik-Emporen und -Podeste während des Ablaufs eines Werkes gelangen können. Insbesondere in Werken von Nono wird die Mobilität von musizierenden Solisten verlangt; dabei entstanden bei den Aufführungen im Kammermusiksaal faszinierende klangliche Eindrücke.

In der Decke des Kammermusiksaals sind hinter abgedeckten Auskerbungen der Deckenform Lautsprecher versteckt, mit denen vielfältige Effekte, wie Fernwirkungen oder echoartige Einspielungen ausgestrahlt werden können. Solche Wirkungen, bei denen z. B. ein Solist ein zuvor aufgenommenes Thema improvisierend variiert, gehören heute schon zu den klassischen Kompositionen der Raummusik unter Verwendung elektroakustischer Apparaturen. Ein moderner Konzertsaal müßte diese Einrichtungen den Komponisten bieten. Über die Mobilität solcher Klangereignisse wird in dem folgenden Kapitel »Elektronischer Raumklang« berichtet. Außerdem sind im Kammermusiksaal Anschlüsse für Lautsprecher, die von der Decke abgehängt werden, vorgesehen; auch an der Peripherie des Raumes und auf den Raummusik-Emporen, sowie im Aktionsring sind Anschlüsse für Lautsprecher installiert, die Leitungen werden zum Regie-Raum für elektronische Musik geführt und von einem Computer mit angekoppelten Tonbandgeräten eingespeist.
In unserer letzten Begegnung erwähnte Luigi Nono einen Plan für eine spezielle Komposition für den Kammermusiksaal, die er zusammen mit Heiner Müller entwickeln wollte. Dabei sollte der Pianist Maurizio Pollini auf dem Flügelaufzug etwa 3 m über die Grundhöhe des Podiums hinaufgefahren werden, dort musizieren und durch besonders aggressiv gerichtete Lautsprecher-Einspielungen von den Raummusik-Emporen und der Decke attackiert werden. Durch den Tod von Luigi Nono sind diese, wie auch andere geplante Kompositionen – speziell für den Kammermusiksaal – nicht mehr realisiert worden.

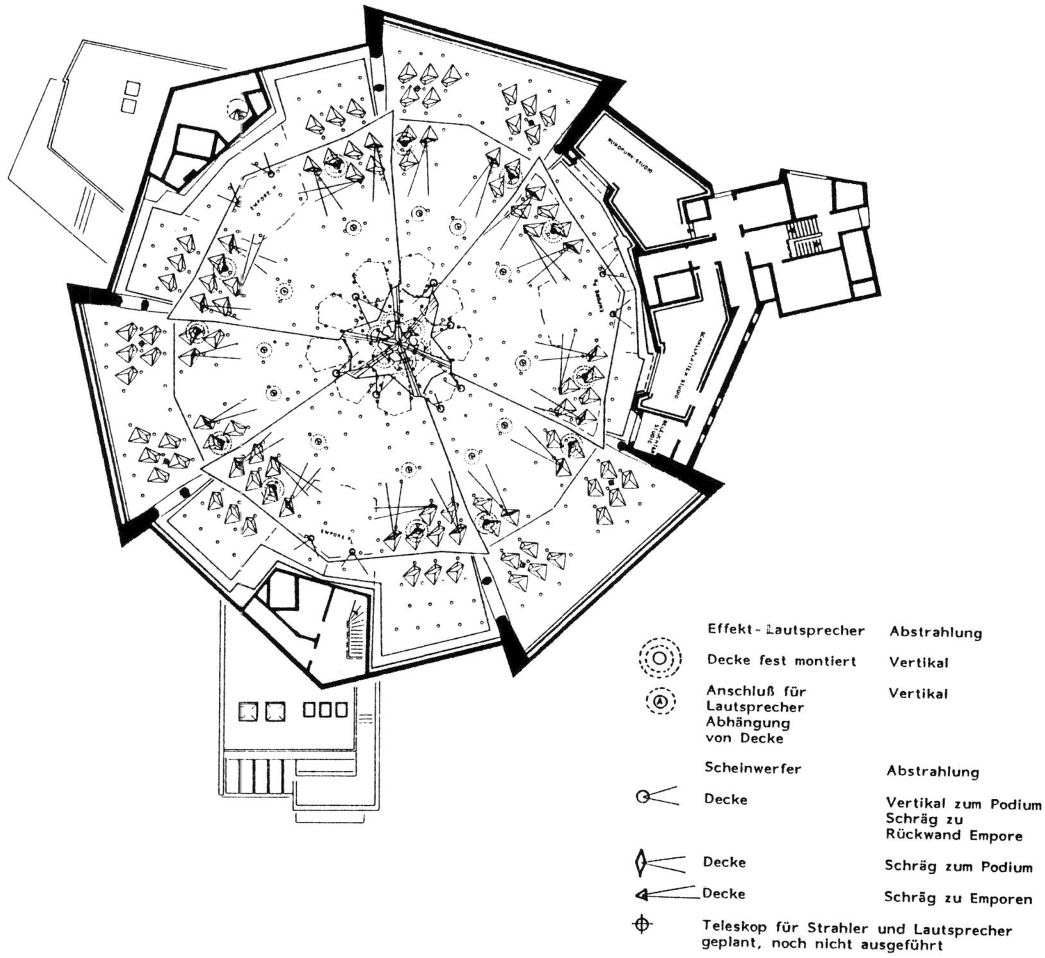

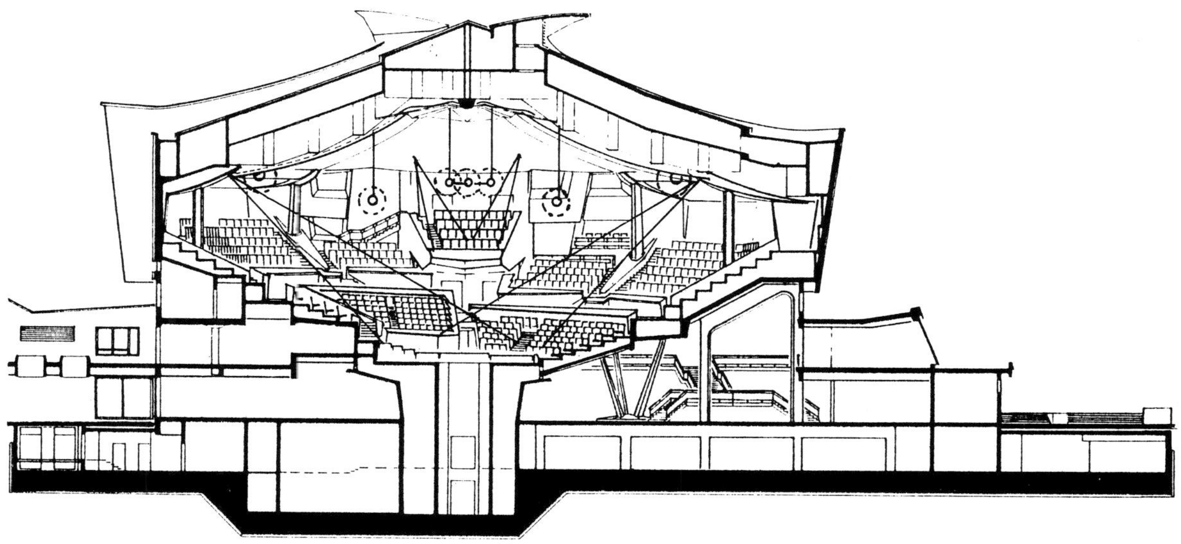

In der Decke sind, außer den vorgenannten Lautsprechern, auch zahlreiche Scheinwerfer versteckt angeordnet (vgl. S. 195), mit denen halbszenische Aufführungen auf dem Podium aufgeführt werden können. Häufig werden aber auch von Interpreten Lichtstimmungen verlangt, bei denen die Podiumsleuchten ausgeschaltet bleiben, die Leuchten des Sternhimmels nur noch äußerst verhalten glimmen, wenn eine punktuelle Anstrahlung eines begrenzten Podiumsbereichs gewünscht wird. Solche Lichtstimmungen wünschte z. B. der Pianist David Levine für die Aufführung der Goldberg-Variationen von Johann Sebastian Bach. Der Klezmer-Musiker Giora Feidman bevorzugt ähnliche Lichtstimmungen, die ein Maximum an Spannung für die Zuhörerrunde herbeiführen. Bei jedem seiner regelmäßigen Konzerte im Kammermusiksaal gibt Feidman ein Bekenntnis zum Raum und seiner einmaligen Akustik ab.

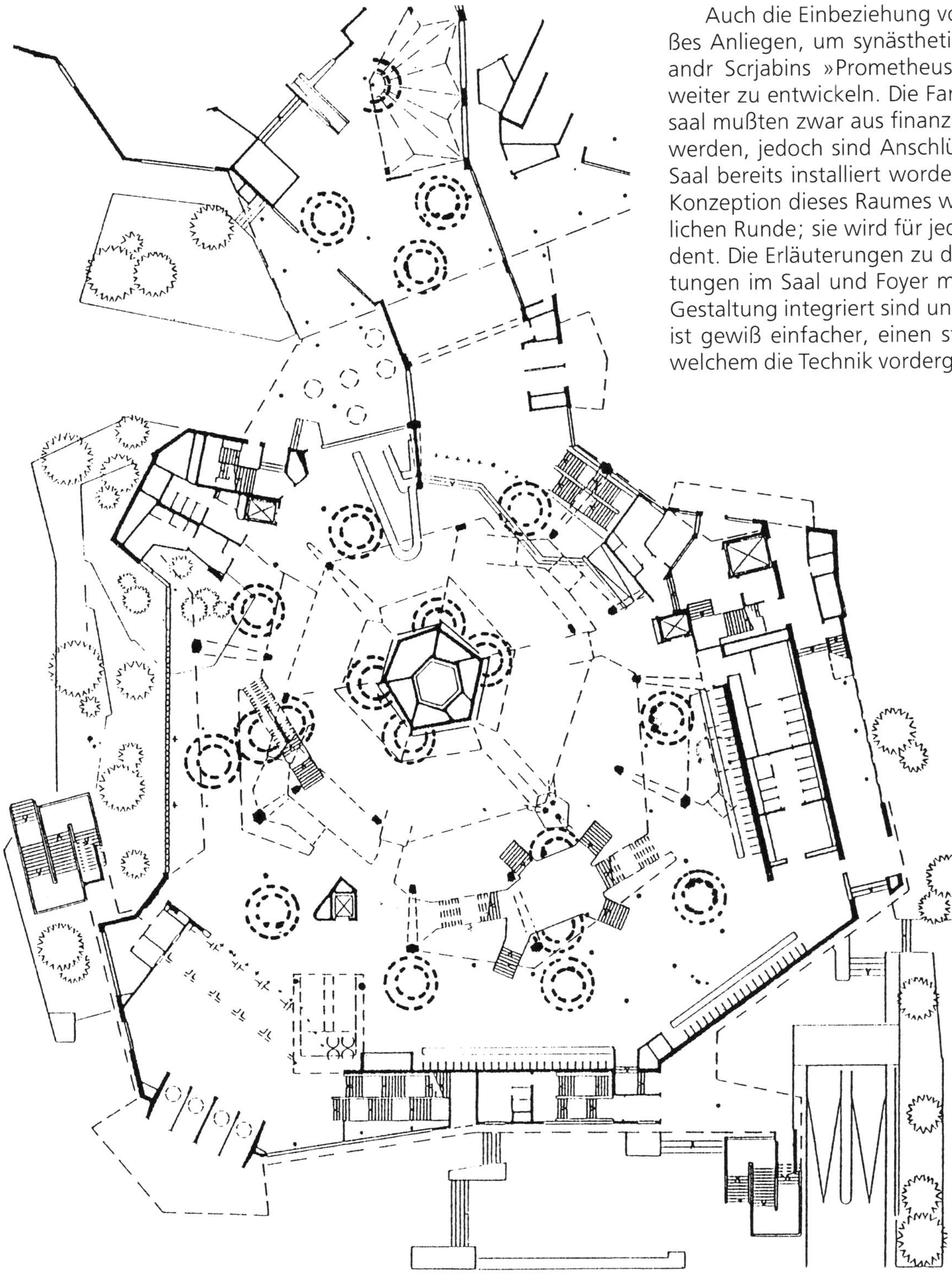

Auch die Einbeziehung von Lichtwirkungen war mir ein großes Anliegen, um synästhetische Wirkungen, wie z.B. in Alexandr Scrjabins »Prometheus« mit neuen technischen Medien weiter zu entwickeln. Die Farblichtprojektoren für den Konzertsaal mußten zwar aus finanziellen Gründen noch zurückgestellt werden, jedoch sind Anschlüsse und Vorrichtungen im ganzen Saal bereits installiert worden. Das wichtigste Anliegen bei der Konzeption dieses Raumes war uns die Gestaltung der menschlichen Runde; sie wird für jeden, der den Saal betritt, sofort evident. Die Erläuterungen zu den vielseitigen technischen Einrichtungen im Saal und Foyer mußte ich erwähnen, weil sie in die Gestaltung integriert sind und sich nicht störend aufdrängen. Es ist gewiß einfacher, einen studiohaften Raum zu gestalten, in welchem die Technik vordergründig ist, als einen Kammermusiksaal, der vorrangig für Aufführungen traditioneller Musik benutzt werden wird und daher ein Maximum an Ruhe und Konzentration ausstrahlen soll.

Die Zentralstruktur des Foyers animierte zu einem Klanglabyrinth, in dem nicht nur Einspielungen durch Lautsprecher in den Decken und von dem mittigen »Podiumkern«, sondern auch von Lautsprechern, die hinter den modellierten Aufwerfungen des Natursteinbodens versteckt sind, ermöglicht werden. Wie im Saal sind die einzelnen Lautsprecher getrennt angeschlossen, so daß die Mobilität wandernder Klänge durch mehrkanalige Tonbandgeräte computergesteuert erzeugt werden kann. Die Installation der Lautsprecher ist beim Bau des Kammermusiksaals bis in das Übergangsfoyer zum Großen Saal geführt worden, um Multimedia-Veranstaltungen ohne besonderen technischen Aufwand durchführen zu können. Leider ist die Fortführung dieser neuartigen künstlerischen Aufführungsformen durch Lautsprechereinbauten im Foyer der Philharmonie bei der höchst aufwendigen Renovierung des Großen Hauses unterblieben.

Dies gilt ähnlich auch für das vielgestaltige Musik-Foyer. Nicht nur in der Decke des Foyers, sondern auch unter den Treppen und hinter den Natursteinwänden des zentralen Kerns sind Lautsprecher versteckt angeordnet, die wie im Saal einzeln eingespeist werden können, um Schallbewegungen zu erzeugen. So entspricht dem bewegten und nicht »statischen« Raumgebilde des Foyers und des Saals die musikalische Bewegung vagierender Klänge. In den drei Treppenaufgängen zum Saal, über die auch die Raummusik-Emporen im 4. Obergeschoß erreicht werden, sind ebenfalls Lautsprecher versteckt, die musikalische Vertikalbewegungen in den Treppenräumen simulieren und die außerordentliche musikalische Vielfalt des Foyers steigern.

Anläßlich der Eröffnung des Hauses war in einem Wandelkonzert die höchst abwechslungsreiche Raumfolge vom Foyer des Kammermusiksaals über das des großen Saals bis zum Musikinstrumenten-Museum erlebbar. Das Erwandern des Foyer-Raumes in dem neuen Bau eröffnet vielfältige räumliche Durchdringungen und Ausblicke. Das Foyer ist auch für Ausstellungen konzipiert, und zwar nicht nur für musikalische Themen, wie in den Festwochen 1988, sondern auch für Ausstellungen bildender Kunst. Solche Ausstellungen sollten aber möglichst

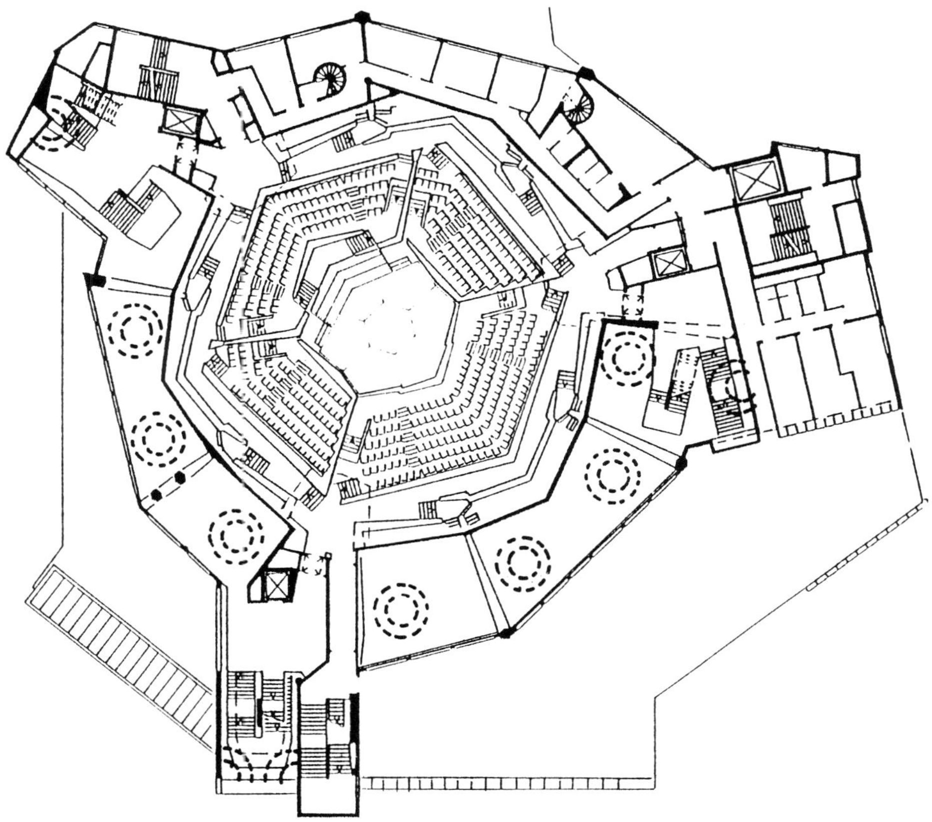

Der Grundriß zeigt die Anordnung von Deckenlautsprechern zwischen den 3 Treppenaufgängen, die somit klanglich in Beziehung gesetzt werden können. In den 3 Treppenaufgängen sind außerdem auf allen Ebenen Lautsprecher in den Wänden oder in Verkleidungen bei der großen Schrägglaswand zu der Piazza versteckt; es können also Klänge und Geräusche auch in vertikaler Anordnung eingespielt werden, die das völlig neuartige Raum-Klang-Labyrinth eines »Musikfoyers« ermöglichen. Nur wenige studiohafte Erprobungen dieser neuartigen künstlerischen Gestaltungen haben bisher stattgefunden – die eigentliche experimentell-künstlerische Entdeckung des Klangkörpers Kammermusiksaal steht noch aus.

nicht »statisch« fixiert sein, sondern in geheimnisvoller Verbindung mit den vagierenden Klängen der elektro-akustischen »Klang-Landschaft« stehen.

Die Ausstrahlung derartiger Klänge von der Peripherie des Gebäudes nach außen, von den hochgelegenen Terrassen über das Kulturforum, ist durch Lautsprecheranschlüsse ebenfalls bedacht und wartet auf die künstlerische »Erweckung«. Solange aber das Kulturforum mit dem »Haus der Mitte« nicht vervollständigt und die Piazza vor der Kirche als Raumbildung fehlt, ist ein Klangabstrahlung vom Kammermusiksaal wenig sinnvoll.

Die Zentralraum-Struktur des Konzertsaales zeichnet sich im Foyer ab und gliedert es in überschaubare Bereiche. Im Gegensatz zur Philharmonie sind im Foyer des Kammermusiksaals alle lastabtragenden Stützen sichtbar; dadurch erhält der Raum eine weitaus intensivere konstruktive Wirkung.

Die antithetische Gestaltung von geschwungenen bogenartigen Formen an der Peripherie und dem »kristallinen« Kern wurde dadurch zum Gestaltungsziel. Eine Tendenz zu dieser Gestaltgebung läßt sich schon in der Staatsbibliothek und im Musikinstrumenten-Museum verstärkt nachvollziehen. Die Notwendigkeit zur deutlicheren konstruktiven Struktur bedeutet keine Antithese zur Formengebung Scharouns, sondern ist konsequent aus der jeweiligen Aufgabe entwickelt.

Das Thema »Der Kammermusiksaal als organhafter Bau« führt zur Erkenntnis- und Empfindungswelt von Hugo Häring, auf der Scharoun seine weiterführenden Gedanken zum Bauen begründete. Hugo Häring sagt: »Das ziel der schaffenden seele ist das organwerk, das ziel des schöpferischen geistes das gestaltwerk. Es weiß die seele nichts vom gestaltwerk, von der schöpferischen weisheit, der geist nichts von der schaffenden weisheit.« ... »Die gestaltschöpferische, planende macht des geistes gibt den schaffenden kräften der seele das thema.« Und weiter: ... »dem architekten fällt noch immer die aufgabe zu, in den organwerken die geheimen kräfte zu erkunden und zu lenken, die ihnen das gesicht von wesenheiten geben.«

Es wurde erläutert, daß aus der Analyse der traditionellen Kammermusik, der Neuen Musik und ihren Entwicklungstendenzen die Grundriß- und Raumstruktur des Saales abgeleitet wurden. Über die »Gestaltfindung« (Häring/Scharoun) führte der Weg zum »gestaltwerk« (Hugo Häring). Die drei diametral zueinander gesetzten Raummusik-Emporen sind jedoch mehr als nur hochgelegene Spielflächen für musikalische oder halbszenische Aufführungen. Durch diese Disposition wird die Dreiheit zur Basis der gesetzhaften Struktur, das »Spiel« (Scharoun) beginnt mit der Zuordnung von jeweils drei Hochparkettgruppen zwischen den Emporen sowie den Alterierungen im unteren Parkettring und in der Gliederung der Deckenstruktur.

Durch die »Dreiheit« ist die Polarität zwischen »Produzent und Konsument« (Scharoun) des konventionellen Konzertsaals anders als im großen Saal der Philharmonie ausgeschaltet.

Strahlt der große Saal hier eine epische, landschaftlich wirkende Ruhe aus, so ist im neuen Saal eine latente insistierende Akzentuierung erreicht, die analytisches, strukturelles »Hineinhören« in traditionelle und Neue Musik begünstigt.

Durch das »Eindringen« der drei Raummusik-Emporen wird die menschliche Runde aufgebrochen – die ringartige »heile Welt« in Frage gestellt – es werden bewußt »Brüche« aufgezeigt, die zum Sinnbild des Neuentstehenden werden. Gleichzeitig aber gewähren diese »felsenartigen« Vorsprünge die Kontemplation und bilden miteinander über »Brüche« und Distanzen hinweg eine neue kommunikative Ebene. Man könnte folgern, daß durch die spannungsvolle Ausgewogenheit der Dreiheit nicht nur ein menschlich-sozialer Bezug, sondern sogar eine ideelle politische Struktur dokumentiert ist. Sie ist die zeitgemäße Antwort auf die dualistischen kontroversen Raumformen, die uns aus absolutistischen und autoritären politischen Systemen überliefert sind und die mit neuem dekorativem Mäntelchen in der Postmoderne wiederaufleben. Ich sehe in der geheimnisvollen »dreipoligen« Struktur des Kammermusik-Saals den bedeutendsten Hinweis auf die Überhöhung des »gestaltwerks« zum »organwerk«.

Das »Geheimnis der Gestalt« (Häring/Scharoun) liegt in dieser Struktur verborgen, wobei der Archetyp der menschlichen Runde durch etwas Neues aufgebrochen, bereichert wird, was wir noch nicht erfahren oder empfunden haben. Bei der Gestaltung des Innenraumes konnte ich mich von der Vision einer antiken menschlichen Ansiedlung auf einem Bergsattel zwischen umgebenden höheren Bergen, wie sie z.B. auf Kreta zu finden sind, und in deren demokratischer Mitte die Marktfläche, das Theater und die Kultstätte lagen, nicht lösen. Häring sieht die Form, d.h. die Gestalt des Wesens – die Wesenheit – »in den Werkräumen vorgegeben«; der Mensch habe die Aufgabe, durch seinen Geist die Gestalt zu erkennen und die Wesenheit in der jeweiligen Aufgabe zum Ausdruck zu bringen.

In Kenntnis, daß zur echofreien und gleichmäßigen Schallverteilung konvexe Formen für die Saaldecke unabdingbar sind, war es für mich keine Frage, daß über dieser menschliche »Ansiedlung« der Runde nur eine naturhafte Gestalt »wie ein Himmel« auf die Landschaft antworten könne. Die stoffliche, materielle Verwirklichung ist das Zelt, das ebenfalls zum Archetyp für den Menschen geworden ist und nicht nur das Bergende, Schutzgebende, sondern zugleich das Diaphane, den Himmel, das Firmament, symbolisiert.

Die gestalterische Schwierigkeit lag für mich darin, bei einem kleineren Zentralraum die konvexen zeltartigen Flächen der Decke aus den neun Gruppen des Hochparkettringes und den drei Raummusik-Emporen so zu fassen und zu gliedern, daß keine Durchdringungen der Zylinder- und Translationsflächen entstehen, vielmehr diese nur atmosphärisch miteinander verschmelzen. Um dies zu erreichen, habe ich die sternförmige Idee der Dachkonstruktion zur Gliederung und für zäsurhafte Trennungen ausgebildet und bewußt eine schematische »Ehrlichkeit der Konstruktion« nicht angestrebt. Durch die Andeutung lediglich der Idee der Konstruktion konnte für die Saaldecke die Leichtigkeit und überaus wichtige Ruhe der Gestalt erzielt werden, ist doch die Decke im Gegensatz zum großen Saal weitaus mehr im Blickfeld und befindet sich damit in der Wahrnehmung.

Wegen der bewußten und unbewußten Wahrnehmung der Decke ist die Integration der prismenähnlichen Diffusoren (zur Schallzerstreuung) von größter Bedeutung. Anders als im großen Saal entsteht die schallreflektierende Fläche der Diffusoren durch Auskerbungen in der Rabitzdecke, so daß sich positive und negative Formwirkungen wie bei einer Skulptur ergänzen.

Der Kammermusiksaal ist häufig mit einer Plastik, einer Skulptur verglichen worden, die von den Menschen durchwandert und belebt wird. Dieser Vergleich mag zu Recht empfunden sein, dennoch war es nicht meine Absicht, ein Gebäude gleich einer Skulptur zu bauen. An dem Beispiel der Decke und an den skulpturhaft strukturierten Deckenkörpern, die wegen der akustisch notwendigen Größe durch eine gesetzhafte Anordnung so ruhig wie möglich erscheinen, möchte ich auf die verborgene »Wesenheit« hinweisen, die für einen Konzertsaal wohl unerläßlich ist – das rhythmisch Schwingende, das Musikhafte.

Folgt man Hugo Häring: »Die gestaltschöpferische, planende macht des geistes gibt den schaffenden kräften der seele das thema«, so ist das Musikhafte des Raumes die Wesenheit der Aufgabe und das aus analytischen Untersuchungen entwickelte Gestaltwerk nur das Thema für das »organwerk« des Seelischen.

Der Dirigent Carlo Maria Giulini sagte mir, daß ihn besonders auch der Rhythmus des Raumes beeindruckt habe, der alles kraftvoll und geheimnisvoll zugleich bindet und dennoch den Menschen nicht fesselt; er empfand die sechs skulpturhaften Gebilde (an der Peripherie des Saales) wie Zäsuren eines großen Metrums, eines Zeitablaufes – als musikalisches Gesetz.

Es war tatsächlich zunächst meine unbewußte Intention, dem Konzertsaal und ähnlich dem Konzert-Foyer ein gesetzhaftes musikalisches Metrum zu geben, das wie das Urmotiv oder der Urrhythmus in einem vielgestaltigen sinfonischen Werk (Beethoven, Bruckner) alles latent gliedert und innerlich zusammenhält.

Die einzelnen Akzente des Metrums sind variiert als Rhythmus durch die plastisch gestalteten Bockformen, die den Saal ebenso wie das Foyer gliedern, spürbar. Zugleich lösen diese Strukturformen quasi formale »Bewegungen« aus, die z.B. in der Saaldecke, in dem 6teiligen Stern, kumulieren und durch Gegenbewegungen oder Gegenformen »musikhaft« beantwortet werden. Das Spiel von Bewegung und Gegenbewegung findet sich u.a. gestalterisch in der Großform des Saales, in den Aufwerfungen des Natursteinbodens im Foyer und im Äußeren z.B. in der Silhouette des »schwingenden« Daches bis zum »wellenartigen Überkippen« der dreiteiligen Dachaufbauten.

Die schwingende Dynamik – Crescendo und Decrescendo – ist nicht nur wesentlicher Bestandteil der sinfonischen Musik; jeder Ton, der auf einem Musikinstrument oder durch die menschliche Stimme hervorgebracht wird, besteht aus einem An- und Abschwellen und unterscheidet sich damit von der maschinell-synthetischen Tonerzeugung elektro-akustischer Apparaturen.

Wenn also von vielen Musikern und Besuchern die »Bewegungsformen« der Saaldecke oder die skulpturhaften Bögen, zumal in ihrer Gegenüberstellung zum skandierenden, kristallinen Kern im Foyer als »musikalisch« oder wenigstens für ein Konzertgebäude adäquat und einstimmend empfunden werden, so ist im Sinne von Hugo Häring Musikhaftes »als Wesenheit« und Ausdruck des seelischen Schaffensprozesses, als »organwerk« geschehen.

Das Organwerk als Ergebnis eines seelischen Empfindungsvorgangs kann nicht auf die Entwicklung des Grundrisses, vom »Vorgang« her und auf – aus musikalischen Parametern entwikkelte – Bewegungsformen beschränkt bleiben. Die Einbeziehung des Lichts in einer den »Vorgang« überhöhenden Vielfalt und die Farbgebung sind von der Vision des Raumes nicht zu trennen. Auch werden Farb- und Helligkeitswerte von den Menschen unmitttelbar rezipiert und in Stimmungen oder künstlerische Bereitschaft transponiert.

Die Farbgebung mit geheimnisvollen dunkelvioletten Tönen hüllt die portalartigen Bogenformen gleichsam ein und verbindet sie in rhythmischer Folge, als wenn »Felsen« oder Gebautes den Raum der Mitte umgeben. Die Farben des Foyers »dringen« akzentgebend in den Saal ein; durch die Farbgebung wird das aus der Dreiheit entwickelte Metrum mitvollzogen.

Die Mitte des Saals und des Foyers ist hell, strahlend und stimuliert den vertiefenden Einblick in Traditionelles und zugleich das wache analytische Hören des Neuen. In der Vielfalt der Bewegungsformen und in der heiteren, hellen Vielfalt des Lichts unterscheidet sich der kleine Saal vom großen der Philharmonie.

Diese Tendenzen sind ähnlich im Musikinstrumenten-Museum – als Konzert-Museum – und in der »Lesesaal-Landschaft« der Staatsbibliothek zu finden, deren gewaltige Organform vom trüben Studierzimmer eines Dr. Faust weit entfernt ist.

Seitdem die Gerüste für den Bau der Saaldecke aus dem Kammermusiksaal entfernt wurden, der gesamte Unterbau aber noch im Rohbau wie ein antikes Theater wirkte, war zu hören, daß der Raum wie ein gewaltiger Resonanzkörper – oder wie ein »natürliches«, organhaftes Musikinstrument klingt. Dieses Charakteristikum blieb auch nach dem Ausbau mit dem schallabsorbierenden Polster des Gestühls erhalten.

Inzwischen läßt sich nach zahlreichen Konzerten mit sehr unterschiedlichen Werken und Besetzungen erkennen, daß der Raum den musikalischen Atem sogar für große Besetzungen mit Soli, Chor und Orchester für romantische Musik besitzt.

Obwohl der volle Klang durch die Dichte und Unmittelbarkeit des Erlebens überwältigt, scheint mir das eigentliche Phänomen dieses Raumes sein überirdisches Pianissimo, »quasi niente«, zu sein. In Werken Anton von Weberns, Luigi Nonos und anderer Komponisten der Gegenwart ist das Beschwören der Stille zum Hineinhören in den Raum wie in eine Unendlichkeit impliziert. Die Konzerte der Veranstaltungsreihe »Response« mit jungen Musikern und Schülern zeigten nicht nur die Vitalität des neuen Baues, sondern bewiesen erneut mit neuartigen Werken, daß die atmosphärische Brüchigkeit neuer musikalischer Strukturen atemberaubend erlebt werden kann; in derartigen Augenblikken ist eine Verschmelzung zwischen Musik, Stille und Raum organhaft spürbar.

Luigi Nonos Streichquartett »Fragmente – Stille, an Diotima« beschwört diese »geheimere Welt«. Nono nennt diese Musik »schweigende Gesänge aus anderen Räumen, aus anderen Himmeln, um auf andere Weise die Hoffnung nicht fahren zu lassen.«

Die Aufführung von Luigi Nonos »Prometeo« in den Festwochen 1988 demonstrierte die aufführungstechnischen Möglichkeiten des Kammermusiksaals zur musikalischen Einbeziehung des Raumes. Der Kammermusiksaal wurde zum Ort des Neuen und dokumentiert eine Weiterentwicklung im Konzertsaalbau, wie sie weltweit in den vergangenen Jahrzehnten nach der Entstehung der Philharmonie sonst nicht geschehen ist. Nonos Werk hat das Zeitlose, Archaische der Musik aus der Stille offenbart. Vielleicht ist der neue Kammermusiksaal der Philharmonie auch deshalb modern und zukunftsweisend, weil er den Menschen vom äußerlich Bildhaften zur Stille, zur Wesenheit leitet.

Elektronischer Raumklang

In den vorhergehenden Kapiteln habe ich über die Einrichtungen für Raummusik – über die Raummusik-Emporen, Raummusik-Podestflächen an der Peripherie des Saales, über den Aktionsring des Saales und über vergleichbare Emporen im Foyer berichtet. Auf diesen peripher im Raum angeordneten Musikpodien wird auf traditionellen Instrumenten musiziert, Gesangssolisten oder Chöre können auf musikalische Impulse vom Podium in der Mitte des Raumes antworten und die mehrchörigen Werke der Renaissance adäquat wiedererwecken oder bei neuen Werken den Raum mit seiner Distanz, als musikalischen Parameter einbeziehen.

Neben diesen Einrichtungen, die der Architekt durchsetzen kann – und bei einem neuen Konzertsaal durchsetzen sollte – sind es die Einrichtungen für elektro-akustische oder elektronische Musik, für deren Integration sich der Architekt zwar einsetzen kann, aber auf das Know-how der Spezialisten angewiesen ist. Ich möchte hier keinen Abriß über die Entwicklung der elektro-akustischen oder elektronischen Musik versuchen, deren Entwicklung nicht zu neuen Konzertsaalbauten, allenfalls Studios, jedoch zu Multimedia-Räumen führte.

Immer mußte das Tonband oder die Kombination mehrerer Tonbänder als Instrumente für die Wiedergabe benutzt werden, ob nun die Komposition mit elektro-akustischen Medien oder elektronischen Apparaturen erzeugt wurde. Damit war ein Ablauf der musikalischen Struktur vorgegeben, der zwar in der Reihenfolge und sogar im Tempo variierbar, der auch in der Kombination mit Musik auf traditionellen Instrumenten oder der menschlichen Stimme kombinierbar war, – der direkte Zugriff in das elektronisch komponierte Material war nicht möglich.

Luigi Nono griff bei der Aufführung des »Prometeo« im Kammermusiksaal vorrangig in die Dynamik des gespeicherten Materials ein und benutzte die im Raum angeordneten Lautsprecher individuell, um zu musikalisch-räumlichen Wirkungen zu kommen, – sie sind im Kammermusiksaal an Sensibilität und Intensität noch nicht übertroffen worden.

Die Hoffnung eines jeden Komponisten, der elektronische Musik schreibt, ist die direkte, improvisatorische, musikalische Gestaltung, frei vom Ablauf des Tonbands. Das Ideal scheint darin zu liegen, musikalische Bausteine und Strukturen glasperlenspielartig aus dem Computer abrufen zu können und sie ad libitum verteilt im Raum erklingen zu lassen – mit dem Raum zu spielen und die Dynamik sowie die Schallortung im Raum augenblicklich schaffen zu können.

Die Voraussetzung für einen solchen »musikalischen Raum« ist die Anordnung von Lautsprechern, besonders an der Peripherie an den Außenwänden, aber auch in näher zum Zentrum liegenden Klangringen und wegen der räumlichen Distanz und der hierdurch entstehenden Richtwirkung in großer Vielzahl in der Decke des Saales. Diese Einrichtungen sind im Kammermusiksaal durchgesetzt worden, und zwar als versteckt angeordnete Lautsprecher in der Decke und als Anschlüsse für beliebig im Saal aufzustellende Lautsprecherboxen.

Der entscheidende Schritt zur Erzeugung neuartiger Klangereignisse war die Integration eines Computers und die Entwicklung eines Klangsteuergerätes, mit dem die Mobilität der Klänge im Raum aus dem Augenblick geschaffen werden kann.

Ich verkenne nicht die künstlerische Problematik dieser speziellen Musik oder ihre Abhängigkeit von den technischen Medien und dem entsprechenden Raum, auch ist mir bekannt, daß bisher nur wenige Komponisten in Personalunion konventionell und elektronisch komponieren können oder wollen und daß der Zugang zu dieser Musik auch die Bereitschaft zur Aneignung höchst schwieriger technischer Voraussetzungen erfordert. Es ist aber festzustellen, daß in der jüngeren Generation eine selbstverständliche Aufgeschlossenheit im Umgang mit den elektronischen Apparaturen vorhanden ist und so die Grundlage für eine Renaissance der elektronischen Musik gelegt wird.

Wegen der Bedeutung, die ich der Entwicklung des Klangsteuergerätes als Meilenstein der elektronischen Musik für einen Konzertsaal der Zukunft beimesse, möchte ich hier die Beschreibung der Anlage und die Ausführungen zur Konzeption von Sven Gormsen aus »d + b audiotechnik« wie folgt anfügen:

Eine Vorführung

Vielleicht lag der Zauber, den ich beim Betreten des Kammermusiksaals empfand, ja auch darin begründet, daß wir uns verspätet hatten. Die Vorführung war bereits im Gange, der vielgegliederte Raum erhob sich diffus beleuchtet ringsum über uns und war erfüllt von sphärisch klingender serieller Flötenmusik. Überall wandelten die Anwesenden zwischen den Sitzreihen auf und ab, setzten sich mal hierhin oder verharrten dort im Stehen, um den Raumklang auf sich wirken zu lassen, der aus sechs 1220 Lautsprechern und zwölf E1-Boxen drang. Die F1220-LS waren (wie auf nebenstehendem Foto gut zu erkennen ist) in regelmäßigen Abständen voneinander entlang des mittleren Umgangs (des »Aktionsrings«) aufgestellt, etwa 9 m von der zentral angelegten Bühne. In der Fluchtlinie noch einmal ca. 9 m entfernt – an den Wänden des Saals – waren je zwei E1-LS aufgestellt (drei dieser sechs Paare sind nebenstehend erkennbar). Dazu kamen zwei Subbässe für jeden der beiden so entstandenen Ringe.

Die ganze Anordnung hatte man getroffen, um das Raum-Klang-Steuergerät RKS II vorzuführen. Das RKS wird von seinen Konstrukteuren nicht als Mittel zur Simulation von akustischen Räumen begriffen, sondern vielmehr als Instrument, das den Komponisten elektronischer Raumklang-Musik zur Verfügung stehen und ihre Arbeit erleichtern oder stimulieren soll. Hier trifft sich die Intention seiner Erbauer mit den Vorstellungen, die von Anfang an gerade mit dem Bau des Kammermusiksaals der Philharmonie verbunden waren.

Der Kammermusiksaal der Berliner Philharmonie wurde am 28. Oktober 1987 anläßlich der 750-Jahrfeiern der Stadt eingeweiht. Der Architekt und Planer des Saals ist Edgar Wisniewski. Zu begreifen ist das Bauwerk aber nur im Zusammenhang mit dem Großen Saal der Philharmonie (und letztlich des ganzen Komplexes des Kulturforums), geplant und gebaut von Hans Scharoun, der sicher zu den herausragenden Gestalten der jüngeren deutschen Architekturgeschichte gehört.

Es soll bei unserer Betrachtung aber nicht darum gehen, zu erforschen, wie »scharounesk« der Kammermusiksaal geraten ist (zu dem der Meister vor seinem Tode 1972 nur eine Ideenskizze und die Festlegung auf einen Zentralraum beigetragen hatte), vielmehr ist für uns von Interesse, wie der gesamte Komplex Philharmonie entstand, an welchen Maximen man sich bei seinem Bau orientierte und welche akustischen Überlegungen in die Planung einflossen. Diesen Maximen jedenfalls ist Edgar Wisniewski, der Scharoun über fünfzehn Jahre hinweg in seinem Schaffen begleitete und mit ihm die Architektengemeinschaft Scharoun-Wisniewski ins Leben rief, auch beim Bau des Kammermusiksaals gefolgt.

Der Kammermusiksaal

Schon von Beginn an war auch ein Kammermusiksaal als Teil des Komplexes der Philharmonie vorgesehen gewesen, wurde aber nach Vollendung des Großen Saals hintangestellt, da man anderen Bauten des Kulturforums – vor allem der Staatsbibliothek – Vorrang einräumte. Erst Ende der sechziger Jahre setzten sich Scharoun und Wisniewski in einer nächtlichen Sitzung zusammen, und Scharoun legte in einer Ideenskizze die Form des Kleinen Saales als polygonalen Zentralraum fest, geprägt von der Drei-Emporen-Lösung, wie wir sie heute vorfinden.

Wisniewskis weitere konzeptionelle Planung für den Vorentwurf hat Scharoun in seinem Todesjahr 1972 zwar noch miterleben, aufgrund seines fortgeschrittenen Alters aber nicht mehr aktiv unterstützen können. Nach Scharouns Tod mußte Wisniewski die Planung ohne die Unterstützung von Ingenieuren und Akustikern allein weitertreiben; akustische und technische Anforderungen mußten, vorwiegend nach seinen Erfahrungen beim Bau des Großen Saals, geschätzt werden. Nachdem die Planung Mitte der siebziger Jahre lange Zeit sogar ganz unterbrochen worden war, konnte Wisniewski erst in der Entwurfsphase 1978 die Hinzuziehung des Akustikers durchsetzen: »Es bestand für mich kein Zweifel, daß der Kammermusiksaal als absoluter Zentralraum nur auf der außerordentlichen Leistung basierend, die Herr Prof. Cremer für die Philharmonie erbracht hatte, aufgebaut werden kann.«

Dessen erster Eingriff war, ähnlich wie in der Philharmonie, 1,25 m hohe Brüstungsflächen und eine entsprechende Rückwand um das Podium zu errichten. Scharouns Ideenskizze war noch vom Prinzip ausgegangen, den Künstler unmittelbar in die Gemeinschaft der Hörer einzubeziehen und die Sitzreihen direkt vom Podium aus ansteigen zu lassen.

Wenn der Saal heute etwas hoch erscheint, so liegt das einerseits an der Forderung nach bester Sichtbarkeit von allen Plätzen in Richtung Podium bei gleichzeitiger Nachhallzeit zwischen 1,6 bis 1,8 Sekunden und andererseits dem Wunsch, die ursprünglich geplante Zahl von 950 Sitzplätzen um 250 auf über 1100 aufzustocken; – »es entspricht nicht der sozialen Grundidee dieses Raums, wenn durch zu geringe Platzzahlen mit überhöhten Eintrittspreisen nur Galakonzerte veranstaltet würden.«

Nach einer erneuten Unterbrechung der akustischen Voruntersuchungen konnte Professor Cremer seine Arbeit erst 1986 wiederaufnehmen. Er machte jetzt auch Untersuchungen am Modell, wobei er mit Laserstrahlen arbeitete, die über einen kleinen beweglichen Spiegel im Architekturmodell des Kammermusiksaals in den Raum gesandt wurden, um das Reflexionsverhalten des Saales zu erforschen. Zwar ist Cremers Haltung gegenüber Lichtstrahlenmodellen sehr kritisch, aber die von ihm günstiger beurteilten Wasserwellen- oder Schlierenmodelle waren bei der Komplexität des Entwurfes wohl nicht sinnvoll anwendbar.

Die endgültige Festlegung der formalen Auswirkungen aus den Modellversuchen auf Decke, Brüstungen und Wände des Saals, sowie auf anzubringende Reflektor-»Segel« erfolgte schließlich erst im Herbst 1986, gerade ein Jahr vor der festgelegten Eröffnung.

Läßt auch die Sprachverständlichkeit zu wünschen übrig, wird die Akustik des Saales doch überwiegend positiv beurteilt. Uli Rucher, der die Philharmonie als einer von zwei Tonmeistern betreut, sieht ihn eigentlich nur bei »tutti« und im Leerzustand problematisch. Hier schneidet der Große Saal etwas besser ab, bei dem keine ausgesprochenen Qualitätsunterschiede zwischen voll und leer zu bemerken sind. Geradezu ideal sei der Kammermusiksaal für perkussiv orientierte Musik, komme aber auch sonst den Anforderungen von Kammermusik sehr entgegen.

Auf die Frage an Edgar Wisniewski, wie er denn im nachhinein die Umsetzung von der Ideenskizze Scharouns in einen akustisch geglückten Kammermusiksaal beurteile, schmunzelte der verhalten und beschied mich mit einem salomonischen: »Herr Professor Cremer würde sicher sagen, daß das alles genau berechnet ist.«

Anders als Scharoun, der sein Konzept des Großen Saals, wie gesehen, aus der »Musik im Mittelpunkt« als Abstraktum entwickelt hat, dachte Wisniewski von Beginn an die konkreten

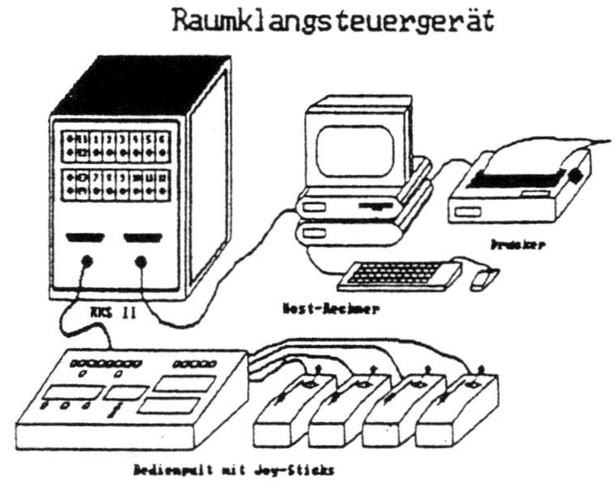

Raumklangsteuergerät RKS II
Entwicklung: Schaller, Schmid, Fox

Aufbau für ein Studiokonzert für mobile elektronische Klänge, gesteuert durch das Raumklangsteuergerät mit kreisförmiger Anordnung der Lautsprecher im Saal und an der Decke

Erfordernisse sogenannter Kammermusik mit, als er daran ging, Überlegungen für die Realisation des Kleinen Saals anzustellen. Schon in den sechziger Jahren hatte er sich näher mit Musikwissenschaft, vor allem offenbar mit den Besonderheiten zeitgenössischer Musik vertraut gemacht. Neben die fortbestehende Idee eines zentral orientierten Konzertsaals traten also noch weitere Überlegungen:

»Aus den umfangreichen Analysen der traditionellen sogenannten Kammermusik entwickelte ich eine dreiteilige Podiumsstruktur für die verschiedenen musikalischen Aufführungsanforderungen. Dieser dreiteiligen Struktur setze ich drei Raummusik-Emporen an der Peripherie des Saales gegenüber; eine ähnliche Disposition konnte ich schon bei der Planung des großen Saals der Philharmonie aufgrund spezieller musikwissenschaftlicher Kenntnisse durchsetzen.« Von Anfang an ging es hier nicht nur um die Teilhabe der Zuhörer am Musikgeschehen, sondern auch um die Möglichkeit der Einbeziehung des Raumes in die Musik: »Die gewaltigen ›Klangkörper‹, die Sakralräume des 16. und 17. Jahrhunderts konnten fast nur durch Chorgruppen und Blasinstrumente akustisch angeregt, d.h. zum Schwingen gebracht werden. Heute läßt sich der Klang einzelner Instrumente durch elektroakustische Apparaturen bis zur Unkenntlichkeit vergröbern – zwischen diesen Extremen liegen exorbitante Möglichkeiten künstlerischer Gestaltung.«

Wisniewski war also von Beginn an bemüht, sowohl der traditionellen Kammermusik und den Gewohnheiten ihrer Ensembles gerecht zu werden und den geplanten Raum dennoch auch und gerade für neue Wege in der Kammermusik auszurüsten. Dazu gehörte auch die Berücksichtigung elektrischer Installationen, d.h. Einbau von Lautsprechern bzw. Schaffung von Anschlüssen zur mobilen Verwendung. Zumindest von den Anschlüssen her wäre es beispielsweise ohne weiteres möglich, auch im Foyer und im Außenbereich des Saals Beschallungen vorzunehmen oder Klangwolken zu realisieren. Gedacht ist letztlich auch an eine elektroakustische Verbindung von großem und kleinem Saal über die Foyer-Landschaft.

Das Raumklang-Steuergerät des Kammermusiksaals

So war es auch nur konsequent, dem neuentstandenen Saal das oben erwähnte Raumklang-Steuergerät gleich mit in die Wiege zu legen.

Das RKS II ist eine Entwicklung der Ingenieure Schaller, Schmid und Fox und soll dazu dienen, den »gesamten Aufführungsraum [...] zum Ort des musikalischen Geschehens« werden zu lassen, so die Kurzbeschreibung des Geräts.

In seiner Grundausbaustufe besteht es aus mehreren Teilkomponenten:

Die Zentraleinheit RKS II Rack setzt sich aus einem leistungsfähigen Computersystem und verschiedenen analogen Baugruppen zusammen. Hier werden die Tonsignale der vier Eingangskanäle entsprechend den gegebenen Anforderungen auf bis zu 24 Ausgänge verteilt. Bei einer Aufführung werden hier Endstufe und Lautsprecher angeschlossen. Das Gerät erfüllt in allen Punkten auch Studioanforderungen.

Am Bedienpult kann der Anwender die verschiedenen Betriebszustände auswählen und die Aufführung kontrollieren.

Mit vier Joysticks, die am Bedienpult anzuschließen sind, kann die Verteilung der Eingangssignale im Raum live gesteuert werden.

Ein zweiter (Host-)Rechner kann für Entwicklung, Simulation und Aufführung von Raumklangkonzerten an das RKS II angeschlossen werden.

Eine Reihe von Trigger-Eingängen und Relais-Eingängen dienen der möglichen Kopplung einer Aufführung mit äußeren Ereignissen. Dabei ist einerseits gedacht an Lichtschranken, Bewegungsmelder etc. für Tanz oder Performance, andererseits kann z.B. ein einzelner Solist über einen Taster oder Fußschalter während des Spielens bestimmte Raumklangfiguren abrufen. Mit den Relaisausgängen können Bandmaschinen, Signalgeber o.ä. programmgesteuert fernbedient werden.

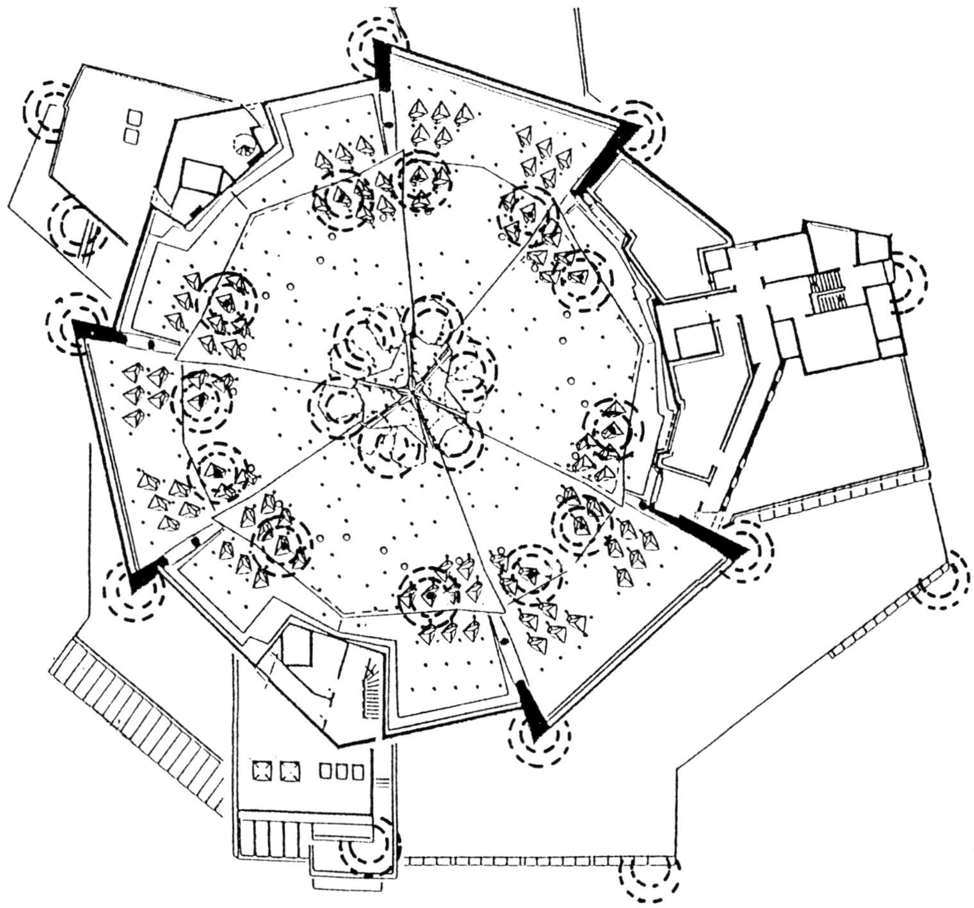

Der Grundriß und der gegenüberstehende Schnitt zeigen die Anordnung von Lautsprechern an der Peripherie des Gebäudes, um musikalisch-akustische Außen-Experimente durchführen zu können. In etlichen Städten sind solche Experimente als »Klangwolke« mit faszinierenden Wirkungen erprobt worden. Beim Bau des Kammermusiksaals konnten die Anschlüsse für Außenlautsprecher durchgesetzt werden, zumal sich der punkthafte Baukörper hierfür besonders eignet. Wiederum war es Luigi Nono, der von diesen Möglichkeiten äußerst fasziniert war – einige Bruchstücke seiner Begeisterung sind seinem Hymnus »Ars Combinatoria« (vgl. S. 163) zu entnehmen.

Natürlich ist das Ganze auch mit entspechender Software ausgerüstet, so daß der Anwender alle Möglichkeiten hat, seine kompositorischen Vorstellungen in den Raum zu übersetzen.

Nun gibt es ja schon einige kanonisierte neutönerische Werke, wie beispielsweise Stockhausens Vision eines kugelförmigen Raums für die Weltausstellung in Osaka oder die Raumexperimente eines Boulez, ja der Venezianer Luigi Nono hat bereits seinen »Prometeo« eigens auf den Kammermusiksaal zugeschnitten. Bei der Aufführung allerdings machte das ausführende Ensemble um Gidon Kremer eben nicht von den eingebauten bzw. mobil verfügbaren Gerätschaften Gebrauch, sondern bestand darauf, eine eigene Anlage einzusetzen. Und so diente die eingangs erwähnte Vorführung des RKS II eigentlich dazu, Komponisten zu interessieren, die Möglichkeiten und Besonderheiten des Raums wie des Steuergeräts zum Ausgangspunkt neuer Werke werden zu lassen. Zum Bedauern der Veranstalter waren aber fast ausschließlich Fachleute aus der audiotechnischen Branche anwesend.

Es kann also noch ein Weilchen dauern, bis der Kammermusiksaal der Berliner Philharmonie so in das musikgestaltende Schaffen Berlins einbezogen wird, wie das vorgesehen war und wie er es – meine bescheidene Meinung – wohl auch verdient hätte. (Ende des Zitats)

Sven Gormsen beklagt zu Recht, daß die Einrichtungen für die Wiedergabe elektronischer Musik im Kammermusiksaal noch nicht genügend in das musikgestaltende Schaffen Berlins einbezogen sind. Die Ursache liegt wohl darin, daß in Berlin kein vergleichbares Studio wie in Köln oder Freiburg für elektronische Musik existiert und somit experimentelle Musik nicht institutionell gefördert wird, sondern von den Berliner Festspielen oder Veranstaltungsreihen wie Woche der zeitgenössischen Musik in unregelmäßigen zeitlichen Abstäden aufgeführt wird. Der Kammermusiksaal wird vielmehr als Kleines Haus der Philharmonie betrachtet, die zahlreichen Veranstalter nutzen den Saal vorwiegend für Kammermusik und müssen wirtschaftliche Aspekte beachten. Vergleicht man jedoch die Einbeziehung der Neuen Musik für konventionelle Instrumente in die Programme, insbesondere des Kammermusiksaals, der so durchaus zum Ort des Neuen im Musikleben Berlins geworden ist, so ist zu vermuten, daß die Erweiterung der künstlerischen Möglichkeiten in das Gebiet der elektronisch erzeugten Musik lediglich eine Frage der Zeit ist.

Der Kammermusiksaal ist durchaus als Raum für die Musik der Zukunft konzipiert, in dem alle Einrichtungen für Aufführungen von Raummusik auf konventionellen Instrumenten oder mit elektronischen Klangmedien integriert wurden. In vielen Aufführungen waren Uraufführungen raummusikalischer Werke zu erleben, es kommt wie immer darauf an, daß einzelne kreative Persönlichkeiten des Musiklebens das Neue, Unerhörte durchsetzen. Absolut konträr zum Raum des Kammermusiksaals scheint mir das katakombenartige Ircam-Studio in Paris mit seinen abgekapselten Musik-Labors zu sein. Die Vitalität und auf den Menschen bezogene Ausstrahlung dieses versunkenen, abgeschotteten Raum-Labyrinths ist zu bezweifeln. Für um so bedeutungsvoller halte ich den Hinweis, daß Pierre Boulez anläßlich der raummusikalischen Aufführung von Réponds im Kammermusiksaal erklärte, er wolle seine raummusikalischen Werke nicht im Ircam-Studio, sondern im Berliner Kammermusiksaal aufnehmen.

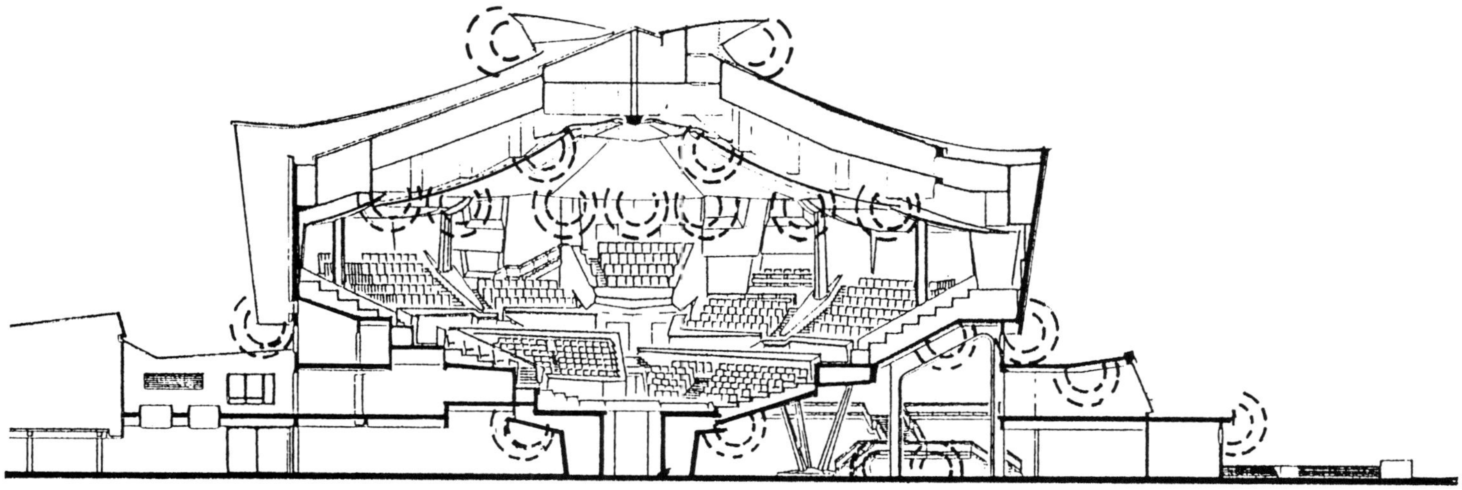

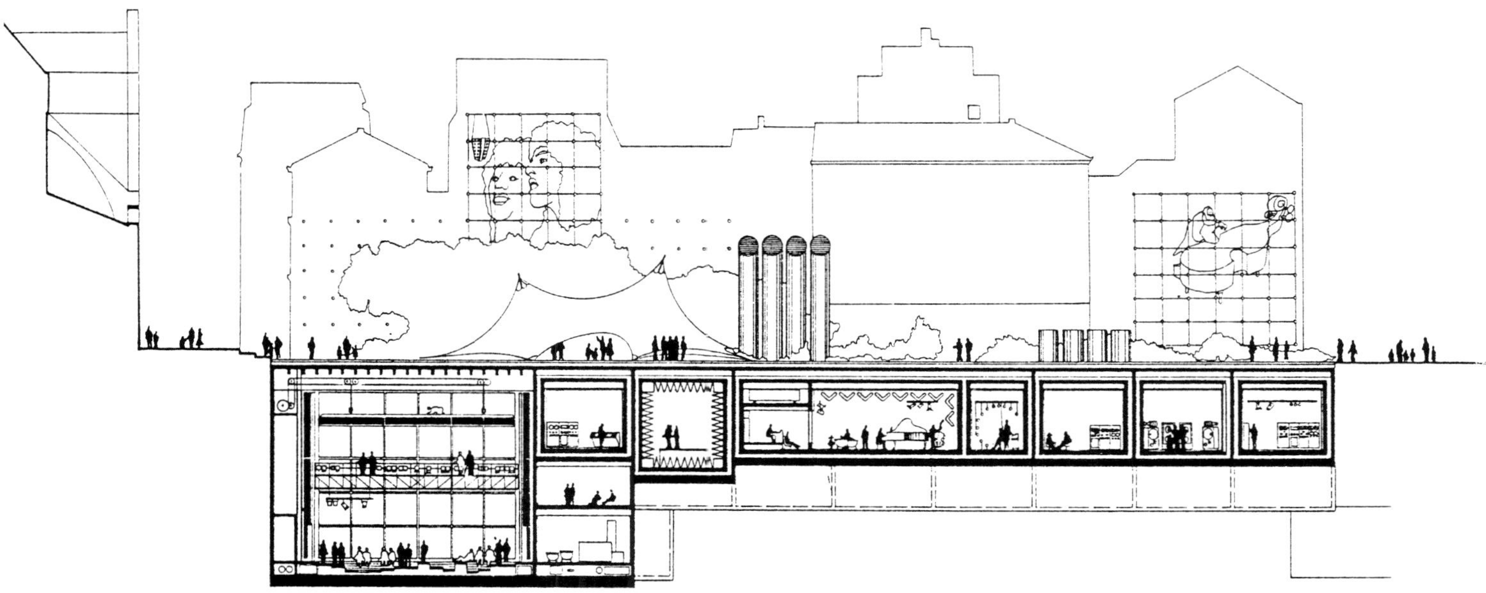

oben: Das Gebäude des Kammermusiksaals mit Andeutung der Variationsmöglichkeiten für Lautsprecher-Einspielungen im Saal und Klangabstrahlungen als »Klangwolke« in den Außenraum.

Schnitt und Innenansicht des unterirdischen Konzertsaals im IRCAM (Institut de Recherche et Coordination Acoustique/Musique) von R. Piano und R. Rogers, Paris, 1978. Insbesondere die Komponisten und Interpreten der neuen und experimentellen Musik haben sich zu den vielfältigen technisch-künstlerischen Möglichkeiten im Kammermusiksaal begeistert geäußert.

Gedanken und Erinnerungen an Hans Scharoun
Aufsatz zum 25jährigen Bestehen der Berliner Philharmonie

Philharmonie? – Nie! So reimten die Skeptiker vor 30 Jahren, als Scharoun zwar den Wettbewerb für den Bau der Philharmonie gewonnen hatte, aber die Realisierung höchst ungewiß war. Es galt damals für mich als jungen Architekten einen Bau zu planen und zur »Baureife« zu bringen, dessen magischer Grundriß und geheimnisvoller Raum mich wohl nie mehr loslassen werden.

»Wir müssen das jetzt einfach mal machen!«, sagte Scharoun – »machen« – was vorher noch nie gewagt, gelöst oder gebaut worden ist. Eine faszinierende Idee und eine Fülle überquellender Empfindungen in eine baubare Gestalt bringen – festlegen – bis sie zu Beton erstarren – und dennoch »lebensfähig« bleiben.

Erinnerungen an Hans Scharoun, an unsere Zusammenarbeit bei der Planung der Philharmonie, ist das mir gestellte Thema anläßlich des 25jährigen Bestehens des Hauses.

Ich werde jedoch nicht über Episoden mit Scharoun beim entstehenden Bau berichten – diese wären auch Scharoun nicht bedeutsam genug gewesen –, sondern aus dem 15jährigen Erleben des Menschen Hans Scharoun und seiner Schaffensweise einige Aspekte nennen, die zum Wesen Scharouns führen und auf den Anlaß unserer gemeinsamen Arbeit hindeuten. Der Rückblick auf die Philharmonie und der Versuch, in das »Geheimnis der Gestalt« (Scharoun) einzudringen, geschah aus der Sicht und aus dem Bemühen um die Gestalt des neuen Saales, des Kammermusiksaales der Philharmonie.

Wie alle einmaligen großen Räume der Baugeschichte offenbart aber auch die Philharmonie letztlich nicht das Geheimnis ihrer Gestalt. Alle Versuche, die Herkunft oder das »Vorbild« dieses Baues abzuleiten, ihn in eine baugeschichtliche »Reihenfolge« zwingen zu wollen oder etwa den Ursprung aufzuspüren, scheitern, wo das Numinose beginnt – wo der geniale Baumeister zum »Mittler« wird, der hervorbringt, was sein Unterbewußtsein empfunden und erkannt hat.

Erst wenn ein Mensch erfährt, wie er mit Bangen auf den lösenden »Einfall« für eine Gestaltung hoffen muß und wenn er sich eingesteht – auch nur als Medium einer höheren Kraft zu agieren –, wird er Scharouns Wort vom »Geheimnis der Gestalt« letztlich mitempfinden.

Scharoun hat immer nach der übergeordneten Idee, nach dem inneren Wesen – nach der »Wesenheit« – eines Raumes, eines Gebäudes gesucht – diesem Suchen ging ein analysierender Denkprozeß voraus. Das Bekenntnis zum »Wandel der Struktur in Raum und Zeit« war sein geistiges Credo für die »Gestaltfindung«.

Er wußte, daß ihm häufig im letzten Augenblick die übergeordnete, neuartige Sicht für einen Raum oder ein Gebäude gewährt wurde. »Ich habe noch keine Idee« – dieses hinhaltende Wort bezog sich immer nur auf das Übergeordnete, brachte jedoch mitunter arge Terminprobleme mit sich. Gestaltende Ausarbeitungen, mögen sie auch noch so kompliziert gewesen sein, wurden als »Fingerübungen« abgetan.

Die Suche nach dem Neuen, dem Weiterführenden, dem »Wandel« geschah nie losgelöst von der Sicht auf den Menschen und auf eine humane Raumgestalt. In der Philharmonie ist das Wechselspiel zwischen Individuum und mitmenschlicher Gemeinschaft zur verborgenen, stimulierenden Kraft geworden, die den musizierenden Künstler umfängt und einbindet. Sie entfacht auch diesen schwingend in sich ruhenden Raum zum geheimnisvollen Leben, zur geheimnisvollen Gestalt. Im Kammermusiksaal wurde das »spielerisch-musikalische« Inbesitznehmen des Raumes durch die Zuhörenden und Musizierenden erneut zum eigentlichen Agens der räumlichen Gestalt.

Die Architekten der Postmoderne fotografieren ihre Gebäude bezeichnenderweise ohne Menschen – »unmenschlich« – wie bunte Totenstädte der Architektur. Wie konträr wirkt hierzu Scharouns Bekenntnis aus den Briefen der »Gläsernen Kette« von 1919: »Der Mensch sei Mittpunkt – Erstrebtes um uns sich wölbend gleich dem Firmament«...

Der vorgegebene Rahmen läßt die Möglichkeit einer gedanklichen Ableitung des Philharmonie-Saals aus den archetypischen Formen der menschlichen Runde, über Zentralformen wie die Hagia Sophia oder das Pantheon nicht zu. Es gibt berechtigte Vermutungen, die Wallfahrtskirche Vierzehnheiligen mit dem Nothelfer-Altar im Mittelpunkt (nicht der Hochaltar) als sichtbares Zeichen des Mensch-Gott-Bezuges in wesenhafter Verbindung zum Saal der Philharmonie zu sehen. Barockes Lebensgefühl als sinnenfrohes, farbiges Spiel und zugleich das Ahnen um das Jenseits liegen im »Geheimnis der Gestalt« auch der Philharmonie verborgen; Scharoun äußerte sich ausweichend – nur in Metaphern.

Er zerbrach die konventionellen, mitunter auch autoritären Gestaltformen der Baugeschichte und verschmolz sie zu neuen organisch-gesetzhaften, aber mitmenschlichen Strukturen.

»Der Teufel tanzt es mit mir«, beschrieb Gustav Mahler ein ähnliches Ringen, traditionelle Formen neu, lebensnah, menschlich zu gebären. Das Ringen um die Ausgewogenheit zwischen Freiheit und Bindung und das Bemühen um die gesetzhafte Struktur, um eine latente, nicht äußerlich schematische Ordnung, führen zum »Geheimnis der Gestalt«. Auch in der Saalgestalt der Philharmonie sind Urformen verborgen, wie Urmotive in einem großen sinfonischen Werk, die die Gesamtform latent gesetzhaft und zugleich geheimnisvoll befruchten und zusammenfassen. Scharoun hat die Ausgewogenheit scheinbar gegensätzlicher Gestaltungskräfte traumhaft-nachtwandlerisch – einer Gratwanderung gleich – aufgespürt.

»Geheimnis der Gestalt« ist für mich ein doppelsinniges Wort, das sich nicht nur auf die bauliche Gestalt, sondern auf den in jeder Weise unfaßbaren Menschen Hans Scharoun beziehen läßt.

Scharoun hat diesen Begriff von Hugo Häring aufgenommen und auf dessen Gedanken- und Empfindungswelt aufbauend seine weiterführenden Gedanken entwickelt.

Hugo Häring sagt: »... denn jede gestalt verhüllt ein geheimnis des lebens. Und alles gestaltete ist das werk einer wesenheit, sei es erschaffen oder gezeugt. ... dem architekten fällt noch immer die aufgabe zu, in den organwerken die geheimen kräfte zu erkunden und zu lenken, die ihnen das gesicht von wesenheiten geben.« Schließlich heißt es: »Das ziel der schaffenden seele ist das organwerk, das ziel des schöpferischen geistes das gestaltwerk...«

Scharouns Suchen nach der übergeordneten Idee für eine bauliche Gestalt ist aus der verschmolzenen Einheitlichkeit zwischen dem Gestaltwerk des Geistes und dem Organwerk der seelischen Kräfte zu verstehen. Er hat über diese ihn zutiefst bewegenden Gedanken mehrfach in seiner höchst komplizierten, wortschöpferischen Ausdrucksweise geschrieben, andererseits gebrauchte er wohl bewußt eine zurückgenommene, fast burschikose Umgangssprache, hinter der er sich quasi verbarg. Gegenüber Hugo Härings Gedankenwelt sehe ich bei Scharoun das janusköpfige nach innen und außen Schauen, das sich in der Betonung des Wortes vom »Wandel der Struktur in Raum und Zeit« wie ein Postulat äußert.

Das Wort Hugo Härings »die gestaltschöpferische, planende macht des geistes gibt den schaffenden kräften der seele das thema« entschlüsselt, warum ich zu Scharoun gekommen bin und warum sich aus dieser Zusammenarbeit der weiterführende »Auftrag« entwickelt hat.

Scharoun brauchte nicht nur einen aufnahmebereiten Menschen zum bereits zitierten »Machen«, sondern sah in meiner damaligen Diplomarbeit über ein »geistig-religiöses Zentrum« mit den darin formulierten Gedanken etwas, was ihn ansprach, da meine Gestaltungsprinzipien Überlegungen und nicht modischen »Rezepten« entsprangen. Meine Gestaltungsversuche entsprachen außerdem intensiven Auseinandersetzungen mit musikalischen Problemen, die auf meine Studien bei Hans Heinz Stuckenschmidt an der Technischen Universität, Berlin, und auf ein leidenschaftliches Interesse an der Musik zurückführen.

Scharouns »Gestaltwerk« der Philharmonie lag als konzeptioneller Entwurf aus dem Wettbewerb vor. Ich sehe die damalige Konzeption der Philharmonie mit der menschlichen Runde und der Aufhebung der Polaritätsetzung »Produzent – Konsument« (Scharoun) als Resümee eines politisch-menschlichen Denk- und Gestaltungsprozesses, der sich vulkanhaft, nach den Restriktionen während des Dritten Reiches, Bahn brach.

Der nächste Schritt zur Gestalt, zum »gestaltwerk« im Sinne von Hugo Häring war die bildhauerische Formung am Modell zu einer »steingewordenen Landschaft«. Scharouns Metaphern »wie – Landschaft, Tal, Weinberge« und später »Himmelschaft« geben Hinweise auf das Gestaltwerk, verbergen aber zugleich seine Empfindungen zum »Geheimnis der Gestalt«.

Als Hugo Häring 1958 nach bitteren Jahren innerer Emigration starb, war auch die bauliche Verwirklichung der Philharmonie-Konzeption völlig ungewiß. Meinem Drängen, dennoch die Planung weiterzuführen und zur Baureife zu bringen, entgegnete Scharoun mit dem Hinweis auf die Intrigen, die nach seinem Wettbewerbserfolg für das Staatstheater Kassel zur Verhinderung seines Baues führten: »Noch ein Kassel kann ich nicht ertragen!«

Nachdem durch das unermüdliche Eintreten vieler Persönlichkeiten für den Bau – ich nenne hier stellvertretend Hans Heinz Stuckenschmidt – endlich wieder Hoffnung auf Realisierung bestand, wurden nicht nur die gemeinsame Planung, zusammen mit dem risikobereiten Akustiker Lothar Cremer aufgenommen, sondern besonders auch die Einbindung neuer musikalischer Aufführungsmöglichkeiten erarbeitet; hier ist an die Anregungen von Fritz Winckel zu erinnern.

Während unserer Gespräche über Musik, über neue musikalische Strukturen, zeigte sich immer wieder Scharouns Affinität zur Sinfonik Anton Bruckners, zu der ich ergänzend auf den weiterführenden, eher menschbezogenen musikalischen Kosmos Gustav Mahlers hinwies. Scharoun empfand Mahlers Musik im Vergleich zu Bruckners anfangs als »kalt«, dennoch bezogen wir die Raummusik-Emporen für musikalische Fernwirkungen in die »Landschaft« der Philharmonie mit ein und erweiterten das musikalisch-akustische Raumvolumen, d.h. den »räumlichen Atem« für Mahlers 8. Sinfonie, die sogen. »Sinfonie der Tausend«, und Arnold Schönbergs »Gurre-Lieder«.

Allerdings konnte ich Scharoun zu einer vierten Raummusik-Empore, wie sie Hector Berlioz in seinem Requiem mit transzendentaler Wirkung fordert, nicht bewegen, da sie die Ausgewogenheit des symmetrisch betonten Saalbereiches gestört hätte. Vielleicht führte durch unsere intensiven Bemühungen, dem Raum den »musikalischen Atem einzuhauchen«, schließlich die Musik zur »Wesenheit«; sie ist das »Seelische« im Sinne des »Organwerks« (Häring).

Für Neues, Weiterführendes war Scharoun immer zu gewinnen; wollte ich dagegen die abendlichen Arbeitssitzungen vorzeitig verlassen, um unter einem anderen geschätzten Dirigenten ein häufiger aufgeführtes Werk zu hören, so folgte Scharouns unwillige Antwort: »...das haben Sie doch schon mal gehört«. Bis in die Nachtstunden hinein zogen sich die abendlichen Arbeitssitzungen, die in stiller Angespanntheit den Eindruck des Meditativen erweckten, in denen Scharoun sein Ringen um die Ausgewogenheit der gestalterischen und seelischen Kräfte auch nur hinter bruchstückhaften Andeutungen verbarg. »Nun müssen wir das noch schön machen, was wir wollen« – dieses simpel erscheinende Wort offenbart den zu verschmelzenden Dualismus zwischen dem Geistig-Schöpferischen des Gestaltwerks mit dem Beschwören der seelischen, musischen Kräfte für das Ziel des Organwerks.

Die Worte »machen« und »wollen« sind Synonyme für das Gestaltwerk des Geistes, das aus der Analyse zur »Gestaltfindung« (Scharoun) und zum »Wandel der Struktur in Raum und Zeit« führt. Das Wort »schön« ist nicht mißverständlich als äußerlich zu empfinden; Scharoun bezog dies zwar im übertragenen Sinn auf die Weiterführung seiner Bauten, deren Details »wie aus dem Ei gepellt« sein müßten. Der Begriff des »Schönen« ist hier als Zusammenfassung der seelischen Kräfte zur Erzielung des »Organwerks« zu sehen, das erst die Gestalt überhöht und ihr zugleich das Geheimnis verleiht.

Immer wieder habe ich das hilflos erscheinende demütige Verharren Scharouns in der Hoffnung auf den seelischen »Einfall« zum Allgemeingültigen, zur »Schönheit« erlebt. Es wurde wichtigster Schaffensimpuls meiner eigenen Arbeit in der Weiterführung des unvollendeten Werkes. In dem neuen Saal der Philharmonie, dem Kammermusiksaal, gelang die Symbiose zwischen Gestaltwerk und Organwerk erneut, ist doch die Gestalt nicht nur aus dem Anliegen der mitmenschlichen Runde, sondern von Anbeginn aus musikalisch-räumlichen Struktur-Untersuchungen entwickelt worden. In einer Fachzeitschrift habe ich dieses Thema aufgegriffen, weil das organhafte Bauen nicht mit dem Tod Scharouns zu Ende ging, sondern aus der gestellten Aufgabe jederzeit neu entwickelbar ist (vgl. ›Bauwelt‹, Heft 35 vom 9. 9. 1988: »Der Kammermusiksaal als organhafter Bau«).

Luigi Nonos »Prometeo« im neuen Kammermusiksaal ist für mich wegen der musikalischen Einbeziehung des Raumes und der technischen Medien das Werk, das die Weiterführung, den »Wandel der Struktur in Raum und Zeit« offenbart. Während ich über den Beitrag nachdachte, erreichte mich die Nachricht vom Tod Hans Heinz Stuckenschmidts. Nicht nur die Durchsetzung der Philharmonie ist ihm durch seine Überzeugungskraft zu verdanken; er war der Lehrer und Inspirator für meine musikalisch-räumlichen Überlegungen. Wie gern hätte ich ihn bei dem Ereignis des »Prometeo« im neuen Saal erlebt!

Hans Scharoun und Edgar Wisniewski, 1963, im Foyer der Philharmonie bei einer Beleuchtungsprobe

S. 217: Gesprächsskizze von Scharoun anläßlich der Diplomprüfung des Verfassers

S. 218: Licht-Stimmung im Kammermusiksaal bei einem Streichquartett-Konzert

Gustav Mahler widmete die Burleske seiner 9. Sinfonie »Meinen Brüdern in Apoll«. Er sah sein Schaffen, sein Wollen im rätselhaften Zusammenhang mit den traditionellen Kräften, um aber Neues zu bewirken. Im organhaften Bauen, das es von Hugo Häring über Hans Scharoun weiterzuführen gilt, werden die archetypischen menschlichen Gestaltformen mit neuen musikalisch-technischen Medien verschmolzen und bilden zusammen das Organwerk im »Geheimnis der Gestalt«. Ein Rückblick auf die vergangenen 25 Jahre nach dem Bau der Philharmonie zeigt, daß die Idee der Musik im Mittelpunkt zwar weltweit Beachtung gefunden hat und nicht mehr im Konzertsaalbau wegzudenken ist, aber immer nur »zwergenhaft« das Herausbrechen einzelner Fragmente aus der »Ganzheit« dieses Baues geschah.

Eine tradierende Erneuerung im Sinne des Organwerkes ist nun im Kammermusiksaal geschehen. Vielleicht gelang es einzulösen, was mir Scharoun in einem Gespräch anläßlich der Diplom-Prüfung mit »auf den Weg« gab.

In einer Skizze faßte er die »Wesenheiten« der Ideen zu dem geistig-religiösen Zentrum meiner Diplom-Arbeit zusammen: In die Zentral-Struktur dringen pfeilartig Kräfte des Neuen quasi von außen ein, wie er sie ähnlich in seiner einzigen Skizze zum Kammermusiksaal für die Raummusik-Emporen angedeutet hat. Dann aber »zerbrach« er auch diese »heile Welt« jäh durch einen Pfeil, der die Bewegung, den »Wandel« des Ganzheitlichen manifestiert.

Scharouns Werk ist mit seinem Tod nicht in die Baugeschichte verbannt worden, sondern lebt – ist in Bewegung –, da sich in ihm die Gestaltkräfte des Geistigen und des Seelischen vereinigen. Im »Geheimnis der Gestalt« liegt die Antwort auf das Äußerliche, das wir erneut in unserer Umwelt und im Bauen erleben. Der Prometheus des neuen Saales ist aus dem 25 Jahre alten geheimnisvollen Raum entstanden und zeigt die in ihm ruhenden neuen, weiterführenden Kräfte des Geistes und des Lebens.

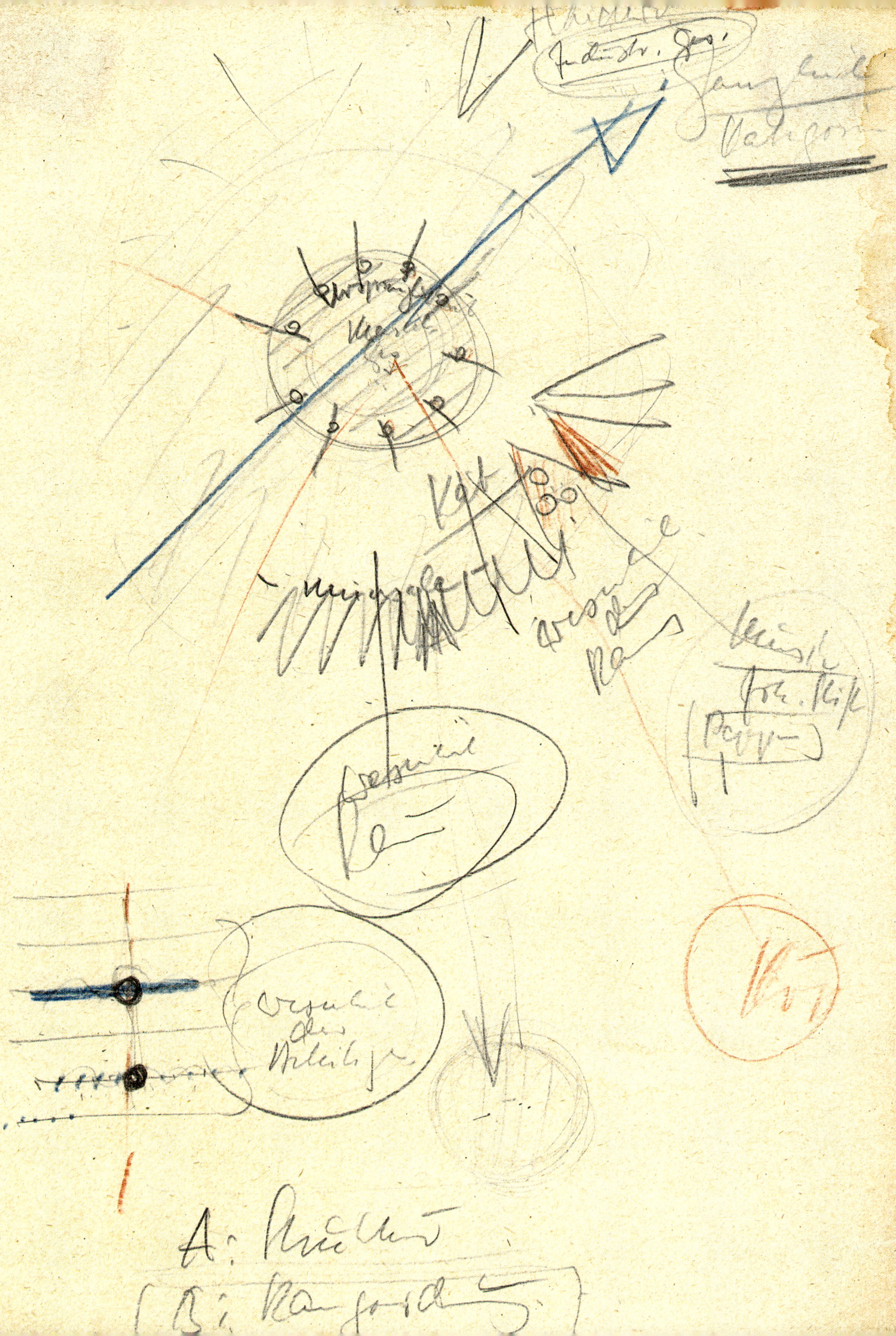

Konzertsaalbauten nach der Philharmonie

Die baulichen Reaktionen auf die Philharmonie zu verfolgen ist sehr schwierig, denn bis zu einem Bau vergehen mehrere Jahre der Planung und nochmals Jahre für die Fertigstellung. Dennoch soll auf einige realisierte Projekte, in denen Konzertsäle als Zentralräume gebaut wurden, eingegangen werden.

Zunächst aber möchte ich zu Konzertsaalprojekten von Scharoun nach der Philharmonie Stellung nehmen, jedoch eine erste Analyse Peter Blundell Jones in seiner Monographie über Hans Scharoun von 1980 überlassen. Es handelt sich um einen Konzertsaalentwurf für Saarbrücken aus dem Jahre 1958, also aus der Interimszeit nach dem Wettbewerb zur Philharmonie 1956/57 und dem Baubeginn 1960. In dieser Zeit war die Realisierung der Philharmonie höchst ungewiß, und das Schlagwort »Philharmonie – nie!« mehr als nur eine beiläufige Bemerkung. In dieser Zeit arbeitete ich nahezu allein an dem Hoffnungsprojekt, denn auch der Standort für den Neubau war fraglich geworden; der neue Standort am Tiergarten wurde erst 1959 durch das Abgeordnetenhaus von Berlin entschieden.

Ein zweiter Konzertsaalentwurf für die Stadt Pforzheim mußte ebenfalls sehr schnell im Jahre 1964, also etwa ein Jahr nach der Eröffnung der Philharmonie, erarbeitet werden. Zu diesem Zeitpunkt plante ich bereits das größte Bauvorhaben, das mit dem Namen Scharoun verbunden ist, die Staatsbibliothek im Kulturforum.

Peter Blundell Jones schreibt in seiner Monographie von 1980:

»Der Wettbewerb für die Philharmonie fand 1956 statt, und das Gebäude wurde 1963 vollendet. Während dieser Zeit arbeitete Scharoun ebenso an einem anderen Konzertsaalentwurf, einem Beitrag für den Saarbrückener Wettbewerb von 1958, wo ihm der dritte Preis zuerkannt wurde. Obwohl dieses Projekt zur gleichen Zeit wie die überarbeitete Version der Philharmonie entstand, war es keine Abwandlung des gleichen Themas, wie man erwarten könnte, sondern entwickelte sich in anderer Weise als Aktion auf unterschiedliche Bedingungen. Das Projekt enthielt einen großen und einen kleinen Saal, die zusammen oder separat benutzt werden konnten, getrennt durch verschiebbare Teilungselemente. Der große Saal war kleiner als der der Philharmonie und wurde für gelegentliche Filmvorführungen und Vorträge wie auch für Konzerte benötigt. So wurde die kreisförmige Anordnung zugunsten einer konventionellen Gegenüberstellung von Publikum und Orchester verworfen, aber dieser Saal ist in gewisser Hinsicht unregelmäßiger als die Philharmonie, da er völlig asymmetrisch ist. Die Sitzordnung ist in einer Weise aufgelockert, die an das Mannheimer Theaterprojekt erinnert. Ein charakteristisch freies Foyer windet sich um den Saal und verbindet ihn mit einem ganz und gar nicht axialen Eingang und einer Ausstellungsgalerie, die das Gebäude nach Westen erweitert.

Nach dem Erfolg der Philharmonie und dem Beifall, der der Eröffnung folgte, hätte man erwarten können, daß Scharoun seinen Entwurf zumindest in den Grundprinzipien in seinem nächsten Konzertsaalentwurf wiederholt, aber statt dessen schlug er eine ganz andere Richtung ein. Der Pforzheimer Wettbewerb fand 1964 statt und wurde nie veröffentlicht. Scharouns Beitrag gewann keinen Preis. Wie in dem Saarbrückener Projekt können der große und der kleine Saal separat oder zusammen benutzt werden, aber der große Saal hat eine angedeutete Symmetrie. Er

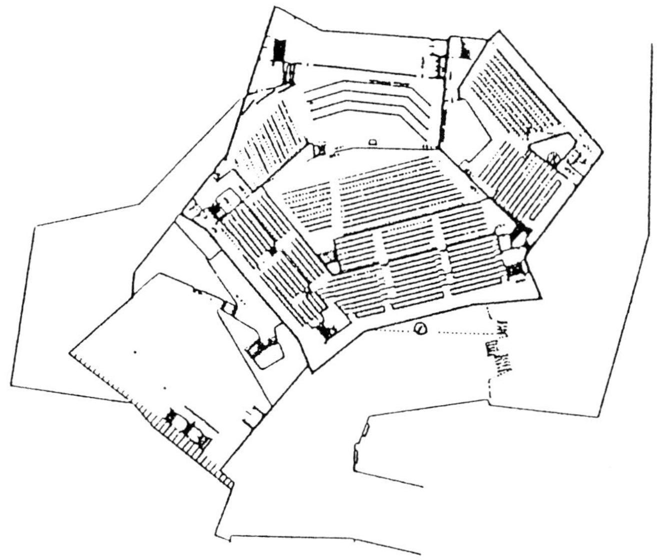

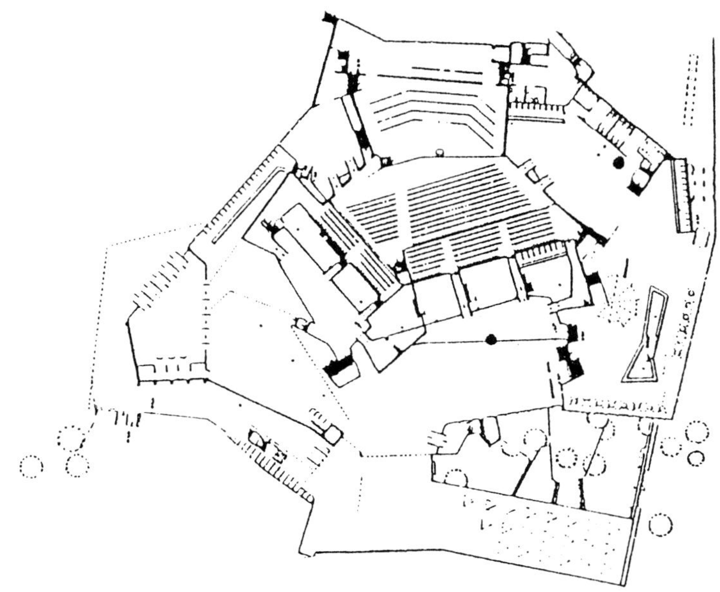

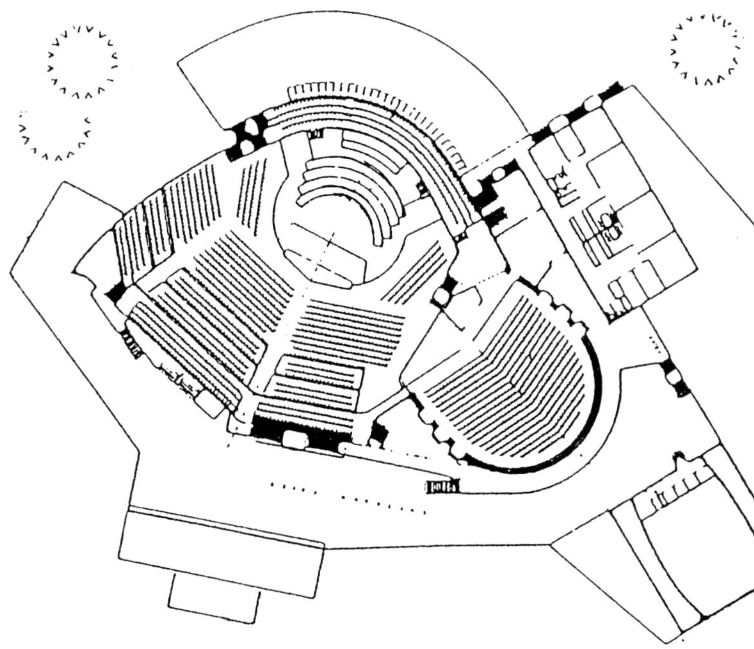

oben und Mitte: Konzertsaalentwurf Saarbrücken, Scharoun, 1958, Saalgrundriß und Grundriß mit oberem Foyer

unten: Konzertsaalentwurf Pforzheim, Scharoun, 1964, Saalgrundriß

erhält seine Form von der gekrümmten Rückwand, die als parabolischer Reflektor für das Orchester entworfen war, und obwohl die Sitzgelegenheiten in der Runde angeordnet sind, befindet sich nur ein ganz kleiner Teil tatsächlich hinter dem Orchester. Wie üblich sind die Nebenräume des Komplexes, die ein Restaurant und einen Konferenzsaal einschließen, getrennt hervorgehoben, und das Foyer ist etwas unregelmäßig. Die Treppenhäuser jedoch und der Haupteingang sind überraschend formal und rechtwinklig wie die des Züricher Theaterentwurfes vom selben Jahr.«

Scharoun legte sich mit dem Entwurf für ein Projekt niemals für andere städtebauliche Situationen fest. Schon hieraus wird ersichtlich, daß er bei beiden Konzertsälen das Prinzip »Musik in der Mitte« der Berliner Philharmonie nicht »serienmäßig« wiederverwendete, als wenn es sich um ein Fertigteil-Bauwerk handelte.

Beide Konzertsäle sind bedeutend kleiner und benötigen daher die Gruppierung des Publikums um das Podium wegen hoher Platzzahlen nicht. Für Konzerte nach dem Prinzip der »Musik im Mittelpunkt« wird ein hervorragendes Orchester oder werden exzellente Künstler benötigt, die in kleineren Städten im allgemeinen nicht zur Verfügung stehen. Die Schwierigkeiten steigern sich noch, wenn Gastspielorchester aus anderen Städten in derartigen Konzerträumen musizieren, ohne ein souveränes Einfühlungsvermögen in eine neue bauliche Gestalt zu besitzen. Es ist daher nicht auf die Hoffnungslosigkeit vor der Realisierung der Philharmonie zurückzuführen, wenn Scharoun der Stadt Saarbrücken einen Konzertsaal in Zentralform nicht aufdrängte.

Das fortgeschrittene Alter von Scharoun und das Nachlassen der gesundheitlichen Kräfte ließen eine weitergehende Tätigkeit als bei den auszuführenden Projekten nicht mehr zu. Hinzu kamen Schwierigkeiten beim Bau der Staatsbibliothek, die nicht in der Bewältigung der immensen technischen Bauaufgabe lagen, sondern durch unzureichende Vertragsverhältnisse bedingt waren; diese entsprachen nicht der Entwicklung einer technischen Großbibliothek mit allen neuen Medien bis zur elektronischen Datenverarbeitung – auch lagen die Schwierigkeiten an dem übereilten Baubeginn. Es kann nur als verantwortungslos bezeichnet werden, daß Scharoun in seinen letzten Lebensjahren für die Überwindung dieser Schwierigkeiten vom Bauherrn und der Verwaltung zusätzliche Kraft abverlangt wurde.

Im Gegensatz zur Philharmonie (siehe das Kapitel über den Wettbewerb) erbrachte jedoch der Wettbewerb für die Staatsbibliothek ein einstimmiges Ergebnis und eine einstimmige Empfehlung zum Bau.

Scharouns Enttäuschung über die Angriffe und Widerwärtigkeiten bis in sein hohes Alter führten nicht zu einer völligen Resignation, wohl aber zu einem allmählichen Verstummen. Es war daher meine Pflicht, nach seinem Tod zunächst die Planung für den Bau der Staatsbibliothek unter sehr schwierigen Umständen zu vollenden. Der Kampf um die Verwirklichung des hinterlassenen Erbes im Kulturforum, insbesondere um den Bau des Kammermusiksaals, sollte erst beginnen. Die Realisierung des Staatlichen Instituts für Musikforschung mit Musikinstrumenten-Museum, als östlicher Anbau der Philharmonie, war dagegen eine harmonisch verlaufende Bauaufgabe.

In den Jahren nach Scharouns Tod erhielt ich nicht nur immer wieder Anfragen nach Einzelheiten zum Bau der Philharmonie, sondern auch, ob eine Neufassung der Philharmonie in Osaka oder Hongkong (um nur die entferntesten Städte zu nennen) denkbar wäre. Es stellte sich jedoch heraus, daß die Tendenz jener Bauherren auf eine schnelle Verwirklichung bei möglichst geringen Baukosten gerichtet war und daß sie – ähnlich wie die vorgeschickten Architekten und Akustiker – möglichst nur Rezepte zum Bau einer Philharmonie erwarteten und zurückschreckten, wenn sie einen genaueren Einblick in die komplizierte Baustruktur erhielten.

Durch den Tod von Scharoun im Jahre 1972 rissen alle Kontakte mit zukünftigen Bauherren für Folgebauten der Philharmonie ab. Noch im letzten Lebensjahr von Scharoun entstand eine intensive Verbindung zu dem amerikanischen Architekten James Sudler, Denver, der bereits mit dem Architekten Ponti aus Mailand ein Museum in Denver errichtet hatte. Es war seine Idee und sein Wunsch, mit Scharoun zusammen eine »Philharmonie« in Denver, USA, zu errichten. Die Besprechungen mit den privaten Auftraggebern führte ich in Denver, zusammen mit dem Akustiker der Philharmonie, Lothar Cremer. Die Beauftragung war jedoch von einer wettbewerbsähnlichen Angebotsabgabe abhängig, bei der die Baukosten und das Honorar für die Architektekten sowie das gesamte Team von vorrangiger Bedeutung waren. Erst danach sollte es zu Formulierungen zu einem Konzertsaal kommen, während Zeichnungen als Nachweis der vorgeschlagenen Konzertsaallösung nicht üblich waren.

Das New Yorker Architektenbüro Hardy, Holzmann, Pfeiffer und Partner unterboten das Angebot Scharoun/Sudler und erhielten durch intensive Kontaktnahme mit den privaten Auftraggebern und dem dortigen Akustiker sowie dem Chefdirigenten des Denver Symphony-Orchestra den Auftrag. Hierauf reiste ein Team dieses Büros nach Berlin, beschaffte sich alle erhältlichen Unterlagen und fotografierte den Saal der Philharmonie in allen Einzelheiten.

Das Resultat ist die 1971 errichtete Böttcher-Concert Hall. Vergleicht man diesen Konzertsaalbau mit der Philharmonie, dann fällt zunächst auf, daß die Form des Saales äußerlich nicht in Erscheinung tritt, sondern in einem rechteckigen Gebäude wie in einer Kiste verpackt wirkt. Es soll hier keineswegs für eine blinde »Ehrlichkeit« der Konstruktion plädiert werden – es sei nur auf die bedeutenden Beispiele im Sakralbau verwiesen, bei denen Innengestalt und Außenerscheinung eine ideelle Einheit bilden.

In Denver wurde die Idee »Musik im Mittelpunkt« kopiert, jedoch mit Formen des Amphitheaters vermengt. Vermutlich waren diese bautechnisch leichter zu verwirklichen, als die komplizierten Durchdringungen der Hochparkett-Weinberge der Philharmonie. Außerdem ist gegen elementare akustische Erkenntnisse verstoßen worden, denn auch die akustischen Auflösungen der konkaven Brüstungen führen zwangsläufig zu Brennpunktbildungen.

Ein weiterer grundlegender akustischer Mangel liegt darin, daß die Bedeutung der Flankenwände seitlich und vor allem hinter dem Orchester nicht erkannt worden ist und somit eine Schallausbreitung des Orchesters ohne Vermischung des Klanges und ohne ausreichende Hörsamkeit für die Musiker untereinander entsteht. Die Reflektoren können die Wirkung der fehlenden Flankenwände nicht ersetzen, hinzu kommt die Auflösung der konkaven Brüstungen am Orchesterpodium, die eine Streuung des Schalles in den Saal und nicht zum Orchester begünstigt.

Die Assoziation der »Kiste« kommt wiederum in der eigentlichen Raumgestaltung auf, weil der formal-akustische Höhe-

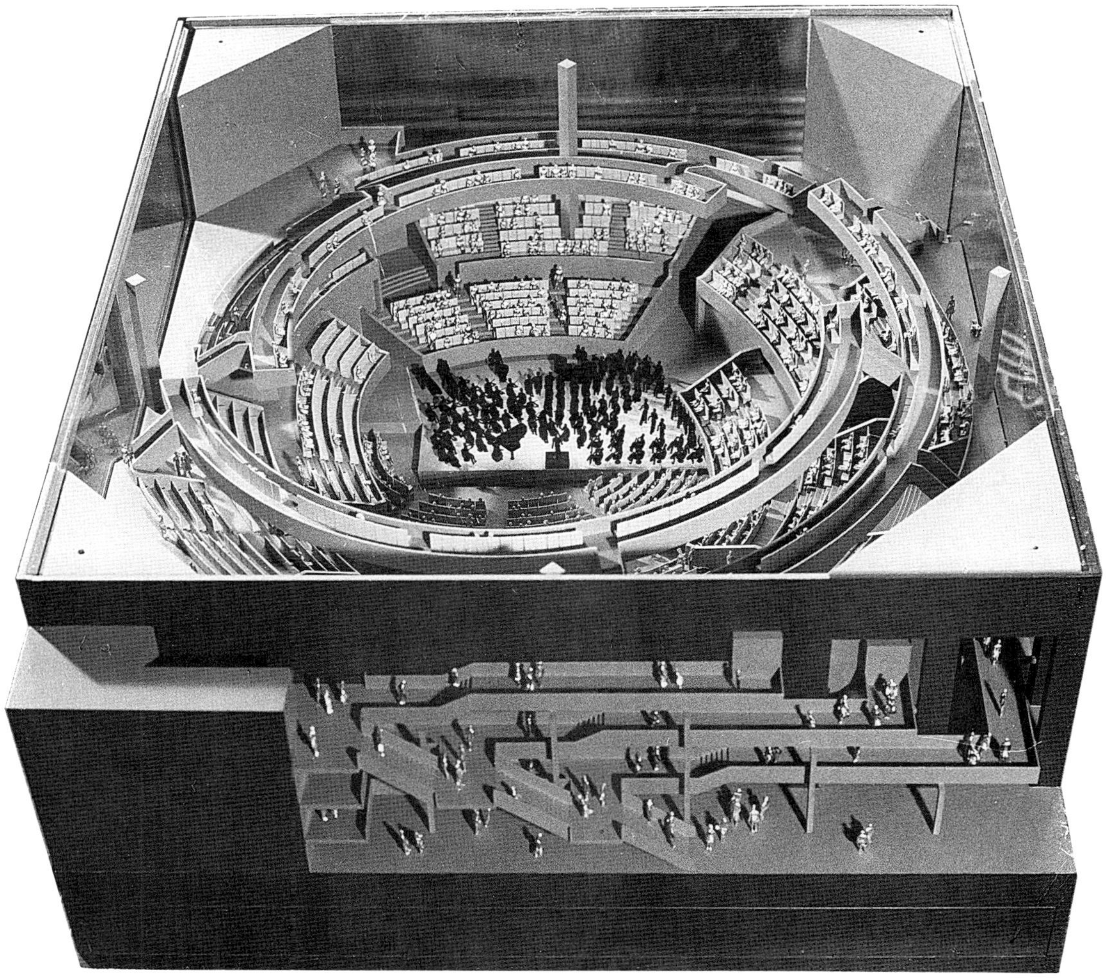

Böttcher-Concert-Hall Denver, USA, Hardy, Holzmann, Pfeiffer und Partner, 1971, Modell des Zentralraums mit Orchester im Mittelpunkt des Saals

punkt über dem Orchester nicht gemeistert und wohl auch kaum versucht worden ist. Der weite ausgedehnte Raum, in dem sich das Orchester im mathematischen Mittelpunkt befindet, bedarf einer entsprechenden Höhengestaltung, die hier völlig fehlt.

In der Philharmonie senkt sich die Decke quasi von der höchsten Erhebung über dem Podium zu den ansteigenden Parkettebenen, bildet menschliche Raummaßstäbe an der Peripherie des Saales und leitet zwangsläufig den Schall auf die entfernten Platzgruppen. Den Höhepunkt des Raumes nicht aus einer akustisch unbeherrschbaren Kuppel, sondern aus einer konvexen Zeltform zu gestalten, in der sich der Klang entwickelt, Atmosphäre gewinnt und sich dann zu den Hörern senkt, hat der Akustiker Fritz Winckel als »Ei des Kolumbus« bezeichnet. Der Saal in Denver hat nichts dergleichen, was auf eine ähnliche räumlich-akustische Klang- und Atmosphäre-Bildung hinweist. So sehr das unverstandene Plagiat zu bedauern ist – unverstanden nicht nur in den akustischen Prämissen, sondern vor allem auch in der Raumgestaltung –, so hat der Saal dennoch vermutlich eine soziale, menschliche Wirkung erreicht.

Die simple Trichterform oder das Nachbauen des Rechtecksaals in Boston, der von den amerikanischen Akustikern als »shoebox« bezeichnet wird, wurde immerhin durch die neue Raumidee gebrochen. »Music in the round« ist Mode geworden und bleibt auch in Amerika in der Diskussion.

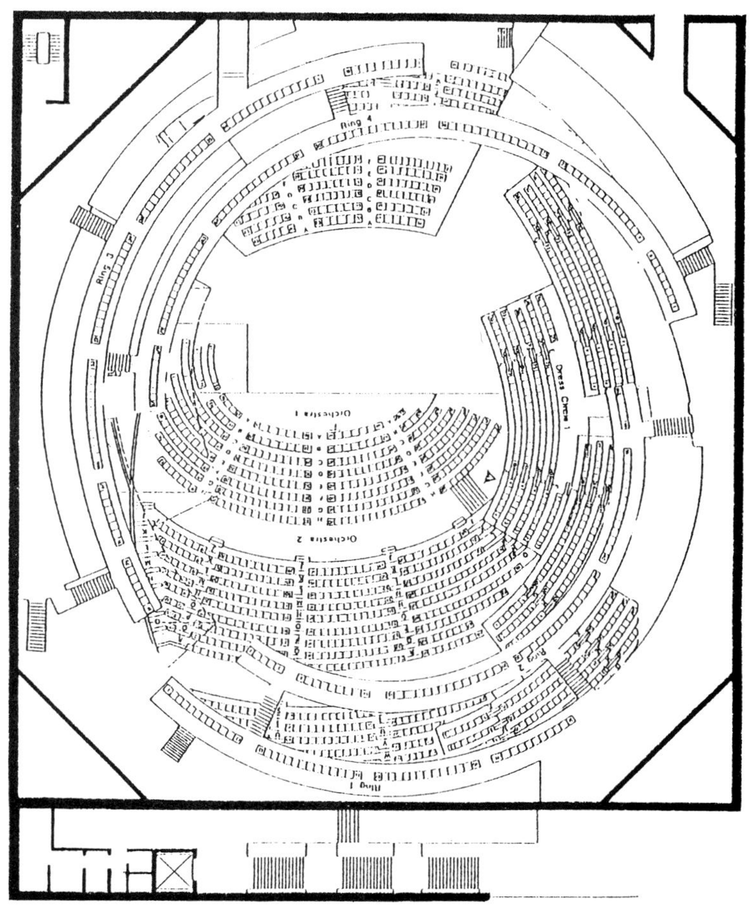

Böttcher-Concert-Hall Denver, Saalgrundriß auf der Galerie-Ebene

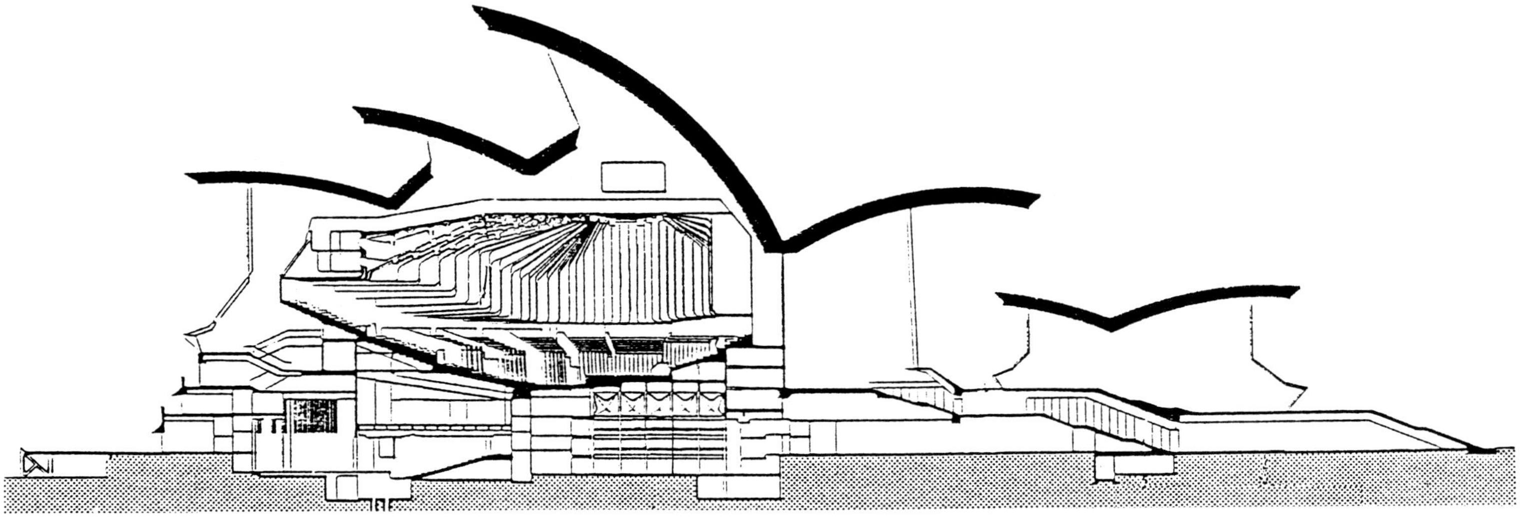

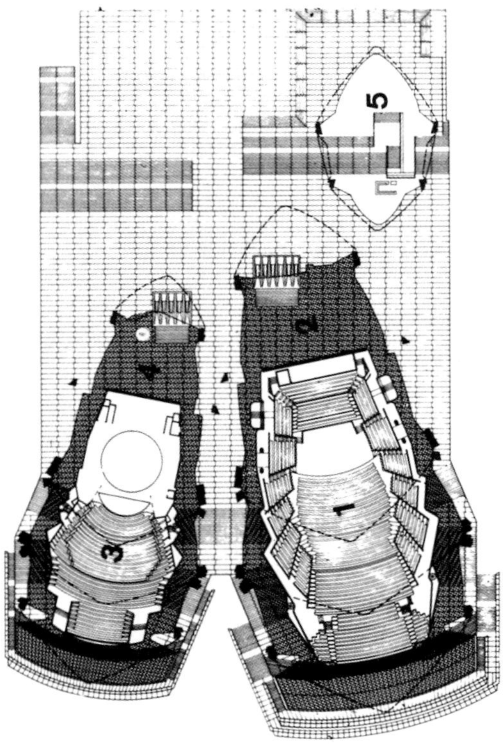

Konzertsaal des »Sydney Opera House«, J. Utzon (Konzeption) 1973,
oben: Schnitt
Mitte links: Saalgrundriß (rechts)
Mitte rechts: Innenraum

Ein anderes Bauwerk, das »Sidney Opera House«, hat trotz der großen Entfernung auch in Europa Aufmerksamkeit erregt. 1957 gewann der dänische Architekt Jörn Utzon den internationalen Wettbewerb für das Sidney Opera House. Erst im Oktober 1973, also mehr als 16 Jahre später, fand die Eröffnung des Opernhauses statt. Der Architekt aber hat neun Jahre nach seinem Wettbewerbserfolg »resigniert« und war von der Planung zurückgetreten.

Es kann hier weder eine Baugeschichte dieses gewaltigen Werkes noch eine Beurteilung der Schuldfrage versucht werden; es läßt sich auch nicht einmal klären, wie weit die Ausführung des Zentralraums noch auf Utzon zurückzuführen und wie stark der Eingriff der australischen Folgearchitekten gewesen ist, die Beurteilung kann sich lediglich auf das Ergebnis beziehen.

Der große Saal, nachträglich als Konzertsaal bezeichnet, kann durch maschinelle Einbauten zu einem arenaartigen Zentralraum für Konzerte verändert werden.

Als Utzon seinen Wettbewerbsvorschlag 1956 in Dänemark ausarbeitete, war der Wettbewerb für die Philharmonie in Berlin gerade entschieden worden. Utzons Aufgeschlossenheit für die Berliner Lösung der Philharmonie war gewiß vorhanden, sein Projekt bestach vielmehr durch die übergroßen muschelförmigen Dachformen, die wie Segel wirken und auf der vorgelagerten Halbinsel Bennelong Point der Sidney Bucht visuell eminent wirksam sind.

Der endgültige Konzertsaal hat 2690 Plätze, die arenaartig das Podium umgeben. Wie in der Philharmonie liegt das Podium nicht im mathematischen Mittelpunkt, sondern es befinden sich weitaus mehr Plätze in konventioneller Anordnung vor dem Podium und nur ein Bruchteil direkt hinter dem Podium. Auf jeder Seite liegen fünf logenartige Parkettflächen, die wie in geschuppter Zuordnung das Hauptparkett mit dem rückwärtigen Parkett verbinden. Der Zentralraum hat eine deutliche Längstendenz, die dadurch erreicht wird, daß hinter diesen seitlichen Parkettgruppen, die meistens nur sieben Reihen aufweisen, bereits die Saalwände beginnen. Diese Anordnung steht somit im deutlichen Kontrast zu den Staffelungen der Seitenparketts in der Philharmonie, die zu der Raumbreite von etwa 50 Metern führen und so die charakteristische Zentralraumwirkung bilden.

Jene Seitenwände in Sidney weisen eine simple Vertikalstruktur auf, die sich in einer quasi gefiederten Decke fortsetzt und in einem kreisförmigen, »broschenähnlichen« Gebilde ihren Abschluß und Höhepunkt findet. Dieser gewaltsam wirkende »Schlußstein« steht jedoch im Widerspruch zu der Längsrichtung und der gefiederten Struktur des Raumes, die wohl an die einprägsame Außenform mit den muschelförmigen Dachspitzen erinnern soll.

Der Schnitt zeigt, wie aufgesetzt diese gewaltigen Formen sind und daß sie für die Raumbildung des Konzertsaales praktisch keine Bedeutung haben – sie völlig negieren. Es ist sofort ersichtlich, daß die »Dachmuscheln« in Form und Anordnung als schallleitende Flächen akustisch nicht möglich gewesen wären und ggf. als angekoppelte akustische Räume zur Nachhallverlängerung beigetragen hätten, wie sie in Poelzigs Berliner Sendesaal ausgeführt sind. Der Widerspruch zwischen der Außenform des Gebäudes in Sidney und der Innenform bleibt unabhängig von dem Eingriff in die Raumgestaltung bestehen.

Vergleicht man dagegen Scharouns Bemühungen bei der Dachgestaltung der Philharmonie um die Kongruenz zum Saal oder die Einbeziehung der Dachform und des gesamten Gebäudes in die Landschaft, wie bei dem Theater in Wolfsburg und dem Projekt für das Staatstheater in Kassel, so werden andere städtebauliche Prämissen ersichtlich als eine auftrumpfende Erscheinung.

Der Architekt McGrath plante mit dem Akustiker der Berliner Philharmonie Lothar Cremer die Kennedy Memorial Hall in Dublin, Irland, als Zentralraum, jedoch nicht in der Konsequenz der Berliner Philharmonie. Auffällig ist bei diesem Projekt, daß Elemente der Berliner Philharmonie wie die Korbbögen des Podiums aufgenommen wurden, jedoch hinter dem Podium sich lediglich Chorplätze wie im Concertgebouw Amsterdam befinden und eine Amphitheater-Wirkung letztlich vermieden wurde. Das ansteigende Hochparkett mit den umfassenden Flankenwänden erinnert an den Großen Sendesaal im Sender Freies Berlin, den ehemaligen Poelzig-Saal, jedoch nach erfolgtem Umbau.

Der Raum in Dublin sollte außerdem Seitenlogen und einen sehr tiefen Rang mit 12 Reihen erhalten, die hochparkettartig bis zum Podium hinuntergezogen werden sollten. Die vorliegenden zeichnerischen Unterlagen und die Modellfotos machen einen sehr unausgeglichenen Eindruck, der durch die kubische Außengestalt noch verstärkt wird.

Obwohl es sich nicht speziell um einen Konzertsaal handelt, sei hier das Internationale Congress Centrum (ICC) in Berlin der Architekten Ralf Schüler und Ursulina Schüler-Witte, Berlin, erwähnt. Der große Kongreßsaal für 5000 Personen kann räumlich mit dem Bankettsaal für 3000 Personen über eine zentrale Bühne zu einer Raumkombination verbunden werden.

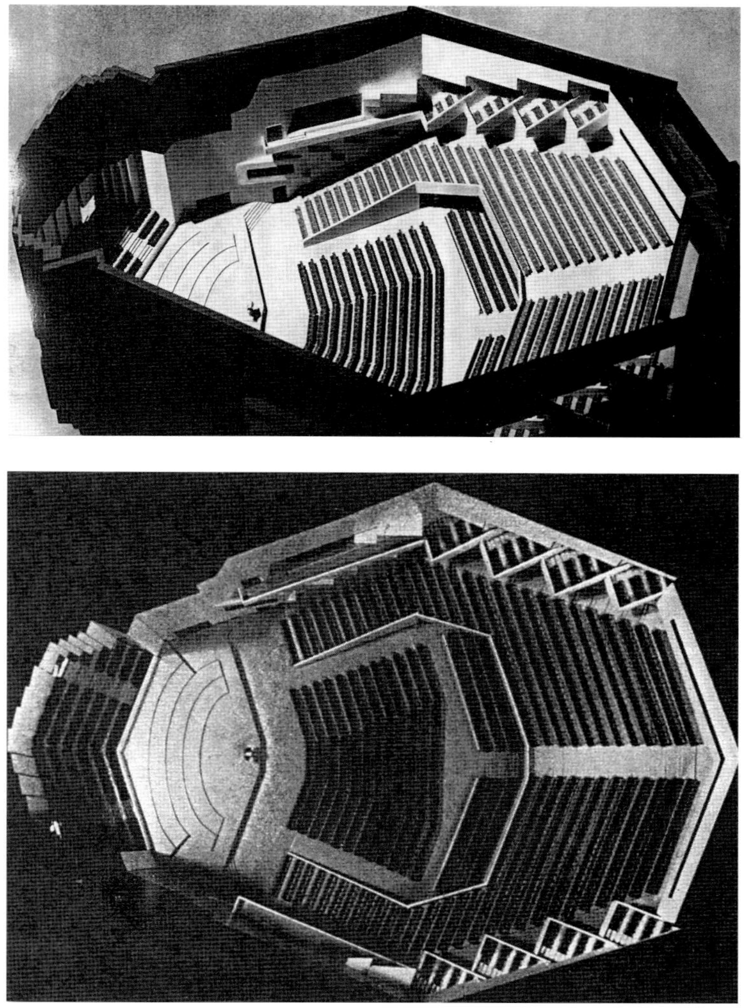

Kennedy Memorial Hall, Dublin Irland, M. Grath, Einblicke in das Saalmodell

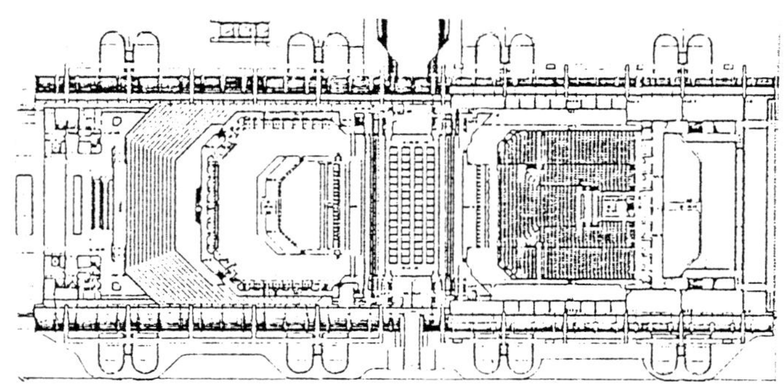

Internationales Congress Centrum (ICC) Berlin, R. Schüler und U. Schüler-Witte, 1979, Grundriß

Der große Kongreßsaal wird vereinzelt für Konzerte und konzertante Aufführungen von Opern benutzt. Die zeitweiligen Überlegungen, der Raum könne wegen seiner großen Kapazität die Philharmonie ergänzen, haben sich nicht erfüllt.

Auf dem relativ schmalen Grundstück war ein immenses Raumprogramm zu erfüllen, das zudem eine hohe Integration der technischen Medien erforderte. Vielleicht ist dadurch die technische Gestalt des Gebäudes im Äußeren und im Inneren zu sehr in den Vordergrund getreten, so daß Konzertveranstaltungen nach einigen Versuchen dort nur selten stattfinden.

Musikzentrum »Vredenburg«, Utrecht, H. Hertzberger, 1979

oben: Innenraum

Mitte: Schnitt durch den Konzertsaal

unten: Grundriß des Konzertsaals

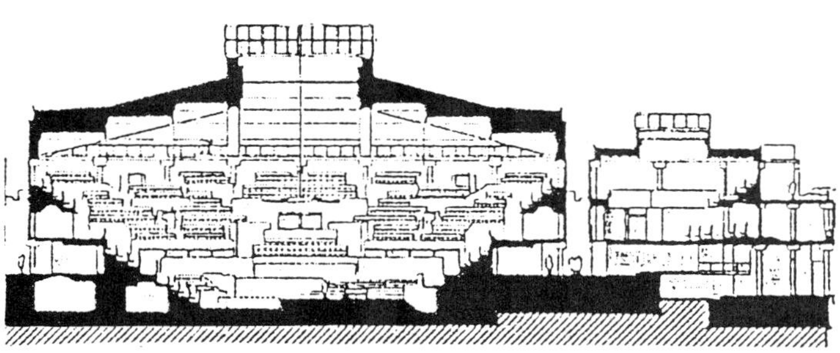

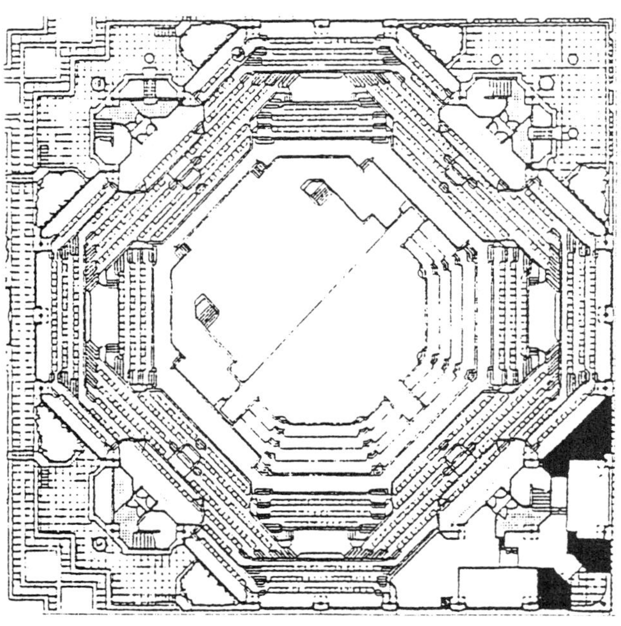

Es ist interessant zu verfolgen, welche gestalterischen Reaktionen die Philharmonie bei neuen Konzertsaalbauten in der Welt auslöst. Es scheint u.a. auch an nationalen Barrieren zu liegen, wenn die Berliner Philharmonie nicht die erwartete Fortführung findet.

Bei dem Konzertsaalprojekt in Utrecht, dem Musikzentrum »Vredenburg« nach dem Entwurf von Herman Hertzberger, schien man sich auf die holländische Tradition, die durch das Concertgebouw in Amsterdam begründet ist, zu besinnen.

Der 1979 fertiggestellte Bau enthält eine Passage mit Läden und Café; das Gebäude soll nicht als isoliert stehendes »Kulturdenkmal« wirken und ist in die Stadtstruktur eingebunden.

Diese Leitidee zieht sich durch das gesamte Gebäude und wirkt sich als improvisatorisches Element selbst in dem Konzertsaal aus. Zugleich aber tritt ein konstruktivistisches Bemühen in Erscheinung, das sich nicht nur in dem labyrinthartigen Foyer, sondern auch recht vordergründig im Konzertsaal auswirkt.

Die Grundform des Saales ist ein Quadrat, dessen vier Ecken gleichsam abgeschnitten sind, wodurch ein Achteck entsteht. Das Podium befindet sich auf der einen Hälfte des in der Mitte liegenden ebenen Parketts. Es wird von einem Hochparkett mit vier Reihen hufeisenartig umschlossen, über dem ein umlaufender Umgang wiederum zur Erschließung des darüberliegenden peripheren Hochparketts dient. Dieses Hochparkett ist jedoch durch Blocks mit sieben oder auch nur mit drei Reihen unterteilt.

Die Flankenwände an den Seiten des Podiums sind außerordentlich niedrig und bewirken kaum die Vermischung des Klanges. Die höher angeordneten Brüstungen stehen senkrecht, reflektieren also den Schall in den Saal und nicht zurück zum Orchester; daher ist auch die Hörsamkeit der Musiker untereinander nicht einwandfrei. Die Kapazität des Raumes beträgt 1500 bis maximal 1900 Plätze – diese Platzzahl wird im Gegensatz zur Philharmonie deutlich spürbar.

Ursache sind die vielen formal nicht gefaßten Parkettgruppen, die improvisiert nebeneinander »existieren«. Der Tageslichteinfall von der Decke – wie im Pantheon – führt zwar zu reizvollen improvisatorischen Wirkungen bei einem Konzert am Tage, läßt jedoch die geschlossene und festliche Wirkung verlorengehen. Hat der hochansteigende Unterbau des Saales mit seinen steinernen Flächen und Brüstungen einen landschaftlichen Charakter – den eines »Steinbruchs« –, so wird diese unprätentiöse Unruhe noch durch die fehlende Deckengestalt mit der sichtbar installierten Technik gesteigert.

Erinnert der Tageslichteinfall schon an das Pantheon, so sind auch noch die weiteren Stufungen in der Decke des Zentralraumes erkennbar, die zwar insgesamt so flach sind, daß eine Verwandtschaft mit der himmelstrebenden Tendenz des Pantheons nur bedingt spürbar ist. Die Dachkonstruktion des Zentralraums ist wiederum im Gegensatz zum Pantheon als Stahlkonstruktion sichtbar und besteht aus jeweils zwei sich in einer quadratischen »Vierung« durchdringenden flachgewölbten Blechträgerkonstruktionen. Um die Horizontalkräfte dieser Konstruktion aufnehmen zu können, hängen die sich ebenfalls durchdringenden Zugbänder paarweise unter den Blechträgern und bilden eine horizontale Ebene, die den Raum zerschneidet und eine vertikale Raumbildung unterbindet.

Dieser Eindruck wird noch durch die Ausnutzung der Trägerkonstruktion für Beleuchterbrücken verstärkt, an denen auch noch einige Reflektorenflächen hängen, wodurch nur studiohafte, technifizierte Deckenteile entstehen. Für den improvisatorisch wirkenden Zuhörerbereich hätte eine überaus ruhige Dekkengestaltung entwickelt werden müssen; die Dachkonstruktion darf kein formales »Eigenleben« führen. Es entsteht so der Eindruck, der Konstrukteur hätte sich gegen die formale Konzeption des Raumes mit einer besonders kostensparenden Lösung durchgesetzt.

Es ist bedauerlich, daß dieser so konsequente und zugleich improvisatorisch lebendige Zentralraum durch die konstruktivistische Überbetonung so beeinträchtigt ist. Eine noblere, zurückhaltende und zusammenfassende Raumbildung hätte gewiß auch Einfluß auf den Klang gehabt, der durch diese eingebauten Härten gewiß nicht gemildert wird. Es besteht durchaus ein Zusammenhang zwischen dem visuellen Erleben und dem Hören in einem Konzertsaal; diese Prämisse sollte der Architekt bei der Ausarbeitung seiner Konzeption bedenken und durchsetzen.

In der Dachkonstruktion des Kammermusiksaales der Berliner Philharmonie wurde das Problem der Horizontalkräfte durch einen Ringbalken, der den Schub der Binder aufnimmt, gelöst; so sind die waagrechten Zugbänder von vornherein strikt verhindert worden.

Der Saal von Hertzberger übernimmt zwar das Arena-Prinzip der Berliner Philharmonie – erhebliche Härten in der Gestaltung jedoch stehen einer »schwingenden Musikalität« des Konzertraums entgegen.

Das Planetarium von Kreis in Düsseldorf aus dem Jahre 1926 wurde im Krieg teilweise zerstört und später nur provisorisch wiederaufgebaut. Die Architekten Hentrich, Petschnigg und Partner übernahmen 1972 die Aufgabe, das Gebäude im Äußeren als Baudenkmal unangetastet erscheinen zu lassen, jedoch im Inneren einen modernen Konzertsaal mit Aufnahme-Studios zu installieren. Das Gebäude wurde im Inneren völlig ausgehöhlt und, ähnlich wie die Schaubühne in Berlin, in anderer Form neu gestaltet.

Die Kuppel des Saals, durch schallzerstreuende Flächen akustisch »aufgelöst«, mußte beibehalten werden, um bei ca. 2000 Plätzen den erforderlichen Nachhall zu gewährleisten. Das Podium jedoch wurde nicht in das Zentrum des arenaartigen Raumes gesetzt, sondern liegt außermittig; hinter dem Orchesterpodium befindet sich nur ein erhöhtes Chorpodium mit 180 Plätzen, das alternativ vom Publikum benutzt werden kann.

Im Grundriß deutet das Chorpodium in Fortführung des Hochparkettringes einen Arenaraum an – räumlich findet diese Verschmelzung jedoch nicht statt, denn der Rang wird beidseitig nur bis an das Podium herangeführt und umgibt es nicht. So entsteht der Eindruck einer starken Zäsur, welche die Arenawirkung wieder weitgehend aufhebt und wodurch dem Podium eine herausragende dominierende Stellung, ähnlich wie im Concertgebouw in Amsterdam, jedoch keine zentrale Bedeutung (wie in der Berliner Philharmonie) zugewiesen ist. Diesen Eindruck verstärkt noch der gewaltige, massiv wirkende Baldachin-Reflektor über dem Podium, durch den auch die Raumwirkung der Kuppel abrupt abgeschnitten ist.

Das Podium ist räumlich beidseitig von Hochparkett-Plätzen umgeben, deren Brüstungen nur etwa gleich hoch wie das Orchesterpodium sind. Die hinteren Pulte der Streicher sind klanglich wegen der Höhenabsorption der schallschluckenden Polster des Gestühls dem Publikum viel zu dicht benachbart. Der Streicherklang kann sich nicht homogen entwickeln und wird überdies durch die Blechbläser und das Schlagzeug übertönt, weil sich hinter diesen Instrumenten eine hohe Brüstung (unter den Chorreihen) befindet; diese verstärkt fokussierend den Schall der akustisch ohnehin lauten Instrumente. Dabei werden

Tonhalle Düsseldorf, H. P. P., Hentrich-Petschnigg & Partner, 1978, Grundriß

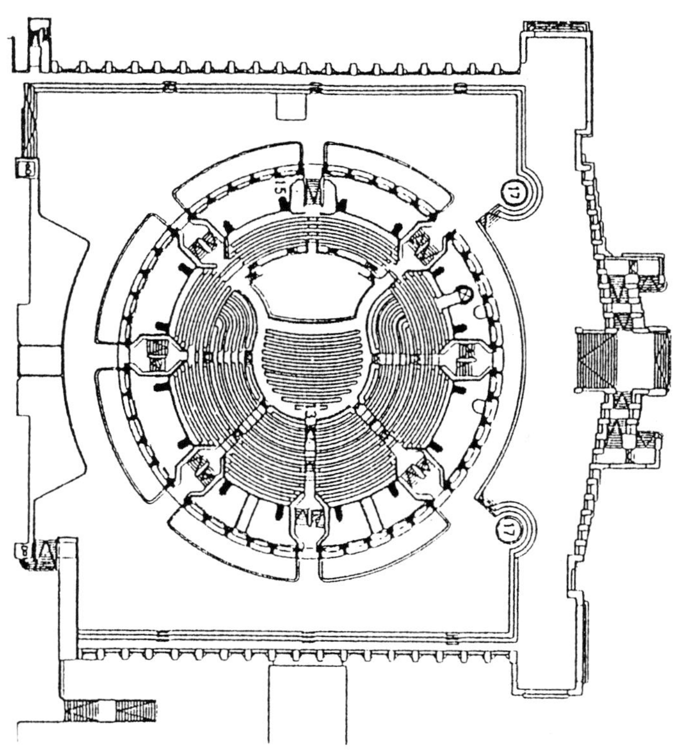

Tonhalle Düsseldorf, Blick in den Zentralraum

die lautstarken Instrumente auch noch durch den Baldachin unterstützt, dessen schalleitende Wirkung (vorwiegend in axialer Richtung) nicht das adäquate akustische Medium für einen kuppelförmigen Raum ist. Die Kreisform der Reihen und Brüstungen wirkt sich wegen der brennpunktbildenden akustischen Eigenschaften ebenfalls nachteilig aus und erforderte etliche schallzerstreuende Maßnahmen zur Ausschaltung dieses Negativeffekts.

Nach dem akustisch positiven Ergebnis des Kammermusiksaals der Berliner Philharmonie ist zu vermuten, daß trotz der in Düsseldorf gegebenen Baugestalt das Podium in zentraler Lage durchaus zu beherrschen gewesen wäre, wenn es die Architekten durch akustische Flankenwände eingefaßt hätten. Allerdings hätte sie m. E. die Kreisformen im Inneren nicht beibehalten, sondern alle konkaven Formen durch geradlinige, vieleckige Strukturen akustisch auflösen sollen. Dann wäre auch bei der fixierten Höhe der Saalform der notwendige Anstieg der Hochparkettflächen erreichbar gewesen. Bei akustischer Auflösung eines Mittelreflektors in mehrere Einzelreflektoren hätte auch die gefährliche Kuppelwirkung beherrscht werden können, um das Raumvolumen für den benötigten Nachhall zu erhalten.

Selbstverständlich ist die Raumwirkung dieses Zentralraumes gegenüber der Guckkasten-Wirkung eines Rechteckraumes sehr viel reizvoller und atmosphärischer. Die das Podium weitgehend umgebenden Zuhörer stimulieren das künstlerische Geschehen, es bildet sich gewiß eine Gemeinschaft der Hörenden um den Künstler; diese Errungenschaften eines neuen Musikerlebens gegenüber dem Musikhören im konventionellen Raum sind sehr positiv zu bewerten. Es ist jedoch nicht zu übersehen, daß die magische Kuppelwirkung für viele Zuhörer nicht spürbar ist, wenn sie unter dem Rang sitzen und überdies die Reflexionen mit langen Laufzeiten (die für die Atmosphäre des Klanges wichtig sind) auf diesen Plätzen von der akustisch aufgelösten Kuppelform nicht erhalten.

Es ist für mich unverständlich, daß in der benachbarten Stadt Köln ein Konzertsaal entstehen konnte, bei dem die akustischen Fehler des Saals in Düsseldorf ähnlich wiederholt wurden. Die Architekten Peter Busmann und Godfrid Haberer, Köln, planten für das Wallraf-Richartz-Museum, Museum Ludwig, einen Konzertsaal, der aus städtebaulichen Gründen – um den Blick zum Rhein nicht zu verstellen – unter die Erdoberfläche gelegt wurde.

Bei diesem Raum handelt es sich m. E. um die Mischform eines arenaartigen Raumes wie in Epidauros, dessen Rückwand – ähnlich einer Orchestra – in Nischen und Logen für den Chor und Sonderplätze aufgelöst ist.

Der Raum hat einen sehr hohen Reihenanstieg, dem jedoch die Deckengestaltung nicht entspricht. Die Decke wirkt nahezu eben und hat weder eine Kuppel- noch eine Zeltform, um die bereits erwähnte Sichtverbindung zum Rhein zu erhalten.

Philharmonie Köln, P. Busmann und G. Haberer, 1983

oben: Schnitt

unten: Innenraum und Grundriß

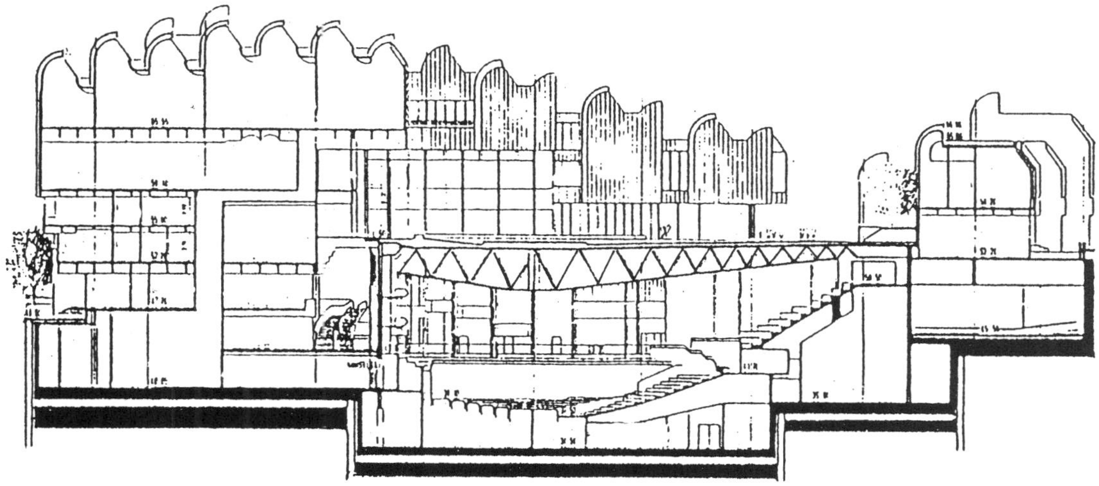

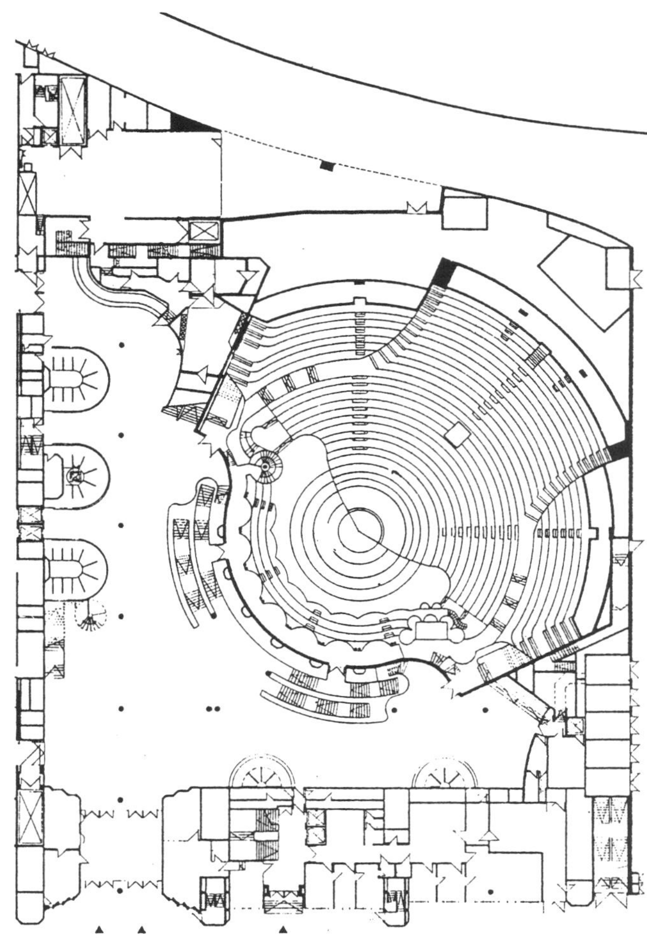

Zusätzlich belastend wirkt eine im Detail technisch interessante Stahlkonstruktion, die sichtbar wie ein gewaltiges Speichenrad über dem Raum liegt und deren Radialbinder, namentlich für die Zuhörer der höheren Platzreihen, bedrückend sind. Von jenen Reihen ist der Einblick in die Stahlkonstruktion verwirrend, wodurch die visuell ablenkende Wirkung wie in dem Konzertsaal in Utrecht noch erheblich gesteigert wird. Der Bereich dieser Stahlkonstruktion ist über dem Podium jedoch durch eine leuchtende Stahlglasstruktur abgedeckt, so daß die Hörsamkeit der Musiker untereinander gewährleistet ist und die ersten Reflexionen für die dem Podium benachbarten Plätze durch diese relativ niedrige Fläche ausgelöst werden.

Der ähnliche Nachteil wie in Düsseldorf liegt darin, daß Flankenwände am Podium im Bereich der Streicher fehlen und daß das schallabsorbierende Gestühl sehr stark ansteigt und daher eine hohe negative akustische Effizienz hat.

Zudem befindet sich hinter den ersten Violinen der turmartige Orgelprospekt, dessen Pfeifen jedoch nicht die gewünschten Schallreflexionen für die Streicher auslösen, denn die Schallwellen beugen sich um die Pfeifen; der diffuse Hintergrund bringt nicht den gewünschten starken Rückwurf in den Raum. Das Hochparkett ist von den minimalen Reflexionsflächen kaum zu erreichen, weil der Höhenanstieg zu stark ist. Die hohe (zwar akustisch diffuse) halbrunde Wand hinter den Blechbläsern und dem Schlagzeug hat eine noch wesentlich ungünstigere Wirkung gegenüber dem Streicherchor als in Düsseldorf, wodurch bei einer großen Orchester-Besetzung die Bläser und das Schlagzeug den Raum beherrschen und den Streicherklang unterdrükken.

Durch strahlengeometrische Untersuchungen läßt sich erkennen, daß das gesamte Hochparkett durch die Anordnung der schallreflektierenden Fläche über dem Podium (die Abdekkung der Stahlkonstruktion) nicht die Reflexion der Streicher erhalten kann; erst Reflexionen von der anschließenden höher liegenden Betondecke können dann das Hochparkett (jedoch nicht kontinuierlich) versorgen.

Die Chorreihen sind gegenüber dem Orchesterpodium viel zu hoch angeordnet und führen aufführungstechnisch, namentlich bei Aufführungen traditioneller Musik, zu Kontaktschwierigkeiten und zu Problemen mit der musikalisch-akustischen Balance. Die akustische Wirkung des Chors ist eher plakativ und mag bei einigen Werken der Spätromantik zu drastischen Wirkungen führen, indem der Chor elementar über das Orchester hinweg wirkt. Derartige Werke bilden aber Ausnahmen und wiegen die Nachteile bei Aufführungen der traditionellen Musik nicht auf.

Die Stellung der Orgel ist ungünstig, denn aus dieser Position kann sie den Raum keinesfalls gleichmäßig klanglich beherrschen und ist auch zur musikalischen Einbindung in den Chorklang ungünstig plaziert.

Der Saal in Köln mutet wie eine inkonsequente Reaktion auf die Philharmonie an, indem einzelne Elemente übernommen wurden, jedoch nicht mit entsprechender Folgerichtigkeit. Die halbkreisartige Anordnung der Zuhörer hätte eine ähnliche Entsprechung auf der gegenüberliegenden Saalseite erfahren müssen und nicht eine wandartige Struktur, durch welche die akustisch-musikalische Balance nicht gewährleistet werden kann.

Es hätte auch erkannt werden müssen, daß die schwebende leichte Deckengestalt für einen Konzertsaal nicht nur aus akustischen (zur Schallentwicklung), sondern auch aus visuell-atmosphärischen Gründen unerläßlich ist. Ein Konzertsaal mit dem Anspruch einer Philharmonie sollte nicht »unterirdisch« in seiner Raumentwicklung eingepreßt sein; es ist zu fragen, ob die Sicht auf den Rhein ein Äquivalent für die akustische Höhenbegrenzung einer Philharmonie sein darf.

Es ist zwar verständlich, daß der Saal in Köln zunächst positiv angenommen wird, weil entsprechende große Konzertsäle fehlen – es ist aber bedauerlich, daß nicht an dem Beispiel der Berliner Philharmonie erkannt wurde, welche gestalterischen Kriterien für das Gelingen der Akustik eines in der Bedeutung übergeordneten Konzertsaales zur Kompromißlosigkeit zwingen.

Anschließend nenne ich noch einige Konzertsäle, die als Gegenreaktion auf die Philharmonie mit der Musik im Mittelpunkt empfunden werden können oder ein Festhalten an konventionellen Formen dokumentieren. Hierzu gehört der große Konzertsaal des Kulturzentrums München am Gasteig; weil es

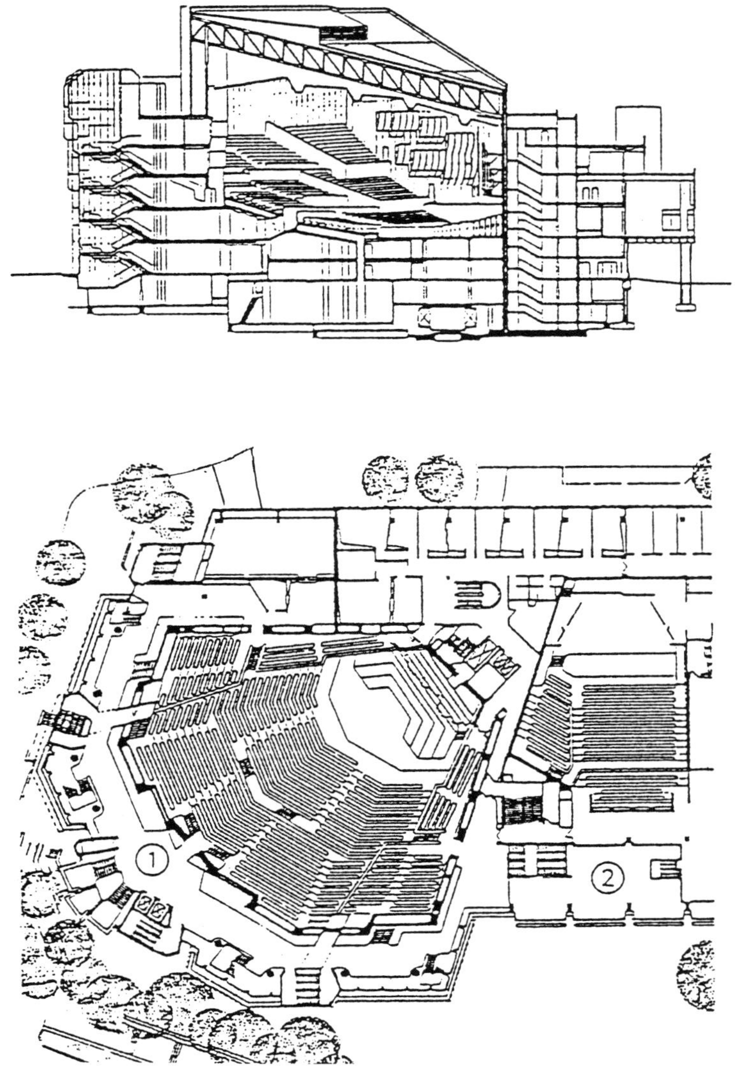

Philharmonie im Kulturzentrum am Gasteig, München, Rollenhagen, Raue, Großmann und Lindemann, 1985, Schnitt und Grundriß

sich aber nicht um einen Zentralraum handelt, möchte ich auf gestalterische und akustische Probleme nicht eingehen.

Die Philharmonic Hall, Lincoln-Center, New York, von Max Abramovitz von 1962 wurde 1976 durch Philip Johnson und John Burgee zu einem »klassischen« Rechteckraum umgebaut, und damit wurde der frühere trichterförmige Grundriß eliminiert. Ich verweise auf diesen Raum, der als Gegenreaktion auf die Philharmonie die »shoe-box« wieder propagiert; der Raum steht am Anbeginn der Postmoderne.

Die Alte Oper, Frankfurt, von Richard Lucae 1990 fertiggestellt, wurde 1981 nach der Planung der Architekten Braun & Schlockermann & Partner wiedereröffnet. Zwischenzeitlich gab es Überlegungen, in dem alten Gehäuse, von dem nur die historische Fassade erhalten werden sollte, einen Konzertsaal mit einem zentral liegenden Podium einzubauen. Vermutlich hätte aber eine derartige Raumstruktur die starre historische Baugestalt »gesprengt«, so daß der ausgeführte modernistische Saal dem Gebäude adäquat ist – auch wenn Baugestalt und Saalform aus gesellschaftlichen und musikalisch-aufführungstechnischen Gründen nicht zeitgemäß sind.

Kultuuritalo Helsinki, A. Aalto, 1958, Innenraum

unten: Finlandia Konzertsaal, Helsinki, A. Aalto, 1972, Grundriß und Schnitt

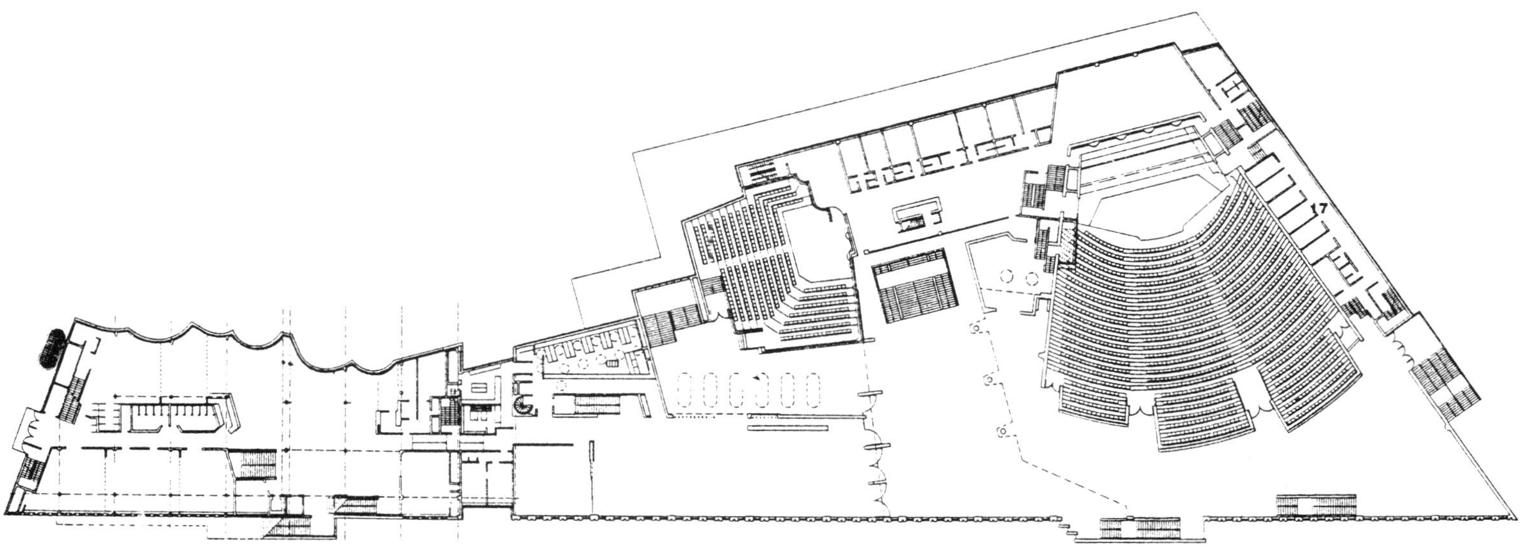

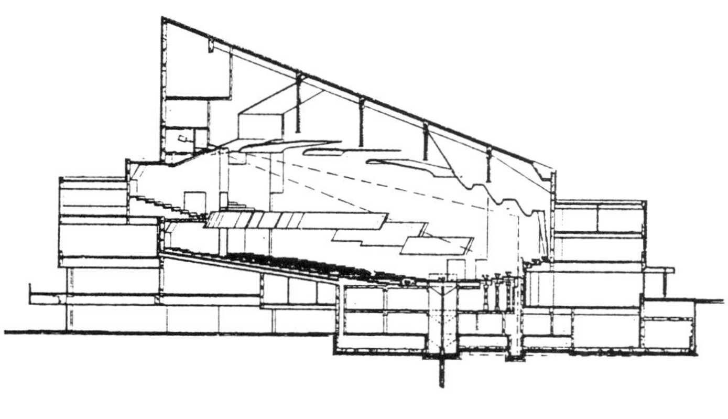

Nach der Planung von Alvar Aalto ist 1972 der Finlandia Konzertsaal in Helsinki entstanden. Der Grundriß zeigt eine trichterförmige Saalgestalt, die lediglich eine geringe Asymmetrie im Zuhörerbereich aufweist. Wenn auch der Saal durch seine schlichte Gestaltung und seine sympathische Detailgebung sehr ansprechend wirkt, so ist doch bedauerlich, daß von Aalto nach dem Kultuuritalo Helsinki von 1958 (mit seiner angenehmen Akustik, aber zu kurzen Nachhallzeit) und nach seinem hinterlassenen Plan für das Opernhaus in Essen keine neuen Impulse zum Konzertsaalbau gegeben wurden.

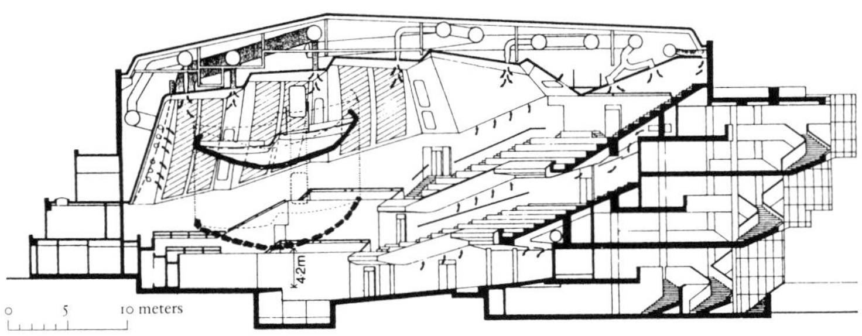

Royal Concert Hall Nottingham, Renton, Howard, Wood, Levin, 1982, Innenraum und Schnitt

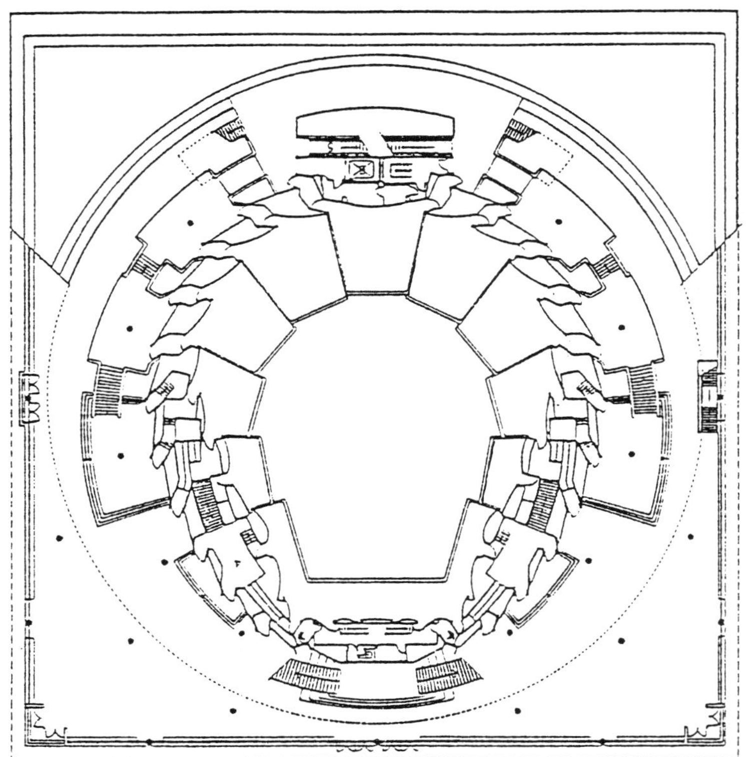

Roy Thomson Hall Toronto, A. Erickson, 1982, Inneraum und Saalgrundriß

In San Francisco ist 1980 die Louise M. Davies-Symphony Hall nach der Planung der Architekten Skidmore und Belluschi eröffnet worden. Der Raum mutet konventionell an, weil über dem Parkett zwei Ränge angeordnet wurden, die an den Längsseiten des Saales terrassenartig zum Podium abtreppen. Auch die zahlreich aufgehängten Reflektoren dürften nicht bewirken, daß der Schall unter die Ränge geleitet wird, so daß diese Plätze, wie bekannt, akustisch minderwertig sind. Die preiswerten Plätze sollen auf den Seiten des Saales dem Podium benachbart sein, außerdem wird der Schall besonders auf den oberen Rang geleitet, daher wird der Saal als der »erste soziale Konzertsaal der Welt« von der lokalen Presse bezeichnet.

Im Jahre 1982 wurde die Royal Concert Hall, Nottingham, von Renton Howard Wood Levin Partnership eröffnet. Die Grundriß-Struktur des Saales mit einem leicht ansteigenden Parkett und zwei Rängen, die seitlich weit in den Raum vorgezogen worden sind, ist konventionell. Die sehr sachliche Gestaltung des Raumes erinnert wohl an Aalto und wirkt angenehm zurückhal-

Suntory Concert Hall Tokio, S. Sano, 1987, Innenraum und Grundriß

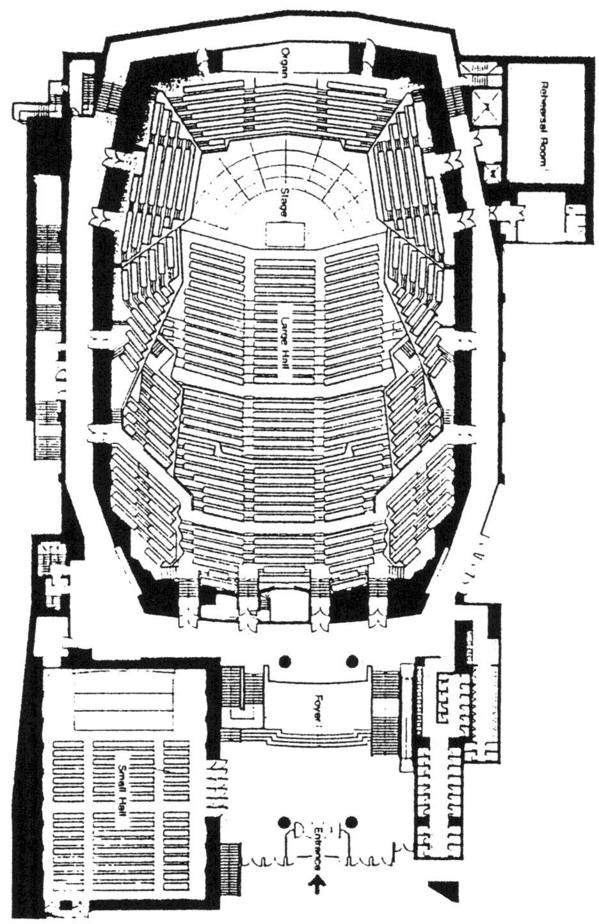

tend. Auffällig ist wiederum eine hohe Rückwand zwischen dem Orchesterpodium und den Chorreihen, die auch als Publikumsplätze hinter dem Orchester genutzt werden können. Unter der sägezahnartig gestuften Decke ist ein großer baldachinartiger verstellbarer Reflektor angeordnet, dessen Wirkung jedoch sicher nur in der Schallverteilung und nicht der Nachhallveränderung liegen kann.

Die Royal Thomson Hall, Toronto, von Arthur Erickson wurde als »semisurround« Hall gebaut. Die Grundrißform ist ein Kreis, in dem, ähnlich wie in der Tonhalle Düsseldorf, das Podium nicht mittig, sondern an einer Seite liegt. Die Saalform folgt aber nicht dem Kreis, sondern ist im oberen Wandbereich etwa birnenförmig. Von diesen Wänden sind neun »schaufelartige« Sektionen als auskragende Rangteile auf zwei Ebenen aufgefächert. Diese Galerien werden hinter dem Podium ebenfalls auf zwei Ebenen fortgesetzt und dienen alternativ für den Chor (untere Ebene) oder auch als Zuhörerplätze. Alles beherrschend ist ein Baldachin, der die Gestalt eines Speichenrades hat und an dem nicht nur die Leuchten hängen, sondern angeblich schallabsorbierende Röhren. Der Raum erscheint in der Gesamtwirkung sehr effektvoll und wenig homogen.

Bevor über den Neubau des Leipziger Gewandhauses berichtet wird, ziehe ich eine Stellungnahme zu dem 1987 in Tokio eröffneten Konzertsaal »Suntory-Hall« vor. Es handelt sich um eine Raumform, die der Royal Thomson Hall in Toronto durch die Anordnung von zwei seitlichen Rängen (jedoch im Grundriß schuppenartig versetzt) verwandt ist. Das Podium befindet sich wiederum auf der Schmalseite der insgesamt nicht so stark geschwungenen Grundrißform. Über dem Podium schwebt ebenfalls eine Galerie für den Chor oder alternativ für Publikum; diese Galerie ist für den Chor zu hoch im Verhältnis zum Orchester disponiert. Auffallend ist die Saaldecke, die über dem Podium wolkenartig ausgeführt wurde, über dem anschließenden Hauptparkett als eine ebene Rechteckfläche wirkt und von dort zeltartig gewölbt zu den Längsseiten des Raumes und zur Rückwand hinuntergleitet. Die Form mag mit den traditionellen japanischen Hausformen verwandt sein, akustisch dürfte diese Decke wegen ihrer konvexen Schallzerstreuung große Vorteile bieten. Dagegen wird eine räumliche Verschmelzung zwischen dem leicht ansteigenden Parkett und den seitlichen abteilhaft wirkenden Galerie-Segmenten nicht erreicht.

Die stärkste Auseinandersetzung mit dem Saal der Berliner Philharmonie spiegelt sich in dem Saal des Leipziger Gewandhauses, der 1981 nach der Planung von Rudolf Skoda und Volker Sieg eröffnet wurde, wider. In diesem Saal ist zwar die arenaartige Konzeption der Berliner Philharmonie nicht wiederholt worden oder wird nur dann erreicht, wenn die Chorplätze beidseitig vor der großen Orgel an der Rückwand durch Publikum besetzt werden. Dieser Kompromiß zieht sich ähnlich durch fast alle Konzertsäle, die nach der Philharmonie in Anlehung an die Zentralraum-Konzeption gebaut wurden. Auffällig ist die umgreifende weiße Brüstung, die kontinuierlich, nur abgeknickt von den Seitenparkettflächen vor den rückwärtigen Plätzen für den Chor (oder alternativ für Publikum), weitergeführt worden ist. Dadurch wird eine Geschlossenheit deutlich signalisiert, die jedoch in dem großen Parkettbereich verlorengeht. Dieser besteht aus einem ansteigenden unteren Parkett, das nach einem Höhensprung durch ein Hochparkett fortgeführt wird und durch einen weiteren Sprung in einem quasi rangartigen Hochparkett seinen Abschluß findet. Diese weinbergartige Stufung ist eine deutliche Variation zu der dreifachen Parkettstruktur der Philharmonie, nur sind in Leipzig die einzelnen Bereiche durch weiße Brüstungen miteinander verbunden, bilden daher keine klaren Formen und führen zu einer gewissen Kleinteiligkeit und Unruhe.

Die Grundgestalt des gesamten Gebäudes ist ein birnenförmiger Trichter, in dem das Podium außermittig liegt. Die Flankenwände des Podiums (nach dem Vorbild der Berliner Philharmonie) öffnen sich im Grundriß zu dem Hauptparkett. Von diesen Flankenwänden steigen jeweils sieben Reihen eines Seitenparketts an, jedoch sind diese relativ großen Bereiche nicht wie in der Philharmonie (dreifach) gegliedert. Dadurch erhält der Raum zwar eine großzügige Zusammenfassung, aber auch eine Ungleichheit der Struktur gegenüber dem Hauptparkett.

Die formalen Durchdringungen zwischen den Seitenparkettflächen und den Hochparkettebenen des Hauptparketts wirken formal nicht überzeugend. In der Berliner Philharmonie liegen unter den flügelartig vorgezogenen Querbrüstungen, die die Hauptparkettebenen untergliedern, die Zugänge zum Saal; darüber wurden jeweils zwei Reihen angeordnet.

In Leipzig ist dieses Prinzip variiert aufgegriffen worden, allerdings befinden sich fünf Reihen in den vorgezogenen Hochparketteilen, die eine eigentümliche Mischform bilden und an die vorgezogenen Hochparkettflächen des Berliner Sendesaals erinnern.

Die Saalwände erscheinen recht hoch, wodurch der Raum »Atem« und Weite erhält, zumal die 10 m hohe Orgel die Ausgangshöhe der in der Gesamttendenz nahezu horizontalen Decke bestimmt.

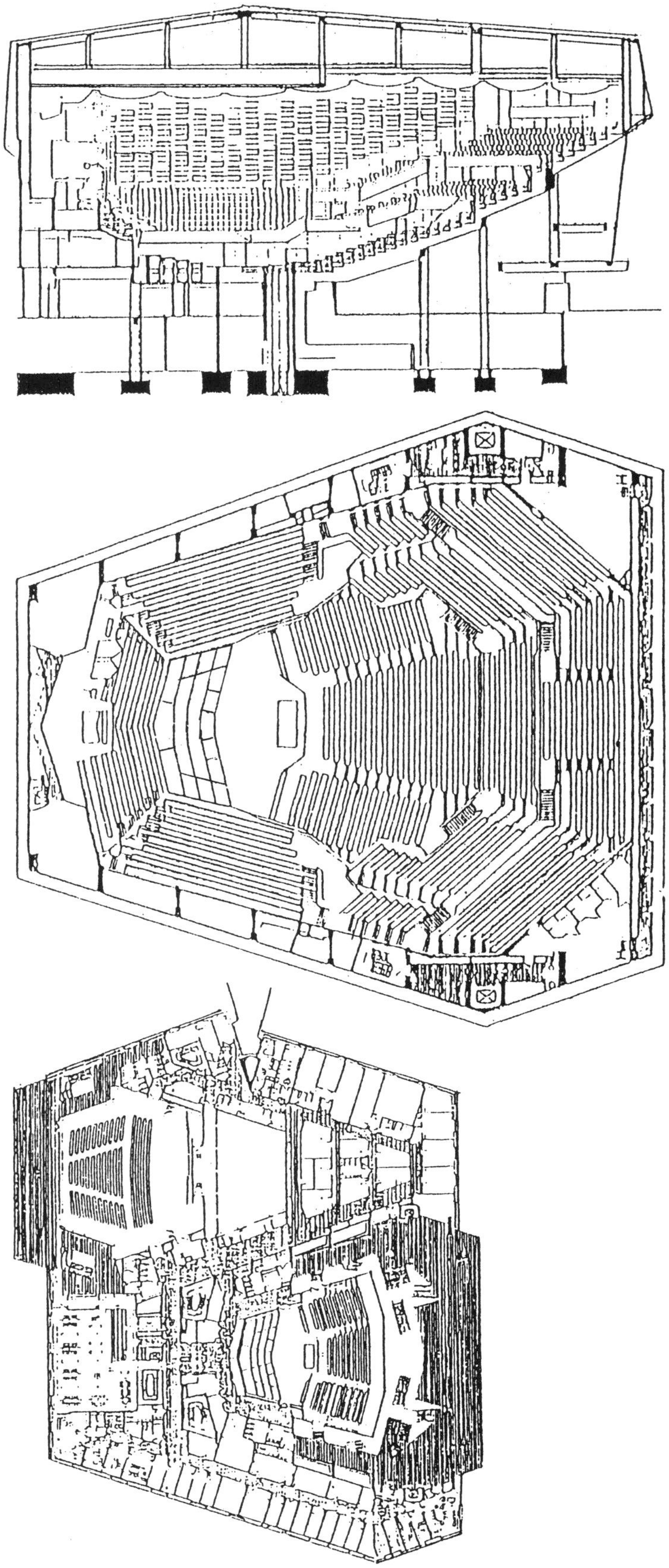

Konzertsaal des Leipziger Gewandhauses, R. Skoda und V. Sieg, 1981

oben: Schnitt durch den Saal
Mitte: Saalgrundriß
unten: Großer Saal, Grundriß auf Ebene +4,80 und kleiner Saal

Konzertsaal des Leipziger Gewandhauses, Innenraum

Die Decke besteht aus einzelnen wolkenartigen Tonnensegmenten unterschiedlicher Größe, die teilweise auch kalottenartig ausgebildet wurden. Nachträglich mußten Öffnungen und Spalten zwischen diesen Segmenten baulich geschlossen werden, weil erkannt wurde, daß insbesondere die tiefen Frequenzen durch Beugung absorbiert werden. Die Wände, die im Verhältnis zum Saal der Philharmonie sehr hoch wirken (weil sie nicht auf den menschlichen Maßstab durch Herunterführen der Saaldecke gebracht wurden), mußten durch kubische Resonatoren (Tiefenabsorber) akustisch aufgelöst werden; durch die technisch-akustische Auflösung wirkt die Wand aus der Nähe im Detail und als Gesamtansicht sehr unruhig. Die akustische Auflösung der Wand ist auch erforderlich, weil zwischen Wand und Decke kein rechter Winkel (wegen der Reflexion des Schalles zum Ausgangspunkt auf dem Podium) entstehen darf. Derartige Reflexionen wären bei diesen großen Wandflächen und den angrenzenden nahezu ebenen Deckenflächen als Echos hörbar geworden. Der Raum zeigt, im Gegensatz zur Philharmonie und auch zum Kammermusiksaal der Berliner Philharmonie, einen deutlichen Farbkontrast zwischen den hellen Brüstungen und den relativ dunklen Wänden sowie dem weinroten Gestühl. Der Eindruck einer »schwingenden« Landschaft wie in der Berliner Philharmonie entsteht nicht, sondern es sind einzelne schichtartige Strukturen, wie Parkettebenen, Wandbereich und Decke, die nicht verschmelzen, sondern einen kontrastierenden Gegensatz bilden. Hierdurch wirkt der Raum zwar sehr präsent, aber nicht geheimnisvoll. Die starke Gliederung, mit Ausnahme bei den Seitenparkettflächen, führt durchaus zu angenehmen menschlichen Maßstäben, auch wenn einzelne Bereiche formal nicht klar gegliedert sind.

Auf die Anordnung von zusätzlichen Reflektoren wurde schließlich verzichtet, weil der Blick auf die Orgel nicht eingeschränkt werden sollte. Es ist denkbar, daß dann die Reflektoren – wenn sie aus einem diaphanen Material, z. B. Polyester wie im Kammermusiksaal der Berliner Philharmonie, bestehen würden – eine Bereicherung des Gesamtraumes durch Unterteilungen und durch atmosphärische Überleitung zu der wolkenartig strukturierten Decke herbeiführen würden. Für die Hörsamkeit der Musiker untereinander und für Zwischenreflexionen auf die dem Podium benachbarten Plätze wären derartige Reflektoren von großer Bedeutung.

Leider scheinen mit diesem Raum noch keine Einrichtungen für neue Musik, insbesondere für Raum- und elektronische Musik oder auch für halbszenische Aufführungen angeboten zu werden, so daß auch dieser Saal für die Weiterentwicklung neuer Musik nicht initiierend wirkt. Es ist jedoch festzustellen, daß weltweit in den Konzertsälen Einrichtungen für weiterführende neue Musik nicht bedacht oder durchgesetzt wurden, obwohl benachbart avantgardistische Studios für Neue Musik wie in Köln seit langem bestehen.

Mit dem Saal des neuen Gewandhauses in Leipzig, dem ersten Konzertsaal-Neubau in der ehemaligen DDR nach dem Krieg, ist ein Raum entstanden, der akustisch sehr gute Ergebnisse gebracht hat und zugleich durch eine menschlich sympathische Atmosphäre stimulierend wirkt. Bedauerlicherweise bleibt festzustellen, daß die Weiterführung der Philharmonie-Idee mit der menschlichen Runde in den Staaten der östlichen Hemisphäre, in denen der Mensch in der Gemeinschaft als Staatsform beschworen wurde, ausblieb, sieht man von den Sälen in Leipzig und in Ost-Berlin (im Palast der Republik) ab. In etlichen Begegnungen mit fernöstlichen Interessenten kam immer wieder das technische Interesse an den beiden Sälen der Philharmonie zum Ausdruck, zugleich aber wurden erhebliche Divergenzen zum Anliegen des menschlichen Raumes spürbar, die mentalitätsbedingt sein mögen, sich aber hier einer summarischen Beurteilung entziehen.

Die Philharmonie – ein Endpunkt im Konzertsaalbau?

Mehr als 25 Jahre nach der Eröffnung der Philharmonie scheint diese Frage durchaus berechtigt zu sein, denn nach dem Erstaunen, der Kritik, der Bewunderung oder dem Atemholen zu einer neuen Form des Konzertsaales können diese Ergebnisse und Bemühungen in den letzten Jahrzehnten überblickt und neue Tendenzen aufgespürt werden.

Scharoun hätte diese Frage gewiß dahingehend beantwortet, daß durch den »Wandel der Struktur in Raum und Zeit« auch eine neue Form des Konzertsaales entstehen würde, wobei der Kammermusiksaal der Philharmonie als ergänzende Weiterentwicklung der Grundidee aufzufassen ist. Scharoun hätte aber auch um den Wert der Philharmonie wissend keine Hinweise geben können, von wo andere Impulse zu einem festlichen gemeinschaftsbildenden Raum kommen könnten, denn alle studiohaften, hochtechnifizierten Räume sind nur höchst einseitige Beiträge zum Konzertsaalbau.

Läßt sich eine Neudeutung von Wagners »Ring der Nibelungen«, vielleicht auf einem Geniestreich basierend, in einigen Jahren erarbeiten, so ist der Raum für eine Gemeinschaft, ein Konzertsaal, ein Theater oder ein Sakralraum übergeordneter Größe und Wesenheit wohl immer ein krönendes Lebenswerk und die Kulmination der Erfahrungen, des Widerfahrenen, des Erträumten und Gestalteten. Arnold Schönbergs Wort über den Endpunkt der 9. Sinfonie, hinter der etwas käme, was wir nicht wissen sollen, kommt in den Sinn. Wenn Hoffnung auf die Weiterentwicklung im Konzertsaalbau nach der Philharmonie mit Skepsis verbunden ist, so liegt dies in der Einschätzung unserer Zeit, und zwar gleichermaßen in den Problemkreisen »Demokratie als Bauherr« und »der Architekt als Gestalter des Zeitgeistes«.

Nicht nur in Deutschland ist der Architekt Pressionen und Sachzwängen ausgesetzt, die fast immer jede außerordentliche Leistung im Keime ersticken. Ist im Bauen des 20. Jahrhunderts vielfach nach einem blinden Konstruktivismus eine modische Hinwendung zum Bildhaften, zur »Postmoderne« festzustellen, wobei vorrangig die äußere Schale, die Fassade und nicht der Raum einer dekorativen Mutation unterzogen wird, so fehlt generell die Hinwendung zum Wesenhaften. An unseren Hochschulen wurde über einen zu langen Zeitraum ein Kollektivdenken initiiert, das nicht die Reflexion über die Beziehung Individuum/Gemeinschaft forderte. Allerdings ist der Mut zur Leidenschaft, zum Eintreten für eigene und nicht modische Ideen nicht lehrbar.

Die Freiheit des künstlerischen Architekten und Baumeisters schließt in der Gestaltung des Neuen das Risiko des Scheiterns der Idee, an der Umwelt und am Bauherrn ein. Scharoun ging dieses Risiko während seines ganzen Lebens ein und wartete nahezu fatalistisch auf die Konstellation, aus der sich nach so vielen Enttäuschungen endlich die Gelegenheit zur Verwirklichung des Neuen bieten würde. »Was wäre das Leben ohne Zufall!« war sein lakonischer Kommentar, als sich durch Erkrankung eines Preisrichters die Jury beim Wettbewerb für die Philharmonie wandelte und ihm schließlich mit einer Stimme Mehrheit der erste Preis zuerkannt wurde. Adolf Arndt sagte in seiner Ansprache zur Eröffnung der Philharmonie:

»... So bedarf ein öffentlicher Bau in unvergleichlicher Weise des Mitwirkens der Allgemeinheit, mag sie nun in der Gestalt eines Mächtigen verkörpert oder in einer Demokratie zum Gesamt der vielfältigen Bürgergemeinde erweitert sein.

Darum ist die Geschichte der Baukunst die Geschichte des fast immer tragischen Schicksals der großen Baumeister, der Not ihres unablässigen Ringens mit ihrem Bauherrn, ihrer bis an den Lebensnerv gehenden Bitternisse, ihrer Vereinsamung, ihrer Verlassenheit, ihrer Demütigung.

Dieses Los blieb in Berlin auch den für diese Stadt so prägenden Baumeistern wie Schlüter, Knobelsdorff und Schinkel nicht erspart.

So ist die Geschichte der Baukunst zuzeiten weniger die Geschichte der Bauten als die Geschichte der Entwürfe und Pläne, die ungebaut blieben, die Geschichte dessen, was an Baukunst der Verlorenheit anheimfiel, nicht weil es an Baumeistern mangelte, sondern weil der Bauherr fehlte oder versagte.

Das Elend der Baukunst wurzelt tief in zwei Gründen, in ihrer äußeren Spannung zwischen Kunst und Wirklichkeit und in ihrer inneren Spannung zwischen Mathematik und Phantasie.

Während die Künste sonst die Welt um Werke vermehren, die vollendet in sich selber ruhen, sind die Werke der Baukunst nicht sich selbst genug, sondern bestimmt, in die Wirklichkeit des Alltags einzugehen, und darauf angewiesen, von Menschen mit ihrer Geschichte belebt zu werden, für die sie in der Zeit Stätten der Andacht oder der Arbeit oder des Wohnens bleiben sollen.

Von allen Werken der Kunst können allein Baukunstwerke begangen werden, ja sie bedürfen des Begehens, um aus der Lebensgemeinschaft zusammen mit den Menschen, die sich in ihnen bewegen, sich zu erfüllen.

Kein Bauwerk ist ein leblos Ding. Kein Bauwerk ist in nur einem Tage erschaffen. Kein Bauwerk sollte daher in seiner Form und in seinem Klang bloß aus der Spannung nur eines Tages beurteilt oder abgeurteilt werden. Der des Hauses bedürftige Mensch und der des Menschen bedürfende Bau sind für lange Zeiten aufeinander angewiesen.

Kein anderes Kunstwerk ist daher so in seinem Bestehen mit der Gestalt des menschlich Gesellschaftlichen bedingt und verschmolzen wie das Bauwerk.

Kein anderes Werk, und krasser noch, kein Ausbleiben eines Werkes sonst, zeigt so offenkundig an, wie die gesellschaftliche Lage ist, ob die mitmenschliche Gemeinschaft ihre zeitgerechte Form gefunden hat oder ob sie in Verfall geraten ist.

Wird die Geschichte der Baukunst zuzeiten die Geschichte der ungebauten Entwürfe und zugleich die Geschichte der gebauten Lügen, der täuschenden Bauverkleidungen, der baulichen Öde, die sich hinter der Maske des billigen Zierats verstekken muß, des glasflimmernden Stumpfsinns in Zement, der unnahbaren Glätte stählerner Eisigkeit, so ist der Gestaltverlust an menschlicher Bauweise stets das schreckliche Wahrzeichen für den Verlust zeitgerecht mitmenschlicher Gestaltung im gesellschaftlichen Zusammenleben. In solchen Zeiten versiegt die Phantasie oder verströmt als das unerreichbare Aufleuchten einer Utopie, die sich nicht verkörpern kann, verhallt die Phantasie als sehnsüchtiger Anruf, dem keine zur Gestalt bereite Gemeinschaft antwortet.«

Die Philharmonie als »krönendes Lebenswerk« war für Scharoun auch die Überwindung aller Widerstände – dies erneut beim Bau der Staatsbibliothek zu erleben, war ihm nicht vergönnt. Leider wurde die Planung für den Anbau der Philharmonie, die Erweiterung durch den Kammermusiksaal, nach dem internationalen Erfolg der Philharmonie aus finanziellen Sachzwängen verwehrt, obwohl sich die Stadt Berlin viele große Projekte bis zum Milliarden-Bau leisten konnte.

Worin besteht also die außerordentliche Bedeutung der Philharmonie und ist sie, sieht man zunächst vom Bau des Kammermusiksaals ab, tatsächlich ein Endpunkt im Konzertsaalbau? Die Antwort liegt in der Symbiose Raum – Musik – Mensch – zu jeder der drei Komponenten ist Neues, Weiterführendes geschehen.

Über den Raum, den Zentralraum der Philharmonie wurden im Vorangegangenen Erläuterungen, Erklärungen und Entwicklungstendenzen aufgezeigt. Abschließend sei hier der Architektur-Kritiker Jürgen Joedicke (1963) zitiert:

»Es steht nicht in der Macht des Architekten, eine Gesellschaft durch das Gebaute zu verändern, aber der Architekt kann die Stätten bereiten, deren sich die Gemeinschaft bedient, sofern sie sich damit identifiziert. Vielleicht ist Scharoun etwas Derartiges, das Höchste, was ein Architekt erreichen kann, gelungen.

Was immer aber über diesen Raum gesagt wird, es sollte auf die Sache bezogen bleiben. Es sollten ihm nicht jene falschen Denkklischees unterschoben werden, an denen die Architekturkritiker zu hängen scheinen, wie etwa an diesem, daß der Raum in Anlehnung an Giedions »Space, Time, and Architecture« vierdimensional sei und die Zeit die vierte »Dimension«. Architektonischer Raum bleibt immer dreidimensional. Die es dennoch anders behaupten, übersehen, daß sie zu einer objektiven Eigenschaft des Raumes erklären, was subjektiver Wahrnehmungsinhalt ist.

Und organhaft, um einen anderen dieser mißverstandenen Begriffe zu verwenden, ist dieser Raum nicht, weil darin kein rechter Winkel vorkommt, sondern weil hier die Raumform durch eine Vertiefung des Funktionsbegriffes über seine rationalen Aspekte hinaus gefunden wurde. Um Häring zu zitieren: ›Die Wesenheit des Objektes entscheidet, in welchem Gestaltreich ein Bau steht.‹

Das Bauwerk hebt sich durch die Qualität seiner innerräumlichen Gliederung aus dem Schaffen unserer Epoche heraus. Es zeigt, daß auch das Festliche der Moderne mit den ihr eigentümlichen Mitteln erreichbar ist, daß es dazu nicht des Rückgriffes auf Formprinzipien vergangener Jahrhunderte bedarf, wie es beim Lincoln Center in New York mit zweifelhaftem Erfolg versucht wird. Vielleicht wird man einmal rückblickend sagen, daß mit diesem Bau eine neue Dimension des Musischen, eine neue Form des Musik-Erlebens, eine neue Tradition begründet wurde; vielleicht werden wir später in diesem Bau ein Abbild jenes Verhältnisses des Einzelnen zur Gemeinschaft erkennen, zu dem wir uns als Gesellschaft bekennen können.«

Auch über die zweite Komponente, ob dieser Raum für die Aufführung der Musik herausragend gelungen ist und ob er ein »musikalischer Raum« geworden ist, wurde nach 25jährigem Erleben ausführlich berichtet und zwangsläufig subjektive Empfindungen offenbart. Wenn hier abschließend noch einmal an die Verpflichtung des Architekten, mit einem neuen Raum künstlerisch neue Wege zu versuchen, appelliert wird, so geschieht dies in Beziehung zur Frage nach der Entwicklung und dem Endpunkt im Konzertsaalbau.

Wird Karl Friedrich Schinkels Wort »... Überall ist man nur da wahrhaft lebendig, wo man Neues schafft« nicht nur lediglich auf die Außengestalt eines Gebäudes und seine Detaildurchbildung bezogen, sondern auf das Wesen eines Baues, das aus den übergeordneten inneliegenden Funktionen entwickelt wird oder, wie Scharoun es formulierte, »vom Vorgang her seine Gestalt und seinen einmaligen, nicht wiederholbaren Ausdruck findet«, so scheint mit der Philharmonie zunächst ein baukünstlerischer Höhepunkt, vielleicht auch ein Abschluß in der Entwicklung des Konzertsaales gesetzt zu sein. Die neue Musik zieht sich nach hoffnungsvollen Versuchen, den Raum als musikalischen Parameter mit konventionellen Instrumenten oder technischen Apparaturen in die Komposition einzubeziehen, wieder auf Konventionelles oder Traditionelles zurück. Wesentliche Impulse zu einer neuen Gestalt des Konzertsaales sind nicht spürbar oder bleiben wie Stockhausens kugelförmiger Musikraum für Osaka im engeren experimentellen Bereich und haben auf den Konzertsaalbau als Aufführungsstätte vorwiegend traditioneller Musik keinen Einfluß. Dennoch sind die Einrichtungen für elektronische Musik und die Entwicklung eines Raummusik provozierenden Saales von höchster Bedeutung, hat doch die mehrchörige Disposition von San Marco in Venedig über musikalische Echoeffekte zu einer Raummusik und schließlich zur Polyphonie geführt. Den auf diesem experimentellen Gebiet der Neuen Musik arbeitenden Komponisten stehen bedauerlicherweise kaum adäquate Aufführungsstätten für eine räumlich differenzierte Musik wie in der Philharmonie zur Verfügung, wodurch der Anreiz zur Komposition derartiger Werke ausbleibt. Auch Hector Berlioz' geniales Requiem mit der Einbeziehung suggestiver Raumwirkungen, durch den Invalidendom im Paris inspiriert, blieb trotz improvisierter Aufführungen in konventionellen Sälen im Grunde ein streng auf jenen Raum bezogenes Werk, das zwar die Komponisten bis zur Gegenwart, aber bedauerlicherweise nicht die Architekten anregte.

Schon unter diesen Aspekten scheint die Philharmonie bisher ein Endpunkt in der Entwicklung des Konzertsaales zu sein. Anlehnungen an Variationen des Philharmonie-Raumes, wie sie seit einigen Jahren versucht werden, lassen diese wichtigen Neuerungen im Konzertsaalbau völlig unberücksichtigt. Scheint schon die Aufgabe der Baukunst, die bildenden Künste zu vereinen, weitgehend verlorengegangen zu sein, so sind die synästhetischen Bemühungen, Licht, Farbe und Musik im Raum zu einem Gesamtkunstwerk zu vereinen, trotz der technischen Gegebenheiten in den achtziger Jahren des 20. Jahrhunderts kaum ersichtlich oder gelangen aus verschiedenen Gründen nicht zum Durchbruch. Sind die Bemühungen des Architekten um die Einbeziehung der benachbarten künstlerischen Disziplinen von einem Mitvollziehen der auf diesen Gebieten arbeitenden Künstler abhängig und können daher nur als Anregung oder als Postulat gesetzt sein, so kommt ihm im modernen Konzertsaalbau aber primär die Aufgabe zu, eine Aufführungsstätte für ein neues Musikerleben zu schaffen.

Die außerordentliche Entwicklung der musikalischen Medien Schallplatte, Tonband sowie Rundfunk- und Fernsehübertragungen sind eine notwendige Ergänzung für das Musikhören in einem Konzertsaal, sie können das Musikerleben, die Atmosphäre eines Konzertes, die künstlerische Ausstrahlung des Interpreten nicht ersetzen. Nachdem erwiesen ist, daß das musikalisch-akustische Experiment »Musik im Mittelpunkt« geglückt ist und durch wissenschaftliche Untersuchungen erkannt und wiederholbar gemacht wurde, kann die Philharmonie als vorläufiger Abschluß einer Entwicklung gesehen werden. Es scheint, daß zwar bisher in der Philharmonie die Dichte des Musikerlebens und damit die Möglichkeit, hohe Besucherzahlen ohne die früher üblichen Ränge zu erreichen, von den Architekten der Gegenwart erkannt wurde. Nach mehreren Projekten im internationalen Konzertsaalbau lassen die ausgeführten Säle in Sydney, Denver und Utrecht diesen Schluß zu, obwohl namentlich in Denver entscheidende akustische Erkenntnisse aus der Philharmonie nicht erkannt wurden, was zwangsläufig zu Beeinträchtigungen führte.

Daß der Raum der Philharmonie nicht häufiger zum Vorbild genommen wird, dürfte neben der Schwierigkeit der akustischen Beherrschung an den technischen und gestalterischen Schwierigkeiten liegen, wodurch vor der letztlich selbstverständlich und überschaubar wirkenden Gesamtform nicht nur Architekten, sondern besonders auch Auftraggeber mit dem Hinweis auf angeblich erhöhte Kosten zurückschrecken. Statt dessen werden einzelne Elemente aus der sorgsam entwickelten Gesamtform in neuere Konzertsäle übernommen, mit dem Ergebnis, daß unorganisch anmutende Raumbildungen entstehen.

Die Bedeutung der Philharmonie wird aus dem Vergleich mit den danach in der musikalischen Welt geschaffenen Konzertsälen offenkundig. Wie schwierig es ist, Musikalisch-Akustisches und Technisch-Konstruktives in einem Raum so zu vereinen, daß ein festlicher und überdies zukunftsweisender moderner Raum entsteht, ist an den Nachfolgebauten der Philharmonie ablesbar. Das Uranliegen und die Uraufgabe der Architekten aller Zeiten, den Raum für die Gemeinschaft im Wechselspiel zwischen Individuellem und Politischem formend zu bilden, scheint zu den schwierigsten Aufgaben zu gehören. Aufgabe und Lösung hat Adolf Arndt 1963 bei der Eröffnung der Philharmonie quasi prophetisch beschrieben.

»Was hier beginnt, ist das Wirklichwerden eines gesellschaftlich Neuen, das dem Freiheitlichen in mitmenschlichem Beieinander Gestalt schenkt.

Das widerspruchsvolle Geheimnis des Raumes, den Menschenhand durch das uns zum Bleiben notwendige Bauen stiftet, ist sein Doppelsinn, daß Raum uns zur Vereinzelung trennt und uns zur Gemeinsamkeit eint und daß dadurch Raum auf unsere zwiespältige Sehnsucht antwortet, Mensch im Eigenen allein bei sich selber zu sein und sich gesellschaftlich als Mensch im Gefüge der Gemeinschaft zu bewähren, die uns aus der Verlassenheit befreit.

Raum kann uns voreinander verbergen, auch indem er uns nach Rängen und Klassen verteilt; Raum wiederum kann auch unser Geborgensein gründen, indem er uns eingliedert.

Es geht darum, daß Abstand, ohne den wir keinen Atem haben, nicht zur Entfernung wird, sondern uns aufeinander bezieht, damit uns Distanz von rechtem Maß und freiheitlicher Art miteinander verbindet.

Aus dem Vorgang des Musizierens erfahren – Erlebtes um sich wölbend gleich dem Firmament –, umfängt hier in schwingenden Formwellen das Rund der Hörerschaft seine geistige Mitte, um jeden für sich gleich gelten zu lassen und alle in die freie Teilnahme an der Gemeinschaft des Ganzen einzubeziehen.

Das abgeschnittene Entgegensein von Orchester und Publikum, das in ein Vorn und Hinten geschiedene Aufgereihtsein der Empfangenden ist aufgegeben, um einer freien und offenen Gesellschaft im Vorbild der musikalischen Gemeinde zur raumgeformten Wirklichkeit zu verhelfen.

Der Gedanke der Bauform entsteht mit ursprünglicher Kraft von innen her und gestaltet sich zur musischen, zur gesellschaftlichen, zur politischen, zu einer das Gesamt unseres Menschlichen beeinflussenden Wirklichkeit, weil sich die Spannung zwischen Kunst und Wirklichkeit nur meistern läßt, wenn sie von der inneren Spannung zwischen Regel und Phantasie her der schöpferischen Phantasie die Freiheit einräumt, die Wahrheit für alle mitmenschlichen Beziehungen in unserer Zeit zu finden.«

Beziehen wir daher Schinkels Wort, daß man nur da »wahrhaft lebendig ist, wo man Neues schafft«, auf die Raumbildung für die menschliche Gemeinschaft beim Musikerleben und sehen wir den Raum in Schinkels Sinne nicht als Zufallsergebnis, sondern als ein in allen Einzelheiten gestaltetes festliches Gebilde, so ist festzustellen, daß nach der Schöpfung der Philharmonie keine neue Entwicklung im Konzertsaalbau erkennbar ist, in der Raum, Musik und Mensch in neuer, anderer Gestalt erscheinen.

Fast 30 Jahre nach der Eröffnung der Berliner Philharmonie kann somit die Frage, ob die Philharmonie mit dem ergänzenden Kammermusiksaal ein Endpunkt im Konzertsaalbau ist, eindeutig bejaht werden. Die Auseinandersetzung der Architekten mit dem Zentralraum der Philharmonie hat in den vergangenen Jahrzehnten nur zu Mischformen in Düsseldorf und Köln, aber auch in Tokio und Leipzig geführt.

Diese abgeleiteten Formen entstanden, weil die Philharmonie als Absolutum nicht zu kopieren ist und der Nationalstolz, besonders in außereuropäischen Ländern sowie der autarke Gestaltungswille der Architekten eher einen akustischen Kompromiß in Kauf nehmen, statt durch internationale Zusammenarbeit auf dem Erfahrenen aufzubauen, um so einen optimalen Raum für den Menschen und die Musik zu schaffen.

Mit der Philharmonie, mit der »Musik aus der Mitte«, sind die adäquaten baulichen Gestaltformen, wie die weinbergartigen Brüstungen, das schallreflektierende Gestühl, die zeltartige Decke mit den Schalldiffusoren, die wolkenartigen Reflektoren über dem Podium in der Mitte u.ä. spontan vorgegeben. Jede Adaption dieser Gestaltform bringt den nachempfindenden Architekten in den Ruf eines Plagiators. Durch die modernen Medien und die Architektur-Kritiker wird jeder bedeutende Bau heute sofort kritisch »seziert« und auf Einflüsse und Herkünfte einsortiert. Es kann sich so keine Schule, kein Stil wie in früheren Jahrhunderten der Baugeschichte bilden, der als »Ordnung« Maßstäbe setzt und zur weiteren Verfeinerung führt.

Die Mischformen der erwähnten neuen Konzertsäle sind ein ähnliches postmodernes Suchen nach Kopierbarem, da sie nicht organisch entwickelt wurden. Die Postmoderne, wie sie sich als formalistisch dekorative Adaptionswelt darstellt, hat noch keinen Konzertsaal geschaffen, der auch nur in irgendeiner Weise an die vielfältigen Neuerungen der Berliner Philharmonie heranreicht.

Wenn also die Zentralbauten der Philharmonie in ihrer Ganzheit nicht kopierbar sind, werden sie – ähnlich dem Pantheon in Rom – tatsächlich ein singuläres Ereignis, ein Absolutum bleiben und damit ist logischerweise ein Endpunkt im Konzertsaalbau fixiert.

Das Erfahren des Baues der Berliner Philharmonie und das Erleben des Genies Scharoun geben den Maßstab und die Sicherheit in der Beurteilung der Konzertsaalbauten, die nach der Philharmonie entstanden sind. Der »Umgang« mit dem Absolutum birgt eine gewisse Tragik, denn wie gut man auch für die Musikhörenden und Musiker den großen Gedanken der Philharmonie weiterführt, die »Einsortierer« unter den Architekturkritikern sehen nicht die sensible Weiterentwicklung einer Idee und bringen das »architektonische Erbe« fast in die Nähe eines Plagiats.

Im Bau des Kammermusiksaals der Philharmonie ist die Beziehung Mensch–Raum–Musik noch intensiver, noch dichter geworden. Durch die neue kompromißlose Zentralform des Saals und durch das dreipolige Spannungsfeld wird eine völlig neue räumlich-musikalische Strukturform entwickelt, die sowohl bei der alten, der traditionellen Musik als auch bei der neuen, den Raum einbeziehenden Musik, neue Wege weist.

Die großen sinfonischen Werke, namentlich der Spätromantik, entfachen in der Philharmonie den Makrokosmos – der Kammermusiksaal führt konsequent zum musikalischen Mikrokosmos, zur Urzelle, aber auch zum Verklingen – zur Stille.

Das Aphoristische und zugleich auch das Endzeitliche, das im Werk Anton von Weberns und Luigi Nonos anklingt, wird in dem neuen Raum Ereignis. Der Einzelton, der aus dem Nichts erwächst und sich im Unendlichen »verliert«, bewirkt atemloses »Hineinhören« wie in kristalline musikalische Bausteine.

Der geheimnisvolle neue Raum stimuliert durch die Zeltform, das Firmamentartige, das Atmosphärische und zugleich das Archaische, das Zeitlose, aus dem die Musik kommt.

Jahrzehnte nach dem Entstehen der Philharmonie gibt in dem neuen Raum, dem Kammermusiksaal, die Aufführung von Luigi Nonos »Prometeo« eine Antwort zur Frage nach dem Endpunkt im Konzertsaalbau.

In dieser Aufführung sind alle Raummusik-Emporen, der »Aktionsring« und die ringartig im Raum und in der Decke angeordneten Lautsprecher für elektronische Musik in ein musikalisch-räumliches Mysterium, in ein neues Gesamtkunstwerk, einbezogen.

Prometheus brachte den Menschen in der Runde das Feuer, das nicht nur Wärme spendet, sondern Erkenntnis und die Freiheit des Geistes. Das neue Feuer des Prometheus richtet sich gegen Konventionen und gegen Tagesmoden – es kann zum Symbol des alten und neuen Baues werden; als zeichenhafte Farbe ist es, wie das Feuer des Geistes, beschwörend hoch im Foyer und im Saal gesetzt!

Die Philharmonie als Endpunkt kann nur durch die Variation des Themas Raum–Musik–Mensch fortgeführt werden. Die Fortführung liegt letztlich in einer variierenden Symbiose der uns umgebenden künstlerischen und sublimierten technischen Medien mit einer »humanen« Raumform, in der das individuelle Musikerleben innerhalb einer sozialen Gemeinschaft zu einer wirklich demokratischen und mitmenschlichen Raumstruktur verschmolzen wird.

Einige Kritiken zum Bau der Berliner Philharmonie

Vermutlich hat kein Neubau nach dem 2. Weltkrieg eine solche Fülle von Reaktionen, Kritiken und Stellungnahmen hervorgerufen wie der Bau der Berliner Philharmonie. In dem Band 10 »Hans Scharoun« der Schriftenreihe der Akademie der Künste, der 1974, also etwa 10 Jahre nach der Eröffnung der Philharmonie erschienen ist, sind 129 Titel in Fachzeitschriften über den Bau der Philharmonie aufgeführt. Sie reichen von den Zeitschriften »Design« in Bombay oder »cuadernos summa – nueva visión« in Buenos Aires bis zum »reiseführer zur modernen architektur« in Stuttgart, um nur einige Beispiel herauszugreifen.

Von den zahlreichen Fachzeitschriften, in denen der Bau der Philharmonie analysierend kommentiert ist, sei hier nur die »Bauwelt« genannt. In dieser Fachzeitschrift ist neben den anderen Werken Scharouns über den Bau der Philharmonie in mehreren Zwischenberichten berichtet worden.

Dazu Ulrich Conrads:

»Es bedeutet ein Bauen für Menschen-Freiheit. Die Freiheit des Erlebens, die Freiheit des Lernens, die Freiheit des Arbeitens. Es bedeutet ein Bauen, in dem Wahrheit erfahren werden kann; als Wissenschaft, als Kunst.

Es bedeutet ein Bauen, in dem der Mensch sich als Mensch erfährt und sich begegnet als das gefährdetste und begnadetste Wesen unter der Sonne.

Die neue Berliner Philharmonie ist der erste Bau, mit dem sich eine freie Gesellschaft, mit dem sich die Bürger des freien Berlin selbst dargestellt haben. Die Kraft des künstlerischen Ingeniums eines Mannes, der – nun wissen es alle – der größte der unter und mit uns lebenden Baumeister ist. ...«

Wenn also hier über Kritiken und Reaktionen zum Bau der Philharmonie berichtet wird, so werden sie unter dem Aspekt »Musik im Mittelpunkt« ausgewählt.

In einigen Kritiken, namentlich des Berliner Musiklebens, wird unmittelbar nach der Eröffnung die Konzeption des Raumes vehement kritisiert, daß ein Orchester als »gewachsenes Gebilde« eine Richtwirkung habe und ein Zentralraum dieser nicht adäquat sei. Außerdem würde sich das gegenübersitzende Publikum stören und den Dirigenten irritieren. Ein namhafter Dirigent befand sogar, er müsse den Musikern die Zunge rausstrecken können, wenn sie nicht gut spielen, und das könne er in der Philharmonie nicht machen.

Nach 30jährigem intensivem musikalischem Erleben des Raumes kann ich behaupten, daß sich das gegenübersitzende Publikum nicht stört – sondern im Gegenteil die Musiker stimulierend anregt.

Hatte ein Künstler jedoch große Erfolge in der Philharmonie, war er sofort zum Zentralraum »bekehrt«. Sogar Dirigenten der älteren Generation fühlten sich in der Philharmonie bald »heimisch« – das Orchester als richtungsbetontes, angeblich gewachsenes Gebilde, entsprach einer musikwissenschaftlich-präjudizierenden Voreingenommenheit lediglich einiger Kritiker.

Dazu Heinrich Köster:

»Was aber schwer zu verstehen ist, ist die Tatsache, daß man diesen Raum als Zentralraum gebaut hat. Eine zentrale Anordnung der Zuhörer – und hierbei kommt mir schon unwillkürlich das Wort Zuschauer auf die Zunge – ist immer dann berechtigt, wenn das Geschehen auf der Bühne in jeder Richtung gleichmäßig wirkt oder sich so wandelt, daß bald die eine Seite, bald die andere Seite der Zuhörer an dem Geschehen im richtigen Sinne teilnimmt. Das ist beispielsweise beim Zirkus und bei Sportveranstaltungen immer der Fall. Es scheint mit aber berechtigt, die Frage zu stellen, ob man auch bei einem Orchester von einer allseitigen Wirkung sprechen kann, solange man hohe Anforderungen an das Musikerlebnis stellt.

Das große Orchester ist nach meiner Vorstellung in seiner Gesamtheit ein gerichtetes Instrument. Der Dirigent steht vor dem Orchester. Von dieser Stelle aus gestaltet er den Klang. Mit äußerster Konzentration beobachtet er jede Feinheit des Klanges, die Lautstärke, das Gewicht der verschiedenen Stimmen und dergleichen. Maßgebend ist für ihn der Klang, der an seinem Ohr vorbei in den Saal hineinströmt. Natürlich ist der Klang auf den hinteren Reihen des Saales anders als am Ort des Dirigenten – der Raum wirkt mit –, aber diese Unterschiede sind nicht entscheidend. Je weiter der Zuhörer entfernt ist, um so stärker wird meist die Verschmelzung, und die Präsenz nimmt ab.

Was aber geschieht mit dem Klang, der nach hinten abgestrahlt wird? Über Art und Zusammensetzung dieses Klanges hat der Dirigent keine zuverlässige Kontrolle. Und selbst, wenn diese Kontrolle durch Übung zu erlernen wäre, so bliebe ihm nichts übrig, als einen Kompromiß zu suchen zwischen vorn und hinten, der auf Kosten des Ganzen geht. Wahrscheinlich aber darf man dieses Problem gar nicht so sehr von der Akustik her sehen. Schon die Entwicklung der letzten 30 Jahre zeigt, daß man – und zwar im Einklang auch mit den akustischen Forderungen – die Säle so baut, daß überall eine gute Sicht vorhanden ist. Damit haben auch die Akustiker schon das Bedürfnis nach dem Sehen unabsichtlich unterstützt. In der heutigen Zeit gewinnt das Zuschauen eine immer größere Bedeutung, und der Bau der Philharmonie scheint mir zu beweisen, daß das Publikum sich immer mehr in zwei Gruppen teilt: in die eine, die der Musik zuhören will, und in die andere, die im wesentlichen dem Dirigenten bei seiner Arbeit zuschauen will. In diesem Fall hat einmal mehr die Optik über die Akustik einen Teilerfolg errungen. Das Schauspiel verdrängt die Musik, etwas, was wir tagtäglich erleben, wenn am Abend in den Familien der Fernsehrundfunk den Hörfunk besiegt. Diese Entwicklung mag zwangsläufig sein, und ob man sie bedauert oder nicht, ist eine rein persönliche Ansicht. Trotzdem glaube ich, die Frage stellen zu dürfen, ob es richtig war, daß gerade die Berliner Philharmonie mit ihrer großen musikalischen Tradition diese Entwicklung weiter gefördert hat.«

In dieser Kritik wird aber ein Problem behandelt, das für alle Konzertsäle gilt: »Das Schauspiel verdrängt die Musik ...« In jedem Konzertsaal findet ein »Schauspiel« statt. Das Orchester befindet sich auf der Bühne, die häufig hoch ansteigt und wo es gleichsam ausgestellt wird. Der Dirigent fordert das Orchester und spielt wie auf einem »menschlichen Instrument«. Die Assoziation zu einer Orgel oder schlimmer zu einem Orchestrion liegt durchaus nahe. Im Fernsehen wird dies extrem gesteigert, viele Fernsehproduktionen von Konzerten sind musikalisch eindimensional und mit einem Konzert in keiner Weise zu vergleichen; sie zeigen lediglich, was in einem Konzert geschieht, aber sie bringen kein Konzerterlebnis.

Diese Kritik ist auch deshalb unberechtigt, weil in der Philharmonie nicht das Orchester zur »Schau« gestellt wird, sondern das musikalische Geschehen die Mitte beherrscht. Der Dirigent ist »Primus inter pares« wie im Barock-Ensemble. Wesentlich dabei ist das Höhenverständnis zwischen Hörer und Orchester, denn fast alle Plätze sind wesentlich über dem Orchester angeordnet, so daß schon hierdurch die dominierende Stellung des Orchesters und eine autoritäre Situation des Dirigenten, vom Publikum aus gesehen, nicht entsteht.

Dazu Hans Heinz Stuckenschmidt:

»Scharoun hat seinem Werk, das seine Lebensarbeit krönt, ein Zauberzeichen mit auf den Weg gegeben, eine »Scharoune«, möchte man sprechen: drei ineinander geschobene Pentagone, geheimnisvolle Fünfecke, wie die Bauhütten des frommen Mittelalters sie verwendeten. Die Fünfeckform als Symbol des Lebendigen, das aus der mathematischen Starre des Quadrats ausbricht; die Dreiheit als Verbindung von Mensch, Raum und Musik – das ist die Bau-Idee, aus der das Haus gestaltet wurde. Mit seinen 2200 Plätzen, die sich wie auf Berghängen um die nicht ganz zentral liegende Fläche mit dem Dirigentenpult und den Instrumenten hochziehen, ist der Saal zu der grandiosen Klangburg geworden, die dem philosophischen Baumeister vorgeschwebt hat.«

Der Neubau der Philharmonie, d. h. sowohl der demokratisch geformte Konzertsaal als auch das unprätentiöse Foyer initiierten eine neue gesellschaftliche Struktur – der Geist der alten Philharmonie als historischer Bau der Jahrhundertwende ist gewichen. Vielfältige Kommentare von Besuchern gipfeln häufig in dem Resümee, als Musikliebhaber könne man in keiner anderen Stadt mehr leben. Wie sehr die Philharmonie das Publikum zu einem Musikerleben statt ausschließlich zum Musikhören verändert hat, läßt sich daran erkennen, daß die anderen Konzertsäle mit ihrer einfachen Konzeption nur noch als Informationsräume für Musik empfunden und als zweitrangig eingestuft werden.

Über das Individuum in der Gemeinschaft schreibt Alfred Simon:

»Scharouns Bau ist sichtbares Zeichen für eine Sternstunde, in der die Möglichkeiten wirtschaftlicher Prosperität eines Volkes, Weitsichtigkeit und Verantwortungsbewußtsein des Bauherrn und – hier wage ich die Vokabel – der geniale Wurf des Architekten sich begegnet sind und sich im Wechselspiel durchdrungen haben. Wir erleben im Bauen der Gegenwart soviel Beispiele, wo statt der Begegnung die innere Verständnislosigkeit und das sinnlose Nebeneinander die mögliche Leistung geradezu verhindern, daß dieses Phänomen Philharmonie mit allem Nachdruck herausgehoben werden sollte.

Und zum anderen: Die Gesellschaftsordnung, die mit »Demokratie« umschrieben ist, hat sich in ihrer Form in jenen Verwirklichungen zu bewähren, die der immer neuen jeweiligen geschichtlichen Situation entsprechen – wobei »Form« nichts Statisches, sondern Verwandlung und Krise der Verwandlung meint. Und dieses permanent Krisenhafte möchte ich sehen im Verhältnis zwischen dem Prinzip der Freiheit des Einzelnen und der Einfügung des Einzelnen in das Ganze der Gesellschaft. Da wiederum und genau da liegt das weitere positive Merkmal dieser Philharmonie – im Foyer wie im Innenraum: Hier entsteht mit Hilfe des Baues und aus dem Geist eines Architekten eine Gemeinsamkeit, innerhalb deren man die soziale Form der Begegnung erleben kann. Und wir wissen, daß das Verlangen nach solcher Gemeinsamkeit genau so ursprünglich ist wie das nach Freiheit.

Hier hat Scharoun stellvertretend für die Gemeinschaft gedacht, aus der Souveränität des Künstlers, der alte Konventionen und welkende alte Regeln beiseite schiebt und bereit ist, neue lebendige Regeln zu vertreten.

Ein wenig Mut und ein wenig Wagnis gehören nun einmal zur Ausrüstung eines Baumeisters. Wenn häufig gesagt wird, mit Recht gesagt wird, daß die freien Künste in der verwalteten Welt Gefahr laufen, zum staatlich betriebenen Flohzirkus zu werden, so ist diese Sternstunde eine Demonstration der Freiheit des frei Schaffenden, einer Freiheit, die sich durch »tötenden Schmuck fremder Umlaubung« eben nicht entmündigen läßt. Auch das ist wiederum mit ein Verdienst des Bauherrn.«

Über den unfertigen Bau schreibt Eberhard Schulz in der »Frankfurter Allgemeinen Zeitung« vom 4. 2. 1963:

Scharouns Berliner Philharmonie

Im Rohbau jetzt – den man nach Ansicht der wirklichen Kenner guter Architektur allein betrachten sollte, so wie sonst nur noch die Ruine – stellt die neue Philharmonie ein riesiges Walfischmaul dar, das nach vorn zugeklappt ist; oder einen Schiffsleib, der sich so mächtig nach oben wölbt, wie er unten in der Kiellinie durchhängt. Auf der inneren Mulde liegen gestreckte Kanten aus Beton. Sie gleichen Pfeilen, die aus jeder Richtung und jedem Winkel über die Wandfläche dahinschießen. Später werden die Sitze auf ihm verankert. Die Scheitellinie, die hoch oben in der Mitte quer und nicht längs verläuft, und diese Grate an den Flanken verleihen dem Hohlraum eine ungeheure, von nichts erfüllte Spannung. Sie geben ihm, wie jeder dem Absoluten zustrebenden Architektur, den Raum. (Dieses bauchige innere Schiff mißt fünfzig Meter in der Breite, sechzig in der Länge und ist 25 Meter hoch.)

Aber nun ist nicht alles daran so absolut. Der Besucher, der sich später über Treppen und Treppchen den Umgängen nähert, erreicht verschiedene Höhen. Diese Plattformen legen sich außen um den Schiffsleib herum. Eines dieser Foyers mit Garderobe ist wie mit einer Ladenjalousie im Winkel abgespreizt und wird mit einem System paralleler Stützen getragen. Ein sehr schmaler Aufzugsturm erinnert an ein Minarett, und zu allem, damit man es doch merken soll, ist dem Baukörper ein harter Kiel vorgesetzt, der die Symbolik unterstreicht. Die Außenwand ist von Bullaugen durchbrochen, so daß wir schon auf das Geräusch der Brandung warten, während es sich doch hier draußen nur um den Berliner Tiergarten handelt, der eben von der östlichen Mauer zu Ende geht. Verspieltheiten, die Laune des Anderswollens, der schiefe Winkel, die Kurve, und dann doch eine grandiose Konzeption, in die viel Geld hineingeraten ist, sind hier miteinander vereinigt. Innen ist es einer der ungeheuersten Räume geworden, die es heute gibt. Das Hängedach oder genauer die beiden vom Scheitel seitlich herunterfallenden Hängedächer sind dabei keineswegs – was eine solche Konstruktion heute andeutet – elegant, dünn und fallend, sondern schwer, massiv und steif. Ebenso ist die Mulde, jene dem Schiffsrumpf nachgebildete, nach unten gekrümmte Fläche, nicht selbsttragend, sondern sie muß dort, wo sie sich gleichsam über See in die Höhe erhebt, durch Stützen abgefangen werden. Drei umgekehrte V-Träger – wie bei einem Sägebock – halten das hochstrebende Massiv von unten.

Dennoch ist der Raum groß. Er ist reiner Innenraum, ein ganz in sich geschlossener Leib, denn jene Lichter und Luken und Fenster gehen erst von den Wandelgängen aus. Wir wissen nicht, ob ein anderer konstruktiver Geist die Probleme dieser Statik bezwungen hätte, um die Mulde unten in zwei Schalen und das obere Gewölbe in zwei oder gar nur in einer dieser neuen dünnen Überspannungen zusammenzufügen, denen heute die unerlöste Sehnsucht unserer Zeit und der Ehrgeiz der großen Baumeister gilt. Die Wölbung ist heute selten die zusammenstrebende Kuppel, eher eine zusammen-fallende, ein schlaffes Zelt. Dieser Raumgedanke ist hier dargestellt worden, aber übermäßig schwer und gleichsam mit Krücken; dennoch findet er seinen Ausdruck auch über und gegen das widerspenstige Material hindurch. Der Laie wird die Überanstrengung spüren, mit der hier ein Gedanke zum Ausdruck drängt, den die Phantasie erreicht, dem aber unsere Technik noch nicht die ganz sicheren Formen liefert.

Scharoun kennt keinen rechten Winkel. Dies ist der andere Ehrgeiz, aber auch die andere, vielleicht größere Schwierigkeit für den normalen Beschauer, der mit der eigensinnigen Philosophie dieses Architekten nicht vertraut ist. Überall diese Verwirrung, das Fehlen der rechteckigen Disziplin und ein gequältes Widerstreben gegen sie. Überall diese gekurvten Treppchen; diese halb absichtlos, schräg angesetzten Stiegen, welche weder zu der Ebene, aus der sie ansteigen, noch zu der anderen, zu der sie emporführen, gerade gerichtet sind und die allesamt die Parallele mit einem absteigenden Treppenlauf scheuen. Die Unzahl der toten Winkel, die uns auf diese Weise beschert werden und die man doch nicht alle später als Toiletten oder Besenräume wird nutzen können, machen den Vorzug der gebrochenen Perspektive nicht wett. Diese geknickten Durchsichten sind labyrinthisch, hier und da amüsant, aber nicht immer hat ihre Verwirrung den Tiefsinn, mit dem sie sich schmückt. So hoffen wir, daß dem grandiosen Innenraum, heute von den Gratlinien durchzogen, die sich später einmal zu den Feldern der Sitzbänke erweitern, das Hin und Her der Kräfte erhalten bleiben wird – eine dynamische Ouvertüre ansteigender Flächen, ehe die wirkliche Musik sich erhebt.

Scharoun, der ganz früh in der Weißenhofsiedlung 1927 in Stuttgart und später in Berlin-Siemensstadt 1929 zu den revolutionären deutschen Architekten gehörte, hat später nur wenig und selten seine Idee in Gestalt gesetzt. Sein Theaterprojekt 1952 in Kassel – nach dem Zank, der darüber entstanden ist – besaß auch jene Verwirrung der Bauglieder, die sich widerstrebend und winkelig kreuzten, so daß am Ende der spinnengliedrige Entwurf sich weder richtig vorstellen noch statisch bewältigen ließ. Auch dieses Mal in Berlin haben die Poliere und Bauführer Mühe, die Zeichnungen abzulesen. Sie vergleichen vorsichtig am Modell. Aber nun ist die Statik mit manchen Hilfen doch Gestalt geworden. In der archaischen Kälte des Rohbaus steht der Innenraum großartig da. Der Ehrgeiz, mit dem einst die Revolutionäre auszogen, Idee und Gestalt, Funktion und Konstruktion ohne Lüge zu verbinden, ist nicht ganz mitgegangen. Bei dem verwirrenen Rokoko aller Formen, der Bullaugen-Ornamentik und anderer Dinge, wird mancher Zuschauer und auch der Wohlwollende erlahmen. Dazu rechnen wir auch die allzu ekstatische Außengestalt. Sie weist auf die expressionistische Formenwelt zurück, die vor unserer konstruktivistischen Epoche lag und zu der manches Experiment sich heute wieder hintastet. Hier wird sie, vielleicht zum ersten Mal, auf einen Kolossalbau projiziert. (Ende des Zitats)

Ebenso hat es auch für den Bau der Philharmonie negative und bösartige Kritiken, sogar in überregionalen Zeitungen, gegeben. Ich verzichte jedoch darauf, diese z.T. unsachlichen »Ausbrüche« zu zitieren, fallen sie doch nur auf die Verfasser zurück.

Inzwischen leisten sich selbst die neuen Gegner des organhaften Bauens und Anhänger der Postmoderne keine Angriffe gegen die Berliner Philharmonie – versuchen sie aber als »singuläres Ergebnis« in die Baugeschichte zu verbannen, um die Fortführung des organhaften Bauens zu behindern.

Der Mensch sei Mittelpunkt

zum Tode von Hans Scharoun am 25.11.72

Er war ein Mensch mit gottbegnadetem Genius. Alle Welt hat ihn mit Ehrentiteln, Auszeichnungen, Medaillen und Preisen bedacht, ihn und sein Werk, das so gar nicht in den herkömmlichen Rahmen des Architektur-Klischees passen wollte. Der Kubus war ihm zu unausgesprochen, zu allgemein und zu universell, da doch jedes Bauwerk individuelle Voraussetzungen und Konsequenzen beinhaltet und ausdrücken kann. Wo steht denn, daß der Mensch in solchen Kisten leben muß? Nirgends; das galt für ihn, der nie für die Reichen gebaut hat und immer im sozialen Bereich engagiert war. „Im Schaffen sind wir Götter", hat er 1920 gesagt, „im Erkennen Schafe."

Nachruf in einer Fachzeitschrift

Bedeutsame Berichte zum Bau des Kammermusiksaals

Kein fundierter Bericht zum Bau des Kammermusiksaals ist frei von der Auseinandersetzung mit der Postmoderne. Die Bedenken, die gegen die Philharmonie – gegen die Konzeption »Musik im Mittelpunkt« erhoben wurden, blieben bei dem konsequenten Zentralraum des Kammermusiksaals völlig aus.

Der intime, »wache«, dem Neuen zugewandte Saal ist auch musikalisch euphorisch begrüßt worden. Daher konzentrierten sich die Gegner der organhaften Architektur auf die Behauptung, daß der Bau nicht zeitgemäß wäre, weil er nicht postmodern ist. Dieses »Problem« hat die Kritiker so beschäftigt, daß bis heute im Vergleich zum Bau der Philharmonie relativ wenig fundierte Kritiken vorliegen. Aus meiner Erfahrung mit negativen Kritiken zum Bau der Philharmonie (vgl. FAZ) vor 30 Jahren, erlaube ich mir zum Vorteil eines Kritikers die hämischen und böswilligen Äußerungen hier nicht anzuführen; mögen baugeschichtliche Untersuchungen späterer Jahre dies nachholen und zeitgeschichtlich einordnen.

Günther Kühne
»Der Tagesspiegel«, 28. 10. 1987

Musik im Mittelpunkt

Anmerkungen zum noch unvollendeten Kammermusiksaal

»Wenn irgend etwas Schauwürdiges auf flacher Erde vorgeht und alles zuläuft, suchen die Hintersten auf alle mögliche Weise sich über die Vordersten zu erheben: man tritt auf Bänke, rollt Fässer herbei, fährt mit Wagen heran, legt Bretter hinüber und herüber, besetzt einen benachbarten Hügel, und es bildet sich in Geschwindigkeit ein Krater.«

Goethes Aufzeichnung aus Verona, vom 16. September 1786, kam mir in Erinnerung, als ich jüngst mit Freunden oben an der Kante des römischen Theaters in Kaiseraugst, wie am Rande eines Kraters stand; sie fiel mir wenige Tage später beim Besuch des neuen Kammermusiksaals wieder ein. »Musik im Mittelpunkt« hatte Hans Scharoun 1957 seine Bemerkungen zum Entwurf der Philharmonie überschrieben, in denen er, ohne jeden Bezug auf Goethes Anmerkung in der »Italienischen Reise«, fragte: »Ist es ein Zufall... – daß überall, wo improvisierte Musik erklingt, sich Menschen sofort zu einem Kreis zusammenschließen? Diesen ganz natürlichen Vorgang, der von der psychologischen Seite her jedem verständlich ist, müßte man in einen Konzertsaal übertragen – das war nun die Aufgabe...«

Dieser Gedanke und auch seine Verwirklichung in der 1963 eröffneten Philharmonie wurden zunächst, auch von manchen Musikkritikern, recht skeptisch aufgenommen. So schrieb Werner Oehlmann im Tagesspiegel: »Hans Scharoun hat nicht nur über Beethoven, sondern auch über Herbert von Karajan gesiegt«, Hans Heinz Stuckenschmidt aber prophezeite in der »FAZ«: »Mit ihm (Herbert von Karajan) an der Spitze und in Scharouns Haus kann Berlin das europäische Musikzentrum werden.« Die Saat ist, wenn auch jeweils abgewandelt, aufgegangen: etwa in Herman Hertzbergers Musikzentrum Utrecht oder in Rudolf Skodas Neuem Gewandhaus in Leipzig.

Nichts lag also für Scharoun und seinen Partner Edgar Wisniewski näher, als diesen fruchtbaren Gedanken weiterzuführen, als ihnen 1968 der Auftrag zum »erweiterten Vorentwurf« erteilt wurde, der endgültige Auftrag zur Planung kam allerdings erst fünfzehn Jahre später.

Scharouns farbige Entwurfsskizze, aus der Wisniewski den Vorentwurf entwickelte, ist von Peter Pfankuch im 1974 erschienenen Band 10 der Schriftenreihe der Akademie der Künste veröffentlicht worden. Dieser Bau gehörte, wie auch das inzwischen gebaute Staatliche Institut für Musikforschung mit dem Musikinstrumenten-Museum und das – noch fehlende – Deutsche Musikarchiv, zu der *Haus- und Raumfamilie,* die sich um den Kernbau der Philharmonie scharen sollte.

Nun mag die Größe des neuen Konzertsaales (mit 1189 Plätzen – Edgar Wisniewski spricht zuweilen von der »Kleinen Philharmonie«) manche Freunde traditioneller Kammermusik befremden, wenn sie in einem solchen Saal die gewohnte Intimität erwarten. Aber auch die Ansprüche des Publikums haben sich gewandelt, verwöhnt von der technischen Qualität heutiger Schallplatten, von der täglichen Allgegenwart weltberühmter Interpreten in Radio und Fernsehen, kommt es mit hohen Erwartungen in den Konzertsaal. Doch Spitzenkräfte in einem mittelgroßen oder gar kleinen Saal auftreten zulassen, würde nicht nur zwangsläufig viele Musikliebhaber ausschließen, sondern hätte darüber hinaus Eintrittspreise zur Folge, die für die meisten Sterblichen kaum noch bezahlbar wären. Musik nur für eine Elite besonderer Art kann der Sinn eines solchen Unternehmens nicht sein. Überdies verlangen die technischen Anforderungen an die Raumakustik ein größeres Raumvolumen, was wiederum eine größere Raumhöhe bedingt. Daß dem Architekten bei solchen Zwängen – zu denen sich noch sachfremde gesellen, etwa die Berücksichtigung einer Tiefgarage und ähnlich profane Dinge – gelungen ist, dem Saal doch noch eine intime Raumwirkung zu geben, grenzt fast an Zauberei.

Im Foyer nimmt Wisniewski Elemente und Materialien auf, die natürlich an Scharouns Philharmonie erinnern. Das sollen sie auch. In der Mitte liegt, verborgen hinter weißen, leicht getönten Marmorwänden, die komplizierte Technik mit dem Flügelaufzug und Klimakanälen, mit versteckt angeordneten Lautsprechern für elektronische Musik und dergleichen Dinge, die heute als unverzichtbar gelten und es wohl auch sind. In der Farbgebung kontrastiert die strahlende Helle der Mitte mit dunkleren Tönen an den umgebenden konstruktiven Bauteilen und Wänden. Den Fußboden haben Erich F. Reuter und M. Tabari mit Natursteinplatten (Quarzite, wenig Schiefer) belegt, von der Decke grüßen die vertrauten Kugelleuchter von Günter Ssymmank. Drei Farbglaswände von Alexander Camaro nehmen ebenso Motive der Philharmonie auf. Pflanzenbecken durchdringen optisch die transparenten Glaswände, am Eingang schon verbinden zwei Skulpturen von Bernhard Heiliger den Bau mit der äußeren Skulpturenterrasse. Das Foyer ist indes nicht nur Vorhalle, sondern soll auch als »Konzertfoyer« benutzt werden und hat weitere Verbindungsfunktionen wahrzunehmen, die sich aus der Zugehörigkeit zur so charakterisierten Haus- und Raumfamilie ergeben: es kann mit dem Hauptfoyer der Philharmonie und mit dem Musikinstrumenten-Museum, etwa für ein Musikfest, verbunden werden.

Der über dem Foyer liegende und durch Treppen erschlossene Saal gliedert sich in einen unteren und einen oberen Parkettring, die durch einen Umgang voneinander getrennt sind. Die oberen Parkettgruppen werden von diesem Umgang erschlossen, der in seiner Konzeption auch einer musikalischen Forderung entspricht: er ermöglicht den Standortwechsel der

Musiker, wie er in manchen Werken moderner Komponisten (Boulez, Stockhausen etwa) verlangt wird. Darüber sind – ähnlich wie in der Philharmonie, wo sie schon anfangs Boris Blacher eindrucksvoll zu nutzen wußte – drei Raummusikemporen angeordnet. Für sie wird ein bewegliches Besuchergestühl bereitgehalten, wenn sie nicht für Konzerte benötigt werden. Auch die einen Meter fünfundzwanzig hohen, optisch gliedernden Brüstungen haben, wie die Rückwand hinter dem Chorpodium, akustische Funktionen (Rückwurf) zu erfüllen. Anders als die Philharmonie hat der Saal keine »Achse«: wieder kommt hier das Bild des Kraters in den Sinn, von dem Goethe angesichts der Veroneser Arena gesprochen hat.

In einer Zeit, in der das Publikum sich mit düster verhängten oder schwarz weggestrichenen Theaterräumen (»black box«) abfinden muß, wirkt die Helligkeit des Saales mit seiner zurückhaltenden Farbgebung der Wände und des ebenso hellen Gestühls aus Anigréholz (was immer das sein mag) überraschend und festlich. Belebende Farbe sollten die Besucher einbringen, die Zeiten sind wohl vorbei, in denen sich ein Kritiker von der rot leuchtenden Bluse im Block H oder K der Philharmonie irritiert fühlte.

Dieser Kammermusiksaal ist notwendigerweise, wenn man die Tendenzen der zeitgenössischen Musik halbwegs im Auge – und in den Ohren, natürlich – hat, ein technisch höchst kompliziertes, empfindliches Gebilde geworden, das indes auch für neue, heute noch unbekannte Entwicklungen offen sein muß. Hier gilt das gleiche wie beim Entwerfen eines Museums für zeitgenössische Kunst. Dem hat die Architektur das angemessene Gehäuse zu geben. Dieses Gehäuse nun ist genauso ein Musikinstrument wie eine Geige oder ein Flügel und muß genauso wie diese sorgfältig gestimmt werden. Der angestrebte Nachhall liegt bei 1,6 bis 1,8 Sekunden. Zu der Einstimmung braucht man Zeit, die bisher überhaupt noch nicht zur Verfügung gestanden hat – für die Londoner Royal Festival Hall benötigte man 1951 drei Monate! Das waren gewiß andere Zeiten. Trotzdem ist für den Eröffnungstermin das starke Festhalten an einer Senatsvorlage vom 8. November 1983 kaum zu rechtfertigen, in der es hieß: »Der Senat strebt an, den Bau bis 1987 so fertigzustellen, daß der Saal für einige Veranstaltungen genutzt werden kann.« Warum wohl wurde der Wunsch (»strebt an...«) zum Zwang? Nur für einen Prestigetermin?

Die städtebaulichen Vorgaben erfordern die Anbindung an die Philharmonie sowie die Berücksichtigung der im Scharounschen Konzept des Kulturforums vorgesehenen Bauwerke. Die Aufnahme und Weiterführung der von Scharoun gefundenen Form ist angesichts der engen inhaltlichen Verwandtschaft der Bauten selbstverständlich. Man kann erwarten, daß auch die zweite, schützende Haut der Fassade recht bald aufgebracht werden kann, ohne daß die noch ungeschützte Metallhaut leidet.

Inhalt und Form bilden für Scharoun und Wisniewski an ihren Bauten eine untrennbare Einheit. Sie sind überdies bezogen auf die Stülersche Matthäuskirche, auf Mies van der Rohes Neue Nationalgalerie und die noch unfertige Gruppe der Museumsbauten – ob sie nun nach den Plänen Gutbrods und seiner Partner errichtet werden oder nach den neuen Plänen der Münchner Architekten Hilmer und Sattler. Dagegen ist es schwer vorstellbar, diesen Platz mit anderen, völlig wesensfremden Gebilden »gegen den Strich« vollbauen zu lassen, bei denen es nur um Form geht, »schöne Form« oder was man eben darunter zu verstehen glaubt – deren Inhalt aber nach Lust und Laune jeden Montag morgen ausgewechselt werden könnte. Wie es in den vergangenen Jahren an den wechselnden Vorschlägen erkennbar geworden ist, damit einer modischen Tendenz folgend, die in der Baupolitik nicht nur unserer Stadt erschreckend zu beobachten ist. Einer Tendenz, die der repräsentativen Geste den Vorzug gibt gegenüber einer ehrlichen Bescheidenheit, die wiedergewonnen zu haben zu den herausragenden Leistungen gerade der deutschen Architektur des 20. Jahrhunderts gehört und die vom hohlen Pathos und der Attitüde vorangegangener Zeiten so wohltuend sich abhebt.

Dankwart Guratzsch
»DIE WELT«, 30. 10. 1987

Hier wird Musik aus kristallenem Kelch gereicht

Der Kammermusiksaal der Berliner Philharmonie ist eröffnet, und siehe da, es war gut so. Wie vorauszusehen, ist das vorangegangene Gezeter um Eröffnungstermin, Baukosten, Unfertigkeit des Saales verstummt. Der Triumph ist vollkommen – oder er scheint es zumindest zu sein. Denn akustische Überraschungen werden sich im Kreisrund des Raumes wohl noch einstellen.

Anders als Scharouns Philharmonie mit ihrer nachgebesserten Akustik, die nur ein Rund vorspiegelt, ohne es zu sein (höchstens ein Viertel des Publikums sitzt im Rücken der Musiker), gibt sich der Kammermusiksaal wie eine bezaubernde philharmonische Torte. Das bedingt freilich, daß nun die Hälfte des Publikums in den fragwürdigen Genuß kommt, im musikalischen Windschatten zu sitzen.

Hier soll aber gar nicht von architektonischen Ereignissen die Rede sein, wenn auch der Sog der ineinandergreifenden Räume des neuen Saales, der alten Philharmonie und des Musikinstrumenten-Museums einzigartig auf der Welt und wahrhaft atemberaubend ist, sondern nur von akustischen. Denn die entscheiden, wenn auch nicht allein, über die Zukunft des Saals. Das Publikum hat auch den Otto-Braun-Saal in Scharouns Staatsbibliothek als Konzertraum angenommen, obwohl er akustisch alles andere als befriedigend ist.

Die Einweihung des neuen Gebäudes vollzog sich peinlicherweise wie im Nebenbei. Eine halbe Stunde vor Konzertbeginn fand im Foyer des neuen Saales, unter den Geräuschen des hereinkleckernden Festpublikums eher unfeierlich und beiläufig die Schlüsselübergabe statt. Die paar Ansprachen (man hätte sie besser auf den Vormittag verlegt), in die allgemeine Wirrnis und die Kamera hineingesprochen, schienen wieder einmal belegen zu wollen, daß man sich jeder offiziellen Feierei schäme, selbst wenn es ausnahmsweise einen echten Grund zum Feiern gibt.

Dies war einer. Der neue Saal, der das Kultur-Areal der Stadt auf das prachtvollste arrondiert, ist ein wundervolles Geschenk an das neue Jahrtausend. Er ist im Verbund mit den anderen Musik-Gehäusen ein Weltereignis, nur vergleichbar dem Lincoln Center New Yorks. Berlin kann frohlocken. Diepgen und Hassemer, sein Kultur-Senator, haben auf der ganzen Linie gesiegt. Der Abschluß der Jahrhundert-Jubilate geriet ihnen zum Triumph.

Natürlich hatte es sich Karajan nicht nehmen lassen, den Saal zu eröffnen. Er hatte schon die Philharmonie eingeweiht und das Congress Centrum. Sein Leben ist nun einmal mit dem Musikleben der Stadt seit beinahe einem halben Jahrhundert auf die glorreichste Art verbunden. Er ist nicht nur Ehrenbürger der Stadt, er ist, was mehr ist, Ehrenbürger der Musik in Berlin.

Er leitete zur Einweihung des Saals vom Cembalo aus (Philip Moll spielte weniger dekorativ, doch nachdrücklicher das zweite Instrument) Vivaldis Violinkonzert-Zyklus der »Vier Jahreszeiten«, den Anne-Sophie Mutter hochkonzentriert spielte. Karajan gab sich dabei durchaus nicht kleinkrämerisch. Im Gegenteil: Er setzte alle Energien ein, das Werk attackierend und lebenssatt vorzutragen. Er ließ eigentlich nur dem wundervollen zweiten Satz des Herbst-Konzerts seine ruhig vor sich hin singende Schönheit, der er mit der Derbheit des Folgesatzes und seinem bäuerischen Tanzdrall anschließend sofort die Leviten las. Auch sonst trieb er die Aufführung mit beinahe extremer Verve voran, eher rauh und barsch als geschickt, glänzend assistiert natürlich auch dabei von seinem philharmonischen Mitkombattanten.

Nicht einmal die Sonderbriefmarke der Bundespost Berlin ist korrekt. Wie so vieles, was über dieses Bauwerk behauptet, geschrieben, verbreitet worden ist, zeigt auch sie eine Situation, die nicht der Wirklichkeit entspricht. Denn der Neubau in seinem golden und silbern blitzenden Panzer aus eloxiertem Aluminium ordnet sich der Philharmonie von Hans Scharoun keineswegs unter. Aus der Perspektive des Platzes ragt er vielmehr über sie hinaus, gibt nur noch zur Seite den Blick auf ihren fünf Meter höheren Rücken frei.

Das Erstaunliche daran: Dieses Aufrecken des in der Berliner Lokalpresse als »Skandalbau« abqualifizierten Bauwerks wird nicht als unangenehm, sondern sogar als imponierend empfunden. Denn mit seinen auskragenden Wandteilen, seinem vorspringenden Treppenturm, seinen terrassierten Vorbauten und dem sich aufgipfelnden Dach, das wie eine überkippende, spritzende Welle den Brandungsschwung des Philharmoniedaches aufnimmt und in den freien Raum vor der Matthäikirche hineingischten läßt, steigert der Neubau die ungewohnten Formen der Philharmonie zur Ensemblewirkung und stellt zugleich die optische Verbindung zur gegenüberliegenden Staatsbibliothek her.

Kein Zweifel: Mit dem Kammermusiksaal ist die Scharounsche Idee des »geistigen Bandes« in der Mitte Berlins ausgewertet worden, werden die im Ödland am Kemperplatz herumstehenden »Dinosaurier« zu einer architektonisch eigenwilligen »Familie« verbunden, die mit ihrer speziellen Ausdruckskraft in der Welt ihresgleichen sucht. Gerade diese Eigenwilligkeit, so spürt man jetzt im Kontrast zu Gutbrods unmittelbar benachbartem, kläglich zusammengestoppeltem Kunstgewerbemuseum, bedurfte der Verdoppelung, der Unterstreichung, um sich voll in Geltung zu setzen. Daß der Scharoun-Schüler Edgar Wisniewski mit seinem zähen, manchmal fast penetranten Festhalten an der Vision seines Meisters und mit deren kongenialer Umsetzung diese Wirkung zu erzielen vermochte, kann man getrost mit den Worten Herbert von Karajans als »Wunder« bezeichnen.

Wie der Außenanblick, so ist das Foyer nicht eine bloße Wiederholung, ein schaler Neuaufguß der Ideen Scharouns, sondern deren freie Erfassung und Weiterführung. Die Dunkelheit und Massigkeit, die Erdhaftigkeit und das Urgesteinhafte der Scharounschen Betonlandschaft insbesondere im Parterre der Philharmonie ist hier im Zwillingsbau nach oben aufgerissen, ist feingliedriger und übersichtlicher gestaltet. Dabei stören nicht einmal die wuchtigen, hochaufragenden »Bockstützen«, die kontrastierend zur Philharmonie auch noch in Auberginetönen dunkel eingefärbt und – ebenfalls »unscharounesk« – in Bögen abgewinkelt sind, weil sie die Ordnung des Zentralbaus wie ein Tragegestell für die schräg nach oben ansteigende Basis des Saals erfahrbar machen und gliedern.

Das »Herz« des Hauses, der neue Saal mit seinen über tausend Plätzen entwickelt seine Eigenart aus der noch von Scharoun ausdrücklich vorgegebenen Zentralität – neben dem »Weinbergcharakter« der nach allen Seiten ansteigenden Sitzreihen und der groben städtebaulichen Projektion der einzige, allerdings konzeptionell grundlegende Anteil des zur Zeit der Entwurfsplanung schon 75jährigen Architekten an diesem Bau. Wisniewski hat aus diesem Urgedanken der »Runde« eine Saalform gebildet, deren organischer Charakter der Philharmonie eng verwandt ist, aber intimer, verdichteter, heiterer und auch (was kein Gegensatz sein muß) »geordneter« wirkt. Daran haben die hellen, pastellartigen Farbtöne, die Symmetrie des dreipoligen Raumes, der sich über das Sechseck zum Zehneck weitet, die ebenfalls von Scharoun vorgedachte Gliederung der Terrassen durch den eingeschobenen »Aktionsring« und der zeltartige, im Zenith durchbrochene »Himmel« der Rabitzdecken den wesentlichen Anteil.

Wisniewski hat viel Mühe darauf verwendet, sich gegen die »Postmodernisten« polemisch abzugrenzen – und doch verraten die von ihm weitergeführten Ideen seines Meisters durchaus Affinität zu den typisch postmodernen Qualitäten des Scheinhaften, Imaginären. Der aus der Mitte des Foyers herauswachsende Stiel, der den Saal wie einen Kelch trägt, wirkt mit seiner Verkleidung aus kristallinem Marmor, hinter der indirekte Beleuchtung hervorscheint, beinahe durchsichtig und scheint seine tragende Funktion zu verleugnen. Wisniewski wiederholt dieses Motiv im Foyer wie im Saal, indem er tragende Konstruktionsteile wie Treppenbasen und Pfeiler mit Scheinwerfern von unten anstrahlt oder ihre Schäfte aus nach oben gerissenen Platten aufsteigen läßt, so als drückten sie den Boden nicht nieder, sondern zögen ihn wie die Verankerung eines Ballons empor.

Die Transparenz nach unten und oben, von den Stützen im Saal, die hinter Akustik-Segeln verschwinden, bis zur schwebenden Zeltplanendecke, die eine schwere Kuppelkonstruktion verbirgt, das Hervorbrechen des Illusionistischen von den eingelassenen Scheinwerfern im Saal bis zu den Wände durchdringenden Pflanzenbeeten verleiht der architektonischen Landschaft dieses 150 Millionen Mark teuren Saalbaus etwas seltsam Schwebendes, Raumkapselartiges. Aber ist damit Scharoun dementiert? Uns will viel eher scheinen, daß die schweren, robusten, mutterschoßartig bergenden und bindenden Raumstrukturen der Philharmonie in diesem Neubau weitergedacht, sublimiert und auch weiter »vergeistigt« worden sind. Könnte es eine schönere Bestätigung für den noch immer lebendigen, auch heute noch »antipodischen« Geist des großen Architekten geben?

Hans-Jörg von Jena
»Volksblatt Berlin«, 30. 10. 1987

Am Beginn eines neuen Abschnitts im Musikleben Berlins

Eine »Kleine Philharmonie« eröffnet

Der erste Eindruck: helle Festlichkeit, die zusammengeht mit überraschender Intimität. Mehr als tausend Zuhörer sollen Platz haben auf den Terrassen und »Weinbergen«. In den überschaubar kurzen Sitzreihen? Man glaubt es kaum, wenn man beinahe noch das Weiße im Auge seines Gegenübers erkennt, der im Octogon auf gleicher Höhe sitzt.

Weit radikaler als Scharouns Philharmonie-Bau hat der Kammermusiksaal ernst gemacht mit dem Prinzip, die Menschen im Kreis um die Musik zu versammeln. Es braucht seine Zeit, bis man (an den Künstler-Türen, die aufs Podium im »Tal« des Octogons führen) überhaupt erkennt, in welche Richtung musiziert werden soll. Alle sind gleichberechtigt in den Sitzreihen des locker sich weitenden Trichters, offenbar auch vor den geheimnisvollen Göttern der Akustik. Aufatmend darf man sagen: der Saal »klingt«, akustisch wie optisch.

»Ein Kunstwerk, das der Kunst gewidmet ist« hieß die treffende Formel, auf die der Regierende Bürgermeister in seiner Eröffnungsansprache den neuen Bau brachte. Trotz aller Mißtöne und skandalösen Vorfälle, die seine Entstehung begleitet haben: da steht er, eine Attraktion sondergleichen für Berlin und über Berlin hinaus. Wie im Traum er ihn trug, wie sein Wille ihn wies, hat Edgar Wisniewski ihn in durchaus genialischer Nachfolge Hans Scharouns vollendet, das Vermächtnis des einstigen Lehrers zugleich erfüllend und abwandelnd, nicht unähnlich dem Bachschen Parodieverfahren.

Das Ensemble der Bauten am Kemperplatz, mit beiden Häusern der Philharmonie, Musikinstrumenten-Museum und Staatsbibliothek, flankiert vom Kontrast der Nationalgalerie und dem allerdings fatalen Kunstgewerbemuseum, bekommt endgültig den Charakter der Stadtlandschaft, harmonisch und spannungsvoll. Nun solle alsbald der Rest gebaut werden, und zwar nach Scharouns Entwürfen.

Kein Zweifel, daß am Mittwoch abend im Berliner Musikleben ein neuer Abschnitt begann, für die Pflege und Erweiterung der Kammermusik nicht weniger bedeutungsvoll, als es seit einem Vierteljahrhundert der große Scharoun-Bau nebenan für die Orchestermusik geworden ist. Ein neuer Raum konzentriert nicht bloß die vorhandenen, er gibt auch selber neue Impulse.

Sollte nicht auch deshalb der umständliche und eigentlich zu bescheidene Name »Kammermusiksaal« dem einer »Kleinen Philharmonie« weichen?

Zu Beginn des Eröffnungsabends schmetterte die Blechbläserriege der Philharmoniker von hoher Empore die prachtvoll dissonante »Fanfare« Boris Blachers: prompt durchtönte den obligaten Beifall der erste Buhruf in der Geschichte des Hauses. Er wiederholte sich nicht nach der dissonanzgewürzten Schilderung des Winters in Vivaldis »Vier Jahreszeiten«.

Anne-Sophie Mutter geigte die vier kammermusikalisch besetzten Violinkonzerte auf kraftvoll-entschiedene Art, ließ (zusammen mit Leon Spierer und Hanns-Joachim Westphal) die Vögel im »Frühling« zwitschern, das »Herbst«-Adagio schweben und das folgende Allegro in charmantem Bauerntanz stampfen.

Daß Herbert von Karajan sich nicht nehmen ließ, vom Cembalo aus das Eröffnungskonzert zu dirigieren, brachte den philharmonischen Übervater nicht bloß als ermunternde, sondern auch als bremsende Instanz ins Spiel: schließlich hat er in der Vergangenheit mehr als einmal gegen ausufernde Kammermusik-Aktivitäten seiner Musiker protestiert.

Wieviel hier aber an bislang vereinzelten, nahezu verzettelten Musikereignissen der neue Saal künftig sichtbar machen dürfte, darauf gab das Philharmonische Kammermusikfest bis nach Mitternacht einen Vorgeschmack. Hat man sie je zusammen erlebt, die zwei Dutzend Kammermusikvereinigungen unseres Elite-Orchesters? Im Saal und im Foyer, in der Philharmonie und im Musikinstrumenten-Museum musizierten sie simultan.

Albrecht Dümling
»Der Tagesspiegel«, 30. 10. 1987

Ein Traum wurde Wirklichkeit

Eröffnung des Kammermusiksaals – »Philharmonisches Kammermusikfest« als Wandelkonzert

Die Durchsetzung neuer Ideen erfordert manchmal viel Zeit, Energie und Geduld. Schon 1919 hat der damals 26jährige Hans Scharoun visionäre Gedanken zu einem »Volkshaus«, mit dem Menschen im Mittelpunkt formuliert, die schließlich in die 1963 eröffnete Philharmonie einmündeten. Da bis dahin Konzertsäle nie als Zentralraum angelegt waren, galt es, zahlreiche Widerstände zu überwinden. Ihnen zum Trotz und nicht zuletzt durch die Fürsprache Herbert von Karajans wurde die Philharmonie gebaut. Heute gilt sie in der ganzen Welt als mustergültig.

Bei Kammermusik, die in der Regel keinen Dirigenten benötigt, bietet sich die kreisförmige Sitzordnung von Musikern und Zuhörern noch zwingender an als bei Orchestermusik. Für den bereits 1956 geforderten Kammermusiksaal sahen deshalb Hans Scharoun und sein Mitarbeiter Edgar Wisniewski eine noch konsequentere Anwendung der Zentralraum-Idee vor. Obwohl sich nach den guten Erfahrungen mit der Philharmonie hiergegen kein Widerspruch mehr erhob, dauerte es wiederum viele Jahre, bis das Projekt Wirklichkeit werden konnte. Wegen der problematischen Zusammenarbeit der Baupartner war die Bauzeit trotz neuer, vorher nicht benötigter Computerplanung länger als bei der Philharmonie. Die Baukosten betragen schon jetzt das Achtfache. Edgar Wisniewski, der nach dem Tod Hans Scharouns dessen Ideenskizze ausführte, hätte ohne seine Musikleidenschaft kaum ein solches Übermaß an Geduld und Energie aufbringen können.

Obwohl der Kammermusiksaal erst im Sommer 1988 ganz vollendet sein wird, kann man schon jetzt sagen, daß sich die Mühen gelohnt haben. Angesichts des Termindrucks des Eröffnungsdatums, des Stichtags des Stadtjubiläums, konnten die notwendigen Akustikproben und -einstellungen nicht mehr vorgenommen werden. Um so erstaunter waren Herbert von Karajan und die Berliner Philharmoniker über die jetzt schon vortreffliche Akustik, die sich nicht zuletzt der Saalhöhe und den Modellversuchen des Akustikers Professor Lothar Cremer verdankt.

Anne-Sophie Mutter, die bei Antonio Vivaldis »Vier Jahreszeiten« den Solopart spielte, hätte sich deshalb selbst bei den Sturmabschnitten nicht immer so heftig ins Zeug legen müssen. Viel schöner als solche demonstrative Lautstärke, die auch in den Tänzen starr blieb, wirkten die leisen, tonlich flexibler gespielten Sätze in »Der Frühling« und in »Der Herbst« oder das geheimnisvoll fahl klingende Spiel an der Bogenspitze (sul ponticello) zu Beginn des »Winter«. Hier konnten die kreisförmig angeordneten Philharmonischen Streicher, unter ihnen der vom Cembalo aus dirigierende Herbert von Karajan, einmal wirklich Kammermusik machen. Als Zuhörer meinte man, mitten unter den Musikern zu sitzen. Wenn diese noch mehr Erfahrungen mit dem Kammermusiksaal gesammelt haben, werden sie die »Jahreszeiten«künftig vielleicht noch kammermusikalischer und statt mit vier Celli und drei Kontrabässen in kleinerer Besetzung spielen.

Schon vor seiner Eröffnung haben die Dirigenten Claudio Abbado, Carlo Maria Giulini, Seiji Ozawa und der Komponist Luigi Nono lebhaftes Interesse für diesen Saal gezeigt. Seine neuen raumakustischen Möglichkeiten wurden allerdings nur zu Beginn teilweise genutzt, als die Bläser des Philharmonischen

Orchesters von einer der drei Raummusikemporen Boris Blachers Fanfare anstimmten. Für Musik der Renaissance wie der Avantgarde bieten sich diese Emporen an, dazu auch der Umgang zwischen oberem und unterem Parkettring. Für Musikaufführungen ist auch das weitläufige Foyer vorgesehen, wo nach der Eröffnung beim »Philharmonischen Kammermusikfest« Blechbläser wirkungsvoll mehrchörige Raummusik vorführten. Angesichts des Geräuschpegels bei einem Wandelkonzert waren jedoch die »Sonidos de la noche« von Josep Soler, die das von Gernot Schulz geleitete Schlagzeugerensemble spielte, im Klang zu zart und sensibel.

Hans Scharoun wollte nicht nur der Tradition Raum schaffen, sondern auch dem Neuen den Weg bereiten. Dieser Konzept on entsprechend begann das nach ihm benannte Scharoun-Ensemble seinen Auftritt im Kammermusiksaal mit einer Uraufführung: mit »Schattenlinien« von Ernst Bechert. Durch leichte gegenseitige Verschiebungen von Linien, Motiven und schließlich einzelnen Tonpunkten ergaben sich dabei interessante Unschärferelationen, wechselnde Zustände zwischen klaren und verschwommenen Klängen. Von der anfänglichen Unruhe im Saal ließen sich die Interpreten, die damit mehr Mut zum Neuen bewiesen als ihre Philharmoniker-Kollegen, kaum beirren. Bei den folgenden Sätzen aus Beethovens Septett Opus 20 fiel mir von meinem Platz im Block B der flache, wenig brillante Ton der Violine auf. Dies lag allerdings nicht an Alessandro Cappone, sondern an der Raumakustik, die in diesem Punkt noch der Korrektur bedarf.

Das Philharmonische Kammermusikfest fand in allen drei Gebäuden des Philharmoniekomplexes statt. Wie zu erwarten, fand neben den Buffets der Kammermusiksaal das größte Interesse. Immerhin spielten hier die Bläser der Philharmoniker Mozarts grandiose »Gran Partita«. Ein besonderes Erlebnis bedeutete nach Mitternacht die leidenschaftlich bewegte Wiedergabe des Trios für Klavier, Klarinette und Violoncello Opus 3 von Alexander von Zemlinsky durch Alois Brandhofer, Götz Teutsch und Heidrun Holtmann. Hier konnte man sich in den neuen Saal mit seiner von allen Plätzen plastischen Akustik, seiner hellen, von einem Zeltdach gekrönten Raumwirkung und der raffiniert von allen Seiten strahlenden Bühnenbeleuchtung geradezu verlieben. Die Ovationen galten deshalb nicht nur den Musikern, sondern auch dem anwesenden Architekten.

Kammermusiksaal, Philharmonie und Musikinstrumenten-Museum, die zusammen das größte und modernste Konzertsaalensemble Europas bilden, sind durch großzügige Foyers miteinander verbunden: Varianten einer Grundidee, festliche und doch lockere Räume, die zur Kommunikation einladen. Viele Besucher blieben deshalb in den Foyers, anstatt die Philharmonischen Kammermusikensembles zu genießen, deren Vielfalt und Qualität von keinem anderen Orchester der Welt übertroffen wird. Selbst als das Brandis-Quartett Debussys Opus 10, als das Philharmonische Oktett Schuberts großes Oktett (herausragendes Andante) und das Philharmonische Klavierquartett mit ekstatischem Ausdruck den frühen, noch an Brahms anknüpfenden a-Moll-Quartettsatz von Gustav Mahler spielte, füllte sich der große Saal der Philharmonie kaum bis zur Hälfte.

Das Wandeln durch die verschiedenen Räume, das in dieser Form leider nur bei seltenen Gelegenheiten möglich sein wird, zeigte Gemeinsamkeiten wie Unterschiede. Im Vergleich zur analytischen Helligkeit des weiß-violetten Kammermusiksaales wirkt die Brauntönung der Großen Philharmonie wie geheimnisvolles Dunkel, während der Saal des Musikinstrumenten-Museums wieder stärker an das Foyer des Kammermusiksaals erinnert. Hier im Musikinstrumenten-Museum waren auch musikalische Kuriositäten zu bewundern, beispielsweise das Kontrabaß-Quartett, das in einem Werk von Colin Brumby eine in tiefsten Tiefen grummelnde Romanze spielte. Die Philharmoniker, deren Aktion »Rettet den Kammermusiksaal« nun endlich von Erfolg gekrönt ist, besitzen neben ihrem Können auch Humor.

Mit der vorläufigen Eröffnung des Kammermusiksaals hat die 750-Jahr-Feier einen würdigen, in die Zukunft weisenden Abschluß gefunden. Zu hoffen bleibt nur, daß sich diese wundervollen Räume auch auf Dauer mit dem musikalischen Leben und den neuen Ideen erfüllen, für die Hans Scharoun und Edgar Wisniewski so optimale Bedingungen geschaffen haben. Nach den Architekten und Bauleuten sind jetzt die Konzertplaner (auch der Intendant der Philharmonie!), Musiker und Komponisten gefordert, nicht Routine abzuspulen, sondern neue Ideen zu entwikkeln, Träume Wirklichkeit werden zu lassen.

Personenregister

Abbildungs- und Fotonachweis

Archiv der Akademie der Künste, Berlin 55, 56, 141, 142, 166, 199
Archiv des Berliner Philharmonischen Orchesters 104, 177
Architektur in Berlin 1900–1933, Karl-Heinz Hüter 37
Architekten zeichnen, Claudius Coulin 17
Die Architektur des Expressionismus, Wolfgang Pehnt 51, 52
Das antike Griechenland aus der Luft, Raymond V. Schoder S. J. 33
Der Architekt Adolf Loos, Ludwig Münz und Gustav Künstler 25
Architectural Design 36
Die Armenier, Adriano Alpago Novello 15
Auditoriums, Marie-Laure Boulet, Christine Moissinac und Françoise Soulignac 195, 196, 227, 229
Audio Plus 211
Barock, Pierre Charpentrat 18, 20, 21, 201
Bauwelt, 1957/4 71–73
Bauen in Berlin, Adalbert Behr 31, 37, 38
Berlin und seine Bauten, Teil V Band A, Bauten für die Kunst 32, 34, 45, 36
Von Berlin nach Germania, Hans J. Reinhardt, Wolfgang Schäche 53, 83
Buildings for Music, Michael Forsyth 24, 28, 41–48, 50, 213
Deutsche Theaterbauten bis zum 2. Weltkrieg, Harald Zielske 23, 37
Dywidag – Berichte, September 1964 110–113
Europäische Architektur, Nikolaus Pevsner 18–19
Die Griechische Tholos, Florian Seiler 12
G. A. Global Architecture Hiroshi Sasaki 89, 91, 106, 107
Der Hang zum Gesamtkunstwerk, Katalog, Verlag Sauerländer 58
Die Kirche, Ritz Sándor S. J. 16
Moderner Theaterbau, Hannelore Schubert 25, 26, 27, 28
Philharmonie und Philharmoniker, Wolfgang Stresemann 33
Le poém électronique, Le Corbusier 127
Saint Marc, Pierre Gascar 40, 127
Suntori Hall, Prospekt 231
Sydney Opernhaus, Prospekt 222
Das Total-Theater, Stefan Woll 29, 30
Tonhalle, Düsseldorf Hentrich-Petschnigg & Partner 225, 226
Weltarchitektur, John Julius Norwich 43, 49

Alle übrigen Abbildungen stammen aus dem Archiv des Autors bzw. der Architektengemeinschaft Scharoun/Wisniewski

Reinhard Friedrich, Berlin 6, 84, 87, 92, 93, 94, 95, 96, 100, 101, 102 (ob. + un. li.), 103, 104 (un.), 122, 129, 133, 135, 149, 177 (un.), 178, 183, 184 (un.), 185, 186 (un.), 187 (ob. + un. li.), 193, 194, 200, 216, 218
Liselotte und Armin Orgel-Köhne, Berlin 4, 85, 126, 148, 150, 154, 155, 161, 162, 169, 170
Raymond V. Schoder 23
Ullstein Bilderdienst 33
Die Baugilde 1928 34
Bauverwaltung 1960 35
Architectural Design 11, 1956 36
Landesbildstelle Berlin 37, 65
Klaus Reutermann 38
André Martin 40, 127
Concertgebouw, Amsterdam 47 (ob.)
Gesellschaft der Musikfreunde, Wien 47 (un.)
Foto Mas 49
Dyckerhoff & Widmann, Werkarchiv 52 (un.), 111
Fotobestand W. Schäche 53 (ob.), 83
Franz Kluge, Wiesbaden 53 (un.)
Walter Köster 61, 78, 79, 81, 121
Bild-Waldthausen 67
Harry Croner 69
Bauwelt Archiv 73
Futagawa 89, 91, 106, 107
S. Lauterwasser 104 (ob.)
Verkehrsamt Berlin 137
von der Becke 177
Barbara Schneider 184 (ob.)
P. Blundell-Jones 195, 196 (ob. + un. re.)
Helmut Ehmann 211
IRCAM-Archiv 213
M. Hanisch, Mettmann-Metzkausen 226
K. Barish 227
Arkkitehtitoimsto Alvar Aalto 229
Shin Sugino, A. Erikson Ass. 230 (ob. re.)
Christine Ottewill, Architectural Press 230 (ob. li.)

Alle übrigen Fotos stammen aus dem Archiv des Autors bzw. der Architektengemeinschaft Scharoun/Wisniewski